山右叢書·二編

山右歷史文化研究院　編

上海古籍出版社

三

目　録

孔文谷集

〔明〕孔天胤　撰

王卯根　點校

孔文谷集卷三 ……… 四六

孔文谷續集

〔明〕孔天胤 撰

王卯根 點校

孔文谷詩集

〔明〕孔天胤 撰

王卯根 點校

文谷漁嬉稿

〔明〕孔天胤　撰

王卯根　點校

文谷漁嬉稿癸亥 ……………………………… 五二二

文谷漁嬉稿乙丑 …………………………………… 五五〇

文谷漁嬉稿丙寅 ……………………………… 五七三

文谷漁嬉稿萬曆乙亥三年 …………………………… 七二三

孔文谷集

〔明〕孔天胤　撰

王卯根　點校

點校説明

　　《孔文谷集》十六卷、《續集》四卷，明孔天胤撰。孔天胤字汝錫，號文谷，又號管涔山人，汾州府汾陽縣（今汾陽市）文會里百金堡（今屬文水縣）人。弘治乙丑（1505）生，卒於萬曆辛巳（1581），門人私謚“文靖”。爲孔子後裔，其父孔雄駿乃皇族慶成王（府在汾州）之婿，封奉訓大夫。孔天胤於嘉靖辛卯（1531）中舉，次年壬辰（1532）科以榜眼及第。明例，藩戚不得授京職，故外補陝西按察司僉事，提督學政。嘉靖甲午（1534）秋八月二十三日，携同僚黄卿、李茂元等遊小雁塔，題記自稱“遷客”。不久降知祁州（今河北安國市），與安吉州泰和縣知縣張寅並“以善讞斷聞”，時人語曰：“有所疑，問安、祁。莫憂悚，有張、孔。”[一]升河南按察司僉事，備兵潁州（今安徽阜陽市潁州區）。又調任布政司左參議，提督浙江學政，頗稱得士。慕陶侃、蘇東坡，於杭州題名“西湖散吏”。官至陝西按察使右布政使、河南左布政使。其爲人氣節軒昂，胸襟浩落，“秦、越督學，則先行實而後文藝；潁、衛當路，則重風俗而略刑名。至總轄關、河兩藩，則又惓惓于節用愛人以爲本，而不屑屑于催科期會以爲能”。[二]輾轉仕途二十年，“爲貧而仕，誠不得已”，初“以德心敷德政”，“知其不可而爲之”，然“進而無位，行而失塗，蒙止棘之汙，中含沙之射，瀕九死而一生”，“於世莫容”。嘉靖癸丑（1553）上疏乞休，[三]“甲寅（1554）被讒見放”。[四]還鄉後，建愚公園、寄拙園、背郭園，寄興於遂初圃、文苑居、芙蓉沼、蘭雪堂、翠虚亭、清陰軒、平霞館等讀書臺、藏書樓，“心去世營之擾，身捐俗累之煩，敦夙好乎詩書”，“譬池魚籠鳥脱局促而返深茂”，與王明甫、呂仲和、裴庸甫諸人結社吟詩論文。

孔氏“詩文高古，直逼漢唐，海内明公咸重之，通訊不遠數千里，贈答往復無虛日”。[五] 平生著述，《孔文谷集》、《續集》之外，尚有《海霞篇》、《孔文谷詩集》、《文谷漁嬉稿》傳世。另纂《汾州府志》，久佚，惟存《序略》。孔氏雅好讀書，藏書萬卷，其《曬書歌》曰：“亂簡殘書次第開，先人遺迹滿塵埃。”所刊歷代典籍及時人著述有《資治通鑒》附《考異》、《後漢書》、《西京雜記》、《越絶書》、《集録真西山文章正宗》、《四書膚解》、《朱子晚年定論》、《明道先生語略》、《越藝正詮》、《東覽篇》、《胡蒙谿文集》等數千卷，悉爲之序。

《孔文谷集》編入孔天胤自嘉靖十一年殿試授職至致仕之後文章。據書前序，是集爲孔氏門人趙訥所綴輯，成書於隆慶五年至萬曆二年之間，由其弟孔天民刊置家塾。全書十六卷，依體裁編次，分“策”、“序”、“記”、“碑誌”、“雜著”、“四六語”，以及“書”、“誄記文”各若干卷。《續集》四卷，卷首無序，卷末無跋。比勘正集，内容及寫作年代相參差而未有重複，體例同出一轍，亦當出於趙訥、孔天民之手，蓋《續集》之名不虛矣。時任山西右參政洪朝選深愛其文，有評曰：“如商彝，如周鼎，不事雕鏤，而古意宛然。且人情理路一齊迸出，透徹無遺，真希世之奇文，昭代之名家。”[六] 誠如其門生趙訥序所言，孔氏文章“自成一家言，不卑卑隨衆剿襲”，“啓口皆德，當席揮毫”，即使酬應之作，亦不忘“印傳聖教”，“隨寓精微”。今試勾稽兩書主要内容及其思想淵源，大體如下：

孔氏以精研理學聞名當世，視“四書”爲道統淵源，主張爲君之道乃“敦本以厚天下之生，達權以通天下之變”，爲臣之道則“公順利物，居敬而行簡爲本”。孔氏顯具“不爲五斗米折腰"之風骨，"不以物之汶汶汩天正，不以身之皎皎而蒙世俗之塵埃"。曾因耻于逢迎權貴而遭嚴嵩、陸柄陷害，所以對朝廷任人之弊深惡痛絶。書中鞭撻朝廷上下"以簿書期會、奔走承順爲能，則悃悃無華與守己愛民之吏往往不得意於上官"，盛讚拂衣歸里、去位若浮雲之士。

學術思想方面，孔氏繼承宋儒所倡導之格物、致知、明辨、篤行理念，主張六經乃聖人之心，"所謂天地之道，民物之彝，宇宙之極，而非言語文字之云爾也"。認爲"學以躬行爲急而不徒事乎言語文字之間，道以致用爲先而不徒極乎性命之奥"。提出"聖人之學，心學也。心即性也，性即理也，理即道也。其諸所謂盡心知性，窮理修道，皆學也，而實不外於心也"。強調"學術不明，人心陷溺。陷溺之害甚於洪水横流，將懼其不可止也。是故君子有畏天悲人之志，而後有救時反本之學"。

其學術觀點反映于教育思想，首先表現爲如何端正學風。孔氏督學日久，"見諸生有文行之弗修者，皆原於心術之不正。心術之不正者，皆原於學術之不明。從古學校之教專爲明學術以正人心，而今教者學者多不爲正心，其所謂學大氐多釣慾之鈎綫，伐性之斧斤，種種習弊不可勝言，必待自明而後能自悔也"。進而提出"化俗之理務在端教，道政齊刑非其所先"，"德行本也，文藝末也，士貴先德行而後文藝也"。孔氏認爲，教育工作者要重視反省自己本人，然後纔能作爲弟子的楷模典範。書中再三强調尊師重教，認爲"師嚴然後道尊，道尊然後民知敬學，夫固師之道也。然必上之人有以重之，而後得成其尊嚴而起其敬信，故窮鄉下邑之師雖嚴弗威矣"。此外，諸如"養一俊才愈養百庸才，得一正學之士愈得百謏聞偏見之士"云云，可謂其義大且遠矣。

孔氏文學理論與其理學思想一脉相承，主張"文章根本乎六經"，批評"綴文之士學不求心，心不明理，惟事裝演割裂，迎合時人，以希巧中，詭遇獲禽，誠亦易比"。指出："本源壞伐，則連篇累牘都屬假合，都屬假合則真者安在？""經生曲學牽拘於章句，詞人小技雕飾乎斧藻，奇詭華抗，大而無稽，其於道也遠矣。""淵岳其衷者可以列高深，金玉其相者可以叙文質。撧華拾實，藝無本而不立，言靡文而弗行矣"。進而論及文學與政事之關係："文學所以求此心之理而明之，以去其偏鄙競偽之私；政事所以推此心之理而行之，以達其宣慈惠和之公。其道焉可岐也？若以文學爲摛藻之工，政事爲鈎奇之術，則二之可矣。"孔氏立足創作實踐，于風格論亦多有發明。其一，就揚雄"詩人之賦麗以則，辭人之賦麗以淫"之説深入闡釋："則則準乎性情，淫則假於色相；準乎性情者以言志，假於色相者以志言；言志者不見而章，志言者直學語焉爾。"其二，就文章體式、作家個性指出："文章本有正體，要在明暢典則。至於長短豐約，惟準才情，各著理象，故詮辭達意，意盡而止。譬猶玉水璿流，方圓自瑩，春華秋實，啓結有因，決非水木離其本源而別資假合也。"

　　據趙訥《文谷孔先生文集序》落款"隆慶五年辛未三月"，《孔文谷集》最早刊本乃《四庫存目叢書》所謂"山西省祁縣圖書館藏明隆慶五年刻萬曆增刻本"，但未詳《續集》是否在增刻之列。一説祁縣圖書館藏有"萬曆二年孔氏家塾刻本"，恰與《孔文谷集》孔天胤《自叙》落款"萬曆二年，歲次甲戌中秋日"吻合，惜館閣制度森嚴，訪求無門，《續編》是否于此時刊入亦不得而知。《四庫全書》將兩集列入存目，其《提要》云："孔文谷文集十六卷，續集四卷，詩集二十四卷，浙江巡撫采進本，明孔天允撰。此本校其家刻，多文集二十卷。"

　　此番點校，以《四庫存目叢書》所據祁縣圖書館藏明隆慶五年刻萬曆增刻本爲底本。此本爲蝴蝶裝，版面白口，單黑魚尾，四周雙欄綫。魚尾上方象鼻處分別標書名"文谷集"、"文谷續集",下方標篇名卷數及頁碼。每半頁十行,行滿二十字。兩集正文字體皆爲歐體楷書,個別字略帶行書意。《四庫存目叢書》影印時將原本兩頁并爲一大頁,分上下兩欄。除此本之外,實無他本勘對,唯下列書目篇章可資參校:

一、清雍正《山西通志》卷二十二《山川六》;卷六十八《科目四》;卷一百九十八《藝文十七·碑碣八》;卷二百七《藝文二十·記七六》;卷二百十《藝文二十·書二》;卷二百十三《藝文三十·序二二》;卷二十九《水利一》;卷三十一《水利三》。

二、清雍正《陝西通志》卷十三《山川六》;卷三十六《選舉》;卷五十七上《人物三》;卷九十一《藝文七·碑》。

三、清乾隆《汾州府志》卷三十《藝文四·記/碑》。

四、清康熙《汾陽縣志》卷八上《藝文》。

五、清乾隆《汾陽縣志》卷十《雜識》。

六、清光緒《汾陽縣志》卷十二《藝文》。

七、清光緒《太平縣志》卷十三《藝文·記》。

八、《明文海》卷一百六《説六》;卷二百十七《序八》。

九、《經義考》卷二百九十七《通説三·説經下》。

以上文獻涉及兩書内容者,區區不足廿篇,間有依據其他典籍勘正本書引文之處,亦屈指可數,故校勘多采用理校方法。底本字迹漶漫殘缺現象較爲嚴重,其中僅一二字而殘留筆畫依稀可見,且據他書或語境可斷定者,校記寫作"當作某";難以完全斷定而理據較爲充實者,則寫作"似作某"或"疑爲某"。若未具備上述條件,尤其大面積漶漫不清,無法查證之處,則用□號標示,不出校。兩書各卷末所標"卷之某終",盡依古籍整理慣例刪除。

校勘記

〔一〕見（明）王世貞《弇州續稿·張司直先生傳》。

〔二〕見（清）趙訥《文谷孔先生文集序》。

〔三〕見本書卷十五《乞休疏》。

〔四〕見本書卷十三《叙知與王北野翁》。

〔五〕見（清）康熙《汾陽縣志·文行》。

〔六〕見《孔文谷詩集·紀言》。

文谷孔先生文集序

士君子接人應事，其見于辭，大要有詩若文二者。詩則發于性情而述于歌咏，其辭屬之簡。然其人與事有非詩之所能盡者，則窮遡鋪揚，舒徐紆遠而爲文。雖不外于性情，而非歌咏之可以限截者，其辭或不容以簡矣。夫詩與文皆本于人之心也，而有能有不能，鮮有兼之者。即如昌黎以文雄，而詩則讓李、杜，而詩與文之中又各以其類分工拙焉，他固可推也。

明興，以舉業取士。士之精神心術，自童習以至于强仕，率盡竭于佔傑[一]對偶之間，故于詩則判然置之分外，而于前人之文亦率以古目之。比仕而可以脫舉業，則又拘于吏事，而倥傯于簿書之叢，即有豪傑之才，欲挽而爲古之作者亦已難矣。惟吾文谷先生殆兼有之。先生方盛年登上第，其脫舉業之習已早。一仕而督學秦中，則又不拘于吏事。矧其生當文運之隆，神降河山之秀，氣質之禀，厚而且清，不濁不浮，乃天地間氣所萃者。即故群之儒吏之習，猶當超出乎其外者，而況天既以此生之，故又特善培其所遇也，是故兼之者矣。

愚生也晚，聞先生方在諸生時，諸課試輒自成一家言，不卑卑隨衆剿襲。平居感物就事，口占歌咏，即爲希古之調，至今膾炙人口，所謂言出爲論，聲即爲律也。即其宦歷四方，至今懸車以來，啓口皆德，當席揮毫，每出一篇，若夙構記然者，是豈可以尋常儒吏例耶？學士大夫無問遠近，識與不識，莫不訪問求請；得其篇章，不啻朋錫。一時在世者不論，即如故祥符高蘇門氏、亳州薛西原氏諸子，皆卓然以其詩文高視一世，獨于先生之作推讓焉，是故可傳也已。

往者閩中洪芳洲氏參藩晋省時，嘗刻其詩，付西河之石室，因先生所自名《漁嬉》名之焉。顧其文尚秘，無以示也。訥宦遊過家，往來且十年，數以爲請，乃先生以其詩則與人偕樂，每歲刻《漁嬉》一帙，而獨難于以文示人。比訥在民署閱年，蓋四方相知者愈益問請，以爲不可無傳也。予叨爲先生弟子，于是益以自愧内訟，乃捐俸寄先生之弟乾石氏，偕諸門人，刻于家塾。因憶《漁嬉》之刻予業已序之，其于文敢獨嘿然已乎？《易》有之，“觀乎人文，以化成天下”，然則文之爲言人也，文非其人則虛也。故文也者，人之緒也，不可以盡其人也，愚請因先生之文而言其人。

蓋自訥從先生門下三十餘年，竊見其居家孝友，與宗親仁讓，處鄉黨交禮厚，邦之大夫禮見有時，無援瀆，即遠方慕而來見者，非道義則麾之。方其秦、越督學，則先行實而後文藝；潁、衛當路，則重風俗而略刑名。至總轄關、河兩藩，則又惓惓于節用愛人以爲本，而不屑屑于催科期會以爲能。其文之見于酬應者，即當如其人。惜也人徒知其文也，而或不知其所以文也。

先生今年幾七十，而德彌邵。方聖賢相逢之時，訪延舊老，得先生用之，將有名世之事業焉，何但以其文也？唐虞三代，名世之臣皆以其精神爲致君澤民之功，其文之可見者，謨訓數語之外無聞焉。非不能文，不屑于文也。然則先生豈徒欲以文顯哉？嘉靖初，肅皇帝以農桑策士，蓋示以安民致治之實也。先生應制，雅稱上意，遂擢首科，乃以宗親外補。假使先生不格于例，得竟其用，則其所以加于上下者，當如《豳風》、《無逸》所稱矣。然先生高尚之志，當仕已然。今其恬愉淡泊，逍遥以遊，與其弟乾石氏及諸山人詩酒相娛，甚樂也。仕路馳驅，于先生何有哉？故愚嘗論之：君子之不能用，非君子之不幸，而斯民之不幸也。君子之用于文，非君子之幸，而學者之幸也。故吾于先生，論其人，既爲斯民惜，獨爲先生喜；論其文，復爲先生惜，轉爲學者喜。然則學者讀先生之文，尚知其人哉！撫卷咨嗟，奚啻三致意焉。

隆慶五年辛未三月吉，賜進士第、承德郎、户部署郎中、眷門生趙訥頓首撰

校勘記

〔一〕"佔俾"，按《禮記·學記》："今之教者，呻其佔畢。"鄭玄注："呻，吟也。佔，視也。簡謂之畢。"則當作"佔畢"。

請刻孔文谷先生全稿書

門人趙訥

　　訥聞躬行君子，原不在于文辭之工，而言之有文，斯足以爲行遠之籍。是故天行至健，日星斯章；地德無疆，山河爲紀。聖賢之道，豈容無文？道固不盡于文，而因文可以見道。一撮之土，廣厚之地可窺；小明之星，高明之天亦在。

　　惟吾師文谷先生，宣聖之裔，帝室之甥，忠孝著於家邦，德業超於遠近。貌標玉立，見之者鄙吝斯消；詞吐鍾洪，聞之者愚蒙遂發。德功已載於不朽，緒餘時見於文言。見豈因文，文無非道。萬言應制，簡在帝庭。兩省宗文，印傳聖教。諸所酬應，隨寓精微。凡有咏吟，莫非意趣。雖尊道不屑於小伎，意在忘言；而後學實賴於前言，不則何述？即平生著作之富，已播勒金石之間，炙口於人，傳心在世；顧梓行未有全集，則博大難於遍觀。今此四方猶勞求問，將來百世何以徵存？德自有言，道豈終秘？西河子夏，雖不徒文學之科；汾上文中，亦必有《中説》之著。此吾鄉之先進，爲今日之儀刑。

　　訥也不才，忝厠門下，僅供灑掃，敢與斯文？執經三十年，雖未敢望登堂而入室；聞言千萬語，亦私竊蠡測而管窺。嘗讀遺編，未蒙鈞賜，固知德行之存乎默，尤愧文章之不得聞。且近世稗野之家，猶或刊布於朝市；雖官府牒移之俗，亦已印貯於有司。況此至言，豈宜獨缺？既爲弟子，寧忍無傳？是以不揣近卑，妄援高遠，亦自知知言之不易，庶幾見立言之可行。伏乞尊慈，俯允所請，命侍史以文錄、語錄全稿賜訥，當與二三門生及海内同好之士，通與已刻詩集梓爲全集。美而斯愛，豈徒門人小子之私珍？愛而斯傳，當爲天下後世之同寶。雖凡夫肉眼，知之固難，而荊玉南金，世豈無識？訥不勝瞻望懇祈之至。

自　叙

　　余弱冠學文，白首無成焉。文易言乎？憶每有所綴，初自謂小可，再看則醜矣，輒棄去。嘗懷草就正於人，復逡巡不敢面白，至臨別置案間而出。其慚劣如此。比家僮整書，獲棄餘數百篇，陽谿君見而歎曰："先生之志於茲也，文故在茲矣。獨不觀世乎？夫赫奕之塗多附，沉冥之巷寡交。多附則延譽者衆，寡交則莫之與也。延譽則飛天皆洪閶之華，莫與則玄文處幽而已。是故寂寞枯槁之人，雖著書含章，卒老死巖穴而名不稱者，夫豈少哉！乃今先生之文，門人小子而不錄也，其誰爲？"於是與余弟東明君刊置家塾。

　　余於是知覆瓿之笑必不免矣，乃自釋曰："吾文猶孤生之桐乎！枝無扶疏，而根有結據。其思古，其法存，其辭陋，其旨微。其叙事不爽於人情，其統類不愆於物理，其傳述不舛於賢者，其是非不謬於聖人。其詩陶寫幽人之貞，咏歌先王之風，庶幾乎六藝之趣焉。是余所以學也。若其佳惡，我自知之。非陽谿，誰復相知定吾文於他日者！"

　　韓子曰："昔楊子雲著《太玄》，人皆笑之。子雲之言曰：'世不我知，無害也；後世復有子雲，必好之矣。'子雲死近千載，竟未有子雲，可歎也。"此語蓋傷知我者希。老子有言："知我者希則我貴。"信斯言也，君子亦貴其所可貴者而已矣。若仲任之閉門潛思，著書養性，節信之憤世著論，《潛夫》是名，彼豈有徵於人之知哉？

　　萬曆二年，歲次甲戌中秋日，七十老人文谷子書

孔文谷集卷一

策

嘉靖壬辰科廷試
臣孔天胤

臣對：臣聞帝王之治，敦本以厚天下之生，達權以通天下之變，則天德孚而王道成矣。夫民生也者，邦家所恃以爲基者也，然而厚生之道有本存焉。事變也者，治忽所乘以爲幾者也，然而通變之道有權存焉。夫其本之在是也，而弗敦之以厚天下之生，則化必不溥，澤必不深，而邦家之基或將匪安。夫其權之在是也，而弗達之以通天下之變，則弊弗可釐，滯弗可起，而治忽之機將有大可畏者矣。是以聖帝明王之治天下也，代天理物，必以厚生爲先；更化善治，必以通變爲先。惟厚生也，則必自其本之所在者而敦之，躬行於上而作則於下焉，經理之密而講畫之詳焉，必期化溥澤深而後已。惟通變也，則必自其權之所在者而達之，察時審勢而化裁之焉，隨幾應用而神明之焉，必期弊釐滯起而後已。化溥澤深則群生和，萬物育，而邦基日以益固；弊釐滯起則德富有，業日新，而治幾日以益熙。由是天德孚於上下，王道成於始終，而有以昭帝王之盛者固如是矣。

恭惟皇帝陛下，膺天眷命，纘承大統。臨御以來，視民如傷，望道未見。乃進臣等於廷，策以天下之務。臣莊誦竊歎，以爲聖人建其有極，敷錫厥福，端崇理本，明燭化機，固有神明之道，而乃以詢之末學之臣；臣愚，何足以知之？然對揚休命，不敢以終默焉。

　　臣嘗讀周之《書》有曰："惟天地萬物父母，惟元后作民父母。"言天生民而立之君，使司牧之也。讀《易》之辭有曰："后以財成天地之道，輔相天地之宜。"言明王代天理物，奉若天道也。是知奉若天道莫大乎子民，子民之道莫大乎厚生，厚生之道莫大乎遂其所安所欲之情，遂其所安所欲之情則又莫大乎重農桑之務，足衣食之源。足則民情遂，民情遂則民生厚，民生厚則教化行，風俗美，陰陽調，風雨時，群生和，庶類殖。民沴物眚之異、寇賊奸宄之變莫不盡銷，諸福之物、可致之祥莫不畢至，而王道有終矣。是以古昔先王，繼天立極，開物成務，必以此先焉。

　　粵稽庖羲氏之王天下也，首教民耒耜而耕之制以興，耕之制興而食之源以開矣。軒轅氏之王天下也，首教民衣服而蠶之制以興，蠶之制興而衣之源以開矣。堯命羲、和授民時，舜命益、稷興民利，禹、湯平成允殖，文、武咸和永清，率是道也。然三代之道固無不同，而成周之法尤爲至備。於是天子有籍田之典焉，一撥三推，庶民助以終畝也；王后有親蠶之典焉，繅三盆手，世婦布於蠶宮也。夫君后至貴也，而以服田野之勞，誠念夫稼穡之艱難，小民之所依，王業之根本在是也，故服勞以爲天下先焉。是以當時之人，男則服事乎耕焉，所謂"亦服爾耕，十千維耦"也；女則服事乎蠶焉，所謂"女執懿筐，爰求柔桑"也。夫天下至大也，而皆力農桑之務，誠念夫食之資於耕，衣之資於蠶，而所安所欲之樂在是也，故協極以先其本焉。今觀《無逸》之書、《七月》之詩，帝王所傳，心法之要，可繹思矣。成王以之致四十年之平，周家以之永八百年之祚，良以敦天下之本，而厚天下之生如是也。

　　聖制曰："民之所安所欲者，必首之以衣與食。使無衣無食，未免有凍餒死亡、流離困苦之害。夫匪耕則何以取食？弗蠶則何以資衣？斯二者，亦王者之所念而憂者也。"大哉皇言！其真得帝王之法，而敦本以厚天下之生者乎！何其憂勤惕勵如此也！

臣嘗竊觀天下之勢矣，錢鎛在野，非不耕也，而閭閻猶啼飢之眾；杼機在室，非不蠶也，而寰宇多號寒之民。此其故何耶？漢賈誼告文帝曰："一人耕之，十人聚而食之，欲天下無饑，不可得也。十人織之，不能衣一人，欲天下無寒，不可得也。"夫誼之為是言也，豈無見於天下之勢而云爾哉？蓋以天下之物生之豐敗存乎天，用之多寡存乎人。天下之人遺本逐末者亦已多矣，而游墮者又從而半之焉；終歲勤動者不足用矣，而冗雜者又從而耗之焉。昔人論治，嘗有官浮於冗員、祿浮於冗食、兵浮於冗費之說矣。又有賞盈於太濫、俗盈於太侈、利盈於太趨之說矣。之二說者，皆飢寒之由也，不獨誼之論爾也。飢寒切身，則怨聲愁氣上干天和，而水旱蝗蟲之為災矣。人民流離，倉廩空竭，則外夷窺伺而邊有煙塵矣。游墮無賴，俯仰相困，則放僻日恣，而內有盜賊矣。

聖制曰："耕者無幾而食者眾，蠶者甚稀而衣者多。又加以水旱蝗蟲之為災，游墮冗雜之為害，邊有煙塵，內有盜賊，無怪乎民受其殃日甚一日也。"是陛下之沉幾先物，加志窮民，有以深識天下之勢，而洞見其受弊之源矣。然猶省躬自咎，以"上不能參調化機，下不能作興治理"而憂且愧焉。且又以"時有今昔，權有通變"，欲有道以"致雨暘時若，災害不生，百姓足食足衣，力乎農而務乎織，順乎道而歸乎化"，惓惓以清問芻蕘之臣焉。是即堯咨衢室，舜察邇言，禹、湯不自滿假，文、武不敢康寧之誠也。

臣愚，學不足以明理，智不足以識時，抑何以仰裨聖治於萬一乎？我皇上體元居正，通變宜民，設施於九五之尊，炳煥於敷天之下者，臣得見知於依被之餘久矣，請以是而颺言之，而竊以一得之愚附焉。

今夫聖人理天下，使萬物各得其所爲至極，而君相以父母天下爲王道。故斯民失所，則當敦本以厚天下之生；治化未孚，則當達權以通天下之變。此帝王善治之規，古今不易之法也。今自其敦本者言之，農桑不復古久矣。我皇上光闡九疇，稼穡維寶，秩修六府，土穀是重。聖躬則秉耒于南郊，即古之三推之典也；皇后則親桑于内苑，即古之三繅之典也。是故百辟卿士承式于下，而農務聿勤；六宮嬪嬙率履于内，而蠶典克振。是其敦本以爲天下先者，固已躬行于上矣。又自其通變者言之，法久則弊生固也。我皇上一德昭格，百度維貞，參調化機，作興治理，敬天勤民而祈報賑貸之有條，禁奢止暴而品式兵刑之有節。是故禮樂教化莫不振舉，而上下四方皆願精白以承休德。是其達權以爲通變之宜者，又以神明於上矣。

夫敦本以厚天下之生，宜乎民生之盡厚也，而凍餒猶不免焉，無乃聖心雖懇惻，而奉行者之不以實乎？達權以通天下之變，宜乎事變之盡通也，而偏滯猶未振焉，無乃王制雖詳密，而化裁者之或有蔽乎？蓋君者，出令者也；臣行其令而致之民焉，理也。君有惠下之德，而臣無宣德之誠，則膏屯而靡施，斯民安得不受其殃也？政者，救時者也；時有所極而變生焉，勢也。時有可變之勢，而吾無神化之方，則弊流而弗返，斯治安得而盡其善也？是必奉行之實，而後本可敦也；必化裁之當，而後變可通也。

且力農而務織，足食而足衣，順道而歸化，有生者之所同欲也。今顧有欲耕而無其田、有田而不得耕者矣，欲蠶而無其桑、有桑而不得蠶者矣，又奚望其禮節之知而道化之協也，此豈可責之民耶？上恬而下熙，内安而外靜，時和而沴消，願治者之所樂聞也。今邊塵或有鼓之者矣，内寇或有致之者矣，而天災時變，又未必無所感也，此豈可委之數耶？其所以奉而行之，化而裁之，亦惟存乎其人而已爾。是故奉行之道，最患乎虛名之相尚而實效之無補；而化裁之方，則以順時宜民、補偏救弊爲首務焉。

然則爲之奈何？必也天子以實責宰相，宰相以實責監司，監司以實責守令，守令以實責庶民，而後謂之奉行之實。必也仰以觀於天文，俯以察於地理，中以觀於人物，遠以稽於先王，近以酌於時政，而後謂之化裁之宜。故爲今之計，不徒彌文之是飾也，而必尚實以敦其本焉；不貴更張之無漸也，而必達權以通其變焉。閭閻有勸課之吏，末作嚴裁抑之防，工役罷不急之務，賦斂禁催科之擾，豪强抑兼併之習，而又去三浮以從實，酌三盈以從約，則民將力乎農而務乎織，而衣食無不足之患矣。郡邑有循良之吏，鄉里弘庠塾之規，力田敦孝弟之懿，士習崇禮義之正，本俗無緇黃之惑，而又修五禮以防僞，明七政以齊民，則人將歸乎道而順乎化，而游墮冗雜之不爲害矣。由是練勇敢，勵戰鬥，旌才略，以務治軍選將之實，而又篤周之《采薇》以下五詩之義焉，則邊疆有吉甫、方叔之將而煙塵可息矣。由是察言行，課功狀，公薦舉，以務求賢審官之實，而又如漢之重二千石之義焉，則郡邑有龔、黃、卓、魯之賢，而盜賊可化矣。

至於欲雨暘時若而災害之不生，則又在聖天子建中和之極，臻位育之功，而凡諸臣同心協德，興道致治，三孤以調燮鼎鼐，無媢嫉私刻之流；六卿以贊襄機務，無險詖傾側之士。有官守者盡其職而不曠厥工，有言責者盡其忠而不愧厥職。有功必賞，有罪必罰，俾體統正而朝廷尊；有利必興，有害必除，俾恩惠流而教化廣。由是人事盡於下而天變自回，人心和於上而天休自至。將見穹靈錫祜，壞祇貢祉，山出器車，河出馬圖，至治馨香達於神明，協氣氤氳盈於宇宙。前星炳耀，百男兆麟趾之祥；後祿延和，萬國鞏鴻圖之運。所謂天德孚而王道成者，蓋至矣而無以加矣。

　　《易》曰：「惟深也，故能通天下之志；惟幾也，故能成天下之務；惟神也，故不疾而速，不行而至。」臣草野之人，不識忌諱，謹以是爲□□□。臣無任殞越之至，謹對。

孔文谷集卷二

序

刻王端溪先生所著經義序

　　六經[一]，聖人之心也，所謂天地之道，民物之彝，宇宙之極，而非言語文字之云爾也。《書》曰：“惟皇上帝降衷于下民，若有恒性，克綏厥猷惟后。”言盡性也，非聖人曷以哉？在聖人兼兩三才，首出庶物，闡道而弘化，叙彝而設教，建極以爲天下先。繇是變通之而爲《易》，經綸之而爲《書》，歌咏之而爲《詩》，節文之而爲《禮》，和暢之而爲《樂》，法制之而爲《春秋》，皆自其心出之者也，而非言語文字之云爾也。

　　然自夫子没而微言絶，七十子喪而大義乖，則經垂空文，人挾臆見。垂空文則大道稱隱，挾臆見則真知寡儔。以不真之知求久隱之道，其不謬叛者鮮矣。夫聖人之心廣大精微，純粹中正，與吾心一也。故發而爲德業，傳而爲訓典，皆是物也。學者生聖人後，志其道，恨不登其庭，乃取其經尊而讀之，詟詟乎言語文字之間也，而又硜硜乎傳注之説也。一切不求之吾心，以求聖人之心，而曰明經致用焉，可乎？特以資科第焉爾。

　　嗟乎！學術不明，人心陷溺。陷溺之害甚於洪水橫流，將懼其不可止也。是故君子有畏天悲人之志，而後有救時反本之學。人亦有言：“衆言淆亂折諸聖。”夫不得其心而能折諸聖者，未之有也。是故我端溪先生讀經體道，著《易》《書》《詩》《春秋》《禮記》心義各一卷。以余亦竊有志焉，而未之逮也，因悉寄示。時汾州守李君見而悦之，則梓之郡齋，以明學也，余故表其義云。

贈玉臺任公上陝西布政左使序

嘉靖壬寅夏五月，陝西布政左使闕，宰臣進玉臺任公，言可用，若曰：“關中國之大省，又安攘事棘，必得岳牧，兹惟其人哉！”上曰：“可。”是時任公爲河南布政右使，廣陵南溪張公爲左使，一時德政和平，榮名佳美，號爲最盛。蓋河南屢災，百姓困，公與南溪公同心共濟，協恭和衷，務惠養元元，與之休息，敦禮讓，崇節愛，以表在位。吏民于是各以其職業順序，晨起視事，庭無留難。府史但跪案前，乞署文書而已。二公並坐堂上，垂紳玄覽。視春時所樹竹柏俱已長茂，鹿呦呦其下，鶴舞成列，自公退食，雍容委蛇，蓋省中晏然焉。國人至讚“羔羊”，故號最盛。

曩余僉事西司，間一來，則見受事者紛屈膝門外，吏人抱簡而集階次，大方伯處分，或不暇退食。當是時，固心厭藩司之煩如是。今余起家得參議政事，攬清明之化，則又不煩。因時時察公等盛德，大氐公順利物，居敬而行簡爲本。夫公故能同，順故能應，敬簡故能貞。此三者，德之所以盛也。故事物之來，張公運於左曰如此，公不以爲專；公運於右曰如彼，張公不以爲僭。是故大同而無我，循理而達治者已。故知建中和于一堂，布清寧于四境，非甚盛德，其誰能與于此？古之聖人精明内蘊，外順理萬物，其志不分，萬物迎刃而解，故舉天下無難焉。孔子贊《易》稱“黄帝、堯、舜垂衣裳而天下治”，蓋言乎其至易也。故易簡之德配天地，變通之理齊四時。公與張公同舉進士正德中，皆深于聖王之道，明於當世之務，故其盛德乃爾哉！公既被命，遂分陝而治，其道一舉諸此，關中其有庇乎！

夫關中民病矣，武備又不振，蓋官多政急，食少兵疲，故宰臣曰"安攘事棘"，憂之也。夫政有體，差稅誠不足以病民，其病民者以積煩故。夫省雖大，一總制，四巡撫，三巡按，以臨有司，斯有司之政常急，然不知簡要，日夜徒驅擾百姓以供事，百姓勞苦而不得息，如之何其不積煩也？夫國家命將守邊，武備宜日日振，其不振者以積玩故。夫軍法最嚴，今匈奴殺掠其民人，主帥無論；或戰而折傷，即論不備；雖有斬獲，僅自贖而已。故將帥皆喜規避，務保全，奸人拾虜棄遺，偵殺其歸虜中者獻俘，制臣輒奏捷乞賞。邊人盡笑之，將士遂決意不戰矣。且居無積倉，行無裹糧，雖廉頗、李牧在，今能為之哉？此賞罰之不明，而勸懲之無實，如之何其不積玩也？

夫積煩以敝民，積玩以泐武備，非細故也。公去，以治行河南者推而達之，率有司辨期會之節，守寧一之規，悉除去煩苛，與民休息，百姓其無蘇乎？又移書塞上，白鎮巡以忠信謀明，鼓舞士氣，強本足用，蓄養軍威，毋邀近利，毋取虛名，毋怵禍患，請朝廷破條格以廣威惠，解文墨以待俊豪，三軍其無起乎？是故安攘之大者，知公必亦坐而運之矣。

國家重卿相之選，先試才外服，積官至岳牧，然後進之於朝，授以大政，調元和布，化光均平，四海垂耀無窮，誠閱歷廣大而明習甚周也，乃公惟其時矣。公始以比部員外郎出僉陝憲，歷雲南、江西、浙江，所在著聲，民所嘉樂，是非深於聖王之道，明於當世之務者耶？然江西、河南俱再至，惟陝乃公初出僉之所，今又總領大藩矣。《史記》言："東方物所始生，西方物之成孰，故作事者必於東南，收功實者常於西北。"故余知公之卿相之業繇茲其大顯云。

公西行之日，群僚出祖，供帳夷門，南溪公授簡贈言，命余申寫其事。然既職在末位，曷敢不叙焉？第言之畢，適益蔽公之高美爾。是時補右使者，則按察使豐山孫公。

贈總督大司馬石岡王公進錫序

比歲邊不得寧，上勤于西顧，爰愍戎紀而尊制帥，便宜戰守之防，綜飭功罰之令，總理方略，弘壹調度，則師丈之選，文武之才，足憲萬邦而貞六師。而後出則有重於泰山，入則功光乎日月，是爲安攘胥臻，内外咸輯，吏盡樂職而民悉序業，夷守定固而戎馬閑也。而後朝廷有大凱之樂，臣子有竭忠效義、運籌册萬全之勛。而後光表碩膚，嘉覯寵榮，鴻名照耀，休烈永存。是爲明良之盛，參贊之隆，禔福四海，爲生民慶。是故“豈弟君子，求福不回，民之攸墍”。是故交于神明則有歆胖之享，洽于人民則有頌美之孚。

我大司馬、兵部尚書石岡王公實承上簡命，授畀全陝三邊四鎮而節制之，是爲嘉靖戊申。蓋是時總理方略，弘壹調度，于以安内而攘外者亟倚乎公。故公自本兵移鎮，式遄于行。入關與吏民約所以撫綏，與將士約所以備禦。又親冒霜霧，蕩風沙，周歷邊徼，視阸塞險要，兼□〔二〕軍實。而奇正之須、蜚輓之供、儲積之待、車騎之修、器械之戒無弗整也，斥堠之燧、封守之戍無弗虔也，戰陣之勝、壁壘之堅無弗審也、驕匱之防、進止之機無弗省也。春夏水草生邊，令部曲耕守。以其餘力合築塞垣，西自瓦梁，東及響水，延亘殆將百里，使千夫乘塞列隧，而萬虜莫前。故胡人雖秋高馬肥，不敢南向而牧。于是師有不戰之勝，兵有時戢之威。故虜裁一過西海，而甘、凉已獻俘矣。

公方憂勤儉素，多算廣謨，本之以忠誠，行之以仁義，周之以智慮，震之以剛健，質之以詩書，文之以禮樂。時戒懼而持之，俾不敢怠；日詔國人而訓之，使知其方。而虛文疑説、務勝好奇、矜能喜事、緣飾以希功名之會者，一切罷棄，而利害無所概其心。故居中鎮静則群動遵軌，舉得于外則福生于内。故文墨之吏壹意撫民，介胄之夫摶心禦侮；閭閻寡愁歎，而疆圉絶狟獰。

蓋自公命之，于今三年，所謂吏樂職，民序業，邊底寧，誠已然矣。維時大司馬爲表其勞，天官冢宰爲奏其績。上乃大悦，賜褒美之書，崇貤錫之典，晋公太子少保，仍廕録元嗣。拜命之日，三軍之士莫不起舞，吏民睹旨聽風，咸共欣慶，若曰：“今日朝廷有竭忠效義，運籌册萬全之臣如此，太平天子有大凱之報如此。”于是藩皋長吏相與議于政事之堂，曰：“昔漢後將軍趙充國經理西羌，宣漢威德，料敵制勝，計出萬全。天子既册元勛，詩人爲之頌曰：‘昔周之宣，有方有虎。詩人歌功，乃列於《雅》。在漢中興，充國作武。赳赳桓桓，亦紹厥後。’今三邊實廣于西羌，兵糧弗如于漢代，而坐制勝全，尤有難于充國者。乃威謀慎重，正律矢文；昭其果毅，式遏醜虜；即其威惠，如山如河。豈曰柔遠寧邇，慰我皇心，實奠潤我人而福之，則匹休方、虎，比迹營平，我公爲有烈焉。況今躬被寵靈，荐承福祉以有慶也，則頌美之作可無絶乎？”

左參政天胤時與執事之末，乃謹述公盛德，列此叙辭。若陳詩歌功，如《雅》、《頌》所云，則明堂清廟，高文典册存之。聞之古曰：“君子服寵以爲美，安民以爲樂，聽德以爲聰，視遠以爲明。”夫聰明者，聖之德也；美樂者，時之遇也。或德盛而遇違，或因緣幸會而不必克，聖世豈少哉？乃今公實有之。尋以其德選而翼亮于清穆也，以康四海之民，以綏萬世之寵光，文其不在兹乎！

送大中丞約庵歐陽公撫治鄖陽序

鄖陽咽喉楚、蜀，襟帶漢、宛，形勢扼塞，風氣慓遫，而山林川澤之饒可以給民，故其民多呰窳而罕積蓄，而他所流亡往往歸集。其地通乎漢中、商洛、南陽、汝寧之間，故四郡之俗亦多枝柱急疾，奸宄易萌，非轂輻而銜轡之難爲理也。于是四郡之內各有兵備撫民方面一人，而于鄖陽特簡命御史中丞一人開府坐鎮，所以括綜方略，綏一統類。然職以撫治爲名，則誅鋤之不專，而保合之爲務；仁義之理不殊，而德威之宜異也。故爲政在人，言政有方體而化裁繇之焉。

今歲甲辰，前中丞員闕，上命浙江左使歐陽公以右副都御史往，賜之璽書，假以節鉞。蓋簡鳳望而登之，故既重且專矣。然古之君子，抱道德于身，負弘濟之志，方其藏器俟時，思無出位，及策名展寀，則亦患乎任之不重而柄之不專。蓋不重則不尊，不尊則不一。不尊不一，而能視民，而能使民懷德畏威、式和彝憲者寡矣。故君子于其重且專也，而欲其道之行焉。今歐陽公奮膺簡擢，雄制三面，吏民約束，咸聽指揮，故朝晝令堂上，而夕風行四境矣。公喜悦則春氣澤流，震怒則川谷凜而成秋。蓋自外大夫而下無與抗禮者，自閭戎氓隸吏胥而上無不待命以爲榮悴者，則所謂重與專者信然兼而有之。然其居尊守一，臨蒞導施，使媰婦務勤，流徙安集，寇竊衰止，奸詐銷亡，禮教蔚興而兵刑備戒，貯仁義之大較而德威之兼資也，知公必有以焉。

夫民一也，編戶之民易治，而流徙之民難爲；瘠土之民思善，而沃土之民多淫。何也？勢也。善治者因其勢而理之，則必有以通其情，而移易風俗之化繇是而可期。不然，以編戶者爲吾民也，而以流徙者非吾民也，而逐逐焉日防禁之，日追呼之，使其人搖搖如風林之羽，則是我以私心待之，適先自處其難，彼有不難爲者哉？不然，以瘠土者爲良民也，而以沃土者爲不良民也，而逐逐焉日疑忌之，日賤斥之，使其人惴惴如湍水之鱗，則是我以私心待之，適先自絕以善，而彼有不多淫者哉？故古之君子不分民而治，不偏物而理。有以節淫則民皆思善，有以同利則民皆樂業，如是而有不率則威之，威之而不恪者，未之有也。故德而後威則厥威惟畏，威而後德則厥德靡懷，是惟仁義者能之。故不仁則私，不義則陂，雖與之重任專柄，猶無益于治體也。

歐陽公慈惠而直溫，敬簡而貞亮，自登進士，秉禮秩宗，歷試藩臬，咸本仁義以爲用，故德業炳然爲一時望。今茲之行，知必化行江、漢，而與詩人稱召公經營疆理之功同聲。晉而左右密勿，以其道相而理天下焉可也。故當臨祖，與三司大夫尊美述辭，如古贈言之意云。

送前溪先生劉公赴雲南按察使序

嘉靖乙巳正月戊寅，浙參政安成劉公陟雲南按察使。先是，銓部以公陪推浙之右轄，時上方加志疆陲之事，急風紀之司，故陟惟其人，公惟其陟焉。駕言徂征，官僚逓餞，或有言公資望年勞，敘遷爲稍淹者。余考之：

公秉德醇亮，履道端平，守直不阿，居寬有制，紹世服儒，遵古勵行，懇懇乎愷悌之風、禮樂之意者矣。自登進士，迨今逾三十載。初，三仕大邑，政成民思。繼歷刑曹，讞辟清允。出守二郡，惠化光孚。副貳蜀臬，參知浙藩，咸弘表憲儀，澤流懿德。蓋公每有揆議必根據物情，每有設施必務先大體，故其道經德而不回，其政循理而不擾，雖《詩》、《書》所稱和平正直，蔑以逾焉。由茲治行以考資望歲月，以考年勞，則既賢且久矣。執政持是三物，以敘遷天下之才而庸之，而賢且久者猶爲前薪，則其爲有淹也豈不信哉？

然辨賢而登列者，用人之事也；守道而無求者，貞己之常也。故以言乎用舍久速則存乎人，以言乎盈虛消息則存乎時，以言乎履則存乎常焉。子曰[三]："君子素其位而行，不願乎其外。"

其履之謂乎！又曰：“君子居易以俟命。”其常之謂乎！在昔皇獻之世，民率恒性以貞；物無畔援，心無歆羨；宅仁以爲安，路義以爲通，位禮以爲尊，鏡智以爲耀；質之以忠信，文之以禮樂；亹亹業業，不敢少懟，惟守其常而已。我守其常而物莫能變，故履道無弗坦也。故古之聖人可用可舍，可久可速，可盈可虛，可消可息，而吾無怨尤于其間者，常之至也。然仕或驟而累遷，久而弗調，賢而沈於下僚，德而遁世不見，自旁觀者視之，則有淹駛，有崇卑，有顯默，然以概君子之常，則遜于其遇而已矣。故耕莘、釣渭不爲遲屈，阿衡、鷹揚不爲顯伸，遜其遇也。後世常道失守，人趨競躁。朝問津要途，夕投書政府；日睥睨墻仞，時垂涎鼎頤。以先得爲高疾，末路爲委蛇，機變爲通敏，貞守爲鈍僻。夫通者既姍鈍僻，淹者亦厭委蛇，由是士人往往以貞爲戒，遂毀其仁宅，湮其義路，撤其禮位，垢其智鏡，伐其忠信，揉其禮樂，慕達節，傚通顯，如秦上首功而人習戰殺，曾不知其猶火而并焚也。伯陽父曰：“知常曰明。不知常，妄作，兇。”嗟乎！弗明也久矣。故出處之際可以觀人，淹速之間可以觀德。劉公資望如此其賢也，積乎年勞如此其久也，今所敘遷裁至臬長，吾以觀乎有位，察韓子所謂尊高溫厚，則有大謬不然者矣。非公確然貞守其常，能如是乎？

　　吾聞公在郎署，執政嘗欲改爲御史，而公固不就，則宜有是之淹矣。雖然，君子之道焉可誣也？吾蓋觀諸天地之常，而知遠者、大者焉。二儀混茫，三辰隱藏。摩蕩既久，曜靈乃章。孰爲之理？曰惟厥常。故君子之道不息則久，久則徵，徵則悠遠，悠遠則博厚，博厚則高明。凡是物也，皆非近小欲速而爲之者也。孔子思王序數成功曰：“必世而後仁。”夫仁成於世，則以三十年爲期。今公履道守官，惟其期矣。由是大行其道，以崇博厚高明之業，上比日月之光，詎不於淹中得之耶？

故於其行也而叙諸辭。《詩》曰："仲山甫永懷，以慰其心。"其斯之謂也。

贈觀察使南橋李公陟蜀藩右轄序

公禀名岳之醇靈，策昌賢之景運；貞載物之厚德，贍位事之修能；惠直紹山甫之嘉，儉靖履公儀之淑；藏睿瑩於沉潛，廓弘含於渾博。文質兼資，道器不二，彬彬乎體仁篤行之君子者矣。

初以明經甲科郎署二京，繼縮郡符，超參藩務。並抒前美，克闡鴻休；功光虞典，事邁漢條。由是上嘉悦之，乃于甲辰之夏陟尸浙臬。蓋盤錯之地，太阿是憑。公下車之日，慨思急疾之風非清平之化，釣飾之虛罔明弼之實。乃躬率德禮，樂職中和；權審乎憲銓，綱綜乎禁網；議事以制爲度，約法以省爲章。故小大之獄必當其情，吏民之感攸歸於德。遂令苛冗銷氛，奸譌息響，曾不半載，幾於刑措。處簡而施裕，時罕而績豐，非攬轡則江海俱澄，按節則風雷並益，焉克爾哉？

由是上益嘉悦，即以是歲之冬陟丞蜀藩。蜀爲公參知舊疆，吏民方懸去思，兹再宣旬，曷勝鼓舞！知公益抒前美，大闡鴻休，俾湛恩幽洽，祥風顯披，惠饒井邑，威帖羌夷；流天澤於彌漫，成帝力之亹亹；晋之乎台階，升之乎鼎鉉。前美益烈，鴻休永熙，可覽於斯矣。蓋德博厚者其施光，能茂敦者其庸廣，豈與菌、爝、鶯斯究其揚詡哉！

夫慶雲垂采，見者欣屬；鴻飛遵渚，信宿興懷。乃若明公和衷一堂之上，投分屢月之交；開布不疑，宴翰時作；有《黃鳥》、《伐木》之真，無白首、按劍之薄。即一日不見，心各有冲，況萬里睽携，浮雲奄忽，如之何其處情也？然則曩時締聚之歡，祇以綢離日之惊云爾。公車既脂，寮寀出餞，乃相與綜述事意，光表攸行。

叙石南子奉壽大司馬萬公治齋老先生

嘉靖二十二年七月庚申，公自丘園以御史大夫受上徵命，統節南征。浮于江漢，臨于沅辰；觀險于五谿，厲兵乎二省；運籌決策，遣將授符；機以神速爲貴，算以廟勝爲多。乃用十一月甲子，申伐鬼國，肆剪蠻方，探罪鎭筭，校讎銅平。

是時溪峒霜深，苗黨霧結，怙久稔之兇，憑莫當之險。曩在宣德，嘗一剿平，則勞兵十萬，費食一年，故議者每以爲難。公于是止用師三萬，克期四月，遂屠夷穮鬼，割裂巴龍，灰塵瓦礨，蹂轢矇朧。戕木葉，椎雷公，犁都庫，擁穤塘，斬首上千，俘獲過半。繫渠魁而待命，走脅從以圖生。於是山箐失其險勁，間戍得其晏寧；餘威震乎氏、僰，緒烈竦乎莋、邛。爲明年二月丁卯，奏膚于朝，上嘉悅之，晉兵部右侍郎。

蓋苗夷蕃悍，增羨于昔，而兵力所施，翻省于前，事半而功倍，威顯而德并。非夫大道之隆弘，抱文武之略，得附衆攘遠之宜，曷克臻盛如此也？凱旋之辰，縉紳大夫以下莫不郊勞慶讚，咏酬厥美。石南江子方參知浙藩，乃即公壽誕六旬之日，遙以其情致慶讚焉："賦南山之雅，寓萬年之觴；展親戚之義，頌邦家之光。"外史某聞而嘉之，且甚信然其言也，乃爲叙佐其事，意曰：

惟皇上帝，含和秉禧。爰錫善類，厥惟葆茲。在昔先民，欽淑履祥。祈天永命，福壽康寧。顒用考德，故曰德善。降之百祥，非以徼神，惟其合德。不然，何安退貞吉，惟天爲大哉？書籍所載，咸彰此理。稽其最著，則南山皎焉。故邦家之光，德暉普也；萬壽無疆，吉永貞也。

司馬公端亮淵懿，經緯天人，振儀先朝，耀德大位，正議崇憲，恢紀植紘。既而知幾處神，韜光丘園，迹雖晦而名益顯，德既盛而業益隆，故簡命特徵，勛庸載赫。昔仲山甫出則經營四方，入則典司政本，贊命調化，熙鴻罔極。邦家之光，莫闡於是矣。

明公今其以之志曰："宜民宜人，受禄于天。立德立功，宜其永年。"亦萬壽無疆之指也。故愚竊以石南子之言爲信然。

誕辰爲其年十月乙亥二十七日。

叙浙江按察使抑齋盧公晋廣東布政右使

廣東僻在嶺南，爲古百粵之地，唐虞三代列荒服外。自秦略定揚越，戍五嶺，漢益開拓疆圍，而番禺之間始稱都會，歷代相沿，風土寖勝。明興，綜壹四海，畫省分藩，乃叙廣州等十郡，麗廣東布政使司。其地負山抱海，外控交、桂，内鞏荊、吳、閩、越，島夷匝居海中，重譯通道。瀕海多犀、象、毒冒、珠璣、翠羽、銀、銅、果、布之湊，號爲沃饒險阻之區，蠻夷大賈往往挾取珍貨相貿易，故豪猾則通番舶，其次則通山以謀旦夕，或競利則相賊殺，無賴則肆爲剽劫，故盜寇滋多，軍旅數興。蓋東南邊鎮，莫是之重焉矣。然古謂沃土之民多淫，險野之民多盜，亦勢所必爾者乎！

夫更化善治，懷撫震疊，勸導之以禮教，束縛之以刑罰，總其紘枋而盈縮劑量，使吏奉其職，民安其業，鳥獸革面，梯航遵軌，即海不揚波而内化光遠，則惟牧方之臣之任。故牧方得人則邊境安寧，或不得人則往往多事。故朝廷每命藩臣，必慎簡資望鴻碩、材德文武者往莅其任。

嘉靖二十二年秋，廣東右轄位虛，乃晋今浙江按察使抑齋盧公，惟其人也。公秉上哲之資，抱中和之德，蓄淵源之學，宏經緯之才，履道坦夷，持節貞介，繇舉進士歷官兩京刑部郎署，特調兵部職方。時西北多故，大議盡所裁決，廟無遺策，邊竟底寧。陟廣東參議，歷浙江按察副使、布政、大參政，至總憲，皆廉正不苟，仁義並用，貪戾斂手，氓庶安席，群吏順令嚮風，士大夫服德慕誼。及有是命，中外莫不喜説，謂重鎮得人，謂朝廷知公之才之賢。行晋臺省，頡節鉞，據鼎鉉，出將入相，爲國家建安攘之勛，樹興隆之業，繇兹其丕顯矣。

魏劉劭有曰："凡人之質量，中和最貴矣。中和之質必平淡無味，故能調成五材，變化應節。故其人質素平淡，中睿外朗，筋勁植固，聲清色懌，儀容正直，則純粹之德也。"吾每以是觀公，而知公之大受鴻造，榮名茂實，未可涯涘，況其敭歷已暉炳如是耶？公將行，群僚大夫咸相率爲詩，以美榮盛而贈之別。和峰鄒公視余，叙述其事。

送獅山柯公赴河南行省右轄序

孟子書與公孫生言加卿相之位，由霸王之業而不動心也，而曰："我知言，我善養吾浩然之氣。"先儒曰："知言則有以明夫道義，而於天下之理無所疑；養氣則有以配夫道義，而於天下之事無所懼。此其所以當大任而不動心也。"是雖有説矣，然非孟子意也，亦非公孫生意也。

夫公孫生亦知孟子之當大任而不以爲異也，其曰"動心否乎"，蓋私以得位爲樂否也。夫以得位爲樂，則必以不得位爲憂矣。以位爲憂樂者，世俗之情也；以道爲憂樂者，聖賢之所以異於人也。故樂則行之，憂則違之，確乎其不可拔，夫何疑何懼耶？其曰道義則然矣，而曰知言以明之，養氣以配之，是以義爲外也，失孟子意矣。

夫道義者，性之德也，氣之帥也，事之宰也，確乎其不可拔者也。不可拔者，不動心者也。夫不動心，故知言可以俟聖人，養氣可以塞天地。夫聖人可俟，天地可塞，而心有能動者耶？凡有所動於中者，必其道義之弗純者也，故孟子曰：“其爲氣也，配義與道；無是，餒也。”夫“配義與道”者，言道爲氣之主帥，而氣即次焉者也。“無是，餒也”者，言無主帥則氣不充焉者也。氣非内也，義非外也，而曰“合而有助，若襯貼然”，失孟子意矣。

古之口〔四〕夫居廣居，立正位，行大道，中心純乎道義，確乎其不可拔，故得志則澤加于民，不得志則修身見於世，其世之富貴貧賤威武一無所概於其中，而後其言可以俟聖人，其氣可以塞天地，何假於助合？何資於襯貼？予觀世之隨俗以就功名，因人以成事業，類非有居廣居、立正位、行大道而爲之者，大氐皆沿術用智，假合襯貼而爲之，故窮居多戚戚之士，在位希蹇蹇之臣，此所以道德功利之所以分，舜跖王霸之所以異。

夫世衰道微，聖王不作；諸侯放恣，處士橫議；邪説誣民，仁義充塞；異端蜂起，聖道響滅。孟子生當其時，國不能用，苟有用我，則必首闢邪説，以崇正道，抑伯功以興王業，撥亂世返之正，然則所謂“知言”云者，乃得位行道之大端，而非以是而明道義，欲其無所疑也。當是時，惟以行道爲心，不以得位爲樂，故道行則雖受天下而不爲泰，況卿相乎？不行則修身焉爾矣。故可仕則仕，可止則止，可久則久，可速則速，乃所願則學孔子焉。然則動心之談，亦公孫生世俗之見已。

予觀古之君子建功立業於天下，流光明於後世，未嘗不本之道義，行之剛大，而明君簡賢以自輔，俾義以弘化，亦未嘗不斯人求之。然或所用非所養，又往往不若是烈。於戲，難哉！

獅山柯公明允而篤誠，剛大而直方。起家正德丁丑進士，筮仕兩邑，最廉正。徵拜諫議，慨然以天下爲任，封駁建論，侃侃誾誾，不畏不撓，大要距詖闢邪，以明王道。出守寧波、武昌，歷兵憲四川，參藩廣東，所在道行義立，黎民允懷，豪禦慴服。

今歲二月，來總浙憲，紀綱纚布，吏民仰首嚮風，然轉而之河藩右轄矣。河藩居天下之中，處河川之會，宗黨磐殖，供餽日繁。百姓困於徵使，吏不能恤；萑葦多盜，奸人犯法，吏不能捕；頻歲備胡河北，民又怵于兵，吏不能為。以故地稱雄巨，而政事多于他省，故方伯之選常慎簡其人以為之重。公之茲行，實惟其理。然公之巖巖之氣，侃侃之行，卓有似於孟子，由是而加卿相之位，則何以哉？三司大夫咸舉觴以相贈也，而予以讀之《孟子》者申之，兼以考德而問業焉。

送都閫驃騎大將軍巢湖傅侯乞歸序

巢湖傅侯之專浙閫也，令簡政因而軍務平，軍人說焉。明年甲辰，忽上疏陳疾，願乞解印組去，得蒙旨，遂歸。三司大夫僉出祖送之。

文谷子叙曰：“古之將者，受命制閫，申保郊圻，總領方略，戒禦不虞。居常則整伍礪械，鍊氣積威；有事則展采策勛，智勇交布。皆不遑啓處，不敢先身之圖而後國家之急。是為干城之器，方、虎之儔，《詩》、《書》所稱，莫之有改焉。今傅侯既專閫受事，有封疆之司、軍旅之寄，則當體古名將之所為。而乃智未效謀，勇未宣力，即引疾乞骸，息陰丘壑，比逢掖之遯舉，追考槃之緒風，是違啓處而先身圖也，吾惑之。”

傅侯乃力疾頓首言曰：“噫嘻！敬聞命矣。鄙人曷敢以例此哉？然嘗察時以自裁也，則介胄不可以語太平，樗櫟不可以厠隆棟。今皇風清穆，海宇晏閑，麟鳳滿朝，珠璧投野。雖有伊、皋，無所用智，而況武人？雖有尹、南，無所用勇，而況非材？鄙人實抱擁腫之痾，被蒙匠石之棄，冒時而不去，非智也；見義而不為，非勇也。乃今幸得以骸骨歸，方謂荷天地之鴻私，出犬馬之望外，而明公猶詰我以大道，訓我以古彝。鄙人曷敢以例此哉？"

　　諸大夫於是以傅侯始也若非智勇人也，而今乃知傅侯人之智勇也。夫量時而去，孰曰非智？去而不疑，孰曰非勇？古之豪俊，遇時有爲則奉皇樞而吐玄策，擁華蓋而躍天衢；其不可爲也，則亦龍蛇其身而已矣。假使傅侯不去，縱不得立功萬里之域，揚輝三光之高，讚烈名于竹素，銘豐實於景鍾，即磬折取容，守官一面，縮銀黃，佩三組，日與雄藩冠蓋雍容以遊，豈不可哉？然而有不欲焉，則傅侯之賢于人遠矣。

　　傅侯世冑，少嘗業儒居廩膳，後連舉不第，乃襲其先將之廕而歷今官。然其行止之際，誠非讀書體道者不能也。故讀書者非以博科干禄爲也，要之適吾用耳。夫材爲世出，道以時庸，傅侯既自能以智勇律身，則當待時而出，如古名將之所爲矣。余特叙而歸之。

叙贈大中丞净峰張公初從浙之藩參移鎮廣東

　　惟歲癸卯，余奉璽書視籲校浙中，則訪諸寅案而禀度焉。于時歐陽左丞及諸大夫咸語余以净峰張公之盛，其略曰：

　　　　公海岳英琦，珪璋淑質，天粹内融，德暉朗耀。道衍關閩之緒，學傾揚馬之波。是以掄魁里選，上第甲科；儀鳳羽于天朝，布鴻譽于海宇。初至大行禮官，搏心禮樂，揖志夔龍，上疏武皇，讜諫不撓，秉直南遷，亮節逾茂。今上御極，延攬名流，收羅宿望，則起公簿領之餘，置身郎署之上。乃三提文印，闡道東南，兩參大藩，升獻吳粵。有文經武緯之才，玉振金聲之實。既陟中丞，爰授節鉞。開府鄖陽則江漢廓清，徙鎮洪都則聲教赫奕，可謂鄒魯之儒宗，伊傅之匹儔者矣。子問度其若人之思乎？

　　余退，檢案牘，得憲令若干條，乃公曩布學宮，法程人士而有效者。其崇正學則精一之規也，其迪正道則明新之矩也，其正文體則雅頌之所也，其端士習則道德之同也。卓哉！廩廩乎言之維法、行之維則者矣。然非深造洞極，聲律身度，其疇克爾哉？故余也竊有志焉，而未逮也。

明日，以告歐陽子而謝之。歐陽子曰："是所以爲净峰者也。曩净峰以督學晋參浙藩，尋有安南之役，上將命大司馬統六軍以行，而選文謨武略之臣經贊籌幄，于是公應簡命，移而鎮之廣東。方是時，群僚大夫偕有贈言之什，以公亟行，迄今未上。子其叙而述之，以補申章之義，可乎？"余乃述左丞之語，而竊附景仰之私如是。

《崧高》之詩曰："申伯之德，柔惠且直。揉此萬邦，聞于四國。"公其以之。"吉甫作誦，其詩孔碩。其風肆好，以贈申伯。"諸大夫有焉。又曰："高山仰止，景行行止。"蓋某之謂矣。夫身雖不至，而心切嚮往，其誰曰不然哉？

送勿齋婁公赴福建布政左使序

皇帝臨御二十有二載，益加惠海寓，慎簡牧，方務安養元元，用敦化理。維時福建布政左使員闕，執政推上今浙江布政右使婁公調補之，帝曰："可。"除書既到，婁公乃祗承于役，式遄其行，圖卷在束，行李蕭然。而浙之吏民耆老、縉紳先生之徒皆相與祖餞都亭，遮留郊野。仁風四流，義氣群翕，綢繆填委，傾聽駭觀。三司寮寀重盍簪之雅素，光餞宴之有孚，依依終朝，益不忍別，蓋欣其道之行，而悵其伊人之遼邈云。約庵歐陽先生顧外史氏而語之曰："人情之於官也，迎之不若送之之爲真也，畏之不若愛之之爲至也，然而可以觀德焉已。婁公兹行，送者塞塗，愛不遐謂，其至誠而能動，盛德而光輝者乎？而何其得人之情深如此也！"于是外史氏作而紀曰：

然哉！然哉！古稱仁人君子真德實行，循理樂天，其心休休，其政悶悶，其感人動物無所于知，而其入焉者如登春臺而熙熙焉，和而不自知也；如飲醇醪而陶陶焉，醉而不自知也。故大海蕩蕩水所歸，高賢愉愉民所懷。《詩》言“豈弟君子”，傳稱“盛德至善”，豈非然哉？世風趨下，忠信乃漓；吏治蒸蒸，日底于僞。謀利則飭智以罔民，汲名則違道以干譽，生事則多端而動衆，好奇則變常以感俗，上下相蒙，怨惡滋起。故民情有刻木而期不對，去位而恐不速，甚疾之也，而況于愛而送之者乎？善夫人之言曰：“名不貴苟傳，行不貴苟難。權爲茂矣而其幾不若經也，辯爲美矣而其理不若訥也，文爲顯矣而其中不若樸也，博爲盛矣而其正不若約也。”反經以持訥，抱樸而履約，其真德之義而實行之理乎！故通於道者其守約，明於治者其統近。其守約者無弗廣大也，其統近者無弗高遠也。故忠信者，治之本而道之先也。繇于兹者，婁公以之。

公天資惇厚，德性廉謹，忠信而愛人，易簡而不苛。始以明經射策登進士甲第，出知趙州，以廉平寬厚爲治，趙人以和。居三載，徵拜戶部郎中。尋督理糧餉甘肅，廉平以處錢穀，寬厚以與軍士，而邊用足，邊人和焉。居又三載，拜杭州府知府。杭故稱劇郡，公至，壹以廉平寬厚爲治，杭人壹以和，爲作《青天之歌》，其詞曰：“青天兮，昭明赫兮，覆我以無斁兮。”居六載，拜福建運鹽都轉運使。公至，既以廉平寬厚爲治，而又釐察錮弊，疏通常法，品式精明，綜理詳密，商民和之。居四載，拜浙江布政右參政，商民懷恩，爲作《惠我之歌》，其詞曰：“惠我兮何私？去我兮何之？帝弼汝兮皋夔，望閶闔兮懷思。”又曰：“侯功德兮在我閩，水瀄汏兮山嶙峋。起栖枳兮敷戀大綸，怳歌效祝兮衣被陽春。”又三載，而拜布政右使。是時歐陽公爲左使，方以端亮清平爲天下先，而公壹以廉平寬厚相佐治，由是吏奉其職，民悉樂終其惠，故一時稱方伯之良，號公等爲最盛。乃今遷陟閩轄，閩人亦得終蒙其惠，而公之廉平寬厚之化遂大溥于閩，何其盛哉！

初，公之去杭也，杭人思之，勒碑吳山之館。及其去閩，閩人亦建生祠，而勒碑祠中。今蔡司馬候官人經前，許給事海寧人相卿，皆公正不阿，明理達世，而樂爲民撰碑，述公之盛德，甚稱名實，此其今之仕宦所易得哉？然則今日之行固宜無弗愛且送者矣。所謂至誠而能動物，盛德而有光輝，豈不然哉！豈不然哉！昔班固作《循吏傳》，稱黄霸、朱邑、龔遂、召信臣等治郡，所居民樂，所去民思，榮名嘉美，祠祀無窮，此凜凜庶幾德讓君子之遺風，若婁公者何加焉？先王養賢輔治，歷試丕庸，故公卿之選，岳牧攸咨，以歷歷既久，諳□〔五〕益深，通于當世之務，明于國家之體故也。以婁公之寬厚廉平，老成醇懿，將起而登陟臺省，晉而調燮鼎鉉，上佐天子建中和之極，下錫極四海以康兆民，豈不益美盛哉？

于時群公之悵別者咸有慰于斯言，肆用書之以紀其行。

贈退齋先生林公陟湖廣按察使序

按察使總憲一方，或但以爲刑名，是大不然。夫憲者，法也。自天地設位，垂著象法，聖人則而憲之，以成其能。於是範裁百物，經緯萬端，本仁施義，降典折刑，典則截然而不可易，刑則凜然而不可犯。蓋自朝廷百官以至萬民，自家國以及天下，自一時以達萬世，咸循道遵軌，定志順分，君子日進德修業而不自息，小人日遷善遠罪而不自知，風宣教流，上穆下敬，禍亂不作，政治尚德而不尚刑。何也？天理明，人心正，憲法弘也。故唐虞之世，畫象而化；皋陶淑問，謨陳九德；吕命訓刑，務在棐彝。此其憲有所端，不以刑罰，以刑服民，憲失其本矣。故天理不明則人心陷溺，陷溺之民，閔不畏死，故以死懼之，犯法滋甚。然憲豈刑之謂哉？故先王之賞人也非以崇欲，其刑人也非以肆忿，以明憲也。後世憲本失真，議事寡制，虐用其民，一以刑辟，勢至以刻爲明，以深爲公，使天下畏治獄之吏，有疾痛之心，而乃襲取其明公之名，以矜私能，則不止于肆忿矣。此則認刑名以爲天憲者之敝也。

傳曰："正其本，萬事理。差之毫釐，失之千里。"可不慎歟？余嘗索是理於《中庸》，其曰："大哉聖人之道！洋洋乎！發育萬物，峻極于天。優優大哉！禮儀三百，威儀三千。"則憲莫備焉。其曰："待其人而後行。苟不至德，至道不凝焉。"則弘憲康紀，明天理以正人心，使上下揆道守法，截然知不可易，凜然知不可犯。官不訖威，民有懷畏，非是實德，真達治體，則毫釐千里，幾何而弗差也。

林公稟明允剛正之姿，述唐虞三代之德，道以中庸爲依，學以廣微爲致，本自延閣高賢，秩宗典禮。始敷教浙中，後飭兵潁上，並光昭文武，允憲兼資。既復敷教廣服，參政浙藩，益克終政教，憲化罩流。比湖廣按察使闕，天子特命公往任持總其憲，以綏豐芑之原，誠甚榮遇矣。然憲法所在，人人皆得而奉之，皆可以明天理，正人心，顧復有不然者，或官守之專分不一，憲本之省不省殊爾。治體好尚，風化影隨。豈有迫驅，亦曰表正。表正之常，是爲天紀。調天之紀，以回民懸。以貞師師，以肅泯泯。由乎此則爲天理明，人心正；不由乎此則爲匪恒，爲弗貸。其孰曰不然者？若云臺憲之臣但以刑名，則害禮傷教，誣君子體道經世之誠，開小人以威虐恣睢之僞，世道之污隆繫于此矣。昔子產鑄刑，叔向誚讓，世衰道微，邪説暴行有作，孟子正之。雖其時事不同，要之皆闡厥憲。今公之總是憲也，事專而位尊。事專則易舉，位尊則能信，當必象大《易》風雷之益，取四序春秋之理，推孔孟救世之心，顯聖王垂憲之意。晋而執衡司鉉，匡運格天，一弘憲如一方，而百官萬民、天下萬世莫不同景光烈，則至德之修能，凝道之實事，所謂"待人而行"，誠有待焉者。

昔公之備潁也適代予，今予復從事公後，故竊契公之賢，而知興道之易易也。時公便南邁，三司大夫咸有贈言之托，因輒漫次臆語，附而請裁。

贈葵峰黄先生晋浙藩少參序

余南遊于浙，而修取友之學，于憲僉葵峰黄子則得其談《易》，與其尤長于《易》之政焉。葵峰子之談《易》也，比于今所傳章句爲有發揮，守墨之士所不得而喻也。蓋其意一本之心極，所謂"聖人以此洗心，退藏于密，齋戒以神明其德，寂然不動，感而遂通天下之故"，而以變以占，以象以辭，悉存乎感焉。故曰："吉兇悔吝，生乎動者也。"君子貞，所以感之者必慎乎動，故終日乾乾，不息于誠，而懲忿，而窒欲，而遷善，而改過，而素位而行，而不願乎其外斯求，易于心而易其幾矣。守墨之士，執其象不反其心，泥其言不惟其意，居常啓嚄授徒，號爲講肆，投試操管，命題輒數篇可立就，小者叙高等，大者取甲乙之科，亦明經矣。然或當進退之際，臨利害之交，昧知幾之神，忘處命之義，雖多，亦奚以爲？是故守墨之士所不能喻也，而余于是得稍喻之于懷。

葵峰子之爲政也，亦一本之心極，而能體時而率物，因地而施理，遏惡而揚善，損過而就中。且貞固之幹，持以不搖；變通之宜，行以不倦。故筮仕大邑而惠敏敷，晋拜諫議而嘉謨著。出僉浙憲，救興屯理，兼攝諸道，履載三年，而風猷允塞，紘紀咸清，蓋庶乎亹亹成務，隨時變易以從道者矣。是故其政爲尤長于《易》也，而余之喻于懷者益于是乎有資。

乃甲辰二月，葵峰子陟參大藩，不遠浙中而徙鎮焉。則余聽其談經而觀其善政，當亦不遠省閣而得之，雖稍離析，非遐阻暌，則分袂之期，猶若聚首于一堂也。然追惟曩時，同廨宇數朝夕，聯鑣並衡，宴語稠互，自謂密親。及其吏案牽纏，行縣委迫，旅去旅來，若春燕秋鴻，間不相見者屢焉。況官守既分，齋署攸隔，即日在省中，亦已握手無及，況復有吏案行縣之擾耶？乃知古人歎室邇之人遙，懷嘉會之靡常，良有以也。既而葵峰子果拜表還京，自夏徂冬，方始來晤；晤未幾，復東行郡縣去，是爲乙巳。今春盡，夏且復闌，欲握手如昔，遂已寂寥如是，況復千里外耶？

方葵峰子升日，憲長柯亦升，而藩臬歐陽公等亦漸升別去。今司中舊僚，獨余與石南、白石、盤峰在耳。聚散之際，能無感懷？雖然，聖人之盛德大業莫備于《易》，而葵峰子日以其道進德修業，功光堯、舜，緒烈周、孔，而余之所以友其德者將無窮焉，抑奚聚散之足云也？諸大夫是時咸有贈言之託，而余乃自述此詞。大夫曰："嘉哉，葵峰子之德之政！吾輩亦皆資之云爾，豈曰子取之乎？"遂書列簡端。

《浙江鄉試録》後序

嘉靖二十有二年癸卯秋八月，浙江省臣例舉鄉試，事成，録所選士九十人及其文二十一篇以獻。某以執事，當叙諸末簡，于是作而言曰：

大哉，人文之盛乎！惟皇建極，惟士乃興。故雲漢章天，俊髦所以延譽；菁莪闡化，英人所以樂成。蓋神化潛乎，氣類響應有必[六]。而政有象焉，綱紀章也。于是吏民大悦，咸願企其有成，忽復陟河南左轄去，吏民乃大惜之。公初以監察御史按部浙中，光闡風猷，吏民懷畏。其後東觀風齊魯之墟，西分陝而治，中總憲河南。距由河南而來茲也，蓋逾一紀矣。故人心思舊德，悅新理，而又惜其遄邁如此云。言邁之辰，白露初霜，寒氣總至，江潭送別，朋寀悲離。何以贈之？曰余有言。

夫先王代天弘化，列官資理，寄以風猷，屬其光闡。于是有宣條布憲，育德厚生，專厥苞御，靜以歲月，俾其下視聽審，固心志寧一，然後群吏仰式，而蒸民遵軌，罔敢携貳而淑于化。是故官師有相乎天道，君上成享乎歲功。何也？久于其道而天下化成也。道之弗久，雖美弗宣。弗宣弗著，又奚化焉？故孔子曰："苟有用我者，朞月而已可也，三年有成。""如有王者，必世而後仁。"蓋思大化而歎其有用也。今上求治皇皇，端理化機，而官材辨治，雲從林立。然宰相擇賢而處，恒若寡儔；拔德而任，猶恐不速。而德賢之士又自惜其抱道屢遷，不得須其化于一方，而人心幸遭思化，卒亦不果于成。余常繹之，而不得其故。茲于畹溪之行，竊有睹焉。

蓋緣督之理，可以守經。至求治緩急之際，則人才淹速繫之，乃聖人與世□者。肆多士之呈藝而興也，皆鴻材利器，通經雅詞，下抒江海之靈，上煥斗牛之曜，積于藏修而徵于遴選，彬彬稱甚盛焉。故有司錄其名氏，以廣其聞；錄其文詞，以顯其學。而又宴之鹿鳴以樂其賢，升之天府以達其用，則多士之拔茅升階，鴻儀鳳翻，斯有時矣。然亦因鹿鳴而思所以為嘉賓者乎？彼固皆育于菁莪，作于雲漢者也。當周之時，其政尚文，士生其間，宜文習盛麗，樸厚稍漓，然王者篤禮義而求大道，則曰："德音孔昭，視民不恌，君子是則是傚。"而嘉賓樂治世而願明主，亦曰："民之質矣，日用飲食。群黎百姓，徧為爾德。"夫厚典惇禮，憲世淑民，非至德，其曷成之？故知周之君以望乎臣，周之臣以承乎君者，一惟純德以為本，而渾化以為功。其所謂文，特用救夏商之敝焉爾，而非所以為教也。

今多士涵濡聖化，光顯藝材，既定其論，將承其官，君子望之，小民傒之，茂哉稱嘉賓矣，毋乃盛麗之習而樸厚之漓乎？夫雕文刻鏤，傷農事者也；錦繡纂組，害女紅者也；繁禮縟儀，虛談僞行，戕士德者也。農事傷則飢之本也，女紅害則寒之原也，士德戕則靡之極也。可弗慎與？夫周之詩有曰"豈弟"，曰"顯允"，曰"馮翼"，曰"孝德"，曰"文武"，曰"肅雝"，皆厚于其德而不漓者也；有曰"詭隨"，曰"夸毗"，曰"彊禦"，曰"掊克"，曰"忮忒"，曰"譖背"，曰"回遹"，皆習于其文而流焉者也。多士其鑒審于玆，如農之植本務滋，而其積有茨也；如織之恤緯務績，而其束有荑也。斯昭德塞違，以臨示百姓而民不諭，以表義位著而君子法之。爲龍爲光，爲圭爲璋，儼然盛世之嘉賓焉，豈不韙哉？如以其文而已也，吾懼其或流而靡也。其可以弗慎與？其可以弗慎與？

校勘記

〔一〕"六經"之後，《經義考·通說三·說經下》引此文有"者"，當補。

〔二〕□，底本漫漫不清，據文意似當作"顧"。

〔三〕"子曰"，據朱熹《中庸章句》，下引"子曰"、"又曰"云云，皆"子思之言也"，此當作"子思曰"。

〔四〕□，底本漫漫不清，據文意當作"丈"。

〔五〕□，底本漫漫不清，據文意似當作"練"。

〔六〕"有必"，疑屬下句。又底本此句處於三十頁末，與三十一頁"而政有象焉"、"公初以監察御史按部浙中"云云不相銜接，疑有脫誤。

《起俗膚言》序

夫俗緣教而成者也，故化俗之理務在端教，道政齊刑非其所先。粤若唐虞之世，其民淳穆，遜于五品，畫象不犯；桀紂之時，其民頑暴，不遜于五品，日誅殺之而犯。豈其性有殊？教不同也。及湯興，代之以寬，文武反之以仁，則頑民回面，暴者改心，此豈教有加益其性然也？教則牖之云爾。譬牖，其室暗，則光復而暗亡也。故端教之機，牖民孔易，視法殊軌，則效嚮異趨矣。

朝廷以風俗之事命親民之長，厥惟守令顓其橐籥，然或宣揚舛聲氣之元，鼓動衍應感之節，則視聽攸惑，習慮徂遷，竆宭嚚訟之類興，而孝悌忠信愧讓之本衰矣。議者率云寬政民慢，抹之惟恐不猛，於是而壹屬以政刑，如療沈痼，亟投峻餌，或稍緩于目前，而元元者急矣。如兹而欲起彼澆薄，登之渾厚，豈不難哉？矧令條之匪厚也？夫渾厚之道，民性本函，習而貫之，乃成自然。正如所謂暗室，梁棟壁題，几席帷杖，無物不備，無庸不習，特扃牖未闢，則成蒙冒，有以牖之，便畢朗通。故端教之機，牖民孔易，以此象彼，或無遼焉。記曰："移風易俗，莫善于樂。"樂者，樂也。樂者，性也。性者，教也。教既爲民樂矣，俗豈有不易哉？

余謬總黌序之憲，有觀省之司，比東校藝括甌，與諸生綜文質之際，問郡縣之政教，乃還稅諸暨，諮緒山子，論學紫山，而縣尹履祥等方錄其紹興太守蘇君之《起俗膚言》四十條，以視法縣之人士而教之。余既善尹之循理而章教，而因紬攬太守之書，則知宣風不舛而動物靡愆，會稽之俗當繇此起云。《詩》曰："周道如砥，其直如矢。君子所履，小人所視。"《膚言》陳宗廟、名義、祭祀、燕享、教養等物，較然正直。不有君子，小人曷視哉？

送冲庵先生歐陽子參知蜀藩序

夫括甌之阻，大江之東藩也；岷梁之隘，西南藩之最也。天子簡封疆之臣，綜戎憲之事，不有達才，曷克兼資者哉？歐陽子者，天才之達者也。道姿冲睿，德輝朗宣，博雅閎聞，神識藻鑒。自登進士，歷水衡，影纓朝署之間，延首垂衣之化。當是時也，群才等迹於鳧雁，特達韜理乎珪璋。及出副浙臬，專奉璽書，重鎮封守，則投大之會而歷試之期乎！夫人負大則求荷於力，受試則必有所艱，求其中無震動，外無張皇，而雍容以居，而閑暇以處，自非特達，豈不難哉？

歐陽子自開府以來，三越歲於茲矣。吾觀其居常談笑樽俎，點染篇翰，登高臨深，劉攬周聽，一若無委於吏局，無事其才能者。然其飭軍旅，表官屬，斷案剖辭，防警察奸，則如操刀而割，悉中肯綮之會，合于桑林之舞。是故東藩之理清静寧一，不大聲色，而盗山之徒、舶海之寇日衰止焉。而後知歐陽子之才爲天才之特達也。

頃拜新命，參政蜀藩。夫蜀固西南要隩，擇賢才以資屏扞，然得是人而達之，何有哉？古詩稱："玄王桓撥，受小國是達，受大國是達。率履不越，遂視既發。"美哉洋洋乎！達其至矣。是故深識可以極微，博通可以運廣，不越者式遵其軌，既發者無出其機，而後掌布之績光於虞庭，大治之休垂乎殷祀，殷人頌美升歌，原本盛德，而章之曰達，是故司徒之政萬世可知已。

季康子問："賜也可使從政？"孔子曰："賜也達，於從政乎何有?"是故君子不患乎無政,而患乎政之未達焉爾。歐陽子學仲尼之道,有志三代之英,宜其達於政事。然由賜之優,進司徒之盛,將無施而弗溥□[一],有光乎前烈,蓋由茲其選也。初,歐陽子既駐括,僚友悵不數會,或歲間往來,輒留止浹旬,宴語闌夕,依依不忍復去,是亦達之徵也。今西去蜀萬里,意何以堪?然達則無間於心,當□□[二]其別云。

傳曰:"'棠棣之華,翩其反而。豈不爾思?室是遠而。'未之思也,夫何遠之有?"其達心之謂乎?是時群公大夫出湄飲餞,咸紆此心,遂本贈言之義,而爲永懷之慰云爾。

送月山楊君赴清浪軍參戎序

維世天清地寧,偃革修藝,垂百七十,學士大夫壹意文憲,車騎材官晏然疆陲,飲馬射雉,終歲不肯一戰,而武功不劭,將略韜諱。大司馬推轂徙鎮,一以歲月爲資勞而已,而圉臣之任稍與漢殊。然或倉卒有事,則介胄之士急於星火,庭推閫授,弗遑日夕,亦其勢然哉!昔歲庚子,匈奴掠過雁門高闕。辛壬癸甲四歲,無歲不過。南渡漳、汾,東瞰紫荆,西登黃蘆,皆流火時來,草死後去。當是時,羽書如月,甲士如雲,猶無益于折衝,不能當其傷破。何也?兵策久安而素定未重也。

然則制勝于無形,應變于不測,取之乎無窮,用之乎不竭,非有鴻謀駿烈,知名蓍計,一旦而欲委副,猶云難矣。史有之:"非信廉仁勇不可以傳兵論劍。與道同符,内可以治身,外可以應變,君子比德焉。"於戲!鴻謨駿烈離信廉仁勇奚以哉?皇帝垂神外攘,悉意虎臣,大司馬每上將領,必謹擇其人,大略先此四者。去歲浙閩闕人,用月山楊君。楊君來則有文事以濟武備,聽其言詞,覽其事采,則有本己之學問,其師授則從陽明公遊也。夫陽明之學,以良知爲天德者也,曾以其學行兵定禍,稱如神焉，而非書生之纂談也。廉者，德之辨也。信者，德之固也。仁者，德之宏也。勇者，德之毅也。皆知之而後能行之者也，楊君有得于是乎！今歲清浪闕參戎，又用君往。君之往也，必廣運厥學，訏闡令猷，宣威障塞，過逖鬼方，用戒不虞，以綏南服。夫今日鴻駿之士，知明而蚤計，注意上將，在此一行。楊君其勉作功名，慰故舊哉！

　　是日新雨已，天暉明靜，三司大夫咸出送楊君浙河，以楊君好文，多篇章之贈，余叙此數語云。

別　叙

　　余與龍巖趙子偕登今上壬辰進士，其年余外補督學使者，分陝以西，龍巖選翰林吉士，授秋憲，尋改秩宗禮官，闃然不相聞者數年。後各遭遇徂遷，或沈或浮，或憂或喜，如驚禽斷梗，栖流無定，闃然又不相聞者數年。逡巡到於癸卯，余稍從河藩遷，督學江東。明年甲辰，龍巖亦起復，來補江東憲使。兩人闃然十載餘者，裁一旦晤語之耳。夫同生百歲，離日已空十載，能無慨乎？兩人既相晤，又同寀署，遂得數晨夕矢心，期簿書之隙，復綜理學問，庶乎《文言》所謂“忠信德業，乾乾終日”者。然余性疏淺，志有存而行弗逮，龍巖性深醇簡密，日行與志俱余則師之云爾。要之厚勵之機，善信之意，則如斷金嗅蘭，由由然相入而不自喻也。因追歎朋友，綴天命，紀人倫，王者不得則不興，君子不得則不成，有以也哉！顏、曾、閔、冉諸賢修夫子之道，合志同術，至終其身，不忍離去，有以也哉！然則思吾十載之前，良可慨矣。

　　今年丙午，龍巖當進表上皇帝壽，余亦且有秩滿之代，則一行之後，良晤復已中輟，度其來日，又安知非往日耶？此楚老悲離之旨激於樂知之深，魏公索居之僻差於離群之久，而余與龍巖之心遂益繾綣慨惜，不能自得。前月孟陬，龍巖未行，余將閱嘉、湖，龍巖曰：“吾將行矣，恐不及面子也。”乃連日酌余，又夜送余過關，歌“于女信宿”。仲月，余來自嘉、湖，龍巖未行，又將閱寧、紹，龍巖曰：“吾將行矣，恐不及面子也。”乃連日酌余，又夜送余過江，歌“瞻望弗及”。時三月二日也。余行二日，到于會稽，雨夜下燒兩燭靜坐，回思龍巖與余別者，酌之，送之，信之，宿之，瞻之，望之，神留意眷，色愴情傷，歌聲貫金石，義氣薄雲天，竊攬古書籍，密親懿友，登臨悵別，蓋未有也。而余奚以得是於龍巖？龍巖亦奚取於余哉？夫世態嗜榮與利，嗜驕樂，嗜稱譽，嗜善柔，嗜黨伐，故肩袂易投，必其人之與也。而余貧賤木訥，舉世不之比數，獨龍巖有取焉，則君子之所嗜可知也。夫人之嗜好，凡物欲皆有厭斁，獨道義之悦不然。故詩人有言：“心乎愛矣，遐不謂矣。中心藏之，何日忘之！”夫忘且不能，矧厭斁乎？

明起試士，中心惝惘，如有所失，乃抽紙筆，叙寫別端，顓吏報上龍巖，且代余候送至西水。又賦《雙鶯》一篇並上。又憶龍巖嘗命余叙説其號，今因極道義之事與《乾》爻九三之學，則龍德而正中者，非龍巖之名義乎？夫龍至陽之精，無欲而靜，故能隨時而動，動與天合，乾道變化，品物流行，遠邇幽明，出處語默，無不潛通，皆是物也。巖則高莊，而龍宅其中，乃居中應化，龍之所以神也。龍巖以之。今別矣，則山川間之，歲月邈之，勞心忉忉，曷云能來？譬諸亢旱之時，天地閉塞，山澤不通，人民皇皇艱阻，俯仰無門，而神龍一驤首附[三]翼，則浮雲四流，霧雨咸集，當是萬里之通，一息可遍。然而忠信之德，神龍也；道義之情，雲雨也。人已賦形受役，山南海北，安能長握手不相離者？顧忠信所託，道義至不至耳。若龍德之雲行雨施，固無弗至者也。今別矣，復何言哉！余志存而行不逮也，則勉之；龍巖行與志俱也，則安之已乎！

贈督學紀山曹公陟參江藩序

紀山先生稟淵哲之上資，佩精一之正學，特達表荆璆之重，環琦挺衡岳之高，故德行純備，經緯夙成，才兼述作，道足楷模。蓋天爲世理，篤生鴻俊，俾之敭歷，以宣以蕃，文命覃敷，國鈞攸賴焉矣。方今上臨軒策士，開館延賢之辰，先生乃應運合符，登崇躡華，實所謂鏘然而韶濩鳴，蔚然而鸞鳳翔者也。是故金門玉堂，推高文大册之英；石室蘭臺，妙秘書執法之選。既而按部南邦，遍于江浙，攬轡登舟，並見肅清。

時海内多虞，要公弘濟，乃出守河藩，進使晉臬。尋專奉璽書，宣叙彝訓。惟是晉鄙，僻處荒隘，三聖攸邈，九原不興，士生其間，靡所見聞，是故師心緣俗之習滋，而成德廣業之致泯矣。常痛《葛屨》之謠陳彼魏風，楊惲之書陋此西河，覩習俗之固移，思化工之丕變，乃遂近逢嘉會，蒙被烈光，提正印以主盟，開心極而闡範。謂錮蔽不可以明善，則示之以講學；謂卑污不可以致道，則示之以明志；謂越履不可以敦行，則示之以迪倫；謂剿説不可以綜文，則示之以本經；謂求材貴廣，所以□〔四〕之則多，蓄以鼓其機；謂考課貴精，所以□〔五〕之則□，□〔六〕以稽其效；謂碩果不食，雖老生在所棄遺；謂後生可畏，雖童子亦必與進。至於登高作賦，推誠體物，言出爲章，動罔不吉，令聞者聲入而神依，見者容接而心向，乃道均貫一，義齊吹萬；所謂興觀群怨之際有感必通，動靜語默之間無行不與者也。然即其寬而有制，則司徒之敬敷也；博而能約，則夫子之善誘也。於是三晉之士其悟也如夢之覺，其從也如水之流焉。

乃先生誕膺簡命，參政江藩，駕言行邁，委講輟論。是時學官弟子悵然茫然，若隕若墜，郡守而下罔不同情，因徵余言以寫其衷，余以意應之。先生之生以名世也，以弘道也，其諸所敷布皆欲匡一世使之平，揭斯道使之明，而其精切廣大之旨，皆寄與諸生，乃自心之本然，非外物之假借，所謂歸而求之有餘師，擴而充之不可禦者，惟在服膺而勿失之耳。不然，覺者復夢，流者復塞，雖聖日與之居，亦迷途莫之返也。若先生之遠心沖度，贍智宏能，出乂藩維，入司鼎鉉，德盛業隆，參光配岳，則讚之不能增其高，數之不能竟其大云。於是郡守師生咸唯唯顒顒，遂軸而書之，以申帳餞。因憶先生按浙之日，余屬吏文學；及補河藩，余又忝丞署。草木之味，偶定交於五言；雞黍之情，竟如約於千里。念人生之幾何，而所遇亦已多矣。故贈言鴻飛，不覺離緒之翩翩也。

贈羅江陳公總憲江西序

初，晉之民庶富而可教者，河東爲上，冀南次之，冀寧又次之，而政事之難易因之焉。近胡寇深犯，災沴荐臻，內繁賦役，外劇邊防，政煩教微，人不興行，蓋所謂遮者凋，富者耗，而可教者亦寖荒矣。舉其政事之難，則冀南爲上，冀寧次之，河東又次之焉。舉冀南之難，則汾其尤乎？其地近塞，其供役每先於列城，其治近省，其督責每先於群吏，而又宗藩盤之，食祿冗之。於時吏民皇皇，日不暇給，欲政之不煩，教之不微，不可得矣。

乃嘉靖三十六年，上命羅江陳公參知政事，分守冀南，開府汾陽焉。公下車之始，即深察民隱，允釐吏治，其所以推恩布德，除奸祛暴，壹以惠養元元爲意，而吏奉法、民安業者日丕應丕變焉矣。始臨問諸生，大要以德藝爲上下。德猶本根，藝猶枝葉，德即和順積中，藝即英華發外。適見諸生多朴略少文，即爲文多不中，於有司問其學，故茫然不對，曷不反而求之心乎？孟子有言：「學問之道無他，求其放心而已矣。」心苟不放，則德也者德此者也，藝也者藝此者也。□〔七〕而盈之，聖同天乎！如斯而已矣，而奚舉子之業之憂憂乎哉？於是諸生覥然汗出，勃然思所以自求也。

三十七年，上擢公總憲，爲江西按察使。當其啓行，吏民與師生咸共攀戀，靡靡搖搖，如失所天。諸生方思奮緝學，期永服訓言，徵野史述詞以奉揚大君子之光惠，胤乃述其私所見聞者而著之言。夫保釐明弼，在岳牧則稱其仁，在臺省則推其義者，盛德之至，熙載之光也。我公名賢宿望，其德忠肅而恭懿，宣慈而憲和，行見亮采於虞庭之上矣。

鄉耆趙翁七十壽序

余讀夫子"父母之年不可不知，一則以喜，一則以懼"之訓，以爲此亦人子之恒情耳，而聖言垂憲乃如是之諄切，何耶？及讀孟子"人少則慕父母，知好色則慕少艾，有妻子則慕妻子，仕則慕君，不得於君則熱中，大孝終身慕父母"之言，而後知孩提之童無不知愛其親者，良心之始然也；及其感物而動移，隨事而遷改也，斯有不愛其親者矣。不愛則不之慕也，不之慕則不知之也，不之知則其喜也孳孳焉，惟得其私之爲也；其懼也孳孳焉，惟不得其私之爲也。一心之微，衆喜紛之，群懼殽之，幾何而能及其親也？昔者子游、子夏、曾參同受教聖門，求仁體孝，以事其親，然游或優於飲食而短於敬，夏或長於服勞而少於色，求其善養志者，則參焉一人而已，其餘固已難矣。是故夫子之教人孝也，自知年始也，蓋自良心之愛易知易能者發之也。今匹夫匹婦雖號稱至愚，然於其親之生日也，必有以樂之而爲之拜焉觴焉；雖身處異域，亦必感時興愉而爲之憶焉喟焉。何也？良心之不容泯也。然則感發人子之良心最爲切近而易曉者，莫大乎知父母之年矣。知則能愛，愛則能慕，慕則能養，故一日之養重於三公也，如之何其勿喜？三秉之榮不俟終日也，如之何其勿懼？夫百年之內，喜也以吾之養親之日永也，懼也以吾之養親之日有限也，乃孟子所謂終身慕也。曾之孝，舜之大孝，繇此其廣之也。是故聖謨洋洋、嘉言孔彰者，百行之源也。誦法孔孟，表裏詩書，介親之壽，永保康福者，萬夫之望乎！

　　鄉進士趙文岡子聰敏誠懿，夙能孝養其親，蓋身體先聖知年之訓而有得者。茲於其尊翁七旬之歲，令誕之辰，奉觴稱壽，以展家慶。情文爍於襕彩，孝養芬於鼎頤，而同遊之侶，通家之舊，各以其豹蔚之文、鶴箕之祝彬彬而來也，所謂“躋彼公堂，稱彼兕觥，萬壽無疆”者也。太老先生目睹蘭桂森庭之儀，耳聆絲竹侑觴之響，心和錫純聚順之致，神遊無懷葛天之野，陶陶焉，融融焉，不知老之將至云爾。望者以爲仙也，而文岡子之喜焉而可以無懼懼焉，而可以長喜者，亦可知也。然世之欲如曾子之孝者，窮居可能也，以祿養不可能也；欲如舜之大孝者，窮居可能也，以天下養不可能也。文岡子羹墻思舜，三省學曾，既以登氏賢書策，名天府矣，行將躋臚仕，祿萬鍾，日羞五鼎之珍，以隆愛日之誠，其誰不曰文岡子之孝不可能也？雖然，曾子不爲窘身以約其親，文岡子亦不以未仕而不爲親壽，其仁孝之志亦已不可及矣。故曰：萬夫之望，文岡以之。

賀憲使譚子家慶四壽序

　　在昔上古，淳穌沕穆，神極統天，精機肇世，五氣清平，萬有孚協。當是時，人生其間，上被三光，下遊四序，無有夭閼，性命永延。故謂天下爲壽域，以天下皆壽長也。是爲泰穌之盛在天下。中古則不然，五氣間不清平，萬有間不孚協，故風折木而淫稼，大浸稽天，大旱流金爍石。當是時，人生其間，內慾外勞，多有夭閼。或大荒之野，無何之鄉，其教不爲，其民寡營，合乎元和，葆乎混沌，乃有玉禾醴泉誕生川谷，人茹飲之，悉老而壽，故亦無有夭閼，性命永延。故謂其國爲壽域，以國人皆壽長也。是爲泰龢之盛在一國。下古則又不然，五氣參差，萬有糅錯，災異荐臻，嘉祥希覯。當是時，人生其間，縱情嗜慾，迷心鴆毒，爭名競利，毀道破德，干戈相尋，詎詎翕翕，乃形神雙敝，墮賈六極，故鰥寡孤獨者戶有，而疾瘝死亡無空日也。或十室之信，上仁之里，其道躬行，其德處善，合乎元龢，葆乎混沌，乃有天慶積于厥家，父祖子孫康彊逢吉，眉壽相望，春酒載堂，詩書禮樂照耀階序，子歌《魯頌》篇，孫上《南山》章，亦無夭閼，而性命永延。故謂其家爲壽域，以其家皆壽長也。是爲泰龢之盛在一家。在天下者皇，在一國者王，在一家者昌。

　　西蜀譚使君家，累世忠信，服行上古之道，躬修善德，不染世氛，含元履順，均體泰龢。其先世既皆壽考，乃今大父金沙翁與其父大理公及祖母與母氏太宜人俱劭德高齒，白髮蒼顏，並懋堂上，齊樂林間。而使君方弱冠登朝，取進士上第，南官大理，天下稱平，東僉浙臬，江海揚清，實演家世之休風，而纂善慶之鴻緒者已。惟金陵浙江去西蜀殆八千里，使君則時時懷望，言：「昔衣褐之日，家門清宴，閭井安和，四老人在堂，每日晨昏及歲時節令誕生之辰，問安拜慶，未嘗不在諸兒孫之列。而今望之青天白雲，正勞我心耳！」于是歲遣人一上家慶。在南都時，都官大夫咸有四壽之賀，茲在浙也，其誰不思賀哉？夫賀壽之義，頌禱之禮也。余覽曩之善頌與高年，蓋未有一家而四壽者，今蜀譚家慶四壽，所謂泰龢之盛，不在斯乎？不在斯乎？泰龢絪縕，輪菌彬芬；日月得之而久耀，金玉得之而長存；靈芝燁其三秀，神鳥翩其五文；物無稟而不瑞，人何壽而弗昌？爰省斯旨，式揆厥祥：鑄齡則壽，蓄德則章，承家則孝，輔世則良。弘茲四者，而後謂之昌。然則使君之上家慶也，尚以此哉！余故著冊書，代諸賀者言。譚使君名榮，登嘉靖戊戌進士，時爲按察僉事，別號少嵋。吾先子有言："始於事親，終於事君，立身揚名，以顯父母。"少嵋之謂也。

重刻《文章正宗》序

《文章正宗》三十卷，余既選工雕印，布令學徒與舉業兼資習之，乃復告語其意。

夫文章爲教，自六籍已然。蓋聖人之道，本神其所顯設，故自皆成文。一天之垂象，而三辰曜如也，故六籍所載皆聖人之道。道者，正宗之謂也。惟學者以道求之，則凡文章皆聖學。若止以文求之，則必支離乎道，將亡羊多岐，喪珠赤水，遂使神理微滅，聽聽焉日見虛華而悅之。夫虛華者，無宗之文也。凡物無宗，猶之乎不繫之舟與行潦之水，易爲飄蕩，故人悅之，無不飄蕩其心志者，直欲假之以要紆青紫耳。即茲意已不成章，尚奚復他文有耶？

昔子貢以文章學聖人，而謂聖人者多聞人也，多知識人也；及見其與顏子而默之，則知聖人非多聞而無弗聞也，非多知識而無弗知識也。乃有宗焉，而舉物不能出之，於是乎反之而貫於一，故曰"夫子之文章可得而聞也，夫子之言性與天道不可得而聞也"。是言可得而聞者，正不可得而聞者也。合一語也，是爲得聖人之宗。惟得其宗，則載籍之間皆性道，性道之外無文章矣。西山曰："士之於學，所以窮理而致用也。"文雖學之一事，要亦不外乎此。故今所輯，以明義理、切世用爲主。其體本乎古，其指近乎經者，然後取焉。否則，辭雖工亦不錄。其義蓋辨乎此。若學者徒以文之體指與其本古而近經者求之，則謬倍甚矣。故有正宗焉，不可以不察也。

經自嘉靖甲辰孟夏，而於仲秋之望落成。諸所督校，咸識名左方。

重刻《唐詩紀事》序

《唐詩紀事》若干卷，舊叙是臨邛灌園居士計敏夫字有功所集，而爲懷安假守王禧字慶長鋟置郡齋，時記嘉定甲申。年代既遠，印版磨滅，或無再刻之者，故其書罕存。即有傳者，但鈔本爾，嗜文之士意恒闕如也。嘉靖乙巳，錢塘洪子美氏釋宮寀玉絳之班，理家園竹素之業，得笥藏懷安初本，遂爲雕繕，久之成書。余覽而嘉之，且善其紀事之意，叙曰：

夫詩以道情，疇弗恒言之哉？然而必有事焉，則情之所緣起也，辭之所爲綜也。故觀于其詩者，得事則可以識情，得情則可以達辭。譬諸水木，事其源委本末乎，辭其津涉林叢乎，情其爲流爲邕者乎，是故可以觀已。故君子曰："在事爲詩。"又曰："國史明乎得失之迹。"夫謂詩爲事，以史爲詩，其義臚哉！然自性情之説拘而狂簡，或遂略於事，則猶不窮水木而徒迷騖乎津涉，蔽虧乎林叢，其於流邕益已疏矣。故孔父又言"致知在於格物"，孟子誦《詩》必論其世。且如虞有《卿雲》之歌，弗稽《大傳》，曷知其爲禪夏？漢盛五篇之詩，非考《兩都》，又焉得其鴻典也？故善學者大通而無閡，不善學者小見而多離。《詩》從删後，豈展無之顧？《大雅》雖闕，然歌咏之事可考而繹焉。唐俗尚詩，號專盛，至其摛藻命章，逐境紆翰[八]，皆情感事而發抒，辭緣情而綺麗，即情事之合一，詎觀覽之可偏？宋興理學，儒者偏鄙薄詞華，覆[九]又推杜甫等，而以格調聲律爲品裁。然但言理而不及事，豈與古人説《詩》之旨同哉？今高材切慕其成説，競依憑其籬下，掇拾其緒餘，及博討唐篇，如窮水木，或不喻其時代與人物，是既不曉事，又安識所謂道情者？與夫所謂聲調者，亦竅言也已。然則《紀事》一書，其藝流之源委，文苑之本末，利涉之方航，發蒙之朗若者。嘗觀集唐詩者奚啻什數集，紀事如有功者少；刻唐詩者奚啻百數刻，紀事如子美者少。余故嘉善，作此叙詞。《詩》三百篇，毛傳蓋其紀事，今爲考亭所紬，然欲究遺經，當必考之。

子美名梗，歷詹事府主簿。

《薛詩拾遺》序

薛先生稟上人之資，體先天之學，蓋自考功郎中請告，閉户著書，垂十九載而亡。然其道極底于玄，故其書多微言精義，時人莫能測也，先生亦罕出示人，故既歿而其書罕傳。今所傳者，裁《老子集解約言》及《考功集》而已。余往在大梁，使人吊先生於墓，求書其家不得，得遺詩若干于朱灌甫所。至浙多暇，刻存往懿，謂之《拾遺》。然雖屬短篇，顧其稱指亦已玄矣。

初，余嘗讀《考功》，感而賦之。其詞曰：

余往歲丙申，初謁考功于譙城大寧齋中。考功一見余，即莫余逆也。留飲闌夕，賦詩見志，後數往來，並喪爾我。既余別先生去，而先生亦與世別矣。先生精契道本，神領聖宗，當朗曜天庭，燭世迷暗，然河清難俟，嗟乎！嗟乎！獨其書存耳，兹卷不與焉。卷中賦《洮溪硯》一篇，乃先生攬物懷余。夫先生懷余，余可得；余今懷先生，先生其可得耶？展卷揮涕，言不成章。

一覽西原作，闌干涕莫從。紛兹懷化鶴，憶昔見猶龍。耿耿對秋竹，青青倚春松。玉壺斟水月，瑶席整絲桐。聽嘯蘇門上，窺玄草閣中。著書躡二老，解綬辭三公。道即先天地，名誰究始終。希知占子貴，直指發余蒙。義諦昭如日，言詮穆似風。洪河方飲鼠，岐路忽飛蓬。遠吊斯文喪，深悲吾道窮。流沙歸李叟，梁木萎尼翁。生死原相托，幽明遽不同。譙墳宿草長，苦縣暮雲叢。懸劍情何極？投芻理亦空。惟將千古意，潛向九淵通。

烏虖！觀于此者，其庶知先生而有感于遺文也。

嘉靖甲辰秋九月望日

刻《明道先生語略》序

聖學至宋，惟濂、洛爲得其宗，而醇乎其醇，則明道先生焉。故其言簡粹精貫，直指道源，顧伊川不及也。龜山、豫章、延平，脉相授受，雖極尊述先生，然亦未有能至者也。朱子親事延平，猶云未領略其中和之意、喜怒哀樂未發之前之旨，則聖學之微有非言語文字所能究竟明矣。今學者徒守朱子之章句，而不知尚考其師友淵源之所自，則無本之學也。吾故咨龍溪王子，取明道語略，輯爲一帙，刻與同志者共學焉。孔子曰："可與共學，未可與適道；可與適道，未可與立；可與立，未可與權。"夫立而無權，猶執一也。夫學者各持其偏黨以自是，安於所習，毁其所不見，斯廢矣，尚何共學之爲貴乎？

刻《朱子晚年定論》序

諸儒訓詁之學至朱子稍稍折衷，是故有《易》、《詩》、《四書》等傳注。初意蓋欲繇講解以爲入道之門，若曰博學而詳說之，將以反說約焉爾，誠非其學之至論之定也。一時門人遂以綴輯而張大之，後儒遂守其說而不詳，忘其約而不反。至於信傳而不信經，從人而不從天，學術支離，道體蒙障，則章句爲有禍焉。此門人黨伐過矣。故朱子晚年既反約于詳說之餘，則盡悔其未詳之說之非，至以爲自誑誑人，罪不勝贖。斯學有所至，論有所定，朱子已非自誑，而學人之自誑者於今猶烈也。可勝痛哉！

適見陽明王子略取其言，稱其爲《定論》也。且曰："世之學者徒守朱子中年未定之說，而不復知求其晚歲既悟之論，競相呶呶，以亂正學，不自知其入於異端。"信斯言也，則學者宜深省之。吾故刻其書，以視同志。

贈錢塘學諭張鳴鶴升容城知縣序

錢塘學諭張子當宰容城，而問所以治。文谷子曰："夫政、教一而已矣。子爲教，見士之善者若己有之，見不善者若己失之，責在己也。然則容之民有利病休戚，謂非己責，可乎？夫政出諸心者也，心無窒礙然後能通乎物，通乎物然後能體物，體物斯可以言政焉。故廣大可以兼容，精明可以普照，敬簡可以弘馭，强敏可以廣業；執我見者偏，狥他物者闇，泥陳故者迂，惑綱領者亂。此八者，政之得失之所出也，民之利病休戚之所關也。子爲治，其研諸此而已乎！"

校勘記

〔一〕□，底本漶漫不清，據文意似當作"遐"。

〔二〕□□，底本漶漫不清，據文意似當作"聊序"。

〔三〕"附"，據鄒陽《上書吳王》疑爲音近之誤，當作"奮"。

〔四〕□，底本漶漫不清，據文意似當作"取"。

〔五〕□，底本漶漫不清，據文意似當作"用"。

〔六〕□□，底本漶漫不清，據文意似當作"嚴颦"。

〔七〕□，底本漶漫不清，據文意似當作"充"。

〔八〕"翰"，《明文海》卷二百十七作"懷"。

〔九〕"覆"，據《明文海》卷二百十七當作"復"。

《山西通志》序 代作

晋志之闕久矣，余按部之初，蓋申理之。暨余事竣，而其書二十篇成，是爲山西之通志云。二十篇者，曰《圖考》、曰《建置沿革》、曰《星野》、曰《山川》、曰《風俗》、曰《物産》、曰《田賦》、曰《戶口》、曰《祠祀》、曰《封建》、曰《職官》、曰《學校》、曰《古迹》、曰《帝王》、曰《名宦》、曰《人物》、曰《選舉》、曰《藝文》、曰《武備》、曰《雜志》焉。夫志，記也。記一方之事而備載之書，是以謂之通也。

昔楚靈王稱左史倚相能讀《三墳》、《五典》、《八索》、《九丘》。《九丘》，蓋其志九州者，而其文不傳矣。《周禮》建史氏之官，而志之文始出。如太史掌建邦之典，小史掌邦國之志，內史掌八枋之法，外史掌四方之志，而邦國都鄙及萬民之治令則御史掌之是已。余竊想有周盛時，建國親侯，治教隆洽，天下車同軌，書同文，行同倫，故其典章文物之紀，輿圖簡册之數，通內外、合遐邇而一之。凡萬國之事〔一〕書，皆一王之法典，故《卷阿》之詩曰：“爾土宇昄章，亦孔之厚矣。”及王室衰微，諸侯疆〔二〕大，國自爲政，家自爲俗，是以在周則爲《周志》，在鄭則爲《鄭書》，在魯則爲《春秋》，在晋則爲《乘》，在楚則爲《檮杌》，雖其文則存，而合同之化泯矣。故韓宣子聘魯，觀書於太史氏，見《易象》與魯《春秋》，曰：“周禮盡在魯矣。”夫言在魯，則他國之倍可知也。

聖朝統天絡地，範圍之以禮樂，彌隆之以政教，其典章文物之紀，輿圖簡册之數，光天之下，至於海隅，罔有闕失。大哉洋洋乎！周禮之盛蔑以加乎兹也。肆余於晉志之成也，深有慶焉，然舉其治令以授諸從政，則余之事乎！夫事有定準，而理有化裁。定準者因，化裁者革。志之事二十，以言其化裁者三，蓋風俗、學校與職官焉。夫作而行之之謂風，沿而習之之謂俗，敦而本之存乎學校，神而明之存乎職官。舊志稱晉之俗深思儉陋，有陶唐氏之遺風。上黨故趙之分，其俗悲歌慷慨而尚氣節；雲中迫近戎狄，其俗尚武，多鄙朴而少禮文。比者豪貴所處，駸習驕横，而椎埋剽竊，任俠依憑，往往自罹刑辟。田里之民讎怨相競，鬭訟蜂起，至滅身而無悔。是子弟無父兄之教，寡廉鮮耻而俗不長厚也。然其漸磨[三]於聖化，遷改其敝習，會中和之極，同禮樂之歸，固已颷颷乎回風而嚮道矣。而猶有不盡然者，則有司之過也。夫有司主奉宣治令，故職官舉則學校興，學校興則風俗美。孔子曰：“安上治民莫善於禮，移風易俗莫善於樂。”言治令之本也。從政者必移其本而易其末焉可也。繼自是書之志曰：孰也官師之良也？而正學也，而使民興行也，繇是而田賦登也，户口增也，人文觀也，賢才奮也，兵食牣也。孰也官師之良也？外志紀之，而内書録之也。是則志之大者已。今志列表名臣，皆古之良大夫也。人言“後之視今，亦猶今之視昔”，有[四]不信哉？

余斯叙述其義，以明是書爲熙世之法典，而非空文之垂焉耳。是舉也，學憲周君之所專任，方伯吳公諸賢之所助成，其賢良文學覃研撰述，與群執事之有裨者咸得書其姓名於簡端焉。《春秋》“君舉必書”之義也。

《楊東江詩集》序

夫泥之在鈞，惟甄者之所爲；金之在鎔，惟冶者之所鑄。言以制器者，惟其人也。若夫篇章之事，有弗然哉？蓋人秘天之靈而爲心，心應感而爲志，志發言而爲聲，聲成文而爲詩，亦以爲文。或言近而指遠，或義約而語閎，於人情之微眇幽鬱無不本也，於物理之梦泯結滯無不該也，皆神檢朕兆於虛無，意匠經營於妙有，是以粹白純備爰瑩，厥靈乃統天然，不惟其人，曷克爾也？余覽古載籍，明修其辭之卓越者爲大雅之才，其溫潤者具愷悌之性，虞庭執法之臣能賡喜起，周室元戎之宰善誦清風。作之惟人，亶其然矣。

太原太守祥符李君，廉正不阿，過汾諗余，言：“此時作者有督府楊東江公焉，自御史按部畿內，以至兵憲易水，及兩撫雲中，總督遼、薊，咸感物而造端，情融而理會。乃其觀風問俗之際不忘太史之陳，臨戎決策之時有裕橫槊之賦，實桓桓鷹揚簪虎變之文，鏘鏘鴻藻表鳳鳴之瑞者矣。豈與雕蟲之生營小技於窗間，揮寸管於畦徑，操不割之鉛刀，徒無因而強作者儔也？其將刻之以傳，倘子爲叙其事乎？”

余因引甄者、冶者，而伸作者之一致。太守曰：“公正直廣淵，義弘於大雅；宣慈惠和，仁篤於愷悌。斯其辭卓越爾。溫潤爾。子之言是矣。公有謨有猷，執法如皋陶；能文能武，元戎如吉甫。行當歌明良於九重之端，咏穆清於百僚之上。子之言抑又是矣。兹集也，品其才章之美，信皇猷之黼黻；參之鐘石之縣，其金聲而玉振之歟！”遂書之琬琰，以請質於公。

贈雲汀齊公應召還京序

雲汀齊公，名御史也。今歲之春出補陝臬憲副，餙兵關南。惟關南當蜀漢孔道，綿控鄖陽，弘統商洛，其地巖險阻深，其產金石草木之良，其人東西南北之所依負，故有欲焉則易以爭，無賴則易於爲暴。或暴而獸聚鳥散，猝然不可撲滅，爲閭閻憂，惟廉察之明威是毗是馮。捕治平輯，施於已形，禁於未著，分亂繩使之序，針疾本令不得發，惟廉察之明威是匡是綏。故非有遠度淵識，廣略鴻姿，經緯戡定之才，仁智沈朗之德，天人之學，世道之任，不然也。而我公開府布令，風猷迥别；條畫方陳，景響輒效。又屬大侵之後，還安爲難，而扶惸保傷，銷萌滌邪，期月而已。即已改弦易聽，至於幽崖窮谷莫不震疊如雷霆，潤澤如流水，郡縣凜然承事，吏民畏而愛之。無何，值醜虜跳梁，至於畿甸，上咨選俊乂，將推轂剖符，專任尊寵，用斯怒之威，奮不可勝之武，一掃其穴而犂其庭。於是當道上疏薦者十有二人，而我公傑然稱首焉。上於是亟召公還京師，而關南之人咸懷去思，學士大夫皆榮其行而惝怳其别去。

初，公在臺中也，望泰山重，蓋不宜外補。及外補，則爲外重。今復還内，則内重者益信矣。夫戎，大事也。古不忘戰以保大，後好戰以飾弱。飾弱者危，保大者安。夫爲戰均而安危異係，何也？夫古備而不輕用，則内有餘；後無備而輕用，則外有餘。内餘可以制外，故安也；外餘則内反受制，故危也。夫師行糧食，師老財匱，與養兵積資、養氣節勞者殊也；戢而動，與玩而無震者殊也。漢晁錯、趙充國皆有文武之略，安攘之能，方、虎之亞，頗、牧之儔也，而談攻議守、料機决勝無遺策、有萬全，册書可睹記焉。今公之識度姿略，才德學志，非特晁、趙也；行且諮之訏謨，授之大事，宵旰之憂，閫制之托，非特漢主也。而公何以籌之哉？公曩按部全晋，屬醜虜虔劉之餘，公察獄平憲，恤孤保疲，徵勇慎封，留田遠堠，爲晋人計者溥也。夫事有小大，道無遠邇，其度衷制義有弗同乎？夫衆馬在廐，群木在山，雖至材駿，平居無所表見，及蹈遐建巍，使良、樂、般、爾踟躕四顧，而後華山之騄駬、豫章之楩楠出焉。故公今日之行必有濟，爲天下萬世重可知也。

我，晋鄙之遺氓也，又從事大夫之後，沐浴其膏澤，歌詠其盛德久矣。當臨高送別，目覽飛鴻，何以贈之？惟有德音。三司大夫曰：“吾志也。”於是乎歸之，以申同好。

《何柏齋先生文集》序

柏齋先生者，昭代之儒臣也。自章句之習崇，而學或鮮於知德；自青紫之趣深，而仕或舛於行義。蓋流風相沿，蔓草相襲，有莫知其所以然而然者矣。士當其時，雖號爲有志，其所識踐猶不免於夾雜。何也？道之不明與不行也，擇守之無豫也，可勝惜哉！先生崛起河山之陽，獨曉然力究聖學，敷陳王道，於道德性命之微、禮樂倫制之大、辭受取予之節、出處進退之機，審固閑定，確乎其不可拔，於是海內稱理學者推先生云。

先生遇孝宗朝，蜚英館職。逮事武皇帝，日進講經筵，謇論諤諤，要在親賢遠奸，敬天恤民，雖權倖側目，而道不少屈。今上御極，起用舊儒，而先生歷臺省大位，却守在留都，竟謝病去，以故道不大伸。然其情志之端，言行之概，亦往往見諸著作。先生端默簡淵，固不攻文與詩，然理散乎辭，自爾條貫；氣洩於聲，無不諧美者矣。故海內慕先生，弗克由見，咸欲見先生之遺章。緣平居罕以示人，斯刊布未廣。近次山劉公始廣師門之傳，錄其所述，又列系理學名臣之書，令潛德之光與薛文清等後先相望，庶天下後世知昭代儒臣在河內復有斯人焉，其於風教厚矣。

前河南左使天胤叙曰：元儒臣許魯齋亦河内人，先生嘗論其上接考亭之統，學以躬行爲急而不徒事乎言語文字之間，道以致用爲先而不徒極乎性命之奥，其所得者蓋純乎正而不可加矣。嗟乎！據其説以觀先生之純正，視魯齋奚愧焉？故今謂柏齋接魯齋之統可也。遺文九卷，詩一卷，都爲一集。夫詞人之語麗淫，而經師之言典則；緣情之靡易趨，而根心之粹難測。覽者宜有以自得之。

嘉靖壬戌之秋九日，會次山公按節汾郡，因出此語就正，且奉命焉。公曰："可。"

《西陂先生[五]集》序

集四卷，大司馬西陂先生作也。嘉靖己酉，先生既解兵柄，明年庚戌，卜築金華之圃，構樂志之精廬，理修文之舊業，則是集出焉。時巡撫大中丞印臺傅公覽厥鴻藻，謂先生沈潛道藝，綜古文辭，篇章之積歷三四十載而裁出，是立言勒成一家，可以傳矣。遂命工刻之。書成，門人天胤讀之，私竊歎曰："夫大夫之賦與雕篆者殊塗也，信哉！"

余既三復其集辭，又紬繹其義，而知所以爲作，以上則歌咏盛德，以下則敷揚理事，以經緯則神情内融，以組織則機象外著。作者無矜名之衒，聽者無欿言之譏，可以章教，可以樹風。是故爲賢人君子之志，大夫之能賦明矣。夫矜名害道，欿言亂真，玉卮無當，雖美奚足焉？是故技之小者，壯夫薄之爾。夫志於作者，操紙濡毫，無不欲希乘最上，凌駕千古。及就綴列，斧藻丹臒，登之琬琰，潢以縹緗，信美矣。然使匠心者詮其品，宗眼者按其節，或辨迹於表玉，充類於說金，察巧於屠龍，課真於畫馬，猶不免於江河之趨，竟乏取於崑華之陟，豈色相之摹臨寡工，抑性情之德鮮也！夫詩言志以道性情。性靜而虛不能不感，情動而直不能不應，應於心不能不宣諸其口，發於聲不能不矢諸其言。詩者，言之成聲，聲之成文者也。是故其所感正者其應和，其所發粹者其矢精，其所會正和、粹精者其文雅以醇。《詩》三百篇，皆繇此選也。故義有六焉，其思一而已矣。善乎子雲之言曰："詩人之賦麗以則，辭人之賦麗以淫。"夫則則準乎性情，淫則假於色相。準乎性情者以言志，假於色相者以志言。言志者不見而章，志言者直學語焉爾。即其意臆已殊，而蹊徑有不別哉？故以道性情，言乎其詩；以養性情，言乎其學。故淵以養靜，篤以養虛，凝以養動，專以養直。養得其養，神明自瑩，所謂萬有之宗，衆妙之門，有感而斯應，不詘而愈出。文五采而彬布，聲八音而允諧，一化工之抒其藻，谷神之竅其籟，耳目無藉，而禮樂不可勝窮矣。是爲作者之絶軌，人文之大觀，顯道之餘烈，陳藝之緒芳，復何色相之可假，而言語之可學耶？彼拘方於體裁，喪偏乎格調外矣。

先生天質冲睿，德膺廣淵，學緟道懋，才以智弘，性情之蘊，洞然太虛，皎然光靈，確然正和、粹精。其所著宣，宜其卓爾大雅不群如此，而後知詩人之不妄作，法言之有理也。言之文者行之遠，立之不朽者永之傳，名弗稱者聖之憂，美弗著者友之咎。先生之作誠甚盛麗，門人小子而不叙述之也，非教也。故雖不敏，亦略附其説，俾覽者知所本焉。

《苑洛[六]先生文集》序

大司馬韓公《苑洛先生文集》二十二卷，其一卷、二卷爲叙，三卷爲記，四卷、五卷、六卷爲誌銘，七卷爲表，八卷爲列傳，九卷爲策問，十卷爲五言，十一卷爲七言及聯句，十二卷爲填詞，十三、十四、十五、十六、十七卷爲奏議，十八、十九、二十、二十一、二十二卷爲語録。巡撫大中丞樵村賈公取付省中刻之，以表憲一方。若曰文獻爲可傳耳，於是外史胤推叙其略。

昔孔子學夏商之禮，歉文獻之不足徵，至於周禮，則曰學之，用之，從之焉。是有周之文獻昭然可考而據也。然文托獻，獻紀文，苟非其人，道不虛行矣。苑洛先生，當代之儒賢也。蚤植學於庭闈，崛蚩英於館閣，敿歷恭踐，保釐弼承，議制叙物，聰明純固，所謂亨於天人，嫻於大體，位著之表儀，典刑之舊德。故其爲文類非丹膊斧藻之事，蓋帝王統治之猷，聖賢傳心之學，人物之汙隆，風俗之上下，性情之所感宣，聞見之所著録，其辭不一，其陳理析義卓然一出於正，其揚教樹聲翕然一矢乎聖代之彝。即大夫考政事，士考學聞，鄉國之人考孝友睦姻之俗，雖不必别求載籍，其經法攸寓可按集而省焉。然則謂公爲當代之文獻，不亦信乎？故刻斯集也，允矣其垂表憲也。

錫命贈言序

夫尊位顯名，臻其身以及其親，乃有德者之致。然必自天子命之，厚典之錫愛表卓賢，揚庭之輝以流茂實矣。是故階秩所進無弗尊也，册書所褒無弗顯也。傳有之："德懋懋官，立身揚名，以顯父母。"其是之謂乎！

南明汪公以鴻俊博雅之賢出守襄陽，爲主上宣著教化，培育元元，綱紀文章，條理温粹，循行疾苦，威惠溥將。歷三載而政成，則吏有神明之畏，民咸父母之懷，於以稱職而安業也。乃奏績稱治行第一，上命進秩褒美，仍推廣以隆其親。繇是公父雙塘翁受封爲中憲大夫、湖廣襄陽府知府，母胡氏受封爲恭人，各錫之誥命。其稱雙塘翁曰："孝友施於家政，忠信重於鄉評。寄傲林泉，適情書史。不耀其光，以昌爾嗣子，俾效用明時，服采惟謹。"其稱胡母曰："早備組紃之訓，夙閑閨閫之儀。章敬順以相夫，明愛勞以教子。俾爾子茂著年勞，以光懿訓，温綸寬厚，皇覽幽微，所以體子之孝，勵臣之忠，源源本本，貤錫於庭闈，而增榮乎郡邑者盛矣。"乃雙塘翁夫婦於是列尊位，膺顯名。親以子貴，則玄文處幽而光表於國；子以親賢，則上功□^{〔七〕}明而承寵於家。是南明公德茂而身立，有明徵也。

嗟夫！士大夫通籍内近，隨牒外遠，凡若干人，皆自以遭遇清平，計展采，奮跂立，躋尊顯，爰以其緒業光於祖考，垂厥後昆。然畢竟有不能一致者，則卑而無位，没而無名者，又何歉焉？如南明公治行高等，與其親之賢淑並見徹九重，總荷百禄，式金玉之度，寶龍鳳之章，以光以裕，克崇克熙，信全美矣，而况後效遄祉，方焰焰未已耶？公拜兹寵榮，襄陽之人指峴山以獻壽，遡漢江以祝釐，大堤、銅鞮歌朱絲而咏玉壺也。郡僚佐毛君、蘇君、趙君等各欣睹盛事，相屬賀稱。毛、蘇猥與余有舊，因遠介托文。余敬次其書□之語，爲錫命贈言。時南明公復有閩□憲副之擢，則諸君是舉，適以爲公便拜家慶之一□矣。

《端溪先生[八]集》序

《孟子》載："遊於聖人之門者難爲言。"夫言何難哉？難乎其爲正耳。聖學不明，先王之法晦。天下之言學者皆任其一偏，言法者復沿襲於敝，是故異端之言滿天下。簧鼓時人之耳目，比之淫窪之樂；充塞仁義，比之洪水猛獸之災。於是衆言殽亂，不可稽矣。遊聖人之門者則不然。本天道以言學，述堯舜之道以言法。學術審，法軌端。如日中天，如水行地。如繩誠陳，不可欺以曲直；如衡誠設，不可枉以重輕。而百家之言始梗塞而喙息，而後知其說之難也。當是時，鄭聲放黜，大韶振；泛濫委輸，九河安；猰㺄獟貐之類竄伏，百姓寧輯；正道宣朗，而天下之言學言法者壹統於天，同歸於堯舜。三綱布昭，九疇叙列，五尺童子不愆於儀，而後知君子之立言以扶教也。故孟子曰："能言距楊、墨者，聖人之徒也。"

余誦覽端溪先生文集而編次之，其文浩浩，其旨諄諄，其究非聖人之學不敢談也，非先王之法不敢陳也，乃知先生遊聖明之世，贊皇極之敷，其所以修辭纂言，卓然一出於正觀者。體之心可以知德，推之物可以明政，有非言語文字之間爾者，是故可以傳矣。然則孟子所謂聖門之言，其不如是乎？夫文章根本乎六經，先生所著有《六經心義》若干卷，刻在家塾，試取而並參，則是集也特枝葉之扶疏者焉。

《武經七書》序

《武經七書》載兵家略已明備，故取用爲武之經焉。晁錯曰："將不知兵，以其卒予敵也。"夫將而不知兵則已，如欲知兵，捨是奚適哉？惟陝擅河山之勝，稱帶甲之雄，則桓桓之將、糾糾之旅，林立山崝，宜人人諳曉韜略。然或籌有遺策，攻有遺力，豈非知兵之道有未悉哉？即籌勝攻取，或又不能保全功名如古名臣，抑與不知兵者等耳。蓋兵法閎廓深遠，有三代揖讓之道焉。故帝王之兵稱全勝，內不失己，外不損人。不失己者功光如日，不損人者威行如雨，是所謂知兵之將至矣。然而世平道明，縉紳則守禮樂，介冑則熙恬門祚而已，故緩急之用往往稱乏，安危之間好忘屬焉。則揆策之猷、克詰之務，有不容緩者。顧臨茲三軍，親援枹鼓，可不學而無術哉？

巡按監察御史吳興姚公按歷茲土，百度咸貞，謂邊比多事，皇上方選將練兵，則將貴知兵，兵貴知要，尤莫嚴於此時者也。乃爰檢是書，行省中刻而布之，以開迪陝之武人。於是布政左使進賢張臬復覽正其譌闕，共成七卷。胤乃叙記其概如此。夫規矩建而方員有成，衡繩陳而平直無舛，言有經法可據循也。《武經》布而將略之弗嫻，豈章憲條教之旨哉？即因文權事，如司馬穰苴本齊之閭伍耳，晏子稱其"文能附衆，武能威敵"者，以深知古司馬兵法，故齊君追古附名，遂號彼之《兵法》。今誠有知兵者，又安知《七書》非我之書哉！

《蒙豀[九]集》序

夫顯道於藝而有陳極之觀，行言於遠而有載籍之托。是故明著作者振其華，愛傳述者表其實，肇文以來莫之已也。金版玉匱之書流至於今，屋壁山巖之典式存自古，倘華實之岨峿，亦奚足爲有無哉？夫照夜之珍，見之咸襲爲寶；挼天之藻，攬之疇肯不盈？固好是之鈞鑄在茲，所同神者爾。抑有矜心相忌，誣瑕掩瑜，專務毀善，弗欣成美，斯狹淺之過，信道之衰甚矣。昔偉長著言典雅，魏文贊以成家；休文麗藻天逸，康樂稱其冠世。豈曹、謝之才薄於二子？惟徐、沈之實故當合愛而同聲也。古之益友，何可逮焉！

蒙谿胡先生，誕膺醇睿，弘體沈潛；蕃策鴻蜚，中迴鳳覽。乃遁迹深栖，壒埃無滓；博綜反約，神理並融。蓋墳典之菁英，儀極之奧衍，遂於是乎！而歲月所假，著作所臻，則章章而載還古禮，句句而言返今樂。蓋其緣情建標則窮神內瑩，體物施采則含景外彪；細則析於毫籤，鉅則周乎溤沆。故程憲司契，檢鏡獨持，淹疾莫窺，首尾咸麗焉。即使楚材同生，漢俊齊世，與談賦心，蓋亦如斯而已。斯固作者之朗暢，必傳之所不疑。夫淵岳其衷者可以列高深，金玉其相者可以叙文質。摭華拾實，藝無本而不立，言靡文而弗行矣。三復蒙篇，一貫斯理，信哉非空浮華如是，是之取爾！

時余與秋渠張子共愛希有，同期廣録，雖珊琰之未能，庶錁梓之可就。將命匠作，各叙其旨一篇，事存表實，言不殫微。匪言弗殫，微故難究。

刻《西京雜記》序

《西京雜記》記漢故事，本叙謂是劉歆所編録。歆多聞博綜，故所述經奇。今關中固漢西京也，鴻人達士慕漢之盛，弔古登高，往往歎陵谷之變遷，傷文獻之闕絶，或得斷碑殘礎，片簡隻字，云是漢者，即欣睹健羨，如獲珙璧，方且亟爲表識，恐復湮滅，好古之信也。乃若此書所存，言宮室苑囿，輿服典章，高文奇技，瑰行偉材，以及幽鄙而不涉淫怪，爛然如漢之所極觀，實盛稱長安之舊制矣。故未央、昆明、上林之記詳於郡史，卿、雲辭賦之心閎於本傳，《文木》等七賦雅麗獨陳，《雨雹對》一篇天人茂著。餘如此類，遍難悉數，然以之考古，豈不炯覽巨麗哉！

緣其書罕傳，故關中稱多古圖籍，亦獨闕之。余携有舊本在巾笥中，因聽左使百川張公談西京故事，多後學所不聞，云本《西京雜記》，余遂出其書，百川公即取而刻之，以廣其傳。不知好古者視之果何如也。

《謫台稿》序

《謫台》，紀行也。行役而賦，詩人之義遠矣。蓋泰履之言難興，而羈思之感易作。故登山臨水，緬爾長謠；別鶴飛鴻，悽然異調。咸繾綣於去國，並徙倚乎懷鄉，無有離而不傷，傷而不歌者也。夫《國風》婉思慕，《小雅》善怨悱，由來豈邇也哉？時有作者，要惟當斯情耳。

與槐謝公本館閣鴻英，端揆碩質。一旦出補台郡法理，登臨海之嶠，詎厭承明之廬？從簿書之委，奚勞侍從之事？剗時物錯陳，光景代化，修阻前期，栖遲違己，斯不能不取感於情，因應於作矣。余諦覽其篇，其材藻之瑰麗則瓊林玉堂之標，其節響之冲邃則白雪幽蘭之操，至石梁桐柏之觀，層臺雙闕之陟，則陵霞御風之絕致，遺俗之極軌也。無復遷人逐客之悲，而有合節中聲之趣，蓋思而不淫，怨而不怒，《國風》、《小雅》之流乎！夫詩可以興，吾得其情焉。是故行役之賦，賢人所爲述志也。關日多暇，停雲遠思，因與秋渠太史共閱同歎，各矢叙辭。嗟乎！世固有服奇抱玄，深文朗質，不揚聲輝於清廟，則流音采於川塗，亦理也哉！是詩當永勒霞標之郡，爰紀台廛之謫云。

送理問宋子南歸序

夫人無幽顯，道在則爲尊。余視世恒情，率尊重通顯，斯言殆虛語耳。及觀宋子，則又不然。

宋子稟醇和之質，沈穎之姿，淵識允尚，覽遠服奇，固宜擢在高位，乃禄從理問一官，稱屈焉。然職主讞憲體，附屬大藩，得行其令於郡邑。小大之獄得其情，則冤雪忿釋，結滯懸解，乾没漁獵者懼，逋負欺隱者有省也。我二三大夫賴之，得恭己而惠民，否則昧昧備員，盈庭積案，上勞下瀆，無所裨賴，斯無足多者。是其任則重矣，前吏未易得人，而官益以輕，事不由道，其勢則然也。宋子到官以來，信敬以飭躬，從容以審度，明慎以折獄，平恕以用中，蓋推據必當，而負抑底平，省中稱得理焉。吾大夫得享其逸，繇是上下之情無不允服宋子而重之。故撫按後先相望，品藻材行，甄別吏能，咸推獎宋子，表之薦剡，章之物采；吾大夫每與接談治事，必咸起心敬。其見重如此，是宋子官不加崇而望尊也。自他人視宋子，或以爲善事上官，或謂左右丞位近華要，執事者與之，故迕其屬，皆非知宋子者。

宋子政暇嘗與余論學，又遣其子秀才來正其學，知宋子卓然有道者也。其言曰："某少事舉業，攻文詞，既從道林蔣先生，聞道德之學，文不根道不敢言也，行不繇道不敢爲也。今逭巡而守一官，亦如斯而已。先生以爲何如？"余帖然曰："是有道者之真也，何往而弗尊？使子登上第，服大僚，卒默默無所本，視其所尊重何如哉？故道在則爲尊耳。"

當奔訃南還，因叙送以紀其別。

贈抑亭陳公擢湖廣廉使序

昔者夫子之言政曰："近者悦，遠者來。"夫政非務悦也，而必曰悦之云者，豈非驗吾之道有以信乎人哉？今有蒞之而民悦、去之而見思者，其道蓋如斯矣。夫監司之體貴廉，而守令之務多飾，刑政之舉略儒，而禮樂之事遺吏。斯四者皆偏，是故廉與飾交則名實眩，儒與吏分則本末離，於是惠有所弗孚，威有所弗震，刑有所弗中，教有所弗興，而民聽貳；貳則弗信，弗信則弗悦，弗悦則弗思矣。君子則不然。心統之，身任之，公體之，平施之，一生之未遂，一害之未除，一法之未純，一士之未迪，監司者曰："吾大者不能行其道也。"守令者亦曰："吾有司者不能奉其法也。"刑政必以教化爲先，禮樂必以風俗爲要。事不偏任，功不專能，得不衒名，失不委咎，上不虛美，下不隱惡。斯六者皆善，是故惠有所必孚，威有所必震，刑有所必中，教有所必興，而民聽壹；壹則信，信則悦，悦則思，如流水之赴大壑，源源沄沄，雖欲已之而不可得，然後知吾之道真有以信乎民，而民信之。斯夫子之所謂政者也。

嘉靖戊申，抑亭陳公以純厚廣淵之德，濳敏達識之才，清謹正直之操，愷悌精明之運，守冀南而來也。下車，與郡縣約曰："夫官以爲民，民之休戚無秦越之視。綱紀之盈縮，惟共貫焉。若用智自私，吾不敢爲。公等無務矯飾以病民，無自携貳以妨至公。"於是諸吏壨壨。汾之士陋，部使者蓋皆惜之，然率委於學官功令之司而不教。公至，始教以經法，於是諸生壨壨。其年北虜跳梁，過忻、代，公預授方略，令一道修戰守具，虜竟不敢犯冀南。明年大旱，百姓乏食，流莩載道，公移粟高平數千石，所全活汾、平、介、孝垂死者數十萬人。躬精禱雨，雨輒下。行，入賀萬壽聖節，汾人作《喜雨朝天圖》，歌咏仁澤。車未及旋，擢湖廣按察使。方公之康惠我民，牖啓我後生，民士固欣然悦之，今則翻然思矣。汾郡師生楊光先等言："群情之所以念公者圖，宣之乎文辭。"是誠所謂去四偏，兼六善，蒞之而民悦，去之而見思者。公之道信乎民也驗矣，允矣。持是道以輔聖明，布元化，俾四海之廣莫不大悦，固大君子之優爲也已。

贈郡伯龍嵋張公入覲序

天下之言治，曰久任成功也。而士君子之仕，亦未嘗不欲久任以行其志。然而有不可必得者，豈非久任之難哉？余舉其難，以觀百執事，則守令者尤其難者也。蓋守令以一人之身，有以承乎上，有以御乎下。上之人責我也常備，而吾所以承之者未必皆周，以未必皆周之迹而迕責備者之心則甚。下之人望我也常厚，而吾所以御之者未必皆詳，以未必皆詳之迹而拂厚望者之心則懟。懟與甚交，而官危矣。如是而欲久任，豈不難哉？是故久任以成其功者，上下信之也。《書》曰："三載考績，三考黜陟幽明。"言久任之功也。孟子曰"獲上治民"，言所以信也。

我龍嵋張公之守汾也，蓋據膴原，膺劇郡，惟郡當冀孔道，密邇會城，其上則撫按監司實近矚之，而又有分守以親臨之，其所以責備者奚但簿書期會之間而已也？當是時，雖龔遂、黃霸之賢，能自保其必周而無甚乎？其下則藩府之卒，軍衛之戎，與吾閭閻之民旁午錯綜，其所以厚望者率多分黨比類之私。當是時，雖王尊、劉寬之賢，能自必其皆詳而無懟乎？乃龍嵋公處之逮六載矣，上稱其賢，無所於甚；下頌其德，無所於懟。然非公志行之純，將無以信乎人；非上下之能信，公將不能一日安乎其位。而能儼然贊中和之極、奏循良之功於六載之久乎？公之志行矣。

今歲大侵，公輕徭省罰，以寬元元之命，復擒捕大盜，以銷不測之虞，又公之異能也。行再入覲，以膺明陟。僚佐蕭君、康君等共服公寅恭之好，丕績之高，特列祖帳，以榮其行。胤不敏，敢述美而爲之叙云。

《喜雨朝天圖》序

皇上膺歷統天，今四十載，其中秋十日爲萬壽聖節，我分守抑亭公以夙望簡命之臣宜入賀。未行，值大旱，蓋自春如夏無一雨，公憂省祈恤靡不周，至乃瀕行而雨施，群生以甦。公乃大喜，曰："聖主欽昊授時，令守臣宣序條達，庶陰陽調而風雨時，五穀熟而民人育，以錫福乎元元。而含生蒙化，咸鼓舞嘉祥，沐浴休澤，以歸福乎聖明，曰：'德潤四海，澤臻草木，天地之間被潤澤而大豐美，實惟我后。惟我后壽萬萬億與天無極，惠育群有亦萬萬億無極。'是爲太平之祝，齊三光而超五岳，非徒隨例上章、獸舞山呼而已者，竊喜臣今日行蓋致之乎斯矣。周人祝其君之多福曰：'群黎百姓，遍爲爾德。民之質矣，日用飲食。'夫雨弗時若，嘉禾弗茂，民曷飲食哉？民飢，生且弗聊，曷爲德哉？故周人所云爲善頌福也。今禄位名壽在聖明備矣，顧陰陽調而風雨時，五穀熟而民人育，乃君臣相待以成太平之福者，布之於下而報之於上，正守臣者之職而周人之心也。喜孰大焉！"

時汾人送公行者作《喜雨朝天圖》卷而矢以詩。公愷悌通神明，慈惠徹幽隱，弘敏達時艱。汾去歲自春如夏無雨，公下車而雨隨，余有詩歌之。今歲乃復然也。公月前行縣四郡，雨盡隨車。及拜表省中，太原亦雨矣。余常憶昔百里嵩之在徐州如此，今故親目見之耳，又安能已於志喜之作耶？

贈中丞印臺傅公進少司空還朝序

印臺公撫循全陝之明年，是爲嘉靖庚戌。時秋高，虜乘至於畿輔。皇上思謨猷之臣，列在帷幄，爲安攘計，乃咨用宿望，進公工部右侍郎。而當塗上言："今日要務宜選將練兵。誠有將即不慮無兵，誠有兵即區區醜虜所不足慮。故《易》讚師貞丈人，

《詩》歌元老壯猷。”因疏名中外臣工有文武資略如干人，而我公爲稱首焉。繇是皇上於公蓋益注屬之矣。公既承簡命，遄車還京，三司寅餞灞亭，再拜贈言曰：

> 邇來西北多事，而關陝之爲殷；四方蓄饉，而關陝之爲甚；天下民力凋劾，奸宄萌滋，吏治之弗勝也，而關陝之爲尤。自公撫臨，實保釐之。究政事之得失，研物理之精微，引義以正其維，弘仁以廣其育，炳睿以炯其察，議制以廉其斷。而民之勞者息也，而嗷嗷者有哺也，而蕩瑕剔蠹，彝憲叙而吏道光也。又夙夜匪懈以考其衷，小大必情以委其誠，幽顯畢達以罄其宜，登其民數而敉其軍實，撙節其侈越而康保其休息。故群吏受紀，百物陳叙，曾不逾年而統類齊一，仰鏡承流，回風嚮道之不暇，而吾之牧岳者得以溥其化，布憲者得以章其度，分閫者得以申其律，皆公之靈也。今其持是而上，以其敬恭亮采，弼承天事，經營安攘，有弗洪濟用底於績如拊循者哉？然公之善言在耳，穆如清風；懿德在心，愉如陽春。鴻飛之謠，爲我心怒焉。夫《詩·抑》有之：“無言不酬，無德不報。”今公之及我者厚矣，何以酬之？我聞自昔爾有嘉謀嘉猷，入告爾后於内，公其以之。又何報之？我聞自昔信其道德，謀明輔和，公其以之。

公於是以爲贈言之古也。胤以執事之後，謹叙述之，雖揚厲盛美之難，亦表見群誼有如兹者。夫古之名臣稟純碩之德，擄乂亮之才，應鴻昌之運，册桓赫之勛。出則賦政於外，經營四方；入則贊美元樞，珪黼巖廊之上。譽烈炳乎日月，功流洽乎河海，如《詩》、《書》所稱周召、仲山、尹甫之明尚矣。然而德以本之，才以弘之，居天下之大端乎！勛烈其緒之位，望其因之焉爾。昔夫子蓋有志焉，遭時既絀，芟《詩》叙《書》，以言古君臣之際，德業之間，觀其深微而傷其遐邈，實惓惓乎于兹。後有作者，聖王之英也。我公高朗弘毅之德，總統遐馭之才，所謂文武之兼資，輔世之雄略，是故其所敫歷偉矣。今其入，而周、召其勛，仲山、尹甫其勛，如《詩》、《書》所稱，何讓焉？是則今日疇咨之旨，二三大夫之蓄意云。

送與川葛公巡撫河南序

是歲秋八月，陝西左布政使與川葛公膺皇上簡命，進都察院右副都御史，巡撫河南。璽書載界，式遄于行。惟時三司舊僚咸素服公義而榮厥徂征，乃贈言以相送也。前參知謝公俾胤爲叙其略。

夫御史大夫，尊官也，巡撫則居尊以行其道，紘總一方，準裁庶務，匡表有位，惠植群生，古之所謂保釐者也，非其官尊者其任重乎？是故籲于俊乂，選于傑英，信于歷試，顯于懋咨。名其才，非其德，弗予也；名其德，非其實，弗予也。斯賢以簡登庸，以實奮，位匪輕授，道不虛行。昔孔子讚唐虞得人之盛，儼然夏商周之弗如也。豈三王而果下哉？或忠質文之有尚也。彼皆責實于名者也，其流也敝焉，狥名而失實者有矣，視渾渾者固有間乎？若忠肅恭懿，宣慈惠和，齊聖廣淵，明允篤誠，天下謂之元凱者也，而元凱不知也。堯以至仁甄陶之，舜以大智舉用之，而其效風動，而其變時雍，蕩如巍如，師如諧如。蓋非有他，皆取諸其實德者也，惟在聖人爲能簡之耳。今思此十六德者，有一聲音笑貌之可爲乎？有一言語文字之可假乎？是故純乎其天，率乎其性，樂則行之，憂則違之，確乎其不可拔者也。後世則不然。先名後實，投時之好，緣飾之巧，功名會焉。故竽瑟之談，岐絲之譬，伐檀之賦，朵頤之炙，上士所謂寒心，下士以之變節。如是而言，才德之際，名實之間，難矣，邈矣。肆聖皇求治，必以唐虞而簡賢授位，一惟元凱其人，故尊官重任，疇克舉之，我儀圖之，與川公其宜之矣。蓋其睿哲之姿有如齊聖，沉毅之蘊有如廣淵，忠信廉潔有如忠肅，易直慈諒有如惠和，由是而之保釐，則中州其勿乂乎？夫中州伊雒之經，陰陽之會，田廬挐距，人物卓蕃，殷周之故都，禮樂之餘俗，所謂四隩咸宅，寓内莫如者也。矢其文德，宣其彝憲，則其教易行；息其游惰，敦其本力，則其養易足。廉貪立懦表之清，補偏救弊作之明，返異歸同範之一，黜浮崇雅本之公，中州其勿乂乎？夫無實而虛譽者有矣，未有有其實而無其功者也。

公舉於鄉也，爲明經第一。尋舉進士，復策高第，筮仕推府，辟命司馬、秩宗大夫，出視學河南，實弘於道德，嫺於兵刑，達於禮樂。及參晉之藩，掌晉之臬，實康我全晉之民。既莅分陝，實又提全陝之民而康之。今舉而之保釐也，無二道也，欲勿乂，可乎？即舉而之寅亮也，必唐虞之乂爲也，故曰"信于歷試，顯于懇咨"。《詩》有之："肅肅王命，仲山甫將之。"茲行之謂與？於時諸大夫皆曰然。

《青氈獨坐卷》序

夫"青氈"者，以表儒官之清也。儒有抱道自娛，不競利達，不鄙窮約，飲水甘於列鼎，縕袍華於佩玉，偃仰一室之内，所樂惟琴書咏歌先王之風，其聲若金石。至其講道論德以詔來學，吟風弄月以適天趣，與童冠數子迴翔雀鱸之庭，雍容槐杏之所，而其光霽融朗之標，化育流行之意，蓋不知天壤之間復有何樂可以代此者。乃坐臥乎一氈，一氈之内萬物不能干其志，一氈之外四海無以喻其寬。蓋矙然泥而不滓，卷之無朕而放之不窮，是爲儒之清也。然以清而言清，則難乎其爲狀。善喻者取一氈以表之，雖不言清而其清自不可掩，乃其冲而深者越以章也。

我前源先生楊公實具是道，諸生田俊民等於誦服之餘思以讚先生之德者，特繪《青氈獨坐圖卷》以聲詩之，可謂善形容有道之氣象矣。余喜爲叙其大略如此。

校勘記

〔一〕"事"，據（清）雍正《山西通志》卷二百十三《藝文三十·序二二》當作"車"。

〔二〕"疆"，據同前校引當作"彊"。

〔三〕"磨"，據同前校引當作"摩"。

〔四〕"有"，據同前校引當作"豈"。

〔五〕"先生"之後，本書卷首《目錄》有"文"，當補。

〔六〕"苑洛"之前，本書卷首《目錄》有"韓"，當補。

〔七〕□，底本漶漫不清，據文意似當作"陟"。

〔八〕"先生"之後，本書卷首《目錄》有"文"，當補。

〔九〕"蒙谿"之前、之後，本書卷首《目錄》分別有"胡"、"文"，俱當補。

孔文谷集卷五

《陝西壬子科鄉試錄》 序代作

皇上統天御極之三十一年，是爲嘉靖壬子，當大比興賢之期。惟西土克慎厥事，監臨則巡按監察御史某，提調則布政使某，監試則按察使某，其諸執事咸秩如虔如。惟式畫既已昭矣，乃進提學副使某所簡士二千有奇，三試之得中式士六十有五人，文若干篇，遵制錄獻。某謹叙其義曰：

夫興賢所以求俊乂也。今俊乂之選慎矣，慎則將必得若人焉。然其究也，信哉否歟？夫必慎兹毋敢射主司，能自信之，惟俊惟乂，諸士有弗自信者乎？夫信者，實有諸己而無惑於志，故信己可以信人，中心疑者動必窒焉。昔者子使漆雕開仕，曰："吾斯之未能信。"子説，説其能考所信。魯欲使樂克爲政，孟子喜之，喜其學在善信之中。良以此也。皇上大中和之極，久聖神之化，甄陶萬類，涵育群材，巍巍乎，蕩蕩乎，與天同運盛矣。夫四時行焉，百物生焉，以從天也。諸士沐浴鼓舞，藹藹彬彬，效庸熙事，疇不誠俊乂哉？然弘道惟艱，緝學無止，體而信之，當自兹始矣。夫九德之行，三物之教，皆古之俊民所以□[一]位。然其道非虛談僞作可以緣飾，要之天德之良，本固有之，惟真識允蹈，信而不疑，斯廣大流行，亮采而用章，是雖德有九，物有三，而所以行之者一也。譬諸淵泉，方圓惟所注矣。昔有虞命官相事，以平水土命禹，禹惟服；以播時百穀命稷，稷惟服；以掌布五教、明五刑命契與皋陶，契與皋陶惟服；以典禮命伯夷，典樂命夔，伯夷與夔亦惟服。何也？皆自信其所能。孔門論志，仲由任治賦，冉求任足民，公西赤任學禮樂，蓋亦舉所自信。

今諸士抱藝抒藻，析理陳道，著之成篇，又雍容揖遜，式禮不愆，其威儀文辭儼然俊乂，亦略可表見。即且登用巖廊，策名委質，大受如虞庭，小試如仲尼之徒，則何如哉？夫亦慎所以體之矣。故無實而好名，未信而干進，君子恥之。舉稱得進匪倖，君用其所養，臣行其所學，化光溥焉，人文茂焉，聖世之所樂觀也。茲其究必信而有徵，諸士其可以不慎乎？

贈臨津王公由汾州同知升任
南京東城兵馬指揮序

守令之道二，曰守己、曰愛民焉而已矣。夫是二者，士人類能言之。然方其處也，謂其出而行之也；及其出也，則行之而弗逮者往往而是焉。豈復以二道爲不美哉？夫亦有所奪之也。奪之云何？曰：物喪心也。守曰義，義吾心也。愛曰仁，仁吾心也。吾存吾義矣，吾體而行之，無弗宜也。以言乎修己則爲能守，而非有襲於外也。吾存吾仁矣，吾體而行之，無弗慈也。以言乎治人則爲能愛，而非有私於內也。無襲於外，雖行一不義而得天下，不爲也。古之人有行之者，淵陋巷而處，而爲邦之道已著；尹任世而出，而耕莘之德已舍。何也？心主於一，而物不能二也。是故其出也猶其處也，其言也猶其行也。今之士則不然，俗學障之，俗思殺之，營營乎利害之畛而趨違之，逐逐乎彼我之界而厚薄之，於是損人以利己而可爲也；厚以自裕，而以薄待天下而可爲也。夫利害不並存也，彼我不兩立也。我取其利，害必貽人；厚歸於我，薄則誰受？如是而曰守己，曰愛民，可自信乎？故未有守己而不愛民，亦未有愛民而不守己者也。

臨津王公，學純而志恪，存省仁義之性而有得於心。蓋自窮居之日，即以古孝廉自勖，庶乎孟子所謂“不爲”、“不忍”焉者。是故筮而貳汾，而二道行焉。其淡泊之操，一年而人謂其矯也，二年而人謂其苦也，三年而人謂其貞矣。其寬和之政，一年而人謂其緩也，二年而人謂其便也，三年而人謂其惠矣。曰貞曰惠，能守能愛之謂也。昔者夫子之稱子產也，亦惟是焉而已矣，而王公何以服行厥躬，炳茂一至此耶？夫卓德異行，當世平道明之時易，處物欲橫流、仁義充塞之時而能挺然以獨持者難，若王公可謂勇矣。即登而庸之，使當大任，奚不可者？乃擢南京東城兵馬指揮，蓋借賢以爲都官重也。啓行之日，一郡之人無不喜其叙遷，而惜其捨去者。余與同志相率而送，而申之斯言云爾。

贈僉憲南庵趙公陟參江藩序

嘉靖三十六載之夏分，巡憲使南庵趙公陟參江藩。當遂整車以行，惟河東郡屬吏良貴等率三十六州邑長吏相與議於庭曰：

晋置四道，而河東爲最鉅。天子簡命憲臣，分鎮而巡之。必以名俊，乃南庵公望重而道弘。前憲臣之巡理也，咸有補於吏民。然即其所以宣序，一惟條格之恒有者耳。若濟難而時被其休，建利而世永其賴，事殊而功異，德廣而惠深，實惟我南庵公。

夫乙卯地震之變亟矣，盈河東之民橫被蕩覆，輕者十室而半，重者過之，而蒲坂之間則十室而九也。又水火加於激薄，盜賊起於掘發，徹夜連日而不可已。公是時親爲捕治，加意督察，撫其孑遺而賑其殘破，瘞其伏骸而保其頹敗。由是喘息之餘，黎庶相煦濡而生矣，傾危之故居得相寄泊而處矣。而城郭宮室漸次表營，令官府復睹其儀衞，而條其紀綱也。今則寢以恢矣，非濟難而時被其休者乎？

夫河東之地有水而多旱，而民不知用之久矣。公至，察其土風，觀其流泉，相其原隰，令民作車以引水，作陂塘溝渠以爲蓄注，由是高亢之田將爲沃壤，旱乾之歲亦有豐年。乃公造之物，民蒙其惠大矣遠矣，非建利而世永其賴者乎？若夫端亮之體，精明之政，寬而有制，廉而不苛，示我表儀，立之中正，殆不能以歷陳矣。夫德盛者懷，功高者頌，今於公之行也，若之何爲情而後可也？

群吏唯唯贈言：天生俊良以扶世也，故君子以世道爲己責，隨其所在則布德而樹功焉。非自爲其譽之謀，求以不負乎天焉而已矣。今南北多故，戎馬倥傯，其勢不啻一地之震蕩也；公私並匱，徵應復煩，其勢不啻一方之枯槁也。願公柄用大行，以其爲河東之濟難而建利者而弘濟之，而普潤之，令威惠浹於海隅，勛烈升於廊廟，則我公之能事，群吏之所佇延也。《書》曰：“若濟大川，用汝作舟楫。”《詩》曰：“經營四方，告成于王。”公其以之。於是上其言以效之頌，送之遠而懷之不能已已也。

贈郡守龍嵋張公受撫臺旌獎序

主上以知人安民之道付之臣，其在外則撫按之務在知人，守令之務在安民。然急於知人者恒過於望察，則知人之數少。何也？心有物焉則賢否眩其明也。上官過於望察，則有司急於求知其所爲；安民者亦恒過於表暴，則安民之數亦已微矣。何也？心有物焉則名實損其真也。斯二者皆難，惟吏之賢者則不然。守道而服官，循理而奉職。以民爲吾同胞，以物爲吾與。因其利而導之，因其害而驅之。日孳孳焉，泯泯焉，爲之而不出吾性分之常。吾無所求知於時，而自當乎時之知，然後爲真能安民之賢矣。求其賢者，其惟我龍嵋張公乎！

公始守代，居無何，復移重守汾。惟代邇邊，外有黠虜之虞，民生蓋靡寧日。公守道循理以安之，民乃用安，虜用不敢深入。撫臣曰：“賢矣。”乃請上移守汾州。惟汾居腹內，有彊宗之患，民生蓋亦靡有寧日。公守道循理以安之，民乃用安，彊横亦用以衰。撫臣曰：“真賢矣。”乃宣上條令，復移書以旌之。夫以汾較代，則汾劇而代稍約；以治之難易，則彊之患苞蘖，黜之虞獸聚而鳥散耳。於是代民惜公之去，而汾民幸公之來也。於是撫臣亦自以爲知人之審也。禮行之辰，吏士相與慶於堂，氓庶相與慶於野，山人得而識之。

昔者皋陶之陳謨曰：“在知人，在安民。”然其道惟哲，惟惠。惟其人之德有九，惟宣，惟嚴，惟浚明，惟亮采，迪乎其身，見乎其家邦，公卿大夫之所以爲惠也。惟翕受敷施，惟九德咸事，君相之所以爲哲也。竊觀公寬嚴有濟，敬簡不渝，沉潛而高明，願謹而彊毅，蓋有迪知忱恂之學，而涵之有素者矣。今以其德見知於撫臣，而達之天子之庭，則俊乂之陟爲不遠也。是故有安民之實者，然後成知人之明；而於下有所求，於上有所援者，皆誣也。

劉母太夫人七旬序

嘉靖三十六載，菊有黃華之月，霜來青女之辰，劉母太夫人林氏壽登七十有四，子四、女十一、孫男三、孫女四、曾孫男及曾孫女咸以是月獻壽致嬉以崇奉。太夫人元子介石君宰西平，遙以西平之俸致甘旨來。仲子白石君任都御史在告，乃親以臺省之儀致燕樂。元孫中齋君太守真定，亦遙以真定之俸致甘旨如西平。餘子若孫，或分銜於章甫，或振藻於黌庠，或舉進士於鄉，或正蒙養於塾，各彬彬藹藹，翩鷺停之彩，秀蘭苗之英，佐酒稱觥，舞階扶杖，先意以承其志，和氣以怡其顏，所謂樂生而不可已者，舞之蹈之而不知其所以然也。君子以爲孝弟之至可以通神明矣，而況太夫人之心有不陶陶然樂哉！西河外史聞而讚曰：

維皇天篤佑，隆我國楨。用生才哲，賴此淑媛。乃太夫人慈惠和懿，克昭上帝，是用錫祉降康，俾身其康強，子孫其逢吉。或股肱王家，亮采惠疇；或經略安撫，輯匡內外；或定省溫凊，弗遠庭闈。式奉忠履孝，各有其人；並行並育，同符兩儀。乃太夫人家靡缺頤，國多移孝，寢息有高枕之安，興居無倚閭之望，是用游衍淳和，優入壽域，以引以恬，蓋保有無疆者矣。至如厥嗣顯揚，競明三事，荐登鼎鉉，均理化元，爲四海底昇平，爲八荒納仁壽，則太夫人無疆之福抑又爲大括，而咏言周母之曰文也，魯母之曰壽也，亦如斯而已。

贈霍州守元泉褚君受撫臺旌獎序

海寧褚君之守霍也，與他守異也。他人之守霍者，謂其地之陋也而薄之，謂其民之敝也而疾之，謂其士之侗也而棄之，謂其宗之彊也而諛之。夫是四者之心皆梏於有我，有我則我與物離，物亦與我離，是以其政無三年成也。褚君則於其陋者而安之，於其敝者而植之，於其侗者而開之，於其彊者而正之。安之於以奠其居，植之於以厚其生，開之於以廣其學，正之於以肅其儀。蓋以物同我而以我率物，而其心公焉。是以一年而政理，再年而政行，而物之懷惠者日以親也，畏威者日以敬也，則其政三年成可知矣。巡撫大中丞閔公知君之賢表表如是，既疏名薦之於朝，復宣布璽書褒美之令，檄所司優禮厚文，示旌獎於君之公堂，以彰善也。於時郡別駕陳九思以余與褚君有一日之雅，乃徵言爲叙其事，余澟然歎服。

夫文學、政事可二乎哉？而聖門別爲兩科，蓋據其所得之多者而言之耳。然文學所以求此心之理而明之，以去其偏鄙競僞之私；政事所以推此心之理而行之，以達其宣慈惠和之公。其道焉可岐也？若以文學爲摛藻之工，政事爲鉤奇之術，則二之可矣。

故有大涵養者必有大設施，有大學術者必有大事功也。褚君夙以文學著聞兩浙，實修身體道，以求聖門之所謂求志、達道之實而一之，宜其治郡之賢表表如是矣。夫君子患不稱名，名稱之時，義行之日也。褚君其達矣乎！《詩》曰：“顒顒卬卬，如珪如璋，令聞令望。”維君子以之。

《蟠桃獻壽圖》序

陳母太恭人趙氏，淑德坤符，壽祉天介。甲寅之歲，庚午之月，十有一日，厥維誕辰，厥壽七十。時冢子文岡大夫方奉帝璽書，載敷文命，周爰三聖之墟，式和五典之則，循循亹亹，善誘不倦，乃王事之在職，家慶之不躬上矣。于是緬望白雲之高，遙酌南山之獻，秩秩英僚，藹藹俊彥，咸與摛藻讚詞，舉觴添壽，取象金母之儀，撫實蟠桃之啖，繪圖裝軸，合組列錦，以遺太恭人。若曰身雖不至，心則嚮往之云爾。太恭人目睹金玉之章，耳聆海山之頌，當必樂福物之遐致，慰有子之浚明，適志養之嬉，增康彊之豫，而不知老之將至，與子之遠遊也。文岡公猶顒然歉然，不自已已。

客有解之者曰：“夫事親有等分焉，卿大夫之事固宜與士庶殊矣。愉顏羞甘，定昏省晨，嘉時令節，上杯酒爲壽，依依終日堂序之不越者，士庶之所以爲孝。卿大夫則不然。承訓于家，展案于國，身立而名顯，服寵而鼎順，斂時錫以爲休，集人和以爲慶，故子崇萬里之勛，則親裕高堂之樂矣。今公奉太恭人宣慈之教，惠和之令，入而翼亮朝章，出而經緯文憲，帝貤晉錫之封，人歌魯母之壽，即其榮養，豈與士庶比哉？況太恭人克相夫君，澹亭翁登上第，策鴻名，踐歷省寺，直哉寅清，參保東郊，惠威明允。夫君蚤世，太恭人又親訓其子，遹觀其所樹揚，奕世載德，赫如桓如，而諸子若孫復森列炳蔚，即其受祉。則太恭人之所以壽，豈在膝下一觴哉？"

　　文岡于是唯唯授圖，徵外史氏述詞叙列其上。昔澹亭翁以直道左官，有遺愛于武鄉、陽曲，兩邑咸俎豆之。不三十載，而文岡公復主盟斯道，昌其惠思，寵博弘衍，實太恭人貞淑之風，融融穆穆，同壽永康。胤，晋鄙之遺氓也，敢不載言以矢其音？

贈司馬大中丞麓泉王公榮進序

　　上之三十二年，以大中丞麓泉王公督撫吾晋之疆邑，一年平其政，弘闡厥猷，虜不敢向雁門，百姓寧息。霜寒草死，虜纔一窺伺，適我軍方張，固已追逐挫敗之矣。所俘獲斬首甚衆，奏上捷書，上大嘉悦，進公兵部右侍郎，且召之入。以其地之賴也，仍兼右僉都御史，督撫之如故。尋又邏獲奸細，以絶虜之鄉導。報書又上，上益大嘉悦，又進公兵部左侍郎兼右副都御史，督撫之如故。璽書載臨，吏民罔不欣抃，藩臬大夫相與頌功稱賀曰：

　　惟是疆邑，股肱京輔，天子命重臣，使鎮其地，實藉兹茂略，與其總統而布其惠威，以安内而攘外，而中外賴之，如草木之有山陵原隰，容保之用休也。乃自北虜跳梁，蓋十有六載，而兵不息防，於是疆邑之民稍已稱困，然主憂勞臣，況瘁官奔命，民竭躬，亦勢所必至矣。故前籌之或得或失，後事之或利或鈍，皆不可必也。惟我公經略安撫以來，其事細大悉有條貫，可遵議以制，不泥其陳，度以可，不行其臆也。故將信士奮，吏畏而民懷之，而于安于攘之功不可以有加也。是大臣總統有方，則庶僚可以靖共政體，均平便宜，則民雖勞而不怨。《詩》曰："君子所依，小人所腓。"其是之謂矣。夫大臣受主上之知，專閫外之寄，其任大，其責重，其心恒以弗克稱使爲懼。及稱使矣，又功名之際，疑畏之衝，有不得而不業業者。今我公功立而志孚，名顯而位達，上心實眷注之，行且召之，而元臣之勳享矣，某等敢不頌厥功而惟慶之賀哉？故願登上竹帛，以紀不世之徽云爾。

於是徵外史叙述其旨而上之。考之於周，稱"文武吉甫，萬邦爲憲"，說者以爲文附衆，武威敵也。公素備是德，而首憲是邦，則邦人庶士誠亦沐浴歌咏之久矣。敢附及之。

贈葛陂許先生移職慶成王府教授序

葛陂許公司訓於汾之學，五年而有慶成王府教授之擢。除牒載臨，當移署府中。惟府與學宮居雖相望，而師生戀戀，咸惜其捨此而之彼也，乃請余言以贈之。余固知公者，而公之賢又可以颺之言。

蓋師儒之官以道德爲實，以文章爲華，而傳道解惑，一惟傳此解此而已矣。近師席倚而不講，朋徒相視怠散，是末師而非往古，狃於所習，毀其所不見。於是惡拘檢，樂誕縱，於禮有所弗聞也，公於是獨言禮；用私智，見小利，於義有所弗聞也，公於是獨言義；廢講習，弛討論，於學有所弗聞也，公於是獨言學；昏理路，塞思塗，於文有所弗聞也，公於是獨言文。夫是四者，扶本實於既撥，振朝華於已萎，以紹古昔，以覺盲聵，師道爲已端矣。雖暴棄者未易即回，而聰明持志之士改觀内向者率影響應之也。使公誠久在師位，令興起者得卒業以考其成，豈不幸甚矣乎？乃遽移其重於王官，譬之挈千尋之綆汲九重之泉，泉半上而綆中絶，則渴者之望阻矣，然汲引之惠則惜之宜不能已也。又有爲公難其曳裾之行者，而公亦自有難色。余解之：

夫淮王雄尊賈誼，傳之膠西弗馴，董子正焉。彼皆不遇其主，而二臣猶卒見信，名垂始終，況賢於所遇則志易行、職易稱者乎？故與王好竽而子鼓瑟、君好少而臣年老者殊軌而異調也。今賢王樂善謹度，君臣道合，上好禮，公能言禮，上好義，公能言義，上好學，公能言學，上好文，公能言文，則古人魚水之喻無以加於玆矣。然而或難之者，豈不過哉？皇朝藩服之盛，螽斯、麟趾照耀區夏，然舉其巨麗則慶成據其最，中間好禮、好義、好學、好文者彬彬如也。即反是者，可導而上也。其轉移之機，牖啓之術，亦在公汲引而已矣。然自亦有難色者，豈不過矣哉？昔孔子天縱之聖，其仕魯也，入門鞠躬，過位色勃。孟子命世之才，一見齊王，則曰："齊人莫如我敬王者。"公固素願學孔、孟，則所以贈公者，豈復有他説耶？

王母太老夫人壽序

嘉靖三十有六載，厥惟嘉平之月十有某日，爲王母太夫人令誕之辰。是時太夫人之嗣西石君以少參之重居守河東，奉迎太夫人於邸舍，日崇養以禄，於以隆愛日之誠。太夫人康彊悦豫，命西石以宣慈惠和、明允篤誠之道道平陽，蓋庶幾元愷之緒烈，而保釐堯舜之故都者矣。於是河東吏民咸服西石君之化，而鼓舞太夫人之慈訓，故於其誕辰罔弗稱慶，若華封人之祝堯云。

惟時靈石縣令董大經請余叙讚厥休，而躬往獻壽於其堂。余竊以爲，卿大夫之孝與士庶異者，誠謂其克以禄養，然禄亦人事之常然者耳，而非與天地合其德者也。與天地合其德者，其惟元和乎？天地以太和元氣爲主本，而以其順化流行於四時，貫通乎萬物，而四時長序焉，萬物長生焉，而天長清焉，而地長寧焉。以其性情而言謂之仁，以其功效而言謂之壽，合仁與壽而言謂之福。今祝人以斂福者必先乎壽，然不仁不可以言壽。祝人以饗壽者必先乎仁，然不和不可以言仁。惟太夫人以和德訓厥家，西石君以太夫人之德"亮采有邦"，而濟濟庶僚、元元蒸民悉以其和心頌太夫人。西石君於是既以鼎旨奉安膳，復聚是醇和以爲之順，積是百順以爲之福，則太夫人之所以爲壽者真宜與天地觀矣。

刊《四書膚解》序

士以舉業爲時義，而不推本乎聖學者，誣也。何也？沿俗以爲工也，趨時以求售也，溺於末流而忘其源也。聖學或幾於息矣，不亦誣乎？夫聖人之學，心學也。心即性也，性即理也，理即道也。其諸所謂盡心知性，窮理修道，皆學也，而實不外於心也。其諸所謂德行之存，事業之著，文章之炳，皆心也，而實不外於學也。夫士之於舉業也，猶農夫之耕也。農夫不能捨耒耜以爲耕，士亦不能捨聖學以爲舉業也。堯、舜、禹、湯、文、武之爲君也，其臣未嘗非士也，其士未嘗無學也，然不聞有沿俗之行，趨時之習。即云有沿，則精一中敬之外無餘沿也。即云有趨，則精一中敬之外無餘趨也。無餘沿趨即無二學也。周道衰，教化缺，學術不明，人心陷溺，於是有沿俗之行，趨時之習。斯士之敝也流，吾先子惻焉，表群聖之幽微，垂六藝之統紀，繩往緒，正來觀，博文約禮，而一以貫。於是即心是學、即學是心之義，曉然如揭日月而行百世，以俟聖人而不惑也，何獨於舉業而二之哉？二之者，惑之也，故余以爲誣也。

三代損益時政，不損益禮，故忠、質、文迭易而禮不易，道不可變也。夫子用文，從周聖之時也。假使夫子生於今之世，必繇舉業矣，其綜文必屬時義矣。於舉業無所加，於聖學無所損也。今爲舉業之本領者，有“六經”以立其極，有“四書”以會其歸，何莫而非聖學之心法也？學者誦其言而不味其旨，狃於沿俗趨時，不復反而求之於心，宜乎其自誣也。是故想像者無真見，音響者無真聞，記誦者無真知，模擬者無真行，剽竊者無真得，其爲舉業亦已荒矣。夫子曰：“辭達而已矣。”非示人以文之方乎？然未有欲達其辭而不求諸理者也，未有欲明諸理而不求諸心者也。故士不患不達，但患不達於辭；不患不達於辭，但患不達於聖學□〔二〕。

元泉褚子，浙名士也。明允深造，有師友淵源之學，家食授徒，成造廣益。及牧霍也，則政教兼舉，而尤懇懇於聖學之傳焉。霍進士喬承詔與諸生劉選等既得其所著書義以鋟之梓，又得其《四書膚解》復選梓鋟之，蓋皆超悟而力行之矣。因以徵余叙。余覽之中夜，知云"膚"者，自謙也；其云"解"者，皆發明孔孟之心學，指陳舉業之正的，欲令學者一洗沿俗之行、趨時之習而歸之道。即其用心，豈徒嘉惠後學，實亦有裨於教矣，而學者無復雷同勦説以重誣焉可也。余故諄言之云爾。

《玄覽編》序

《玄覽編》者，載事之玄者也。昔純陽吕公稟天授之醇靈，擷民彝之瓌異，綴儒林之藻秀，遡學海之波瀾；遭時濁亂，結□〔三〕遠遊，苦節求師，貞心進道；尋參領乎衆妙，竟策步於上乘。是故正言以筌其理，則雲笈翻華；詭行以印其象，則火鈴耀彩。乃其仁存浮世，意在深□〔四〕。斯清詞絶調，流寫人間，匿景現形，超騰物表，蓋游戲三昧，變化萬殊，不可得而測矣。覈其有無，究其旨歸，豈非老子所謂"玄之又玄"者耶？

今其書可睹記焉。學士大夫稔境域中，詫情方外，非聖之書概所不觀。然馬遷叙六家之統惟道是崇，劉向博群書之精列仙乃述，則弘觀廣覽，烏可以偏廢也？是故高文達識，如坡老輩皆喜躡玄蹤，樂傳奇事，但其書止名文集之泛，未標玄理之微。靈寶朴庵彭翁家世嗜道，妙契厥文，始欲更飾徽題，重雕廣布，適其嗣東谿公保釐之暇，出是編語余。是時山人方罩思道德之府，極意逍遥之林，實卷展而義陳，目擊而心悦，便議熙號《玄覽》，鋟梓蘭齋，俾上達覽之而神悟，下士聞之而頤解也。問："可以答仙翁乎？"公曰："可哉！"遂定刻之。

老子有言："滌除玄覽，能無疵乎？"夫玄覽者，覽於玄微也。吾取諸此而已。文垂千古，道在同心。龍沙之謠若非虛語，鶴樓之笛會豈無人？

長樂園序

長樂園在城之北峪之南莊之下，其地有清流激湍，茂林修竹，如山陰蘭亭之勝云者。而崇山峻嶺，雲霞出没，嵐采氤氳，可以遠望。蓋望之而若屏風焉，而園之選勝撰於斯矣。大宗正南村翁携其家嗣東皋君與諸孫七泉君等日游偃其中，以爲樂焉。然未有以名其園者，幽谷朽生名曰"長樂"。

蓋天生斯人，原以真樂付之，令弗憂煩。是爲本性，是爲自然，乃老子所謂爲常道者也。而人情奪目於富貴，役志於紛華，未得則憂其難，既得則患其失，悄悄焉，憧憧焉，寤無寧心，寐無好夢，丹顔早消，素絲先現。計其初心，欲以盡一生之歡，窮當年之樂，則歡樂之時少，而憂患之日多矣。南村翁居足富貴，處滿紛華，而乃逍遥山水之間，栖遲魚鳥之際，樽酌循環，翰墨間作，象溪谷以怡神，先俯仰而上德，遂令憂患無所入之。夫憂患不入，即心是樂；此樂無改，是名永長。即長而言，其説有二：守此天真，以保百齡，延而綿之，萬有千歲，是一長樂也。父以是傳之子，子以是傳之孫，子而又子，孫而又孫，以永守此樂，永保此壽，是又一長樂也。故余名其園曰"長樂"云爾。

祚胤慶言序

余觀韓昌黎《河中府連理木頌》，言咸寧王尹蒲，有德之交暢者五，如訓戎宜恤之類，爲庶德昭融，神斯降祥，於是有殊本連理之柯生於河之東邑，此特假物而歸之德焉耳。孰愈夫躬備純德，建中用和，天人□[五]感，祚胤徵至爲無所假哉？我東谿彭公之保釐冀南也，德不可得而數也，吾舉其大。

夫司牧者，將平之也，然狥性臆決，任法刻深；公來準儀，弗狥弗任，壹即之天理而順，當乎人心而安。簿書倥傯，則禮樂未遑；公來靜正，闡厥聖謨，陳乃藝極，俾我多士，迪德勵業。矜寡疆禦[六]，易忽易撓；公來惠威，生養疲黎，保安無告，申訓明禮，銷奸化梁。監司務察，守令務藏；公來寅亮，開誠率下，同道體物，吏職咸奉，民業以安。訟有牽連，獄有冤滯，或拘或嫌，鮮克伸控；公來明恕，平反昭雪，摘伏發奸，冤生感泣，服辜者甘。位崇道尊，視下若遺，視微若辱；公來謙損，詢于蒭蕘，賚及草莽，片善必嘉，小過弗計。樽俎雍容，瓊琚玉珮，恒事易了，變端難持；公來神敏，式遏寇宄，中厥機宜。府兵之亂，談笑定之；中丞倉卒，公益整暇。轉危而安，重如泰山。是故吾舉其大，比之昌黎之言，交暢者數不止五而有大焉也。

吾何以頌之？當是時，鼓舞休明，沐浴膏澤者謂草木之蓁蓁，鹿豕之狉狉，士女之嬉嬉，皆公之和德，神之降祥也，何物而非連理哉？吾何以頌之？今己未仲秋，適□[七]誕育良嗣，則祚胤徵至之祥也。《詩》曰："樂只君子，保艾爾後。"斯可以為慶矣。以故王公薦紳父老皆賀，學正瑤、訓導光、先岡諸生雲翔等相與議於宮曰："昔鄭人頌子產之德言：'我有子弟，子產訓之。'今公奚但訓之，而實噓我太和，復我元氣，長育成就我，如《菁莪》焉矣。今乃天錫公嗣，若曰公有仁恩，及我庶類，斯報之麟鳳之祥耳。天且不違，而況於人乎？"於是師生相率九頓首而稱慶，又托余言以為之頌。余無昌黎之文，而有其情，聊敘述其事，以紀公之福德云。

壽宗尉西谷公六十序

世所謂壽者三：天錫其齡，俾以遐厚，其精神若或啓之，其氣體若或翼之，優游康彊，維順維期，一也。人廣其譽，俾以宣昭，叙述其勛徽，讚咏其辭令，彌漫洋溢，無已無殆，二也。我種其德，俾以純懋，尊德樂義而無假於外，安土敦仁而守固於中，長永真静，以清以寧，三也。

夫是三者皆立不朽，與天壤俱。然繫乎天者有不可必，繫乎人者有不可知，則可篤長生之基、培久視之道者，惟其德而已矣。何也？存乎我者，即天之所以與我、人之所以同我者。是故失其德而天人違度者有之矣，未有有德而天不之應、人不之歸者也。天人合符，悠久不二，則沉瀣朝霞不足餐也，安期羨門不足慕也，而三壽之理森然備焉。演一以爲三可也，圍之而爲一亦可也；一歲而抵千秋可也，萬有千歲而爲一朝亦可也；一言而爲萬世法可也，遁一世而無悶亦可也。譬彼高山，衆丘仰之；譬彼大海，群壑赴之：一自然而然耳。乃上古天真之爲壽，黄帝之所聽瑩也，惟我大宗正西谷公實兼三壽而有之。

公以銀潢之派，玉牒之英，蚤從事《詩》、《書》、《禮》、《樂》，以克紹先王之光訓，乃文德懿衷，天章炳蔚，道積厥躬，行憲厥世，吐詞振藻，馳譽流芳，郁郁彬彬，盛矣美矣，而神宇泰定，性天朗融，望之儼然，即之温如。今甲子載周矣，而精神意氣猶夫方壯之時也，則綿歷之祺，保艾之慶，寧有既耶？故曰"兼三壽而有之"，不虛居矣。

戊辰三月十有九日，實惟誕辰，兄弟子姓合家慶於堂，而縉紳大夫聲附景從，固其理也。余因舉是説以明之，平川廣文書其説而獻之。

送周以明就例遊太學詩序

夫燕雀之情一隅，鴻鵠之志千里。在物有之，人亦宜然。是故秉識之深者而洞重淵之測，垂覽之遠者而極高臺之觀；執矩之儒守窮轍而不出，通方之士適殊塗而有歸。故明主設雲網以周羅，則網總而目凡；多彦幸天門之廣闢，則焱從而景附。蓋時難得而易失，會因緣而可乘。《易》曰：“觀國之光，利用賓於王。”故士獲委輅脫輓而遊帝鄉，幸矣！何必株守墻東哉？

兑川周子，才稱樸茂，學號弘通，乃試藝屢頓於場闈，抱志獨傷乎歲月，偶因例貢之選，聊從國學之遊。惟兹賢士之所關，實彼大觀之攸繫。三代之彝倫炳焉，六經之精采焕焉。隆師則山斗之非遥，取友則金蘭之孔邇。故志有可辨而善有可摩，功有可崇而業有可廣，所謂顔、冉之龍翰鳳雛，曾、史之蘭薰雪白，舒、向之金玉淵海，卿、雲之黼黻河漢，皆繇此其選也。而琦瑰卓越大有進於此者，不可得而殫也。引而伸之，觸其類而長之，是在周子矣。夫觀國之光尚賓也，周子其賓之哉！斯睹白日而翔天庭，附青雲以有爲也。於時同懷之侣咸有贈別之篇。

峒山君壽圖序

惟朱明之肇叙，寔清和之扇景。緑槐陰而如蓋，紅藥媚其滿欄。鳥嗜嗜而流韻，荷的的而始華。乃萬物之得時，而三才之朗茂。天地之盛節，而日月之韶光。老氏擬衆樂於熙臺，瞿叟圉群休於樂國。乘大化者神遊，委至和者理解。鵬九萬而不渝，鷃一枝而自足。惟以德適怡真，不以矯强拂性。然人情好歡而苦感，物生愁廣而娱希，故歎老嗟卑者臨鐘鼎而不夷，啼飢號寒者值豐暖而愈泣。或充於財者嗇於用，通於勢者瑣於營，精神以内戰而凋，形色以外紛而瘁，坐使良辰孤邁，促景同傾，雖窮達殊塗，而憂患一軌，豈不痛哉！此達士炳齊物之觀，通人擅及時之樂，難與俗人道，可與智者談也。

奉國大將軍峒山，華誕當强仕之年，綺筵投四美之會。同宗之侣舉千金而稱壽，合道之朋頌萬年而奉觴。誠有見於此矣。

具慶贈言序

君子於其親也，值嘉辰，逢令旦，居則拜慶於一堂之上，仕則祝釐於萬里之外，情也，亦恒也。然而有進於是者，親具慶於家，子昭慶於國，中和之理達於位育，孝悌之至通於神明，人悅之，天眷之，錫祉受符，偕老並茂，優游容與，不可企及焉。昔者夫子之言孝曰：“始於事親，中於事君，終於立身。揚名於後世，以顯父母。”夫事君者，以祿養也。名顯者，以善養也。以祿養者尊，以善養者榮矣。昔者詩人之言假樂曰：“宜民宜人，受祿于天。保佑命之，自天申之。”夫宜民人者中和達也，受祿命者神明通也。中和達者人悅之，神明通者天眷之矣。君子躬此四德者，於其親也慶之大也，釐之隆也，非區區拜祝之間而已也，其我太守龍崌張公之謂乎？

公珪璋之器，黼黻之才，勉為親隨，牒三命而為大夫，崇養以祿，是為能尊其親。其為大夫也宣慈恭懿，弘衍家緒，廓其德音，崇養以善，是為能榮其親。公樂民之樂，民亦樂公之樂；公老人之老，人亦老公之老。今年孟冬，值太封君樂庵翁與太夫人魏同辰共壽，是日龍崌公南望祝釐，吏民顒顒亦南望祝釐，凡有衣冠會文字者罔不鼓舞歡情而歌頌盛德者矣。是不謂人悅乎？觀人之悅，而公之中和之理可知也。公之老親合德齊齒，清寧康彊，稱其慶則萬福之同，言其孝則百順之積，是不謂天眷乎？觀天之眷，而公之孝悌之至可知也。夫人道莫大於孝，孝莫大於尊榮其親；人生莫難於福，福莫難於人悅而天眷：我龍崌公實咸有之。余齊民中之野人也，故因其祝釐而附屬之如此，庶馳獻萬年之觴，以表國人之善頌云。

校勘記

〔一〕□，底本漶漫不清，依文意似當作“有”。

〔二〕□，底本漶漫不清，據文意似當作“耳”。

〔三〕□，底本漶漫不清，據文意似當作“束”。

〔四〕□，底本漶漫不清，據文意似當作“潭”。

〔五〕□，底本漶漫不清，據文意似當作“應”。

〔六〕“矜寡疆禦”，據《詩・大雅・烝民》：“不侮矜寡，不畏疆禦。”“疆”當作“彊”。

〔七〕□，底本漶漫不清，據文意似當作“公”。

孔文谷集卷六

贈太封君岐山趙公七十壽序

嘉靖四十一年三月二十六日，禮有賀焉，爲封君前清苑縣簿岐山趙公七旬舉也。蓋七旬爲壽，寓形者之所稀有也。是故齒則尚之於鄉，老則優之於國，長生久視之術則求之於道家，壹惟壽之貴也。然鄉國麗眉之叟什伯而二三，服食導引之輩率更衰矣。是壽也者，必天所篤焉，人故稀有之也。人稀有之，而公矍然躋之，斯可賀也已。肆余賀之，衆人亦賀之，然天之篤公，公之所得於天，別有進於此者，衆人所不知也。在昔夫子嘗一表見之，曰：“仁者壽。”言仁者固自壽，而齡之修短不數數爾也。天下之仁莫尚乎唐、虞，天下之壽亦莫尚乎唐、虞，故曰堯、舜之心至今在也。後世有善言壽者，則曰不朽焉而已矣。不朽之事，亦惟仁者能爲之，如金之在鎔，惟冶者之所爲也。是故立德則壽焉，立功則壽焉，立言則壽焉。如山岳之峙，萬古其不可拔也；如江河之浸，萬古其不可涯也；如日星之麗，萬古其不可掩也。信斯言也，則顏淵處之而不爲短矣，原壤處之而不爲修矣。非其年之不殊，仁不同也。是故壽之云者，不專於年也。

正、嘉之間，邑子以德行文學著者兩人。其一爲文孝田君。田君終太學生，然太學傳其賢，爲不朽矣。其一爲公。公孝友忠信之行、精純博雅之學無愧田君，以故貢上太學，亦著名太學。筮仕清苑，輒惠孚清苑。及薄遊還里，惟日以著述爲事，弗倦弗衰。夫是道也，豈世俗悠悠苟且以延歲月而已者耶？其庶乎立德立功與立言者乃所以爲壽也。抑又有大進於此者，公以是傳之二嗣。其訥也，舉進士，連仕兩邑，割雞於定興，而展驥於江都也。非聖弗學也，非王弗憲也，非道弗辭也，其讚也，又褒然爲群儒首也。皆克慕公緒而光大之，以揚屬於前而鋪張於後。計其休烈，蓋無已已。是非所謂不朽之大者耶？乃所以爲壽也，而復兼有乎長年壽之全也，天篤之至也，余以是賀之。

送憲使右溪謝子拂衣歸里序

《詩》之《衡門》，言賢者之不樂仕也；《白駒》，言賢者之去而不可留也。千載之下，猶可想見其人。誠有見幾而作，不俟終日，樂天知命而不憂者。自利達之趨勝而止足之戒微，止足之戒微而得失之患深，得失之患深而義命之知淺矣。故得位而曰隆也，隱居而曰約也，所處殊遇而愛惡異情，於是富貴之門多徽徽之人，貧賤之途□[一]戚戚之士，而不知惡有終身而不能免，愛有千計而不可得者，徒以其徽徽戚戚爲桎梏，爲倒懸，誠異乎二詩之所風矣。吾三復厥詩，以求其繼，得右溪謝子焉。

謝子者，脫然有見於道，而不受役於塵物之累，矯然泥而不滓者也。貞睿潔白，履坦抱沖，繇舉進士宰劇邑，稱古循良。及擢諫垣，數開口論天下事，遂蒙補吏，下遷郡縣者六年。稍轉浙臬僉事，分巡西道，下車問民疾苦，察吏治得失，宣典正例，敬簡寬栗。即其風猷，類非沿俗之吏所能望其萬一。時浙西吏民疲於奔命，慍於煩苛久之，得公乃皆大悦，而當道者或不悦也。於是右溪子即解印綬西歸，朝省亟移書勉留，弗克。驅駒入谷，湛湛乎《衡門》之思焉，距到官裁四閱月耳。賓僚釃酒賦詩，以歌其行。文谷子爲賦二詩以表焉。

觀夫汲汲衒售，射寵獵華，卒一無所建著，與滔滔聲利之中入而不能出，必至汩没並盡而後已者，視謝子爲何如耶？謝子才足經世，德可憲時，天下有志之士皆景仰其大用，乃鴻飛冥冥，視棄桓袞若敗絮然，自今汶嶺峨眉若增而高，蜀嚴未足多也。夫所謂見幾而作，不俟終日，樂天知命而不憂，詩人以來蓋惟謝子能知之。非徒知之，亦允蹈之矣。

謝公字子佩，庭苪其名也，四川富順縣人，與余□〔二〕舉嘉靖壬辰進士。至甲辰自浙西歸，部使者累薦其賢。隆慶改元，詔起山西布政司左參議，不就。

贈坦齋路公考績之京序

考績之典，所以察吏治之精也。精則明，明則有功，有功則有陟焉。是故考課貴精，吏治亦貴精。《易》曰："精義入神，以利〔三〕用也。"其精之謂乎！是故怠義者荒，忽義者忘，襲義者僞，失義者離，皆不可以致乎用矣。何也？義者宜也，吾心之裁制，天理之當行者也。是故無不宜者謂之精，有不宜者謂之雜。唐、虞"百工允釐，庶績咸熙"，實惟精之道本本源源焉。是故三載之所考者，皆百工之所精也。邑令承天子之命，授百里之封，綱紀之盈縮，風俗之汙隆，生民之喜戚，皆總統繫屬，如我之一身，倘於義弗精，即攝理弗宜，將痛養之不知，奚補於治哉？漢代□〔四〕賢令者多，然表表在人則曰卓、魯云。卓茂爲密令，其治民舉善而教不能，待吏以恩信，卒使吏民愛而畏之。魯恭爲中牟令，導民以孝，推誠而治，仁行童孺，化及蟲禽，卒使上官敬而信之。斯二者上下孚也，故稱精理行者莫賢於二君矣。

坦齋路公以明經甲科令臨漳，慕西門豹爲民問疾苦，禁邪巫，鑿渠利民，與史起增修水利之事，式弘厥施，仍立二大夫祠，以表見其志。而其政教恩信，推誠化導，吏民畏愛，上官敬信，又兼卓、魯之善而優爲之。吾意言今之精理行者宜亦莫如路公矣。蓋公夐以精義之學發解三晉，尋揚於大庭，小試斯邑，其亮采惠疇乃舉此而加彼耳。今歲已歷三載，當報績天子之庭，考第上上，以膺明陟。上官自撫按藩臬，郡中無不推獎勸駕，僚吏士民罔不遮道攀轅。斯弗孚於上下之一驗乎？由之庸顯策勛，上而見孚於九重，下而見孚於四海，亦如斯而已。余素知公者，縣丞李洛等走狀徵余叙贈，以代車馬，遂以公能精義而達之吏治之精者言之。

贈岐山趙公拜官清苑主簿序

嘉靖丙午孟冬，岐山趙公拜官清苑縣簿，專管馬政。余聞而喜之。其子進士訥與余有一日之雅，問曰：“家君得一小官，先生何喜爲？”余應之曰：

子不見孟子言爲貧而仕者辭尊而居卑乎？又不見孔子爲乘田爲委吏乎？官小事專，職易稱，道易行也。且以孔孟之聖，遭顯時，攝樞位，何不可者？然而居卑處下，志無不得，豈非道有難行者哉？道非位不行，故裁成輔相，弘濟光明，必兼履大位。古之位人也，以天下之公；今之位人也，以一人之私。以天下公則位待賢，以一人私則賢待位。位待賢則野不蔽賢，朝無竊柄；賢待位則操縱據於當塗，予奪分於愛憎，而小人負乘之寇興，君子失志之賦作矣。由是聖人知位不可待，寧居卑處下而不求。即使得位，而日競競焉投人之愛憎，受人之操縱予奪，吹噓則九天之上，擠落則九淵之下，得失嬰其憂患，進退等之維谷，如乘巨航渡大海之中，魚龍作怪，駭以風濤，動靜不定，出没不知所存，雖才足濟川，無能爲矣。如此而謂職之易稱，行道不難，然與否乎？居卑處下則不然。操縱不重於當塗，予奪不急於愛憎，不望吹噓，不畏擠落，惟以盡吾職而已矣，故其道爲易行。

趙公，忠信人也。居業狐岐之山，服行先王之道，常有志於大行。屢舉不第，晚拜此官，以一主簿比卿相之位誠小矣，然以忠信之心行仁義之事，推之馬政，如衞文公秉心塞淵而有騋牝之徵，使邑人愛之如衛人之愛文公，何職之不稱，道之不行也？假使岐山偶於科第，居卿相之位，稱職行道，返不得如主簿之專且易，寧不玷於心乎？故小官爲可喜也。程子有言："一命之士，苟存心於愛物，於人必有所濟。"正岐山今日之心矣。程子此語蓋發自鄠簿之日，所謂體貼天理之真者也。岐山居身處物四十年，未嘗不在天理，獨於官有不體貼者乎！故余又喜其稱職行道之有本也。

趙子曰："然。敬聞命矣，請書之以貽家君。"余不敢辭。

《雲汀圖》序

北海之濱有水土之平處，曰汀焉。今名，御史齊公少築室讀書養志其中，自以天降時雨，山川出雲，雲者水土輕清之氣，爲之觸石膚寸，不終朝而雨天下，有君子行道濟時之象；又符景天瑞，爲喬爲慶，蕭索輪菌，如煙非煙，又放之彌漫，斂之無迹，有君子有道則現、爲而不有、功成而不居之象，則雲之爲義遠矣，於是取以名汀，而曰"雲汀"云。及登名珥筆，正色立朝，攬轡澄清，風行郡縣，猶不忘其始，而繪之圖以隨。是故左有圖，右有書也。

嘉靖丙午，公按部到汾，諮外史氏爲表厥圖。孟子曰："窮不失義，達不離道。"斯其以之。夫隱顯之迹異，而道義之心同，故君子窮養而達施。達之所施即窮之所養，如伊尹格天，功光陟黻；顏淵隱居，德當平世。非心同而能若是乎？公名世二哲之後，而同心千載之前，心難點畫而寓之圖，圖難擬議而托之辭，因辭以求其義，亦曰精而已矣。《易》曰："精義入神，以利[五]用也。利用安身，以崇德也。"夫義非物事可持，精非意必可盡。一念之宜，百宜之府。利無不用，安無不處。一德之崇，萬有之祖。地平天成，不越庭户。無少庸智，無纖自私。氣壹之動，吾志反馳。於戲精哉！公之學蓋如此。

是故其汀之清平而止者，吾德之正而無礙也；其雲之舒卷而適者，吾德之動而無極也；其雲與汀之冥合而玄化者，又吾之至盛而不知其所以然也。斯窮達一，萬物類，晝夜通，天地位，而後攬於圖者，知其義之精，得其精者超於象之外也。

贈與川葛公總憲山西序

與川葛公分守冀南之明年，是爲嘉靖丁未。其年本省臬司長闕，執政者薦公補之。上曰：“俞哉！”於是有按察使之命。

初，分守之駐汾也，以汾劇也。其大者王，王子弟蕃衍殆千，而强者競恣匪彝，頑民投陷，因緣爲奸，吏不敢問。至受犯法者賕，挾迫守吏，撓一切法，吏不得行。盜賊平晝劫人，夜放火，明著綜[六]迹，吏不敢捕。加邊警歲急，百姓困窮無所愬，吏民但仰天太息，未知何止。時議分守始顓駐汾，所以申鎮壓之威，布勞倈之惠。計使車所駐，至公而四，然其威惠之徹則惟此時爲然。

其去汾而之臬也，吏民皆悵悵不忍捨去。州守寵語余曰：“昔者周公東征，四國是皇。迨其歸也，東人作詩思留，至今有遵鴻之歌。召伯循行南國，舍樹施惠。迨其去也，南人作詩愛慕，至今有甘棠之咏。今公匡捄不減於周公，惠綏有光於召伯，而吏民思愛之心故無改於詩人矣。夫子其曷言之？”

余問：“太守何言？”守曰：“寵何言？往時長蛇帶門，豺狼在野，風發車揭，莫審誰何。吏於其兹者，視事有掣肘之虞，退食無下咽之飯，閉閤多扣擊之驚，出道每遮闌之辱。《詩》云：‘行邁靡靡，中心搖搖。’吏治可知已。而今則不然。長蛇去門，豺狼去野，四民新集，綱紀再陳。吏於其兹者，視事得展靖恭之職，退食得享清閑之燕，閉閤則得讀書而省愆，出道則得清塵而整飭。《詩》云：'式夷式已，無小人殆。'吏治又可知已。向微我公鎮壓於上，勞俠乎下，雖百小吏，居此能無憂乎？故吾吏民凡有一日之安者，皆公之賜也。寵何言？"

余曰："禁奸止暴，類非法令之所能也，然別有大端。公實生民之秀，淵稟文德，廉直敏信，人不敢干以私。廉直故威，敏信故惠，其守吾土而奸慝化、吏民安者，大端以此。夫憲司總統教化，匡壹風俗，爲道甚大；近止簿書聽斷耳。公至，必弘闡惠威，康我全晉，俾民盡樂其業，吏盡稱其職矣，豈一道云然？夫出而經營，入而寅亮，我道蓋是也，周、召之盛亦如斯而已。肆余何以贈之？亦以歌遵鴻而咏甘棠乎？"於是守唯唯稱善，用紀册書。

送別駕蕭公序

昔孔子罕言命，而以道之行廢卜之。及孟子言"莫之致而至者，命也"而後，樂天知命之理爲益明。清泉子之別駕於汾也，其持己也廉，其御事也慎，其聽訟也審，其保民也惠，宜無可以致廢者。乃今以察免歸，距仕之日纔二載耳，豈非莫之致而至者耶？然清泉子之心固無怍矣。苟心之無怍也，奚所往而不自得也？

臨當別去，士夫相與歎於郡，百姓相與歎於野，咸惜其澤之未究，志之未行，而徒遺去後之思也。乃以圖以詩，爰述其情焉。清泉子歸老舊林，課子明農，登高臨流，徜徉逍遙，無破釜失聲之患，庶乎樂天知命，故不憂者，雖孔孟之道無以加兹矣。

贈邦伯龍峒張公南還序

古人有言曰："不求人知而求天知，不求同俗而求同理。"其君子義命之歸乎！夫人寓形宇内，與物爲伍，處利害之衝，居榮辱之阻，履得喪之路，由毀譽之門，其是非之相糾，倚伏之相尋，蓋茫茫乎其不可岸，淼淼乎其不可涯也。而君子於斯，或當利而得害，或宜榮而反辱，或當得而竟喪，或宜譽而毀隨，則如之何哉？亦曰：以義逡命而已矣。義存乎己，命存乎天。存乎己者，吾得而與焉，吾勉焉，吾無愧焉。存乎天者，吾不得而與焉，故利之可也，害之亦可也；榮之可也，辱之亦可也；得之可也，喪之亦可也；譽之可也，毀之亦可也：舉無損益乎吾之義也。苟吾弗義，雖大利極榮，無隕獲，無問言，反之於心，能自慊乎？是故不求知於人而求知於天，則樂天知命而不憂矣；不求同俗而求同理，則窮理盡性而不疑矣。不疑者晰義之精，不憂者逡命之至，亦奚所往而不自得哉？

龍崗張公守汾郡五載，廉以律身，惠以子民，蓋無一事不循乎理，無一念不體乎天者。而吏民蒸蒸，僉謂子產在鄭，召父居漢，不遠孔邇矣。是故兩課最於述職之行，歷旌能於撫按之選，其視一時巧宦緣飾，詐吏偽增，腠削以爲奔競之資，封植而成溫厚之計者，萬萬不侔也。乃詔佞興於嫉妒，敗毀加於即墨，輿情愕愕，方欲赴理闕庭，借寇河內，而我公遂拂衣南還矣。夫功成身退，天之道也。公有功於民而無忝於義，其不理於口者命也。然其人之不我知，俗之不我同也，奈之何哉？

祖道之先，別駕宋君詣余言曰："惜哉，龍崗公之行也！能復靖共有位、同寅協恭如斯人哉？幸一叙辭，以慰其行。"余故述之云爾。

次山《晉陽稿》序

古有之曰："登高能賦，可以爲大夫。"夫大夫奚俟於賦哉？蓋賦者，敷也，敷在心之志而發之言也。大夫負經世之材，涵宰物之智，必也有是志乎！有是志，而後有是言。方其含章淵默則機緘莫窺，及感物造端則深美可見，是故即其言而知之。其言之溫厚也，而知其可以教；其言之平達也，而知其可以政；其言之中正也，而知其可以位；其言之和樂也，而知其可以育：故曰可以與圖國政，故可列爲大夫也。孔子曰：“不學《詩》，無以言。”“誦《詩》三百，授之以政，不達，雖多，亦奚以爲？”其旨遠矣。然俗之賦詩，率流於綺靡而無益於用，是猶玉卮而無當也。

次山先生劉公自御史按部，太守襄帷，以至移鎮我冀南，有所歷覽，必興感賦詩。雖篇章殊製，要之皆溫厚平達、中正和樂之言。由其言以觀其志，亦因以徵其材智，則材足以濟一世，智足以周萬物，固皆已試之效，而攸言之踐矣。三事大夫行且屬公其起而賡歌於虞庭之上，而曰：“古之良大夫也，其道如斯而已。”公有《行南詩》一卷，爲中丞孫公刻之以傳余，今刻《晉陽稿》焉。蓋誦言而忘味者蒙，愛美而弗傳者吝。余其免諸！

賀葛陂許公膺獎序

夫人無幽顯，道在則尊；秩無崇卑，義行則大。是故君子或幽或顯，或崇或卑，惟其道義焉而已矣。道也者，冠首天地，垂敷人物，兼統以爲宗而紘野不能外，立隆以爲極而林總不能加，是以如是之尊也。義則推行其道而宜之，當其可則無爲而爲，沛然若江河之流，當其不可則無爲而不爲，屹然如山岳之固，威之所不能怵，利之所不能回，是以如是之大也。君子不患其弗尊，而患所以致其尊者有未弘；不慮其弗大，而慮所以立其大者有未精。故苟有是焉，則雖野處卑栖而不以爲屈；若其無之，則高位厚祿焉恥也。昔子真耕於谷口而名聞朝廷之上，梅福隱於市門而聲流宇宙之間，長孺出守而淮南寢謀，仲舒遷相而驕主易習。奚必崇顯哉？今見其人，其葛陂許公矣。

公，道義人也。自司訓郡庠，日與諸生講明是學，然徒設空言於階序，未若見之行事之深切而著明也。及擢拜教授，曳裾王門，乃考禮正憲，以匡飭國人。時宗黨有不法者，陰聚徒爲奸，至暴橫而無所忌，盤結而不可解，國君大夫俱莫敢何。公獨無所疑懼，一舉而發之。大參洪公因按捕之，奏狀悉置之法。於是盜賊之害人者消，皇化清，國俗正，公之賜也。時洪公白其賢於撫按曰：“教授仁根於心，義形於色者也。”撫按曰：“信也。”於是文言以獎之，盛儀以彰之，州守揚光於郡庭，師生歸美於黌舍，禮有慶也。夫公處閑散之地，居卑冷之官，而能爲此掀揭之事，桓赫之功，豈不誠尊且大哉？其視全軀保妻子之臣，徒躋通峻，竟碌碌庸庸，無所建白者何如也？故知公道義之實偉矣。

是時學師林公等徵余叙詞以歸美之，余不佞，第述其所見如此云。

宴壽贈言序 壽分守宋承山先生

聖天子垂意封疆之臣，簡迪鴻俊，俾守冀南，開府於汾之陽，以虞宗黨之汰愎也，用坐鎮而彈壓之，是以有專駐之役。惟時左參政承山宋公適當其任，亦慶成王襲位之初年，公至，告王宜以禮禁奸，曰：“昔太原多晉公族，其流習以詐力相傾，驕恣橫逆。漢興，號爲難化，乃擇守用嚴猛之將，任殺伐之威，亦矯枉過直矣。今王之族蓋騃騃乎是，日詛祝會盟，以逞其詐力，數敗度干典而不悛艾，豈嚴憲尚弗究哉？古有之：‘禮禁將然之前，法施已然之後。’執法者，有司之事也。秉禮者，后王君公之事也。祖宗以法付王，聖上以敬一之箴授王，王受而傳之，是爲訓典。訓典之謂禮。夫禮以示之防焉，防其暴慢淫僻之行也；示之養焉，養其恭儉敬讓之心也；示之辨焉，辨善惡之歸，使好惡之不惥也：禮之功大矣。王實親睦不豫，以此導之，必俟其敗而請罰焉，其若之何？吾懼有司用法之日煩也。夫王親族，有司親民，若飭吏治撫民生，節省以息凋劫，征繕以裨安攘，我不敢後王。慎典崇禮以正是國人，其疇曰不然？”王曰：“信善哉！”於是始以禮禁奸，凡囂訟在官，悉以報王，王按牒處分，不以爲偪；法無所貸，官按法施之，不以爲瀆。蓋一年而宗風振，即迷復罹咎纔數人而已。王曰：“人有心，邦有禮，公之功也。”

當是時，吏民無豪奪之辱、侵陵之憂，既得以修秩而安業，而國人之服禮者亦畏威懷德，與吏民同其情焉矣。王曰：“《緇衣》之好賢也，吾於公乎以之。”乃因其誕辰，設賓禮陳宴，舉酒而爲之壽，賦《南山有臺》之首章。君子謂王於是乎知言。夫其詩曰：“樂只君子，邦家之基。樂只君子，萬壽無期。”曷言之也？蓋悅諸心之謂樂焉。君子之德，備於我則我悅之，施於人則人悅之，通於神明則天悅之，是以其爲“樂只”也。持是德以安宗社則宗社安，以安生民則生民安，如建人屋，肇乃鴻基，棟隆之吉，終永藉之，是以其爲“邦家之基”也。基莫大於久安，久安莫大於長壽，是以其爲“萬壽無期”也。今公文德懿衷，慈敏莊敬，容接所加，莫不夷懌樂也。以禮殿邦，深厚正固，基也。篤祐純佑，永保茂明，壽也。王於是乎知言矣。夫禮主於敬，敬者德之興也。信哉！公坐鎮，詰奸弭暴，不煩刑辟，一言禮於國，而國人皆飾輪輗，修轂輻，且歸惠而祝釐焉。行論道巖廊之上，贊聖主建中和之極，陪昊天之宴，奉萬年之觴，其樂壽奚有已也？《烝民》曰：“天監有周，昭假于下。保茲天子，生仲山甫。”公之謂歟！“吉甫作誦，穆如清風”，王其有焉。

贈郡守雲石王公賢能膺獎序

雲石公來守汾郡，逾三閱月而政有紀焉。乃其大者則寅清以律己，惠直以理人，嚴以飭吏胥，儉以省里甲，寬以戢征科，明以折諍訟，如是而有紀也。乃監司狀其事於撫臺，撫臺萬公騰書獎焉，用憲典也。於時學官弟子當舉禮合樂，從事於公之庭，仍屬余爲文以表之。

夫公之德其達矣乎！昔者夫子之論聞達也，曰：“夫達也者，質直而好義，察言而觀色，慮以下人，在邦必達，在家必達。”言德孚於人而行無不得，與求聞達於人者異也。公初政惟慎修之圖，其所宣叙一本之誠心，由乎直道，所謂寅清惠直，嚴儉寬明。蓋亹亹焉，業業焉，惟日之弗遑。於百姓無干譽之私，於當道無希寵之術，然而稱道其賢者響赴，旌獎其能者景從，是非夫子之所謂達者乎？夫“鶴鳴于九皋，聲聞於天”，“桃李不言，下自成蹊”，正如此矣。

昔者子産之治鄭，晏子之治齊，百里奚之治秦也，與子路之治蒲，子賤之治單父也，其治功不相緣襲，要之皆質直而好義。《易》曰：“直、方、大，不習，無不利。”斯皆無間於達德者也。故五子之行，千載而下，人皆信之。公筮仕而師隴州，隴州人士信其經治之教。繼宰永寧，永寧人士信其愷悌之政。今守汾未久，汾上下皆信其賢能。已爾將竟其功效，視五子奚惡焉？夫鄉校者，議政之門，非至敬信，鮮有不非其大夫者。時師生實以頌公，余故代爲之言如此云。

贈別駕南岡趙公賢能膺獎序

嘉靖乙丑之春，當大朝考第百工，而郡長貳咸缺，郡務取他官攝守。既而南岡趙公來補同知，攝守者去，公總統厥猷。視事之初，自謂始脱鉛槧，於簿書期會之間未之能信，乃思而後行，審而後發，如大匠建屋，先定繩墨，運斧揮斤；如良醫治病，先胗[七]視命脉，方藥乃施。於是視事數月，即撫惸嫠，抑豪右，察獄情，平賦理，省里甲，慎追呼，衆寡小大無敢慢心，學校風俗尤拳拳焉。於是郡中稱平，謂公所行皆合乎天理，當乎人情矣。邊馬不敷，撫院發帑金買補，郡縣吏或請張處之，致價騰踊，往往賠鬻奔命，不免病民。公獨兩平，務不虧官損民而已，而馬顧獨好於他。臨當部解，吏白盤費當取諸縣役，公曰：“吾買馬不敢動一民，覆以解馬爲之乎？”乃出俸金資給竣事焉。巡撫萬公知此，即移文獎勞。尋復加幣帛之禮，令鬻序將之，以旌其卓異也。師生於是屬余文爲叙其事。

余觀古公能之吏，以卓異見稱者非復一科，然所貴乎道者，則循理愛人之吏爲最賢已。是故有守法奉公之行可以語循理，有慈祥愷悌之心可以語愛人。子謂子產有君子之道四焉，子產之遺愛至今在也。漢代篤循良之選，如邵信臣、杜延年、朱邑、卓茂之爲郡邑，皆循理愛人，庶乎子產之遺愛者。公所秉溫厚樸誠，其所措政即期月而可如此，嗣假之歲月之久，得之諳練之深，於古人奚多讓哉？曩余視學，嘗第公茂才異等，今人品政略復以卓異見推獎於時，抑奚羨於射策甲乙也？師生皆曰：“公悃愊無華，於下無表襮之術，於上無葭莩之援，微巡撫公善綜核名實則卑位稀顯揚之日，微夫子善叙事理則知德者鮮矣，然亦賢者之遇矣乎！”

贈太守一川吳公榮膺薦獎序

天子以司牧之官列在四方，相去百千萬里，其賢否未易聞也。即賢有茂異，未易殊擢顯庸也。於是命耳目之臣按部省觀書疏別白，今御史之巡察是已。夫御史以民生之休戚占吏治之得失，以吏治之得失徵才格之高下，而又采之閭巷之謠，參之僚友之譽，定之監司之評，舉無忒焉，而後疏以上聞也。當是時，辨賢如淘沙之金，檢能如剖石之玉，錄醇品於什一，甄高等於百二，有非尋常備員所能與者，故有司以得御史之薦爲難。

我郡守一川吳公，修身以立其位，循理以治其民者也。平旦整衣冠據案，終日而匪懈也。清堂階，肅吏胥，發程書，理亂繩，而無紛也。饑饉荐臻之後，徭賦困極之餘，示之節儉，存以休息，而勞□[八]旋集者衆也。宗貴翕習，或爲奸邪亂政，而悉衰止也。追呼不濫，囂訟不滋，盜賊不起，而閭閻安也。市安其處，而農勸其業也。學士大夫得宴坐林間，奉禮教以率育其子弟也。是則公之賢，是則賢之茂且異者。去歲御史王公按部至郡，見其治如此，詢之百姓，百姓唯唯；諮之庶僚，庶僚唯唯；質之監司，監司唯唯。於是上疏薦之天子之庭，若曰列九德之資，備三事之擢云。御史又以疏揚於庭，禮獎於郡，皆憲典也。復崇之鐘鼓幣帛，令僚吏師生相與宣賀于蒞政之堂，侈美乎橋門之觀，俾聞望其風采者有以興也。

夫全晉之地，爲州者二十，爲縣者八十有三，籌其所舉，則令之見薦者殆什之一，守之見薦如我公者誠百之二焉矣。孔子曰：“不患無位，患所以立。”遷史稱“奉職循理”，謂之循吏。公身修則道立，循理則功著，有以也夫！時鄉大夫老於家者欣睹鴻榮，垂白策扶而往賀之，其所感深，故其應丕哉！外史氏爲叙其略。

《居敬堂集》序

維康王在位如干年，日以著述爲事，逮其上賓，篇什累十數萬言。睿嗣成皋王編次成帙，鋟梓以傳。命良醫李天賦徵序北山之愚，以山愚昔岳牧河省，於邦國文獻嘗睹記焉。乃作序曰：

篇什之興尚矣。綜其道妙，要主於麗則，蓋不獨詩人之賦云爾也。辭士綺靡固不足珍，學子牽拘亦非可貴，惟王公大人之作稱大雅不群。雅者，正也，正斯麗以則矣。故《大雅》言王公大人而德逮黎庶，如康公謀父之譚，公劉抑之之咏，作者孰加焉？山中之人不能語蓬瀛，海上之客不能語崑華，而游觀廣覽者掌視六合，論議若懸河焉。故以朝堂而陳古今之故，王霸之略，四方之風，萬物之紀則易；以逢掖之侶，雕蟲之技，而望朝堂之兼總條貫則難。何也？見聞有通不通，而聰明之感殊也。王公大人居仁義之府，處禮樂之庭，搜詩書之苑，驅翰墨之場；非先王之法言弗宣，非往聖之精蘊弗戢，非三光之靈曜弗形，非六籍之菁藻弗掇。極游觀廣覽之知，而理解神會，故其建言矢音，如登昊天之臺，茇轇輵之宇，撞千石之鐘，擊靈鼉之鼓，而飛葛天氏之浩唱也，豈謏聞狹見，有不絕塵者乎？夫其存之也粹，故其發之也華；其言之也文，故其行之也遠。乃今康王之作，正如此矣。

三代以來王公大人，漢有楚元、河獻。楚元以明詩聞，河獻以雅樂著。至其著作，罕所稽見。若著作累十數萬言，時則有康王云。王樂善悅賢，秉禮敦道，祇皇上敬一之訓，其學一主於敬，因自銘其讀書之堂爲“居敬”，則其篇什爾雅，又別有本源矣。成皋克紹厥猷，以廣孝思，懼穆穆者之弗彰也，故直讚其編爲《居敬堂集》云。

《王西野詩集》序

西野君之宰南宮也，余弟民寏守學官功令之章以奉君。君儒賢也，其治壹以儒飾，故其文章政事條理相宣，氣象雍容典雅，類非俗吏之所能爲者焉。初，弟寄余書曰：“邑侯，愷悌君子也。”再書曰：“邑侯，篤實光輝，文質彬彬君子也。”三書以其著作一編來，乃君自署之曰《齊東剩語》者，蓋謙之甚也。余讀之卒業，知其於性情之旨參矣。

夫性靜而正，情動而和，物感而應，聲協而文，古之所以爲詩也。然中無所主,徒襲取成案,比附雕刻,捏目以爲華,蓬心以爲慧,則失之矣。是編標韻清遠,菁藻秀潤,天然之致,卓爾不群,自非正和之感真,聲文之諧妙,其曷克臻此者耶?故於性情之旨參矣。是故無心於文,而自無不文也。使其降聖門之學,專辭苑之工,則相如、子雲不足多,王維、孟浩然未肯讓矣。然君之所貴,固有鉅於朱丹其轂者,觀之於言語之外可也。昔夏侯湛作《周詩》成,以示潘岳,曰:"此作非徒温雅,乃別見孝悌之性。"今謂君詩非徒文質彬彬,乃愷悌見焉,庶明允哉!

弟署書尾曰:"兄覽吾邑侯之作,幸叙之。"余斯叙之云爾。

《崇正録》序

學憲際崖周公校晋之藝,取其文之正者,得如干篇,録爲一書,刊布以示承學,命曰《崇正録》焉。胤以老生爲叙其義曰:

際崖公之主盟斯道也,既崇德以正多士之行矣,而曰德行本也,文藝末也,士貴先德行而後文藝也。兹又於文焉崇之,何耶?曰:是正所以崇德也。今夫文者,德之符也。默而存之之謂德,焕而章之之謂文,是故德成而上,而非無文也;藝成而下,而非無德也。特道之物有本末,學之序有先後焉耳,而其理則不之二也。夫士偏長一藝而或不本於道德之意者有矣,未有有德而不兼善乎藝者也。孔子曰:"有德者必有言,有言者不必有德。"蓋有德之言其辭正,不必有德之言其辭偏。其辭正者達,其辭偏者蔽。故孔子曰:"辭達而已矣。"今惟正之録也,以示崇焉,實考德以觀其焕,然而非偏長一藝之作所能與也。君子於是知教之所以崇,知教之所以崇則知學之所以崇矣。是以崇雅絀浮爲尚德之感,崇功事業爲敏德之應,其機豈淺淺哉?

惟晋稱鄙,學寡師資,士或拘陋而乏廣大之充,或疏略而鮮精微之究,至安於所習、毁其所不見者往往而是也。自公表憲陳訓，儀矩式昭，士於是爭先嚮道，皆律身乎孝弟忠信之壼，禮義廉恥之閑，熙志乎性命道德之府，文章禮樂之場，猶雲蒸龍變，光景沸騰。其著而爲文，宜其精華之煥，卓雅不群如此夫！然學有淺深，則造詣有至不至焉。茲録蓋即其已至，其未至者望之而未之見，則亦諦審其所崇而躋之。捨卑闇之阻，進高明之極，斯於大宗師嘉惠後學之旨明矣。《詩》曰："追琢其章，金玉其相。"言文之所以爲文也。"我日斯邁，而月斯征"，其學之謂乎！

贈參知仙臺李公擢四川按察使序

仙臺李公守我冀南之再年，擢四川按察使以行。時開府在汾，汾人皆戀之不置。學之師生謀所以贈言於外史氏曰："槐聞諸孔子之教子貢也，曰'事其大夫之賢者'。大夫者，政教之主而士民之望也。其賢者則慎其樞機而淑其表儀，出言有章而作事可法者也。是故端肅以承之，嚴憚以勉之，則可以成吾仁焉。今夫執規司矩而爲方圓者資，持衡履繩而爲平直者資，而況於爲仁者乎？吾師生之事仙臺公也，於其賢之屹然淵然，不可跂而及也，然竊有以得其政焉。夫國俗奢，公曰：'若是之靡也，寧約焉。'於是先之以節儉，蓋瀚衣蔬食而無取其下之供。民敝於兵荒，公曰：'若是之困也，寧休息焉。'於是先之以摶愛，蓋除煩禁苛，在勿擾之。宗有圮族敗類，公曰：'若是之頑也，無忿疾焉。'於是徐而制之，卒自底於罰。吏有弗堪任事者，公曰：'若是之窳也，不如已焉。'於是牿而處之，使不得肆於民上。是則政之大者，是固可以贈乎？又竊有以得其教焉。自公蒞學以臨吾師生，未嘗不惠之色笑，以示其涵育之機也。自吾師生進見，未嘗不蒙其延接，以領其誘獎之意也。不登壇講德而仁義之言藹如，不專門角藝而文章之美煥如。當是時，猶和氣之煦物，而物油油然化矣。是則教之大者，是固可以贈乎？"

外史氏曰："有是哉！贈之宜也。夫節儉，廉也。摶愛，惠也。制頑，哲也。御吏，肅也。善教，恭且仁也。古所謂尊五美者，宜莫美乎此也。然公有此大美，每自含弘如太樸未雕。及當事遇物，剖析幽微，料理艱大，無不燭照數計而刃解者。乃其在中之實如此，故其光大發於事業矣。知公歷試敭歷，一用此道。兹由蜀憲以登，相天下可也。夫鄉校而議執政，在昔子產之時患之。今師生方頌言以相贈也，非大夫真賢不能得師生之贈，非師生真能事大夫之賢亦不能知所以贈矣。"

余於是紀之。

贈雲峰高子掌教屯留序

雲峰高子司訓於汾之學也五年，擢屯留縣學教諭。去去之日，其僚友與其群弟子也皆不能捨也。余問之何居，而曰："夫子之處僚友也敬，處群弟子也信，其自處也其中退然，惟恐先乎人也。其言呐呐然，如不出諸其口也。古所謂篤厚君子也者，蓋夫子其人也夫。惟篤厚也者，篤於親則民興仁焉，篤於友則民興義焉，如之何其能捨也？若夫官，則不可以不之也。"於是雲峰子去而之屯留，余於是知屯留之教興也。

夫師以掌教模範之謂也，惟木有模則方圓因之矣，惟竹有範則曲直因之矣，惟師有篤厚之教而多士有不因之者乎？古之士也淳，今之士也漓；古之士也修，今之士也飾。蓋文習之趨而江河之下流也，滔滔然皆是而不可迴也。當是時，天下之爲師者亦莫不以文習之趨趨之矣。師以綜文教，弟子有善爲摛藻者，方自以爲青於藍也。師以講學教，弟子有善爲華説者，方自以爲寒於水也。於是有枘鑿之不相入者，是以其教之否也。誠得師之篤厚者，而身教之日凝然屹然，曰孝弟而已矣，曰忠信而已矣，曰禮義而已矣，曰廉恥而已矣。由乎此者謂之學，不由乎此者謂之判。由乎此者，雖木訥少文，貧賤而可貴；不由乎此者，雖摛藻掞天，華說驚世，紆銀黃，取青紫，而莫與也。有不感發其良心而興起其善行者乎？夫是八者，非由外鑠我也，固有之也。是故聖門之設教也，孝弟忠信之外無餘旨也；管子之言治也，禮義廉恥之外無餘術也。皆篤厚其所固有者，神而明之，存乎其人焉耳。今雲峰以篤厚之道行，余是以知屯之教興也。

屯學固多文彥，茲其相與丕變，文質彬彬，儼有先王之遺風焉，固其所矣。祖帳郊筵，咸有言以相贈也，余公言之云爾。雲峰子再拜而別。

校勘記

〔一〕□，底本漶漫不清，據文意似當作“集”。

〔二〕□，底本漶漫不清，據文意似當作“同”。

〔三〕“利”，據《周易·繫辭下》當作“致”。

〔四〕□，底本漶漫不清，據文意似當作“則”。

〔五〕“利”，據《周易·繫辭下》當作“致”。

〔六〕“綜”，據文意當作“踪”。

〔七〕“脥”，據文意當作“診”。

〔八〕□，底本漶漫不清，據文意似當作“徠”。

海居叙讚

大司馬東崖翁公抱天人之鉅策，該文武之鴻資，承上簡命，專閫朔方，總統經制，規遠謀明，運籌決勝，帷幄千里，綏邇遏遐，不勞餘力。其最大者，更累年退步之防，申王制在夷之守，修築塞垣，扃鑰大門，崇墉亘野，轒櫓相望，蓋百夫守之而萬虜莫前，稍稍出奇則所向無敵矣。當是時，軍士留田而養銳，將領待勝而蓄威，聖上免西顧之虞，疆土獲内安之庇。公於是方興懷四牡，縣望白雲。以尊君梅齋翁遥在海上，而我身在朔方，又世世居海村，而梅齋翁實紹大其德，而我時繹思，乃命工繪《海居圖》，庶一披覽之而猶庭之趨也，而猶遑將也。其天理人情之至，而忠孝之純備云。

惟時三軍之士，官寮之屬，莫不聞而感之。乃按察使楊左參政耀、右參政璽、僉事徵相與議於庭事曰：“自北虜跳梁，越過雲中高關，至晉内境，□[一]劫視若無人，元元逃死不暇，三河震驚，畿輔互動，山東之民不得安枕而卧，蓋歷庚辛壬癸無寧歲焉。皇上憫然惻然，簡材推轂，得我大司馬翁公。自公臨戎，今六年矣，匈奴遠迹，陬壤晏如，何治前後殊也？實惟訏展廟謨，弘振天聲，策力群湊，忠益廣孚，是用安攘胥效，皇心以寧。乃若建大防，葳修垣，省血戰，便留田，爲生靈立命，爲社稷設長利矣。至夫財不費而績鉅，役不省而人悦，兵有不戰而勝，虜有不殺而威，則公之器使之明妙，節制之玄微焉。夫古之稱名臣碩輔，崇德懋勛，必本之忠孝，如《小雅》所云南仲、方叔、尹吉甫是已。今公所樹立，固昭昭如是，則修之家者用之天子之庭，所謂事親孝故忠可移於君也。二者宜莫尚焉，可弗稱乎？夫遇明盛而不述者鄙也，感神志而不宣者忘也，吾等幸奉命承教於公久，感遇也隆，可弗稱乎？”乃各綴一篇圖次，原本德業，歸美世家，以慰公永懷之心，而竊附《小雅》之義，仍命外史胤列之云爾。

夫大海蕩蕩水所歸，高賢愉愉民所懷，胤何人斯而獨不懷？況賴公之靈，得爲縣解之民者也。爰作讚一篇，其辭曰：

淵淵浩浩，有碩其居。篤生鴻俊，乃將乃儒。天子命之，臨彼朔方。總統經略，式遏寇攘。桓桓司馬，握策運籌。出其家緒，以闡王猷。王猷赫赫，我武自天。崇墉有屹，醜虜是虔。力省績繁，源絕師倍。丈人之貞，如決斯沛。天子是懌，曰公之故。公曰聖明，亦或予父。藹藹藩良，肅肅憲使。表孝揭忠，賦圖稱志。曰予不敏，奚能一辭？鶴鳴在陰，其子和之。

贈學正虛溪林君以賢薦獎序

皇上右文熙理，特重儒臣之選，而部使之所察舉率以是爲重。然黌師以老，故備職弦誦，無卓絶之能，其間克膺厥舉者難矣。故御史每歲薦獎，率多郡縣之义，師儒而見與者概省不過二三。求其文行之具優，學識之兼邃，益又難矣。今其人則有莆田虛溪林君焉。君以八閩名才舉進士於鄉，乞疏願就學職，以待臨軒之策，於是署學正於汾之學也。君署學有古雅純正之文，謙靜莊敏之行，閎深博大之學，精通廣遠之識。以之爲訓，寬和而有嚴，循循而善誘，成人有德，小子有造焉。綜其名實，可謂具優兼邃之賢者矣。去歲巡按御史王公薦之，一省以爲得人。今巡鹽御史熊公亦薦獎之如例，於是郡太守一川吳公、別駕宋公偕僚吏親展賀於學宮，以崇獎其賢禮也。太守又以兹事美大，宜有文叙焉以紀之。余於是有言記曰：

師嚴然後道尊，道尊然後民知敬學，夫固師之道也。然必上之人有以重之，而後得成其尊嚴而起其敬信，故窮鄉下邑之師雖嚴弗威矣。弗威民弗惕，雖尊弗顯矣。弗顯民弗從，弗惕弗從則弗敬，弗敬則弗學焉。即禮教有不興之處，賢才有不出之隅，其故可以明矣。今林君之賢既見薦獎於御史，又見禮厚於郡大夫，語曰："何以與衆所扶？何以起衆所舉？"當是時，雖欲不嚴不尊，其可得乎？雖欲民弗敬學，其可得乎？故汾之學於是乎興矣。禮教勃焉，賢才蔚焉，爲有縣矣。第君當策試大廷，又用薦者當大見詔擢，則遵鴻之思不能不預啓多士之皇皇耳。是時太守並被獎薦。夫一時卓異之舉，太守拔郡縣之萃，師儒表學校之良，皆不外吾郡而得之，何其盛哉！於是乎紀之，以彰其美大云。

《毓嗣發祥》序

虛溪先生以嘉靖壬戌自京師隨牒來署學於汾。其年寇犯興化，先生之妻子突重圍出，無恙。及次於福，適與迎者會，乃逾海涉江，浮淮度河，歷羊腸九折而抵廨舍，是爲癸亥之夏，計發福至汾，行萬里，閱數月，眷屬小大，舉無風露之虞，君子以先生素行通於神明，得鬼神呵護如此。明年甲子二月六日，誕生男子之祥，諸生進餅果金錢，具退讓不受。經生俊民等議："師完璧之後，復天眷產珠，宜圖篇焉贈之。"余曰："謂之《毓嗣發祥》則可。"

夫祥，天福也，《易》稱"自天佑之，吉無不利"是已。以言其致則信順以載之，思履以成之。漢儒明《易》，嘗對天子以和德，言："心和則氣和，氣和則形和，形和則天地之和應，而諸福之物、可致之祥莫不畢至。"揆《易》所謂履信思順，承佑之旨明矣。然以景星慶雲、朱草醴泉、麟鳳龜龍侈其祥者，其猶取物也遠，惟《鳧鷖》之詩嘉祚胤以表其錫類，《抑》之詩言惠於朋友，則子孫繩繩以取諸身，於信順最近焉。

先生天質純敏，文德懿衷，鴻雅博通，溫恭睿哲，明於天人之統，合於聖賢之度。其爲教也，康色以容其進，惠心以平其施，迎機以啓其化，量材以作其能，奮其不及而約其有餘，恤憫其阨窮而劘拂其顛瞑。其所以爲道則執規而居，持矩而處，珪璋之爲質而黼黻之爲文，蓋非信弗履，非順弗思如此。考之於《詩》，則錫類之善，惠友之仁，先生以之。徵之於《易》，則天佑之祥現乎祚胤，兆乎繩繩，焉可誣也？是故諸生之以圖以篇也，謂之《毓嗣發祥》則可。先生道大行，且對制殿庭，采漢儒和德之議，闡信順之符，揚錫福之盛，策鴻名，稱善對，爲天下第一，則自其所有者而致之，是又發祥之一大端也。

《清源先生詩集》序

惟沁陽之郡爲古銅鞮之域，山川融會，毓挺奇人，則有我清源先生云。先生之兄起家御史，至廷尉。廷尉之子能世其業，起翰林吉士、御史、太守、憲副至僕卿，蓋炳靈有奕者已。獨先生別駕海陵，不樂居職，退保玄虛，大放厥辭，含英吐華，落紙成帙。爰有《蟬林晚噪》、《梧桂鶼鳴》之編，乃謙已自名，復自叙之。其悲歌慷慨之致，恒識所不能概也。徂歲，承先生命駕論心，開卷玩目，因托使校定，仍叙卷端。

嗟夫！鄙人離群索居，譬諸盲聵，無以與乎宮商之聽、黼黻之觀久矣。乃今瑩然霍然，應之而不暇，挹之而不窮也，奚但發蒙，實以愈痼，而乃稍稍識其爲奇作焉。蓋其注意不主於故常，降格不落於卑近，斯險韻譎辭，詰曲聱牙，如野馬像輪，絪縕繽紛，不可捉搦，誠亦奇矣。唐興，詩人有李賀怪，盧仝險，今也語筆墨於畦徑之表，論文心於雕龍之中，以此方彼，疑弗劣焉。

夫事物之形，人飫聞而厭見，則無奇矣。謂之奇者，必出於聞見之所希有。是故水火禽蟲本不足奇，若溫泉寒火，火鼠冰蠶，則人皆奇之矣。何也？希有故也。夫盜驪騄耳，固與汧渭殊迹；飆車羽輪，抑豈合轍於城門之軌哉？先生有奇才而無奇遇，上視李廣、馮唐，則可以無我；著書立言，奇藻紛敷，藏之山巖，布之海隅，曜潛德之耿光，纂斯文之鴻烈，則可以無物。無我則樂天知命而不憂，無物則睿然喪其天下而敝屣黃屋。夫蜉蝣之榮，焉足以點廖廓之光也？故覽於琬琰者，有以知先生之奇。

初，先生過汾，復庵任子館而通焉。兹訖事，謹就正於任子，而歸之先生。

《汾上講餘録》序

夫達觀物之理者，道有小而必存；樂取人之善者，言無微而可略。是故農圃鄙陋，不見遺於文學之賢；鶩駑淺俗，獨見采於先民之聽。粵陽谿子之從吾遊也，以吾一日之長也。而吾與陽谿子遊，則以其生乎吾後，其聞道也先乎吾。

當是時，道之上者吾不得而語也，亦非吾之所能語也，乃陽谿子默而識之，不言而信其有語者，特其最下者耳。律之道門，宜弁髦棄之，顧陽谿子則蓄之懷袖之餘又鏤之，以期不忘。若曰平生之言可以久要者乃爾也，抑亦以托辭喻志，無六義之備，而有一得之愚乎？是故其觀之不藐，而取之無吝矣。夫輕塵無補於岳，而泰山不外，乃所以成其高；墜露無增於水，而滄海不別，乃所以就其深。舉此以例，則陽谿子之所以為大也，庶可彷彿其萬一哉！要之，由道義之衷。

夫道義者，隱於無形，必有事以章之；垂於不朽，必有物以紀之。余於是書君之舉，亦衷之不可以已也。余兩人詩，自嘉靖庚子至隆慶丁卯，皆贈答寄憶而作，各如干篇，後倘有作，則續之云。

旌賢叙語

虛溪先生林公之守吾郡學也，蓋主張斯道以爲教焉。其先曰孝弟忠信，禮義廉恥；其次曰經史淹詳，篇瀚典則。其入曰精思實踐，其究曰廣大高明。教既立，群弟子志有定趨，功有循次，而日漸被於薰涵，長就於化育，則上者德而成焉而游於藝也，下者藝而成焉而據於德也，於是稱先生之道明。晋志之闕者百年，比修之而無效者復十有餘年，經先生總覽獨運，搜遺補漏，考異定同，注記編纂，簡瞻閎該，不半載而成一家之言，垂三晋之信。於是稱先生之道文質彬彬焉。溫恭愷悌，周行不殆，弘雅博綜，旁燭無疆，而作人修史，有經有綸，蓋德才學識、文章政事全也。於是稱先生之道爲純備焉。

時有薦先生於廷而加獎於學者，前有監察御史西塘王公，今則有南墩熊公云。符至禮行，則僚友諸生以爲賀也，先生又固不受。余舉觶而進曰：“先生自此升矣。夫古之君子抱道於身，或大而莫容，或瑰而難識，或賢而隱於下位者，夫豈少哉？在聖人則目之曰遁，而歡其不成乎名也。而明揚側陋，是必有稱道薦舉焉，此十六相所以升有虞之庭。今御史以薦賢爲職，先生道尊而位卑，道尊則不求人知，位卑則易爲時所略，而御史固特薦之，則是真以賢見揚矣。先生始舉進士於鄉，襃然推大儒，猶未諧上第，乃就師資而修相略，增其彌高而益其彌深，斯其所彪炳於黌序之間者固已彰彰如是，所謂龍翔而景雲浮，虎變而谷風振，非其機哉？行且衡文大江之南，歸而上南宮之選，最大廷之對，天子臨軒而賜，顧曰：‘予知汝名，有司顧數以聞矣。予其汝庸，汝勿替。’當是時，出其純備，抒文而廣國華，論道而調天紀，實自致之極焉耳。然揆其泰階之符，則自今兆之，故曰先生自此升矣。”

於是受賀以成禮也，仍書其叙語於軸。

《雲天遥祝》序

《雲天遥祝》者，言大參知湖山劉公介壽於親之心也。公仁孝誠敬，於親無斯須之忘。兹銜命守晋，其封君鑑塘翁七十之辰與太安人何氏六十九辰俱在豫章，諸子姓侍焉，而公不獲躬家慶之拜，奉南山之觴，寧能已於心乎？是以望雲天而祝之，若曰天錫公純嘏，亦右云爾。外史胤聞而言曰：

夫公亦猶行古之道也。昔者狄梁公之行役於外也，望太行之雲而思，而曰：“吾親舍其下也。”古之公卿大夫之孝其親也，與士庶異。士庶服勞於家，故燕昵於親之側，則有其事而無遐慕之心；公卿大夫委質於國，故不得燕昵於親之側，則無其事而有其心。御鼎俎而有菽水之懷，膺紱冕而有斑襴之羨，策四牡而興不遑之嗟，循廣野而起南陔之咏，蓋仕則慕君，而慕親之心不可移也。故未有忠臣而不孝子，亦未有孝子而不忠臣者。夫公亦猶行古之道也，而何以言介壽乎？夫真常之謂壽也。壽之在人，有不可必，有可必；有不能得，有不能不得。則定於孔子之一言，曰“仁者壽”。蓋仁，天道也。仁之者，人道也。天道主仁，故有常。人道合天，故亦有常。《詩》曰：“維天之命，於穆不已。於乎不顯，文王之德之純！”言天而徵之人也。“倬彼雲漢，爲章於天。周王壽考，遐不作人。”言人而徵之天也。鑑塘翁温良愷悌，廉孝貞固，守約而不污，樂善而不倦，不曰仁乎？太安人勤儉慈惠，淑慎柔嘉，合陰陽之德，理健順之宜，不可不謂之仁也。湖山公紹庭光訓，克廣聖猷，解薜登朝，爲大雅宗，自詳刑詔陽，秉禮秩宗，敷文黔南，保釐三晋，行且正衡紀之序，調泰鈞之元，皆弘衍家風，以康國祚，又何莫而非仁之敦耶？是則必得之壽不介而已臻，眞常之道全體而不匱，是故身其康彊而無窮之景福萃焉，子孫其逢吉而不世之鴻休引焉。

老子曰："復命曰常，知常曰明。"明於此者，古之眞人而無極也，安得以心迹之間而芥一室千里哉？我心不遐，雲天匪遙。太安人誕在中秋十日，鑑塘翁誕在嘉平廿日，公馳使上起居爲壽，以寄其屬屬之心，乃外史氏綴此叙辭，作圖錄獻焉。夫"他人有心，予忖度之"，"仲山甫永懷，以慰其心"，其斯之謂矣。

贈林虛溪先生會試序

嘉靖四十三年，天開甲子，皇上維新景運，丕闡文明，以明年乙丑會試，詔禮闈於取士焉徵之。於是天下之士盡偕計而集京師，乃虛溪先生以學正行，其同寀與群弟子送焉，外史胤代之言曰：

先生遇矣。先生純敏端亮，博學而深造，遐覽而玄識，著爲文辭，典雅精贍，大者無垠，小者無內，要之與六經之旨同歸也。其操履應酬之間，周旋折旋，壹禮義恭讓而信以成之，孔子所謂君子也。諸生被其薰涵而長養成就，彬彬如也。先生蓋才德兼，學識具，而文之不可掩乎！前小就學職，蓋有待焉。今皇上恭默思道，外則思守封疆之臣與安郡邑之吏，內則欲得文學侍從之臣，日月論思，朝夕獻納，以調元化，佐太平，詔旨招延如此其盛，乃鴻藻之才進，龍德之侶升，珪璋之品達，黼黻之彥登，應元會之運，承泰階之符，如龍現文而祥雲景附，虎布武而惠風飆合，千載一時之遇，莫奇乎茲也。顧以先生之才德之學之識之文有不奐然爲舉首乎？故吾知其遇矣。《易》曰："公用射隼於高墉之上，獲之，無不利。"子曰："隼者，禽也。弓矢者，器也。射之者，人也。君子藏器於身，待時而動，何不利之有？動而不括，是以出而有獲，語成器而動也。"今信乎先生之器成，故吾知其遇矣。夫器之用匪一，而利於論思獻納之用者，是先生之器也，故吾知其遇矣，登金門、步玉堂爲有日矣。

攝提貞孟祖帳青郊，同寀二人，弟子蓋三百人，藩郡之餞與環橋而觀者蓋如堵焉。僉以外史之言爲然，遂書之以爲贈云。

《瞻遠樓詩》序

夫樓居者，資其勝概，以寄其情適焉而已矣。傍山臨水，復檻層簹，碧疏玲瓏，虛中洞達，其概也。端坐而有抱冲之適，憑高而有廖廓之適，眺遠而有蒼莽之適，俯觀而有離塵之適，舒嘯而有放懷之適，歌咏而有感物之適，燕娛而有延景之適，其情也。君子則不然，發乎情，止乎禮，義動以天，不間以人。

承山公家起一樓，大江環流，四巖拱翠，固足以縱逍遥之遊，窮極意之樂。而日啓窗西望，有皇祖中丞公、皇考督府府君之封樹焉。觀鬱葱之氣，以攬予愴慕之心，則取其字號之文，以名其樓曰“瞻遠”也。當是時，將顧名思義，處高慮危，矚澹潭以遡源，睇長松而迫本；對越乎聲容之掩藹，游衍於神化之流通；淵默而有雷聲之應，泰定而有天光之發。雖樓居則同，而情之所適固與世殊矣。嗟夫！古之君子，一出言舉足不敢忘其親也，乃觀承山公，豈不信然也哉？公以端揆之望，方受命敎歷，固不遑百尺之栖，而左圖右書，實惓惓焉。文史披玩，往往咏言。因托野史氏叙之，以表群玉云。

送承山宋公南還序

參知政事承山宋公守晉之鄙三年，撫按交上疏薦，言其賢可大用。乃禦虜功著，督府與巡按御史又特上疏請顯擢。事下兵部，大司馬服其明允，特舉賞不逾時之例，請加藩轄職衔，仍借[二]守舊疆。上曰：“可。”計前後事宜俱屬銓司掌覆，俱不果行。已而用一言之毀，廢千人之譽。

時公方申畫兵防，撫綏殘破，晝作夜思，靡不勤愍，百姓賴之，如出窨穽而就衽席。及聞此意外之報，則遠近大小惻心隕魄，欲攀援信宿而不可得。郡博士弟子咨嗟言曰：“某聞之，明明在上，穆穆在下，明良之所以相濟也。是故賢者在位，能者在職，則朝無棄德，野無棄才。今聖天子圖治之初，賢宰相寅亮之日，而賢才之進退其輕如此，不已棄乎？夫中外展寀之臣誠多布列矣，其純潔端平，愷悌明睿，如公者幾？文德懿衷，武以威敵，如公者幾？議事以制，不爲刑辟，如公者幾？不侮矜寡，不畏疆[三]禦，如公者幾？處煩以簡，濟變以通，如公者幾？禮檢宗藩，道興學校，如公者幾？使布列而皆若人，則小賢而避大賢可也。或方兹而有一劣，則倖位之慚獨免於胡顏之誚乎？何言聽之皆易也？夫公譽之而不用，私毀之而不察，竊恐貞人智士將望望而皆隱矣。”

外史氏因曉之曰：“夫官者，非吾本有之也，倘來寄之，而信其去耳。孔子曰：‘道之將行也與，命也；道之將廢也與，命也。公伯寮其如命何？’言吾道當廢，天適使讒人毀之。雖讒人亦受制於命矣，彼焉能廢我哉？故君子或仕或止，無入而不自得也。公生平以道爲體，其視去位若浮雲之散太虛，了無得失之患，概於其中所謂樂天知命而不憂者，公以之矣。顧區區外物，奚足爲公益損哉？然諸君之意則憤世疾邪，傷大道閉塞，賢人中隱，篤《緇衣》之好而惡《巷伯》之深也。”

於時博士弟子卒咨嗟不能已已，二三士夫皆臨岐泣數行下，乃共持此語追送，以張本去後甘棠之思云。

贈學正林虛溪先生擢任懷遠序

嘉靖四十四年乙丑五月，汾學正虛溪先生林公擢懷遠縣令。

　　初，先生以純雅博通、孝悌潔白之儒上壬戌第，未遇，乃暫署學。當是時，學子之屬失匠石之資也，久視其宮有茂草焉。及得先生，如渴得飲，如闇得炬。先生垂法之楷，陳義之高，析理之精，綜文之典，勤有獎，惰有懲，貧有問，患有恤，如沛江河之潤，揭日月之光，斯靡槁不濡，無幽不燭者矣。如是者三年，學以大興。復上第乙丑，祖餞之辰，自郡大夫以下至門弟子，僉以先生之德藝卜之，謂必遇於時；乃復不見遇，尋亦以賢見擢云。先生莅學之年，鴻藻甚著，省中因以《晉乘》屬之。先生執觚詮纂，不數月而成書，今稱信史矣。已而聘衡江試，弘采國楨，又稱匠師之良焉。

　　先生雖以賢見擢，群情猶不釋然，乃先生慷慨就道，無戚戚容。祖餞之辰，自郡大夫以下至門弟子又僉以先生之德藝卜之，謂必遇於時，必行其志，自一邑始也。孔生曰：“自古聖人賢士之生，天固畀之以用世之具矣。用之教以明其道，用之政以達其德，則君師之事，公旦、仲尼之選也。以先生之蘊抒之，奚時而不遇，奚志而不行哉？抑又有命之說焉。造物者之爲令也，或予或奪，或困或亨；或桃李之華而先榮，或松柏之心而後茂；或淵潛而龍現，或漁釣而鷹揚。察物之變，揆人之紀，雖旦暮不同，要亦俾之遇矣，俾之行矣。《志》稱懷遠爲我太祖高皇帝豐沛之邑，其湛恩汪濊，神化消融，至今寖遠寖明。其形勝對峙兩山，先生左挹荆山，笑卞和之泣；右攬塗山，思大禹之功。撫湯沐之遺氓，存可封之比屋，條其紀綱，文之禮樂，興修利益，黜遠暴害，壹澤之以江河之潤，照之以日月之光，誠始於一邑，將施之天下而無窮也。夫觀水於瀾，觀象於隙，言有本者如是是之取爾。若自竭其潤，自蔽廅其光，將比蹄涔熠燿之弗如，而能以治一邑耶？乃今而湯湯，而赫赫，而曷其有極？”

　　言畢，酒闌，慍先生之蠖屈者咸悦。先生遂再拜結旌，脂德車以行。

曹守受齋孫侯德政序

汾司訓蔣坡尹子，曹人也，與余語曹守受齋孫侯之賢，且徵言以爲贈其賢之大者。曰：“蠹蔽之釐也，賦稅之平也，徭役之均也，聽斷之審也，刑罰之中也。夫蠹以傷民，蔽以罔上，皆緣飾以爲奸，多出於府史胥徒之流，左右近習之輩。侯深察而處之，是以謂之釐也。夫賦稅者正之供，而豪强兼并，里書飛詭，有田連阡陌而逋負獨多，產僅中人、田無百畝，往往累其陪納，於是乎貧且病者夥矣。侯深察而處之，是以謂之平也。夫徭役者力之宜，而高門多例免之私，茅屋有獨勞之歎，亂其等則之常，加之影射之幻，於是乎劦且亡者夥矣。侯深察而處之，是以謂之均也。夫訟者所以求理，侯小大之獄必以情，是以謂之審也。夫刑罰所以禁奸，侯善無微而不勸，惡有小而必懲，是以謂之中也。始曹人之困也，以五者之失其度也，今則吏稱其職，民安其業，而行旅者歡，遊宦者悦志也。有宗族在田里，有子弟在學校而蒙教養之休，有老夫坐臥青氈而無內顧之憂，皆侯之賜也。是以謂之賢焉，而不能盡其大。願有述焉，庶以矢其德乎！”

余應之曰：“善哉，受齋侯之政有如此者！夫自世道末趨而吏治外獎，則密於事上而略於保民，急於邀名而緩於務實，於是上交謟[四]而下交瀆，能聲雖著而仁聲罕聞。即子產之愛，叔向之直，何武、朱邑之思，不可復見矣。乃受齋侯秉天理之純心，揚愷悌之洪化，故能行是五者，皆保民務實而無一毫希世取寵、用智自私之念，豈非無所爲而爲善之君子耶？昔子路治蒲三年，孔子過之，入其疆而知其恭敬以信也，入其邑而知其忠信而寬也，至其庭而知其明察以斷也，皆睹其政而知其德，雖三稱其善猶以爲未足也。今敬聞侯五政之規，當不止乎三德之頌矣。夫國家以進賢爲治世之經，然進百能吏未若進一循吏，可以移風而響道。蓋能吏凡資之警敏者皆可辦，而循吏非德性用事者不能爲也。倘當塗之臣爲世道計，則當先進受齋以風百執事焉。"

於是尹子再拜，斯言以爲贈也。

增^[五]邑侯斗垣陳公膺撫臺旌獎序

君子之道，以自信爲本實，以見信於人爲徵應。無本實弗立，無徵應弗行，故必能自信而後可以言立，能見信於人而後可以言行。以德心敷德政，施溥而不拂乎民，内省而無歉於志，是之謂自信。我善是，人亦稱是，與之弗諂辭，受之無愧色，是之謂見信於人。余□^[六]《孟子》，見其言獲上治民，若居官守職，猶有假於外，及推本、明善、誠身而極於感人動物，則所以自信以見信於人者，乃履信之道，順應之常，而非有所假也明矣。故曰："不患無位，患所以立。不患莫己知，求爲可知也。"昧者爲之，或恃才不免於凌忽，負氣不免於愎直，用智不免於自私，好名不免於緣飾；或暴得虚譽而敗不旋踵，則不信之過也。故君子於本實之端也，非以求信於人而徵應之來，適以考吾自信之誠。

孝義當丁卯寇亂之餘，加之征繕之役，民命不絶如縷，其勞者之欲休息，傷者之欲植援，真赤子之慕兹母也。得斗垣陳公爲之拯其阽危，修其墮壞，補其偏枯，集其逋負，雪其煩苛，雨之康惠，蓋數月而元氣藹焉。即其惻怛之心與其中和之政皆其自信，而巡撫楊公舉憲典旌，非見信於人之一驗乎？夫自朝省以至撫按監司，俱以知人安民爲事，惟撫臣之經略也，則錢穀甲兵、禮樂刑政無不總統；其安撫也，則問民疾苦、培養命脉尤爲切要，然皆責效於有司而旌別其賢。撫臣曰賢，則無所不賢矣。故旌書皆重，而出於撫臣爲尤重焉。然公之心固主於信道，不以是為重輕。至安位行志，持之歲月之久，馴之漸漬之深，以大惠斯邑，則閭閻之幸，庠序之幸，縉紳之幸也。鄉賢礪庵霍子以其尊翁大司馬□〔七〕公之意慶之，而徵余言以表之，因又知公之賢見信於巖廊之上，弘矣遠矣。

贈汾幕趙君升順天府庫使序

夫一命之寄，苟存心於愛物，於人必有所濟。信哉，斯言也！天地以好生為德，而人得之曰愛，所謂先王以仁心行仁政，不過推其愛而已矣。今有受命於君而司牧乎民，捨是心焉則無所用職矣。故位無崇卑，能利人濟物則為慈、為良、為愷悌，不能則為貪、為暴、為奸邪，君子小人之所以分也，而階資不與焉。假如據高官大爵，一以勢利汩其中，私臆橫於外，殘民害物，無所不至，與官卑祿薄循循守己、惻惻愛民者較，其孰得而孰失哉？此守位之所以貴仁，自天子以至一命之臣，其心一也。

北台趙君以華陽史陟汾幕，到官之日，值北虜擁眾薄汾，君倉卒守城，多計略，虜竟遁去。殘破之民呻吟愁痛，賴君撫摩噓煦，如慈母之於赤子也。時長吏以苛虐立威，群案多附，君獨持寬厚，不詭隨。及苛虐事敗，而君賢益彰。主掌徼巡，奸盜屏息，閭井焚蕩之餘得稍稍寧輯，皆歸惠於君焉。君明法令，凡用文主斷，宜慘刻少恩；而哀矜明恕，往往如《詩》、《書》之所稱。至其忠信篤敬，若太樸未雕，習俗所不能移者，蓋天與鑄其善歟？其慈良愷悌，藹然著於一時，真所謂存心愛物而有濟於人者也。其賢於蔑心之仁而尸位自雄遠矣，不可同條而語矣。

居歲餘，陟順天府庫使去。夫百官以京職為榮，君以賢徵榮，當復有不次之遷，而郡掾等實惓惓焉欲借留之而不可得，因乞余言以贈之如此。

贈直古老人李公登年上壽序

人壽以百歲爲期，其大域也。有能至其域者，全其天年之人也。夫自然之數謂之天年，天無窮而數有限，如四時焉，春而夏，夏而秋，秋而冬，順而叙之，而無所壅缺。一歲之數周矣，過此而退進進退，則莫之能窮也。人生形而生，生而逸，逸而息，順而受之，而無所夭閼。百歲之數周矣，過此而死生生死，則莫之能窮也。無窮者不可知，有限者吾委順焉。夫人有少不至壯，壯不至老，而與草木同朽腐者，皆自戕其天年者也。蓋神者，形之主也；形者，神之載也。神太勞則竭，形太勞則罷，形神俱弊而能全其天年者鮮矣。今人趨利嗜慾，內思慮之營以竭其神，外奔競之役以罷其形，日夜相代乎吾前而弊弊焉之不休，豈不痛哉！當堯之時，百姓日出而作，日入而息，鑿井而飲，耕田而食，含哺而嬉，鼓腹而遊，而形無所役，不識不知，順帝之則而神無所營，是以擊壤之老皆躋大年，華封之祝壹以多壽，蓋全其天年之人，皆陶唐氏之遺也。《老子》曰[八]："全汝形，抱汝生，無使汝思慮營營。"豈有假於金書玉籙、服食導引哉？抑亦以自然者之爲貴耳。

孝義有直古老人李翁，生澆漓之俗而其純若握而固也，長雕琢之時而其樸若渾而堅也，宅街廛之衢而目不省官吏，處桑田之野而口不言市肆。鄉飲之行也，縣宰聞其賢而賓之，則望望然逾垣而避之，曰："奈何取野老而縶之也？豈以我爲爲是拘拘者耶？"居常收視斂聽，靜澹恬愉，粟充腹，布揜膚，坐不欹，寢無夢，無老氏之學而有其事，無堯民之歌而有其情，今歷歲且百而益康彊，其以爲全其天年之人也信也。邑中士大夫相率而禮於其廬，以敬老也。其子世榮欲文言以記之，陽泉君徵之，余樂爲之叙焉。翁姓李氏，名某，字某，號之爲"直古老人"云。

《介休縣志》序

　　夫志，史也，以史官爲之書也。古者列國皆有史官，故皆有書以紀其事。自郡縣之異制，則有守令而無史官，而守令之務又有急於史者，則將先其所急而後其所緩，文書盈於几閣，車馬靡於道路，掾吏委於刀筆，功課析於米鹽，歲月無久住之時，載乘無世家之統，斯於稽古禮文之事闕矣。夫文、武之政不墜於方策，秦、漢之形有考於圖籍，則志之徵也。故觀躔次之所考，陰陽風雨之所交，則可以敬順天功。觀山陵川澤原隰之阻，樹藝灌注之宜，則可以祖識地德。觀王公大人之所經綸，賢人貞士所挺伏，方物之陳，宅里之表，則可以序宣人紀，執三極之矩，弘萬類之綱。纂一邑之事，繫四方之風。道有污隆，政有登降，俗有沿革，事有損增，酌古以準今，彰往而察來，因故以求利，考衷以度中，備是物也，其可闕乎？

　　介休爲晉名邑，顧獨無志。二百年來，令尹興國劉公始搜輯而草創之，而以學諭關西李君事編次，不三月而其書成焉，君子以爲文獻之興自公肇之。時李君來屬叙，余往述郡志，欲兼總三邑故事，不能得，今乃獲睹其成書。昔孔子慕夏、商之禮，而傷文獻之不足，蓋有意乎其興之也，卒垂《禹書》，定《商頌》，於是二代之迹爲信而有徵，而聖人之志行焉。夫邑之不可無志，猶人之一身不可無視聽之資，言動之具。采色之不昭，聲音之不越，蓍龜之不兆，衡鑑之不懸，則根根乎貿矣。然道不終泯，待人而行。公有珪璋之材，愷悌之德，博物如子產，好賢如子賤，猷必成憲，法必古則，充其心也三立而不朽者也，宜其隆墜緒於久湮，伸闕典於幾絶如此。夫邑之先民有介之推之亢節，郭林宗之貞固，文彥博之忠勛，皆毓靈於光岳，垂耀於士風，而遺黎薰習，往往襲其餘韻。或群生康沃壤而失憂儉，繇是因其篤行而文之以禮樂，導其富庶而申之以孝弟。公之教也，志之大也，敬叙之簡端。

贈別駕丹峰夏公入覲序

隆慶五年爲聖朝元會之期，方服之臣罔不畢詣。時汾州守以邊例留，丹峰夏公職在別駕，當於庚午仲冬袛行，於是邦人大夫諸士贈之言曰：

古之諸侯朝於天子曰述職。述職者，述所事也。今之郡守重於古諸侯，循入覲之典，而述職於天子之庭，於是乎考言明功而以升以絀，則古今一而已矣。然古者專重民事，而後世以簿書期會、奔走承順爲能，則悃愊無華與守己愛民之吏往往不得意於上官，是則司紀者之過也。而此心則可以對天地，報朝廷，陳於百官，表於庶民焉。夫誠此心無愧，則述所職也可以爲邦家之光矣，善乎孟子之言民牧也！猶受人之牛羊而爲之牧之也，牛羊肥字則可以見主人，百姓安阜則可以見天子。惟汾荐罹罰割：初罹於醜虜之虔劉，再罹於屠伯之貪暴，蓋困敝極矣。比得我君侯，實惟矜其疾苦，惻其隱幽，憫其偏廢，除其蠧害，平其枉曲，無一念不在於民者。蓋其聰睿之資，通敏之裁，廉正之守，慈祥愷悌之心，無一事不中民之理者。由是當道信之，僚長敬之，士民服之，事無巨細，獄有小大，率委集於公矣。公八面應酬，咸井井有條，惟明惟允。若城我北廓，三月而成，特其一端耳。蓋使一郡之民得以安其餘業，保其殘生者，皆歸惠於公也。

吾想百辟之行，軒冕□〔九〕麾，銀黄青紫，焜煌照耀，誠足榮矣，然或但把趨時之能，而鮮愛民之實，於心獨無惡乎？公於民也惠及隻車羸馬，出郊，士民祖道，皆嘖嘖歎戀仁恩，顧遷旋舊疆，用終惠我元元，是公之心實無忝民牧，可以對揚天子之耿光矣。

南山獻壽序

夫國有元老，其天下之福乎！故《詩》之言曰：“樂只君子，邦家之基。樂只君子，萬壽無期。”夫以樂壽奠邦，邦其永綏矣。邦其永綏，而天下皆蒙其福矣。古之君臣交相儆戒，頌期公卿大夫之相告語，祝願言保守名位必以德，言受天之祿必以壽，豈曰自身有餘而已也？誠以國之司命在保合太和，長永貞固之含，所以成博大悠久之化，敦龐渾厚之裕，所以衍優游康豫之休，而究中和之極，躋天下於仁壽。非聖人在上，元臣穆穆，大老皤皤，其疇克以臻之？昔二帝之世有皋陶，三王之世有伊尹、萊朱、太公望、散宜生，皆以元老而執化樞，秉道醇沕，御世遠綿，令和氣絪縕，嘉生茂育。上有清穆之宴，下無菑害之虞，是以堯、舜、禹、湯、文、武之盛，邦其永綏，而天下皆蒙其福也。至於今幾千百載，誦其福而歸德之不衰，故謂元老爲天下之福明矣。

少司空浴泉徐公，今之元老也。以調元贊化於聖人之朝，而天下望之，以爲福焉者也。公將以己之福庇天下，則天下之祝公者萬有千歲而不止也。介邑令劉君於公爲後進，實望美先達而能愷悌其政。比來郡，言將以清和之節遙爲公壽，歌《南山有臺》焉，且屬之叙。某喜上公之致，視《詩》之樂壽而有加，斯稱之云爾。語曰：“高山仰止，景行行止。身雖不至，心則嚮往之矣。”心嚮往之，則言之不可以已夫！

校勘記

〔一〕□，底本漶漫不清，據文意似當作“劉”。

〔二〕“借”，據文意當作“備”。

〔三〕“疆”，據《詩·大雅·烝民》當作“彊”。

〔四〕"詔"，據文意當作"詒"。下文徑改。

〔五〕"增"，據本書卷首《目録》當作"贈"。

〔六〕□，底本漶漫不清，據文意似當作"讀"。

〔七〕□，底本漶漫不清，據文意似當作"相"。

〔八〕"《老子》曰"，據後文所引並參《莊子·雜篇·庚桑楚》當作"《莊子》曰"。

〔九〕□，底本漶漫不清，據文意似當作"柱"。

孔文谷集卷八

《大竹文集》序

御史大夫行庵陳公寄其先公《大竹文集》四編，余讀之卒業。其疏議則忠讜切直，疏通知遠之敷也。其文則典雅温厚，修辭立誠之彰也。其書啓則情文悃款，仁義之言藹如也。其詩詞則才章巨麗，性情之理昭如也。其史論則本隱以之顯，撥亂世反之正，《春秋》之旨微矣。其《遺攷》一編則載廟堂清議之所歸，縉紳頌誅之所萃焉。野史氏竊謂鴻哲之生，朝野皆述，於是叙焉，曰：

夫觀象緯之精芒而知天之積也，察草木之華實而知地之凝也，睹文章之璀燦不知其人之存，可乎？天之積也清淳，故其縣著如彼其盛也；地之凝也和厚，故其發生如彼其備也；人之存也剛健中正，而文明斯必然矣。先民之言曰：“文自《西京》以前爲三代之遺，《詩》自删後則稱無。”豈文絶於歷代而詩斷於三百？蓋亦有爲乎其言之也！夫經生曲學牽拘於章句，詞人小技雕飾乎斧藻，奇詭華抗，大而無稽，其於道也遠矣。是故有爲乎其言之也。以余睹大竹翁之作，不有以見三代之緒論乎？不有以見三百篇之遺響乎？夫象緯華實，天下所共見也。觀天地者但謂某象某緯曰天乎，某華某實曰地乎，非所以覽於形色之外也。大竹翁稟海岳之純靈，粹惟皇之衷懿，修孔孟之正學，志伊周之遐軌，是其存也。時其所發，特其正感之應，旁通之情，亦猶象緯華實爲天地之散殊焉耳。《易》曰：“君子黄中通理，正位居體，美在其中，而暢於四支，發於事業，美之至也。”夫豈有意於具美哉？子貢曰：“文武之道未墜，在人，賢者識其大者。”翁力扶世道，夷險不渝，往往多畏天悲人之詞，其所識豈小小哉？

余少聽舊登州守嚴老談東海巨公大竹翁之賢，及與行庵公並命分陝，竊見身翁之度，聲翁之律，爲翁展經綸之蘊，竟齗齪之章，猶河漢而無極也。夫漢帝訪茂陵之書，妻將札應；唐宗求右丞之撰，弟以編呈。豈若翁肇嗣隆，將以家乘之藏登之國史，忠貞之烈表之彝常云。

《愚谷集》序

齊、魯之間爲文學之淵源也久矣。方二國建，時當周道之盛，及周之衰，禮自諸侯出，故《韶樂》在齊，《周禮》在魯。孔子以至聖之德詘於季世，則修六藝之文，明百王之法，故曰："文王既没，文不在兹乎？"孔子之後，微言稱絶，有孟軻氏出焉。遊於齊，退而序《詩》、《書》，述仲尼之意，作《孟子》七篇，仁義之言藹如也，故曰"孟氏醇乎醇"。遭秦滅學，斯道缺數十載。漢興，諸儒復纂戎先緒，潤色鴻業，言《易》則淄川田生，言《書》則濟南伏生，言《詩》則魯申培公、齊轅固生，言《禮》則魯高堂生，言《春秋》則齊胡母生，其後公孫弘爲最著矣。皆齊、魯之英也，可不謂淵源之所自乎？要之以粹然一出於正者，爲孔、孟之宗焉。經數百載，有樂安李公云。

李公爲詩文並爾雅温純，無一字不根本六經而振掉古風。唐人尚詩，而燕、許妙其匠心；宋人尚理，而周、程優於聖域。明興，合藝與道，盛矣。弘、正中，豪翰之士雄杜甫而右馬遷，既乏堂室之觀，卒依傍籬壁而已。余讀李公《愚谷集》，大氏詩似燕、許，文似周、程，蓋一音之契足以究清和之極，一義之旨足以闡中庸之微，而況衆善悉有，群美咸備乎？測其優柔涵咏之趣，而静深之蓄可知；挹其潔芳秀潤之標，而華實之致可想。即聖人復起，諸儒並列，質以公之載述，亦必謂之粹然一出於正者矣。噫！此可爲知者道，難與俗人言也。

雲中守肖溟程君，於公有館甥之誼，則刻斯集以傳，托户曹趙陽谿君以余爲叙。公毓美大國之風，蜚英上第之選，位列九卿，蔚爲儒宗，炳然文章行業。其行業自有書者，余特叙其文章，遡齊、魯之淵源焉。

程參戎刻《窗稿》序

丁卯寇亂之餘，議汾設戎守，乃一山程公奉璽書至，擁旄建牙，陳師鞠旅，調戰陣之具，飭鉦鼓之教，咸有綱有紀，有文有章，稱軍容焉。汾人知有軍容，自兹始也。公英資卓犖，才文武兼，少誦兵法幾十萬言，復文史足用，起武舉第一人，所以含育者弘，宜其所宣著如此云。練閱多暇，尤講藝以迪後生，出少所爲論十篇，《窗下稿》也。余取而觀之，創意構辭，折理敷議，其氣勃勃，其采煌煌，皆無舛於道而有成章，宛然經生之旨，匠氏之方也。其以迪人，人不興起乎？夫百家之言多不雅馴，惟兵家祖本仁義，與六經通道，爲三代聖王之所慎，天下太平之所不敢忘，然而不根本六經，趵有知之而後能言，言之而後能行。國家設科取士，誠欲因言以卜其行。然世平道明，每切於文士而略於武夫。比四郊多壘，始大重武科之選，計得一儒將，如南仲、方叔、尹吉甫者出焉，隆《小雅》之墜緒，絕四夷之交侵，亦切切乎以言卜之也。公應期射策，既襄然千人之英，則儒將之功必於此乎兆焉。然駸駸已見諸行，顧世所以用之。

夫論宜理，在漢如東方朔、枚皋、孔融之辯，猶謂持論非其所長，豈非理不勝耶？公論頗準《過秦》，實雅通經術，故宜出其根本，垂條結華，爲一家之言。昔魯定公與齊侯會於夾谷，孔子言：「有文事者必有武備，有武備者必有文事。」晋置中軍，用郤縠，以其悅禮樂而敦詩書。蓋文武之道相濟以爲用，而相須之甚殷。不然，雖以霍光之忠，猶是不學無術，闇於大道，而將相兼資，自趙充國、諸葛武侯，後罕有儷焉。今誦其《留田》、《出師》之言，其所學爲何如也？是故即《窗稿》而占廟謨，藉緒言而窺遠略，因點定之，命梓以廣其迪。《世説》曰："閑習禮度不如式瞻儀形，諷味遺言不如親承音旨。"信斯言也，則言語文學之表又別有覿德之觀矣。學之不可以已也，余故一引其端云爾。

贈范大參請告東歸序

夫君子之有益於世也，則以身之去留繫國家之輕重，爲天下之安危。古之人有行之者，如唐之郭令公、裴晉公其卓然者，蓋其大德大才而爲人心之所傾向如此。余以是觀今之大夫，其霸南范公乎？

公初以素望膺上簡書，兵備上谷，上谷之人倚以爲重，而曰"安我者必是公也"。元年，大虜入寧武關，長驅興、嵐、石、汾等十餘州縣，橫肆殺掠，而石州破，乃滿載循故道而歸。當是時，來不堵攔，去不邀擊，蓋二百年所未有之變。上咎厥圉臣，以爲玩寇弛備之誡。廟堂議選置將吏，言兵憲爲最。蓋兵憲守文執律，與將領並治要害之地，專事綜理之司，宣明節制，議處方略，督戰守之宜，紀功罪之當，導而上下，其視督撫之臣居中遙制，聽幕史行文書而已者爲近而有功，故兵憲之爲最也。會岢嵐道使缺，撫臣請以公代。上進公山西省參政，錫璽書備守嚴道，移鎮老營。公至，則盡易其往之玩弛，申憲令以作士氣，率忠義以啓人心，窮搜險阻以立峻防，薙獮寇孽以絶奸細。修城壁之壞，增溝壘之嚴，積儲峙，繕器用，明紀律，勤訓練，興利除害，順人所樂，軍實所資罔不弘濟。自二年戊辰到官及庚午，則邊鄙盡寧，民用生息，一道皆倚以爲重，而曰"安我者必是公也”。然勞瘁亦已甚矣，因上狀乞移疾歸次，稍就調攝，倘不先朝露，效忠有期。詔許之。

即整駕東歸，副將東溪錢公偕所部追送，且抵余書曰：“公所爲皆開誠布公，集思廣忠，諸葛武侯之御軍也。故三軍皆倚以爲重，而曰‘安我者必是公也’。今公方就道東山，而吾能安枕北塞耶？是故願一言之，以紀其行。汾、嵐南北衝也，前創置參守於汾，其調度守禦，料理兵糧，皆出公準裁。重兵在內，公以良翰鑰其北門，到今汾人亦倚以爲重，而曰‘安我者必是公也’。是公有大德大才，而人心向之，來一方則一方倚以爲重而藉之安，去則失其所以爲重而懼其危。即起而鴻勛鉅業，比隆汾、晉，則其以一身而繫天下國家之望，豈誣方將哉？”斯望美之云爾。

《雲林清籟》序

疇昔管涔子爲學官功令之司，好石屋禪師《山居頌》。迨其歸老，好之彌篤，常以拈示學人，人或持去。陽谿君聞之，爲抄補一冊，因恐再失，乃摘其所珍六十餘篇，存之鉛槧，而號之曰《雲林清籟》。原夫字書，“籟，蕭也”，“蕭，肅也，其聲肅肅然清也”，則知籟品本清，以其奏於雲林，則又清矣。故曰《雲林清籟》者，表其非世俗之音也。

世俗之音，世俗之情吹之乎爾。而哀怨，而歡愉，而綺靡，而亢厲，清乎？俞俞，否否，不可得而據。惟夫出世之士，廬非煙，息茂樹，蟬蛻外膠，冰解內熱，復初乎太樸，返真乎元素，虛明湛寂，妙感玄通，是惟無言，言則竅於天籟之自鳴，所謂靈樞之發，虛而不詘，動而愈出，淡而不厭，簡而文，清哉神矣！夫清者，神之爲也，神妙萬物，物受之而不知，故上浮之美，絶埃通極之致，不可爲象。及其消融變化，遂使人驚魂動魄，澡心

□〔一〕慮，大夢回寤，沉醉改醒，賤啄腐於鷗群，耻喧繁於蛙部，餐風味道，深思高舉，則是泠氛所披，萬有生聽，乃冲微自然之應，而非實比其竹而傚俗之吹以動人也。然亦貴於所知，故知音者樂之，而不知者怪之。有言"張樂洞庭之野而鳥避魚潛"，政以明俗物之不知音，亦猶聽古樂而睡也，蓋怪之矣。

石屋其人，則出世之士也。其言則天籟也，其道如是是之取焉。若以翕毢之慣方索寞之栖，緣俗之工校遺世之弄，得無怪乎？剏世俗之所有者，雲林之所無；雲林之所有者，世俗之所無。無之無者常有餘，有之有者常不足，非由天籟以鳴之，孰袪解其惑哉？

《篤行貞節詩》序

嘉靖四十一年，日長至之後十日，皇帝册封慶成恭裕王子爲慶成王，以左給事中心庵王公爲制使。貴懿親之命，賢近臣之選，咨禮樂之英，昭軌物之度，惟其人也。

公至，一宣命如制。王既端委而即冕服，公遂巡行。於燕勞餽贈一無所受，曰："皇帝隆禮睦親，王拜命敬奉，禮義成，順德著矣。其務制節謹度，秉禮守文，惟明憲之肅，而以私惠餽遺於使臣也，其如天子之休命何？且吾先大夫，篤行君子也，老母在堂，樹貞一之節，畚教某以四事，曰忠、孝、廉、節。夫忠無欺，夫孝無違，夫廉無私，夫節無易。斯四者，乃某之所以修之於家而獻之於天子之庭，拳拳服膺而惟恐失之者，其敢以帝臣之故而辱王之惠爲？昔周襄王使内史興錫晋侯，命見。晋侯使上卿迓於境，身自郊勞，館於宗廟，饋九牢，設庭燎，三命而後成禮，有忠信仁義之意。歸以報襄王曰：'晋侯其能禮矣，今某之報於朝也。'殆亦猶是矣，其何敢私惠之承？"王曰："亶如是哉！然賓饗贈餞，獨非晋侯之所已行者乎？且吾聞之：'贈言重於車也。敬愛其親者，聞人揚其親之善則喜也。'公之先大夫與母氏太夫人同有令德，惟馨惟清，俾皇天眷佑，篤生顯嗣，爲帝耳目之臣，忠孝廉節，厥德炳茂，復以其緒風餘輝被我有邦。《詩》曰：'樂只君子，邦家之光。'公以之矣。是不可以贈乎？"於是作《篤行貞節》之詩以表之，王子小溪及宗室之能文者咸屬和焉。

夫使臣上不辱君，内不負親，身不失道，以順移忠之道昭矣，立身揚名之義彰矣。詩成，共爲一册，王徵外史胤爲叙述之。外史氏不能詩，第歌"鴻飛遵陸，公歸不復，於女信宿"，以追公之行。"吉甫作誦，穆如清風"，册書蓋可睹焉。

贈抑齋張公巡撫寧夏序

寧夏爲西北巨鎮，賀蘭西峙，黄河東漾，渠嶂綿延，若帶若屏，産有魚鹽之資，稻粱之利，士馬番息其中，無事則可以養鋒鋭，有警則放河渠之浸、據清壘之阨以設險，且戰且守，而鮮敗衄，蓋地利人和兼而有之，謂之巨鎮也。宜昔有宋失險，令大盜得負固以窺朔方，非賴韓、范經略安撫於外，李文靖、王文正公主張國是於内，幾危國矣。明興，統天括地，九邊雄隩，我鎮我城，則居重馭輕，捍外衛内之勢如天上九關，虎豹守之，故外患雖不能免，而儆戒内嚴，卒保無虞焉。何也？得人勝也。比來醜虜繹騷，朝廷推轂遣將，必擇南仲、方虎之賢。當是時，文武名德皆應運策勛，積威所加，虜寢怖攝，至今遂納款獻琛，屈膝請降，廟議以爲天將開國家以太平之治，故使跳梁歸順，令士馬與隸氓稍稍休息。然而勝衰倚伏之機、居安思危之慮尤所當慎，其推轂遣將尤所當殷。蓋攘外之實不貴於用兵而貴於養兵，安内之實不貴於勞民而貴於養民。連歲兵疲於不戢，今因其時戢而養之以精訓練。民困於多勞，今因其不勞而養之以舒徭役。十年之後，當士嬉馬騰，民安物阜，平則保大，亂則定功，而我有餘矣。夫英雄展案措事，張皇揮霍，運大略於搶攘之間易，沈潛高明，布鴻猷於悠遠之際難。故必有經天緯地之文而後可以濟武，有撥亂反治之武而後可以濟文，文武相濟而後可以言保大定功。

比寧夏巡撫闕，廷□〔二〕才兼文武、可以爲大臣者，惟抑齋張公。先是，公以大參進按察使秩，蓋爲今大擢之階矣。公往鎮河西，坐酒泉郡，威行塞外，羌虜悉皆知名。及擢守冀南，開府汾陽，凡八閱月而補偏捄弊，省費恤窮，練兵修器，咸井井有條。繕城周圍十里，悉甃以磚，工未半而節鉞啓行，度遺矩，昭確必，罔殆弛而惠澤遠也。行而經略撫綏，出文德之衷，振武功之烈，修安攘之實，豫戰守之防，懷〔三〕新附之虜，輯來歸之衆，爲國家廣中興之業，垂太平億萬載之休，公之能也。晉而寅亮端揆，著勳盟府，儷古名臣，震曜天衢，公之光也。

大參知李村董公曰：「人道喜有慶，別有贈焉，禮也。抑齋公之擢近次三事，可無慶乎？奏膚萬里，可無贈乎？」於是委外史氏而代之言如此。

贈大參省吾紀公移鎮汾陽序

省吾紀公以宿望受上簡書，飭兵岢嵐，坐鎮老營，爲隆慶庚午。明年，擢本省參知，分守冀南，當移鎮汾陽。於時老營將士佩公威惠，咸彷徨攀戀，不忍捨去，乃總戎孫公馳書徵所以爲贈言。書曰：「某所建牙徼道之劇衝也，虜連歲弗戢，士馬疲，且邊人愚懭，類不識儀矩。自省吾公到，則正度以臨之，洪慈以體之，修其廢弛，補其缺略，申武之經，濟文之憲，一開誠布公而廣忠益。某等賴之，若處幽陰而見天庭之燭，若涉驚濤而得砥柱之扶。茲移鎮矣，吾其捨諸？計醜虜再至，賴公運帷幄之籌，收三箭之利。近遂款塞，尤欲賴公指畫，養銳積儲，以殷內治。茲移鎮矣，吾其捨諸？”

　　吾聞古之贈言也，以功德致其頌也。若公之功德非善頌，其孰能之？夫人臣受命，持憲分麾以臨吏民，俾一方吏稱其職，民安其業，如古所謂循理秉道之賢，尚矣。至於臨戎建策，使將士服義，夷虜知名，爲國家安邊禦侮，著勳封疆，又非古所謂文武兼資、萬邦爲憲之賢乎？省吾公於斯二者實兼隆並茂焉。比聖上因遠人來服，益思進俊賢，興修小雅，以弘内治，則經營四方之佐入蕭皇猷，斯其時矣。《詩》云：“袞職有闕，維仲山甫補之。”公先帝獻納侍從之英也，既而爲勞臣矣。勞臣而凱旋如仲山甫，爲可頌也。今將以頌山甫者頌公，其千載一清風乎！是則贈之云爾。

《秋崖詩》序

　　代北之山有曰五臺者，名山也。比於首山、萊山爲隱僻焉。太史公曰：“天下之名山八，三在蠻夷而五在中國。”豈以此爲在夷者耶？其山大五百里，昔文殊現世，栖托此中，歷代寶之，漸致紺宇連岡，花宮被谷，至今爲法界之叢林，人天之蘭若焉。然地高氣寒，不殖嘉生之物，雖有松柏生之，其土不肥，槁壤所蒸，間出芝菌，概不足以養生，而僧亦罕有其人。吾聞山之鉅者其神必靈，神之靈者其産必異，故不挺異人，或呈異物。據今幾兩失之，吾何以觀之哉？

　　聞此中時有金銀氣，或寶鏡攝光於雲嵐之阻，或金燈放彩於雨雪之宵，或見弱翁牽狗，老嫗抱兒，轉眼又復不見。臺盤石上約可建五丈旗，及其登也，聚之千人不爲多，散之百人不爲少。凡此亦甚奇矣。然所謂“慌兮忽兮[四]，其中有物，杳[五]兮冥兮，其中有精”，不可得而測也。不可得而測，乃所以爲山之靈乎！鳩摩羅什曰：“財有五備：福、戒、博聞、辯才、深識。亦惟仁者能弘其事。"嗟夫！五不必備，苟有一端，亦足以表山之靈矣。

銅殿僧祖印號秋崖，著詩二卷，言句之半頗闡宗風，乃優鉢之花開來幾葉，菩提之樹秀出一枝，言理事之雙彰，則地靈人傑可無據乎？持是詩而來者，□〔六〕空也。空上人卓錫此山，能以法力募化十方，弘修危刹，大啓長廊，備百千珍品供養金像，施飽滿香飯令住山貧子遊方，大衆皆得如意，用以修瞻，濟歡喜一大因緣，亦此山之奇士也。余讀秋崖詩，兼有感於斯人，因綴是語於卷右，以貽其弟子，庶永鎮山門焉。

《蒲坂王氏世恩録》序

《世恩録》者，録家世所承之誥命也。鑑川王公始以刑部河南司主事得封其考妣，繼以都察院右僉都御史得重贈其考妣及其祖考妣，又繼以兵部右侍郎兼都察院右僉都御史得重贈其考妣及祖考妣，前後誥命與叔考中書舍人誥命共如干軸，紀之册書，爲《世恩録》，若曰其世世對揚天子之休命云。

外史氏曰：《書》言章服之榮，天以命有德焉。明王奉若天道，推而致之臣工，於以崇德而象賢，故不自以爲恩，而臣工受之爲光啓之慶，則謂之恩，宜矣。然是典也，實教天下以孝而作之忠。夫人生本子〔七〕祖，子孫貴矣，而其所自出者猶夫賤也，則孝子之心必不若是恝矣。昔者周公成文、武之德，追王太王、王季，上祀先公以天子之禮，又推其禮以達乎諸侯、大夫及士庶，人謂之達孝，是以後世有貤恩之典焉。於是卿大夫之孝始得尊顯其親，而天子之孝始達諸四海而無間，謂非教天下以孝而作之忠乎？夫孝者所以事君也，求忠臣者必於孝子之門，斯作之矣。觀上之錫命元臣以崇其報國之忠，薦畀先世以廣其承家之孝，一溫綸涣發之間而至誠惻怛之意藹然，太和元氣流行於四時，沾被乎萬物，則忠孝之士勃然起矣。

鑑川公純備大孝，弘展大忠，爲國垂文、武之憲，樹安攘之勛，其封拜贈錫翰如連如，蓋彤弓不止於一，彤矢不止於百，顧追崇其世不至極品之隆乎？公既作《世德録》以昭其受恩之有自，兹又録其世恩以表其賚德之無窮，蓋言有世德而后有世恩，政明良之所相感歟！《采菽》之詩曰：“樂只君子，天子葵之。樂只君子，福禄脀之。”晋錫之謂也。《江漢》之詩曰：“虎拜稽首，對揚王休。作召公考，天子萬年。”鑑川公以之。

《蒲坂王氏世德録》序

蒲坂鑑川王公，天啓孝衷，敬共明德，率乃祖考攸行，登奮顯融，以都察院右都御史兼兵部右侍郎錫璽書虎鉞，總督我宣、大、山西等處地方軍務，兼理糧餉。威略甫臨，醜虜内潰，遂得其愛子慕義歸命，名王執叛輸款，誓將交臂屈膝，納貢請降。兹事若就，實爲國家過數十年方張之虜，建千百載未有之功，惟帝念之，議所以爲非常之酬，厥猷茂哉！先是，以西事奏膚，數膺寵命，弘闡厥宗。公曰：“是惟我先世之德格於皇天，克開我後，肆其賴之。惟時繹思，曷敢有忘？”乃本本源源，作《世德録》。

外史氏曰：先民有言，禮不忘其本，而樂樂其所自生。是以周公作《大雅》之詩，追美世德；穆叔與范宣子論世，惟以立德爲太上之道；而史遷著《世家》，言世其德者世其家。是以君子貴奕世載德焉。鑑川公之先在龍門與滎河者，蓋文儒之軌歟，而悠遠莫稽；其籍蒲者爲始高之祖，皆長厚君子云。高之子孟華公以孝友信義爲德，孟華之子敬齋公以方正寬簡爲德，敬齋之子素庵公以恭仁果毅爲德。止一公起家進士，官至中書舍人，以醇和敬敏爲德。素庵之子鑑川公以忠肅恭懿、廣淵明允爲德。其諸德人不可勝紀。自素庵而上，實佑啓後人而含弘之。自鑑川公而下，實纂承先緒而光大之。人之言曰："莫爲之前，雖美弗彰；莫爲之後，雖盛弗傳。"言作述之不可已已也。有作有述者，其惟世德乎！

錄有狀有銘，有表有碑，雖撰者非一，要之皆人倫之藻鑑，文史之權衡，於辭無所假，於實無所遺，故金石之言信而有徵矣。宋太祖時，侍郎王祐自以世積陰德，子孫當爲三公，乃手植三槐於庭以爲志，其後文正公旦果以元老相真宗，崇冠先儔，烈垂後嗣，故世謂爲"三槐王氏"。今鑑川公之貴，固已兆於楊貞庵銘孟華之特而曰"三槐奕葉從此起"，有徵乎其言之也。然文正縉紳而處和戎之後易，公擁旄而當□□□□□〔八〕；文正止於守文，公則文以經之，武以緯之，□〔九〕天下之安危以爲出將入相之望，所謂功在社稷，澤被生民，熙鴻號於無窮，垂功烈而不刊，然後知德慶之餘蓄久而曜如此。有不知者，請以觀於錄。日來盟府册勛，高文是勒，則必以是錄爲張本焉。

《陽谿集》序

陽谿趙子讀《禮》之餘，集其志學以來至今尚書郎凡所著述爲一家言，余覽而序之。

夫立言莫大乎著述矣。以著述者尚其辭，以修辭者立其誠。誠之立矣，辭之輯矣；辭之輯矣，民之洽矣。是故君子居其室，出其言，善則千里之外應之，況其邇者乎？然則陽谿子言之，而我應之，宜矣。其著述也，有紀事而曰錄焉，有成聲而曰詩焉，有析義而曰文焉。其爲錄也謹以嚴，其爲詩也和以澹，其爲文也洞以疏。夫《國風》發乎情，止乎禮義，《小雅》怨誹而不亂，《大雅》卓爾而不群。周公正其始，孔子折其中。後有作者，聖之所以合天也；後有述者，賢之所以翼聖也。而習習，而詡詡，吾無取焉。陽谿子幼學神敏，淵允夙成。方其綜理文章，已有性道之觀；及其包羅象外，遂積在中之美。至其篤孝友而重名節，好高清而恥淫濁，乃其天與之質，是故一篇之中三致意焉。嗟乎！源本道德之意微而支流之舛甚，涵養性情之志少而言語之過多，抑孰知雲漢之章精輝與綵繒懸殊，韶濩之奏音儀與鄭衛迥絕。於是而考天人之辨，察雅俗之因哉！夫《禮》有本有文，無本不立，無文不行。有德者必有言，有言者不必有德。可以明此而不惑矣。

陽谿子年且服官，而其著述之盛已如此，亦可見涵養本源無一息不在乎道德，無一念不理乎性情者。行亮采帝庭，潤色鴻業，以左右史之記爲錄，以明良之賡歌爲詩，以黼黻之經緯爲文，則有太史氏之纂焉。

誥封兵部尚書梧岡霍翁登年八十序

惟天純佑善人，弘闡厥家，載篤其慶，畀之禔福，從□子孫，則必誕元德之嗣，爲國鴻臣。惟鴻臣克受休命于皇天上帝，以篤棐于國，則天必申錫顯祚，惟家之覛，于位及齒，惟其親之隆，若曰念茲戎功，用酬爾德，俾無内顧，俾覃厥保乂云。於戲！天人之際淵矣。時予之觀，民鮮克由，膚敏滋至，則有大司馬霍公。

大司馬應世奮庸，迪茲棐忱，實忠肅恭懿，宣茲惠和，濬若風猷，爲國耳目。飭若疆圉，爲國股肱；撫若方服，爲國嶄巖；代若天言，爲國喉舌；調若天紀，爲國腹心。百司承式，庶績允釐，是惟鴻臣之表，克孚于休，是用休命之集于公之親，俾之具慶，曰安曰富，曰尊曰榮，曰康曰壽。是惟隆家之覛，惟純佑之允徵哉！我聞之《周書》，"天壽平格，保乂有殷"，言命之不易，惟殷老平德，上通于天，乃萃退祉于厥躬，庶其保乂于無窮，乃今惟司馬公。然我又觀之，天之高三光縣之，地之厚五岳峙之，天地長久，光岳不分。乃今惟尊惟榮，惟三光；惟安惟富，惟五岳；惟康惟壽，惟天地訴益，惟申錫之允徵哉！夫人間之世，罔弗受制於命，斯所值萬有不齊。或老而無子，或子而弗貴；或家貧而乏甘旨之羞，或禄薄而阻鼎俎之奉；或弗逮而有南陔之嗟，或不待而有風木之嘆。兹事與時違，志緣運滯爲不少矣。今梧岡翁壽而有子之貴，司馬公貴而尊親之養，至矣，非天之眷德，其孰能與於此者？

歲之癸酉，當萬曆改元。正月上辰，爲翁初度之日，多歷年所，薦登八十，司馬公請告在庭，躬奉觴上壽。適上賚圉績，賜黃金彩服，因取以侑萬年之觴。而廟堂之上，公卿大夫及鄉里衣冠撰歌頌而倣《南山》者總至，誠祝釐之曠典，歙福之殊致也。于是外史氏挹豐美而備紀述，則曰：維天之慶，惟有德者承之。上其文家乘，以需世家之編。

贈明府達泉鄭公以卓異膺獎序

余觀智能之士厭恂恂而居者，不足以延赫赫之光，多緣俗以爲工，而於修己治人之道疏也。君子則不然，惟其道，不惟其官，寧悃愊無華而不以雕吾樸，寧寂寞無聞而不以回吾默。小授則虔，大授則惕；居其位則思修其職，臨其民則思善其治。廣淵以涵之，齊肅以整之，哀矜以察之，□□以處之，慈惠以濡之，安和以保之。尤未也，承之以□□，出之以篤誠，審而後發，宜而後行。尤未也，其□□[一〇]也若弗之勝，其治人也若弗之逮，矗矗孜孜，日□□[一一]給。當是時，雖有智巧亦無所施，奚暇外慕哉？是故君子之於道也，守之終身而不易。

我君侯達泉公，卓然守道君子也。觀其自治、治人，實該此衆善。方且恂恂而居，以游天人之際、義命之間。其見之也定，其執之也堅，其視倘來之榮猶劍之映也。至其剛明靜正，淡簡溫良，則又性與天成，德由學立者焉。夫剛明者神而融，故談笑而解繁劇之衝；淡簡者文而理，故裁割而中肯綮之會。上交不諂，下交不瀆，故靜正。不侮矜寡，不畏彊禦，故溫良。純備豐美，故坐鎮雅俗，端軌樹風，有暉銅虎之章而茂羔羊之節也。斯其道高矣，遠矣。於時巡撫大中丞楊公、巡按侍御史饒公、武公並以璽書從事褒獎令德，乃薦剡在廷，旌儀在序，而輿人之頌在門。《詩》曰：“既見君子，樂且有儀。”公守道內重，初無慕乎聞達之心，而光明桓赫如此，允所謂無足而名自至，不飛而譽自揚，然後知緣俗之術亦已疏矣。

夫喜之有慶也，禮也；君舉之必書也，《春秋》法也。於是士大夫等賀焉，而外史敘其事。

贈梁母太老夫人八十壽序

夫人莫不欲尊養其親，而兼遂之爲難。兼之者，天下之福人也。夫田里之士，孝弟力田以養父母，溫飽於肉帛之間，定省於晨昏之際，告請於出入之期，依依膝下，甚歡也，可謂能養。然養而弗尊，則有無位之嗟。公卿大夫有位以尊其親，有祿以養其親，甚榮也，然離親遠仕，則於依依乎闕，乃其歡不如田里。是二者不可得兼也。兼之而爲福何？詩人之頌魯曰：“穆穆魯侯，敬明其德。”“天賜[一二]純嘏，令妻壽母。”言魯侯能敬明其孝德，故天助母之壽以成之，謂之純嘏之賜。純嘏者，全福也。

觀察使岐泉梁公，忠孝純懿，爲國鼎臣，士之日以善養名，官之日以榮養著，歸之日太夫人垂白高堂之上，既壽且康，而公益得以專備物之奉，罄盡志之愉，日問安寢閨，視膳豐潔，當春暉宣朗，家園景熙，奉太夫人御輕軒，玩芳物，席長筵，羅綵服，睇焉顧之，神怡體適。今年季夏，太夫人壽登八十，岐泉公六十餘矣，乃盛燕稱壽，服其命服，煥其寵章，慧文爲繡，金紫熒煌，率昆仲，携子孫，集鄉里之衣冠，來親朋之杖履，獻南山之觴，爲永日之樂。君子曰：“福生有基，天必祚善。”其昭昭也哉！太夫人家世善，莊敬慈惠，其積也善，積而慶弘，故天福之，令篤生賢嗣如岐泉公以祚善也。公純孝，既以孝移忠，爲國家樹敫歷之勛，及功成身退，猶幸畢志於養，故天福太夫人壽，以成其志，亦以祚善也。肆其子高年而躬養，母上壽而康樂，即□□[一三]所稱何以尚諸？故以爲天下之福人也者，亦猶夫純嘏之謂也。

州之見禮於德門者會逢其盛，咸鼓舞而拜賀於庭，以贊厥家慶，以對揚天眷之庥。外史胤爲叙其事。

吴母太夫人八十壽序

太夫人者，故監察御史吴公之元配，今山西按察副使虛宇君之母也。君之晋時，太夫人命曰：“往哉，其懋哉！予兹樂桑榆之光矣。”是歲癸酉九月，登年八十，慶於家。君已有職守，又拜表上皇帝萬壽，不得奉觴膝下，乃預自遣信歸而獻壽於庭，同寀諸大夫僉慶而頌之。外史胤爲之序曰：

夫君子之所深願於其親者，其惟名與壽乎？而壽爲大。昔者夫子之語參乎孝，曰“立身行道，揚名於後世，以顯父母”，而不言壽。及言大舜之壽，則又本之於天命，而歸諸德，誠謂名則卿大夫可勉，壽則雖天子不能以自必，惟視其德何？蓋天之大福曰壽，而主於報善；人之至善曰德，而主於膺福。虛宇公既揚名以顯其親，而尤必得其親之壽，豈徼福哉？蓋太夫人其德貞淑而仁孝，莊敬恭儉，慈惠之懿皆足以格於皇天，子又純孝，而孝弟之至可通於神明。格於天則天佑之，通於神則神保之，是以其福之臻也。

初，太夫人之早孀也，則茹荼育孤，以保先君之枎教，三子

悉令業儒，以克紹先君而光大之。其中子果以崑桂之姿，究天人
之學，登金門，步玉堂內，位次九列，出則爲綱紀之臣，是爲虛
宇君。太夫人以子貴，受封章之命服，則謹笥之不數御，居常布
衣單味，晏如也。事繼祖姑，曲得其歡心；聯二寡孀，相得無間
言。至經紀後事，不遺餘力。家有積羨，顧於族人備極勞問，有
業儒者仍優助之。待僮僕以恩，僮僕不知鞭撻作何狀。夫先君之
思，仁也；姑孀之順，孝也；端壼之儀，莊也；訓嗣之正，敬
也；不褻寵珍，恭也；不溢溫飫，儉也；不屬厮役，慈也；不吝
恤睦，惠也。夫是之爲貞淑。

　　虛宇君舒文以廣國華，亮采以潤鴻業，忠順以事其上，惠威
以平其民，而曰：“凡此非我，皆太夫人教我。”其一出言舉足
而不敢忘耳，夫是之爲孝弟之至。夫一善足以動天，而況其兼
乎？小孝可以感神，而況於至乎？此受福之張本也。福斯慶，慶
斯頌，其禮也夫！然望而獻壽，孝子之心猶不若是愬，客爲歌
《四牡》焉。夫先王嘉勞臣之功，惻將母之懷，蓋言孝子而爲忠
臣也。君其懋矣！

校勘記

〔一〕□，底本漶漫不清，據文意似當作“雪”。

〔二〕□，底本漶漫不清，據文意當作“推”。

〔三〕“慣”，據文意似當作“懷”。

〔四〕“慌兮忽兮”，《老子》二十一章作“恍兮惚兮”。

〔五〕“杳”，《老子》二十一章作“窈”。

〔六〕□，底本漶漫不清，據雍正《山西通志·藝文三十·序二二》當
作“湛”。

〔七〕“子”，據文意當作“于”。

〔八〕□□□□□，此五字底本漶漫不清，據文意第三字似當作“之”，
末字似當作“難”。

〔九〕□，底本漶漫不清，據文意當作“視”。

〔一〇〕□□，底本漶漫不清，據文意並參下文“觀其自治、治人”句，似當作“自治”。

〔一一〕□□，底本漶漫不清，據文意似當作“不暇”。

〔一二〕“天賜”之後，《詩·魯頌·閟宫》有“公”字，此引脱，當補。

〔一三〕□□，底本漶漫，據上文節引《閟宫》“天賜純嘏，令妻壽母”，其卒章云“奚斯所作”，此二字當作“奚斯”。

記

重修周文王武王陵寢及周公太公墓祠記

咸陽之北，畢原之上，有〔一〕周文王、武王之陵在焉，而周公、太公之墓亦在於是。蓋自歷代以來世世崇祀，載在典冊，舉莫敢廢。元季弗紘，典禮湮昧，兵燹之餘，略存遺迹而已。明興，統天範世，咸五登三，惇禮正〔二〕文，鑒周爲烈。故洪武之初，於天地帝王、山川岳瀆、賢聖功勛之祀咸事表章，升中告望，百神允懷，惟是陵寢寔弘創構，兼置守冢四家。爰敕有司，奉守毋替，憲臣省覽，務時修葺，所以昭當代禮樂之光，而保先王本源之舊。洪熙中，嘗葺寢廟，增建殿門、齋宮。歷成化、弘治、正德之間，累有修增，而祠祀周公則成化十六年始，祠祀太公則正德九年始云。嗣時厥後，有司因循成事，漸致傾圮。

嘉靖二十八年，監察御史桐城盛〔三〕汝謙令縣吏補治。明年，監察御史濡須劉崙代至，飭興茶馬，宣闡風猷，訪豐鎬之故墟，追雅頌之遺業，展禮陵墓，徘徊屋垣，謂頹簷壞壁逼隘被野，甚非所以幽妥神靈，明肅禋祀，内之周旋駿奔，外之禁防樵牧，乃自發公府之藏若干金，檄分巡道行縣悉修葺之。於是文陵丕顯之殿、武陵丕承之殿及門廡坊牌咸撤易舊敝，加飾新美。二陵周圍繚以廣垣，比舊增廓蓋四百餘丈。沿東故址建更衣亭三間，西建庖厨一所，又因故齋壇建道院房九間。其軒朗嚴靜，蓋儼乎若二聖雝雝然、肅肅然、兢兢然之在其上也。又表周公、太公之墓，各題碑其墓上。周公故有祠而隘，乃修廣之而扁其堂曰“太和宇宙”[四]。周圍垣之計丈百有七十，而魯公伯禽之冢入焉。太公祠圮矣，乃更建堂三間，而扁曰“武成”。門垣之築蓋差簡於周，有俟於後云。要之，軒朗嚴静，亦儼乎若二公几几然、桓桓然之在其旁也。功不干時，財不損下，經始落成，無廢多日，尚亦靈臺之意矣。

落成之辰，七月初吉，適按節來縣，乃精意潔牲，躬申祭告。時分巡副使張焕方督視厥成，及分守參政天胤咸以執事得附拜瞻，郡縣吏民、學官弟子咸從樂嘉觀，知縣孫湛礱石請銘，用紀鴻造[五]。子貢有言：“文武之道在人，賢者識其大者。”夫不識其大，孰能修舉之如斯？其詞曰：

洪荒既判，神聖有作。邈哉莫考，二帝惟鑠。守道執中，三王一之。禮樂明備，維周緝熙。是爲顯承，佑啓無疆。成以元聖，翊以鷹揚。開世淑民，以養以訓。正德厚生，大化大順。幽厲弗緒，降於戰國。及無道秦，禮器猶識。文不喪天，代纂其徽。之綱之紀，是馮是依。我明時憲，萬邦允[六]孚。肇禋勿替，弈寢勿渝。敬恭侍史，蕭將有虔。省覽隳缺，又用植埏。門墉崇崇，殿堂業業。祀有攸容，靈罔弗愜。純嘏[七]況臻，敷錫保和。民用秩秩，士也羨羨。維畢之原，維周之道。君子式尊，式修維好。曰識其大，典禮會焉。紀載勒銘，以啓後賢。

浙江改建船廠記

浙歲繕漕船，初嘗解料于淮作之。後弗便，改回本省，然猶募作蘇地。後有弗便，始于仁和縣謝村置廠團造，又欽命工部抽分主事兼督統理，而後事體積歸于一。然厥廠興于草創，其地高窒，河港間隔，勢既難于臨視，而官旗商匠利於私便，猶往往散作他所，則稽察亦有所不周矣。故奸爲漁獵，物用苦竊，事不稱

□[八]，工不軌程，弗便猶夫曩也。

嘉靖甲辰，潮溪謝公來莅，秉道經務，精理植維，劃偽滌邪，興廢補敝，確然稱綜核焉。故権則清平而不擾，船則静治而靡棘。於是吏民相與咨議，上狀言："往者團造之舉，糾工料，合繕作，誠甚便宜。然廠實隘陋，擇地不良，居業非所，故有侵緩之失，苟且之虞，非團造意也。今明公悉心綜理之辰，誠不易遇，願有更畫，以闡初猷。"公於是遂令指揮牛天錫等相度其宜，僉言廠宜更置，置關外板橋地便。因變取故廠之值與其扣庫之羨，買民隙地六畝，募易工材，經表營建。中構、前堂五楹，左右廂各五間，後堂五楹，左右廂各三間，爲部使者督臨之所。周方繚以崇墉，前啓大門。門東置把總亭一所，把總居之。門西置分理亭一所，群有司居之。其匠作則租地傍附，搭廠數十。乃糾工料，乃合繕作。又柵河兩頭，嚴其啓閉，閑其出入。繇是規制廣嚴，畫略弘備，造作不分其志，督查可一其防，則侵緩之路湮，苟且之門塞，經體之理得，團造之猷闡矣。始事季冬之朔，而明年春仲落成。事盡便宜，官民一無擾焉。謝公于是將代，托余爲記其事。

夫浙人造舟供漕，自國初迄今百八十餘載，或解料於淮，或鄰境募作，或團造本省，一事而凡三變，皆不能無弊焉，緣利故也。利之所在，人必趨之。然古人有一兔在野百夫競逐，一金在市雖強者莫之敢攖之喻，何也？言主于一也。然則捄弊之近者，其團造乎？往者名爲團造，而實無肆以居，則猶投兔于野而驅其逐，如是而欲息奸止弊，豈理也哉？故實有廠以團造，則主于一矣，是捄弊之良法也。公嘗欲略減料價，以杜競逐之私，是亦一法乎！然舟漕事大，計費爲小，以財聚人，《易》所不諱，但貴操得其道而已。

謝公名體升，字順之，江西吉水縣人，舉戊戌進士。

新昌縣重建先師孔子廟庭記

嘉靖甲辰秋七月，新昌縣先師孔子廟庭壞，以歲久故。初，縣令曹天憲修政勤禮，見廟屋傾圮，啓聖祠、敬一亭附廟兩旁爲弗稱制，方計整葺而經之。適與壞會，廢興兹其數哉！於是曹令遂決策圖始，選材備物。狀其事，當道並皆獎與，因遂造作。首崇構廟庭五楹，次展地尊經閣後，中起敬一亭三間，奉皇上御箴等。碑亭後置屋三間，爲啓聖祠。餘力所存，又以飭廊廡、黌舍之弗周者。肇緒於是歲十月之朔，落成於明年閏正月之望。費取諸學租公俸之餘，事當於身率心惟之審，故規畫既式，工質孔良，速就而非苟完，增美申於積敝。余循行學校，五月自天台石梁逾天姥而來。至縣，謁先師，課學官弟子以其道，則樂其廟貌之如斯，有司勤禮之若是也。又緣諸生之請，而爲之記曰：

夫聖人之道，豈以廟貌爲隆汙哉？然宗其道則思以報其德，亦猶郊社之於上帝也，宗廟之於先也，屬屬乎其無已也。然惟仁人爲能享帝，惟孝子爲能享親。何也？享祀者，貌也。仁孝者，上帝先祖之心也。以貌而不以心，則其祀爲傲瀆，其人爲非類，鬼神弗之歆矣。然則報聖人而不以其心，豈所以爲宗其道乎？不宗不類，廟奚益也？今祭章讚夫子之德曰："删述六經，垂憲萬世。"夫六經一簡牘爾，萬世何賴焉？昔者周道衰，虛文勝，學術不明，人心陷溺。陷溺之甚，彝倫攸斁，故勢利之風煽其烈火，競奪之俗燔於積薪。當是時，天下之人壹已壞心逐物，乘勢取利，苟可得志，無復禮義之念，廉愧之萌。故賤妨貴，少陵長，遠間親，新間舊，小加大，淫破義，臣弒其君，子弒其父，其所由來者遠，人心死而天理滅亡也。夫子惻虛文之縱淫，懼實本之蓁塞，畏天命之將隕，悲人窮之罔極，故追述天地皇王之心而表章之，爰有六經，以救厥亂，遂俾天下之陷溺者回心而嚮道，豈簡牘文字而已！門人三千，雖造詣殊科，要之皆明學術、正人心之志也。由是學士大夫陵夷至於暴秦，猶尊經抱器而不肯變，其志可知已。是故聖人之垂憲遠也。今其道大宣，教者學者悉誦法鄒、魯之道，攬六經之遺文，使徒直剿□〔九〕其説而摘其章，利其舉而華之，不原聖人之志以正其心，或所行弗迪於彝憲，吾懼夫虛文之弊將重爲聖靈之所恫也。《詩》曰“神罔時恫”，神既恫矣，祀將誰享哉？

昔者夫子既殁，門人思之弗置，以有若似也，遂欲象夫子而事之。曾子止曰：“江漢以濯之，秋陽以暴之，皥皥乎不可尚已。”是宗聖道而殷其心者也。思聖人者若曾子可也。子曰：“人而不仁，如禮樂何？”禮樂者，文也。仁，人心也。吾既睹其文爲，又懼虛勝，乃並紀斯言以告多士。

陝西創置正學書院學田記

正學書院之設，爲簡俊入郡之校而別儲其中，以講明正學，以□〔一○〕提學憲臣之統訓。蓋養一俊才愈養百庸才，得一正學之士愈得百謏聞偏見之士，其義大且遠哉！然弘治、正德之中，府庾之資給不匱，多士無田而有養，故高第雲集，正學日新，師道成而善人衆，如邃庵、虎谷諸公之所講明，對山、涇野諸才賢之所振厲，則屹如暉如，可徵而信焉。後餽餼竭於虛耗，朋徒寖以散去，提學之臣雖歲一考視，而總集專訓之事疏矣。故屋壁破壞而堂序榛蕪，雖嚴師□〔一一〕嗟，志士思奮，莫可奈何。然必田之，而後可以修墜緒，繹前徽，興教作良，周禮義、厚風俗之道，可兼有焉。自非鴻仁上哲，洞其遠者大者，以議制而垂憲，希不慮始之爲難矣。

嘉靖壬子，當大比多士，巡按監察御史吳興畫溪姚公一元實以文德懿衷監臨選舉，既□〔一二〕式之哀矣，又惜餘俊於遺珠，圖成器於琢玉，曰："曷集書院而教之乎？"於時提督學校副使金陵謝君少南方銳情教理，蓄意修明，遂陳狀議所以置田計歲所入租爲饌養之資，先葺整其廢舍，令諸生之俊者樂群敬業而復徠也。庶幾專訓兼總而條貫之，以俟正學之有成。即佩含德教，永永無替。於是畫溪公慨然是之，令有司求田，勷贖金之在公藏者置之。凡置田四百畝有奇，籍曰學田，屬西安府管倉同知主之。時歲大侵，諸生多菜色，畫溪公曰："倘歲取多積，勿吝乎恤貧。而昏，而喪，而刊刻書籍，而塗茨垣宇，皆得與焉。是學田之公也。"於是師生顒顒藹藹，欣戴創觀，相與作碑紀仁。謝君以某有句宣之司，當述事著文，以表金石，乃遂綴列如是。

　　夫子產興校，田盧是殖；孟子言教，井樹必先。大賢之創始永終，其政至今存焉，乃畫溪公之惠寧有泯耶？而況俊才正士縣今輩出，推其所養以弘厥施，尤所以爲不朽也。敬書之，以考其來。田租之數、塍界之分，圖而列之碑之陰。

湛泉書院記

　　湛泉書院者，湛泉先生王公讀書所也。先生蚤歲讀書正志，以求堯舜之道。比策第登朝，踐陟銓署，即以其道贊冢宰，正百官，以弘聖天子光格之化。尋以建白忤時，則退而耕於野，葺其先大夫之敝廬以居，蔬食帶索，晏如也。後於宅邊得閑地一區，則因其高者而臺之，因其卑者而池之，而又堂於其臺焉，日以讀書樂道於其中，於是扁其堂爲"求志"，命其所爲"湛泉書院"也。其地有崇峻之觀，則浮山、大尖諸峰列其東南，藐姑射之山列其西，霍山列其北，而屏如翰如也。有流湍之視，則平泉之湛湛，清汾之洋洋，而帶如珮如也。有變化之察，則興雲吐霞，揚光呈秀，魚鳥之聚散，草木之華悴，而爛如紛如也。合而取諸其身，得諸其心，則精一之中非書也，堯舜之道非古也，所謂反身而誠，樂莫大焉者也。而舉物無以加之，又惡得而損也？是故孔子以爲難焉，而曰：“隱居以求其志，行義以達其道，吾聞其語矣。”夫道有隱顯乎哉？但未求之志耳。苟志於道，奚遇而不可也？《易》曰：“樂則行之，憂則違之。確乎其不可拔。”蓋如斯而已矣。先生始正志求道，居位不渝，捨之則藏，求志如故，則其讀書樂道之實學可以觀矣。嗟乎！自小人之儒勝，而斯道日以微，不有君子，疇其起予？今見其學，蓋不可謂無其人矣。孟子曰：“守先王之道，以待後之學者。”信斯言也，則後學而游焉、息焉、藏焉、修焉於兹所者，宜知所以辨志乎哉！夫伊尹、阿衡造端畎畝，顔淵陋巷致均禹、稷，其志道可遐想也。先生築讀書臺，既自爲記以述其志，而又寓書於余，令記書院之所由。往余視學，歷安定、臨涇，其地蓋有王符讀書臺云。其著論憤時，不如是之正默也。因謬稱厥旨以復之。

太平縣肇興水利記

憲使東陽趙公分巡河東之明年，是爲嘉靖乙卯。紘紀既秩，百度允修，乃爲民行水漑田，而教以水車之法如江南。於是河東諸郡邑奉法咸謹，悉令民平地畝，作渠塘，造水車以援水也。由是水之行可以升高亢回烏鹵，而灌注沾濡焉[一三]。昔之絶無者，今則始有也，而後民知水之利，而後民知興其利以利民也繇我東陽公。

太平縣令鄒學書走狀告余曰：“太平地磽而農惰，吏不能勸久矣。今奉東陽公創制建法，置水車纔七具，已灌田二千餘畝矣。繼自是而廣之，而民不可勝澤也。吏於是亦能以勸農，然是良法也，美意也，爲斯民垂萬世利也。即時弗記，後其堙，或遐哉而莫之考也，是故願有以文之而托之珉乎！”

余於是作記以貽鄒令曰：“昔者禹抑洪水，通道陂澤，惠流四海，功施萬世，豈直疏浚而已耶？誠令四海萬世得於舟楫之餘，旁引而田之蒙其浸溉，用弗阻於饑。以其神通則爲智，以其心普則爲仁，故稱智仁之大者，禹其巍巍乎矣！然其實不越以利民，故有牧民之責者，亦因民所利而利之，斯禹之徒也。河東汾所經歷，而出山之泉、行潦之水又無地無之，然率棄而不用，以故晉地少沃野而多凶年，況屬大禹行水之舊鄉，推禹之德，必不以潤澤饒江之南而以乾燥病冀之北也，第民不知用耳。昔者九川既疏，九澤既□〔一四〕，其決巖險，亨阻修，猶有待于人者，故蜀穿二江有李冰，魏引漳水有西門豹，秦鑿兩渠有鄭、白，此皆引水灌田以億萬計，要□〔一五〕功惠皆有利於民，故四子者至今存也。夫智者不外物宜而處，仁者不□〔一六〕天地而施，故□〔一七〕知而不處是不智也，知處而不施是不仁也。故□□〔一八〕天地之道者，仁之所以施；輔相萬物□□〔一九〕者，智之所以處。東陽公高明沉毅，宣慈惠和，視河東之民□□□□〔二○〕赤子之不嗛也，視其旱乾若吾之田□□□□也〔二一〕，□〔二二〕其水之棄若吾之榮衛離也。乃汲汲焉詳處而順施，令淪漪之流布而爲化雨，磽确之區轉而爲膏腴，其仁智可並觀矣。其裁成輔相之業可概例矣，其功惠之於物也，一河海而無極也，奚但太平之石爲可記哉？公今且峻陟矣，後有心公之心者，亦以是而稽吏治，植民生，斯厥休永永勿替矣。鄒令亦宜以告後之令曰：‘亦幸毋貳爾心，以永保厥休。’”

公諱祖元，字宗仁，別號南庵，由進士任山西按察司僉事。浙之東陽人也，故稱東陽公云。學書，關中人。

創建鄴二大夫祠記

鄴二大夫祠者，祀魏鄴令西門豹、史起也。《河渠書》曰：“西門豹引漳水溉鄴，以富魏之河內。”《溝洫志》曰：“魏文侯時，西門豹爲鄴令，有令名。至文侯曾孫襄王時，與群臣飲酒，王爲群臣祝曰：‘令吾臣皆如西門豹之爲人臣也。’”又曰：“史起爲鄴令，引漳水漑鄴，以富魏之河內。民歌之曰：‘鄴有賢令兮爲史公，決漳水兮灌鄴旁，終古舄鹵兮生稻粱。’”是二大夫者，勞定於國，法施於民，名顯冊書，義孚祀典，賢哉邈矣！今之臨漳寔古鄴邑，邑祀往哲宜莫如二大夫者，顧獨缺焉久之而莫之舉也。路君王道以名進士來口〔二三〕是邑，問俗興理，綽有成緒，修祀與戎，用秩禮樂，睹兹缺典，則喟然嘆曰：“於古之作者之不專祀也，後何述哉！”乃選地諏日，創建厥祠，爲正殿五楹，大門三楹，東西翼室各三楹，中塑二大夫儀像，質之堅固，文之華采，輪奐之美，赫奕之觀備焉。遂定正祀期，每歲以季春三日、季秋九日用羊一豕一從事。其役經始於是歲三月五日，落成於四月二十八日。木石則取諸廢寺，瓴甓則得之措處，力役則假之祗候之人，以故事省而功易，民悦而神安焉。因又作麗牲之碑，使人寓書於余焉，曰：“始某讀書，至二大夫蓋嘗慕之。今筮仕適得其舊邑，及訪求遺廟，不可得矣。行安陽豐樂，蓋有二大夫祠云，故爲特建一祠於我邑，所以彰往而察來，存廢而補略焉。復私企靈貺，儻惠我元元如曩時者。然春秋有舉必書，況新作乎？公舊岳牧，又嘗分守兹郡，其記言以表之碑。”余於是叙述其端委而記之曰：

夫周道衰微，列雄各以其智力相競，知富國而不知富民，知彊兵而不知彊本，敝也久矣。當是時，因天分地以厚民之生者，惟二大夫行之，豈非文、武、成、康之遺哲哉？然自子長、孟堅一表著之，而知德者鮮。乃今有意乎推本之也，弘曠典，發幽光，自路君始。昔冉子自信足民口〔二四〕未遑禮樂，曰：“以俟君子。”觀路君敬神和民，禮樂其有興也。君子哉其若人乎！君子哉其若人乎！

修南宫縣學記

南宫之學隆矣。初，廟廡及明倫堂以屢有修葺，則飭其未然者則有尊經閣、敬一亭、齋舍、門墻與坊牌焉。或木瓦摧頹，或位置褊僻，咸有待于修正。乃嘉靖甲子正月，知縣王君中孚議所以修正。仲春土融，遂經始之。於時耆民曲恩等再嚮義修閣。有故書院一區，介廟學中，宜毁。惟亭舊迫堂序，以議更建，乃更建於書院堂所，厥位孔陽焉。惟門舊列西隅，以議改作，乃改作書院門所，復表以坊牌，厥路正直焉。惟廟學左右各有一坊，以議修飾，則飾之。惟齋舍墻垣以議補治，則治之。凡是圜方向背，悉中度增美焉。故南宫之學隆矣，而其通光岳之靈，啓人文之秀，於是乎在。當孟夏落成，計龜石勒銘，以紀其事，謂余弟學諭天民轉余撰述。

夫學校，弘教育才之所關也。其義在闡其法象以明其道之尊，新其觀感以作其學之敬。道尊則教弘，敬學則才育。故不尊則不敬焉，亦理也。夫日月之在天也，光華常新則群流仰鏡而熙熙，陰雲翳之則心目黯黯然。若夫教化之機，貴乎作新，焉可誣也？夫閣曰"尊經"者，以貯六籍，實帝王聖賢之心法載焉。亭曰"敬一"者，以奉聖製，實道統之傳、心法之蘊昭焉。曰"齋"者，學官居之以講乎此者也。曰"舍"者，弟子居之以業乎此者也。曰"門"曰"路"者，出入乎此，由乎此者也。曰"宫"、"墻"、"坊"、"表"者，富美乎此者也。皆法象之存，而道之寓，而其理實具於吾心。今既闡而明之，一舉而咸新之，猶日月懸象著明，學有不感發而興起者乎？《易》曰："富有之謂大業，日新之謂盛德。"學者誠反求諸心，居敬守一則可以富有，居守無間則可以日新。是故德言盛，業言大，無外假也。惟服我皇上之訓，參之經法之散殊，約之禮義之中正焉而已矣。古之政教也一，今之教[二五]教也二。言政而及教，則舉其政之大者矣。《春秋》"君舉必書"，茲書其大，以表鴻觀焉。

創建泮宮亭橋記

泮宮之前舊有池焉，以象學海也，取楊子"百川學海而至於海"義也，然歲久淤塞不治。嘉靖癸亥之春，濮陽人一川吳公道南來守是邦，謁視廟學，省覽斯池，則喟然歎曰："是之謂學海也，而顧堙之哉！"爰命工治之，除其淤塞以通其蓄洩。又曰："池矣而弗亭之，則池與我猶判渙也。亭矣而弗橋之，其絕航斷港乎！"於是築臺於池之正中，而建亭其上，名曰"聚奎"。又締一橋於北面焉，名曰"步雲"。工既告完，師生乃謀共刻石以紀鴻休，俾外史氏記之。

夫《易》稱天地象法，俯仰觀之；物之與身，遠近取焉。言聖人之闡道興教迪學至易矣。今余以其虛而受、淵而時出者觀池，則池其道乎？是故"蓄"言受，"洩"言出也。以其建中而極者觀亭，則亭其教乎？是故"聚奎"者，文明之象也。天垂象，道顯文，真儒出而其教明也。以其循序而上達者觀橋，則橋其學乎？是故"步雲"者，高明之象也。山川出雲連連不絕而升太空，學之不已而日進於高明也。君子由教以晸其學，由學以致其道，亦猶由橋以達之亭，由亭以盡夫池也。取譬豈遠乎哉？夫道也者，人之心也。心本虛，自欺則窒；心本淵，自滿則淺。學者毋自欺則窒往而虛復，不自滿則淺去而淵存，亦猶夫池之治也，自決其堙者始也。夫以虛淵語道，則微妙而難知；以中極語教，循序語學，則彰察而易見。教也者，教此者也。學也者，學此者也。無二道，無兩心也。《易》曰："天下同歸而殊途，一致而百慮。"其斯之謂矣。夫取川之學海也，蓋作池者之初機，而究竟其至，令學者得所津梁，則太守之垂範也遠，是宜銘之以永保黌序云。

　　時同知宋君嘉猷、判官馬君宗儒贊厥成事，學正林君大槐方端本正文，以印來學，而訓導高君岡、李君應科協心底同，諸生亦胥丕應。適會逢兹舉，重作新之，所謂"無小無大，從公于邁"，吾道之興，良有兆乎！良有兆乎！

介休縣興復西渠水^{〔二六〕}記

　　縣東南有勝水，出狐岐之山，其流湛洋汪濊，實惟沃壤之資，力農之本，故通溝瀆，畜陂澤，則奮舌而雲興，決渠而雨注，田惡可脉，而凶年不憂，蓋因天分地之自然也。然細民未知其利，庸吏闇於化裁，則水之用微矣。自宋文潞公始作三渠，分引此水溉田，其東渠、中渠則緣東北灌寢^{〔二七〕}張、宋、安等村之田，西渠則緣石河而西經邑城黌泮，灌寢^{〔二八〕}韓板等村之田，百姓饗其利。其後石河壅閼，西渠乃遂不流，蓋近百年莫之能復焉。

　　今年辛丑之夏，分守大參政豐川於公行縣，尋介子之桂樹，訪有道之林丘，觀風川谷，問水郊源，遂得西渠所緣廢興，即召吏民而語之曰："泉流之興，以利民也，而今乃堙^{〔二九〕}廢如是夫！石河之壅，有不可辟者乎？是則吏不爲民，故行水失時，地利有不盡焉。其盍治之哉！"乃顉命縣丞李敏德、主簿董舉正興理石河之役，又命新任知縣董君宗魯督視之。河深遂浚七尺，而暗構石隧於中，袤二百餘步，高三尺，廣二尺有奇。作十日而功成，西渠之水遂復流如故焉。又爲鑿泮池，廣橋門，用受新泌之流。於是士民欣然謂公^{〔三〇〕}："一旦而貽萬世之利。"

　　知縣董君等以訓導呂萬里撰狀^{〔三一〕}，屬余爲記其事，以表石章，俾人世世有所考繹。昔西門豹之治鄴也，令名炳焉，史起以爲仁智。豹未之盡，則以有^{〔三二〕}漳水而不知用，史起乃引之以溉鄐田，鄐人爲歌史公。今於公之澤溥矣，介人之歌寧有已耶？

遺愛祠記

巡按監察御史容堂吳公奉上簡命，來按部三省，駐於河東平法清理。自嘉靖己未之冬蒞事，至辛酉夏得代時，凡所以裨國計，厚民生，表忠賢，勵廉正，井井乎紀綱法度之施，惓惓乎風俗教化之務者至矣，溥矣。於是河東士民生爲公立一祠於麗譙之南，且立石焉，以彰遺愛，永去思。都官員外郎張君良知移外史胤書曰："比歲茂氣弗至，嘉生弗植，齷薄凝實，公私匱焉，而邊餉告棘者累矣。公來，志行通神明，猷爲當軌物，一歲之間，齷乃大凝。於是撈采倍常，國課紆足焉。晉之屯卒有怙賊敗類，人莫敢何者，公廉得其情，壹草薙而禽獮之，以雪民之冤也。饑歲薦臻，所在道殣相望，公上疏得請免田租之半，即阽於危亡者甦，概其所全活奚啻數十萬已也？關龍逄、夏后氏之忠臣祠蕪陋弗稱，公廓而新之。裴晉公、趙文簡公唐宋賢相，然闕焉未有祠，公取廢寺創之。地震蕩之後，譙樓圮焉，公令復之。今覯其廟貌，聞其鼓鐘，而神人以和也。尤作興士類，厚資給以裕其暇治，正學術以進其廣崇，而士彬彬然起也。至於懲緝奸猾則電掃風迴，清我化源則湛然澄徹云。茲舉其大略，若其良法美意，無惠不懷，靡威弗畏，著之人心，敷之物表者，誠又難以筴數也。良知等以爲，萬形皆可忘，惟盛德之思不能忘，然匪記之貞石，曷克紹永世哉？"胤亦荷公之德薰者，乃敬述其事而爲之記。

夫法家嚴而少恩，吾道本仁義，是故君子立朝以正直忠厚爲本。容堂公以名御史申飭風紀，爲國家整安邊足用之務，綜覈所加，罔弗嚴憲，乃大有恩惠以及民如是。奚止於民？鬼神斯妥之矣。是則仁義兼隆，隨物廣運，恭肅宣慈，媲美聖才，非壹意行法者比也。是爲正直，是爲忠厚。夫正直是與，忠厚是崇，朝登之則治，神聽之則福，民思之則没世不能忘，理也。古之人有盛德緊思，有天子命祠與吏民生爲立祠，召父、狄梁公其人也。即其所蘊施，有一不正直忠厚者乎？河東人爲吳公建祠勒石，以表遺愛，乃千載再見之爾。

公諱過，字檢之，河南汝陽縣人，嘉靖癸丑進士，容堂其别號也。

敕賜遵道書院記

夫書院者，經籍之府，問學之淵也，而德行道藝之儒居之，則因以名之矣。古之教者家有塾，黨有庠，術有序，國有學，自胄子以至秀民肄焉同也。而書院則儒所獨也，乃近代之以義起也。義起者何？以道崇也。至於王侯而亦有之，則敦尚儒行之顯名，光表人文之絶軌已。趙康王稱樂善嗜學，遵我皇上敬一之訓，作居敬堂。其嗣成皋王克紹丕懋，謂静專所以主敬，清寧所以協一。敬以爲輿則無所不載，一以爲御則無所不通。我思古人在寝有瞽御之箴，在庭有疑丞之弼，誠以禁其非心。今不箴而安於晏昵，不可以語清寧；不弼而泛於應酬，不可以語静專。因疏請於上，願以舊宫一區創置書院，計宣叙之暇肆力於學，以靖恭我有位，以奉揚我聖皇之寵靈。於是上嘉悦之，賜名“遵道書院”。王乃建工爲藏書之所曰“萬卷樓”，爲講學之所曰“稽古正學”，爲端居之所曰“修敬堂”，爲門之坊表曰“敕賜遵道書院”云。工既成，王遣使徵記於外史氏。記曰：

夫遵道者何爲者也？昔者孔子之告哀公曰：“天下之達道五，所以行之者三。曰君臣也、父子也、夫婦也、昆弟也、朋友之交也，五者天下之達道也。知、仁、勇，三者天下之達德也，所以行之者一也。”是則“遵道”之所本乎！夫行即遵也，誠以立德，德以行道，其孰能禦之？孔子曰：“君子遵道而行，半塗而廢，吾弗能已矣。"誠言之不可以已也。王睿聖自天，學亹亹孜孜，在敬德以弘道，肆我皇上鑒於懿衷，肇錫嘉號，大哉敷言之旨，懸象著明，昭於日月矣！惟王監茲崇，勉緝熙，無怠無忘，無空言於詩書。《書·洪範》之篇曰："無有作好，遵王之道。無有作惡，遵王之路。無偏無黨，王道蕩蕩。無黨無偏，王道平平。無反無側，王道正直。"言去其六敝則可以遵道也。《詩·大東》之章曰："周道如砥，其直如矢。君子所履，小人所視。"言能遵其道而人法之也。惟王監茲崇，勉緝熙，篤靜專之守，祛朋從之思，保清寧之蘊，紲臆見之擾，雍于而宫，肅于而庭，出言為經，作事成矩，秉禮樂之宗以黼黻皇猷，操著述之選以潤色鴻業，則遵道之有章也。業纂訓謨，功光屏翰，永禄位之榮，備名壽之福，則遵道之有慶也。《詩》曰："維其有章矣，是以有慶矣。"王其監於茲哉！

趙歷世百七十餘載，而其主皆文，然未有書院，則書院之命自成皋始也。是為記。

介休縣興修廟學記

宮室之修尚矣。若夫崇聖人之道以修廟庭，明聖人之教以修庠序，尤禮樂政刑之大者也。古者道出於一，凡節文度數之彰、采色聲音之寓皆政刑，紀綱法度之施、整齊和合之存皆禮樂。是故幽以妥於神靈，明以作乎人文，而治效美焉。及俗吏為之，則破而為二，專政刑而遺禮樂。其又敝也，則以簿書期會為能，以緣飾逢迎為智，復並其政刑而失之矣。於是始有坐視廟學之壞而不修者，至使夢奠之楹風雨不避，講誦之宮鞠為茂草，則頽靡之極也。間有作者，其聖人之徒歟？

介休縣先師孔子廟及儒學雖未大壞，然亦漸就圮矣。楚賢念虛劉公以名儒來蒞，謁視之初，即有意焉。乃積之逾年而修之，於廟之殿廡大門環墙，於學之堂舍門垣與尊經之閣、坊表之牌，咸轉敗爲成，易腐爲新，閎爽莊嚴，平正通達，有截有業，爰清爰寧，所以爲聖人崇德明教之計審矣。落成之日，慶雲垂天，光風轉蕙，明信昭孚，燕喜嘉福，神人以和，於是乎徵。公愷悌溫恭，自下車布令，一以敬神恤民爲心，有猷有爲，皆禮樂政刑之正。不爲流俗因循之所夾雜，惆惆無華而平易近民；不事表襮，充實而有光輝。丁卯虜寇之變，征繕繁興，公高城深池，鑄兵練士廣儲，悉不動聲色而備，雍容俎豆之餘而兼軍旅之長，非有本之治與道爲一者乎？不曰聖人之徒，吾不信也。

是時學諭李君新主盟斯道，與學訓紀君、焦君率諸生勒石紀事，而屬余为文。余與其善修不過飾貌以美觀，其所言德教之實則宜反而求之於心。子貢曰："夫子之墻數仞，不得其門而入，不見宗廟之美，百官之富。"言聖人道德之高廣也。孟子曰："義，路也。禮，門也。惟君子能由是路，出入是門也。"言聖人禮義之中正也。道德禮義皆具於吾心而體於學，諸生瞻於斯，仰於斯，游於斯，息於斯，從事於斯，固亦聖人之徒也。繇是朝登賢俊之英，邑琰科名之烈，譬諸雲蒸，其猶龍變也夫！

臨縣修城記

臨縣望河阻山，介於興、嵐、汾、石之間，近塞邑也。然民儉而足，城小而窳，以故虜入輒犯。隆慶元年丁卯九月，虜大犯，至破石州七城，劫汾州之堡，而臨之危爲甚。虜退去，當道乃下令繕城，仍調選才吏，易補沿邊郡邑。時關中人吳潮以榮河令調臨，至則省覽諮□〔三三〕，稽民物之利害，條政事之緩急。登陴而望黃雲、紫金諸山，則听〔三四〕然歎曰："始吾欲崇堞以磚，今觀其土石之蒙冒，林莽之蓁叢，則磚可伐石而代也。即析薪以煉灰，不事省而功倍乎？"於是手畫心惟，夜思蚤作，募匠師，徵力役，公計料，廣揚榷，備器用，儲口食，既定方略，獨斷準裁，簡委群能，躬勵督察，遂運石成岸，積灰成丘，趨事踴躍，鼛鼓弗勝。以二年戊辰四月起工，至七月竣事。其包土城而爲石也，廣六里五步，高三丈五尺。其直如繩，其方如矩，其渟如淵，其峙如岳，其密如櫛，其堅整如鑄。而女墻樓櫓、天棚旗幟、槍砲矢石之類森其上，重濠疊塹、品窖伏鋒、戰車湧械之屬羅其下。當是時，地無百雉之築而險有金湯之固，環視旁邑，莫茲之爲強矣。兵憲范公閱而嘉之，乃狀聞當道，咸加幣褒美，以獎其勞焉。庠士趙應秋、陳遺規等因過汾請余爲記。

夫疆圉之臣恃安而忘危，愒守而忘戰，以至遇害而無備，臨敵則敗衄而不可支，若離石之難是已。乃吳公善思患而豫防，必有備而無患矣。夫析[三五]柳樊圃，狂夫猶懼，況設險有固於山溪者乎？昔公輪般爲楚造雲梯之械，將以攻宋，而墨翟先往禦之，請以試其術。墨解帶爲城，以牒爲械，公輪凡九設攻械，而墨九距之。又使弟子禽滑釐等三百人持其術以守宋城，而公輪之技已窮，所謂善攻不如善守。今度胡虜之智劣於公輪，明茂之宰賢於墨翟，百里之衆勇於禽釐，故虜雖復來，而知其必無患。且公內治外嚴，惠威並建之，實文武兼資之良也，是以其莅官也多善政焉。今勒石紀事，專美崇墉，識其大也。

創置汾洲學田記

夫田者，先王之所以厚民生也。故土爰稼穡，雖下農有之，而士出於農，蓋取給焉。今士寄身一藝，而無田以資，斯窮且困矣。然則悲人之窮而爲之所，非仁者，其孰能之？我參知政事承山宋公分守冀南之年，問民疾苦，咨所以恤貧士者，州守某言置田便。公然之，動贖鍰買望春原田百畝，籍爲學田，擇主守登散，蓋周恤之中含作養之意焉。於時學正朝、訓導應科文[三六]諸生俊民等言曰："兹之有學田也，自公始也。曷敢以忘記哉？"
乃敬礱石作碑，以余爲記而勒之。記曰：

仁矣乎公之用心矣！夫仁者之心，與物同體，見有失其所
者，則必惻然思有以濟之，惟吾力之所能。故禹思天下有溺者由
己溺之，稷思天下有飢者由己飢之，伊尹思天下之民匹夫匹婦有
不被堯舜之澤者若己推而納之溝中，皆是心也。凡其置田里，教
樹畜，立學校，明理義，皆是心之推也，故萬世歸仁焉。汾之士
蓋三百有奇，例得食廩者三十人，而額外之士貧窶者衆，至衣有
百結之穿，食無一飽之繼；又至嘉儀曠棄，凶禮顛連；又至喪心
口腹之求，墮節奔走之累。均爲失其所者，公其憫之，是以有咨
謀之議。賑於荒政則豐暖而有飢寒，乞于公府則出納而有吝惜，
不如田之則取其每歲之入，與三年九年之積而其恤不可勝用矣，
是以果置田之行。然才品之不同，而教養之宜別計其恤也。必貧
而能孝弟忠信、禮義廉恥者給焉，而偷薄無行之士雖貧莫與也；
必貧而能窮經析理、修辭居業者給焉，而浮靡不文之士雖貧莫與
也。如是則與不傷惠而用之有節，是以儉於百畝焉。夫舉一事而
兼衆善，推一心而統四端，仁矣！仁矣！然作養之意維何？夫植
學之道曰行與文，吾於爾有相，爾乃克勤。《傳》曰："信以爲
主[三七]，循而行之。譬如農夫，是穮[三八]是蓘。雖有饑饉，必有
豐年。"道，田也；學，農也。鹵莽，敝也；滅裂，毀也；穮[三九]
蓘，穑也。未有懟學而終窶者也。即有焉，命也。師教
之，士勉之矣。夫作之而俾之興，養之而俾之□[四〇]，其所以爲
成物乎！是以其意之厚也，仁矣！仁矣！昔鄭人誦子産之惠曰：
"我有田疇，子産殖之。我有子弟，子産誨之。"今吾于公也
亦云。

置田在嘉靖丙寅之秋。明年爲隆慶丁卯元年，立石於黌序。
公諱岳，字伯鎮，浙江餘姚縣人，嘉靖辛丑科進士。

弘修汾州廟學記

惟汾州先師孔子廟及儒學，自國初建設至今歷載二百，中間修理作輟，陋簡因循，遂底於敝，爲識者之所咨嗟，庸人之不省視久矣。嘉靖乙丑之歲，我分守左參政承山宋公來蒞，謁廟而興蒼鼠之悲，視學而增茂草之歎，固已有意乎葺之。居逾年，遂定議葳修。於是其請于巡按監察御史岸泉王公特嘉允之，乃出帑購材，選匠命徒。公指授規畫，經紀厥爲，委吏精勤，群役景赴，于廟正殿五間，東西廡各三十間，以至門墻階序及名宦鄉賢祠，皆易腐爲新。經始于隆慶元年三月，凡六閱月而告成。功鉅而成速，財省而事增。其阯雖云沿襲而實完美之更崇，其舉雖云繕治而實久大之如創，斯觀者以爲弘修也。

時學官弟子相與議於外史氏曰："昔魯侯葺學，奚斯頌之。樊君理□[四一]，蔡邕述焉。我公扶廟學于將圮之餘，振禮教于式微之際，即其嘉惠神人以和，可不刊石摛藻，銘勒鴻勛，同光曜靈，昭彼遐禩哉？夫廟者，貌也。先王祭有道有德者，以爲聖師是也。是故飾貌以隆禮焉，所以教天下之敬。學者，教也。先王建國君民，教學爲先是也。是故飾教以正倫焉，所以教天下之讓。夫二者爲禮教之所關尚矣，故禮教之興廢繫世道之隆汙，世道之隆汙繫人事之得失。然則重禮教之地而修之，公之事也；求敬讓之學而修之，則士之事也。公鄉哲陽明先生有言：'士之學也，以學爲聖賢。聖賢之學，心學也。道德以爲之地，忠信以爲之基，仁以爲宅，義以爲路，禮以爲門，廉恥以爲墻垣，六經以爲户牖，四子以爲階梯，求之於心而無假雕飾，措之於行而無所不該。是則學之所以修者，修則爲敬爲讓，不修則爲暴爲悖；修則爲人事之得，不修則其失也遠矣。茲既不敢忘公之德，其尚無負於厥修焉可也。"公名岳，字伯鎮，浙江餘姚縣人，嘉靖辛丑進士。辭曰：

於穆清廟，聖師有嚴。光天之德，無遠弗瞻。秩秩黌區，毓材講藝。文以禮樂，申之孝悌。飾貌隆禮，敬恭明神。言飾其教，遜品篤倫。肅肅憲彝，煌煌令典。肆於時夏，莫不承顯。奈何固陋，蕪穢不治。丹膌毀棄，斧藻陵夷。神栖壞屋，人闃頹垣。齋明弗屬，居肄豈敦？顯允上公，誕膺純德。慈睿清明，中和正直。命世康物，蕃我晉疆。賦政維則，出言有章。萬善弘敷，百行兼舉。讓首虞庠，敬先尼宇。于湮斯煥，于墜乃振。閟宮有侐，儒林彬彬。來觀厥成，景福攸介。無小無大，從公於邁。神罔時恫，人文以宣。以永終譽，曰億萬年。

招隱園記

條嚴張子以書抵余焉，曰："始嘉靖戊申，某棄南司徒，即歸築園，蓋二十餘畝，將隱而老焉，輒自以'招隱'署其門內之坊也。坊之內爲見一堂，侍御黃公題也。堂之後爲心遠堂，其左右爲長廊也。又其後爲圃，爲山，爲洞，爲亭臺，則總署'四時佳興'一坊以表之。而建亭延景者四：春曰四雨，夏曰錦雲，秋曰晚香，冬曰寒友。其山疊石爲九峰，亭其上而洞其下。亭曰'歸雲'，洞曰'蘿洞'，一曰'白雲居'也。復鑿其西爲小洞，而連築一室於其北爲'逸老窩'云。又有瓜畦、柳徑、魚沼、釣臺。徑之盡爲樂壽堂，臺之傍爲觀物亭。至於栽花種樹，編槿植欄，則隨宜布置之，而園之概止矣。當暄藹炎陰，霜蘤雪幹，交芬互映，復秀水如帶，佳山若屏，雲嵐相駮，光彩萬殊，而吾日偃仰其中，以琴以書，載吟載酌，若不知有人間世者，而園之涉止矣。竊計盤谷之宮昌黎爰紀，獨樂之園司馬自識，斯前事不朽矣。某無司馬公之德而有李願之情，況子亦隱者，倘亦有昌黎之意乎？則某之前事亦托永存其書云爾。"又屬張雲溪氏言之。

余述詞而爲之記曰：

招隱之倡，蓋自小山"叢桂攀援淹留"，其旨痛深。而左太沖、陸士衡輩益紬繹其旨曰："躊躇足力煩，聊用〔四二〕投吾簪。"又曰："至樂非有假，安事澆醇樸。富貴苟難圖，稅駕從所欲。"夫吾道本不憂懼，顧出於煩澆，苟投簪稅駕，還醇返樸，何弗至樂哉？"

條嚴子曰："園與主人日樂其樂，不知園之招我，我之樂園之招，斯至樂矣。"又曰："凡宦遊將倦，思息躬于白雲之限者，踵當相屬也。"大是杖策招隱士者，故作《招隱園記》。

校勘記

〔一〕"有"，（清）雍正《陝西通志·藝文七·碑》無。

〔二〕"正"，同前校引作"右"。

〔三〕"盛"之後，同前校引有"公"。下文"監察御史濡須劉""劉"之後、"適按節來縣""適"之後同。

〔四〕"太和宇宙"之後，同前校引有"其大門坊牌無弗整葺"一句，當補。

〔五〕"用紀鴻造"之後，同前校引有"公以天胤嘗祇文學之役，遂令述之"，當補。

〔六〕"允"，同前校引作"作"。

〔七〕"蝦"，據同前校引當作"蝦"。

〔八〕□，底本漶漫不清，據文意似當作"廩"。

〔九〕□，底本漶漫不清，據文意似當作"襲"。

〔一〇〕□，底本漶漫不清，據文意並參下文"提學之臣雖歲一考視，而總集專訓之事疏矣"，似當作"專"。

〔一一〕□，底本漶漫不清，據文意似當作"抱"。

〔一二〕□，底本漶漫不清，據文意似當作"維"。

〔一三〕"爲"，據清光緒《太平縣志·藝文·記》當作"焉"。

〔一四〕□，底本漶漫不清，據同前校引當作“灑”。

〔一五〕□，底本漶漫不清，據同前校引當作“其”。

〔一六〕□，底本漶漫不清，據同前校引當作“倍”。

〔一七〕□，底本漶漫不清，據同前校引當作“不”。

〔一八〕□□，底本漶漫不清，據同前校引當作“裁成”。

〔一九〕□□，底本漶漫不清，據同前校引當作“之宜”。

〔二○〕□□□□，底本漶漫不清，據同前校引當作“饑若吾之”。

〔二一〕□□□□，底本漶漫不清，據同前校引當作“渠之不治”。

〔二二〕□，底本漶漫不清，據同前校引並參上二句句首用字當作“視”。

〔二三〕□，底本漶漫不清，據文意當作“宰”。

〔二四〕□，底本漶漫不清，據文意當作“而”。

〔二五〕“教”，據文意疑當作“政”。

〔二六〕“水”之後，清乾隆《汾州府志·藝文·記》及雍正《山西通志·水利三·介休縣》所載此文並有“利”字，當補。

〔二七〕“寢”，同前校引作“浸”。宋王益之《西漢年紀·武帝》：“農，天下之本也。泉流灌寢，所以育五穀也。”“寢”下注：“古浸字。”此書晚出，“寢”蓋“寖”之誤。《漢書·溝洫志》：“農，天下之本也。泉流灌寖，所以育五穀也。”顏師古注“寖，古浸字。”疑本篇“寢”當作“寖”，恐音近形似之誤。

〔二八〕“寢”，同上校。

〔二九〕“埋”，同前校引作“湮”。

〔三○〕“謂公”之後，同前校引有“曰”字，當補。

〔三一〕“以訓導呂萬里撰狀”之後，同前校引有“介生員馬璐、高斌”，當補。

〔三二〕“以有”誤倒，據同前校引當作“有以”。

〔三三〕□，底本漶漫不清，據清雍正《山西通志·藝文二十·記七六》當作“訪”。

〔三四〕“听”，據同前校引當作“嘖”。

〔三五〕"析"，據同前校引，並參《詩・齊風・東方未明》"折柳樊圃，狂夫瞿瞿"，當作"折"。

〔三六〕"文"，據文意當作"及"。

〔三七〕"主"，據《左傳・昭公元年》當作"本"。

〔三八〕"蔍"，據同前校引當作"穬"。

〔三九〕"蔍"，同上校。

〔四〇〕□，底本漶漫不清，據文意似當作"通"。

〔四一〕□，底本漶漫不清，據文意似當作"華"。

〔四二〕"用"，據《文選》左思《招隱詩》當作"欲"。

介休縣繕城記

比歲圉臣失守，北虜跳梁，隆慶元年九月，至入我内地大肆殺掠。時石州城守不設，致虜攻襲，而介休以縣尹劉君備禦有方，得不被害。於是郡縣咸大議城守之役，然無體國愛民之實者，猶勞而無功，費而寡效。公曰：“夫古所謂以逸待勞者，非晏然無事之謂也，乃一勞而永逸乎！夫古所謂成大事不計小費者，非秋毫無損之謂也，乃小費而大成乎！兹邑之城在承平之時不可不謂之固，在折衝禦侮之時則增繕惡可以已也？”乃均田里以出其力，酌公帑以出其財，規畫既定，程限有期，既備乃事，弗亟弗徐，民樂於趨事，工樂於售能，不數月而考厥成緒。其城增高一丈二尺，幫厚八尺，周圍雉堞樓櫓敵臺之屬皆有業有嚴，式堅式好，君所謂一勞而永逸，小費而大成，允矣。然舉一邑之民而遺之百世之安，則公之勤也，無窮之惠也，宜勒之金石以示勿忘。於是邑之師生士夫與宗尉之有山莊於邑者，共伐石紀功，徵外史氏爲之記。

《易》曰：“王公設險，以守其國。”言城廓溝洫之修也。《詩》曰：“大邦維翰。”言守土者有以楨幹乎國也。夫大邦無險哉，而必曰“維翰”，則設險者勢也，守之者不勢之勢也。使石州雖無堅城，倘得人以守，則必無破陷之虞。惟城守俱乏，斯賊乃乘之矣。今劉君鏡於先見，豫於遠圖，蓋不徒設險而已。其廣儲蓄以足其餉，練士卒以養其鋒，居民業以足其生，定民事以和其志，無事則與之休息，有事則與之守之，可以折衝，可以禦侮，君其翰矣，邦其永寧。夫君子有體國之誠心，而後有佐國之良法；有愛民之真心，而後有保民之實政。君一繕墉之役而六美具焉，可以觀其心矣。是用記焉，以告來者。

君字仲將，旁其名，念虛其號也。嘉靖己酉鄉貢進士，湖廣興國州人。

玄天上帝閣記

玄天上帝之神司元化於北方，其儀披髮仗劍。髮，法也，猶言萬法。劍，檢也，以防檢非常。即其嚴威，有解厄誅邪之象焉，所謂純氣之守而物不能違，居聖之真，故曰真武也。其踐龜蛇，龜者甲兵，蛇者战陳，合而爲旆，有捍難禦患之象焉，所謂聰明睿智，神武而不殺，處道之玄，故曰玄武也。考之《太和山志》，實爲歷代所崇，本朝列聖崇禮益尊，以故邦域之中多厥祠祀。

師帥之長職在敬神恤民，雖祀典缺載，亦有其舉之莫敢廢焉。治城北墉舊有一祠奉神，至隆慶三年，太守河內甯公大蔵城築，增高四丈八尺，爲安攘計，謂舊阯湫隘，乃建閣城之高頂，背坎面離，厥位以貞，因義起緣，疏令道士某募資，爲銅範帖金聖像一尊安奉於閣，仍以其餘資作鐘鼓二亭，以明年庚午三月三日落成。醮祭從事之辰，光景異常，若有靈貺。蓋太守以折衝禦侮之才，務民之義，永樹藩屏，而尤式禮大神如此，可謂敬恤之誠，明信之恪，一舉而衆善并也。神其有不憑乎？有不爲民解厄誅邪，捍難禦患乎？

《春秋》"君舉必書"，矧茲鴻代，乃邦人庶士咸願紀石，於是董役經歷思敬等礱石以待，而外史氏胤謹記以垂無斁。初建閣時，蒉人嘗有夢徵，若上玄有起予者，茲不敢言。自太守而下同有事於斯者，法得勒其名氏秩銜於左。

分守冀南道題名記

凡政府之有題名尚矣，所以彰往而察來也。彰往者名，察來者實。孔子曰："文武之政布在方策，其人存則其政舉。"其名實之歸乎！是故實中其聲者謂之端，實不中其聲者謂之竅，言名以實存也。名以實存也者，修治之具而政之紀也，題之不可以已也。分守道舊居省中，但時出行縣而已，乃題名省碑可。嘉靖紀元以來，始議署汾，遂定開府於汾，則合題名於府中。然自是莅代陟遷凡幾更歷矣，而題識之舉尚闕焉久之。今年己未，東粵彭公以刑科都給事中擢守是道，實宣哲廣淵，明允敦大，近民體物，該理當情，治不數月而煩冗者芟，幽隱者達，奸慝者化，疲困者蘇，而綱紀秩焉，神宇泰焉。乃喟然坐堂上而歎曰："劇哉政之府也！莅乎吾前者，其修政也先乎吾，吾從而考之已，碑板莫傳焉，如後來何？"因稽之卷牒，得往哲如干人，斷自元年壬午，以及於今，而題之石，仍虛左方以俟其後。命外史胤記之。

夫是舉也，信乎彰往而察來者，則亦有控名責實之義焉，蓋弗徒載其名氏階資而已也。昔召公分陝以西，循行輯綏，得兆民和，自侯伯以至庶人各得其所，無失職者。畢公保釐東郊，旌別淑慝，彰癉樹風，申畫郊圻，慎固封守。皆能舉文武之政，以欽若成、康之心，是故《詩》咏《甘棠》，《書》陳《畢命》，豈非題鴻名於當時，垂茂實於後世哉？今聖明簡命守臣，務康乂一方，固宜有召、畢其人者後先相望矣。公於是俞俞亹亹，取以爲記。

愚公園記

愚公於嘉靖三十三年甲寅典南壖屋址一區，至三十八年己未貼買之，明年庚申六月築爲園。記曰：

古有愚谷、愚溪，今有愚公園焉。奚以言之？始愚公知其不可而爲之，進而無位，行而失塗，蒙止棘之汙，中含沙之射，瀕九死而一生，歷百折而纔返，何其愚也！既而問舍，上之不能昇華蹈瀛，下之不能買山而隱，顧安此垣一方地，出直三倍而始得之，傍有巨窖，填萬箱土平焉，蓬藋柱宇，麤齲穴徑，劬損之多而休益之少，何其愚也！背後荒城假以爲山，面前廢井借以爲溪，晏坐有向隅之形，行汲多抱甕之累，孤雲蕭條而靡依，奇樹焦卷而稀潤，物且不堪，身自恬之，何其愚也！攬六籍之空文，終白首而無效，自昔難朔嘲雄概已談之，而今竹几繩牀尚自堆積，風雨晦冥，耽研不輟，何其愚也！天生耳目爲受聲色，今將絕毀譽之聽，斷榮辱之觀，塊然獨遠，闇然孤瑩，惟寂惟寞，抱神以靜，何其愚也！性與天道，微妙難言，窮神知化，當不易極，今桑榆之光，更期遠照，孜孜終朝，矗矗闌夕，欲以躅先師之遐軌，躡二老之玄蹤，挾三光之明，超四氣之變，凌霄漢而出宇宙，何其愚也！夫愚谷、愚溪，愚乃是哲，園之云愚，都無哲處，故自表現之云爾。

或有問愚公爲誰者，對是文谷山人也。

寄拙園記

地不盈畝，喜與宅近，薄言治之，成一小園。東邊修屋五間，一爲門，一以住僮僕，三則我居之乎爾。又鑿井西南隅，建廚西北隅，而廁其西之缺處焉。其餘畫五十畦，雜蒔花藥，墙下窗前稍置竹石，而園斯成矣，因名之曰“寄拙”云。

余生也拙，既於世莫容，及退身求田，又卒汙萊焉。今在東里者潟而汙，在西岡者磽而萊也，而豐年無登也。又築圃東南之郭，復壞蠡而井鹹，所產惟蓬蒿，故今自謂爲“蓬蒿園”也。繇是以考余之拙，可概見矣，乃僅幸托迹於斯，則拙者其有寄乎！琴書載列，酒茗略具，偃仰從性，調息養真，親友相存，撫景共酌，陶然悠然，聊以自遂，固亦拙之餘也。夫人生一寄爾，余有拙以寄其生，又有園以寄其拙，計於巧雖未得，拙亦弗全失也，故作記焉以安之而已。

嘉靖三十七年，歲次戊午四月八日

清陰軒記

吾所居左有槐而右有竹，青天白雲蓋其上，合而觀之，有清陰焉。而吾於是得以廡息於其間，知吾之白以守其黑，保吾之定以一其動靜。蓋吾之主以清，抑□[一]思之，方吾之未息此陰也，而其清非始無也；及吾之既息此陰也，而其清非始有也。有無之間，未既之際，咸不可得而名也，而聊以名吾之軒曰"清陰"云爾。

嘉靖丁未孟夏一日

增置苑東樹園記

文苑東邊復增置一園，可六畝許，此中舊略有垣屋皆壞，雜樹糾紛，眾草茻鬱，皆不可廡藉。北面有三槐樹鼎列，其上冪歷如蓋，下如幄焉，其傍有井而洌。計基趾百尺，可作一隱所。以槐幄居中央，東西正北參列小軒，而空其南面，疊階除，樹欄檻，階前撥畦，栽花種菊，畦盡而繼以果屬之植，令行間茂密，對面森聳，若經生負笈、童子獻花者，然則隱所之功畢矣。余暇而盤桓其幄中，或與少長列坐其次，當晝陰垂景，月華穿漏，清言薄酌，亦一樂也。其垣屋與草木之無次第者，删繁就簡，化腐爲新，如師啓群蒙，因其固有者而裁之耳，不煩費也。

余每愛韓宣子聘魯，宴於季氏之嘉樹，賦詩歸美，穆如清風，今吾此三樹殆亦嘉矣。文苑清居有平霞館、桐竹房，頗不深遂。欲別作竹林西館，因土性不堪種竹未果也。今得此，則西館可以不作。又竊以井湛槐綠，神理交瑩，不涉塵滓，情深而文明，有天地之純清焉，則名其軒以"湛綠"也。白雲康老易之曰"蘭雪"，今作蘭雪堂。

汾州題名記

官府之有題名尚矣，顧汾州獨缺焉久之。嘉靖壬戌之秋，同知宋君嘉猷始取新志所載守貳題石刻之，外史氏記曰：

自《春秋》"君舉必書"，美惡咸載，於是諸侯大夫有名氏爵里之傳後世，可得而議焉。蓋因人以考其行，而思省之鑒誡存也。今之題名，古之所謂碑版者乎？晉之州五，而汾爲大州，大則爲務也殷，務殷則需才也重，是故任官必選賢與能矣。有以辨之，必聰明宣哲而瑩於智者也。有以勝之，必彊毅果確而劭於勇者也。有以威之，必廉正直方而精於義者也。有以惠之，必慈和懇惻而篤於仁者也。其不然者謬也，或失則昏惰，或失則暴虐焉而已矣。斯美惡之行也，行以著民物於前，而碑以著名氏爵里於後，後之人指曰賢焉某也，能焉某也，否否焉某也。彼善是，其思也若齊；彼不善是，其省也若辱，而其爲鑒誡也遠矣。

斯名之題也，事之章也，政之紀也，風之不可已也。而又彰軌於久湮，闡物於新造，斯宋君之達於政也，雖百世可睹也。史以是記之。

重修天寧寺萬佛閣記

天寧寺爲汾郡一大叢林，其寺莫稽所起，蓋自隋唐之間。在唐爲太子院，道一禪師居之；在宋有善昭禪師住持。此寺亦名太子院，時善昭建大法幢，闡明無上正真之法，參學之徒霧擁雲集。有六大士聽法而來，偈曰"胡僧金錫光，爲法到汾陽。六人成大器，勸請爲敷揚"是也。是時地以人勝，故稱"汾陽門下，西河師子"，而寺益以彰也。入國朝，號天寧寺，二百年間雖累有修葺，然未至弘備。嘉靖甲子之歲，鄉老某等始募化工資，悉心興理，廣殿長廊門墻等項皆易朽爲新，焕然改觀。寺後萬佛閣別爲一園，傑爽静深，珤臺秀樹，曲檻迴廊；踏閣遐觀，世界寥廓；憑欄俯眺，山水蒼茫；雖處寰中，實居塵外，余嘗謂爲天香玉宇。乃鄉老等於此修飾，倍加工力，金碧朱丹，繪畫塗塑，莊嚴巨麗，實輪焉奐焉之兼美也。乙丑秋落成，適分守大參知東越承山宋公登覽稱善，題"太虛勝覽"四字扁其閣；又集黃華老人書爲五言一絶，以紀其游。鄉老等並勒碑板，取鎮山門。

余宦游海内，轍迹幾半，見空林古刹得留名稱勝於天下後世者，未嘗不由高僧住持、名公題咏而能著現之。若此者，唐時有青龍寺，一長安尋常梵宇耳，因曇璧上人住持，王右丞題咏有"深居僧坊，俯傍人里。高原陸地，下映芙蓉之池；竹林果園，中秀菩提之樹"數語，至今流傳，以爲絶境也。今蘭若重新而上公來賁，香林再啓而翰墨垂華，即其因緣際會，豈非斯宇之大助哉？其年風雨調順，五穀蕃熟，衆謂神人協和之應。夫文德旁通，玄感幽贊，亦理之所必至也。余記焉及之，尚冀其師有如道一、善昭者主盟其中，俾法幢永建，寶刹長標焉。因刻石樹欄下，於以彰往而察來也。

徐溝縣修復三渠記

嘉靖三十四年春，憲使小竹楊公奉上璽書督理屯政，乃下令郡縣周訪渠田之故而修復之。於是徐溝縣知縣董潤狀申其縣中渠田應合修復者有三：其一，金水渠田，水源出自東山，西流過榆次縣車岡[二]等村，地勢西南高，東北下，因失渠道，致厥水漫流，歲潲兩縣席白、小王、靳、良龍、李青等村民居田不可勝計。今相度自車岡[三]村東改挑徑西一渠，引溉集義村穿過，由庄子屯下至武家莊，仍各因勢利導，滋挑小渠[四]，則通流可三十里，而高田饗灌注之利，下者得免於潦溢。其一，嘉平渠田，故道自榆次縣胡喬村迤邐而東至徐之鄅村，通流殆三十五里。後水漲道湮，上流豪强往往霸種其地，而下流之民每欲挑浚輒被阻攔，蓋水利不通者三十年矣。今相度有長年三老賈瑤、閻讓等指授舊渠，其壅塞甚者約七百餘步，即此開通，實力少而功倍焉。其一，沙河渠田，故道上自榆次縣圪塔村，經流張花等村屯，下至徐之逯家營、東西王答等村，連引小河山水，溉灌不窮。後河徙渠涸，又漸壅以風沙，遂亦閼塞久矣。今相度離故渠二百餘步有民間退灘薄地四畝，不堪耕種，止可作渠，即此開挑，當復通流如故。

狀上，仍各畫圖而附離其說。楊公覽之稱善，委太谷縣知縣王學謨行三渠覆覈之。已乃報曰：「董令相度渠田，綜理修復，所以奉行條憲，達宣幽隱，誠甚允當。倘明公朝准其行，即軍民夕受其惠矣。」公於是三復稱善，下縣悉經紀其事。於是以嘉靖三十五年二月十五日，分委省祭官劉永銘等六員，民皂黃土等六名，渠長張子積等三十五名，率夫興作，至四月初五日告成。計金水渠通流一十一村，溉田一百九十九頃一十二畝，用人夫四百三十有一。嘉平渠通流一十四村，溉田一百二十二頃六十八畝，用人夫二百九十。沙河渠通流一十村，□[五]田一百一十二頃八十畝，用人夫二百。蓋不煩費，不淹遲，而鬱者宣焉，利者溥焉，役之善者莫善於斯矣。董令以爲茲事體遠大，實使君楊公惠之，宜勒石以引勿替，乃徵余爲記。

夫屯田水利，政之大者。君子持其紀綱，舉之而莫廢之乎爾。然始作之而善，中輟之而敝，終復之而又善焉，豈非人哉？仁，人心也。君子有是心也，之於天下也猶一身也。身有痛癢則惻然知之，而按之摩之，平復而後已焉。有委痺焉，則謂之不仁。何也？徒有是心而不之知也，斯亦廢人焉而已矣。然居官理人，視民之休戚、物之通塞漠然無所動於心，即有動焉，而不爲之所，其爲廢奚不甚哉？楊公體天德，道聖學，持己應物，莫非此心，即先儒所謂察識而推廣之者，奚事而不然也？渠田猶人身之血脉，兹特察其閉者而開之，而公之仁可概觀矣。後有作者，但令此脉流行如吾一身焉可也。

當渠之成，楊公嘉獎董令之勞，白之巡撫大司馬王公，其詞曰：“知縣潤留心水利，加意民瘼，修復久塞之河渠數十餘，村皆沾其惠，起集子來之夫役，五百餘頃永賴其休。”巡撫公答曰：“本官留心民瘼，修浚官渠，沾惠至數十村，灌田餘五百〔六〕頃，此無窮之利，應與金水相長者矣。”即其功能誠可嘉尚，是董令之賢鑿鑿可紀如此，要之亦真有愛民之心者也。不然，監司之於守令猶身之於臂，臂之於指，須神一而氣孚，倘身運而臂不隨，臂運而指不應，雖有善者，亦無如之何也已矣。故仁政之行，必仁賢能主之，亦惟仁賢能輔而成之。何也？此心同也。楊公諱胤賢，山東陽穀縣人，由進士任山西按察司僉事。董令則玉田人也。

修建石佛寺記

寺之建有二，一以興人之善，一以表地之勝。人有善心即是佛性，情塵障之往往著迷矣，然敬禮佛像之心實未嘗泯，故論以聲聞法像則易於啓明，因其啓明而遂通之，則可以見性。是寺之建不有以興人之善乎？地有秀嶺崇山，修渠怪石，古木長雲，麥隴桑田，然無幽人以托之，紺宇以經之，則無以包括衆美，藻飾奇致。是寺之建不有以表地之勝乎？

城東北四里爲米家莊，其地背山面流，溝塍連絡，廬井交疏，人煙之輳，而風景之叢也。其中舊有石佛寺，創自唐昭宗大順二年，歷代因之，無有圮壞，近歲爲大水所没，但存基址而已。嘉靖戊午，里人任敬等合謀修復。先起正殿三楹，仍敦延沙門僧真澍住持。本僧遂□□□[七]募，鳩工葺材，增建東西廊各三間。西廊塑西方大樂之景，東廊塑羅漢十王。又首塑釋迦、文殊、普賢三像於正殿，俱文以金碧。又建伽藍土地堂二所，以至僧堂寮舍齋厨器用俱焕然一新焉。計其前功，起戊迄庚，不三載而告成，其僧行佛力可以概見。

真澍乃頂禮乞言，以紀其事。余喜其興人之善，表地之勝，舉可書也，遂次其大略如此。至於使一鄉之人父慈子孝，兄友弟恭，婦雍夫肅，勤儉惠和，忠厚謹信，無替不二之教，同歸平等之仁，則又係師之所以講導勸施者何如也。使一鄉之地山增而高，水增而深，林木增而茂，魚鳥增而樂，晨鐘夕梵蕩盡俗氛，錫杖蒲團安成浄界，依稀虎阜之名，彷彿竹林之號，則又係師之所以玄暢妙詣者何如也。《易》曰[八]："與善人居，如入芝蘭之室。"今其室如此其邇也。諺曰"人傑地靈"，今其人亦復如是也。故余以爲善可興，勝可表也，理也。真澍乃頂禮受言，而勒之石云。

雲林庵記

僧之家焚香宴坐以養虛恬，禪誦經行而勤實戒，非憑藉陬曠，結宇幽栖，雖理懷淵遠而居業曷繇哉？是以初祖投蹤於嵩少，遠公遁迹於匡廬，雖上聖大賢不能不龕巖室樾以有成也。沙門釋圓知，字大覺，□[九]號雲林，家世壽陽李氏，少從師學佛，入黃蘆山苦行精修若干年，得證正真之果。以嘉靖某年遊錫汾陽，僑居羊市，即玄帝廟隙地構舍息焉，古人所謂方丈蓬茨以庇經象者也。是時宗風扇揚，善類響臻，郡中王侯貴公父老人等咸重信之，嘉其教應之廣，惜其窟宅之隘，乃集眾緣，總以善力，置本市東隅閑地一區，計若干畝，造雲林庵。上建觀音堂三間，傍建小廈各三間，後以磚甃一洞室，前有小圃，遂成一蘭若焉。其地東接新城，樓雉鬱紆；西邇人煙，喧填不入；南望平皋，光景超忽；北枕通衢，群動流衍。信宅生之有緣業，空而無累者也。其徒明講就斯里市人，孔氏之子，遵修師憲，行願皈依，一時居淨理者推厥師弟爲道勝焉。

余杖屨暇遊，每至斯所，覽厥玄況，未嘗不爽然失區中之戀，寥然起霞外之悰，而況朗懸智鏡以照群迷，高談宗理用開眾聽，使合同者春融乎妙有，復初者冰釋乎本無，參叩之徒覿德而情拋，惡趣含靈之黨遡風而心欸。善緣即毒事不生乎懷，並盡風流清簡，俗尚慈良，不必遠尋淨土，自然美作仁里，則雲林即菩提之果園，茅庵總黃金而布地。然薙草開林，業屬創始，弗紀其序，曷考其垂？有郡彥郝子元望，與寧遠令張子維間嘗游藝其中，而喜大覺之爲人，迨庵之成也，曰：“先生記之。”文谷子遂援翰而述之云爾。

其經營在嘉靖二十三年秋七月，明年冬十月落成，後四年秋九月作記。

文話叙記

夫文，六經尚矣。傳記之文，其六經之枝流乎？余讀《左氏》、《檀弓》，而知其有典有則，爲著述之表儀也。蓋二家出孔子之時，故其文爲最古矣。凡先士之盛藻咸取法焉，而《史》、《漢》之爲正。孔子曰：“辭達而已矣。”“達”之一字，所該者廣。注云：“辭取達意而止，不以富麗爲工。”夫文曰“郁乎”，章曰“斐然”，德曰“日新”，業曰“富有”，獨捐富麗而不用乎？鄭爲辭命，草創、討論、修飾、潤色，盡四子之長，而孔子善之，焉知非富麗之工也？《左氏》之文富而黮，《檀弓》之文言簡而不疏，旨深而不晦，遷《史》之文直而覈，班《書》之文贍而詳，蓋皆有富麗之則焉。後之有作，雖專門名家，要皆不出其範圍。韓昌黎好譏評人過，而曰"左氏浮誇"。孔子曰："巧言、令色、足恭，左丘明恥之。"夫既恥巧言，必非務爲浮誇者矣。不然，或傳疑之辭有似乎誇耳。余測海之餘，每有著之，話言者出四氏各如干條。

《蘭雪齋散録》記

比日漸長，稍取書讀，考幽人之所貞，適有同然乎我心者，輒掩卷太息曰："彼人是哉！千載之下尚使人悲歌樂道之不能已已也。"乃若韓昌黎《後漢三賢贊》，孟浩然《登鹿門山懷古》、《夜歸鹿門歌》，王摩詰《桃源行》，非有心乎其人耶？余因檢取二王、仲長與龐德公本傳及陶淵明《桃花源記》對證觀之，於是益信焉。淵明《五柳先生傳》、《與子儼等疏》忘懷得喪，梁昭明作傳頗表逸宗。淵明方外之交有慧遠，慧遠之前有支道林。道林《逍遙篇義》及慧遠《廬山記》，並幽人之嘉藻也，余手録通前總爲一編，刻置愚公園，用便觀玩。獨取其偏，從吾所好云爾。

新甃汾州城記

夫城何以言新甃也？尚於舊也。舊畚土而築，而今包之磚也，非新甃而何？甃之云何？戒守也。守之云何？衛民社也。夫衛民社者弘建始之功，鑴金石者陳垂遠之烈，茲維其宜矣。

汾州古西河地也，其勢阻山帶河，稱要害，其城方廣一千六百丈，高三丈二尺，蓋王制百雉之軌云。隆慶元年丁卯，北虜跳梁，攻石州，城破，遂馮陵我疆堡。虜退，乃大議繕城。三年己

已，增高於舊一丈六尺，然宿土暴見，築壓則多坼。於是分守左
參政張公，分巡副使董公、劉公，更議所以甓之。時總督、太子
太保、兵部尚書王公制虜款塞，慎固封守，巡撫都御史石公、楊
公，巡按監察御史饒公、桂公，壹意内修，申嚴保障，皆曰甓之
便。乃命官計度，其事有五。一曰定功：以包墻五十丈爲一功，
四面各八功，通定三十二功，計用工匠八百名，夫七千二百名。
二曰定料：以墻廣一丈、高四丈八尺爲率，定磚及石條、石灰爲
數各如干，通用磚二千四百二十四萬枚，石條四千丈，石灰萬
車，而垛墻甕城之用在焉。三曰定值：計磚以萬，石條以丈，石
灰以車爲率，直銀爲兩各如干，通用銀一萬九千有奇；計匠以
百，計夫以千爲率，工食銀爲兩各如干，通用銀七千二百有奇，
而餼廩犒賞之費居外。四曰定財：計照糧起夫，照夫徵銀，出銀
募夫而不用其力；率以糧十石編夫一名，名徵銀三兩，凡以徵民
兼之帑羨，通得銀之爲兩二萬九千有奇，而資用不乏。五曰定
委：計功三十有二，每功委官二員，富民一名，通用官民九十六
員名，分管造作，而州正佐貳總管督視。凡既備矣，以五年辛未
二月興事。適張公升去，左參政紀公至，乃申畫董正，至六年壬
申七月告有成緒。其甕城之未甓、壕隍之未挑者復次第綜理，至
萬曆元年癸酉六月告完。其雉堞聯延，樓櫓相望，什器儲偫，填
委錯陳。其上隆崇廖廓，日薄星迴；其下盤紆鞏固，環隉夾渠；
其四面削成，均毗截業：即《易》謂"設險"，《詩》言"崇
墉"，蔑以過焉。至其説以使民，一勞而永逸；義以制事，小費
而大成：其爲民社之計誠甚殷矣。郡中因屬爲記，外史氏曰：

往犬羊在牧，人情匈匈鰓鰓，城惟恐其不高，池惟恐其不
深，既高且深，猶恐其不固。今三者至矣，則何以益之？昔楚使
公輸班攻宋，聞墨子之楔而謀解，是公輸之善攻不如墨子之善
守。魏武侯詡山河之美，而吳起折之以德，是墨子之守又不如吳

起之善。故起守西河而秦兵不敢東鄉，豈偶然哉？夫天下之事，忽於豫非智也，略於備非仁也，急於成非勇也。當是時，其修政教之紀乎？其講府兵之制乎？其舉團練之法乎？其精器械乎？其廣儲蓄乎？其重官守乎？神而明之，存乎其人。得其人，萬事理；不得其人，失之千里。明明廟謨，固迪茲〔一〇〕久矣。是役也，知州寧策議其始，同知夏詔、判官丘思敬總其事，知州鄭逢時理其中，知州周鐸纂其成，而同知劉襘、判官高魁、吏目陳邦佐皆與有勞焉。

夫《春秋》之法，“君舉必書”，茲其大者，記之不可以已也。爰是敘述建議工程、始末經費、年月事數、城高廣丈尺、官府上下氏名，勒之碑，庶於萬斯年景此嘉烈。其諸委管職役姓名及藩府出粟犒勞、守衛并力贊襄者，咸列之碑陰。

《南溪小隱圖》記

客有畫卷奉御史大夫南溪張公者，余問之，公曰：“是南溪小隱者也。溪寓學宮之東，先侍御卜以居子也。吾少時即結茅種竹，以爲求志之所，後漸次開闢，前宅後園，四植梧柳，溪以環之，與大江通，潮汐畢至，中廑花果菜蔬以自給。吾性拙，不嗜酒，且懶於人事，暇則與子弟親友燕坐閑行，菜羹蔬食，玩樂忘飢而已，故吾號南溪，以吾隱於是焉。自吾之出也，意時時不能忘，邇來倦遊思歸，無問寢食矣。平山張生知之，乃畫此卷慰我遐心，然矢以善言，著之表經，則有麓泉王右丞焉。右丞文字爾雅，義甚高，若‘自足無求’一語，其某之平生乎！故吾觀於圖書也，而益有所感焉。”於是文谷子亦矢之言曰：

於戲！於戲！是義其曷能言哉？昔者孔子有曰：“隱居以求其志，行義以達其道，吾聞其語，未見其□□〔一一〕。”□□□□難其人之□□□□□顯異遇，志道□□□□，其行奚所不宜？故聖人有天下而不與，丈夫口[一二]窮困而無憂。阿衡展迹于莘畎，尚父奮采于磻丘，蓋正志之惟一，斯素履之所由。夫“一龍一蛇”者，與時俱化者也，而其神不移，故天飛之景蓄之泥蟠，廊廟之理存之江湖。故乘道德而浮遊者守其真，超萬物而遐舉者貴乎我。然而世之隱者以求顯也，及其顯也，忘乎其爲隱也。豈曰忘之，又厭薄之，故戚戚于貧賤者中悲，徽徽于富貴者內蕩。悲蕩之心人，而志道之理微，故孔子有懷人之歎，莊生起齊物之譚。乃若南溪公者，非聖人之所願見者耶？余始觀公之行義也，口[一三]乎其恭也，淵乎其冲也，睿乎其聰也，毅乎其弘也，沛乎其口[一四]也，裕乎其容也，渾乎其同也，浩乎其不可得而窮也，今而聞公之隱居也，而知其所以達焉。故言水樹之勝者，非以耽幽也；言蔬食之美者，非以甘淡也；言親好之燕者，非以樂閑也。而公之清明在躬，志氣如神，文理密察，道德精純，皆發之高明之物，得之游攬之真，故雖登歷華顯，樹乂勛庸，功光日月，業美尚、衡，要之達此而已。乃其貞志亮懷，榮盛曷得而易之？假使公在潛龍，其不榮盛耶？然則隱居之志者，吾道之真而萬物之本也，終身焉可也。斯南溪公達不忘隱之心與！知公之心則茂林修竹非吾癖，明堂清廟非吾趨，吾惟一吾之心而遂其所之，是爲天下谿。於戲！於戲！是義其曷能言哉？書上卷端，以考德於公門。

翠虛亭記

嘉樹列園，秀色呈翠。睠言受之，爰起一亭。虛其中焉，所以受也。命之名曰“翠虛”。是夜夢帝署余爲翠虛亭長，昔峙五岳，今參一亭，直夢也已。亭南據雉堞之垣，北對蘭雪之堂，東接遂初之圃，西連文苑之居，中雷芙蓉之沼，依稀小有矣爾。其陽林陰渠咸已攝翠，而亭獨享姱名，遇之哉！觀翠之來，似兆於始青之冶，蘸於水碧之淵，而布於卉木。其漬沉灃、暁晨霞則湛如，概中黄、凌倒景則瑩如，蒙霧雨、涉煙霏則膏如，襲暾曛、晃晴霽則縹如，薄流飆之輕則游如，泫零露之皓則滴如。絪縕掩冉，豔裔閃鑠，挹之而不可盡，遡之而不知其始之從，意衍之於太虛。及其水波葉脱，翠隨解散，究之而不知其終之委，意又太虛歛之。邈彼太虛，純是翠氣，不知虛涵翠耶，翠涵虛耶？殆竺乾氏所謂色空之不相離而泯於一者也。莊周閎放，謂："天之蒼蒼，其正色耶？其遠而不可至極耶？"抑又遠矣。

余欲以翠虛之旨妙絶於一觀。夫即一亭之虛以自觀，乃以觀物物之有形有色皆受之於天。天以精氣孳萬物，物得之而爲形；天以精神妙萬形，形表之而爲色。色者，清靈之光也。故君子所性仁義禮智根於心，其生色也粹，然喪其氣者形如槁木，奪其神者色如死灰。形神俱妙者，太虛遼廓而無閡，而葆光，而希夷，吾又何以觀之？是亭也，以取物則眇，以標理則洪，以稱名則誕，以引義則微，以該乎天地之間則備，以言乎其妙則至矣。惟日蠋乎亭内，奉上帝以周旋，則亭長氏之修歟！乃自爲記。

亭作於萬曆二載春夏之交，迄於五月五日而亭成，七月十有五日上石。

天真四友社會記

萬曆二年甲戌，余年政七十，念老矣，多慮少悰，欲一月之間得一開口而笑，非悟言之適，必不爾也。蓋同道同心則樂，胸中無一俗氣則樂。先民有社會焉，如洛陽、睢陽，幾乎一死生，輕去就，忘晦顯，略盈乏，是以樂之窮年而不厭。今人罕有之者，俗可知也。盡沉憂速老耳，戚哉！因思寵辱不驚，居士舒笑，叟巢雲君，皆脱網塵埃之外，垂照桑榆之表。今結一社爲天真四友，人月一會，會必竟日食不兼味，口不談世，儒而文，仙而玄，佛而空，則其與也；天而真，則其自得也。子不云乎：
"優哉游哉，維以卒歲。"樂之謂也。白雲康老言。

校勘記

〔一〕□，底本漶漫不清，據文意似當作"又"。

〔二〕"罔"，據（清）雍正《山西通志·水利一·徐溝縣》載孔天胤《修復三渠記》，此當作"輞"。

〔三〕"罔"，同上校。

〔四〕"仍各因勢利導滋挑小渠"，同前校引無"利導滋"三字。

〔五〕□，底本漶漫不清，據同前校引並參上文"溉田"云云，此當作"溉"。

〔六〕"餘五百"，據文意並參上文"五百餘頃永賴其休"，當作"五百餘"。

〔七〕□□□，此三字底本漶漫不清，據文意似當作"勸助倡"。

〔八〕"《易》曰"，此後引語本出《孔子家語》卷四《六本》，又見《説苑》卷十七《雜言》，此引誤。

〔九〕□，底本漶漫不清，據文意似當作"道"。

〔一〇〕"兹"，（清）乾隆《汾州府志·藝文四》、光緒《汾陽縣志·藝文》並作"之"。

〔一一〕□□，底本漶漫不清，據《論語·季氏》當作"人也"。

〔一二〕□，底本漶漫不清，據文意似當作"處"。

〔一三〕□，底本漶漫不清，據文意似當作"穆"。

〔一四〕□，底本漶漫不清，據文意似當作"通"。

孔文谷集卷十一

碑　誌

巡撫都御史繼津王公去思碑

繼津王公以嘉靖丙寅之春茂膺簡命，爰撫榆陲，惟幾惟敕，以匡以綏，經緯萬端，惠威一致。不二載去鎮，此中文武大小官校耆餘皆决瀾攀轅之泣，縈紆擬峴之思，謀共伐石勒銘，垂紀休烈，而以進士馬希龍撰述其事，李登、白棟、馮思吉同來屬詞。龍之述曰：

公哲宣沉毅，明允篤誠，玄覽懿衷，合度淵海，忠肝義膽，比景耀靈，挺方叔元老壯猷之儀，服孔子臨事好謀之訓，政體善經，功圖實效。榆所統要害之路者三。西則清平一城，坐落沙磧，無險可據，虜至輒攻，危於累卵。公創始增遊擊之兵，持重以待。果有虜萬騎來□〔一〕，候其攀登蟻附，則矢石俱下，死者幾半，虜遂引去，以爲有神。自是塞門筆架之墟虜不敢復窺，而西路□〔二〕然也。東則神木六堡，勢雖設險，而兵食爲艱，每郊□〔三〕有警，關門晝閉，則斗米值銀數錢，次爨以屋居者往往逃去。公創始造舟通河，運興、臨、石、嵐之糴，積府穀倉，以備資給，省厥馱載之勞；調副總兵軍□〔四〕山屬□〔五〕入衛之卒以備戰守，則兵食兩足，虜犯必失利而□〔六〕。自是葭蘆麟州之墟虜不敢復窺，而東路晏然也。中則古梁二百里，爲鎮城耕牧之地，數爲虜所出没，至渡無定之河，截歸魚之餉，前巡撫胡公議請城之，而大垣未築。公創始築赤峽口至黑山城四十里，高墉屹立，允矣巨防；又創築邏城於紅山墩一帶，外增巨壘，内固重關，通三路之咽喉，爲萬年之保障。自是銀州金鎖之墟虜不敢復窺，而中路晏然也。又以稽弊之事授憲副楊公，徵繕之役授同知邵君、石君。自是法紀一新，而城壘盡飭，是以都督趙公起授節旄而有威武之捷，參將李希靖有神木之捷，遊擊高天吉有波羅之捷，守備陳鋭有常樂之捷。凡此雖諸將功，而知人善任、運籌決勝者公也。又創舟無定河，以便米脂上郡之轉輸；修先師孔子之廟，加諸生饌食之資。其他旌善賞功，恤疲養鋭，杜請謁之門，開廉平之府，悦詩書，敦禮樂，蒙霜露，冒矢石，壹意安攘之略，不遑其身之圖，不可更僕而記也。夫點[七]虜方張之時，一鎮孤危，屢經殘破，食置於轉輸之不繼，兵疲於調遣之不堪，群生憂虞，莫知止極。而公之拊循若此，誠投醪於順流，而施纊於大寒也，如之何其勿思？

外史氏曰：凡人之思，以感德則真矣。觀其所感，則德之真有不表見者乎？夫《甘棠》之詩思召伯，去後作也。何武在位無赫赫名，去後常見思。後世則不然，視勢位之隆替，故碑板歌頌每施於桓赫之時，而賢人失志，傷天下之無徒焉。其勢使之然也，抑亦無忠信誠懿之心以感之。公履盛位時，顧眄足以生人之光輝，援引足以拔人之幽滯，彼有言乎思者僞也。今思於去位而無所資利，則信乎其爲真德之感矣。傳曰：“道盛德至善，民之不能忘也。”公其以之。是故叙録其美而繫之以詞。公諱遜，字某，順天府霸州人，嘉靖丁未進士。其詞曰：

穆穆上德，昭受允惇。曰忠曰義，乃智乃仁。三才克諧，九德咸備。武表文衷，經天緯地。展采鴻衢，祗德之興。歆歷峻造，周旋廣居。天子曰咨，撫予榆塞。汝往式

虜，俾夷之駾。公車言邁，有翼有嚴。元戎是飭，醜虜是
殲。既高我墉，復深我隍。浚河以漕，造舟爲梁。行有乾
餱，居有積餫。以飽待飢，其師孔毅。築當其衝，修中其
竅。有廢必興，無弊不澣。有禮有樂，有兵有刑。惠焉雨
露，威焉雷霆。桓桓將士，鼎鼎者黎。沐浴歌咏，萬口一
詞。天道靡夷，人事好乖。功高身退，實愍我懷。欲愁之
庭，惟其退矣。言徵之珉，曷惟其止？稽古在昔，厥惟甘
棠。我思不爽，公德永揚。

太原府知府於公去思碑

嘉靖三十八年己未，皖川於公以工部郎中來□□〔八〕原。至
壬戌調去，太原人思其德不置，議建立生祠，□〔九〕石頌德政。
會督撫兵部左侍郎兼都察院右僉都御史兩溪萬公諮表循良，以風
郡邑，於是太原人上狀，得所請焉，遂造祠郭南門外，仍采石作
碑。是爲嘉靖乙丑之冬，距公去時四閱歲矣。有進士潘雲祥、傅
□〔一〇〕者，邦之彦也，特書其大政八事涉汾屬辭焉。其一曰定危
虞，言家丁叛亂之餘，雖略剿擒，然猶反仄未安，人心疑畏，城
中朝警夜呼，禍福叵測；值公下車，便旌別淑慝，加意撫輯，曾
不浹旬，吏民悉安堵如故。其二〔一一〕禱雨澤，言庚申歲旱，自春
抵秋，米價騰踴，民不堪命；公齋心徒步，遍禱群神，俄而甘澍
響答，晚田皆穗焉。其三曰急賑濟，言大旱之時流餓顛連，道殣
相望，公私束手，弗克引援；公惻心勞力，庚粥並施，而嗷嗷奄
奄賴以全活者奚翅數十萬也？其四曰修城池，言省城自辛丑虜犯
城下，議修未果；公是時抗議修浚，實陰以荒政之法存哺就食之
民，且其費省而功倍，爲民保障之益遠也。其五曰省里甲，言陽
曲當孔道，百役之需奔命已疲；公隨事調停，刪繁就簡，即公私
兩便，而民力蘇矣。其六曰興學校，言饑饉薦臻之餘，人救死不

瞻，至博士弛講，群徒失業；公方憂恤悾愡，尤加意匡飭，點勘文章，周給貧寠，惟日拳拳焉。其七曰復堂宇，言郡庭廨舍燬於叛卒，僚吏至綴葦以居；公至，一修復之，視昔稱壯，然事不煩費而民無勞擾也。其八曰裁行戶，言故事有金楮二行以應上役，惟金行於義匪經；公力除去，惟餘楮，約定經用之數，令楮行不乾没而已。至於清正以抑貪暴，嚴毅以懾奸豪，慈惠以達幽隱，剛明以折諍訟，抗直而不撓，廉潔而不污，凡如此者，非復一端，枚不可得而舉也。

余於是歎曰：自古稱循良之吏有惠愛焉，孰非合乎天理，當乎人心者哉？而其人思之，亦自夫天理人心發之，自不能已已也。天理人之心也，人心天之理也，舉斯加諸彼，此合當是以其爲惠愛也。德威惟畏，德惠惟懷，是以其思之也。天好善利萬物而我以私智戕之，人好安生樂業而我以妄動拂之，奚惠愛焉？故有居其位弗獲治其民，去其位惟恐其弗速者，而誰與思之？我思遺愛，古之人如子産者是也。恭敬惠義，雖孔子亦思之矣，而況於鄭之人乎？何武在位無赫赫名，去後常見思。今於公之政，類非俗吏之所能爲，皆有惠愛於民之實，又有名，宜太原之人思之而不置云。然思之而至於造祠作碑，亦可以見思公之實庶於子産，加於何武矣。

公諱惟一，字德夫，直隸安慶人，嘉靖癸丑進士，今擢陝西按察副使。其辭曰：

蕭蕭使君，天受純壹。亮德鴻資，聲度身律。解薜登朝，水曹是秩。視草含香，紆珩捧日。即官出守，遂分我疆。大藩首善，曰惟晉陽。屬城棋布，群寀宿張。胥悅新令，咸熙景光。牙凶甫夷，潛孽未殄。凡飛赤白，驚我雞犬。公來撫綏，草薙禽獮。閭井晏然，市肆不變。旱魃爲虐，再年阻饑。下民卒瘅，公悉哺之。廛室弗賑，靡祠弗祈。雨師回亢，田畯轉嬉。新堂浚隍，飛罿篝罉。薺鼓諄諄，枵腹泄泄。興工裕荒，庸典流惠。保障之功，一勞永憩。何以厚民？蠲煩省苛。何以作人？五美四科。如昆如華，如江如河。鎮定傾圯，涵濡委和。國推其勛，邦表其業。高車西邁，遺愛東浹。麥秀餘謠，棠陰永□〔一二〕。創祠勒銘，弘備史牒。

分守右參政芳洲洪公德政碑

右參政芳洲先生洪公受天粹之醇靈，躬聖哲之明淑，撰經綸之實學，瞻匡濟之遠才；高朗溫文，沉潛剛毅；中立而不倚，任重而不回。是以德爲儒宗，行爲民表，非仁弗處，見義則爲，凡可安社厚生，罔不殫厥心力。其除害以興利也，如嘉穀之務滋；彰善而癉惡也，猶害馬之必去。是以惠威風行，懷畏草偃，斯古之所謂德政者乎！

汾歲大侵，道殣相望，阽於危亡，十室而九。寇賊奸宄，橫恣竊發，禦人國門之外，劫路康莊之間。日殺不辜以取其財，或騎馬擐甲，負弩提刀，攘奪於市而去；夜則穿屋逾墻，探囊發櫃，或斫戶擲石，縱火延燒：欲以生亂啓釁，變詐百出。繇是商旅驚弦而却，市肆集木而惴，室家乘屋而瞭，街巷列柵而防，猶不免焉。乃其比黨鈎連，依憑結納，有盤根之苞、附枝之蘗以爲內主，有平遥之豪、趙城之俠以爲外主，外入則內應，內出則外應，蓋自視如常山之蛇，有中央首尾之形矣。惡積於習慣，害慴於勢成，以故國不敢問，吏不能捕，包藏暴露不可測量，而又有僥尤之徒，劫殺擔負，獸聚鳥散，謂莫敢我何，漸習然也。公攝守閱月，責苛慢之吏，綏困餒之民，禁泛濫之呼，滌挂搭之蠹。又閱月，申保甲之司，繕城廓之守，嚴緝捕之令，明賞罰之科。又閱月，盡得內外主之奸狀及群盜姓名蹤迹，乃持典憲白王，囚厥苞蘗五人爲犯訓之宗也，而豪俠之在平、趙者並以就擒。是時內外失據，群醜散亡，獨渠魁十餘負固苞所爲觀望計，公笑曰："□〔一三〕兔罝矣，釜魚焉之？"乃密策郡國守相率官校先入□〔一四〕室，隨以別駕兵搜捕。須臾之頃，盡縛於庭，並得甲冑刀劍咸沁有血痕，問罪咸伏焉。又收捕獫尤之盜，亦駢首受縛，若神鬼追敕，使竟明罰。繇是道路通行，閭閻安處，闔郡轉清平之福，四境流昭曠之休，謂公呵禁不祥如神明，懷保疲黎逾父母也。然積歲凶殘殄以一朝之舉，萬心冤憤消以一念之推，非其仁明剛健，忘物我，公好惡，審機宜，成决斷，鮮克濟哉！昔者禹抑洪水而天下平，周公驅猛獸而百姓寧，以今概之，其德同矣。

於時嘉靖四十年，歲在昭陽作噩嘉平之月，汾州知州張朝憲，同知蕭相，判官康溮，吏目寇仲哲，儒學訓導楊光先、高岡，諸生張雲翔等三百人，僉歌頌德政，爰紀貞珉，垂法後世，傳之罔極。

公諱朝選，字汝尹，福建同安縣人，嘉靖辛丑進士。其辭曰：

於穆我君，純懿天授。才挺國楨，姿呈岳秀。匡時憲聖，經物體元。六蔽善誘，五美式尊。執規司矩，持衡履繩。獨立不易，平施以稱。台鼎之模，儒林之表。動與德宜，行爲道妙。攝符分陝，一視同仁。殪彼凶殘，拯此困貧。惟是凶殘，有苞有蘖。迎刃而解，是掊是截。昊天上帝，悲民隱斯。特資鴻俊，干汾保釐。惟惠惟威，乃文乃武。民命如苗，我澤如雨。茂氣滋至，群生以宣。孰貽厥祉，陶化廣淵。凡我所康，咸賴之錫。微禹其魚，殊事合績。桓桓藩輔，秩秩郡吏。謙謙黌師，藹藹髦士。莫不感德，莫不頌功。圖刻金石，三光比隆。

平遙縣知縣韓侯去思碑

韓侯諱廷學，陝西醴泉人也，由鄉貢進士以嘉靖某年任知縣事。惟縣素號難治，侯至，壹以易治之。蓋三載而治成矣，尋以迕物去。侯在官之日，人憚其明威，日惴惴焉畏之，覬其去。及去之後，率相感而思之：凡侯之明，以宣叙化裁，匪侯作明以秩我也；凡侯之威，以彰癉過剔，匪侯作威以綏我也。我其畏之何哉？今則轉畏而爲懷也，耿耿焉，綣綣焉，雖欲忘之而不能自已也。相與謀作碑於庭，以寄其思，三十年弗果。今嘉靖戊午，汾州衛經歷楊君得金往攝縣，會文學耆舊，詢舊令尹之賢，乃文學耆舊以韓侯之所以爲理及邑人之所以爲思者告。楊君曰："是在我矣。"即買石，躬請余記而碑之。

按事狀列侯之善政凡有八條。其一興理學校，其二繕城浚河，其三寬省里甲，其四明悉聽斷，其五表揚節義，其六屏抑豪強，其七寓兵保甲，其八勸粟賑饑。夫是八者，蓋皆所謂侯之明威者也，而侯之存心乎愛人，於人而有所濟，人固卒未之知也。然而天理之在人心終不容泯，則久而思，思而得，曰："秩我綏我，惟明惟威。"愈久而愈思，愈思而愈得，曰："非明非威，曷秩曷綏？"是故三十年之心猶一朝也。夫民俗愚，故樂成易，慮始難。民性神，故始而畏，終而懷。觀德於政，微民莫徵。夫王者自仁也，然孔子觀之必以其世。必以其世者，久則徵焉。而今韓侯去後見思，在人心三十年而不渝，誠可以觀德矣。書之石，以告後來。

誥贈資政大夫兵部尚書霍公墓碑

公姓霍氏，諱鳳，字鳴瑞，世爲孝義縣人。其先蓋自有周霍叔，霍，河東邑也，後裔以邑爲氏，散處方隅，奕世載德，代有顯人。其居孝義者多隱，乃若孫以祖賢，祖以孫貴，開世閥閱，弘衍昌大，則自公肇之。公爲人質直而好義，孝友而敦仁，里中以賢豪稱。得年三十而卒，配李氏。葬勝水之南，後李氏附葬焉。子曰文會。元孫曰冀，是爲大司馬公。大司馬應運崛興，能以其命世之才、佐時之略光表家國。登嘉靖甲辰進士，歷監察御史、都察院右僉都御史，得封其父母如其宦。嘉靖四十四年，晋南京兵部右侍郎，得追崇其祖。帝用贈公爲通議大夫、南京兵部右侍郎，□□□□□[一五]淑人。隆慶元年，晋總督陝西三邊軍務、□□[一六]左侍郎兼都察院右僉都御史。帝用贈公爲通議大夫、兵部左侍郎兼都察院僉都御史，李氏爲淑人。隆慶二年，晋兵部尚書。帝用加贈公爲資政大夫、兵部尚書，加贈李淑人爲夫人。

自贈卿貳至上卿，凡三錫命，皆極華袞之褒。其一命公之辭曰：“含真守朴，積德累仁。勢利靡甘，彝倫是篤。賢者之後，遠而彌興。發發聞孫，登踐庸顯。”淑人之辭曰：“持身敬慎，秉性貞純。早歲孀居，肇啓有家之業；遺孤撫育，預延累世之祥。致有聞孫，爲予良佐。”其再命公之辭曰：“性資朴茂，行誼純良。孝友著乎家庭，忠信孚於鄉曲。安常履素，不隨習俗之移；修德行仁，每切亢宗之志。詒爾式穀，肇啓嘉祥。”淑人之辭曰：“齋莊莅内，恪慎禔身。早失所天，誓勵柏舟之志；中經多難，益堅冰雪之操。撫遺孤以守宗祧，啓賢孫而位通顯。”其三命公之辭曰：“惇仁履孝，式重鄉評。習靜韜華，雅稱市隱。雖阨窮且夭，而慶澤未亡。宜有繩武之孫，爲予名世之佐。”淑人之辭曰：“女師稟訓，夫族稱賢，從一而終，鞠成遺嗣，有古共姜令女之風焉。潛德未彰，施於孫子。爰升華於八座，宜貤貺於重□[一七]。”

大司馬荷兹寵榮，克展孝思，及樹碑墓道，屬外史氏文之，以紀萬禩之鴻休。嗚呼！樂，樂其所自生；禮，不忘其本。考古世家皆由其祖積德百年而後隆，公有豐德羨才而中道歉，葳積再傳而大司馬出焉，豈非百年之驗哉？實皇天眷善，篤生俊哲，肇敏戎功，宣膺洪慶。若穆穆其文，桓桓其武，經營四方，孔惠孔威，尚書納言，夙夜罔弗欽，古所謂功在社稷，澤被生民，大司馬之烈也。公之遺也懋哉！洋洋乎，淵矣！永矣！

其子以少司馬加封資政大夫、兵部尚書，厥配郭氏以淑人加封夫人，偕葆天和，並躋上壽。孫則大司馬鼎鉉方將，台繩未艾，厥配張氏封夫人。其曾孫鍾瑜、鍾琦、鍾珂、鍾琳與玄孫之□[一八]丱者，悉如芝蘭玉樹，萃美階庭，而鍾瑜廩國子生。銘曰：

松柏有本，清廟有梴。河漢有源，爲章於天。維哲斯浚，維茂乃宣。式弘我後，丕始厥先。以引以翼，曰仁曰賢。熙帝之載，靡所不虔。太微炳憲，北斗承乾。內貞百度，外寧九邊。帝嘉鴻臣，用錫元祉。曰祖之休，施於孫子。無德弗報，無功弗紀。何以賚之，於公乎敉。位號尊崇，冊書豐美。幽明感昭，對揚殊禮。麗牲之碑，其文則史。於萬斯年，今聞不已。

明通議大夫兵部左侍郎贈工部尚書
襄敏張公墓誌銘

嘉靖三十九年庚申三月二十三日，通議大夫兵部左侍郎南川先生張公卒於家，卜明年辛酉某月某日葬。時其弟都察院右僉都御史永石公玭巡撫順天，乃先期以其從侄進士德化所述公行狀寓書於外史胤曰：「子知吾兄者，幸作銘。」嗚呼！悲夫！哲人其亡，失我柱著。顧其立德與功炳炳而在，敢不銘？

公諱珩，字珮玉，別號南川，世稱南川先生。始祖和之自秦

遷石，故張氏家世石州焉。高祖居、曾祖大全，俱戢德弗耀。祖
讓，贈都察院右都御史，兼兵部右侍郎；考文紳，初封監察御
史，歷贈大理寺左少卿、都察院右都御史，兼兵部右侍郎；母康
氏歷贈夫人，繼母馮氏歷封夫人：咸以公貴云。叔考禮，起家弘
治中進士。

　　公八歲從授小學，端敏則見。十四授《易》母兄時齋先生，
即潛心性命之學，敦尚儒行，才章兼美焉。中正德癸酉鄉試。辛
巳，登進士第。自癸迄辛，蓋專力聖學者九年。壬午，皇上即
位，爲嘉靖元年，授試御史，上疏請崇正闢邪，以新聖政。癸
未，實授陝西道監察御史，清審京通鋪行，奏革投充占役二十餘
家，給補負欠物價二萬餘兩。尋奉敕巡鹽兩淮，條上清理十二
事，綜覈利弊〔一九〕，盡見興除。如罷權奄掛號之例，杜奸商請托
之門，乃其大者。蓋正德以來，權奸用事，鹽法大壞，至公始一
釐正。國課之外，歲得羨銀一百三十餘萬，解貯太倉，大司農秦
公表乞旌勞，得賜羊酒文幣有差。又造運船以省荒年之徵派，清
草場以來貧竈之復業。至於講學興禮，問苦賑饑，所以敦士習，
續民命，亹亹如也。事竣，巡按畿輔，復巡按陝西，所至具貞紀
憲天，獎廉正，紬貪邪，察冤隱，除橫暴。在畿輔則奪勛貴濫討
之莊田而歸之民，發武吏積稔之罪惡而收其黨；在陝西則正強宗
驕橫之罪而訓典昭，革奏帶冒功之弊而名器審。監臨舉選，最號
得人。窮邊下邑，靡不諮歷。至於講學興禮，問苦賑饑，所以敦
士習，續民命，一亹亹如淮揚焉。事竣，部議超擢，會外艱弗
果。壬辰起復，掌河南道，振紀揭紘，匡益弘多。時講官員缺，
大學士方公薦公學行純明，補翰林侍講，公三疏力辭之。已乃升
南京太僕寺少卿，未幾轉大理寺左少卿，尋引疾告歸。居歲餘，
召還，升都察院右僉都御史，巡撫延綏。是時邊計久疏，公至，
罷不急之務，汰無益之員，躬勵將士，融以恩威，慎審機宜，戰

守無失。尤自節約以弭貪競，忠信以倡勇敢。蓋凡所經略，壹意安攘而已，故延鎮獨稱底寧。己亥，升南京都察院右副都御史，提督操江。尋取回坐院，進階嘉議大夫。辛丑，偕吏部考察天下，官員多視公爲準裁。其年升左副都御史，會宣、大總督之缺，廷推屬公。公上疏言鄉人不便從事，遂以迕旨落職爲民。癸卯，召復原職，巡撫寧夏。凡所經略安攘，一如延綏時。其年升兵部右侍郎，兼都察院右僉都御史，總督陝西三邊軍務。公至，總統方略，計出萬全，居中調度，算靡遺策。大要以飭內治爲上，廣德心爲本，故其選將練兵，整備設禦，率以靜制動，以逸待勞。臨事決議必開誠布公，無用智自私之意，以故公威重如山岳，惠流若江河云。是時四鎮大吏如翁公萬達等，皆一時鴻略之臣，無弗敬服公節制者。前後斬獲首虜五百八十有奇，生擒十一，奪獲馬駝六千二百有奇，夷器一萬四千有奇，蒙璽書金幣褒獎者三。乙巳，升都察院右都御史，仍兼兵部右侍郎。丙午，升戶部尚書，督理太倉，兼管西苑農事。未任，以延綏失利被繫，議配慶陽。壬子，召起用，復以都察院右副都御史巡撫延綏。癸丑，升南京兵部右侍郎，隨轉本兵之左，適丁繼母馮憂。制終，撫按交薦起用，而公忽不起矣。

公生於成化丙午十一月二十五日，享年七十有五，葬於山寺平原子[二〇]新兆，從公卜也。先是，奏聞於朝，以公功德允元贈工部尚書，諡襄敏，仍廕一子送監讀書，其致祭造葬各遣官從事焉，甚渥典也。元配王氏累封夫人，生子賢路，娶車氏，早亡；女一，適車珏。副室楊氏、李氏。楊生子賢門，殤；女一，適監生馮潮。李生子平路，即恩廕者，聘綏德都御史孫公女。賢路有子曰緘，即官生。公自御史歷太僕、廷尉及中丞、司馬，皆簡授重殷，罔弗宣序，而經制西陲之功久且大矣。然兩陟再窒，未究厥勛，其竭忠盡瘁而已者耶！

公忠孝仁明，廉允剛毅，涵養定正，踐履精實，尤博綜群籍，眇覩衆有，而體當於一源，故所出功行文辭不愧古人。生平樂取人善，尤好指誨後進。泊懷遠度，淵渟山峙，令儀令望，邦國之典刑，人倫之師表云。所遺有《恩光絲綸錄》、《心學圖[二一]》、《南川紀年》、《奏議》、《文集》各若干卷傳於世。系之銘曰：

在昔貴立，厥維德功。德由學懋，功以德崇。維公純備，精典博通。以事以業，宣勤亮忠。侍史僕射，命滋益恭。綏彼西土，式遏寇戎。文武是憲，寔司馬公。進庸兩室，望出遂終。人爲公惜，公罔時恫。謚贈徽顯，曰襄司空。再廕厥嗣，俾世克鴻。景行坦坦，高山隆隆。銘其弗朽，曷其有窮？

中憲大夫河南按察司副使柏山劉公墓誌銘

公諱尚義，字伯正，姓劉氏，柏山其別號也。世爲郡之愛子里人。始祖仲成，以宿德造家。高祖巖，曾祖㙯，俱有善行，見重鄉評焉。祖志美，偉儀修髯，善談論，以貢士授朝邑縣丞，號廉惠。委量田寧夏，田盡均。時值安化王亂，城中多遇害，丞獨保全。其治能如此。尋乞致士，進階文林郎。父世芳，爲郡碩儒，貢上太學，授膚施縣丞，亦號廉惠。入覲考上而卒，贈文林郎、河南道監察御史。母朱氏，封太孺人。

公生有粹質，與弟尚禮稟趨庭之訓，得淵源之傳，乃嘉靖甲午同舉於鄉。尚禮仕至富平、嵩、成三縣知縣。而公以乙未舉韓應龍榜進士，授行人司行人。詔使封葬代、徽兩藩，式禮不愆。已選擢河南道監察御史，巡視東城，發奸摘伏如神，權貴懍然。會扈從論事，忤旨當道，下遷秦州判官。尋調朝邑縣知縣。朝邑當郡嚴道，公至，興廢補弊，威惠並行，增拓城堭，爲民保障。又查正黃河退灘地數百頃，息雄藩之奏爭，革頑民之隱占。初，其事蓋數爲前官所勘，數被梗中輟，公乃毅然任之，申狀撫按，乞委官從事。事未及行，而頑民已糾衆呼譟，將欲爲亂。委官遂皆奔去，公獨正色危坐，群凶亦稍稍退怯。乃徐召父老，曉以利害，仍密白撫按作捕治狀。於是渠魁就殄，脅從解散，諸所漏網亦漸獮薙，君子以爲仁且勇矣。居歲餘，升鳳翔府通判。尋升松江府同知。會計明當，出納平允，革侵漁之弊，禁包攬之奸，皆有法可循，於是旁郡咸取以爲法焉。嘗一攝府，綱紀秩然。有吏白庫金若干，爲堂食可取，公叱之曰：“若敢污我耶？”其廉明如此。升南京刑部福建清吏司郎中，持憲不撓，司寇萬公考公清廉，執法爲諸司稱首云。出補山東按察司僉事，分巡遼海。時遼海多事，公處之如馭六馬，理亂繩。有悍將犯辟，公盡法治之，一軍皆服。時迎養太孺人，太孺人有疾，公日夜躬侍湯藥，衣不解帶。及哭太孺人也，水獎[二二]不入口者數日。歸葬之餘，誓欲廬墓，而哀毀骨立矣。起復，除四川按察司僉事，整飭安綿、利保等處兵備，兼督松茂等邊糧餉數十萬餘。公入境，調停便宜，即議收折價以省乞運之艱，嚴束土官以懲玩愒之習，諸所舉措俱切中時宜。於是撫按稱其智勇冠絕時流焉，綿中士人爲作廉、明、剛、毅、公、惠、通、敏八頌以美之。升陝西布政司右參議，督修榆林三路城堡，三閱月而告成。上嘉美之，賜勞白金文幣有差。升河南按察司副使，整飭直隸大名□[二三]府兵備，兼管河道。公前以西地震蕩，況瘁板築，復衹役天雄，酷暑冒跋，及視事未幾，而疽發於背，遂卒於官舍焉。

公既卒，囊無一金，會大名別駕王龍池公爲列其事於當道，因得賻恤而歸之。公生於弘治十一年十月十六日巳時，卒於嘉靖三十五年八月初八日卯時，享年五十有九。元配宋氏，封孺人，早卒。繼配孫氏，今苦節其家而稱淑媛者也。次配任氏、黃氏，俱早殁。生男一，曰繼龍，娶武氏。女一，適王迎。孫男一，曰康寧。

公爲人簡靜沉默，質朴少文，然實外和內剛而華美蘊籍，故其與人接物藹然佳欸。居官一以誠心直道而行；至於事母，爲至孝矣。性雅好讀書，賦詩尤善五言，所著有《逐蓬集》四卷。初，公訃至汾，聞者皆爲流涕，鄉善好之，斯其徵矣。嗚呼！公作宦得名，處鄉爲賢，不謂生而能淑，死而不朽者乎？以嘉靖四十二年十一月十五日葬於南舍之塋，宋孺人附焉。富平君乃先事撰狀，托余銘之以掩諸幽。余與公等有金蘭之誼，敢不銘？銘曰：

紹其厥家，揚於王庭。使躔有曜，法緯載炯。臺中之能，試諸羣轂。郡邑之遷，以表民牧。都官大夫，有猷有謀。移鎮海隅，砥如矢如。輒母之捐，摧毀徹天。制盈興復，爰整蜀綿。巖險之衝，調度平善。八頌見推，智勇蒙薦。曰陝是分，以董塞垣。既崇既固，保我大藩。建牙天雄，實資鴻遠。昊不慭遺，吾道奄卷。其人則已，其德允臧。銘其不朽，孰云其亡？

壽官趙公墓誌銘

公諱鴻，字來賓，姓趙氏，其先太原文水人也。六世祖諱福，以洪武初徙孝義家焉。是時天造草昧，文物寡希，獨其家以學興。故公之伯祖有諱敬者以鄉舉歷官鰲屋、咸寧尹，至太僕丞，有諱攄者以歲貢歷官常州通判，並有能聲。曾祖諱孝祚；祖諱志剛。父諱泰，以歲貢官萊蕪簿，生四子。公其四也，爲人孝友兼至，勤敏異常。初，公六歲喪母，哀思骨立。父爲聘辛氏女，及期，蓋辛氏衰焉，有議別婚者，公不可，久之乃遂娶。從其伯經歷文習儒，充縣學弟子員。時萊蕪君祗柴役於易，公往省之，忽遇寇道中，則從容語曰："吾儒生也，所携不過一金，任自取之耳。"寇曰："吾無取於公也，其無恐。"遂不加害焉。時工部侍郎白公方監柴易州，聞而問公，頗奇之。公歸，乃肆力於學，方駸駸有成矣，值族侄傷人，公被逮焉。魚火之災，君子惜之。初，流賊自平陽北向，縣官計無所出，民頗逃去，公乃取《百將傳》可行者數事白縣官，斷橋隧，嚴城守，以安人心，且諷以死節之義，賊果遡河而東。縣人得免於難，公之力居多焉。教其子若孫，必以德行爲先。嘉靖十二年，詔給冠帶爲壽官。

公雖老，猶好讀書，凡子史百家無不涉獵。然性嗜飲酒，稍飲即吟暢自若。嘗自題畫像曰："一十二十，學問無成。三十四十，德行無聞。五十六十，教誨子孫。七十以來，叨作鄉賓。冠帶幸榮乎數載，姓名期播於無窮。嗚呼！此不由我，而屬汝後人。"臥病殆三載，不受醫藥，曰："吾老焉，已矣。藥何爲哉？"疾革，一無所言，但指孫訥，若有所期而已。尋卒，時嘉靖十八年三月初九日也。生天順八年八月初三日，享年七十六歲。辛氏者，同縣鎣之第四女也，少喪父母，見育於伯母之門，及歸公，則孝敬端淑，人罕儷焉。先於嘉靖四年十一月十九日告終，距生則成化元年正月二十四日，享年六十一歲。有子男二，長思禹；次思商，太學生。有女二，長適武仲璽，次適張鉛。孫男六，時、曉、晴、暘、訥、讚；訥以茂材充弟子員。孫女五，婿武廷翰、李仲禄、武彦蕭。曾孫男一，尚幼。嗚呼！公少嘗志學，乃格於誣逮，然其身之壽與其後昆之茂亦福善之無爽焉。

其年十一月三日，思禹等合葬公城西五里之原，思商哭具狀事而乞銘。銘曰：玉之焚如，其實不渝。以抒以毓，而瑢珩瓊琚。我銘幽石，後其考諸！

中憲大夫湖廣按察司副使前監察御史
黄崖李公墓誌銘

公諱延康，字允吉，別號黄崖。家世爲上黨人。高祖得剛，曾祖志美，俱隱德弗耀。祖壽仕安定縣令，父玹洛南縣丞，並有能聲。洛南公生五子。其延昌，封濟南府推官；濟南子如桂拜河南按察司僉事。其延馨，仕至登州府太守。黄崖公則其四子也，登嘉靖壬辰進士，授汝寧府推官。持憲明慎，旁郡訟獄皆願李明府直之，即萬死無恨。有疑獄十年不決，公一審成案焉，民服其神。汝水氾溢爲菑，治屢歲弗效，公一治之，乃遂底平，民至今賴之。居不三載，部使者交薦其賢，召行取還京，將不次用之，適奔洛南公之喪。及釋禫詣闕，拜湖廣道監察御史。巡視禁地，不競不撓。時其兄太守公爲户部郎中，並鳴珮登朝，人以爲盛。己亥，上幸承天，公扈從恪勤，賜文幣白金嘉獎焉。已巡按陝西，時茶馬多敝，公至，疏剔有條，即馬政大修。大司馬特上其事，復賜文幣白金有差。當事竣復命，適奔母喪東歸。釋禫詣闕，命巡按順天。順天固畿輔之地，吏其地者稱盡法難。公至，興革利弊，甄淑糾奸，無論貴右，壹持之以法，風裁凜然，號"真御史"焉。值大享覃恩，贈洛南公爲文林郎、湖廣道監察御史，母馮氏爲孺人。癸卯，升公河南按察司僉事，分巡河南、大梁兩道，並清正明敏，如巡按兩省然。戊申，升陝西布政司左參議，奉敕撫治商洛。商洛當三省孔道，流民依險負固，礦徒乘間竊發，處之得宜，非文武才不能。公至，安輯弭禦，悉有方略，於是晏然久之。後嵩盧之盜來竊礦爲亂，公自已捕治，得魁首數人，令脅從解去，乃爲喜事。當道欲邀功以逞，遂激鳥散者而獸聚之。及我軍敗績，猶委咎於公以自掩也。公但孩之而已。至於清心省事，節用愛人，馭物則寬嚴而有體，臨戎則謀勇之兼至，如矜宥罪孤以圖存其母，歎惜故人而竟正其法，則古之遺愛也。

居五載不遷，公處之如一日焉。壬子入賀，升湖廣按察司副使，整飭襄陽兵備。未幾報罷，中外愕然。公正色歎曰：“吾一官坎壈如斯，固知命不達，又不能求達，乃令歸休乎！吾奚不可者？”遂杜門樂志，無戚戚容。乙卯九月二十七日，以疾終於正寢，得年五十有六。生於弘治庚申九月十有二日。配牛氏，封孺人。有子男一人，曰如松，郡學生員。有女三人，長冊潘王妃，次適都御史劉藥子承祥，次尚幼。

公爲人端雅博通，孝友忠信，有弘濟之才，三事之德。太宰許松皋、大司馬王浚川皆綜表人物，不輕與可，並稱公有羔羊之節，愷悌之風焉。又長於作詩，蓋追大曆而上之矣。所著有《關中集》傳於世。嗟夫！公鴻才懋德，卓爾不群，宜躡大位，享高齡，乃二者俱弗之逮，天耶？人耶？獨其名與實爲不朽爾。以丙辰七月二十日葬柏穀山祖塋之原，如松以余與公有同年之雅，又同官陝西，相知爲最深也，馳刑部員外郎姚公九功所爲狀來索銘。余拭淚而爲之銘曰：仕不躋臚，壽不曰眉。匪才弗振，匪德弗施。而造物尸之，吾何以知？遺以裕其後昆，如木有本，如水有□〔二四〕，終然達之浚且蕃，高山大谷存此言。

何母周孺人墓誌銘

周孺人者，南京都察院右都御史柏齋何公之元配也。公上賓蓋十有九年，而孺人以老疾終，時爲嘉靖癸亥七月八日，享年八十有八，距生成化丙申七月廿日。考某，爲懷慶善士。

孺人生有淑質，靜莊慈婉，敬惠孝勤，紅饎之事蚤自嫻習，年十六歸柏齋公。公世耕讀於武陟之王化屯，值黃河北徙，田爲巨流，乃就業居郡城。城離屯百五十里，孺人爲致食匱，以故公得肆力於學，中弘治辛酉鄉試，登壬戌進士，拜翰林院某官，孺人得恩例誥封焉。公在翰林猶淡簡如書生，孺人雖貴亦躬理織餁如河陽時。正德庚辰，公以進講忤旨，出爲開州同知，稍遷東昌府同知。公皆拜命就道，無寵辱之驚，孺人亦相勉慰藉曰：“人臣將危險不避，況直道而行，奚而不可耶？”及公乞歸養痾，盡付弟以先人田廬，蓋囊篋蕭然而已。仍教授生徒於南上村，生徒爲置田數十畝，孺人亦仍勤績紡以補其乏焉。辛巳，今上龍飛，起公爲山西督學副使，丁父侍郎公憂。起復，改督學浙江。歷升南太常少卿、正卿、工部右侍郎，改北工、戶、禮三部右侍郎。乞病免，不報。升南京督察院右都御史，竟乞免歸，事母劉太淑人。孺人喜曰：“姑老矣，婦違養久，今甘旨雖乏，庶得躬奉之矣。”於是奉太淑人飲食起居，必親執其勞，無怠朝夕。是時太淑人年近八旬，孺人年且六旬矣。丙申，公感足疾。戊戌，太淑人捐館舍，殯斂葬祭皆孺人主持，無不咸有儀法，而哀毀過之。乙巳，處柏齋公之喪，情禮兼至。蒙上敕諭，祭葬建祠，以表儒哲，則孺人爲合德焉。孺人居釐主中，雖老益彊。嘗召訓諸子言：“自吾歸爾先君，實慎修閫則，以順承先君，無敢弗虔。今若等務克纘先緒，其敢忽諸？人有言曰：‘門第高者，可畏不可恃。’爾先君雖致高位，無積遺，故舉世號清白。若等亦經鉏是力，乃從爾初服，庶克保爾世哉！”於是諸子皆哭唯唯。公名位薦陟，孺人當躋顯封，然升拜俱未三載，以故終孺人云。

　　有子男二人：長光祖，任南宮縣學訓導，娶薛氏；次顯宗，充郡庠廩膳生，娶劉氏，繼陳氏。有女四人，適庠生王世綸、劉廷珮、監生蕭鷥、郝九疇。孫男四〔二五〕人：長謠，以廕任撫州府通判，娶蕭氏；次詢，娶張氏。俱庠生。次謀，娶婁氏。孫女八人，適庠生郭鈐、吳大英，監生高梧，儒士朱一松，知縣寧策，儒士李良才、劉櫃、張繼。曾孫男二，俱幼。曾孫女四，長聘吳某，次聘張本棟，餘俱幼。

孺人歿，後幾月爲某月某日，當祔葬於某原。憲使次山劉公先撰狀徵余銘。以余嘗叙公遺文及何長君與余弟南宮諭善，遂不獲辭。銘曰：

夫爲純儒，婦勤約以扶。夫爲名臣，婦恭靖以循。夫克孝養，婦是承是享。夫克保終，婦康樂攸同。《詩》語肅雍，《易》言健順。生而德媲，死而道盡。大國之封，何其靡盈！秩祠之榮慶，永保爾後生。銘石正固，含光以寧。

校勘記

〔一〕□，底本漶漫不清，據文意似當作“薄”。

〔二〕□，底本漶漫不清，據文意似當作“晏”。

〔三〕□，底本漶漫不清，據文意似當作“原”。

〔四〕□，底本漶漫不清，據清雍正《陝西通志》卷十三《山川六》似當作“孤”。

〔五〕□，底本漶漫不清，據文意似當作“城”。

〔六〕□，底本漶漫不清，據文意似當作“去”。

〔七〕“點”，據文意當作“黜”。

〔八〕□□，底本漶漫不清，據文意似當作“宰太”。

〔九〕□，底本漶漫不清，據文意似當作“刻”。

〔一〇〕□，底本漶漫不清，據清雍正《山西通志》卷六十八《科目四》當作“需”。

〔一一〕“其二”之後脱“曰”字，據上文“其一曰”、下文“其三曰”云云當補。

〔一二〕□，底本漶漫不清，據文意似當作“裹”。

〔一三〕□，底本漶漫不清，據文意當作“巑”。

〔一四〕□，底本漶漫不清，據文意當作“堂”。

〔一五〕□□□□□，此五字底本漶漫不清，據文意似當作“而贈李氏爲"。

〔一六〕□□，此二字底本漶漫不清，據文意當作"兵部"。

〔一七〕□，底本漶漫不清，據文意當作"闡"。

〔一八〕□，底本漶漫不清，據文意當作"瞖"。

〔一九〕"綜覈利弊"之後，（清）雍正《山西通志·藝文十七·碑碣八》、（清）乾隆《汾州府志·藝文四》俱有"盡見興除"至"壹意安攘而已"，今據補。

〔二〇〕"子"，據同前校引兩書，並參下文"元配王氏累封夫人，生子賢路""楊生子賢門""李生子平路"云云，此字當作"之"。

〔二一〕"圖"，同前校引兩書作"圃"。

〔二二〕"獎"，據文意當作"漿"。

〔二三〕□，底本漶漫不清，據文意似當作"等"。

〔二四〕□，底本漶漫不清，據文意當作"源"。

〔二五〕四，據下文所述或當作"三"。

朝列大夫山東布政使司右參議
西田趙公墓誌銘

　　嘉靖辛卯之歲，郡文士舉於鄉者五人，余與焉。其年少而才美，則推西田公。

　　公既領鄉薦，凡三上禮闈不第，則益茂於藝。至甲辰登秦鳴雷榜進士，授戶部陝西司主事。監兌浙江，著聞清敏。尋有繼母之服，服除，仍授本部廣東司主事。時北虜南犯，京師戒嚴，公主管皇城四門糧餉，調度出納井井有條。尋考最，進階承德郎，升本司員外郎。值河南寇亂之餘，務得鴻略之臣以底定之，乃推公補河南按察司僉事。分巡河北，察奸敉疲，威惠大著。未幾，有父之服。服除，仍補前職，分巡大梁，循舊望也。大梁視河北殊劇，公治之若輕車熟路，按轡徐行而威惠覃敷矣。升山東布政司右參議，分守遼海東寧。時其地連歲大侵，人不堪命，公到，罷泛濫之務，調拯恤之宜，發府庾之藏，勸富室之貸，散粟以周土著之貧，煮粥以待就食之困，又處牛種以助耕，設醫藥以療疫，掩餓莩之骸，禁流鈔之暴，家省戶諮，心惟手畫，皇皇汲汲，如我恫瘝，於是遼左之人阽於危亡而賴以全活也。撫按方會疏表異，求不次之擢，而公疾作矣。醫者曰：「疾得之勞瘁，敗矣。蓋所謂形神俱敝者也。」遂卒於官舍。訃聞之日，一道盡哭焉。時嘉靖辛酉四月二十九日也，距生正德戊辰八月四日，得年五十有四。

　　公始單車之任，及執燭而訣，惟兩家僮焉。巡按王公委官閱其囊篋，則書劍衣服之外惟俸金數兩而已。王重悲其清，令所司賻之，又遣使護導其襯而歸之，則公歿未爲失所矣。

公生而有文如印在左手間，七歲能誦書千言，十歲善屬文。及弱冠，行藝卓越，識者覘其必大。公在官悉優舉其職，資望駸隆，當道數表薦之，言公端平廉正之操，簡遠寅亮之度，宜總統方略，左右密勿，行且召公矣。同舉五人，二人止郡縣長，一人纔轉觀察，余例格卑休矣，公不格於例而進有餘裕。據是三者，並合躋高位而享遐祿，顧中路亦坎壈焉。是人事不可信，而天道不可必，其命也夫！然有不能朽者，則公之忠誠仁愛與清節乎！

公世爲汾之田村里人，姓趙氏，諱世錄〔一〕，字汝功，西田其別號云。高祖諱友能。曾祖諱興，萊陽縣主簿，以廉惠稱。祖諱鑄，慷慨有大節。父諱廷璧，封戶部廣東司主事。母某氏，贈太安人。弟世臣，充郡學廩膳生員。配任氏，封安人。生子男二人：長淵，郡學生，娶安氏；次澤，娶周氏，繼任氏。女一，聘生員高孟龍，早卒。孫男一，尚幼。嘉靖癸亥三月十有八日，葬田村祖塋之次。淵先事自陳狀乞銘。嗚呼！余忍銘吾友耶？又不忍不銘。因系之辭曰：學成而宦不登，宦登而名不興，吾以觀其恒。官登名興而命不競，抑又何憑？將竟其所未究，必前啟而後承。公有嗣子，龍變雲蒸。緒慶洪衍，於金石徵。

敕封文林郎江都縣知縣前清苑縣主簿
致仕恭孝先生岐山趙公墓誌銘

惟大明嘉靖四十四年乙丑七月二十三日，岐山公以疾終於正寢，享年七十三歲。時其冢嗣訥在部，聞訃遂奔。卜兆以本年十二月二十七日葬乃先，具狀即公年譜家錄，屬余銘焉，曰：“曩訥報江都政時，見先君老，欲不行，先君促之。及列西曹，懼先君老且病，欲乞歸，先君又手書止之。今則長痛永絶矣，惟銘以掩諸幽乎!"

　　按:公姓趙氏,諱思商,字尚質,道號岐山。其先太原文水人,自七世祖福居孝義之宣化里,遂籍焉。福生仲均。仲均生孝祚。孝祚生志剛。志剛生泰,以歲貢任萊蕪縣主簿,有能聲。泰生鴻,以耆德拜壽官,得飲於鄉。配辛氏,生二子:孟曰思禹,公其仲也。公受中於天,沉敏端厚,頎長白皙,目重瞳子,孝讓廉謹,率性根心,規仁矩義,終始不渝。六歲能讓兄取履,九歲讀書知大義。常代兄汲水負薪,以供炊爨。十歲選充秀才,益勤勉嗜學。夜乏膏焚,則就竈下火光讀之,由是學日以宏,試必高等焉。時邑子田文孝先生以篤行顯名,公欣慕定交,相與覃思理窟,力躋道岸。於是文孝之親賢之,因以其子妻之焉。屢舉不第。門人以次受經,束修之來必却其厚者,曰:"伊富我貧,多受恐爲所役。"乃示志,作自責詩二章。分守苑洛韓公持義甚高,獨延獎二公。公自奉約甚,然於養親,雖啜菽飲水,必盡其歡。及臻有廩餼,乃喜其有肉帛之養也。母病,公侍不離寢,衣不解帶,憂悴籲藥,靡所不周。隆冬居喪,哀毀徹夜,至涕淚冰凝,手足凍裂,里閈之人無不感傷。既葬,讀禮,修趙氏族譜藏於家。服竟,以選貢例貢入太學,是爲嘉靖癸巳。其年值壽官翁七旬,公置酒張樂,百拜奉爵而後行。太學二年,容止卓犖,欲上疏言天下事,不果。既而勤禮監之奏録,白部廩之誤多,又因妻子還鄉,辭給之半。時歷事生多潦草書録,及以空身而冒全給者,於是監部皆嘖嘖稱公爲食不浮人、窮不失義者矣。事竣歸里,壽官翁方病劇,乃見公而愈,人謂之孝感云。公於是日以怡養爲事,嘗訓其子曰:"俗心愛父母,類不若愛兒女真。惟不失愛父母之真心,斯爲孝子耳。"又嘗語其友曰:"我輩未能得時行道以賞善罰惡,或因文字以示勸懲,亦非苟作者已。"於是爲漳縣令任君及任孝子作傳,又考正名宦鄉賢之祀。己亥,居壽官翁如母喪時，伏廬撰《遺德録》。服竟，除清苑縣主簿，治圍清正，攝縣稱平。如拒許時祐之賂而究其奸，公均倨之審而紬其僞，最爲郡守吳公所崇禮也。吳公方以嚴御史不輕許可，顧獨重公。臺中之獎一歲累下，計超叙有期，忽思歸不可留，遂投狀拂衣，休神家衕，課子西齋，明農南畝，灌園種樹，條其風宇，家筵社會，寫我天倫焉。兄亡，厚爲葬祭。端居簡出，邑令皆登堂問政，因得除汾宗佃田之弊、瑞石貼差之累，民永便之。己未，訥舉進士，授定興，迎公就養。公到舍，訥百拜上壽，請訓所以爲邑。公曰：“愛民便是忠君，忠君便是孝親。”復爲畫愛民數事，令出而民悦也。尋調繁江都，江都人所稱善政皆歸惠於公焉。甲子，江都君考最，擢刑部雲南司主事，詔封公爲文林郎、江都縣知縣。拜命一年，奄忽捐棄，嗚呼痛矣！

生於弘治六年癸丑三月二十五日。配田氏，封孺人。有子男二：長即訥，娶許州吏目宋君女，封孺人，有疾，再娶邑庠生李君女；次讚，廩膳生，娶盂縣主簿傅君女。有女二，長適武廷翰，次適武彦蕭。孫男一，曰守黑，未聘。孫女七，長適國子生張君男庠生弘文，次聘傅應舉，次聘廣平府通判王公男用勛，次聘户部侍郎霍公男鍾琳，餘俱幼。公爲人淵渟岳峙，不妄言笑，不泛交遊。於賢有德，雖未識面，願投分盍簪。即非其人，雖識弗昵。好客名飲，接殷勤歡，要皆善氣所存，無孟浪云者。尤好施恤及助修橋梁，以濟貧涉。至非分之物，一毫莫取。其爲庭訓，壹以《孝經》、《曲禮》馴致聖學，肆今有子如高陽氏之才焉。平生介而有容，與物無競，遵道而行，實允蹈之，古所謂篤行君子矣。然其行己也恭，事親也孝，核其名實，奚忝前修？故我邦人諸士與其門人私議所以易名，謂夫子爲“恭孝”。先生所著，有《家教録》如干卷。系之銘曰：不上其第，以遺其嗣。不盈其位，以擴其世。栖鶯退飛，玄覽德輝。佩玉輯趨，弘表鄉間。昭有令儀，冥無惰行。萬石醇謹，太丘方正。進退惟可，取予不愆。知幾明微，哲人有焉。謙謙其恭，懇懇其孝。示我周行，報之隆號。雖有三珪，不如公所齎。雖有乘車，不如公所攜。宮其隩區，以安營魄。勒銘幽茂，永好無斁。

皇明誥封奉國將軍北村公墓誌銘

國有敦文履善之英，是爲北村公云。往宗胄貴盛類不屑文爲及與縫掖者遊，至北村公乃獨好書，又好親賢，於書無所不通，於才人學士未嘗不虛左而迎之。故其德大雅，卓爾不群，而諸宗之有識者亦胥嚮風，繇是彬彬多文學之家矣。

公天才俊敏，神識朗融，綜理篇章，咸中矩矱，斧藻丹臒，爛若高霞。每觸景興情，含毫落紙，或矢之長音，或約之短律，曾不限步刻燭，而其詩已應機而就，若大化之鎔冶萬物，性色一無假焉。其敏捷如此。又善繪畫，凡得之寓形之感，超之有象之觀者，輒敷染摽飾，亦若大化之善幻焉而不可窮也。其融會如此。要其妙，則蘇子所謂"少陵翰墨爲無形之畫，韓幹丹青乃不語之詩"者也。一時縉紳鉛槧之士咸傾心歸之，如鳥趨鳳焉。公孝友忠信，廣大溫恭，非禮弗言，非義弗行，嘉善矜否，犯而不校。下有竊金器者，已而悔還，竟不之究。居常褒衣博帶，雲冠崔嵬，望之如古先哲人然。峪中有佳山水，良辰美景，公必往遊，登高賦詩，陶陶然樂而忘歸也。數與方外僧秋山坐石，臨流而談，僧所談他人不解，公獨領略，時拍手微笑。或看月寒潭之上，□□□□□□五十六，薨於正寢。薨之日從容端坐，與親□[二]別，且曰："吾乃復造化舊物，若等無徒悲。"顧命其子惟曰："若□[三]作善，若惟肖之而已。"時嘉靖十九年九月十有二日酉時，距生則成化二十一年四月初九日子時也。公薨未葬，以嘉靖三十六年三月十八日卜葬峪里之鮮原，其子中尉君以鄭君登瀛狀徵余銘，以掩諸幽。余固諸生而承誨愛者，敢不銘？

按：公姓朱氏，諱奇涵，別號北村，系屬太祖高皇帝五世之裔，誥封奉國將軍。高祖，晉恭王。曾祖，慶成莊惠王。祖諱美垛，封鎮國將軍。父諱鍾鈌，封輔國將軍；配夫人王氏，生子十有二人，公其仲也。元配郝氏，封淑人。有子一人表杷，封鎮國中尉；配何氏，封恭人。有女二人：長巴陵鄉君，及笄而喪；次雲朗鄉君，配儀賓張儀。有孫男三人：長知蓥，封輔國中尉，配張氏，封宜人；次知燵，封輔國中尉；次尚幼。有孫女六人：長石鍾鄉君，配儀賓屈聘；次歙浦鄉君，配儀賓王三晉；鍾湖鄉君[四]，配儀賓任清；次宗女，配宗婿李忠；次尚幼。公著述閎富，有《北村山藏藁》如干卷傳於世。銘曰：道遐莫弘，于岸于登。文墜莫承，以汲以升。微公振邁，鮮克茲能。宗衮是賴，皇□[五]有憑。銘彼不朽，視其岡陵。

鄉貢進士郭龍石先生暨配牛氏合葬墓誌銘

壺有端文孝德之士曰龍石君。君姓郭氏，諱恦，字汝學，世爲壺關太平里人，別號龍石，里中稱龍石先生云。高祖諱麟，嘗輸粟助賑，敕旌其門爲"義民"。曾祖諱誠，祖諱榮，俱隱於義。父諱修，以納例授三品武職服色；配東昌太守楊氏女，蚤卒，繼上林苑署丞姜氏女，生龍石君。君五歲喪母，哀思欲絕，賴繼母王育之。稍長就學，日記千餘言。年十三補學官弟子員，而學弘矣。十六舉戊子鄉試不第，益發憤，精思實踐之學。十九舉辛卯鄉試，遂魁多士。刻文五篇，主司評其文曰："疏通爾雅，館閣之裁，華國經世之章也。"及見君，則少年而老成，於是益驚歎焉。其後會試禮闈，歷壬辰至丙辰，凡八上不遇，人爲君屈。君守道弗携，而益邃於學，其視屈信龍如蠖如也。

初，三品公被訟成獄，君青衿，抱恨曰："顧使吾父生兒不如緹縈哉？吾二弟幼，吾當爲理耳。"及中式，則叩首謝天曰："是怊理父冤之日矣。"於是極力陳救者十餘年，又損其家貲之半，父竟得以不冤。然出獄時已年老目盲，而君亦面黧髮脫矣。君子曰："孝哉龍石！能迴天以拔父於獄也。"假使龍石如陶朱公兒，不貲存而父亡乎？然三品公夙雄於財，出見又損，則不悅龍石君，因逐之。君順受承慰，極其宛曲，父威亦稍霽焉。己未，當入會試，以中寒不果行，而三品公適考終正寢，君力疾悲號，水漿不入口者三日，棺斂之具無所不盡其情，而哀毀逾禮矣。因脅痛氣鬱，無醫師之良以拯之，遂不起焉。邑侯何君吊曰："天弗愁遺，使孝子淪棄！"里中人傷悼，皆扰淚失聲，以爲孝子可贖，人百其身也。

君稟清淑之氣，純孝友之心，溫恭愷悌，端雅惠和，敦友睦親，恩信藹然，接人與物，謙敬無貳。至其涵睿照於沖虛，蓄英華於簡淡，若同而有介石之貞，如懦而有不倚之操，則進於道遠矣。兵憲汪北峰與君舊，數欲邀致館中不得，其介如此。前邑侯段君，名御史也，稱君"孝友賢俊，無愧古人"，信哉！爲文本理達辭而後有光焰，博綜群典，靡不精契。性喜作字，遂擅臨池之工。又喜陰陽地理星命之學，言命則屢中。常自筭："午運當厄，吾病在申歲，而革在小暑之前數刻乎？"屆期果然。蓋是日交節在未，而午時厄也。是爲嘉靖庚申六月四日。生於正德癸酉九月二十八日，得年四十有八。

配牛氏，同邑巨族魁之女也，敬順慈和，罕有其儷，以嘉靖壬寅七月六日逝。生於正德庚午十月十有七日，得年三十有五。繼徐氏。有子男二人：長開封，牛出，充邑庠生，娶吳縣縣□〔六〕閻應薦女；次開塾，徐出，尚幼。有女二人，孫女一人，□〔七〕幼。君卒之明年，開封將以十二月某日葬於紫巖之原，而以牛夫人祔。乃持其堂伯恬狀來索銘，拜手致辭，淚十數行下，曰：
"吾父歿時言：'同年而知我者，□〔八〕文谷兄。兒走乞銘，必見
惻。'"胤於是爲位而哭，涕泣而爲之銘。銘曰：端也不得以宅
揆，文也不得以羽儀。惟孝惟德，終焉以之。天有好，神有福，
而謙謙者若斯。何勸而爲誠，冥冥之不可知。古有易名，朋友得
爲。貞曜之諡，徵諸誄辭。如以端孝，屬之先生，庶無祿而康，
匪壽而榮。我銘不爽，以妥厥靈。

晉府右長史潭水先生李公暨配董氏穆氏
吕氏三宜人合葬墓誌銘

李氏初爲平定郡西義井都人，在唐季蓋多顯者，至今義井南
莊有高冢纍纍焉。金時有諱之才者，官總領，於鄉土有禦亂之
功。之才生剛，剛生思忠，思忠生唐卿，唐卿生煥。煥當國初始
合族居平潭，爲平潭李氏云。煥生智，智生璞，三世皆尚德寡
愆，而璞以勤儉積粟至三千石，能貸施一鄉，鄉人倚以爲命，於
是郡中鄉飲皆僎之。璞生鳳，封順天府推官，配王氏，贈孺人，
其賢在閻祭酒誌。鳳生應奎，是爲長史公。

公字文輝，別號潭水。年七歲問父："學與耕也孰優？"父大
喜，曰："兒欲學矣。"遂令就塾。稍長，授經於舅氏王公，卒
業於憲副雷公。經則博通，且潛心勵行，與俗學異。年十九選郡
庠生，二十四中正德庚午鄉試。辛未會試不第，就高陵縣學教
諭，或姍之，公曰："吾親老弟幼，吾不爲祿養，而誰養乎？"
乃端範正講，以臨諸生，不受諸生之餽遺。諸生有不能婚葬，必
亟爲處之。尤敦重風誼，於時搜表孝友貞懿久匿而不彰者七人，
事在吕涇野集中。時涇野先生居里中，遣弟應庚、應箕受學焉，
而己猶與之共邁於是道，乃益尊。居八年，升鞏昌府學教授，其
操履如高陵時。常手書《太極圖》、《通書》於壁，以牖諸生。何

大復督學時，獨許隴西諸生有性理之學，知□[九]公善教，於是徵公正學書院修《雍大記》書。鞏去家三千，乃迎養父及弟應斗來就學並完婚。留五月，東歸，申狀願分禄以養，當道咸歎美之。

嘉靖癸未，丁母憂，哀襄盡禮。丙戌起復，補廬州府學，亦分禄養親，其操履亦如鞏昌時。己丑，升伊府紀善，言動端平，王敬重之。庚子，丁繼母憂。後府中多事，王拊髀謂左右曰："李紀善若在，豈有此哉？"因遣書存問。癸卯起復，太宰許公曰："兹宿儒久淹，視彼速化者何？"補晉府紀善。尋升右長史。王素重公端平，至是益敬禮之。庚戌，王上疏言公忠勤，得進四品服俸。癸丑，丁父憂。父在疾時，公乞假省問，遂獲躬奉湯藥及棺歛焉，人以爲孝感也。

公宅憂過傷，頗忽忽不豫，然秉禮敦道，訓啓後昆，無毫髮差。以嘉靖壬戌正月二十四日終於正寢，享年七十有八。訃聞於國，王惻然曰："奪我仲舒！"即遣官爲文以祭，兼賜旌賻。生於成化丁未十二月一日。元配董氏，繼穆氏，俱贈宜人，俱莊惠仁淑，俱得年二十九歲而卒。自有涇野公誌，所謂"董母以育子而革疾，穆母以哭母而褫魄，慈可以照日月，孝可以塞乾坤"是已。又繼吕氏，贈宜人，郡名族遷之女也，端重沉静，不妄笑語，性慈孝，精女紅。穆宜人殁後，遺子女七人，而五人尚幼，吕撫育之無異己出。尤孝敬舅姑，相潭水公歷廬、洛之間，守寒素之業，處諸叔妯娌並合道適宜。追惟董、穆，其賢同揆矣。得年三十九歲而卒。又繼劉氏。公有子七人：長念，舉乙未進士，歷官至歸德府知府；娶王氏，封孺人，繼孫氏。次愈，同兄舉進士，歷官至鳳陽府知府；娶陽氏，贈宜人，繼姚氏，封宜人。次慈，鄉庠生，娶陸氏。女一，適丁未進士苗敏學，董宜人出也。次愛，早卒。次愍，郡庠生，娶張氏，繼董氏。次意，郡庠生，娶朱氏，穆宜人出也。次懇，壬子舉人。女一，適庠生白雲鷗，吕宜人出也。孫男十四人，孫女十五人，曾孫男四人。

公天質醇明，器宇閎邃，修儀美鬚，金聲玉色。性好讀書，每展一書必究竟卒章乃已，古今治亂人物之紀罔不淹詳。剛腸疾惡，却絶口不言人過。喜飲酒，雖多而不亂。即席雅談，必忠孝勤儉。或座有惡客，未嘗不慚沮棄去。居處無惰容，凡後生小子見公多肅。平旦整巾即焚香祖考前，又好施恤而不責報。至於孝親友弟，樂道甘貧，誨人與物，惟公惟誠，殆性之矣。涇野先生不妄許人，稱公"孝友之行可通神明，篤信之學不愧往哲"，又稱公"有過目成誦之資，有食茶茹苦之節，有振頹激頑之材，有先人後己之行"，非華説也。三莅學官功令，弟子俱見思；兩輔大藩，兩王俱敬禮不衰，去之日問也，死之日誄也，旐也，賻也，豈倖致哉？公所教弟，應庚歷官至西安府同知，應箕至狄道縣知縣，應斗充廩膳生，而應韶以力農裕。今年某月某日，葬公古城西原之新塋，啓三宜人合葬。乃歸德君泣爲公狀，鳳陽君乞爲吕母狀，先期委胤也作銘。胤年家生也，曷敢辭？銘曰：學以啓家，賢焉光國。國有庠序付公殖，三臡之子歌樸樕。懿親雄藩公兩翊，陪德秉忠承北極。家頤大椿甘旨即，群弟諸兒聆講德。三鳳八龍金組絶，五馬大夫百里職。創功垂統萬年則，仁孝篤誠福齊稷。石君家聲衛武抑，吕史讚垂琬琰刻。我銘不斐義不忒，別有好辭榮墓側。

中憲大夫湖廣按察司副使黃巖李公暨配孺人牛氏合葬墓誌銘

嘉靖三十四年乙卯某月某日，中憲大夫湖廣按察司副使黃巖李公以疾終於正寢，葬柏穀山祖塋。後九載，爲四十二年癸亥，而元配牛孺人卒，當合葬。其冢嗣如松以大藩參雙峰姚公所爲狀來乞銘。

按狀：公諱延康，字允吉，別號黄巖居士。幼穎秀絶群，年十三充學官弟子，才章玉瑩，鴻雅博通，以《禮經》中嘉靖壬午鄉試。壬辰，登進士第，授汝寧府推官。清理正讞，一以至公。有豪獄故不決者十年，冤民白御史，願得李明府一訊，即死無恨，於是遂正法焉。汝水氾溢，歲久不能治，用公治之，即事省而功倍。民間傜役被公審者無不均平。有同宗之喪，貧不能歸，公捐俸盡以賻之。其高明仁義大氐如此，以故鏡明水清之謡流響三河云。居三載内徵，適丁外艱。起復，拜湖廣道監察御史。巡視内地，廉枉察奸無少怵，太宰許公稱公爲真御史。上幸承天命，公整飭軍士，護守禁垣，駕旋，賜勞白金文幣有差。尋奉命巡按陝西茶馬。時私販爲蠹，邊厩屢空，公至，一煎浣而疏通之，蕃人畏服，馬以庶繁。大司馬爲上其事，特賜彩衣白金以嘉其能。未幾，丁内艱。起復，巡按順天。其地爲輦轂之近而關節之衝，自非弘毅，鮮克通理。公肅紀綱以貞吏治，詢風俗以拯民疲，如大鈞垂令，暄凛並行，無少利害之心於其間。是以中貴請托不行，閹門犯辟罔貸，墨史望風咸自解綬而去。至議上戎略，言飭武備，選將才，多所施行焉。例補河南按察司僉事，分巡汝南、大梁二道。修屬城之圮，辨良吏之誣，弭妖賊之亂，御煩理劇，霆厲風行。升陝西布政司左參議，奉敕撫治商、洛。時礦盗竊發，傷我官軍，公相機剿撫，竟殄厥渠魁，寬其脅從，山民賴以全活者衆。有老嫗訟子之惡，公曲爲懲諭，子感悟爲孝。有洛南故人犯罪死律，彼私謂得免，公竟置之法，仍厚其家以報之。有按史倨慢，公正色讜言，不爲少曲，史慚沮加敬焉。居五載，升湖廣按察司副使。有飛語陷公於京師者，遂謝政歸。朝論方共惜之，而公恬然無□□□□□，□〔一〇〕農課子，飲酒賦詩，以自愉懌。偶感疾而逝，享年五十有六，距生弘治庚申九月十有二日也。

配牛氏，封孺人。生有至性，幼通《孝經》、《女傳》。及笄，適黃巖公，與公合德，孝敬勤儉，靡所不宜。公家食爲名士，起家爲賢大夫，雖其自植，而孺人內助之力爲多，故封誥之文美孺人"師於前哲，謹其婦儀。饋克主中，事不言外。相爾夫子，勵行飭文"，爲實錄矣。享年六十而卒，時嘉靖癸亥某月某日也。生於弘治甲子某月某日。

公高祖得剛，曾祖志美，俱隱德弗耀。自祖翥始通仕籍，號安定君。考玹仕洛南，以名宦見祠祀焉，贈文林郎、湖廣道監察御史。配馮氏，封太孺人。生五子皆賢貴：曰延昌，封濟南府推官，其子如桂見任陝西按察司副使。曰延馨，登己丑進士，仕至戶部郎中、登州府知府。黃巖其行四云。牛孺人之考以齒德拜壽官，妣劉出諫議之門。公有子一人，即如松，爲庠士之彥，娶儀賓崔瑊女。有女三人：長册潘王妃；次適庠士劉承祥，都御史夢之子也；次册安慶王妃。公爲人莊靜簡嚴，剛明仁恕，孝友忠信出於自然，宮保王浚川公稱公"雅致不染涅於流俗"。太守陳公特祀公於社，前學憲曹公議之，撫按孟公、樂公允之，少保大司馬楊公爲作記焉，宜矣。公尤雅贍文學，所著有《慕終集》四卷存於塾。銘曰：以位以年，與善則歉。以德以才，與俗則殊。以其所殊，而易以所歉，豈亦天道之盈虛，人事之反復乎？然其歿而祭於社也，與玉之埋也，山若增而高也，亦烜赫者之所歉，而澹默者之所殊也。銘之幽墟，與天壤俱。

清河縣學訓導封文林郎衛輝府推官
西塢先生王公墓誌銘

嘉靖癸亥六月二日，西塢先生王公以疾終於正寢，享年八十有一。明年甲子閏二月廿四日，葬於姚村新兆，與其配兩孺人合。其子御史君乃先事問銘，自涑川走汾，跋涉殆七百里，出廷評李君所爲狀。

按狀：公諱澄，字志清，邑中號西塢先生。爲人貞敏莊厚，孝友和直，識進讓之義，達明保之機，而尤立於禮。幼穎慧，善讀，日滿千言。初操管締藝才美，則徵師授學，《毛詩》六藝理解焉。弱冠入邑庠，務飭己，修辭有儀法可觀。提學石公欲藉以化俗，令食廩鄉寧、吉州，歷三歲乃還。及應鄉舉，凡八上不第，竟以循次貢入太學，授清河縣學訓導。公至，守功令之章，課經治之術，崇禮尚恩，口不言利，乃門人日親，欲依歸終身而不忍捨去。及去，則遮留以思。

公家食時，父母與祖父母康疆俱盛，公養則致敬。及其喪也，則壹以盡哀。邑人喪尚佛事，公獨純用古禮，紬是不爲，俗至今化之。與弟贇恭讓，逮白首無間。又能恤秦氏姊之貧及內外黨之乏者，至存歿取庇焉。教諸子必先忠孝而後名聲，文章政事皆有本源，以故趨庭之子胥雲蒸龍變焉。公在清河，日思歸養其老親，及仲子登薦，徑棄官歸，巡按楊公特走書幣追獎於家。公容與林廬逾二十載，其溫恭敦睦，清平恬雅，非仁無爲，非道弗處，蓋如一朝。每遇聖旦元正，必蚤起祝釐，九頓首而退。凡閭社往來，接杯酒殷勤之歡，叙述情話。與親戚同糶，有糴者少筭，公輒呼補之。其人得遺釵米中，亦輒還公。鄰鬻宅，公酬價多，或迂之，曰：“是則周之乎爾。”有傭作罷者，聞或困阨，未嘗不往救也。初，御史君以衛輝府推官考最，上封公如其官。公既封大郡，猶儒服傴僂，出里門不駕。其行誼純備，殆古所謂厚德君子也。

公先世太原，自八世祖從爲遼時金牌千户，鎮河東，因著籍聞喜焉。從傳曾孫二十一人，而十九公諱克仁者，以酒德比五斗先生。仁生梟，爲國初刑部主事。梟生吉，吉生佐。佐生戀，以齒德之劭拜壽官，而賓飲於鄉；配梁氏，成化癸卯七月十日生公。王氏起家自金牌，刑部而後有濬齋公諱晢，仕至浙江右布政使。今踵武光裕，則自公更始之云。

公初配盧孺人；繼配張氏，以子貴封太孺人。盧生於成化壬寅正月二十日，卒於正德庚午五月六日，得年二十有九。張生於弘治丁巳四月六日，卒於嘉靖庚申六月九日，享年六十有四。太孺人莊慎慈淑，實與公齊德。凡公所爲善行，自居家履官，端本垂範，皆太孺人從中助之。兒女婚嫁及諸婦諸孫佔傅[一一]機杼，以至饎爨廝役，罔不經制有條。躬先勞苦，節儉終老不渝，其爲賢母如此。有子男七人：長宗夏，配某氏；盧出。次宗堯，癸卯舉人，任淅川縣知縣，配某氏。次宗舜，癸丑進士，授衛輝府推官，擢南京湖廣道監察御史，配某氏，封孺人。次宗禹、宗湯，蚤卒。次宗文，邑庠生，配某氏。次宗武，配某氏。有女一人，適趙養誠。俱張出。有孫男十二人：曰廷對，邑庠生，娶某氏[一二]。有孫女幾人：一適解秋，一適邑庠生景仰傅，一適廷評子李豫養，餘尚幼。孫男一[一三]，未名。公德積慶餘，斯後昆振振盛矣。系之銘曰：陶唐氏之墟，涑水之濱，隆崇清淑而玄龜以居。蓄其淳穆，不大以舒。有慶其緒，有來其徐。馴雉者茂，峨豸而譽。以引以翼，夔如龍如。譬彼巨林，豐厥本初。銘之乎石，萬年考且。

鄉貢進士呂梁張貞孝君墓誌銘

張君之生也，其從叔大司空襄敏公稱其志焉。其歿也，其從叔大中丞永石公述其行焉。余君之友也，則敘而銘之。

君姓張氏，諱德化，字脩甫，別號呂梁。高祖大全。曾祖釗，七品散官。祖文，鹿邑縣丞，有惠政。父璞。母李氏，以貞節見旌表云。君生於弘治乙丑三月二十七日，幼學能文，未冠選入郡學，督學使每歲臨試，皆襃然舉首。蓋其天質純粹，復深造敏求，以故學日益邃，文日益高矣。壬辰徵進河汾書院，庚子鄉試以《易》中魁選焉。孝友端厚，篤履不渝。其父蚤世，祖父母與母在堂，君奉養周至，顏志之愉、温甘之款洽如也。逮於喪葬，無不於禮也合焉。母李也節，君也孝，部使奏旌表其門，呂涇野先生讚其節孝以相成也。癸卯致母之喪，哀毀危篤，瀕隕復甦，人謂孝感之徵。事兄某恭謹，值其暴卒，即不赴大比。喪其室人，必終期而繼賓興之時。有司特加餽焉，君固謝不受。嘗遇北虜於田，虜奪其乘而不害。已乃避巖谷中，經四日不食，猶賦詩書石，有"自知非烈士，即死不成名"之句。貞節坊毀，君竭力修復，曰："以保我母氏之烈也。"祖塋在石婆神七老塔，嫌於湫隘，君展地奉遷，不用陰陽禍福之説，而位置廣輪，垣樹表記備焉，曰："以安我先人之魄也。"力田自食，不假世營。構書屋城東，扁曰"崇倫"；築場圃一區，扁曰"所其無逸"：蓋言其志矣。門人來學者衆，凡受君指授即卓爾不群。性喜飲酒，遇飲輒盡，絶不邇聲伎焉。宗黨有吉凶之儀必助之，徒侶之乏必見恤也。其孝友端厚大率如此。

偶以痰疾，卒於嘉靖壬戌十月十有三日，得年五十有八。以明年癸亥某月某日葬於遷兆。元配董氏，繼王氏。有子男二：長□，娶御史車公梁之孫女。次繩，娶寧鄉鄉貢進士陳謨之女。有女二：長適鄉貢進士崔柄，次適安桐。俱王出。孫男一，曰所性。孫女二，俱幼。君之將葬也，門人輩謂夫子有真德實行，追配古賢，乃不得見用而謚於朝，若易其名曰貞孝，亦猶行古人之道也，故謂夫子爲"貞孝先生"。

君博聞强記，沉潛理學，尤善爲古文辭，復善書法，其淵識雅裁，蓋極天人焉。至於揚榷古今而談當世之務，則忠讜慨興，經濟渙發，如武庫啓而利器森列矣。所著有《袪俗小稿》、《自考録》、《吕梁集》若干卷。襄敏公曰："吾侄學即是事，事即是

張雲溪先生墓誌銘

雲溪先生姓張氏,諱紳,字佩之。其先浙江仁和縣人,自高
祖某從王,爲王國人,而家汾陽也。父諱其[一四],母金氏。

先生美姿儀,善清言,性温爽聰慧,涉獵書史,通畫水墨丹
青,兼通詞翰,興寄所托,往往入妙。慕尚飲中八□[一五],家常
釀酒,或舉杯獨酌,或遇客款留,或社中招飲,未嘗不高歌傾
倒,有鳶飛魚躍之趣。撫景談諧,善而不虐;間談世務,亦鑿鑿
可行。少營舉業不就,乃挾策而遊京師,復西遊於秦。大司馬彭
幸庵、修撰康對山皆愛其爲人,相贈以詩,詩在二公集中。及倦
遊,爲晋府引禮舍人。又倦遊,乃始歸汾。居無何,復游河東,
河東人僉重其風流文雅云。余秀才時,見禮於宗老北村翁,時先
生在北翁社中,因相識焉。及余解方伯之印,遂與先生爲方外
交。蓋文酒追隨,風雨晦冥而不輟者十年。余情在避喧,先生心
亦遠俗,故交也。

嘉靖四十二年七月初五日,以微恙終,享年六十九歲。葬於
城西石塔之原。配鄭氏,有子男三人:長鳳羽,宗婿。次鴻羽,
生員。次鶴羽,宗婿。有女二人:長適王邦國,次適中尉知𤩲,
封恭人。有孫男四人:長汝文,次汝行,次汝忠,次汝信。先
生將葬,余買石爲誌其墓。系之銘曰:雕軒朱轂人所崇,堆金
積玉人所傾,縕袍藜杖誰其明?余哀其行焉而銘,以闡幽人
之貞。

王母太安人張氏墓誌銘

太安人張氏者，贈君王公鶴之配也。贈君父諱瑄，襲祖廕任汾州衛百户，進職千户，授武略將軍。母甯氏，封某[一六]人。太安人父諱祥，母段氏，爲郡中名族。

太安人温惠穆慈，自歸配贈君，綽有婦德。及生令嗣，母儀肅焉。子緯質粹，太安人命曰："自我爲汝家婦，未聞汝先世以文事濟武功者，兒勗之否？"因勸贈君延師以啓其學；學成，中嘉靖甲午鄉試。戊戌，贈君卒，太安人經紀喪葬，於禮也合焉。郝水峪先生爲之誌。時子緝年十二，亦有粹質，太安人令就兄學；學成，中丙午鄉試。丙辰，命子緯仕，曰："吾老矣，汝以祿養吾，爲汝孝。"於是緯謁選，授鄢陵縣知縣。己未課最，升武定州知州。時歲饑，緯攝行救賑，政善策奇，所全活數百萬人，復還定而安康之。太安人喜曰："兒陰德乃爾，吾何幸！"壬戌入覲，以忤府左官，守順德府學教授。尋遷廣平府通判，迎養太安人，以遷所未往。己未，緝舉進士，太安人乃就養京師。其年緝授吉安府推官，以太安人老，難遠涉，又不忍舍母獨往，特上疏陳乞，改懷慶府學教授，因奉太安人贇廨。頃就養武定。及緝署縣武陟，復奉迎太安人來武陟。壬戌緝升國子監助教，癸亥升户部福建清吏司主事，太安人俱在邸舍。甲子秋，緯入賀，母子兄弟咸聚，太安人喜甚，已而泣數行下，曰："昔先大父易簣之日，顧四子六孫及女甥無一語，獨謂吾淑慎，當必有佳嗣以振吾宗。亦天以報婦乎，不意五十年來遂有今日！卒何稱先人之教者，冀兒輩忠與孝哉！"時緝監兑河南、山東之役，當出水次，太安人乃就養廣平。到廣平三日而卒，時嘉靖四十三年九月十七日也，享年七十有九。生於成化二十二年五月二十八日。時在内公卿大夫之與廣、順僚吏皆夙聞太安人賢及兩子純明仁孝，皆爲文以誅，兼厚奠云。緯扶襯自郡，緝奔喪自京，迫仲冬歸於正寢，以明年乙丑三月初九葬萬戶山之祖塋。

太安人冲虛端靜，本於天植，苦節貞行，勤理克家，終始不渝。居常齋莊蔬素，誦《觀音普門品》義，往往見諸施恤，即古所謂大慈者矣。初，王氏以武略興，歷世但守轍而已。至以科第起家而光大之，實自太安人始也。有子男三：長經，娶徐氏。次即緯，娶李氏。次即緝，娶趙氏。有女二：長適典膳侯濟，次適史朝賓。有孫男三：長天寵，生員，娶劉氏，早卒，經出。次用賀，聘史氏，緝出。次用勛，緯出，聘刑部主事趙君女。有孫女三：長聘任國柱，次聘余長男孔階，次尚幼，俱緝出。襄事之前，趙刑部撰狀，余作銘。銘曰：有淑其媛，有士其行。惠巽宜庭，清恬保性。躬培善基，弘衍緒慶。訓育兩覽，蒙養均正。登名展宷，玉輝金映。遹觀厥成，遹享厥盛。德祿美兼，孝慈明並。既壽既康，以考終命。烈裕有承，褒表無竟。廓其武功，奭其慈令。銘其永存，鎮其長靜。

慶成王長子小溪君墓誌銘

君諱新堤，別號小溪，今王之冢嗣也。於制爲長子，於禮为嗣君云。母妃王氏。嗣君擅清一之資，撰剛中之德，志高千仞，心雄萬夫。莊敬威嚴無間於隱顯，彊毅敦敏莫測其淺深。自弱齡嗜學，長益耽文，聰慧天啓，悟徹神授。研精篇籍之府，振藻著作之庭。落筆成章，吐辭爲律，大篇春容，小言緻密。至舒染翰之雅，又出臨池之工，由是墨客之流襲惠響於儒林，銀潢之侶□□□於牛渚。方且孝隆兩宮，儀正四國，問安寢門之外，視膳東厢之側。動而足法，舉必可書，位壽弗登，聲華則茂。

生於某年某月某日，以嘉靖四十三年五月十有六日薨逝，春

秋四十有一。明年乙丑四月十有九日葬孝臣里之原，皇上遣官祭
誄如制。所著有《奕善堂集》若干卷。擲金聲於地下，埋玉樹
於土中，惜天下之寶沉淪，歎人間之世短促，良有以哉！配夫人
李氏。有子三：長慎鍾，次慎鏐，次幼。有女二：長配儀賓□□
素封普德郡君，次聘安惟一。襄事之前，高陽令徐之屏列其懿
行，徵銘表幽。系之銘曰：自我太祖高皇帝弘文起運，垂裕後
昆，歷莊惠、恭僖、溫穆、端順、恭裕以至今王，咸恪守一德，
以承世風。至於哲嗣，則其文於鑠，其緒有廓，佇其追渥，輝此
冥漠。

故王官叙庵潘公墓誌銘

嘉靖四十四年乙丑十二月，公以事被逮，聽理於省中，因鬱
抑疾作死旅舍，爲本月二十三日。時其子孝廉君隨侍，□[一七]跣
告哀，官府盡憐之，亟令以禮襯殮而歸葬焉。孝廉君痛父匪辜，
乃日夜號柩次，不忍遽葬。以隆慶元年丁卯二月十六日葬中千里
祖塋。先事，以其師憲使西瀛王公所列行狀來索銘。

按：公姓潘氏，諱存禮，字克敬，別號叙庵。其先江西浮梁
縣人，自五世祖積善翁以軍興隨太祖定鼎金陵，戎羽林。尋改撥
隨晋恭王之國，居晋陽。尋又改隨慶成莊惠之郡，家汾陽焉。積
善翁生旺，旺生英，英生通。通配李氏，生三子，公其長也。自
積善至公凡五世皆事王，而以恪著，獨公以果毅彊直管書記之
任。今王自授邑東館及以長君嗣位，殆五十餘載，無一事不委重
公，公亦無一事不稱旨者，蓋其心計精嚴而勤敏濟之。至於持論
守見，侃侃不回，日與豪宗悍族相抗，尤爲人所憚焉。居家孝友
兼至，事親生則致養，顏志之承未或少違；病則迎醫籲天，憂瘁
可掬；喪祭則哀毀悲慕，每歲時致奠未嘗不泣數行下也。非賓宴
不市酒肉，或問之，曰："曩吾欲養親，家貧不可以爲悅，今力

能具而親不待，此皋魚之恨，爲我心惻矣。"仲弟存智好訟，繫太原獄五年，父母憂之，公百計與援，得免於難。季弟存信好遠遊，父病，思一見永訣，公亟尋致之，且爲娶妻以安其業，父瞑目焉。嘉靖己丑，當歲大祲，民間三旬九食，道殣相望，而公經營，奉親撫弟，無乏食焉。智被讒時，公躬往救之，渡汾河中流，適水泛漲，乃倉皇祝曰："某一身係父母昆弟妻子八口之依，若葬魚腹，則一家之命傾矣。"俄而至岸，了無他虞，蓋神實助之。智有子五歲而孤，公撫育封植，無異己出，今曰溪貴者也。其孝友如此。故事，藩府襲封，奏討書辦官二員，公於是得以嘉靖甲子之春奉朝命冠帶爲書辦官，即古書記之任，故法得稱王官云。

生於弘治十二年十一月初三日，至歿時六十有七齡矣。元配左氏，靜惠淑賢，嬰疾早亡，今祔葬。繼魏氏，亦以淑稱。有子男一人，曰溪望，充郡學廩膳生，即孝廉君也，左氏出，娶薛氏。有孫男三人：長九成，業儒，娶袁氏。次九功、九叙，俱幼。曾孫男一人，名嘉平。公爲人城府深沉，崖岸整峻，重然諾，寡交遊，雖兒子不少假辭色，雖教令肄業不輕予一錢。在府久見親信，有似專美，故取嫉。任事勇敢，有似婞直，故遭禍。實於中心，奚所惡哉！銘曰：不知臣，觀其君，其君睿聖而公爲之臣。不知父，觀其子，其子孝廉而公爲之父。朱鳥見剋，宵人纂言。青蠅爲羉，白璧有冤。人孰不死？無懟于天。其是安是固，以保爾後賢。

鴻臚寺序班西巖李公暨元配
孺人武氏合葬墓誌銘

李公者，汾之大族也。諱廷儒，字文臣，號西巖。體貌魁梧，性資璪朗。少習舉子業，充郡學生。已而從輸助例，貢上國學，爲國子生。嘉靖九年，授鴻臚寺序班。時朝庭方興禮樂之事，振郊廟之儀，得公俊偉，以爲宣序光也，大宗伯特雅重之。居無何，乃怳然念親老，欲歸，遂乞疏得休養焉。公自得歸，上奉二親，孝禮克全，下訓育諸子若孫，各睹成立，中養真田園，決渠灌花，間涉文酒之娛，兼窺黃老之秘，君子以爲達生者焉。公富而好禮，自郡守而下率樂與公交。前守郭公，關中名士，其治郡整嚴，顧尤與公善。及遷去，盡寄囊篋於公。比宦滿入關，公親往，舉而歸之，則封識無損也，關中縉紳咸贈詩稱美焉。關中回後，復欲遊江南，遂由汴、泗歷淮、揚，度楊子，登金焦，覽太湖之廣，陟蘇臺之高，至杭觀潮浙江，遡西湖，登兩峰而還，翩翩然有凌雲之想也。於是江南之好事者亦贈詩稱美焉。公自遠遊，胸次益高，動止益逸，又善飯，人謂公有仙道，望之若神仙焉。乃以微疾化去。自嬰疾至屬纊，談笑世緣，分理家務，若無疾人然。享年八十有三。生於成化二十一年閏四月十有二月，卒於隆慶元年二月十有六日，葬於大相山之新塋。配武氏先卒，其賢備載光祿卿張公表中，今合葬云。

公曾祖諱欽。祖諱子浩，義官。父諱忠，義官。母孟氏。蓋世號殷盛，至公而始宦焉。有子男四人：長瀛，選王府儀賓，卒。次渤，授山東武定州州判，升大寧都司斷事，娶賈氏。次洛，授河南臨漳縣丞，娶王氏。次漁，授四川劍州州判，娶安氏。有女一，適鎮國中尉知燡，封恭人。孫男十二人，孫女八人，曾孫男三人，曾孫女十人。公爲人孝友忠信，兼好文墨，所著有《李氏家藏集》。三子入仕，俱以公年老不肯久任，輒乞歸。及終之日，兒孫無人不在側者，可不謂善慶之全美乎？銘曰：大相之山，有嶪有巖。厥草維蔚，厥木維黬。有葭有葰，有檜有杉。丹青其宮，金石爾龕。我銘不朽，於公永緘。

隱居教授貞毅先生西野馮公暨元配
孺人李氏合葬墓誌銘

隆慶二年十一月某日，吾師西野先生年七十有八，以寢疾終。次月二十日葬，門人胤述其行而銘之。

先生姓馮氏，諱思翊，字忠甫，別號西野，世爲汾州中千里人。生有偉質奇氣，銳志業儒，博通群籍。弱冠從師受《毛氏詩》，遂專門名家。兼精性理之學，綜觀諸子，一以濂、洛、關、閩爲宗。充郡庠廩膳生，屢科不第，乃慨然棄去，別開館授徒，弟子雲集。時俗學務爲捷徑，講誦滅裂，先生則循循善誘，毋陵節，毋躐等焉。課著經□〔一八〕必理明辭暢，一洗鈎棘浮剿之陋。後生小子以簡傲爲高，投刺先達，恥稱晚生。先生立教，必矯輕警惰，正容謹節，以禮爲先，自是遊師門者少長爲有序焉。先生齒德益劭，弟子益多，乃令高弟轉相傳受，以是有德有造，彬彬如也。今登甲乙之選，居藩臬之尊，縮郡邑之章，列師儒之秩，儲菁莪之養，與子姓之昭訓于家庭，策名於天府者，皆先生佑啓之也。先生稟性嚴正，剛腸嫉惡，非禮勿動，見義必爲，於是非利害之際了然明白，確乎其不可拔。遇豪貴則藐之，見善如不及焉。居家孝友純篤，與物忠信。晚卜築河底之岡，清渠茂林，有盤谷之勝，誓將老焉，而遂老於斯矣。

曾大父諱晶。大父諱得川，以高年有德拜壽官，而飲於鄉。父諱祥，母李氏。先生生於成化某年某月某日。元配李孺人先卒而葬，其賢具載墓誌。茲啓孺人之壙而合葬之，禮也。生子男四：長伯奇，監生，娶郝氏。次仲奇，廩膳生，娶李氏。次叔奇，舉人，娶張氏。次季奇，儀賓，娶都黎鄉君。女四人。孫男九人：建勛、建策、建藩、建垣、建言、建章、建業、建和。孫女六人，曾孫男一，曾孫女一。

嗚呼！世固有小才而冒高位，涼德而紆顯爵，使先生□〔一九〕遇，在朝著則必樹蹇諤之節，以進賢退不肖爲己任；在郡邑則必除强去暴，而表循良之儀。然卒止儒者之高蹈，其命也夫！諸門人以先生有才德而無爵位，當效古私謚之義以易其名，僉謂：“操節正固，貞也；履道彊直，毅也。”因謚夫子爲“貞毅先生”。系之銘曰：孰同大鈞？曰人與神。孰歸定命？曰善與慶。故生爲異人，則死爲貴神；善積厥躬，則慶流子孫。於終之要，斯始之原。銘之乎幽，永矢弗諼。

慶成王府書辦官毅庵周公暨元配党氏合葬墓誌銘

嗚呼！毅庵其已矣。夫公厚德君子也，人之云亡則靡所瞻，然而其行也爲可述也，其述也爲可銘也。乃孚溪君述之，而余爲之銘。

按：公姓周氏，諱永浩，字德洪，毅庵其別號也。其先本浙江海寧縣人，始祖賢在洪武初以軍興從南京留守韋善有功，授總旗。永樂間隨侍慶成莊惠王之國汾陽，後嗣乃世世事王，以謹厚稱。祖達。父琛，母朱氏，生三子，公乃行二，有卓犖之質，英敏之才。琛掌府書辦，公從之，明習其法，兼博通文史，涉百家言，於易數地理灼如也。尤深沉而有大略，謙重有容，言動可則，上下皆敬重之。歷事端順、恭裕及今王五十餘載，而恪恭如一日。恭裕王之即位也，首疏其賢幹，當據例授官，乃得請爲書辦官。服冠帶朝謁，雍容文雅甚都，蓋與古記室從事之官相等夷。東漢至唐，三公大將軍諸王邸第皆有記室參軍、文學從事，主上表章書疏、露布羽檄及圖議國事，宣憲守文，如班、傅、陳、阮，代有名流。公茂殖雅裁，載膺厥職，殆無忝前修，而謹厚過之。宗室藩衍至千，啓事叢集，真贗混淆，公承旨剖分，無不畢達。其他納約自牖，進思退補之忠，未易指數焉。由是郡士大夫亦皆樂與公遊，郡人緩急率倚公爲濟，而公慷慨措置，有惠有孚，凡識與不識僉曰公長者也。治家嚴而不苟，恩而有禮。有良田廣宅，必夙夜省惕，灑掃潔清，無敢怠荒，無鹵莽滅裂。及有析薪而弗荷者諸子若孫，悉令業儒，以故周氏之門有詩禮風，雖新學小生而有芝蘭之氣。事親孝養純至，與兄弟友于，財必兼濟，庭靡間言。嘗墜馬幾斃，覺有異人舉援，得無恙。因詣王辭老不任事，然每事仍召問，或使人就家諮之。其老成見重如此。比忽欲斷救家事，分産諸兒，乃手畫心惟者數日，因微困，頃之遂不起焉。時隆慶三年五月十有一日也，享年七十有七。

　　生於弘治六年二月十有六日。配党氏，賢而早卒。繼黄氏。生子男四人：長倫，次价，次備，俱太學生。女四人。孫男三：長文蔚，郡學生；次文炳、文輝，俱業儒。公歿之日，府中郡中咸共悼惜，謂温恭朝夕，執事有恪，長裾委蛇，無復斯人矣。以歿後六月二十五日，葬北郭厢祖塋之原，党孺人祔焉。系之銘曰：才不世出，地不隱賢。譬彼徂徠，有桷有梴。或登明堂，或克靈光。其致雖異，其美式彰。竹素華於東觀，曳裾坦於丹轂。謙益高危，天道倚伏。懷玉而偏，則無寵辱。孰褆之福，孰與之齡。孰昌之後，孰永之寧。孰測之微，孰鑱之銘。

敕封太安人趙母田氏墓誌銘

　　太安人，今户部郎中陽谿君趙訥母也，姓田氏。父友勝，母張氏，爲里中賢淑，生子四人，女二人。太安人爲長女，靜婉慈祥，不妄言笑。長兄文孝先生以德行範家，因得習聞古之儀訓，而孝敬勤儉出乎天性。父母爲其擇配，文孝曰：「我閱人多矣，有友趙某者，端人也。倘天作之合，非其人不可。」遂成禮而歸趙公，是爲封君恭孝先生。時公家貧業儒，父母在堂，兄嫂皆拙略寡營。鄉俗，新婦不遽操作，安人入門即卸鉛緋，御荆布，親井曰炊食。每食必撙節，其精者奉舅姑，次夫君，其次自噉，則藿糝藜羹而已。如是久之無怨苦心，以故封君不缺親養，且得專力於學。姑病腰痛，惟安人扶掖轉動則痛減，他子女來輒揮去。及卒，勸封君自假貸畢葬，知伯氏之寡營也。舅喪，亦如之。君子以封君貧不薄親、喪不廢禮焉，安人助也。封君性剛正，遇有不平欲往直，安人曰：“彼言是耶，失在我；不是耶，失在彼。何以直爲？”封君素好省己，聞此語乃大服其祥厚。而[二〇]有識多此類。及家道中起，兒女長育，陽谿君方六七歲，安人教曰：“正爾幼志，從服食始。”每有宴饌，雖餕餘不多與食。有香美餅餌，必先使茹粗糲縷量與之。縫有新衣，戒匪時勿穿，不使爲輕俊習。宅近公署，每貴官過，必令陽谿縱觀，曰：“兒他日可如是。”又令講小學故事，至勤學孝順，曰：“兒今日不可以不如是。”既而果然。嫁女治裝，必先具盛服華筵，上舅翁後乃從事。或以爲迂，安人曰：“禮也。”教婦女務勤紡績，居常克儉，敝衣敗絮皆煎浣補綴，而用寸木片紙悉貯以待需。當封君已有俸祿，尚飯脫粟。其儉與性成而教家如此。田文孝夫婦相繼喪亡，弟貢亦早亡，遺婦吳氏守節，而田母老，安人與封君恤養兼至，白縣道樹碑文孝之墓，禮表吳節婦之門。陽谿君舉於鄉，時值田老母喪，安人厚爲營葬，而吳之恤也至今。其孝睦如此。長女早孀，安人勗曰：“但守志安節如吳舅母可矣。”女遂以節名。陽谿君舉進士，除定興令，嘗迎養二親。安人見善政，喜曰：“吾幸有子矣！”尋調江都，擢刑部主事，仍以報江都政，封孺人。封君背棄，陽谿君起復戶部主事，遇今上覃恩，加封太安人。已分曹監徐州倉，三迎太安人。始一就養，則又見善政而喜曰：“吾幸有子矣！”喜竟如教。居無何，值大水没民田廬，陽谿君出公米救濟。太安人曰：“民困至極，我何心鄉此？”會陽谿君事亦竣，即便道奉太安人過里舍。從吏促行，乃跽而請曰：“母老矣，兒當止。”太安人曰：“兒仕矣，吾老無恙。”還京，升郎中，又馳書請曰：“母老矣，兒當止。”太安人又報書曰：“兒仕矣，吾老無恙。”頃疾作，以隆慶五年辛未四月初十日終於正寢，距生弘治八年乙卯九月十有五日，享年七十七歲。陽曲君自邸奔訃，且哭且行，十晝夜而抵喪次，哀毀絕而復蘇，乃治葬。以卒之年十月八日啓封君壙，合葬魏原。

封君諱思商，字尚質，別號岐山。以選貢授清苑縣主簿，致仕。以子訥貴，封文林郎、江都縣知縣，贈户部主事。其嘉言懿行自有誌，邦人謚曰“恭孝”。生子男二人：長即訥，次讚。昔封君之葬也，陽曲君以予作銘，兹又自爲狀徵銘太安人。嗚呼！世非無淑媛也，孰有純備三德如太安人者？弱質而省儀訓，淑慎爾止，柔嘉維則，有女德；作配名儒，安貧委順，約己豐親，不匱夫子，有婦德；躬儉範俗，正志養蒙，佑啓賢嗣，厚倫篤親，至弘家之慶，爲國鼎臣，有母德。嗚呼！德誠備矣，曷可以弗銘？銘曰：魯有公父文伯之母者，淑慎于禮，蓋尼父識之，而令聞不已。於穆趙母，實惟古所賢。其德不爽，式禮不愆，而儷嗣有倬。淳耀廣淵，匪聖斯讚，無美弗傳。銘其無射，以保萬年。

皇明慶成安穆王墓誌銘

安穆王諱知㸅，別號竹溪，太祖高皇帝七世孫也。高皇帝有天下，大封諸子，其封晉者爲恭王。又分封諸王子，其始封於汾者爲慶成莊惠王，恭王第四子也。莊惠生恭僖，恭僖生温穆，温穆生端順，端順生恭裕，恭裕生王。恭裕有仁德，在位久，薨時年八十四。王以嘉靖四十一年襲爵，即位八年，以隆慶三年十月十有六日薨，享年七十有四。生於弘治九年七月二十日。訃聞於朝，上惻然久之，遣行人謝某賜祭葬如制，謚安穆。

王生而靈異，豁達沉敏，多才藝，好讀書作字。書無所不通，工真行草篆，亦善八分，而行篆為絕。喜與文人學士談經義辭章。端順王尚賢，恭裕為長子，深居簡出，王日侍祖側，內贊決府事，外應酬賓客，朝省縉紳先生之屬，溫文而恭遜。時他王率多驕傲，鮮克由禮，王獨循循雅飭如文儒，以是著名。諸賓客縉紳亦自負，然見王折節，乃相與延譽，尤樂得其書，曰："此竹溪君書也。"及即位，一以寬厚為體，而明恕行之。敬老恤貧，弔喪問疾，拯難雪冤，自宗黨而下靡不蒙其恩惠。然秉憲正邪，凜凜不敢犯，終王之世，強宗而抵於法，幽囚流辟至伏誅者殆十數輩，餘孽俱以嚴見憚，漸轉禍為福，王之威也。王國人曩固略儒，自王好文，選於庠者十數人，舉於鄉者幾人。左右侍從亦皆明習書史，忠敬有儀，王待之恩禮悉優。居常自奉，朝晡一菜一飯，冬夏一裘一葛，泊如也。至於祀饗宴會，必盛服豐膳，鮮美異常。王寢疾，宮人製袴刺文螭綠雲其上，王叱曰："此神物，豈宜備下體耶？"令易以素。其豐儉適宜多此類。初，張太妃無子，王出汪氏，封長子。時上疏乞恩，願母以子貴，詞極悲懇，動肅皇帝，敕封次妃，得盡孝兩宮，由是朝省皆知其孝。配王氏，冊封元妃，勤儉慈明，為國母儀。生子十六人，嗣子新堤，號小溪君，敕封長子，英年早世，自有誌；颿等十餘位俱封鎮國將軍，其配皆夫人。孫男二十一人，長慎鍾，敕封長孫，為嗣王；次慎鏐等各□[二]嗣君。卜兆於宋家里原，在郡城西北二十里，以隆慶五年九月初一日葬。先期以教授呂恕撰狀，徵外史氏銘。呂君直諒，言不誣。系之銘曰：自慶肇封，世衍其祚。紹烈秉文，維王之度。博學多藝，理解六書。眾體咸備，行篆絕殊。折節撝謙，敦倫廣孝。不出戶庭，成國之教。豐儉維宜，克猛克寬。居高思危，處善則安。荷天之綏，令德壽考。子孫其繩，式遵王道。穆穆价藩，桓桓宗老。新宮攸寧，萬年是保。

校勘記

〔一〕"録"，據清雍正《山西通志》卷六十八《科目四》當作"禄"。

〔二〕□，底本漶漫不清，據文意似當作"知"。

〔三〕□，底本漶漫不清，據文意似當作"翁"。

〔四〕"鍾湖鄉君"，上下文叙孫女，除長孫女外，句前均有"次"字，依例當補。

〔五〕□，底本漶漫不清，據文意似當作"黻"。

〔六〕□，底本漶漫不清，據文意似當作"丞"。

〔七〕□，底本漶漫不清，據文意似當作"尚"。

〔八〕□，底本漶漫不清，據文意似當作"獨"。

〔九〕□，底本漶漫不清，據文意似當作"爲"。

〔一〇〕□，底本漶漫不清，據本書卷十三《李公像讚》"以善養親，明農課子"，似當作"明"。

〔一一〕"占俾"，當作"占畢"。

〔一二〕"曰廷對，邑庠生，娶某氏"，據上文"有孫男十二人"，此後疑有脱文。

〔一三〕"孫男一"，據上文"有孫男十二人"，此前脱"曾"，當補。

〔一四〕"其"，據上文"高祖某"，疑當作"某"。

〔一五〕□，底本漶漫不清，據文意當作"仙"。

〔一六〕"某"，據上文"贈君父……進職千户，授武略將軍"，疑當作"恭"。

〔一七〕□，底本漶漫不清，據文意似當作"被"。

〔一八〕□，底本漶漫不清，據文意似當作"典"。

〔一九〕□，底本漶漫不清，據文意似當作"遭"。

〔二〇〕"而"，據文意並參本書叙事通例，疑當作"其"。

〔二一〕□，底本漶漫不清，據文意似當作"册"。

孔文谷集卷十三

雜　著

刻司馬溫公《資治通鑑》題辭

有宋司馬溫公，患遷、固以來文字繁多，學者不能遍綜，乃删削冗長，舉撮機要，取關國家興衰，繫生民休戚，善可爲法，惡可爲戒者，上自戰國，下訖五代，爲編年一書。積之歲月之久，成之任理之專，治道弘備，觀覽不煩，故英宗親賜名爲《資治通鑑》，神宗親序其爲"博而得其要，簡而周於事，典刑之總會，册牘之淵林"焉。

古者史以載事，六經皆史書，而王道之權莫著於《春秋》。《春秋》者，經世之大法也，故董生曰"有國者不可以不知，爲人臣子者不可以不知"云。太史公世掌天官，《史記》實纂《春秋》而作之，故歷代之史皆《史記》之流也。然以載事紀法，本俗沿世，垂鑒資理，則古今一揆焉。儒者之學患於博[一]而寡要，孔子曰："誦《詩》三百，授之以政，不達；使於四方，不能專對；雖多，亦奚以爲？"援兹以審厥書，信亦要已。惟在學者遡流窮源，經史合一，徵往察來，體用不二，庶於治有資爾。

自溫公善述此編，而《綱目》、《紀事》、《詳節》等書咸探珠璿潤而不匱，搴芳桂林而有滋，則編纂之中要、述事之善焉可誣也？猶有拘方臆見，恣不滿於三國事者，則難以語"述而不作"矣，《綱目》可也。孔子曰"吾猶及史之闕文也"，不云改也，且六朝五季當復何哉？夫史垂善惡，炯鑒戒，皆人心生也。

假使萬世觀者一無曉其善惡，必拘拘文字正反間，則《國風》、《小雅》不當載淫誹之篇，《春秋》當盡削弑逆之文。有不然者，孔子亦與有姗焉矣。烏虖！此可爲智者道，難與俗人言也。世傳《少微通鑑》，乃學究爲淺近求□〔二〕舉者作，取譬不遠，殆今卜者之《百中經》爾，非所以論□〔三〕也。使學者祇如《百中》以希賣卜，安可聞也？

余謬領提調，與諸生修大學之道，居經史之業，遂私以前説質諸有道，僉謂不愆。乃從事雕繕，用布學官弟子擇善而多識之。其書凡二百九十四卷，另《考異》三十卷。

《越藝正詮》題辭

文章本有正體，要在明暢典則。至於長短豐約，惟準才情，各著理象，故詮辭達意，意盡而止。譬猶玉水璿流，方圜自瑩，春華秋實，啓結有因，決非水木離其本源而別資假合也。以此喻文，文體可知。

近來綴文之士學不求心，心不明理，惟事裝演割裂，迎合時人，以希巧中，詭遇獲禽，誠亦易比。然本源□□〔四〕，則連篇累牘都屬假合，都屬假合則真者安在？晦翁有言：“自知道者觀之，一拶百碎。”非妄語也。至於明經勵志，敦理尚質，則不然矣。每見假合之陋，但作一題，從承破處便已妄安頭尾；及至起繳，輒又橫肆邪説，拼贅至十餘行者，又摘辭略不按理，止將庸本讕言，風影依稀，如“緝熙聯間”、“慎密防疏”、“無我正己”、“存神應物”、“天機嗜慾”、“陽明陰濁”，及其“失迂誣”、“不失體常”、“吾以此望”、“胡世莫覺”等語，種種穢謬，談不能悉。實無儒不習，無習不用，故千篇一律，辭理雙亡。繁衍愈長，疵冗愈甚，紫色亂朱，玉卮無當，所學何事乃沿差襲謬而執迷不悟也？於乎！利進之私奪志，而速化之術蔽明，其崗豈讓澤水哉？

今閱《越藝》，睹諸篇卷，則有端人雅士之文一雪此陋，其明勵敦尚殆可測度，蓋將修經術以章理本，彬彬出野史之間，未可量也。即此數篇，亦已昭然發矇。恐不令群迷者一及見之，謹與太守議下書坊雕行。夫物甚微細，然實風猷所關，故又批此語於卷端。

丙午三月廿七日。

《東覽篇》題辭

《東覽篇》者，憲使皇甫子安巡觀于東而作也。浙東惟會稽巋禹穴，迤邐東去，則四明、天台、龍湫、雁蕩，各以其據，摽秀稟靈，爲最神隩矣。古來娛者，或仙聖窟宅，或淪隱遁栖，或司馬子長之遊探，或興公、康樂之流咏，雖造托殊軌，要之有興于覽，無匿于篇，咸非率爾者也。余以是察子安之作，求造托之理，則朗照而知鑒之積也，絕響而知谷之存也。夫稱山阿寂寥者有莫賞之嗟，美登高能賦者爲大夫之事。山阿奚與于賞？必兹以表靈。大夫奚與于賦？必兹以弘變。故古之達觀未有當而無賞、賞而無賦者也。然自數賢而後，兹事遂已嘿塞，豈達者未觀而觀者未達耶？抑亦斯人之不數也。有斐今篇，式紹往哲。人亦有言："不誣方將，庶必賢于今日爾。"豈不然哉？更惟鴻寶希遘，光景易徂，宜如玉笈之卷而圖石室之藏，乃取次雕繕，都爲一册云。

讀湖關感別之篇便書其後

少玄皇甫子與巖潭王子別也，作《別友賦》，並取往懷諸篇書爲一册，抽緒神睿，振華憲雅，玉質金相，文棟鬱如也。其稱物潔芳，托辭愁惋，則端靜之志、離索之悰可顯焉。夫登山悵遐，臨水傷逝，人情疇弗爾者？若二子齊以摐天之藻，延□〔五〕之英，在商美霖旱之姿，于虞則儀韶之品，而乃巖郎一竭，江海長徂；乖龍之惜，埒乎子卿；飄鳳之嗟，鄰於宋玉。則予正襟閑謠，妝視迴慮，徒有感於斯文，不能喻之於懷。然後知寡和之曲彌高，百代之情難測云爾。故紫庭雙鸞之陳則絶雲之概，天台八柱之想則凌霞之標。夫事既雲霞上矣，豈涊溘所能喻哉？是故噰時之羽非燕雀之喧，飛天之鱗無螏蜓之游，才賢峻亮之士焉與俗謀也？顧行違有時則憂樂緣之，斯性情之道必引乎詩焉。

陵海二集題辭

大中丞少華先生天才宏授，神智夙成，邁種之懿測之而愈藏，通理之文含之而彌暢。故能感物而造端，登高而陳賦，大夫所爲深美，詩人之垂典則，實齊軌連驥，遐舉不二焉。

嘉靖辛亥之秋，先生以舊德鴻資，詔起東山，爰授節鉞，始開府昌平，則上陵之曲以抒，於是有陵下之帙。嗣移鎮遼陽，則登海之篇攸綴，於是有遼海之編。蓋龍蟠虎踞之雄，重關絶塞之險，蕭條溠沆之形，澹慘煙沙之態，胡笳邊馬之音，刁斗寒宵之歎，或軍樂甫陳而悲歌互動，或春草遲綠而朔吹已梢，如兹之感，其至非一，皆足以生臨望之思，引別離之緒，此懷鄉之情，戀國之念，二集之中交相發焉。觀在心之志，見功譽所不干；聽成聲之律，知文武之未墜。是故可以刊矣。刊自癸丑之夏，秋乃告成，及冬而叙之云爾。

誠心堂銘

嘉靖二十九年辛亥秋八月，左使與川葛公守禮作後堂成，題曰“誠心”。時余爲左參政而問義焉，公曰：“傳有之矣：‘如保赤子，心誠求之。’夫岳牧之司，欽若帝之咨命，宣條布法，日孳孳務顒保民。民不同如面，實同我心。求民之瘼，當不出户庭，而如指諸掌。民忽去疾苦而就康悦，亦不對吏，而不知誰所爲，如慈母不問，赤子不言，而各得其所願。欲惟心之所同然者，求之耳。心之所同然者何也？誠也。君此心，民亦此心。以心求心，無有弗實。無有弗實，即無有弗當。故民之所好好之，民之所惡惡之，斯可以爲民之父母矣。此愷悌之良，古之所謂遺愛者也。今之君子，敢不勉思？吾欲顧諟厥名，以淵繹其義，故取而銘諸堂之後。夫自公退食，又作而思之之所乎！”余於是敬作銘以紀諸石，其詞曰：肅肅大夫，建此崇宇。于公之北，于宴之處。匪游匪盤，求民之安。謂同此心，謀宣厥端。皇授下衷，厥有恒性。篤倫厚生，合愛咸正。乃實有之，弗貳弗欺。弗能自若，牧之用司。嗟嗟司牧，曷惟保釐。心誠求之，道不遠而！我餒我冽，求飽而熱。我垢我蒙，求澣而潔。民之無生，我弗屏營。雖或有心，覆不用誠。是云虚位，罔民可爲。家有嬉幼，國有窮黎。自天降鑒，寧不我私？我是用惕，靡敢自適。曰衆可易，非予疇溺？懷保不遑，省躬閲家。公斯溥斯，弗戾弗差。康公之陳，克明克親。爰揭隆棟，光表牧臣。

讚恩壽册文

惟皇上帝，誕錫嘉命，集于有淑，俾緝熙于純嘏君子承之，是爲允綏厥福。福之諸物，惟百千萬，而其洪厚遐懿，言有二焉：寵命，光也。年壽，康也。孰不爲光？皇用我錫服其命，服天所光也。天之所光，耀莫大焉。孰不爲康？皇用我錫履其壽，履天所康也。天之所康，慶莫大焉。既耀且慶，以保泰元，垂裕奕世，子孫克紹，是以有貤恩駢壽之册。外史氏讚之曰：有周申伯之世閥于蒲坂，曰謝太翁。與其夫人敦素帥惇，厚其積修。天祚文嗣，俾作帝臣。大貺乃福，而鸞封鶴算。如日如月，如山如河。並明並麗，孔固孔長。煌煌寶□〔六〕，燦燦神筴。藏之金石之府，永保勿替。

題文苑清居十二咏

夫丘中之人亦不能無所事事，但自適耳。蓋士之初也，處農圃之中，修詩書之業，或出而無遇，則復返於是焉。當是時，心去世營之擾，身捐俗累之煩，敦夙好乎詩書，而安農圃也。譬池魚籠鳥脱局促而返深茂，豈不適哉？

愚公適於園也，有南墻以寄其拙，而又有背郭一區，郡守張龍崓公號“樂壽”也。愚一歲多偃此中，遂稍稍布署，得可圖咏者凡有十二：曰平霞館，曰讀書臺，曰雙樹軒，曰杏花亭，曰桐竹山房，曰長春洞，曰春草茵，曰果庵，曰槐井，曰藥欄，曰魚鏡，曰菊柴焉。平霞館在高處，若與霞平也。蓄書卷數千其中，讀書臺在館前。雙樹軒對兩翠柏作也。杏花亭以一株杏葱蘢可攬，故特置一亭也。桐竹山房在碧梧翠竹之間。長春洞乃面南甃磚爲之，取向陽恒暖，以蓄盆卉安蒲團焉。春草茵，草可藉也。果庵以看碩果，帶櫨梨奈李之林也。槐井，井上有一大槐垂綠相廕瑩也。藥欄是芍藥與木芍藥之所植者。魚鏡是砌石作池以養魚，所謂“魚下碧潭當鏡躍”也。菊柴則樹散柴以籬其菊花耳。是爲丘中之事，雖無爲與上德殊，要之非役役於外者乎！故足以自適矣。因興寄所托，總名文苑清居，而各咏其事以短章，仍丐定陶畫士郝君繪十二小障焉，間復以呈同好，庶有感於斯文而和之云。

園約二首

韓子曰：“采於山，美可茹。釣於水，鮮可食。”言取足於我而易供，無求於彼而難繼也。愚公亦自足於園，特與園丁約：主人到園，先上茶一杯，便刈蔬作雜菹一盤，菜羹一盂，炊粟米飯一碗爲早食。午食則量爲麵劑，而菹羮如前。有酒則傾一二磁盞，無則啜茶而已。有客到園必皆賞我趣者，亦先上茶一杯，便刈蔬作菹，共爲四楪，作羮各爲一盂，加肉一品。飯則炊稻，仍加一品麵食也。愚公近戒殺生，故爲黍而不殺鷄。若市有湯鷄，則買之。果酒隨設，果不必備，酒不令空。

愚公既與園丁約飲食之節，復自約其修曰：老子有言："知其雄，守其雌，爲天下谿。知其榮，守其辱，爲天下谷。"愚公既已爲谿谷之民，則其所守可知矣。曩出行失路，如羽毛之子者跕跕而飛，蹶蹶而走，幾不免於祅禽怪獸之口也，乃今深居而簡出。夫物有同類而相畏者，而况於人乎？故愚公作夢亦畏與世接矣。即有惠好我者，則莫之逆也。家有薄資，令兒僮各以其力，勤四民之業，不妄求利，故頗自知足也。性好静坐，學《易》之《復》，以求天地之心。老子曰："致虚極，守静篤。萬物並作，吾以觀其復。夫物芸芸，各歸其根。歸根曰静，静曰復命。復命曰常，知常曰明。不知常，妄作，凶。"今也雖未能明，而妄作鮮乎！五代楊凝式書神仙起居法，直按摩耳，不足貴也。才不能爲文與詩及作字，然意復好之，即雖未工，而達性檢心，胥此焉系也。陶靖節委心去留，命杯取適，著文章自娱，頗示己志；邵康節隱居自樂，玄酒大羮，微醺朗吟，鼓陶唐氏之風。愚甚慕焉，然固師之乎爾。仲公理欲卜居清曠，逍遥一世之上，睥睨天地之間，不受當時之責，永保性命之期。愚讀其詞，未嘗不飄飄然有凌雲之氣也。嵇叔夜懶慢蓋失其中行，至言餌術黄精，遵道士之遺言，道養得理，以盡性命，毋以思慮銷其精神，哀樂殊其平粹，余取焉。

解嘲一首

客有嘲愚文苑清居者曰："子之苑與居也，則荒陋甚矣。以比大象之林，直兔徑耳，奈何其詫之遇耶？”

愚曰：“然乎，否否，夫是亦由乎履之素也，何名爲詫哉？昔子陵之潭而名嚴，子真之谷而名鄭也。今爲愚公之苑也者，是爲苑也文；不爲愚公之苑也者，不爲苑也文。爲愚公之居也者，是爲居也清；不爲愚公之居也者，不爲居也清也。名其本也。夫文者道之顯，清者氣之純。天地之間，何道而非氣，何氣而非道也？且地文之萌，芽甲畢現；天清之湛，光塵屬焉。子又安知荒之弗文，而陋之弗清也耶？假使愚因緣遘會，獲取雄盛，廣開園囿，起歌鐘之館高入清雲，改行乎闒茸之叢，變志於穢濁之染，而傷飾以美名，吾其安乎？子楄〔七〕心徒捫目富貴，而兔徑乎幽人之所貞，愚亦以子爲蛇坎矣。吾方培真靈苑，廕景神居，垂條結華，敷琳瑯之□〔八〕，粲瓊瑤之英，暉三光而爍九霄，簆絕飆，灑玄潤，極湛一之冲融，瑩潛虛之朗潔，流玉冰而飛蘭雪也。子以爲文耶？清耶？荒耶？陋耶？”

其人乃嘿塞而退耳。

園中賞花賦詩事宜

連歲客見過賞花，人持酒金率滿一錢，似太重。自今春賞牡丹、秋賞菊花之時，主人具蒸豚白飯候花下，客過賞者，計人只出金五分，量買果餅酒津貼，務在盡歡，不復有八堞〔九〕四碗、蒸饊粉湯之俗氣也，亦是快事。

詩以達性，然須清遠爲尚。西原薛子論詩，獨有取於謝康樂、王摩詰、孟浩然、韋應物，言“白雲抱幽石，綠篠媚清漣”，清也；“表靈物莫賞，蘊真誰爲傳”，遠也；“非必絲與竹，山水有清音”，“景具鳴禽集，水木湛清華”，清遠兼之也。總其妙在神韻矣。

愚公志。

邪氣解

白雲康老問曰："杜子《秋述》言：'魏子挺生者也，無矜色，無邪氣，必是[一〇]用，則風后、力牧是已，文學[一一]則子游、子夏是已。以其無邪氣故也，得正始[一二]也。'夫正始與邪氣是何物哉？"

管涔子曰："吾聞之上古天真之篇：正始者，元氣也；其爲物清静光明，爲陽。邪氣者，賊風也；其爲物黯慘躁濁，爲陰。其元氣中人，則俾其人爲真人，爲至人，爲聖人，爲賢人。其賊風中人，則毀人精神，沉淫蒙冒，貪戾癡嗔，潰潰汨汨，淆其本真，口鼻迷其臭味，耳目亂其聰明，榮衛結轄，支體奮振，突梯傲睨，譫言横行。匠人中之，乖錯準繩；畫師中之，舛厥圖經；文士中之，則墮落鬼道，窘於旁門，不可以登著作之庭。"

康老曰："毒哉邪氣之害也，有如此哉！然則何術可治？瘳之何方？"

曰："有之。撥亂反治，復辟元始。'湌六氣而飲沉瀣，漱正陽而含朝霞；保神明之清澄，精氣入而粗穢除'，是則三閭大夫之所云，然又可爲知者傳，難與俗人論也。是太上無邪，其次去邪，其次痼邪。邪痼則弊焉而已矣，無惑乎癖民之種種也。悲夫！"

王朱辨

宋儒好以《春秋》之義責備賢者，往往過於刻薄。其隱微之病在抑人揚己，名法大舜、孔子而實申、商之習，名□[一三]異端而實陰用佛、老之術。其流弊浸淫，使人矜誕譏評，賊義掩奸，忘躬厚之實，損仁恕之真，長虛無之風，傷師穆之化。即其病已在心，如油入麵，不可煎浣，若反以誅心之法，則壞人心術不甚於洪水之爲灾乎？然其毫釐千里之間不可以不辨也，姑舉一二。

如朱穆大節本無可議，易名曰“貞”，無忝公叔，而楊龜山詆之。夫梁冀雖不賢，既秉國之鈞，則辟賢固其分也。漢天子在上，天下仕者皆得立於其朝，苟其志在爲上爲德，爲下爲民，不在依阿取容以猥圖富貴，則不當言受梁冀之辟矣。王通挺生絶學之後，志欲興周公之功，修孔子之業，實爲吾道立一赤幟，而朱晦庵晉之，曾互鄉童子之弗如。謂其僭擬聖人，夫聖人可學而至也，擬之而言，何僭之有？斯二者，豈不過哉？自兩賢橫被詆晉，後世沿襲之儒盡剿説雷同，不惟莫辨，益語刺刺不能休。是流弊浸淫之一徵也，可勝歎哉！

晉陶潛述并州刺史南陽朱穆狀曰：“公叔中正嚴恪，有才數明見。初補豐令，政平民和，有宓子賤之風。上書陳損益，辭切情至。”宋阮逸作《文中子中説序》曰：“文中子，聖人之修者也，孟軻之徒歟！非諸子流矣。《中説》者，子之門人對問之書也，薛收、姚義集而名之。大哉中之爲義！上不蕩於虛無，下不局於器用，惟變所適，惟義所在。《中説》者如是而已。或有執文昧理，以模範《論語》爲病，此皮膚之見，非心解也。”據是二説，可以折衷。

漁父説

愚公歸釣大陵之西，涔浦之南，爲汾汀漁父。夫漁父有三：有魯漁父者，與孔子言於緇帷之林，其言不受名迹，不邇疵患，不拘於俗，不分於道，法天而貴真，任放而無我，孔子以爲有道也。有楚漁父者，與屈原言於湘潭之滸，其言掘泥揚波，餔糟歠醨，摽指玄同，揮斥矯亢，法聖而貴權，遁世而無悔，屈子之所不能測也。汾汀漁父者，初非漁也，嘗學劍；學劍不成，去，學書；學書不成，去，學爲儒。爲儒博而寡要，勞而無功，乃落而爲漁。今漁十九年矣，蒙風雨，冒霜雪，襲煙光明滅，與水波没興，垂鈎益深，掛魚益少，至終歲而不獲一鱗。妻織布，兒緯蕭，蒼首治石田，計其所入以糊余口。有微羨焉，則沽取鷗夷而酣，就蘆葦而卧。竊自視之，翩翩一漁父也。然無所取魚，空名爲漁，是其學漁復無所成。日垂景西矣，遂徘徊婆娑而不能去兹。即去兹，奚學也？

彼魯之漁也抱道而間於江海，楚之漁也達世而隱於山澤，然至今不忘，緜於孔、屈。孰辨汾之漁哉？其野莽蒼，其濱寂寞，鳥獸之過我者日數百而不驚，除罔兩問景，絶迹無與晤談者，而後嗟斯人之孤也。於是作《漁父篇》以自表焉。古二人，今一人，合而言之三也。

愚公志。

《論語》解

《論語》是聖門求仁之書，故首章論學言説諸心。學至於説，則得其本心，有天理之昭融，無人欲之障礙，故説也；朋來之樂，廣此説也；人不知而不愠，恒此説也。德於是乎成矣。此所以爲君子也。

《大學》解

《大學》是聖門窮理之書，故首章特言"至善"、"明德"、"親民"，是大人之體用，而其要只在止至善，故"知止"一節正言至善所當止，"物有本末，事有終始，知所先後，則近道矣"爲下文張本。"道"字即是至善，"物"字即是身與家國天下，"事"字即修齊治平。"古之欲明明德於天下"至"致知在格物"，言先之所當知也。"物格而後知至"至"天下平"，言後之所當知也。"自天子以至於庶人，壹是皆以脩身爲本"，歸本於明德也。明德者，至善之謂也。明之者，止於至善也。欲止至善，須要明善，故以格物致知言之，務窮理也。所謂物者，非外鑠也，具之吾性而皆備。所謂格者，非旁求也，反之吾心而自得。自得則知，知則誠，誠則正，正則修齊也。治也，平也，皆舉此而措之者也。夫是之謂"明明德"，夫是之謂"親民"，夫是之謂"止至善"。言"明德"則"親民"之體已具，言"親民"則"明德"之用已行，言"至善"則體用一源，內外無間。其下十章，皆此理也。

"親民"作"親"爲是。《書》曰："百姓不親。"注言："綱領者三，恐施之衣領而不便於用，只一綱一領焉可也？"

《中庸》解

《中庸》是聖門盡性之書，故首章特舉天命之性以明道之本原，爲人心不可須臾離者。其"戒慎乎其所不睹，恐懼乎其所不聞"，是直截向裹功夫，乃性學也。只此功夫便自盡性，下文"莫見乎隱，莫顯乎微，故君子慎其獨也"只是申言此意。"獨"字即是"隱微"，"隱微"字即是"不睹不聞"，"慎"字即是"戒慎恐懼"，非謂暗處細事之上又別有一層功夫也。"喜怒哀樂之未發謂之中，發而皆中節謂之和。中也者，天下之大本也。和也者，夫下之達道也"，乃直指心之性情，以見天命之性。率性之道精切簡易，其所以戒慎恐懼乎其所不睹不聞者，正涵養未發之本原也。"中和"是拈出精切簡易二字，以明性道，令學者有所依據，非性道之外別有一中和也。故能致中和則天地位焉，萬物育焉，而學問之極功、聖人之能事畢矣。蓋天地萬物本吾一體，惟性有未盡則不能合一。既盡吾性，則天位乎上，地位乎下，而我成位乎其中矣；萬物散殊，流而不息，而與我合同而化矣。故言"天地位焉，萬物育焉"者，言位育之外無餘事，兩間之内皆中和也。"是故〔一四〕篤恭而天下平",《章句》以功效言之,亦是。但天地萬物本自位育,固非有待於人爲,亦非人爲所能使之然者,而"至誠無息"一章正言此理。

"故君子尊德性而道問學"一條,正指出"大哉聖人之道"洋洋優優,即是吾之德性,要人尊之,從問學上來。其言廣大、精微、高明、中庸、故新、厚禮,皆德性也;致之、盡之、極之、道之、溫之、知之、敦之、崇之,皆問學也,皆尊也。惟德性如此其大,是以其尊之如此也。是故大哉聖人之道,其用則極於兩間,其體則具於一心焉而已矣。無巨細,無表裏也。故以尊德性爲存心而極乎道體之大,以道問學爲致知而極乎道體之細者,不免於分析之疑也。

《孟子》解

《孟子》是明善之書,養氣一章最是精到,似爲傳注所迷。如"其爲氣也至大至剛,以直養而無害,則塞於天地之間",是統説浩然。"其爲氣也,配義與道;無是,餒也",乃直指道義爲氣之體,言理秉乎氣,氣載乎理,故爲配義與道。若無此義,道則是血氣之偏而已。是故養氣在乎集義,要義道充積,渾然在中,無所愧歉,方是本體功夫。"必有事焉,而勿正,心勿忘,勿助長也",正言"直養而無害"也。其功密,其義精,所謂精義入神以利用也。注云:"人能養成此氣,則其氣合乎道義而爲之助,使其行之勇決,無所疑憚",則取彼而假合乎中,捨我而求助於外,即與告子何殊哉?夫志氣之帥,氣體之充,實張本"配義與道"而言之。横渠子曰:"天地之帥吾其性,天地之塞吾其體。"蓋確然有見於此矣。

孟子曰:"盡其心者知其性也,知其性則知天矣。"蓋統言心也、性也、天也一理也。存其心,養其性,所以事天也,言學之始也。

殀壽不貳，修身以俟之，所以立命也，言學之終也。學而至於立命，則全其天之所賦，心其有不盡乎？性其有不知乎？天其有不知乎？此蓋天人合一之旨，而非物格知至、造理履事之云云焉。

《圍中録》語

《禮》之言曰：“耆指使。”又曰：“老者不以筋力爲禮。”余少日讀此，謂爲文具，今徵諸身則一實也。游兆攝提格之歲，余年六十有二，自以其衰較始衰時誠又甚矣。蓋髮短脱，齒搖落，不可以攝簪冠，衍飲食。左脚麻木，不利走趨，幾有藍輿之役。甚衰之歎，捨我而誰也？自余謝卑位，返躬耕，常恐饑乏，尚麁[一五]褻是勤，今不能矣，而況能與賓客對讓登序，坐終日百拜乎？乃遂杜門，以一童子候之，而我僂仰廬中，存龍蛇之身，守大塊之逸而已。有白雲康老者，莫逆交也。其人亡是非，喪爾我，閑往閑來，無將迎焉。文章亦外物耳，念嘗以此奮身，遂弗忍棄去。今雖未達匠心之妙，然頗著以自娱。造尚述辭，輒垂紙墨，慵作小楷，令兒寫之，以張吾軍，是爲《圍中録》云。

固哉乎余也！以力衰，故遣形役。今綴言纍纍，若原蠶之絲，獨非形役乎？蓋吾心之精爽與吾耳目之聰明未與形俱敝也。康老曰：“姑兩置之矣。有天倪焉而和之，而曼衍之，將與子入無竟之門哉！”

游兆攝提格爲丙寅也。愚公撰。

叙知與王北野翁

夫與余四十年相知而不惑者，其惟北野翁乎！

翁少多藝，尤長於《易》數，兼通徐子平禄命之術。余布衣時問焉，翁筮之，得遯之否，推之宦而不達。夫遯焉猶否，宦豈達耶？是後皆驗。其曰：“道不濟時，文不華國。君子無情，小人側目。甲戌之歲，其咎其辱。"乃甲午有蒲之役，甲辰有沙蟲之蠱，甲寅被讒見放，甲子被偷，戊辰即鹿無虞，豺狼返噬，固皆驗矣。由是使余信命而不憂，誰啓之哉？故知我者翁也。翁既自知命，生平不行一不義，守先人田廬聊以自足，無外求。非其人不與談命；人有贈者，曰："吾豈賣卜耶？"拒不受。有子爲憲司掾，教令謹循。四女皆貴爲椒房，而子婿有弗佳者，絶不與通也。得秫釀酒置牀頭，興到輒飲滿數杯。或彈琵琶、或吹洞簫於高林朗月之處，或拍手長嘯而陶陶然，浩浩然，如有自得，時人不得而窺也。余嘗有詩曰："甕中有酒心常醒，囊裏無錢道不貧。"翁亦以爲知己之言。

今年翁七十有三，余六十有五，度相處之日各已有限。如翁之知我，我之知翁，有出於世情之外者，不一言之，恐兩家後人忘之也。故因舉酒爲壽，作叙知。

篤行貞節傳

篤行公者，忻之厚德君子也。姓王氏，諱某，字某，道號守拙。氣清而質癯，宅心高明，不浮湛閭里之俗學，爲名儒不希利達，介石之操確如也。居身處物壹簡淡溫恭，而終始不渝。客有遺紵履者，却曰："又將以何爲冠乎？"每易一新服，必羞澀退避久之。不涉市酤，不邇聲妓，遇親識食飲，非專設曾不舉箸。與諸弟讀書城南，親戚相勞以酒肉，輒讓與諸弟。諸弟亦讓與公嗣，公不肯，曰："若燈窗享此已過，而又恣豚犬口腹乎？"其簡嚴若此。事親孝養，或有疾則憂惶靡寧，藥籲互至，疾愈乃夷。待諸弟友惠，不私蓄一錢。於宗族鄉黨六親罔有弗欽，取友無勢利之交，教群弟子必先德理而後文辭。生平學問務窮理盡性以至於命，涵養省察之功日孳孳焉。常悲憫時事，以經濟自期，故於天文地理人事之紀，如井田官制兵食大略，實種種究心。當大同癸巳之變，公不懌者累日，曰："王事多難，自茲始矣。"旨哉其有意於世也！年三十七卒。公善風鑒，嘗引鏡自照曰："待吾過三十七歲，世間事方許我做。"時有友王某在側，則惻然歎曰："恐君亦不免矣。"已而皆應。公歿後若干年，有子曰治，登進士上第，給事省中。其配檀夫人以貞節著聞，忻守羅君題其門曰"篤行貞節"。"篤行"，以表公也。作《篤行公傳》。

貞節婦者，篤行公之妻檀夫人也。公賢而蚤世，夫人稱未亡人。上孝養老親，歲時得一佳果新菜必先獻之；下誨育兩孤，勤勤懇懇，俾無忘庭訓焉。初適時，當篤行公敦仁履孝，亦即以莊靜敬順效琴瑟之好。公從師於外，有大父母、父母在堂，夫人內事，以純孝稱。繼祖姑性嚴急，每呵責之，夫人竟怡顏底豫焉。家三世仕宦，固清乃中乏，夫人益勤儉主饋，相篤行公學未嘗缺供具也。及公疾，對夫人泣數行下，曰："即吾委化，奈親老家貧子幼何？"夫人亦泣數行下，曰："自入君門，久習溫飽，目前小困，心已安之。竊見君家世積德，後嗣必有昌者。借終否焉，命也。吾以身任之，死而後已。"公乃瞑目。夫人毀容茹哀，經紀厥家。會雹蝱虜患之餘，至躬掃園籜以代薪，夜非纖紝則燈不然，曰："省油以給兒讀耳。"每同舍生與子會，必烹葵炊稻以勞，曰："先君有子，幸公等夾持。"子嘗畫紙爲棋局，及柚[一六]有冗書，夫人輒斥毀之，曰："聞先君玩物喪志，其此類也夫！"居常儉甚，至於祀奠、賓客、賵贈、餽遺無弗腆備，如篤行公之志焉。每一哭墓便絕，而復甦憶夫。妹蚤夭，長心悲之。有同母兄姊孤寡，亦往往爲視其家。兩家有疑事相質，輒立判可否，皆中。夙有痼疾，少間即起勤事，惟恐或墜。抱影長嗟，冰霜內蘊，盛年守義，白首不渝，壹意保嗣克紹，不殄夫君而已。賢哉！賢哉！郡大夫欲上其事，夫人辭，言曰："此婦人常事，安敢上聞？"太守羅君特題"貞節"，以表其門閭。今有子成名，爲天子侍從之臣，貞之教也。作《貞節傳》。

論曰：余讀孔子"躬行君子"及曾子"臨大節而不可奪"之言，而知行節者生人之美德，篤之貞之爲德之一實也。自世教衰，民不興行與砥節，於是尊顯乏長厚之標，幽寡多卑屈之態，誠欲求徐孺於儒林，尋孟母於女史，則五原之内，晋昌之間，爰有其人如王氏夫婦者已！夫佔畢之呻而履道德，雖無位而行尊，死不朽矣；婦箕箒之執而建節義，竟有子而身貴，生則榮焉。《書》曰："吉人爲善，惟日不足。"方哲士淑媛各循勉爲善，奚暇要取名譽哉？然桃李不言，下自成蹊矣。是故君子譽之，而曰"篤行貞節"云。《漢史》曰："高士弘清淳之風，貞女亮明白之節。"正斯之謂也。夫禮失求之野，閨門之内，綱紀之首，王教之端，豈不信哉！假使若人射策甲乙，拾芥青紫，或質不勝文，華掩其實，自非大行其道，不免隨俗以畢功能，雖陽焰一朝，未必奮厥幽光，垂千載名；況篤生鴻嗣，爲國鼎臣，抒補袞之猷，叶蒸人之雅，即慶錫所遺，抑又遠矣。

前年，嗣君以給事中册封到汾。進士任元者，善信人也，是君年家，向余論説此事，斯述之乎爾。

旌孝贈言

部使奉上明命，旌宗袞之賢二，其一爲東皋公。

公系出太祖高皇帝之後，晋恭王之六代，慶成莊惠王之五代孫，奉國將軍南老府君之子，奕世載德，恭孝而温文。夫恭者，德之基也。孝者，德之元也。温者，德之純也。文者，德之章也。四德備矣，而孝爲大。公實履其大者，而持之以莊敬，敦之以和厚，發之以英華。蓋年且七十，而亹亹如一朝，以是家庭儀之，邦國信之，皆曰恭孝温文君子也。皇上龍飛，以文命敷四海，孝德首宗風，詔有司上宗室賢孝，令部使者旌薦以聞。於是郡國守相監司僉言公有實德如此，而部使者謹加禮如詔云。

　　時郡中學士大夫相與陳賀于公之堂，公隱然謝客曰："昔我先府君受祚命，兹益虔，夙夜進善，猶恐弗及，恭也。服我先訓，事我祖盡志盡物，一舉足而不敢忘，孝也。善與人同，與物無競，崖岸不立，疾怒不形，常使人愛之如冬之日，溫也。動而中禮，出言有章，文也。實四德備矣，而孝爲大，然而未有聞焉。余小子，自趨庭勉學至終天思慕，雖竊有志焉，而未之逮也。顧聲聞過情如此，願諸公有以教我矣，而曰賀焉，則吾豈敢哉？"諸學士大夫曰："史不虛美，禮無虛賀，公實有大德，宜有賀。且吾聞君子德盛而心下則德益盛，寵至而知誡則寵益彰。公家先君蓄德未曜，誠有待於後。公兹立身揚名，以顯父母，信有光於前矣。又聞公先君作《家訓》，有五葉重光之圖，秉文之士多讚望之。今觀其盛，則圖訓爲有徵哉！肆將以'有斐'之詩進矣，奚而不可賀耶？"於是卒舉觴爲賀，而書以紀之。

甲第贈言

　　大將軍汾村公新建甲第一區，面南岡，背北阜；左長川，右萬户；中爲宫室，矩方繩直。樓觀崔嵬，階序整飭；丹楹刻桷，銀榜璇題；畫簷鳥翥，琱臺雲栖；重門洞啓，廣堂清暉；綺疏緹壁，珠網羅幬；圖書之館，翰墨之林；斧藻丹腹，湧碧流金。壯乎其巨麗也！自兩藩肇建厥國，群宗各承有家，斯爲盛矣。

　　乃儒紳因其落成，咸往賀焉，禮也。宴闌，有執爵而爲壽者曰："室則美矣，然猶有美於此者。願上公以仁爲宅，以禮爲門，以義爲路，以詩書爲園，以禮樂爲圃，以恭儉爲户牖，以莊敬爲几席，以大中至正爲庭堂，俾天道好謙，鬼神悦德，保佑呵護，永饗厥福，身其康彊，子孫逢吉，以清以寧，和調玉燭。書籍所傳如崑崙之瓊宫璇室，吾固不能得其彷彿。若衛、霍之第，金、張之館，皆高入雲霄，歌鐘鼎沸，虎視塵寰，然率以寵盛德衰，不免犯雍門之嗟，非不生當華屋處也。公則不然，棟隆以師《大壯》，故麗而不奢；美宅以希樂志，故富而有禮。昔衛公子荆善居，孔子不厭其美；晉獻文字[一七]考成，張老特爲之頌。則諸士大夫今日之賀也，亦猶行古之道也。"

贈言圖引

皇上以單于納款，自可作太平一觀，因外寧之會，修內治之實，宜益以慎，乃以簡訓儲蓄威明之事付圉臣，而以生養休息惠綏之事屬藩翰之臣。惟晉地於京師爲股肱郡，比兵疲民困蓋特甚於他所，以故藩翰之選視他所以爲特重。時憲使董公以法從近侍移補外臺，既整我冀南，復移藩省參知，良以此哉！惟冀南分鎮五州，當寇亂之餘，部使者矜恤吏民以仁恕，而有司不明，遂往往恣其私臆，或倚刑亂爲，苛肆於民上，而殘民以逞，屬階之郵幾不可遏。自公臨莅，正度允釐，躬歷郡縣，問民疾苦，考吏治厚薄，利爲之興，害爲之除，污暴爲之幽，廉善爲之顯，兼詰戎兵，爰謹徵繕，如城我北郛，式貽永固，省節虛煩，用補凋劫，乃其大端云。公每事必先其大者遠者，而近小之不遺，故滌弊源使之清，夷險岸使之平，有威有惠，宜民宜人焉。茲以新命蕃宣，實功弘前緒，德溥舊疆，而終始之，是不分土而奠，不易民而理，政教一而民志定也。得其一則萬事舉，持其定則四海安，內治實矣，外侮誠不足禦。

公命世之才也，蓋維岳降神，爲國表儀，故其忱恂九德，達於天人之微，裕於文武之略。固知出而經營重則逾於泰山，入而寅亮重則逾於九鼎，蓋隨其所在而重焉。今泰山在上，誰不仰憑？當命駕時，分守抑齋公曰："曩公鎮此土，予來也暮。暨予來此，公又參知省中矣。然數月之間，凡可以共濟洪川者靡不同也。《書》曰：‘同寅協恭，和衷哉！’公實起予，予則何以爲贈？”

外史氏曰：贈言，古之道也。古之贈言者，美盛德，述崇功，而期所益盛，望所益崇，言之也文，頌之也勸，所以爲忠厚惻怛之誠。今也亦猶行古之道也，乃矢事叙辭，爲圖史輝。

《椿萱並茂圖》引

夫大海蕩蕩，水所歸矣。高賢愉愉，民所懷矣。以今觀之，豈不信然哉！我龍峒公之治汾也，寬裕而有容，莊毅而有立，慈惠而有恩，恭遜而有禮，以是與民，民莫不與也。是故吉有喜也，喜有賀也，心油然同，情藹然篤也，壹百川之注而至於海也。

《椿萱並茂圖》者，爲公父樂庵翁與母太夫人壽也。其年齊七袠，而其誕同朔旬，是以其云“並茂”也。大椿以八千歲爲春秋，萱草亘天地而無憂，壽之長者無若二物。然世之稱父母者舉之，故今舉以壽公之二親，物理與人情咸當也。復有詩以咏之，其言人人殊，要之皆歸德之心也。首其事者，書院長思翊，諸子偕屬而和之。

《雲溪圖卷》引

張子少嘗學文，蓋有意乎青紫矣。然意不自得則棄去之，務爲自得之學。日看雲觀水，見雲之聚散，水之流停，一自然而然，而造物者無容心於其間，則仰而思，俯而歎曰：“吾之學盡在是矣！”於是處心端行，讀書窮理，一本諸正順之常，絶不猥隨世俗，嬰情去留，雖荆扉藿食，緼袍帶索，晏如也。及詞章渙發，藻繪間作，往往冲穆簡遠，有詩人隱逸之標。蓋其玄解真詣，有得於雲水之外者，故自名其廬曰“雲溪”。與之遊者亦甚愛其自得之趣，故率稱雲溪先生云。

《汾亭別意》引

此送四明呂山人別也。山人徂秋看余，自上郧來，館留桐竹山房。過臘，明年庚午正月廿後別去。臨別作此圖，賦詩送之。計山人翛然玄遠，遊戲紙墨，十旬之內賦詩滿百篇，調中原音韻詞近三十首；又著《同時布衣錄》一編，陳義甚高也。

余蕭索寡會，及會山人，復有大佳致戀，款語依依，清言穆穆，綢繆煙霞芝桂之表，抑何忍遂至分析耶？然聚散萍蘋也，古今人共歎，不得不爾。惟水則如人意，逝者如斯，而未嘗往也。余贈詩託意明月，山人留別指橫汾，良有以哉！汾亭者，王文子所謂汾上亭也。此地有子夏退老之石室，段干木、田子方之遺閒焉。千載之後，又見呂山人經行桐竹山房，我之郊居也。圖有所咏皆載之，貴乎得意以忘言，不可誦言而忘味云。

書多士贈言卷

暘谷先生崔公主盟于汾之學也，蓋一年而士敬，二年而士愛。其三年而化矣乎？然有待焉而未之遂也，於是有教授太原之陟。夫物之情，有所敬者懼其或相逖也，有所愛者懼其或相離也。逖則企，離則思矣。今公則行，而多士之情可知矣。

先王建學立師以養士也，謂之曰養，則涵育薰陶，表儀變化，因其性之攸近，隨其材之所宜，俟其機之自動，以引而伸之，觸而長之，如草木發榮於元氣之蒸，滋長於風雨之潤，是之謂天地變化草木蕃，師道立而善人多，言善養也。世道衰微，師異教，士異習，以帮經貼注爲講論之資，以綺章繪句爲切磨之具，以角勝爲俊，以鬪靡爲高。其甚也，以賈楚怒罵爲嚴，以脂韋苟合爲寬，謀其利不正其誼，計其功不明其道，則心術壞，風俗渝，而輕惰騫淺之習成矣。嗟乎！不有以養之，孰從而正之也？

公起家儒術，振迹鄒魯之間，號明經高第，其所爲教，壹以誠心實踐爲本，雖講論切磨，未嘗不在文藝，要之德成而上耳，而流俗因循之弊有小必斸，根本節目之詳無大不舉矣。由是以模範則足以起敬，是故士作敬也；由是以意氣則足以致愛，是故士作愛也。傳曰：“與善人居，如入芝蘭之室，久而不聞其香，與之俱化矣。”多士升堂入室，固彬彬其盛，然化可能也，久不可能也，是故其有餘情焉矣。夫以善養人之義，惟孟子言之也深。其曰“以德服人者中心悦而誠服也，如七十子之服孔子也”，以徵養也。今多士之敬也，愛也，信已悦服之矣。公將啟行，禮有贈言，余斯叙述之云爾。

書鄭平川榮歸贈言卷

夫觀水之歸而知海也，觀人之與而知賢也。今之以言贈人者，與也，然率於其勢若位者騖之也，勢微位卑則鮮及之矣。至於委而去之，當益無所贈矣。苟有贈焉，必其與者及與於人者皆賢也。平川公在韓城，人頌之，去韓城，人頌之；在高陵，人頌之，去高陵，人頌之。馬光禄谿田先生，關西名儒也；吕録事東華子，涇野先生之賢嗣也，皆矢詩叙辭。其他同聲以相和者，皆道義合者也，皆所以與公也。噫！公真賢矣。

詩思説

夫人心之中，萬理咸備，妙用渾涵。方其寂於無感，秘於未兆，實無端可尋。及有觸而形，是爲端緒。端緒萌生，則思之所由起也。夫即其所由起而究其所歸，若機緘之露，其發也微，不專一念之精，則鬱而不舒，故思之。思之，又重思之，引而伸之，觸其數而長之。若其決也，中潰四出，不專一念之正，則橫溢而不可制。故求其端以盡其變，大其規以要其旨，考衷度中，撥亂而反之治。如此者，融性情之稟，極中和之量，聲成文，律合度，正之歸也，妙解玄通。有□□無思，無思無不思。得之於內，不可得而傳。精之□□，而思之能畢矣。

東溪圖説

東溪者，大將錢公之別號也。公□□鎮重既如山岳，而復別曰東溪，豈非智謀之象□有取於水乎？《説文》水注川爲谿，言周流而無滯，大順而有容，天下之至智莫尚於此矣。故《易》曰：“地中有水，《師》。君子以容民畜衆。九二：在師中吉，無咎。《象》曰：‘在師中吉’，承天寵也。‘王三錫命’，懷萬邦也。”《師》之義遠矣，宜大將之有取焉。然所謂中者，以剛中也，天地之帥而吾之心也。又曰：“中心爲忠。”夫無慾則剛，克忠惟中，是故得衆得天而寵任隆也。老子曰：“上善若水，水善利萬物而不爭。”古之君子善世而不伐，功蓋天下而謙以處之，蓋如此。又曰：“天下之柔弱莫過於水，以攻堅強則莫之能勝。”古之君子統百萬之衆，臨參五之機，以靜制動，以逸待勞，蓋如此。夫是兩端亦《易》之旨也，非有《師》貞丈人之智弗能明矣。

公英妙之年，而挺睿哲之姿，文武之略，爲國大帥，將策勛萬里，名炳丹青，則知自號東溪之義非但取象於水，而洪德之守實爲天下谿矣。因爲作《東溪圖説》。

壽辭讚述

歲維己酉，月令甲戌，火流飆而既盡，金肅氣以彌深。白露有凝，黃華斯綴。滕閣瞻暮山之紫，漆園談秋水之寒。木葉老而蒼蒼，雲英湛而白白。雁北來而寫影，星南粲以揚輝。時有朱門貴子樂祥誕之佳逢，六甲神人慶元辰之始過。堂開水陸之筵，門闐車騎之客。絲竹管絃協彼清商，酒醴肴核豐其中膳。歌萬年者參雅頌之古辭，壽千金者竊海山之遐祝。主人醉而賓旅從，天倫敘而心賞極。要其胸情所適，與其趣致之臻，雖東華西池之會，華林樂遊之嬉，殆依稀矣乎！有鴻臚李子，魁然巨室，翩然雄采。捧金巵而持獻，張錦軸以興謠。

書筆峰册

薛生善書畫，紀山公命其號曰筆峰。蓋峰者，鋒也，凡物之銳而利者皆謂之峰，若筆則尤貴是矣。故筆之有鋒者稱中書君，禿則中不中也。夫山亦有之。余往登雁宕，其上蓋有筆峰云。峰處有天然石龍，下有石池如硯，滴水入池則自龍鼻中出也。是山靈亦幻此奇事，要令世間知筆宜有鋒，而又有所以濡之者，非偶然也。夫峰有偏正，用筆在心，心正則鋒正矣。生其勉哉！

書《勗勤篇》後

余讀是篇而知虛溪先生闡求心之要，開入德之門，以誘啓我多士者至肯綮也。多士既皆乾惕以回輕惰，猶懼久而失其傳焉，則相與鑴貞珉，嵌屋壁，俾其文情如日月之精，久照長新，令學子接目警心，永永無愒焉。是先生之教行、弟子之傳習也盛矣！盛矣！

田生俊民等上之石。

李公像讚

嗚呼！是爲西巖李公之遺像也。魁梧鎮重，鴻偉膚達，端靜有容，深厚不伐。少選鄉庠，聞俎豆之事；長遊國學，識冠履之儀。拜官臚句，克叙九賓。乞疏田里，不俟終日。以善養親，明農課子。孝德爲規，義方爲矩。樂志園廬之清曠，怡情黄老之真常。既富且貴，復壽而康。慶餘桂蘭之美，業垂家世之光。若公者，可謂福德之完人矣。

節　文

昔有周文武盛時，以内治則見於《天保》以上之詩，以外治則見於《采薇》以下之詩。今因其禮樂征伐之文以求《關雎》、《麟趾》之實，因其宣勞勸勉之義以求至誠惻怛之仁，則太和元氣流衍於無外，皆上下交而爲泰之時，賢才輔而天下治也。故太平之福備，於《天保》之篇見焉。及其衰也，賢人失志，戎馬生郊，寇賊奸宄肆行，蠻夷猾夏，何也？無復先王之政教也。故子夏曰：“《小雅》盡廢則四夷交侵，中國微矣。”至宣王中興，始内修政事，外攘夷狄，復文武之境土，揭日月於中天。其北伐也以吉甫，於是有《六月》之詩。其南征也以方叔，於是有《采芑》之詩。今觀二詩之辭，以求全勝之道一，惟得其人焉用之而已矣。

夫賢否在前而是非之心形焉者，公也；形而後有愛憎畏忌之情焉者，私也。夫其公也，則是其所是而不以爲恩，非其所非而不以爲讎；夫其愛憎之私也，則狗物而黨同，矜己而伐異。夫其畏忌之私也，則曲法以遠怨，矯情以避嫌，於是乎有是其所非而非其所是者矣。若曰如是乎其利於我也，不如是則於害而有所不免也，是愛憎畏忌不同，其爲計利計害之私一也。古之君子之於天下也，論是非不論利害。今也論利害不論是非，則論其秉是非之公，當賢否之實，吾不信也。憲臣司六條察舉，皆自謂惟公惟明乎爾。比有肆於民上而殘民以逞者，國人皆曰可殺，而察舉者顧獨與之，而又庇其敗；間有飭躬保民，循循猶恐不及者，國人皆曰可薦，而察舉者非但不與，且薄待之。其於愛憎畏忌之間何如也？其於是非之公、賢否之實何如也？當是時，吏有治行之善，而無勢利之援，其欲表現於儔人寡衆之中難矣。即能自表現者，必其察舉者之公且明也。

自置郡以來，稱太守之良，惟漢代曰盛。究其所以爲良，則曰民安其業而已矣。究其所以爲安，則曰上平其政而已矣。平之云何？持衡而理，因物付物，以人治人，視其低昂而稱之使平。蓋事理本平，吾特平之而已，而吾不能出私智以擾之斯平矣。安之云何？居民之生，定民之業。業本有四，而吾啓其昏蒙，率其倦怠，除其强梗，植其善良，俾各業其業，而成於吾之不以私智擾之，斯安矣。漢易秦苛刻，以寬和長厚務民，文、景之效，庶幾成、康，斯所以爲盛矣。此道下淪，吏趨愈下，至屬民以自養，使民疲於奔命以悦人，於是壞士習，剥民生，而後知吏治之衰甚也。夫士之於學也，猶農之於耕，工之於技，商之於貿也。余讀《管子》，而又知四民之中士爲之望，其業則孝弟忠信禮義廉恥之行，《詩》《書》六藝之文，然使之守正而不遷，則師帥以維之，所謂“匡之直之，輔之翼之，使自得之”是已。彼三民之業者易易耳，然漢氏言政而不及教，言民而不及士，據其統紀，理固先之。夫文猶人也，躬行爲艱。惟躬行爲能平其政，惟平政爲能安其民。

大臣受遺命輔幼君，宜修古三公之職，以保育聖躬，薰涵聖德，俟其長養成就，以弘博厚高明之業，其天下之事一以身任之而不疑。古者三公之輔其君也，太師以總其經法，太傅以宣其道義，太保以保其身體。至於幼君，尤加謹焉。正始於幾先，端本於新政，俾耳目聰明不眩於淫僻，精神志意不亂於奇靡，所邇必正厚之流，所狎無輕媟之輩，所存皆天地之心，所聞皆聖賢之學，所履皆帝王之道。勿作勞以困其脆弱之軀而日以堅强，勿多事以搖其未定之氣而日以完粹，庶思道恭默之居而光啓嚮明之治也。所謂保育薰涵，俟其長養成就，以弘大業者如此。今主上沖年御極，大臣正宜一弘此道以相輔佐。其要尤在親賢遠奸，內外交養，須講明宮中府中一體之義。蓋人主一日之間御大廷之時少，居深宮之時多，御大廷則有論思獻納文學法從之臣爲之左右前後，居深宮則左右前後不過宦官婦人。宜白兩宮，慎選謹厚端良之人以充皙〔一八〕御，專委責成，務在陳善閉邪，有不中者，許大臣得以與聞而裁議之。至於視朝考政聽講之期，亦須以時起居，節勞逸，酌量早晚疏密，俾上無憚煩苦難之意，徐徐而行，油油而入，日有所就，月有所將。將見聖躬與天同健，聖學與日俱新，積之廣大，發之高明，四海順治，萬壽無疆，實權輿於此矣。此則大臣之責而天下之心也。

夫蕭蘭同隕而蘭摧則悲，珉玉共傷而玉毀則感。誠以荊崑之寶固於散礫殊珍，畹谷之香豈與群菲並秀？惟物則爾，奚人不然？乃有邦之淑媛，芬芳潔白媲美乎崇蘭，溫潤貞堅比德於良玉。宜其長生桂館，式弘蘋藻之儀；永主璇閨，聿展珪璋之助。顧嚴霜委質，白日沉輝；鏡掩離鸞，琴收別鶴；繐帷罔象，羅袂無聲。翩何珊珊，緬眇瑤臺之月；鄂不韡韡，低徊湘渚之雲。觀戴勝於柔條，驚心春老；聽哀蟬於落葉，動魄秋深。縞馬酸嘶，玄猿悽斷。意隨時而惜逝，情感物以追亡。是以其淚下萬行，腸迴九曲，不能已已也矣。

宴　談

古柏庭前，修竹池邊，玲瓏翠藹，縹緲蒼煙。鳥悅茂而依枝，魚樂深而躍淵。彼微物之能爾，豈伊人之不然？寂無感而弗通，朕有開之必先。要白雲之康老，度長日之小年。婆娑其次，容與周旋。或偃或仰，或坐或遷。或傾有旨，或撫無絃。或形問影答，或神釋理詮。或高譚碧落，或下討黃泉。或遠稽憲時之聖，或近數遁世之賢。乃其天垂在宥，帝錫解懸，爾我都喪，生死互捐，恬愉淡漠，夷猶渺綿。蓋已遊無何有之鄉，冥乎二老之玄。

策秀才講學正心文六首

問諸生：夫學校羅英材而教之，原以聖賢大學之道待諸生也。諸生固人人以英材自負，其於聖賢大學之道修之講之否乎？夫大學之道，只一明明德便可，推之天下國家，無往弗明。然所謂明德有何方體？只一正心而德明矣。故聖學格物窮理，自一念以至萬應，自博文以至約禮，無非致吾之知，求不爽乎善惡之幾，不差乎好惡之發。幾不爽而發不差，即吾之靈明之體不昧，便是正心，便是明明德矣。此德既明，則千變萬化皆由此出，廣大光明，通達順利，無有虧欠，無有假借，無有將迎，無有內外，故達之天下國家，一以貫之而無餘。此之謂聖賢大學之道。後世離叛本心，外爲功名詞章之習，所以謂小人之學。今諸生亦知空談大人之學，乾慧聖賢之事，及其爲業，欲人人作一決科舉子而不可得，即又不如古之功名之士；欲人人作一成章經義而不可得，即又不如古人之詞章之士。夫古之功名詞章，如管、樂、班、揚，雖不得爲大學，然其學術猶有過於淺俗者，故其人已不可及，而況進之聖賢，達之天下乎？此其故可知也，學術之不明也，心術之不正也。心豈有不正哉？然而日營心於外，縱欲于中，則本源日益昏塞，未有源塞而流通者也。諸生其自今以始，一洗習心，反觀吾道，要知學問無他，惟是變化氣欲，充養德性，不使陷溺，爲孟子所哀。每於心念感物而動之幾，慎加省察，其善其惡務在不惑，好之惡之務在不欺。推而至於應事接物、讀書爲文，無非體驗此理，以培養此心。務在有事勿正，勿忘勿助；不仁不義，寧死不爲，寧得天下而不爲。如此則是格物真功，致知實事，如此則意念自誠。誠則心體自正，正則明，明則萬物皆備於我，觸處無不感通。試發之而爲文詞，則六經三史、先秦兩漢皆滄海之餘波也，而況于舉業乎？措之而爲事業，則皇、帝、堯、舜、皋、夔、伊、周皆日月之末光也，而況於科第乎？故今文不成章者，非詞不能文，美不在中也；身不利用者，非材不能用，器不在藏也。夫美之與器，非吾之明德耶？惟諸生其省之察之，思之辨之，篤而行之，俟自得之，毋爲道在邇而求諸遠也。吾於諸生，有教化之責、斯道之任，故懇懇告之，諭之，非曉曉好辯爲也。若止以隨俗校藝待諸生，諸生亦止以俗藝應常例，則是上下虛蒙，負朝廷養士之實，違夫子大學之教，少有志識者，當愧死而不爲也。諸生其亮之哉！惟高明而先識、忠信而好學者，當必有以答我也。《詩》曰："人之好我，示我周行。"又曰："先民有言，詢於芻蕘。"故諸生而有示我者，是好我也。不然，其猶芻蕘而詢之乎？是先民之言也爲可聽也，故諭。

問諸生：今日所課，豈非藝之最下乎？然締[一九]觀所呈篇卷，有解義達朱、蔡，屬詞象歐、蘇者亦罕矣，則下而又下。學校之教止此，學者以此爲賢，良可羞痛。烏虖！學之不講久矣。先師曰："是吾憂也。"蓋憂其必至於今也。三年之艾猶可蓄乎？夫學猶種樹者也，心則其本根也，文章事業其枝葉也，講習討論，省察克治，其培養也。氣質之剛柔，情欲之生滅，皆本根之蠹也。講習者講習乎此者也，討論者討論乎此者也，省察者省察乎此者也，克治者克治乎此者也，乃所以爲培養也，乃所以爲學也。如是之久則根本貞固，枝葉洪鬯，文章炳焉，事業煥焉，《詩》《書》所稱蔑以加焉。區區剪綵捕風，搏沙握泥，卒猶不能似者，豈不羞痛甚哉！且學無止法，今學者纔會操觚，便視爲學問之極功；偶博一第，便比作聖賢之能事。早夜孳孳，大小汲汲，止是狥習氣，任私情，長傲遂非，見小欲速；以驕矜爲貴，以惰慢爲尊，以輕薄爲才，以簡略爲德，以忠信爲腐鈍，以篤敬爲迂拘；言行無忌，尤悔不驚，見得則貪緣奔競，稍失則怨恨悲愁。識者盡惜其非，彼方自以爲是，蓋蹲狼于室而不知其害之隱，認賊爲子而不知其偷之深。由是本心日以蠱喪，萬事日以支離，邪行恣作，正道沮銷，有浮靡之風，無篤實之意，此豈聰明才辨篤信好學之士減於古人，抑豈無豪傑之士不學而能者乎？然學術不明即世教衰，世教衰即民不興行。民不興行者，指凡民而言也，教猶在學校也。今學校之教不行於俊秀，則斯民之邪慝何有極也？昔孔孟傷世教，悼民風，有德無位，獨講學以正人心，扶大道，今《論語》二十篇，《孟子》七篇，皆學之講也。諸生不以此理培養本根，惟務口耳爲媒利鬻名之計，又不惻惻生人陷溺之災，挺然力講此學，以興起斯文爲己任，捨其口[二〇]上而甘心其最下，何貴乎儒名而俗行耶？是故可羞痛甚也。今第考品諸士，言雖不足以盡人，然由枝葉以測本根，並因以占事業，雖百世可知已。夫游、夏稱文學，子貢億則屢中，不聞聖學，終讓顏、曾。荀、揚、班、馬之徒豈不稱儒文，然又拜游、夏之下風耳。宋儒獨周、程爲明學，然或少於文，彼固有所不屑。若《通書》三十章、《定性》一書，與六經並可也，諸生濟濟彬彬，信必有若而人者。但俗學方熾，邪見多指正見爲邪，兼以爲迂，故無定守者反爲所奪；或畏其指議，又從而忌諱之，遂廢學而不講。程子曰："學者爲氣所勝，習所奪，只可責志。"夫堂堂丈夫，一身性情不能料理，氣質不能變化，而惟汩没流浪，沉眛糠粃，以卒歲月，至欲爲一真實舉子而不可得，此豈不可責志？信斯言也。人苟訾諸生以無志，心必憤然疾其罵，然静思勝乎不勝乎，奪乎不奪乎，則己之有志無志當較然自明，凛然自失矣。烏虖！吾以爲同志者請乎吾非，多言吾謬。典庠序，于諸生有講學之任，故學之不講，吾憂也久矣。諸生群養學校，所學何事，而獨不此之憂乎？倘有憂則必求是而講之，故敬問之，覬有以答之也。

問：學校之教止是明學術以正人心。自正明謂之心□，明正謂之學。正則明矣，明則正矣，其他躁妄昏華不在明正之科者，皆孔子所謂“小人反是”，孟子所謂“庶民去之”。諸生日常修德講學，明乎？正乎？否也？舉業，學之緒餘，殆古人出疆必載之質，由忠信而後有禮者也，是以君子貴之。質不由衷，是貨之也，貨則君子恥之。今諸生而業舉也，亦由忠信以爲禮也則貴矣，倘以貨爲則恥莫大焉。孔子至聖，但云忠信好學。其所學者何事？忠信之外豈復有別理哉？夫學術不明，人心陷溺。陷溺之弊，必至詖淫邪遁、橫恣亂亡而後已。此孟子所爲深辯，凡以正明而已。今諸生豈無孟子其人必有憂於此時者也？當自爲辯之，毋剿說空談，爲德之棄。

問：胡五峰叙周子《通書》言：“先生患人以發策決科、榮身肥家、希世取寵爲事也，則曰‘志伊尹之所志’；患人以廣聞見、工文詞、矜智能、慕空寂爲事也，則曰‘學顔子之所學’。人有真能立伊尹之志，脩顔子之學者，然後知《通書》之言包括至大，而聖門之事業無窮矣。”朱子以爲不可易之至論，是一書之旨，皆吾之志學也。何者爲最要乎？夫耕莘、陋巷，樂道不改，必有事焉而勿正。今學者亦曰吾志云爾，吾學云爾，不太易乎？恐是荆公談相輪也，必反而求之。果能得其志學之事，而不犯先生之所患，然後爲真能耳。犯與不犯，惟在獨知君子小人之分，惟在獨之慎與不慎。諸生人人好高，豈貴口滕？只内省其志，庶無墮口耳之虚華，溺勢利之昏波，焚氣欲之虐焰，則可以言志學矣。古之聖賢豈要斷功滅文？只是先立乎大，小不能奪。故小奪大者恥也，不能慎獨者無恥也，無恥者過也，不聞過者大不幸也。必有恥則可教，聞過則可賢，然則立志修學之要，其諸此乎！特與諸生商榷而共學之，高明以爲何如？若有先覺，便當覺予以樂道不改之意。

問：程子言：「古之學者惟務養性情，其他則不學。」此於孟子「學問求放心」之旨甚有發明。學者當必有據，因自思所學猶謬，故日用所行多不是。諸賢學皆求是於此，必皆精思力行。不知其方，何似聖門？務外近利，莫如子張、樊遲，觀其問行，問仁，問崇德、修慝、辯惑，却漸要近裏，而孔子告之，只在言行居處之間。宜若淺近，何程子謂爲徹上徹下、與天地同其體也？夫此學絕無文采巨麗，反同乎天地，而後世雕纂矜榮，翕習雄甚，且視顓孫輩薄不爲也。概其所就，乃卒與草木鳥獸同朽腐焉。何耶？豈彼不曰學乎？誠學之謬也。吾懼夫謬者將迷而不復也，故特請問其方，毋徒亦曰忠信篤敬，懲忿窒慾，遷善改過，如孔子說，見成語也。必以己所精思力行者言之，如曰：我忿何等懲，我慾何等窒，我日改幾過，遷幾善也云爾；我忠信如何主，篤敬如何行云爾；我性情如何養，放心如何求云爾；我所學自度可與天地同體，抑與草木鳥獸同朽腐云爾。若不言己事，猶是剿說常談，如貧子說金，吾無取焉。

問：子夏曰：「博學而篤志，切問而近思，仁在其中矣。」此最是子夏篤信謹守之學。不知所學所志、所問所思者是何等物事也，而仁何以遂在其中？朱子以爲「未及力行」，不知此外作何施爲而後謂之力行也。昔伊川問謝顯道別後工夫，謝答「只去矜字」，伊川遂許之爲切問近思之學。夫去一字反爲切學，其與子夏博學之旨同耶？今諸生所務顓在學問間，有默識如顏子者固無言矣。又冥然悍然者方小視游、夏等而不爲也，不知肯有姑從篤信如子夏、顯道之用心者乎？如有之，則必能言之矣。願自述其義，以發予蒙。

叙　語

　　吾視學之日久，見諸生有文行之弗修者，皆原於心術之不正。心術之不正者，皆原於學術之不明。從古學校之教專爲明學術以正人心，而今教者學者多不爲正心，其所謂學，大氐多釣慾之鈎綫，伐性之斧斤，種種習弊不可勝言，必待自明而後能自悔也。故吾以宣條奉憲既惟是之諄諄，而又申懇於循行校閱之間。每于發題，便欲顯白此旨，講明厥術。故毋奇字隱語如吊詭猜謎之類以自矜，難及矑眩人之耳目，或亦淺近之言，而有切深之理存焉。所願學官弟子同志，此件倘心學無舛，文行有資，庶出離迷塗而登朗岸也。肆探東循所策六首，爰命梓人遍告黌舍。

　　或問對待之説。曰：古無有也，蓋起於末師。夫道一而已矣，一生二，二生三，三生萬物。萬物可相對待，一則至尊而無對。聖人之言皆以一貫萬，而萬以宗一，初不假於對待。如宋儒以制外安內言四勿，以明體適用言明德新民，以靜存動察言戒謹恐懼，以存心致知言尊德性、道問學，以智盡仁至言盡心知性，皆對待之説，皆非也。

　　夫學校之教，卧碑敕諭之所開示詳矣。然告戒雖勤，遵行者少，實是學者安於近習，狃於小利，戚戚於貧賤，微微於富貴，苟可得意，無不奔求，遂使志氣變遷，流而不返。雖名讀書，不過假此以爲干禄之媒，故有曠安宅而弗居，捨正路而不由，孟子所以哀之也。今欲人人敦尚孝弟忠信之行，禮義廉恥之節，體認修己治人之方，義利公私之辨，豈有外於讀書窮理之一端？然讀書窮理豈有外於主敬之一念？敬之一念，即是千聖萬賢競競業業，天理之所以常存，人心之所以不死。但上智之心常虛常明，故常惺惺。其存之德行，發之事業，著之文詞，無非此理。中人以下之心鮮不移於近習，誘於小利，故憧憧往求，無復虛明，亦無復惺惺，故謂小人而無忌憚。然此心既不常惺，非讀聖賢之書，親師友之賢，從而講習體認，時時提警，則如醉夢無有醒時。故聖賢教人讀書窮理，親師取友，決非爲脱貧賤而取富貴之計。惟是喚醒此心，使天理常存，修己治人，隨處發見，無非孝弟忠信禮義廉耻之實。至於義利公私了然明白，所謂心事如青天白日，磊磊落落，無纖芥可疑者，豈不大丈夫哉？昔伊尹相湯，其功格天，原其志則自耕莘樂道，一芥不以與人，一芥不以取人。始顔子簞瓢陋巷，不改其樂，而孔子以四代禮樂許之。二賢之學，豈有爲耶？一惟正其心而已矣，而盛德大業自不外是。今生徒不務窮理正心，惟剿説陳言，綴掠時套，求捷徑以要青紫，覓筌蹄以希魚兔，豈所謂志伊尹之志，學顔子之學者耶？夫志學出此，更復何貴？

　　夫"德之不脩，學之不講，聞義不能徙，不善不能改"，雖聖人有憂焉。而下學於此不惟不憂，且不少加之意，所以遷善改過之人、明善誠身之士日以希闊。推原其故，豈惟心學之義湮，實由朋友之道喪。誠得益友，時時講摩，德業必相勸，過失必相規，則精神志趣必有感通，流俗因循必難遷引，善人君子豈不由此而出乎？

　　余竊誦孔子"文莫吾猶人也，躬行君子則吾未之有得"之訓，則知君子不患不文，惟患文之失其實；不患不學，惟患學之不能行。又誦孔子"無欲速，無見小利；欲速則不達，見小利則大事不成"，"不怨天，不尤人"，"下學而上達，知我者其天乎"之訓，則知君子不□〔一〕不實之弊，全坐見小欲速之私、怨天尤人之累。苟□〔二〕其遠大，則近小不入矣；苟求諸己，則怨尤無從矣。□〔三〕行君子非若人其誰也？

校勘記

〔一〕"愽"，據文意當作"博"。

〔二〕□，底本漶漫不清，據文意似當作“蔫”。

〔三〕□，底本漶漫不清，據文意似當作“曆”。

〔四〕□□，底本漶漫不清，據文意似當作“壞伐”。

〔五〕□，底本漶漫不清，據文意似當作“閣”。

〔六〕□，底本漶漫不清，據文意似當作“書”。

〔七〕“褊”，據文意當作“褊”。

〔八〕□，底本漶漫不清，據文意似當作“藥”。

〔九〕“堞”，據文意當作“碟”。

〔一〇〕“是”，據《杜詩詳註》卷二十五當作“見”。

〔一一〕“文學”，同前校引作“文章”。

〔一二〕“正始”之後，同前校引有“故”字，此引脫，當補。

〔一三〕□，底本漶漫不清，據文意似當作“闤”。

〔一四〕“是故”之後，《禮記·中庸》有“君子”二字，此引脫，當補。

〔一五〕“菔”，據文意當作“穗”。

〔一六〕“柚”，據文意當作“袖”。

〔一七〕“字”，據《礼記·檀弓下》“晋獻文子成室，晋大夫發焉，張老曰”云云，當作“子”。

〔一八〕“晳”，據文意疑當作“侍”。

〔一九〕“締”，據文意當作“諦”。

〔二〇〕□，底本漶漫不清，據下文“甘心其最下”，似當作“最”。

〔二一〕□，底本漶漫不清，據文意當作“行”。

〔二二〕□，底本漶漫不清，據文意當作“見”。

〔二三〕□，底本漶漫不清，據文意當作“躬”。

四六語

秋宴咏大國[一]

秋深仲序，月近九華。露珠溥沆瀣之光，金莖薦乎瑤素；霞綺散寥陽之彩，玉帳褰於紫清。爰飲衆賓，用娱多暇。行觴溢醴，穆生醉而楚主歡；授簡程詞，枚子賦而梁王悦。復有校書宗正，抽藻藜端；珥筆臺僚，抒文柱下。響絶洞庭之樂，辯雄秋水之談。俄景易終，傾懷未艾。玲瓏陟其雲構，窈窕窺其洞栖。夕陽與嵐采齊輝，天籟共谷神競爽。緬牛山之歎，徒苦襟沾；惜龍嶺之登，何嗤帽落？斯惟動必以禮，是故舉則可書。翠藻文魚，曾識在鎬之宴愷；珍林瑞鳥，總欣于苑之遊悰。僕座忝盤盂，才慚鄒馬；亦含毫數子之後，庶以咏大國之風。

某功臣慶禮頌[二]

恭惟某二華據靈，三秦挺秀；儒林發藻，藝苑馳聲。爰有質而有文，彬彬君子；斯以引而以翼，藹藹吉人。賢路早登，一舉而青雲可致；禮闈遲偶，十上而白璧難酬。乃小試乎道端，遂高騰於物□[三]。分麾大府，爭傅[四]別駕得王祥；主管三農，共說理財是劉晏。并州客舍，凜清節以明霜；代郡雁門，玩白羽之飛月。悉心計以裨國計，殫人謨而叶廟謨。塞上防秋，當甲兵之要害；軍中乏食，得錢穀之轉輸。草結關門，處處皆封狐口；炊閑刁斗，人人總據敖倉。遂使萬里長城不作籌沙之唱，更令千尋高闕無爲庚癸之呼。肆彼醜之不來，恃吾師之有待。幕府上于襄之績，美其賦優；元戎成薄伐之功，歸其食足。雙旌五馬，既德懋而懋官；綵幣白金，又功懋而懋賞。褒書載下，慶禮攸行。冠裳萃僚寀之歡，在郡在邑在庠序；玉帛展人文之賁，曰王曰侯曰縉□〔五〕。伐鼓摐金，仁義之賢聲遠振；彈絲吹竹，中和之雅韻弘敷。環橋門而聽觀，舉手加額；躋公堂而稱頌，衆口一詞。予兹貌焉，遬不謂矣。緇衣適館，願言欽鄭武之賢；旨酒在堂，入飲愧澹臺之善。即群公之授簡，希小技以填詞。

賀王府營修告竣〔六〕

伏以上棟下宇，《易》形《大壯》之爻；臨北面山，《詩》表《斯干》之什。惟肇造邦家，永謀燕翼；斯營修宮室，大衍鴻休。粵若衛有楚丘之營，《春秋》稱其善；與夫魯有靈光之建，詞賦美其隆。考成之儀，有典有則。獻頌之禮，是究是圖。恭惟其册府摽英，宗藩挺秀。才堪補袞，翻違侍從之□〔七〕；道可彌綸，竟列分封之寵。茂膺景福，光啓崇居。正位辨方，界金繩以取其直；揆日測景，運玉尺以規其圖。樹八柱而承天，立四維以紀地。由寢宮而堂廉有翼有嚴，自門觀而庭除如翬如矢。周迴層複，護擁金銀之臺；弘敞森羅，披紛丹碧之館。虹蜺絢彩，夾畫棟以雲流；鵁鶄騰暉，蕩雕簷而霞布。間陳左圖右書，上映東奎西壁。傍開丙舍，外啓華林。下帶芙蓉之池，日懸綺井；高臨河漢之渚，月隱朱樓。輪焉奐焉，彬彬其美矣；允也展也，郁郁乎文哉！某等目擊盛事，心喜成功。擬燕雀之徘徊，羨蓬萊之彷彿。抒詞申賀，酌醴贈言。伏願有室有家，安於泰山而固於磐石；多男多壽，比於彭祖而庶於周家。富貴尊榮，念國恩而由禮；文章道德，體天性而敦仁。伍舉論章華之臺，張老頌獻武之築。卜云其吉，終焉允臧。欲綴雲門之謠，先咏蟾宮之曲。

奉國太淑人鄭氏八袠祥辰賀詞〔八〕

伏以寶婺呈輝銀漢，表金華之象；靈萱著采璚堂，垂玉藻之文。有母氏之攸同，斯人生之可賀。恭惟奉國太淑人鄭，厚坤之柔完於初賦，貞巽之順禀於夙成。笄選良姻，□□〔九〕姬姜之緒；韶徵淑質，鍾奇嫣泃之英。奠宗宮而蘋藻芬芳，主中饋而脩〔一〇〕瀡潔白。篤生後嗣，芝蘭森玉樹之行；恭體先君，冰雪凜金天之操。功弘婦則，德建母儀。公叔文伯之家，世奉賢媛；思齊太任之室，時承淑女。禄位名壽，天錫善以無疆；德言容功，人致福而有本。惟隆慶二載之大蜡，乃慈闈八袠之祥辰。鳳子龍孫，競將赤芾而作斑衣之舞；鶴笙鼉鼓，爭向瓊筵而呈寶鼎之歌。緬西母之降瑶池，崑華皆蒙其瑞；及元君之開紫府，衡湘並衍其休。矧今日之嘉光，實百年之盛景。聿來稱賀，侑以雅詞。

題《石川稿》〔一一〕

歙有奇人曰石川子，蓋有周程伯休父之後也。通《胡氏春秋》，洪心高蹈，亮志遠遊。讀《鹽鐵》之書，羞比弘羊；觀《貨殖》之傳，思齊范蠡。早掄庠序，慚失意於青雲；中涉江湖，願潛蹤於白舫。隱市而非俗，逃名而故儒。樂鸂咏以韻豪賢，放煙波而投旅逸。學達生而果達，詩人往往扣關；處機事而忘機，野老紛紛爭席。無取白衣之宦，有懷皂帽之夫。口不絕吟，飛葛天之浩唱；目多玄覽，探禹穴之靈文。濡黄而畫，江樓幻起仙人之鶴；掃素而書，洞録籠來道士之鵝。意獨好之，行有尚也。當其良辰美景，賓主成歡；臨水登山，關河在望。操觚而八行具，叉手而四韻成。秀句玲瓏，不減敲金擊玉；芳音縹緲，何殊刻羽移商？苦竹寒聲，牛渚清風之度；孤桐雅調，龍門積雪之標。豈千載之無聞？誠一時之有見。或寄瑶華而申惠好，或抽

蘭藻而散幽閑。或托興於騷人，或攖情於羈旅。拊髀朗誦，
□□□□^{〔一二〕}擊節悲歌，潸然淚下。要之詩緣別趣，弗
□□^{〔一三〕}門；理屬同歸，無論異路。有子曰木，過吾野叟之栖，
作十年之僑寓；出彼家君之著，供一室之悟言。輒因遊戲玄香，
綴茲俳語；倘欲雕鐫文梓，冠此卮言。

某道壽禧祝詞^{〔一四〕}

恭惟某道該文武，德貫天人。長久之休，協壽徵而成範；順
信之慶，孚福應以定爻。自匪茹之弗馴，仗克猷之有翼。上台移
度，光表太清。元宰臨戎，策收全勝。功在社稷，澤溥閭閻。沐
其膏者，惟福之歸；咏其德者，咸壽之祝。爰茲吉月，實乃祥
辰。星炳南華，天象所以示符；菊呈中理，地靈爲之表節。二儀
且爾，庶府何如？緬申伯之翰周，維岳有作；厥南仲之城朔，于
襄是歌。某等列秩藩維，摛詞頌禱。師貞迪吉，象風雲龍虎之
交；皇覽壽禧，等松柏岡陵之類。

送南溪張公經營朔漠^{〔一五〕}

伏以出車郊牧，虔節鉞以專征；開府邊都，振旂常而亮采。
道存遠略，人以全才。況取賢於四岳，實爲憲乎萬邦。忭茲榮
晋，光我有孚。恭惟御史大夫南溪張公，鎮英海岳，奮翼天衢。
學匪居今，道惟稽古。博綜墳典之華，玄覽天人之奧。儒□^{〔一六〕}
通乎三才，士誠懋乎九德。修之於家，孝友睦婣之行；華之於
國，文章禮樂之資。故家聲□^{〔一七〕}麟鳳之祥，而國器重圭璋之
美。冲襟秋洪，泰宇春融。星辰曳履，長鳴建禮之珂；日月依
身，□□明光之草。試公卿於郡縣，化美弦歌；咨岳牧於臬藩，
風清琴鶴。四方馳譽，五省蒙恩。爾從中岳之司，特拜内臺之
長。謂經營朔漠，必須叔、甫之才；安撫疆隅，雅重范、韓之

侶。故推轂於西陲，乃臨戍乎上郡。簡書載錫，車服爾庸。公聞命以趨蹌，衆臨岐而眷戀。三司舊寀，共榮元老之行；萬里殊勛，擬上燕然之勒。遡穆風而作頌，慰今日之永懷。豈曰不文？願言孔武。歌鐃虎帳，酌羽鴻磐。

送汾州郡守某考績赴京 [一八]

恭惟某海岳標奇，扶風挺秀。悅周公仲尼之道，早居業於黌庠；敦詩書禮樂之文，大蜚聲於藝苑。賢科振武，式高三禮之名；銓部遴材，卓冠四方之彦。燕館羨黃金之駿，薊門騰紫電之雄。初筮而兩邑成能，行同游宓；再命則三刀協夢，志擬龔黃。惟此郡之瀕汾，在昔人云覽冀。吳起守而稱治，卜子居而尚儒。史册有徵，鄉評無射。我侯芘止，日宣布以浚明；之子于征，時省觀而惠恤。矜寡彊禦，不侮而不畏；沉潛高明，知柔而知剛。盤錯糾紛，銛鋒每見。簿書期會，條理畢彰。敏則有功，寬而得衆。六事之修首學校，三物之教先禮經。故功令之章師弟所共誦服，而風猷之準吏民□ [一九] 并皈依。當三載之績成，實前修之美繼。茲者天開黃道，萬國朝正；傳擁未輪，雙旌出宿。雲迢渺渺，目送飛鴻；洋水悠悠，情馳別鶴。青氈學士，張組而列筵；白面書生，指景而待樂。

賀晉王壽辰 [二〇]

恭惟永國，睿聖賢王。天派宗潢，地分茅胙。睿聖合武公之懿，溫文秉姬世之良。純孝克全，庭闈永鑒。孤忠自許，宸闕攸孚。褒美現乎璽書，榮寵光於日月。篤遵禮訓，則終三年之服而始拜封；敦闡文謨，則勤萬卷之觀而勞延攬。在宮雍而在廟肅，和敬充然；臨下簡而居上寬，仁義備矣。悅詩書而耽禮樂，輕貨利而淡聲華。恤從役之艱難，恩垂在宥；好賓遊之容與，意廣同人。樂善之館弘開，實東平之有主；西園之宴數起，儼子建之多才。惟黃華凝露之辰，正青女降霜之月。壽星上映，福曜高懸。乃誕降之合符，聿長久之應節。蓋陽當重九者其道莫不純陽，律中無射者其德靡有厭射。是以桂掖椒房之黨絡繹稱觴，金枝玉葉之英聯翩獻頌。演箕疇以言福，鑰雲笈而謂仙。不曰東圃西池，則云南山北海。惟願不惑而不逾，比德宣尼；更祈以引而以恬，媲休彭祖。某荒林投迹，總慚鄴下之儔；綺帳填詞，聊傚華封之祝。

晋儲王竹溪翁花甲獻辭[二一]

惟皇上帝鑒于祖宗文武聖神，洪廳本支，誕降遐福。茅土鞏磐石之固，藩維衍河漢之長。國有眉壽之老，邦有禮樂之英。百千萬億，永永勿替。肆我儲王竹溪翁，睿哲之性懿於天成，經緯之文光於祖訓。樂善以怡其真，敦禮以端其範。故天真內腴而和粹比之春融，雅範外符而精純合乎秋潔。比之春者，元氣流行而不息；合乎秋者，玄功含蘊而不窮。是以富壽康寧即《洪範》之所以稱福，麟趾螽斯即《國風》之所以讚仁。蓋德積躬者天自佑之，化及物者人自悅之焉耳。茲乙卯之歲，孟秋之辰，恭當令誕，載周花甲。彤扉儼青雀之儀，紫殿上金尊之壽。郡之耆儒散吏，占瑞祉之靈長，知修齡之綿邈，乃喜溢同情，歡騰共祝。各吐《下里》之章，敬擬《南山》之獻。取《小雅》所謂"南山有臺，北山有萊。樂只君子，邦家之基。樂只君子，萬壽無期"，惟賢王可以當之也，故題其冊曰《南山獻壽》云。

答友人並祝早陟[二二]

伏以黍谷沉灰，未解不毛之凍；柏臺授律，方來有脚之春。披拂光風，非蕙蘭而亦轉；沾濡湛露，是荊杞而皆承。拜貺拜

嘉，知感知重。兹惟門下海岳英奇，天人俊偉。文章黼黻，潤鴻
業而緯地經天；道德珪璋，贊皇猷而外王内聖。煌煌卿月，曜靈
西鄙之陲；耿耿法星，正度太微之座。問斯民之疾苦，清路鳴
騶；訪退老之遺餘，傳書命鶴。敬交久而無替，仁體小而不遺。
魏侯軾干木之閭，豈偃息之當念；堯帝枉汾陽之駕，即崇高之已
忘。孰異世而同符，乃大人之合德。測量之廣，玉海千尋。比義
之高，金山萬丈。某丁年傴僂，孤飄陌上之蓬；晚節支離，苦結
道傍之李。引盤龍而鑒貌，真面目之可憎；試嚼蠟以嘗滋，果語
言之無味。何能頌答？獨有屏營。敢湮雙鯉之遺，長存懷袖；空
擬七襄之報，竟缺機梭。所願早陟端揆，弘敷元祉。奉聖主垂衣
而治，撫交泰之昌期；畀野老鼓腹而遊，荷昇平之景運。

宫教吕磻溪先生以賢膺獎頌〔二三〕

伏以賢有必旌，薦剡榮於華衮；喜無不慶，承筐侑厥腆儀。
乃俎豆之嘉光，實衣冠之盛事。恭惟宫教吕磻溪先生，儲靈太
華，早蜚三輔之英；瀹粹洪河，濬發五陵之秀。琢玉而成寶器，
如珪如璋；雕龍以應文心，爲黼爲黻。修孔門德行之科，希蹤冉
閔；纂漢室文章之選，比迹班楊。白玉京中，奮雲藻而躡群龍之
會；黄金臺上，展電足而空萬馬之群。□〔二四〕策有待於臨軒，振
武尚期乎延閣。偶想操鉛之效，遂分剖竹之符。栽潘岳之花，榮
旭點青春秀色；製尹何之錦，彩霞□〔二五〕白地□□〔二六〕。學道愛
人，春誦遍武城之室；親賢友善，虞絃横□〔二七〕父之堂。無何陸
起龍蛇，網疏麟鳳。博士返青氈之座，郎官移紫泵之躔。法鼓鼟
鼟以迎桴，洪鐘鏗鈞而□〔二八〕扣。談經談治，胡安定之在蘇湖；
言誠言明，程伯子之居伊洛。典豫章之試，大攬鴻材；探禹穴之
奇，覃研奧簡。旋推王相，遂補儒臣。讀墳典以論思，秩秩倚相
之語；指金玉而獻納，愔愔旄招之詩。宋王陳楚國之風，情同吹

萬；司馬賦梁關之雪，義已析微。德重位輕，柳下不卑其小；道存身詘，梅生以下爲高。名無翼而長飛，見獎埋輪之使；春有脚而自至，承噓吹律之人。臺巡秩主薦揚，當仄陋明揚之日；省署司存拔擢，正幽沉顯擢之時。太階占六符，見少微之有曜；都講進三鱣，知伯起之就升。旌禮旅於堂，賀賓填於户。車如流水，馬似浮雲。花幣熒煌，同成喜氣；絲簧匝沓，總是歡聲。穆生執爵之餘，雅歌投壺之後。

其詞曰：

翩翩玉舄雙鳧墜。下碧殿，鳴蒼珮。平臺文雅像瀛洲，又似小山叢桂。何人能到？除惟是仙。吏有分，清如水。

等閑掣斷紅塵騎。思往事，堪垂淚。如今消得許多閑，却是虚舟無繫。烏臺有意，還來相薦，一疏聞丹陛。

右調《御街行》。

校勘記

〔一〕此標題原闕，今據本文內容擬定。

〔二〕此標題原闕，今據本文內容擬定。

〔三〕□，底本漶漫不清，據文意當作“表”。

〔四〕“傅”，據文意當作“傳”。

〔五〕□，底本漶漫不清，據文意當作“紳”。

〔六〕此標題原闕，今據本文內容擬定。

〔七〕□，底本漶漫不清，據文意似當作“托”。

〔八〕此標題原闕，今據本文內容擬定。

〔九〕□□，底本漶漫不清，據文意當作“望美”。

〔一〇〕“脩”，據文意當作“滫”。

〔一一〕此原爲正文首句，今移作標題。

〔一二〕□□□□，底本漶漫不清，據文意似當作“吊爾顔朋”。

〔一三〕□□，底本漶漫不清，據文意似當作“儼高”。

〔一四〕此標題原闕，今據本文内容擬定。

〔一五〕此標題原闕，今據本文内容擬定。

〔一六〕□，底本漶漫不清，據文意似當作“果”。

〔一七〕□，底本漶漫不清，據文意似當作“藹”。

〔一八〕此標題原闕，今據本文内容擬定。

〔一九〕□，底本殘闕，據文意似當作“乃”。

〔二〇〕此標題原闕，今據本文内容擬定。

〔二一〕此標題原闕，今據本文内容擬定。

〔二二〕此標題原闕，今據本文内容擬定。

〔二三〕此標題原闕，今據本文内容擬定。

〔二四〕□，底本漶漫不清，據文意似當作“發”。

〔二五〕□，底本漶漫不清，據文意似當作“生”。

〔二六〕□□，底本漶漫不清，據文意當作“明光”。

〔二七〕□，底本漶漫不清，據文意並參王應麟《奉化重修縣治記》“惟武城之室，單父之堂”，當作“單”。

〔二八〕□，底本漶漫不清，據文意似當作“應”。

孔文谷集卷十五

書

與南溪張左丞

日去省，辱城上餞。乃西行三日而至密縣，頓六日而會巡院。又頓二日，始繇密如鄭。以十六日達輝縣。所謂構行署縣中者，尚無也。方與諸吏定約：清心省事，以保疲氓；堅壁清野，以戒不虞。然德術闇淺，省覽周章，不能就列，有同負乘，故已悚然憂矣。幸門下其恤之，教登山臨水，將毋有懷，遂欲遣人去家奉迎老母。即老母顧戀親愛，不堪遠勞，且攜妻孥耳。客緒如斯，寧不苦顏？遣人後徑趨小灘，所司解運尚多。後期臨事，當有報白也。

與趙復齋

四載家園，極承道愛。分攜之日，又辱報章雅麗，餞送殷勤，情文意氣貫日凌霜。自顧鄙愚，曷可堪勝？別來至都城半月，而補官梁藩。住一月而起，以二月廿五日赴任，分守河北，駐當輝縣。此地乃共伯之國，有孫登嘯臺、康節安樂窩、七賢竹林在焉。所謂"瞻彼淇澳，綠竹漪漪"，"淇水在右，泉源在左"，正此地也。且事簡民醇，儘與懶性相宜，但覊旅懷親，日無好況，遂使山阿莫賞，徒抗塵容而走俗狀，奈何！奈何！緬惟復齋，穎悟天成，雅調神造，當弱冠之年已超然玄覽矣。倘愛此歲華，益窮罔象，飄飄與雲氣遊，蕩蕩與無極相混合，則不肖瞠乎其後，拜望下風，是甘心也。即今春早已歇，夏雲縱橫，花鳥爭媚，水竹間清，安得佳客如復齋者與之賞心樂事耶？北望佳人，秖增紆憤。奈何！奈何！兹遣人携家之便，草草附承動靜。

與疊川於大參

初春曾上短書，想辱鑒聞。緬惟仁政茂昭，福履嘉集，雖龍鸞暫頓而天衢有待。僕南行，以二月廿五日到官。此月十六日，承守分疆，駐輝縣。此地境靜而事簡，甚與疏懶相宜，但遠行有羈旅之憤，孤遊極懷親之感，攬春草而生愁，望夏雲而滋歎。以是觀僕，情可知矣。又仰思仲子辭三公爲人灌園，陶生不爲五斗米向督郵折腰。視僕之頓足塵途，俯首末階，婆娑一官不能捨去，何天泉之遲邅如此？雖古今人之異調，要之亦可恧焉久矣。自明公視僕，豈有行道之日耶？惶恐！惶恐！家人回取賤眷，謹申狀承候萬福。賤眷倘來，乞賜馬票一紙，健步一人，得將至太行，不勝大幸。

與弟民

春闌，客緒益復無聊。臨清觴而增悶，伏高枕以長吁，乃知爲貧而仕，誠不得已也。百泉書院背青山，面綠水，圖書湛采，花竹含暉，獨不得兄弟同遊，携手共玩。雖有佳景，秖覺[一]予思。山中水次，嘉菜細鱗種列奇分，曾不得一奉母慈，吾豈食而知味也？

與雪山焦提學

承命兩文學惠音，甚感此時端佇駕臨，俾僕得從賞百泉之流，追和蘇門之嘯，是大願也。然自度泛舟之役，恐不能來，鳳想徒疲，蘭輝莫覿，果然良辰美景、賞心樂事四者難并。是以古人登山有慕徒之懷，遠行有羈旅之憤。乃若余情，寧不苦傷？謹留書代候已。敬報山祇，蕭咨川后，爲君開灑雲塗，奉供藻帳，萬惟俯鑒不宣。

與呂山車郎中

生薄劣，與世寡諧，譬苦李邊道，人自棄之耳，故雖傾條向人，人誰復憐之者？不自意在逆旅之中，歲晏之時，得蒙長者而一顧焉。豈曰顧之？遂相知之。京塵黃黑，日夜愁人，以道氣相報貽者，惟吾與公。此非離世抗俗，神解理投，聚首一夕，洞懷千古，蓋莫之能外飾也。春雪滿郊，清觴載別，回首懸心，可勝壹鬱！乃知屈子之悲宜極於新知之別，古今人之感良不殊也。南來駐磁州十日，待公其來。既而不來，度必歸省，兼携尊眷，甚便甚周。僕到官蓋在仲春廿五，尋當祇役監兌，誠無息肩之時。下太行即區區分地，乃弗克奉迎車駕，少展情悰，翻已辱教既之。仍馳想君門，不能奮飛。慨春草之既歇，念王孫之不歸。奈何！奈何！

與約庵周老先生

不肖昔在燕穎，辱承照覆者四年，別去者六年矣。日月遄征，懷感不替。即今西北多故，胡馬跳梁，朝廷必欲得魏相、趙充國其人者，海內屬望，端惟我翁。《詩》不云乎："方叔元老，克壯其猷。"某戊戌過家，即哭先君子矣。壬寅起復，補河南。是時得拜《詩》教於陳僉憲，又得拜《書》教於遂平。垂思故吏，盛德如春。卉鳥之感，其曷能言？是歲九月，又仗庇承乏浙中，謬司文學之事。念某久當俗吏，舊業已銷，一旦負乘，何可堪勝？伏覬尊慈，閔畀之訓。

與岱野張憲副

東湖宴語,永以爲好也。達人雅度,無日不懷。切計七月初頭,玉節當至省中,平生義契湖海,襟期得共此秋天爲幸耳。不意海舶之事,遂勤料理,悠悠佳賞,渺焉中闕,情當奈何!入秋凡三拜翰章,教思深厚。又辱腆儀及壽家老母之儀,感益何任!然更欲乞惠一詩也。聞海上事漸次寧息,足知門下文武兼資,智勇齊布,一勞而永逸,重内而威外,甚賴!甚賴!但此地傳語紛紛,多謂門下必主剿殺,恐成事變。書生冗談,愚人妄議,殊不入耳,蓋有同事而不同心者矣。而當道者亦白面郎也,惟門下經略之。

與陳虞山大卿

曩某釋褐歸里,幸謁門墻,承教貺。嗣是西入秦,東遊燕、趙,南涉梁、楚之間,蓋碌碌狗禄者逾十載矣。緬想光儀,但增耿耿。茲移官浙省,謬忝文司,遡季子之流風,景上公之高誼,方冀獻書承候,希垂誨訓。乃辱門下存念故人,勤以手書,兼之嘉幣,何敢當?何敢當?承命擇師,得端敏士二人,《易》曰楊生,《書》曰王生。二生俱學術純正,文章典雅,不爲時套所縛。要之可以進道,蓋不徒博取科弟而已。謹進之門下。楊生即今歲批首,彼誠願蒙光範者也,惟高明處之。

與謝與槐

都門一別,倏已兩年。自徂歲一奉音徽,迄今未報,吏紛膠擾,懷抱可知。荒落之餘,叨移學職。蓋自首夏□〔二〕事,即出小考,冒炎力疾,百爾張皇。雖大比屬完,而病軀已僝然矣。又事多掣肘,道難遂心。今所勉圖,惟在士習學術之間,他無所計也。賴公之靈，復何以爲教耶？懸望，懸望。

與蔡白石

某不穀，待罪名邦，忽已閱月矣。病冗膠紛，不得申問，然傾心門下，固無日不耿耿也。憶昔京邸之晤，方展契闊。奈復分張，遂已遙隔。黃鳥私情，寧不耿耿耶？秋首辱承教札及諸雅章，真瓊琚玉珮，卓爾不群者矣。甚愧鄙劣，無能仰稱，徒垂投分之誼。奈何！奈何！門下鴻造玄覽，力追雅頌，英風茂烈，光振海隅，誠甚盛德。不穀冉冉而老，即已無聞，又冒此文司，不能引去，益可姍已。門下其何以教之？

與項甌東

高山景行，日勤嚮往。遠莫致之，耿耿奈何！即日得承教貺，不遺千里，拜命聆風，欣感兼極。不肖訖試之後，又權管司事。獅山至，裁稍脫身。然不能貶法苟善，以狗刻薄之吏，固不免於招尤也。世道險艱，不意遂至於此。然自達人觀之，殊不爲動，但當解印西歸耳。此時且勉從事，則溫處先之矣。令郎遊學進學，久已批□，□〔三〕勿爲念。餘命俱祇存記。□〔四〕泉之去，有志者所□□歎，然世事果茫茫也，奈何！奈何！人便附狀承候。□〔五〕上教約兩册祈正，諸縷縷不能宣。

與劉柏山

憶昔某也宅憂，兄自京華一歸里第，是時尋講舊業，間出新義，巾車往復，朝遊夕宴，甚樂也。已而兄西入關，僕以斗米之故復出大河至浙上，中間別日，遂歷辛壬癸甲四載。雲鳥流思，萬里一致。然古之達士養德，勵學堅性，益能恒得之遷滯之餘，起之歷攬之久，故知兄於此必當大有所得也。僕年來略無所造，但能沖厥營慮，若眼前一切物幻無多概其中者，然學聞固益荒矣。往時尤好作詩，近非應人之求，再無一句也。江上愁心，不遑將毋，奈何！奈何！雲間佳麗，更多風雅，政日清暇，其所得必更美大也。幸時時惠及。

與前溪劉大參

連月數奉提攜，遂得觀法如□□者，世可多得耶？後生讀五車書，涵養十年，猶不□□也。祇自服善，非敢佞詞。揭來至湖，頗得與諸生考究德業。清明前微風細雨，花飛滿城，不無惜此流光，但不似杭州風雨殊令人作惡耳。徂歲辱委作叙，久緣風雨未成。此時始脫稿，又索不成章，惶恐奈何！

與郭瓮山

元城之别，三逾歲時矣。追惟清宴玄譚，朝遊夕悟，割愛而分名畫，咏言而疊雅篇，覆我慶雲，照我若華。鄙人孤涉千里，舉世共賤，一旦承遘嘉會，感激歌咏，誠不能忘。徂歲遷此南官，背淮逾海，去都益以遼絶。初聞足下使宣、大，繼得緒山所寄玉書，始知節駐清源。然濕病瑣尾，稽報仍復久之，情當奈何！

與戚南山

高山景行，心日嚮往。道遠莫致，我勞如何？雖徂歲數承疏教，然不若親炙之爲真也。夫道術紛裂於詞章，神理薄蝕於聲利。逢掖之徒名爲學孔子者，而實流於浮僞，反不若楊、墨之近裏。雖高明之士，猶不免於習俗之移，況其下者乎？此孟子之所哀也。所賴海内英賢卓有先覺，相與振明斯道，將使堯、舜、周、孔之教光如日月，流如江河。在江北則有先生與百泉諸公，然薛西原化於田園，林東城終于郎署，可慨也。在江南則有東郭、龍溪、波石、荊川、緒山諸公，實爲一時斯文之托。不肖則竊有志焉，而未逮者也。然於喜怒哀樂未發一章，實不敢忽。門下其何以誨之？右溪浩然歸去，豈不誠大丈夫哉？

與百泉胡大參

惟敝省隘陋，學士牿於見聞，蒙於大道，得承夫子而振鐸焉。惟邊□〔六〕廢弛，非大整頓振刷至不可爲得。承夫子而論建焉，然功化未就，而冒嫉已不能容矣。吾道之難行，斯民之不幸有如此者，奈何！奈何！然於夫子之卷舒，固無與焉也。夫昭文之鼓琴也，與其不鼓也一也。孔孟志欲行道於天下而不果也，退而作《春秋》，著七篇，其行也與不行也一也。然則夫子之歸也，必居然于此矣。謝右溪便附疏承候，高山景行，心切嚮往，遠莫致之，奈何！奈何！然不肖之荒于植也，夫子其何以教之？

與謝右溪年丈

嘗觀古之賢豪聖哲，正學術、弘德業者，未嘗不本之朋友，朋友之交未嘗不本之意氣。後世勢利厚而意氣薄，意氣薄而朋友之道喪，朋友之道喪而學術德業俱以因之。固士生其時，或有盡一世無友而得之曠世之感，或有盡一國無友而得之四海之遠，亦難矣。故士有爲知己死者，非過也。僕德薄，又無勢位，不能取友，故舉國舉天下無與立談者。然每見有道之士，未嘗不願爲之執鞭也。先生來同官，正僕執鞭之日。先生亦不予逆，僕雖不肖，實願竊有請焉。其庶乎正學術，弘德業，以無忝於所生。乃先生今棄官而歸，捨我而去矣。古人云："樂莫樂兮新相知，悲莫悲兮生別離。"私心以之。別後火病大作，數日始能執筆，文不勝題，詞不盡意，奈何！奈何！道駕暫息全椒，與南山悟言一室之内，游神千古之間，其於玄情當益朗絕。計其抵家當在仲秋，真大鵬之去而以六月息者也。僕則搶榆枋而止爾，奈何！奈何！

與廖東雩年丈

遠別長懷，日焉耿耿。緬惟道儀貞則，文命誕敷，盡舉三聖人之鐸而振之，使敝邑之聾者聽，盲者視，委頓者作而起焉，彬彬然日抵于盛矣。乃知心德身教，其化固自神妙如此也。弟則竊有志焉，而未之逮者也。狗祿苟延，歲月徂遷，而德業愒曠，門下其何以教之？此地儘有益友，然地當孔道，日應接不能暇，即稍暇，僅圖一坐臥耳，更不能學也。奈何！奈何！弟行日，妻妾俱留奉老母，以老母方抱離憂，舍弟又當出會試故也。今舍弟回家，老母復甚念遊子矣，但一時搬取不便。然四十無兒，萬里孤泊，終非人情，兹遣价歸報平安，兼欲移取賤眷。倘遂其行，必須傳檄，亦于二河公處有告，惟門下垂玉。

與抑齋李年丈

首夏承書及詩，誨慰鄙人甚盛厚，道誼一脉當自葆之無斁也。蓋自此脉一衰，人間萬事皆病，幸高明振而存之。故僕常謂：當五陰浮雲之障而耀燭龍於天庭，值滓水滔天之日而殿砥柱於中流，惟高明可以當之。不然，勢位冷暖之間，毀譽得喪之際，鮮不撓其真者，而高明乃屹然矚然如是。堯、舜而後稱大聖人者周公、孔子，然處流言而不變，遭無上下之交而益固，此聖人之所以爲大也。願高明努力。不宣。

奉莊石山座主

某荒鄙，伏自辛壬奉教承遇，克有今日。然十年荏苒，多難屢遷，無少樹詣以報明德。又音塵寂蔑，道遠莫致，高山白雲，但增耿耿。惟館下材不世出，道與時違，遂使鳳凰麒麟藏戢郊藪，闕鴻化之嘉禎，乖海內之顒望。雖達人大觀無所不可，而登賢處俊之事良亦舛焉。然有非常之人，必有非常之用，故知館下亦暫臥隆中，而稍息東山耳。鄙生狗禄浙中，又逾歲時，人微德薄，衹積愆尤，然亦思告歸矣。初到即擬申候，緣□□□□因循，又已遲滯，良益苦心。茲因顧太守□〔七〕，□〔八〕修啓撰儀，再拜附獻館下，略布腹心。

與王端溪翁

往歲小灘奉教之後，即謬轉今官。彼緣除書到門，歸省又棘，故未能告謁請誨，輒已南邁。蓋自癸卯四月抵浙，今又逾一年矣，人微德薄，略無補於教化，但於敦本實、抑浮競一節不敢後也。然頗犯昔人蜀日越雪之誚，而有北山愚叟之譏，亦知達節易傚而迂直終不可回。奈何！奈何！春首□□憲長寄示尊緘，愛念小子，至勤萬里之遙，中間□□及所著二書，皆洞啓道隩，示我廣居。某雖不敏，敢不從事於斯？前輩舉業尚是通經，邇來又下一二層矣。孔門一派正學寖已淪滅，士人雖號高材有志，不免流心埃溢，況可導而上下者乎？昔孔孟扶正道則闢異端。夫異端者，異乎我者也。今異豈特楊、墨哉？蓋又異乎楊、墨者也。其不爲彼所悲泣者鮮矣。正道之在天下，即元氣流行於四時，不容少有壅闕。苟非其人，道不虛行。故孔孟不用則空言無補，學術不明則人心陷弱，知必爲衛道者之所憂也，然亦終非杞人之所能濟也。今夫子尚隱淪，他何足道耶？楊郡守便謹狀恭候起居，兼□□□〔九〕。向所示《五經心見》，業已與同志者□□〔一〇〕，方欲刻而傳之人人，竢成另報。

與張南墅憲長

道遠莫問，德音不忘。恭惟旬宣之餘再統憲紘，禮樂刑政實久其化，區區晉鄙休沐，何幸甚焉！賤子于役，忽已逾年。夏間欲取家口來浙，緣塗路遠艱，日夜思望。又聞邊信及水潦，遂謂不可得來。乃待於九月望日出試金華，心方耿耿，忽報家口數人仰庇公靈，以廿四日解舟到衙。而自家及浙，一路苟安，都賴從者將護。不然，恐艱於進也。覊旅愁心一旦得此感激，誠入骨髓。而門下之高仁大義，施及遠艱，至周至密，則其同體天地、同仁萬物之盛即是可知。第未能親拜來使，面陳腹心，屏營之私，不勝隕越。謹修狀並封新刻《文章正宗》一部報使者還報門下，餘容另具不宣。

與中川陳宗師

惟昔高車西邁，小□〔一〕正留滯於北，其後日月迅駛，山川阻修，故既闕攀□〔一二〕，又不申候，至今但結佩明恩，并兹離緒，緬望雲峨，曷勝耿耿！若保釐經略，弘濟艱難，訏謨實惠，繫我民思者不能忘也，不能言也。知丘園□〔一三〕定，素履安和，回盻世事，真一笑弈棋耳。小子仰庇寵靈，復從文事，覺□□□狗禄□〔一四〕所宜，然不斷又如葛藤。昧夫子知勇之訓，犯詩人胡顏之譏。且今年四十，即已無聞，況復後來聰明益有所不逮耶？誠負明教甚矣。每對流光，欷不自己。然正若貧子思食，終無飽時。奈何！奈何！即月出校浙東，會馮憲長便，謹附狀承候起居，略布腹心。並上絹帕一端及《薛詩拾遺》六册、《學政事宜》四册請教，幸惟垂省。

與謝右溪年丈

兄之別去，時忽變而成冬。鄙人孤陋，當必知之。夏秋之間曾兩得手書，知惠子之念我也。然古人謂悲樂之志莫有過於相知而別離者，有以也。然兄之別也，豈惟失一益友？實抑失吾一嚴師矣。秋當四十，痛感無聞。存省之餘，頗覺顏子善學聖人真處，遂謂聖人不出吾腔子矣。亦知博約工夫亦不在外，但未能欲罷不罷，未能既竭其才，未能卓然有見耳。然亦非在外也，周公仰思坐待之訓豈欺我哉？興四代之禮樂，使天下而歸仁，亦非在外也。吾兄此行，知叢寶樹之林，求赤水之珠，定當有見此處卓然不惑，安得飛雲間之翼以示我耶？稍轉一官，道還山矣。馮貞齋便，草草附承動定，兼布腹心。

與潘春谷年丈

仲秋雷尹使來，得奉教貺。旋附一書報命，想當徹聞。茲小价來，得再奉教，語高旨厚，欲誘鄙人而納之道範，此其義高厚甚矣。鄙人不敏，敢不勉旃？但因循之日尚多，而有事勿忘之意未之有逮也。此非持志立誠卓然有著腳處，恐終虛杠耳。古人於此一件必資師友，務在切摩。眼前同志誠不易得，惟念足下上根超解，卓彼先覺，拂衣塵表，講道汾亭，誠欲納鄙人而同歸之，則鄙人歸來當必得所依矣。

與洪方洲先生

別日漸深，後晤遂不可度。前兩承教書，知勗我良厚，然此意乃是天地生生之脉，往聖來賢惟體此而續屬之耳。孟子歿後，惟濂、洛為最仁者，近熟誦其書，紬繹其旨，頗於仲尼、顏子樂處不甚捍隔，亦知鳶飛魚躍與"必有事焉而勿正心"之意同也。

光風霽月，傍花隨柳，當不在風花間。乃知"集義"數語，真吾輩著脚得力之地。然千古大病，只一不能慎獨耳。朋友講習莫大於是，然迹疏心密，忘言而得其意，庶幾勉焉。期無負於此心，則不肖所以奉門下也。惟高明其頻誨之眼前世事，惟事不由此件，故不可言。然同志實心，非徒言之知之，實允蹈之，誠亦不易得也。積懷耿耿，曷由面宣？水東公便，謹此略布腹心。

與程松谿先生

某蓬藋之士，而蔀屋之人也。又久睽大道之門，不聞鴻覽之訓，宜其無所裁矣。然每誦《大學》誠正至善之理及孔子忠信好學之意，未嘗不有志焉。所覬先覺勗我不遺，比緣牛走之餘，得遂龍見之願，授館高齋，投車梵宇，集雨淹辰，天從人欲，而其玄譚秘論，亮懷吉暉，真挈我廣庭而携予暘谷，自謂平生之遇極於此矣，金谿鵝湖蓋或無是之自在也。然而道之大觀必自在如鳶飛魚躍，而後爲浩然之氣，充塞兩間，無有間愒。少有異同便有不飛之鳶，不躍之魚，醫書所謂"不仁"，《大學》所謂"自欺"者也。夫子其不欺矣，其庶乎仁矣。而不肖一念善信，寔不敢自詭于明遇，自負乎平生，實幸先覺之勗我也。

歲暮多懷，正圖申候，適承教至，紬領道誼。《易》稱"復見天地之心"，然則夫子之心藹然可想矣。比見北司成虛席，弘化正彝，應藉純德，南海之望恐不果答也。別來屢夢來教，亦云夢之無亦即飛躍之理乎！生贈八魚，蓋雀唧三鱣而報之矣。瞻望耿耿，言縷難悉。

再與蔡白石年丈

□〔一五〕候無期，曷勝耿耿！故雖書疏往復，都莫解於飢渴也。大雅之道久微，遂使作者悉專之古人，豈古今果相遠？升堂入室在孔門諸賢區以別矣，顧獨顏子爲能入其室者也。今門下抱不世出之資，發千古之秘，當有一顏子興矣。不勝區區，幸慰之私。僕本沉迷，爲吏塵所汩，遂無復好言，羞對明德。日來得近少玄，因知此兄齊衡古人無疑。蓋非醞藉之久，誠便難到耳。僕今試省中諸士，事訖便欲渡江，或乘此一遊禹穴、天台、雁蕩諸山，然必無嘉藻以報山靈，如兄昔遊武夷故事，方知鄙人固陋乃爾。“少年不努力，老大徒傷悲”，斯言豈誣也？巖潭兄便，草草附疏承候。

與百泉皇甫先生

鄙人棄外日久，道里隔塞。海內名英，如我百泉先生昆玉，文星朗鑒，珪璋特達，四美全於吳門，八士半於周室，則勞我思存，邈莫致之。故雖秉性欽賢，但自抱耿耿耳。比來吏越，得奉少玄教範，因得竊奉先生之緒餘，然更恨不及門也。不謂門下遂垂惠念，情見乎詩。夫鄙人世所不道，而高明不金玉其音，豈以孺子爲可教耶？感激洪誼，倍增耿耿，思□〔一六〕明德，誠懼莫之從也。奈何！奈何！

與錢緒山年丈

孟陬之晤，甚幸！然適多人事，遂於此間未獲周悉而承指授。及既瀾別，應多惆悵爾。閏月初旬起首校藝，迄今仍在品閱，因感古人“藝成而下”之說，則又怪今之學猶于下者而莫之成也。本之則無如之何，又恐務本之士不屑反求，衹於文字求之，非所以待上乘，乃顤以數日開閣，延另講學，設疑問難，至十五伯人無一似顏子之徒發聖人之蘊者。即以程子，嘗以醫家言“不知痛養爲不仁人”，以不知覺、不認義理亦爲不仁。譬最近之說屬題試論，而論者至一醫士而無之矣。學術不明，古聖人所深憂也。而今奈何？比來只理會一仁字，覺春意在眼前矣。但恐風雨飛花，更成剝落爾。勿忘勿助之間，真難著力也。

仲春渡江，當悉聞教。此件昨命敘起俗之篇，大氐兄敘已盡，然以道命不可抗，賢太守、賢大尹拳拳爲風教宣言，則不肖安得而不讚之也？是以忘其荒鄙，輒操紙筆，詞不雅馴，義不顯白，惟覬高明斷直之爾。

與黄久庵先生

昨論學永嘉，據孔子之言二章。其一是“子張問行”，其一則“志於道”一章，正竊謂俗學支離，學者不知道、德、仁、藝爲何物，往往紛馳於外，如游騎無所歸耳。必合一求之，乃爲聖人之學，而學人迷於章句，牿於見聞，率有睡聽之象，方竊疑歎不能已已。適承翁教書，正示此旨，豈非天牖愚衷者耶？甚幸！甚幸！因以前所論説就門請正，略曰：

夫道，一而已矣，即天命之性而人之心也。德者，自其道之得者而言也。仁者，自其道之純者而言也。藝者，自其道之散見者而言也。非有二物也，非在外也。自學者以聞見知識爲道，遂求道於事物文爲之間。此學非不立志，非不要有憑據，非不要有依歸，然路頭已差，則所志、所據、所依皆無著處，即於藝亦是汨没不可以爲游也。所謂游者，如神女揚光於清泠之淵，無迷津、無駭浪者也。與造化游也，非以藝爲美而後游也。惟學者汨没以爲游，則去道也遠矣。故孔子定之而曰：“志於道，據於德，依於仁，游於藝。”言志在是，據在是，依在是，而後游亦在是也。道之本也，學之序也，而皆不外乎吾心者也。真知不外乎吾心，則志、據、依、游當必有著，而道、德、仁、藝謂之強名可也。孔子言十五志學，志於道也；三十而立，據於德也；不惑、知命、耳順，依於仁也；從心不逾，游於藝也。聖人之道，如斯而已。切詳末學支離，全爲藝所泪口〔一七〕。蓋泥聞見者既以藝爲格物窮理之資，尚空寂者又以藝爲玩物喪志之累，皆非聖人游藝之學也，安得不謂之泪没支離耶？

此不肖論學永嘉，未敢自是，私心疑歎不能已已焉者。幸承明訓，遂敢悉申其說，惟乞大賜開正，不勝憒悱。

與皇甫少玄年丈

高賢臨浙，鄙人正幸得有所依，故每一接詞承暉，未嘗不昭然發予矇錮也。莫春東行，實躡東覽之蹤，冀其還也竊有請焉，當大有所承發。不謂天道近乖，人事多謬，遂使規矩改錯，星辰失行，雅志好修傷心嚴譴。夫才賢之生以資世也，今所逢殆若此世道，當復奈何！初出天姥，忽聞此惡信，便急渡江，欲送臨風之發，然至則行矣，悵惘可知。是後亦復多病，日卧枕簟，惟有歸魂兩奉離書，倍增神愴。昔人有云：“平生竟何托，懷抱共君深。一朝四美廢，方見百憂侵。”今果然哉！吾丈抱明夷之爻，秉素位之義，旦夕若有除書，當便勉行，更無芥意。此聖人居九夷、達者覺四遐之事，吾輩今日學問處此方爲有得也。

別緒糾紛，辭不殫理，更有贈章，尋當報上。兹吏人之便，力疾奉狀，略款奉唁。《東覽篇》函歸藏史，鄙稿三十四篇虔祈斤正。俱惟垂省而惠德音，幸甚！

與寒谿方隱君

薌谿夜別，迴戀增懷。弭嚴郡三日，見有司皆神往要客之臨，便理舟北還。一以省地方之多事，一以遂鄙人避喧之癖耳。出門匆匆，適奉至後一日篇翰，文辭蒼雅，徵羽交暢，且盛道文之所以玄者。至於相如閣筆，子雲停吟，而猶云玉卮而無當，此所以爲玄也。玄之又玄，其誰知之哉？痛四子之蒙愧，憐屏力之假神。至有取於草頭木脚，則又教鄙人者深矣。

《留别》一章，即已粘附前册，仍漫次之。不用"鬆"字，嫌在二冬也。其詞曰："雲裏青谿鶴髮翁，送予瀲水步如風。形容不意如漁父，姓字何緣達遠公。别惜夜光星斗爛，醉憐燈影髯毛鬈。臨岐莫以仙凡隔，天上人間此會逢。"次酬如然，殊覺淺陋，然不成報章，豈今日哉？教愛拳拳，無不領略，幸垂鑒焰。開春之約，當令勿爽之耳。

與鄭淡泉先生

摳謁未即果懷，但增耿耿。是故不見君子，詩人所以憂歎也，然此幽心固亦莫能宣矣。即日奉枉教及書幣之貺，省章思義，秖攪營魂而加增鬱紆耳，何能□〔一八〕言？

夫道之顯者莫著于文，文之顯者莫著於經史。經史者，教典之隆也，而淺陋之儒冥於舉業之源，溺於末習之流，胥失久矣。此實人才世道關係匪細，鄙人叨冒此官，誠竊有志，故諄諄亦於此件。然學人安於所習，毀其所不見者其堅其錮，雖父兄之教亦復爾爾也。此固鄙人德薄不足以風，然亦見世趨之下，其勢必至於此也。孔、孟皇皇，千載可想矣。鄙人日夜之心惟有歸去，但移家避寇，托身難所，惟谷之憂不能遂決耳。伏想明公真葆龍現巖阿海曲之中，而抽金匱石室之緒，爲國家成一史記，上續獲麟，下略司馬，固萬世之洪業也。傳叙諸篇，誠識其大。夫史失其官，自伯陽西去，太史令下行文書而迄今矣。《史記》、《漢書》咸賢人憤志而作，故《漢書》是劉歆作之，而班固輯而成耳，願公卒成此不朽之事。嚮見海石先生亦云有志於此，但未見其書也。歲暮多煩，承報不悉。外《通鑑》一部八十八册奉覽，開歲或得面伏，並幸垂省。

與楊月山總戎

足下渡江之時，正鄙人造門之際，有款未面，怛然此心。方西之夕，更念足下又東還而不相及也，耿耿奈何！僕受性懶拙，不好妄交，獨見善如不及耳。憶足下□□〔一九〕以來，每一相見便心相愛之，然擾擾吏局中却未多所就正。每擬終夕之談，十日之飲，當定有時，豈料今日遂分携若此耶？悵焉思之，愧聞黃鳥、伐木之音，徒紆東軒、停雲之想。在嘉禾已八日，文案頗已就緒，但形神俱勞，火病大作，私自憐也。正念仙舟或當便至，適承手教，甚慰！甚慰！病中草草題冊畢，便據几作送行文，一時都成，雖文不爾雅，亦頗不負知好也。幸省亮。

與趙龍巖年丈

別忽三候，晝思夜夢，未嘗不在左右也。嘉興考閱，連服藥養病，共住十日。今來湖矣，文案具結，頗解外紛。海石書、虛齋訊俱得早至，甚慰懷仰。靜裏尋思：吾輩不如古人，只是件件粗略耳。粗略之故，却是放心。只一放其心，便將主將去逐世習。種種煩勞盡是世習，故於性命道德之理無人經管也。此理不經不管，使如手足痿痺，不成全體。全體不成，豈有大用耶？故知吾輩今日學問只要收放心耳。性命道德更無物事可把捉者，即心便是矣。未有心不違仁而性命道德之不經管者也。性命道德譬如日月在天，光明普照，萬象增輝，天地之化賴以轉施，即萬物有壞，此精無朽焉耳。吾輩今日收心，只是經營此件。若鄙吝內固外膠不解，雖談天如衍，炙轂如髡，□〔二○〕難以語性命道德之真也。《易》曰：“聖人以此洗心退□〔二一〕，齋戒以神明其德。”“洗”之一字，便是吾輩著脚處、下手處。然不齋不戒，皆非洗也。日來但覺多病，精力頓減於前時，獨道德初心未之歇耳。道中觸目花落鳥啼，遂益驚歎，惜此逝川。歲月屢換，離合屢更，朋友德業相勸亦有更換否？尋思到此，不覺凜然。故晨起舟中，書此感懷，馳報門下代面談。亦冀心信海內同志幾人，絕學定當有繼。

今日邂逅，可惜草草放過二年也。昨談二氏之教，他不多及，只彼于心先不肯放也，豈不爲仙爲佛？言不盡意，幸垂省教。先後詩稿數篇並上。爲少嵋兄作四壽文，亦是今夜漫筆而成，亦頗似楊子雲也，幸覽裁轉致少嵋。詩二紙，亦是轉致少嵋、鳳岡二兄。湖州事訖，或仍過杭也，面近不悉。

與蔡可泉提學

緬懷耿耿，正如春草在雨中耳。忽承教書，披慰可知。細覽宣條、締會兩編，即敬敷敕典，文質彬彬，君子之弘義也。然自道德風微，則俗化之衰先從學校起矣。今日吾輩所事，當定不在考較末藝之一邊也。諄諄勤勤，惟以明學正心盡其在我而不必其從違，則吾事畢矣。兄不觀孔子與孟子好學好辨，豈必世之從違哉？但令道不屈耳。僕苦心三年，惟是此意。柄鑿之喻，蜀日之評，誠亦有之，而其道則可自信也。世事江河，豈不知搏一丸泥而塞瓠子之決爲大愚悖？要之，憂決之心不可已已也。夫力小負重，茲事有類於鄙人，故承垂問，輒以獻笑。若門下高明厚盛，表布匡扶，當自不同也。

與大司空劉坦翁先生

古人有言：“‘高山仰止，景行行止’，身雖不至，心切鄉往之矣。”夫身至而仰可信，身不至而心往，誰信之者？要之，心可信耳。鄙生受性疏簡，獨好欽賢，故海內巨人、一世儒宗，卓有我翁照耀今古者，其心不鄉往哉？顧其心難自言之，故但藏之矣。從事已來，一官已歷四春，三歲兩到湖郡，俱爲俗牽，不能此身一至門下恭上起居，一奉顏誨，耿耿之懷如緬邈星漢而無梁也，則身不至而心可知矣。鄙生宣條無狀，正如精衛填海，而士習泛泛，洪水警予，非有神禹九年之力，恐天昏地陷，莫如止極也。鄙生將啣迴木石，戢羽西山，恐伏謁長者終無晨夕，謹狀付托學官代申承候。祇展私忱，不嫌瀆聽。

與廖洞野先生

星紀逾邁，卒業無期，懷誼遡風，天高海隔，耿耿之私，祇覺勞悴。昔壬寅大梁之歲，曾兩具書幣，托竹泉少參寄奉，想能畢達之也。到浙以來，煩痾幾倍於昔，奔走日無寧況，故闕焉久不申候。自饒尹處拜教及覿大部，又不報至今，迹不逮心，何勝隕越？文章之盛衰，人才之進退，皆世道之大關也。今稱最有文章、最多人才者，則有大謬不然者矣。稱文最盛、才最進者，則又有大謬不然者矣。不審所謂大關者，當復何似？天降時雨，山川出雲；天地閉塞，賢人隱遁；井渫不食，爲我心惻。觀天之道，察人之行，高濤上流，莫可云易。鄙生賴庇光靈，殉祿散吏之餘，謬此文學之事。簿書刀筆，推奸斷盜，低首折腰，雖盡俗狀，猶若可爲，獨有今日頹梁壞壁、支離靡爛爲難補塞，爲難扶植耳。蓋補塞扶植惟有忠信禮義可以施附，然學者視此，奚翅九牛一毛？即九牛，又已無皮矣。諺語云："皮之不存，毛將安附？"故知今日之事顧益不可爲也。故移山之叟憂天下之人，千古一大愚魯也。羈旅江上，已及瓜矣；離老母之日久，舊業遂益荒廢；子嗣未立，髩毛變色：日夜思憶，惟有歸歟。或歸之後稍救家事，傚昔人□〔二二〕岳之遊，則起居門墻尚復有時。若聖朝思訪宿儒，□〔二三〕招舊彥，弘修稽古右文之事，遹闡金馬石渠之風，則某伏迹蓬蒿，睹日月之光華，被慶雲之餘彩，尤大願也。

即日考訖，便據案修狀，托饒尹馳上，略表積忱。紙筆潦草，詞意不宣，伏惟垂省，幸甚！

再與劉坦翁

即日將發剡中，忽奉謝學官賷下教札四件、道義大書二件。緘未啓時，神情先震，及既對揚，則天光霍然下布，臨我有赫，神情應化，不知所云。昨某上狀，略布腹心，正如居井壁者仰青天，望白日而希光靈之照耀，其高卑固本殊絶，然獨恃區區此心可感通耳。今日果蒙昭鑒，大普光靈，何幸！何幸！夫同生衆矣，道盛爲歸，故天民先覺所以佑啓後人。後生小子不遇先覺，悢悢夜行乎爾，今蒙佑啓，何幸！何幸！又惟我翁聲律身度，行遠言文，片辭隻字，爲世鴻寶，微然少諾，千金爲輕，此區區所以仰天望日而不敢必得者。今蒙垂睨，憲言嘉藻，連章屢牘，噓枯吹生，大冶無外，何幸！何幸！道義二字，端雅壯嚴，謹銘座右，不敢忘規。尊□〔二四〕謂某有之，某雖不敏，當必勉旃。每□〔二五〕乎古聖賢爲天地立極，爲生民立命，只此二字，故道義□〔二六〕微則綱淪法斁。此孔、孟所以孳孳，志士仁人不能不汲汲爲也，某也敢不勉旃？若夫仁聖不倦之諭，則在公西華等猶不能學，而况鄙劣如某者哉？然勉强道義而不已焉。倘亦有爲之不厭之意乎，竊有志焉而未之逮也。《詩》有“未見君子，憂心冲冲”，《易》言“利見大人”，則以不見爲不幸，以見爲大幸。若秋水兼葭之際，翁不命棹於西湖，某必鼓篋於苕溪之上矣。仰之望之，耿耿不宣。

與顧箸翁

昨入國，不一走候門下，甚非古人敬老尊賢之禮，高山景行，徒自耿耿耳。謝學官來，猥辱教緘及和章之什，知老先生之垂情後學，同仁□〔二七〕類至矣。實心實事，孔門拳拳，更無他道。今日教者學者談空説虛，斧藻丹臒，不惟不可施之實用，抑已先自伐靈根矣。微老先生體之念之，其誰興言及此，爲後學呼醒耶？感激之私，言語莫悉。

與陳石陽先生

禊節迢邁，昔人《蘭亭》“崇山峻嶺”、“茂林脩竹”、“清流激湍”宛然可想，而古之作者光塵不屬，千載之下觀感陳迹，慨然興嗟而已。此時懷友正切，左右適有書來，遂識此抱同也。答音略□短篇不多及，但願來果一會耳。僕孟夏之闌可及□華，吾兄可能一登梁日太守高樓否？京府之遷亦□爲不好，除書到門，便當整裝，想須到秋天也。不盡，□□〔二八〕。

與張南溪先生

古之君子，龍德正中，□〔二九〕違與時，謂之樂天敦仁。竊惟□〔三〇〕下今日正如此耳，幸慰！幸慰！僕黯不知學，自得侍夫子而竊知所嚮。僕黯不知政，自得侍夫子而竊知所從。僕不信今之交者有道義，自得侍夫子而竊知其忘年與名位之盛，而拳拳善類之與又如此。然則僕之少有所進，皆門下之大惠也。感激之私，懷往之戀，中心藏之，何日忘之？曩僕在家，辱門下塞上之書。尋有書幣附報，想能見徹。去歲又辱門下還都之書，緣約馬石渚要專差一人奉候，竟亦未果，至今耿耿。此中三載盡屬因循，所謂明學正心，竟如枘鑿耳。

與謝與槐少參〔三一〕

寒巖別後，遂聞先太君之訃矣。茹苦奔歸，不及辭謝。山中四載，復出狗禄，遠道逶遲，音塵寂蔑，懷兄惠好，何時可忘？

恭承移鎮中土，即近關可以通問，雖不遽晤，猶勝隔絶萬里耳。已來道況，想與天游，然風塵荏苒，能鬢不變耶？某憂殤之餘，多病且衰，嗣且未立，抱關以來，益復無緒，倘不匏繫，便當長往田廬，一返自然。人便草草附承，情不宣悉。

與李少泉先生

曩某自梁徂越，辱明公教言見贈，情在惠好。後陳國博便纔一書疏往復，然飢渴之懷山川間之久矣，獨迹遠神馳，不可得而間也。每念海内綜文之士近復不少，如我公卓然大雅不群、名家力追古作不但少也。與槐至，再辱五言見懷，是明公德誼甚盛，顧鄙人薄劣，何可堪勝此知遇之極？感酬言之不能章也。

與包蒙泉年丈

同年客遊秦者十有三人，四在省城而九在諸郡陲，合并亦已難矣。念兄信旅人之父，安何陋之土，關山阻修，人馬闊絶，雖音塵不易得達，而況殷勤杯酒之歡，携手河梁之日耶？此素心之交，同明之友，所以望塞雲而興歎，聽離鴻而耿懷也。兹分俸不腆之儀，少助館穀，伏□〔三二〕省照，還誨德音。

與童□〔三三〕衡先生

一別八載，□地通書，祇將魂夢依依左右耳。每訪相知，得聞桂□成行之喜。忽見邸報，始知淹歷郡縣，方轉都官耳。然名德大賢行道濟時，當必自兹始也，慰慶何可言？某奔迸以來，苦處四年，竟爲斗米之故，復抱關至今矣。憔顏白髮，僝然可掬，行返初服，聊卒歲山中，安得公車再茝晉鄙，俾鄙人一奉袞衣之光，再領緒論之懿耶？懷望益不可言。

與葛與川吏部

某不才，辱明公知遇之日久矣。兹陳疾乞休，區區引分知止之行，故朝上疏，暮離省，絶無逗留顧望之私，惟覬得蒙題覆准行耳。不然，得爲齊民，亦返自然也。山間林下，啜菽飲水，覽卷看雲，以淹餘歲，無步兵痛哭之譏，而有淵〔三四〕亮賦歸之樂，則明公之賜及鄙人者遠矣。

乞休疏

臣天胤謹奏，爲患病不能供職，懇乞天恩，容令休致事：切照臣見年四十九歲，山西汾州人，由嘉靖十一年進士初授僉事，尋調知州，復升僉事，歷任參議副使、參政、按察使，以至今職。嘉靖三十一年，忽得陰虛火動病症，痰喘怔忡，幾於委頓。調理數月，方克勉强視事。延至今春，前病又復舉發，痰喘變而爲膈塞，怔忡轉而爲健忘，形神銷憊，職務廢弛，經屢月矣。迎醫診療，僉謂此疾決非旦夕可瘳。伏念臣一芥草茅，荷蒙聖明收録，隨例外補，遍歷兩司，二十年間遂已滿秩，誓當竭身圖報，終效犬馬之勞。不意分過災生，病漸危篤，命將先於朝露，志惟切於首丘。伏望皇上矜憐小臣哀懇之私，敕下吏部，准令致仕，退歸調理，倘得延喘息之餘年，安止足之常分，即臣荷聖明覆載生成之仁於罔極矣。爲此謹具奏聞。

與督撫張南川先生

比奉狀略布腹心，輒蒙洪仁不外，□〔三五〕惠德音，齊明三復，玼吝頓消。昔孔子論《詩》約三百於一思；孟子談學問，總之收放心之一言。故誦而不達爲無益，學而不思爲大罔，皆言道理不全靠書册耳。自傳注之書出，記聞之業沿，而心思之學廢也久矣。我翁之訓，實宣闡聖門之精義，打破俗學之筌蹄，正後生小子省然欲進而未已者也。行且歸向寂寞，庶幾專力此件，但無緣日侍門墻，不免墮因習耳。眼前萬事莫不是詩，莫不是學問，然心思所惕，退耕惟時焉。恭承履長臻泰，遠懷欣仰。張司訓人便，謹狀承候，並上近作三篇。

與曹紀山先生

抑亭來辱，玉音不遐，兼録及拙園之語，知道愛無已已也。自公之南，山人無復被省記者，撫景暮雲春樹，可勝邑邑耶？文藻江山互相發越，奇人達士往往而足，於公天然之趣緬可想矣。往王西瀛行時，專附一書，或無不到，然諭賜書附束谿處者，竟烏有也。昔人謂“遠書珍重何曾達”，信然耳。衞源諸稿已自刻之司中，云是經公選閱。今二峽想更精嚴矣，計抑亭當白孟老爲之。孟老比一過汾，頗酌酒賦詩。再宿從峪中遊覽，半日別去，亦俗世希有之事也。江陵劍客爲某先生，僕當奉書謝此神交。抑亭人回，謹狀附承。

與楊小竹少參

承再賜教章，兼遺米肉，存惠草野，牖啓蔀屋，仰荷知遇之仁至矣。顧下劣不足以辱清問，感悚奈何！夫人情於藩蘺畦徑之間無不揀擇而間隔之，惟仁者則不然，畏天而悲人，嘉善而矜不能，此心之流行隨處而充滿也。明公之於下劣政如此耳。不然，棄置衰朽最莫如鄙生者，而盛德往往及之，何耶？山中闃寂，目霧耳雷，得傾領教音，不但肝膽生清泠之氣，實還返聰明，瞻鈞天而聆廣樂也。何幸如之！難以云喻。後言亦敬附一跋，以爲受教之階，但恨不躬在門墻，以畢茲生望之遑遑也。紀山公旦夕當至，德之不孤矣。臥病經旬，《論學稿》先涉一過，仍細嚼之耳。

與王南珉年丈

春初首辱教書唁慰，道義之雅感切心骨。比承移鎮，爲晋鄙錫惠綏之福，甚盛！甚幸！僕緝學三十載，不敢自謂善人，然實不爲惡，此心誰可欺者？誠不意橫被疵賤一至於此。但僕灰心世路已非一日，今天蓋假手於人，令得懸解耳。差足自樂也，然更有一大可笑。僕始以吉山泉爲君子路上人也，乃今我不知彼，焉能令彼之知我耶？若彼以我離任不辭之故，輒肆裝誣，是大無忌憚者也。若聽小人排陷，甘借一窮途無力之人以作功績，是心死而神不活者也。僕之五內何不清涼，水東公相處不多，然於僕之心迹未必無睹，兄試一訪問，有不然者乎？張元洲亦惠書唁慰，痛僕受無情之謗。僕報以："惡言滿紙，皆平生夢念所不到。吾誰欺？欺天乎？"元洲乃固信之，此足爲知己矣，僕死復何恨哉？僕自罷歸，絕口不談是事，茲復及之，以知己者之□合一長鳴耳。大駕何期一循行西河？區區不勝顒望。

再與端溪翁

陳環山化去，再無便寄候，但東望青天白雲寄此心耳。王西瀛來，得蒙賜誨問，又得聞台居萬福。所謂萬福，必是祿位名壽兼隆並茂可以當之，必是大德純備可以致之，乃我翁今日爲然矣。門人小子瞻太山，望北斗，更有何願？佩明恩，圖報答，更有何私？惟萬福萃元老之躬，吾道衍康寧之慶，如詩人歌衛頌魯，是其區區耳。小子入山以來，覺於一切不要緊事漸次放下，放得一分即一分自在也，但又涉入疏懶，更復廢棄，日益習則日新之益少也。有墓田三頃，足飽饘粥。小兒七歲，小女十歲，足娛目前。門網常羅，市喧不到。靜言自撫，似亦舜之徒歟？間復合藥養命，以安天年，時亦有少資助。小子人微數奇，世所共棄，獨蒙大造之恩眷念也。深恐亦欲得山中消息，輒敢叙之。

與彭東谿先生

張廷柱來，得拜領教扎[三六]及書絹之貺，深情厚意，感荷無涯。晉中屬歲大侵，民窮盜起，莘者既與世長絶，而苟延旦夕者方未知所止，雖胤亦瓶鮮儲粟矣。幸芒種前後連得小雨，今野有青色矣。尚蒙台慈軫念，自非禹稷同心，誰復閔然者？

眼前世事益非矣，德人才士何罪於天，而以弭天災耶？忠邪賢不肖昭著於天，時行時止，亦自有天數。史稱于公必達，丙吉必不病死，言善人不終阨也。翁高明惻怛，所在爲國爲民，約己裕物，陰德非淺，暫阨必當大亨，況一時假借行私，公道豈能盡滅？雲開見日，在詰朝矣。願翁無忘蒼生，朝省交游誰最厚者，亦無傚嵆康懶作書記可也。天授人以大才德，豈使之栖棲巖壑已耶？

如不肖者，自我生之初已不遇也。向來正鬱鬱抱憤汾中，大小貴賤靡不同之，忽承手教，尤兼慰悗，不往赴晤，但耿耿耳。人便草草先布，尚容顒上起居。時下炎溽，萬惟珍攝，務樂天知命，一平此懷，以需大擢。幸甚！

與陳抑亭先生

明公保釐冀方以來，康惠民物溥矣。至於教愛鄙人，拳拳懇懇，特邁等夷，則非鄙人之所能勝也。喜雨朝天之後，萬望復來，究竟洪澤乃移鎮楚邦矣。此中顒顒之心，延頸瞻戀，無計攀援。鄙人不能奮飛，惟有銘結深念。報德何期，又自愧薄劣，終無可報，奈何！奈何！天若肯從人願，還借重仁明一拊循全晋耳。謹狀托康判上賀，並申祖帳之送，□□□□，適辱加貺就謝。

與王敬所方伯

明公道德文章政事兼隆並茂，海內顒顒爭先睹之為快，晉鄙之人何幸遂得被蒙保釐之惠耶？惟晉鄙內阨強宗，外迫驕虜，近益敝矣，知我公出其緒餘以經之，則一時幽隱當必順風而翔，含景而熙矣。鄙生跧伏山巖，已幸覺"光風轉蕙氾崇蘭"也，欣躍何言？不能躬往，謹頲狀肅儀申賀。

再與楊小竹少參

某感明公下車惠問之仁，日兢兢此心，尚期飭滌，有以報明德者，但山中之人方習懶甘退，不敢奉書抵政府耳。茲覆承賜教書，兼之腆貺，又不惜道論政蹈，納之門墻而與之言，豈以小子尚可教耶？□負雀躍，欣悚交集，纔誦數章，輒已心有戚戚矣，因亦幸鄙人之心原未曾死也。嗟夫！此學不講，在夫子亦已憂之久矣。當世固皆學儒，只人己之間毫釐千里耳。稽古博文，儒者皆謂之學問，然聞見知識其究亦不免為人□。孟子一言道破，曰："求放心而已。"今明公首揭為己之外無學，則真學可知矣。吾人日孳孳汲汲，何所事哉？真當發深省也。不肖亦竊有志於是，恨不便叩門墻，敬事卒業，紬繹玄編，不勝憤悱。世降道微，幸明公為天地立心，為生民立命，即山中草木亦欣欣向榮矣，何況墻東之生□〔三七〕？感激之□〔三八〕，難以言喻。

與馮少洲大參

某至不肖，然夙性欽賢，於大君子之門馳高山景行之思久矣。往車駕度蒲坂，承寄懷鄙人，題箋見贈，兼示珠玉滿篇，至今奉揚仁風，無以爲報。彼時盼[三九]公主盟三晋學校，已而爲浙人所得，心常悒悒，今蒙移鎮，遂終荷保釐，幸甚可知矣。然山中之人大類野鹿，雖此心日在門墻，而作書修禮每自疏慢，惶罪復何可言！兹仙臺公人從之便，謹奉狀恭上起居，略表積忱。倘熊軒行部，肯一過汾陽看籬下之霜華否？無任顒望令儀之至。

再與王敬所方伯

比伸微撰，聊表末忱。迹不殫情，正此忉怛。乃重辱書賬荐臨，適以見高誼之益崇耳，薄劣其何敢當？某莊服公款曲之清言，匡濟之遠旨，感遇欣向，誠不淺也。芳洲公捕獲宗盜四人，尋又捕獲城狐之盜十數人，而渠魁極難獲者咸授首焉，實與我公文學政事玉映而金輝矣。一時社稷生靈之幸乃爾，此文武之道所以不墜也。入覲之行，必且留內，如群品之延望何耶？《武録》誦服之矣，《俚稿》容録請正。

與霍思齋兵部

明公鴻才駿德，爲世鼎臣。比者膺大廷之殊簡，綜四鎮之積弛，曾不旬月，綽已竟緒。當奏凱還朝之日，兼便道歸省之榮，推功能之選，舉忠孝之光，至我公爲甚盛矣。鄙人斗瞻於停雲之餘，雀躍於聞風之下，然而自阻趨承者，實以蓬累而行者無以與乎車馬之觀，搶榆而處者無以與乎雲海之運，是故高蓋之門無某之迹矣。然鄙人刻意銘心，盡是明公之誼，固無間於形迹之遐邇也。想公玄通在宥，必體諒之。

再與趙陽谿

比辱迢翰及諸新刻見寄，連日披玩，理學、文學、政事之學具卓然名家，可謂無忝所生矣，欽服何言？向芳洲公爲山人刻詩四卷，約到滁陽作叙，以累下執補刻。今此公以奔訃不果，然垂一語以冠卷端。非吾陽豁之知愛也，更疇望耶？寄呈前卷，祈請文壇。倘蒙賜咳唾之餘，便得借珠玉之光矣。未審疑然何如，惟高明準裁，不勝覬縷。小文奉壽尊翁，詞理欠佳，然意在伸教，陋不遑擇也。亦附呈覽教，吾鄉幸有秋矣。若邊信再稀，猶是太平也。人便，謹狀謝嘉惠，並告所懇祈。迹留神往，無任區區。

與陳梧岡都憲

某曩役微官，無足比數，今返服丘中，遂與鹿豕俱矣。尚憶在淮在浙之時，獨蒙公教愛，若心許鄙生爲可教愛者。及鄙生奔赴，未能辭謝，蒙又獨賜慰恤，不遺千里，至今銘感洪仁，無地報酬。惟緬仰隆德重望，撫綏全蜀，全蜀吏民鼓舞化光，行且調元台鼎而大被海隅也。正人君子得時行道，豈非斯文之大幸耶？此山林垂白，亦願須臾勿絕，以觀鴻造者也。抱此區區，望青天白雲而不可達。兹門生便，謹奉狀，托其叩申門下，恭上起居，略表積心。

與王西塘侍御

再辱教音，不勝感重。竊嘗謬謂文章以明代運。唐人承六朝菁藻而會其文趣，故其精著之詩，詩斯妙矣。宋人承五代衰微而會以理趣，故其精著之詞，詞斯妙矣。詩者文之律，詞者理之聲，故皆可以風也。後之作者，多長於規模而短於意趣，雖工奚取焉？

比得睹鴻製，實大會斯旨而入其室，故其大篇衝融，洵可以風。雖未多屬卷帙，即一臠而備九鼎之珍矣。郡守吳君亦雅好文學，欲取書院墨本並本郡刻本總作錄稿若干篇刊付琬琰，仍附鄙俚一跋，裝釘成册，呈報廣布，令後學與同志者知所感發，固風紀之猷遠也。野人愚慮，未明可否，輒吐露奉聞。《志目道中》原開十九，今聞林廣文仍撰《帝王》一篇，則其書乃二十篇矣。《叙語》開十九者，乞皆更作二十。抑又自念衰鄙，猥荷台慈温純之厚，無可報稱，但增懍懍。公文之便，謹狀叩復，並上酒方一通。

與林虚溪先生

承道駕蚤發，追送弗及，撫景春暮，坐缺賞心，悵然奈何！緬想文館多暇，亦必興此懷耳。及奉翰緘，果爾神契。且得聞寇變之因起於內亂，此厄似有劫數，天故假手於人。至於善類，天必保全，如反風滅火，自有明效。吾丈當寧心定慮，以俟完璧之報矣。首夏清和，部使且至，道駕定當一來。人便，謹先狀附承。小刻完矣，全仗珠玉之光，乃先印十册及題扇一柄呈覽。

與王心庵掌科

明公端服履道，光厥朝著，範我鄉邦。《詩》曰："高山仰止，景行行止。"鄙人身不能至，心切鄉往之矣。曩辱教命，以《篤行》、《貞節》二傳見委。兹事體重大，陋劣何堪？但嚮往之心到此尤不能已，輒敢勉成。然於先公幽光、太夫人之貞淑，實不能寫其萬一，才章有限，但汗顏血指耳。明公純德亮采，遡其家緒而弘之國功，自有太史氏記之，亦奚待於野人之覼縷耶？羞澀不敢露呈，以任復庵見促，遂難隱默，惟亮察。

與洪芳洲中丞

明公有隆龐之德，汪濊之澤，被於行山汾水，至今山增而高，水增而深也。則其遵鴻之怨思、甘棠之愛慕爲可知矣。悠悠此心，道遠莫致，方極天悵望，乃蒙惠風吹萬，無遠而弗屆也。

奉遠書，讀嘉集，知公款曲之衷，博達之概，細大不遺，而宇宙在其手也。今主上恭默思道，惟欲得鴻臣以造太平，只須光明俊偉之材，文章禮樂之器，如公等數賢布列中外，即盛德大業有不視諸掌乎？雖山林垂白，亦望此久矣。鄙生尚善飯，每日課兒子習句讀，學弓裘，計優遊以卒歲耳。郡中自劇盜剿平，犬不夜吠矣，想王僉憲翰必謝及之。王生久蹭蹬末塗，今日得奉教承令，何其幸也！會思齋公人便，謹狀附承。觀縷之私，言不能盡。

與杭州劉望陽

山人與君時之相別二十餘年，地之相去四千餘里，雖睿其有意，無奈阻修何矣。乃於維揚舟中寄我好音，三復清言，備悉遐旨。憶君博雅純茂，尚爽雲期，今日養素湖山之間，何殊著作之庭也！君子或出或處，惟其是而已矣。南衡十洲，相次上賓，遂使友朋零落，痛當奈何！山人苟延，迫次濛汜，自度青鞋布襪，尋盟兩峰，不能不疑然耳。承諭王公高士已有書達，趙陽谿款留，山人敬掃室延佇。聞其歸興將不可遏，且聲討回字，輒亦草草附上，略寫微忱。雖書疏往復差解渴懷，然依舊阻修，適以重切怛也。書不盡言，言不盡意，奈何！奈何！靖節云：「養真衡茅下，庶以善自名。」惟山人與君勖之而已。《五年小稿》，寄呈覽教。向有《寄懷詩社》一篇，輒蒙諸公賞和，非此一寄示，則冥然莫之知也。承教受益，夫豈淺哉！

與詩人謝四溟

李生再來，再得公教音，知旅邸安和爲慰。蓋旅人只怕無上下之交，即有交，又恐厭怠。聞諸「睿宗恩禮愈盛，而華園浩唱，玄館清言，矗矗焉愈出愈奇」，其性情可知也。峒岡公亦時時青盼〔四〇〕，尤爲可喜。此外却有一說，公近日藻思更精，詩律更細，於老年營魄覺無焦勞否？僕每羨公"無米粥"之談，前人未道。果如其言，當信口道出，信手拈出，不犯思議，功德有何不了？更須破除煙火煎熬耳。山人無可報德，但願公却老延年，故進其說如此。高明以爲何如？□〔四一〕夜長，得《秋懷》、《宵談》二種，正恨不縮地就正，適李生回，帶呈。

與馮少洲大參

恭承分陝，西人則誠幸矣。鄙生當此正切遵鴻之思，乃辱教貺，寫懿衷之清言，寄離緒之懇款，拜命承嘉，心魂隕越。某常謂至人難遇，河清靡期。明公主盟斯道，冠冕人文，貞憲保釐，光表惠孚，晉鄙之人薰德而化，式弘且多。某竟以衰憊，自廢親炙，白首無門，何益悲歎也！倘某不溘先朝露，猶欲待明公再撫晉疆，庶俾幽眇，或畢景桑榆耳。伻旋叙謝，不宣。

與陳抑亭中丞〔四二〕

恭承節鉞，鎮彼南荒，實惟資重經綸，仰綏弘濟。今元臣雅望，文德懿衷，威惠兼至，明允茂昭，如我公者能復幾何？晉鄙諸生懷戀舊恩，喜聞新命，殊切顒仰，無便馳緘，乃□〔四三〕台慈存記，不遺萬里。去歲劉大參來晉，見畀翰簡□紈。今李思南來，又致翰簡珍杯之貺。勾漏丹砂，已自難得，況復陶鑄成器，分情仙□□□□玉不得專美於前矣。鄙生九叩首，登□□□□□，□〔四四〕狀附謝。

與程静泉憲長

某自蹠羽分飛，由泛梗以至搶榆，荏苒逾三十載。想我同明適霄壤殊塗，雖神交不遐，而迹固遠矣，乃知昔人《伐木》、《停雲》之咏非無感而作也。客歲聞公當移總憲司，知世道轉移，元臣登叙，在此一行。又私幸友朋零落之餘，在晋之野尚有微生得躬被我公清問之惠、鴻化之光，亦一勝事。然駕久不至，顒望殊深。昨承山公見示上黨奉晤之律，始知闔省吏民欣承榮莅。某此時方圖奏記，乃已辱賜問。仰聆金玉之章，兼叨幣帛之貺，極知盛德大誼存舊之厚、待物之宏。如此感激，何可云喻？某月餘病，清風穆如，遂覺沈痾之脱體也。

與王西瀛年丈

日久不得東信，此中僻寂，亦無便奉書。正深懷想，適辱教音，感慰殊極。憲駕久淹，視司馬安一歲九遷，誠謂之拙。然爲子以考最遂顯揚之實，爲臣以久任成循良之美，安知拙者之無效耶？所貴乎君子之道盡其在己而已矣，目前遲速非可以概其中也。芳洲公極重我公，亦是此公精鑒亮懷與世俗殊也。仍寄念鄙生，無可報德，煩公會間一道弟感激之私耳。賢郎卜十五日赴試矣，必登高選，無勞遠念。芳洲公許賜叙未遑，又云已得石洲之作，未知何時可並發來，亦可望而不可必也。

再與洪芳洲中丞

東方人來，辱賜書賜衣，其温款之仁、綢繆之義厚矣。然處高位不遺傾蓋之餘，在遠道猶存一室之雅，自是大聖周公、孔子之事，顧迂賤其何可當？拜命承風，惟有縷刻。向呈鄙俚之作，輒辱“許賜登壇”一語，又徵得石洲君之好辭，如是則荆棘而被慶雲之惠，瓦礫而蒙冠玉之光，即溘先朝露無悔矣。延脰末悃，可勝覼縷耶？公名世大業與日俱升，與時俱泰，有非山人所能揄揚其萬一者。然仰泰山而攀陟之未緣，望蓬海而窺映之叵測，則區區無已之情也。東人回，先狀申謝。

與沁洲張清源

鄙生當離索之秋，辱公千里命駕，兩歲再及，感服高誼，至今未能往謝，慚負門墻，何可勝罪？蒙不彼[四五]愚陋，以大製四編見教，兼令校叙，緣宏詞奧旨未易窺測，及生蓬心井鑒，無一日靜定之休，是以丹鉛雖具，勘贊久稽。日來病起，覺有心緒，遂擅恣評點，僭爲叙説。中間有一字一句一韻礙澀可換者，仍乞斟酌去留。須選善書者另謄一册，仔細看過，方可付梓。小叙誠不足爲重，但博笑耳。

與王龍岡太守

恭承榮上，未展賀忱，翻辱遠教豐貺，存記犬馬之辰。西瀛來，又辱教書試録之惠，當寂寞之苦空，得親戚之情話，感慰可知矣。北虜破石至汾，八日方退，淫燒殺掠，慘不可言。庸闒撫臣，奸頑將士，先事既不能哨探隄防，臨事又不能堵截援捄，坐視危亡，漠不休戚。鄉民平日好勇鬬恨，不勝杯酒片言之憤，及聞虜至，骨軟魂消，至有一堡千數百人死於六七賊之手者，其無義氣如此，豈天之所廢不可支耶？大城四關幸安堵如故，兒婦輩俱各平安。今某不知所逃矣，不知將來事勢何所止極。喜公揭日月乘風雲而行，自是另等福人也。

再與陳抑亭中丞

恭承名世偉賢，天受純懿，方當光闡大猷，遠就鴻業，乃中輟台鉉之登，蚤赴雲林之適，何知幾之神而退流之勇也？知今湖山之上添一南華老仙矣。回視風塵之中，真無物可當。鄙生雖垂白待盡，然佩思曩訓，終不敢忘。第北虜大犯之餘，頗有憂生之嗟耳。川、貴去汾萬里，數荷台慈，不遠玉音，兼之珍貺，此情此德豈浮世所多有耶？送李知府人回，曾附狀謝，未審達否。兹送承山公人便，謹申狀承候萬福。南望飛馳，不勝隕越，印得《含育堂録》並薄帕偕往。承山公清德雅度，乃無故而有此行，誠世道艱危日甚一日也。達人思遠垢氛，惟怡神葆真可以自得。言不殫情。

與郭艮山通政

去歲天假良緣，俾幽谷鄙生得見先達。彼時菊有黄華，欲攀奉賞心，而道駕遄邁，殊怏怏。俄而胡虜跳梁，寒籬幾壞，遂謂我公之行神啓之也。經義之傳，根極要領，而總乎藝，乃萬金不易之寶。倘兒輩學得，敢悖淵源耶？聞舊店周遭多幽林勝宇，如房山寺爲最，復多東道遞相邀致，則老景之適，豈羨丹丘之羽人、金門之貴客也？鄙生蹢翼，恨不奮飛□〔四六〕往從之遊耳。

與馬北崖員外

當春陰冷淡，意緒無聊之時，辱台駕枉臨，得叙十七年睽携之想，而山間林下之常，物情世態之變，亦遂縱談。蓋一歲之中開口而笑者惟此而已，何幸！何幸！駕復遄邁，無計攀留。方此抱歉，更辱翰簡瓊漿之貺；珍梨栽接，又得王老妙手，實爲荒園添一勝事也。種種道愛，中心服之。人便，附此先謝。

與孫思泉大參

明公以侍從獻納之賢出守兹藩，重於分陝，而文命畢敷金條石畫，大見弘濟於艱難。又以其餘惠存幽鄙，自是公輔之致廣大精微如此，在鄙人悶栖窮岫，病擁匡牀，得此問遺，政如荆杞而被垂天之雲，道暍而蒙灑心之露耳。無德以報，但增耿耿。鄙人固蔽退塞，終不敢遣价謁書，溷擾公門。區區之私，誠有待而上，伻旋先附狀陳意。

與栗太行先生

某丁年仰高，今垂白殆盡矣。晤言之會，了不可得，賴神交耳。吕山人來，蒙見惠得音，乃神交之一徵也。吕公以四海爲一席，而我輩只咫〔四七〕千里，固是人生相會之難，空言興歎，足爲鼓掌。吕公沖懷雅致，高出塵表，宜爲君子之所樂與也。將揚帆東邁，遂不可羈，因附信叙謝，呈舊稿一篇求教。

與薛方山先生

某以嘉靖乙卯之歲還山，其年得公所寄《武林詩卷》於關中，其一念道誼之真，久而不渝如此，可以振頹風也。舊日東南之美淪落殆盡，喜公挺松柏之茂，樹山斗之瞻，吾道之寄，斯文之托，遂在兹矣。鄙生投老無聞，守痾待露而已。心涯公便，遂奉狀聊以寫心。

與王鑑川督府

比節鉞經臨，枉顧蓬蓽，繼蒙遠賜教書，兹又德音荐臮。竊念迂賤朽生，何以克堪？自是台慈仁體萬物，德弘天道，謙尊而光如此耳。北虜自擅，不討之日久矣。自我公忠睿神武，經制萬全，遂使其貴子慕義歸順，老酋執叛輸款，誓滅板升諸賊奴，實爲我掃門庭之寇矣。至於市馬進貢，乃遠人來服之效；時出犒賞，不過費國家九牛一毛，其視他費若何？賴公總統方略，省歲防不貲之費，以廣儲蓄，養鋒鋭，更令郡縣略倣唐時府兵之制，各積官糧，各養民兵，則内治有自强之實，外寇不足虞也。國家二百年來，近歲虜患爲劇，乃今天授公明略，不煩一箭而成聖朝超古邁今一大勝事，威寧、新建，不得專美於前矣。二録序中正要添此一段，所謂鋪張不世之鴻名，揚厲無前之偉績。旬內克完，附張分守馳獻。

再與馬北崖

徂歲方欣，良覯倏復阻別，至今猶有歉懷，況值春深，又多伐木、鳴鳥之情耶？竊覸時人仕者既不得閑，□〔四八〕就林間亦不減忙促，則兩失之。白首□□〔四九〕，□〔五〇〕多前路，而猶惜社錢留與兒孫。奄其已矣，他人是愉，良可笑也。獨知公是達者，推其醉鄉之餘瀾，□□曳使擊壤老人頹山倒海於杏花之天，誰之賜□〔五一〕？但欠策馬一臨，不能不悵然耳。

答宗老雲峰翁

某草木朽腐人也，栖遲窮岫，緬顧高風，□□摑承，秪側身東望而已。茲辱瑤華專惠，遠見記存，何幸如之！常謂漢家禮樂至河間始克修明祥，古典不墜。今聞睿思弘闡六經，而尤爲秉禮之宗，篇翰間作，特緒餘耳。聖朝以暇豫待宗盟，暇則盤，豫則怠矣。惟履道著書可以無惡，比苟敕寵褒，豈不爲宗袞表儀哉？見壽圖章即裝潢，永以爲寶。尚計賦一詩往賀。

與馮益川憲副

鄙人罷歸，作住山道士，見人便自退縮，十有八年於茲矣。恭承文德□〔五二〕公來整憲章，雖時□〔五三〕天雲之望，而私牘自不敢陳，乃隱喻之痼然耳。□辱□然惠問，盛藻豐儀，暉□□□〔五四〕，即空岫朽株，頓生□〔五五〕色可知矣。念□□□□□□□幸□□□□之□□□□□。今□〔五六〕幸以一日之故，爲鉅公所存，誠此生之異數也。感戢在臆，覼縷曷勝？山中紙筆自娱，每歲晏輒有數篇，兹往其丁戊己庚四册頗徵微尚，近亦以布思泉公，泉公處亦久稽候也。

與王龍池方伯

夏后氏之璜，天下之至寶也。一旦橫棄道傍，在古人猶爲天下惜之，今則誰顧之者？然遇不遇，時也，信哉！呂望、伊尹正而遇，孔孟正而不遇。詭遇獲禽者不正而遇，一朝而獲十，狐貉盈車，雉兔滿乘，割鮮染輪，飛毛蔽天，遇之又遇矣。豈非時哉？而伐檀君子固甘心水涯耳。修身養性，可以自淑；吟咏先王之風，命酒弄琴，可以自樂；優游容與，可以卒歲：大是別有天地非人間。五柳先生吾師也，樂夫天命復奚疑？夫樂天者知命，知命者樂天，亦惟仁者善弘其事。前兩次辱書銘之心，緣秋冬間病，面腫牙疼，缺焉久不報。兹歲闌，申仰德之懷。某一歲中賦詩幾百首，又草詩話數十條，待開春録呈，乞點定。兹不備，不恭。

上慶成王宗川

古聖賢論學，其最大者是帝王之學。帝王與書生不同。書生以射策應舉爲務，聖帝明王只是常存此心，要與天地之心一般。天地之心只是中正仁義，故帝王之學亦只是存此中正仁義之本心，而濟之以學問。明義理以養其性情，多聞見以廣其聰明。攬六藝之精華，遡百家之旨趣，親賢友善，好禮樂天，俾一言一行足以爲法于家邦。其著爲詩文，必玉振金聲，流芳於藝苑。處富貴而無驕侈之風，在高位而有溫恭之度，乃帝王之學也。今賢王睿聖仁孝，誕膺鴻册，廣厦之下，細旃之上，宜益留意於學，以永終譽。

竊計四書、五經、《性理》、《通鑑》，乃本朝經筵進講、便殿觀覽之書，《文章正宗》、《古今韻會》、《唐音》、李杜等書，乃本朝教太子諸王翰林吉士之書，宜各置一部，列之玉几，但暇則取玩味，必先經書而後子史，以次及於詩文。詩文所資，必須廣博。因檢得《事類賦》一部，其書以一字爲一篇賦，而逐句注解，括盡天下之書，古人故事一覽無遺，宋太宗取爲禁中日課。意今日博文之資，莫妙於此。輒封上八册，請每日只看數句，積久而成多識也。

因上書輒瑣言陳瀆，誠怵知遇之隆，不敢負義故耳。倘蒙采納，不勝至願。

校勘記

〔一〕“覺”，據清雍正《山西通志·藝文二十·書二》，並參《詩·小雅·何人斯》“祇攪我心”，當作“攪”。

〔二〕□，底本漫漫不清，據文意似當作“得”。

〔三〕□，底本漫漫不清，據文意似當作“請”。

〔四〕□，底本漫漫不清，據本卷《與戚南山》“在江北則有先生與百泉諸公”，此人名中之字似當作“百”。

〔五〕□，底本漫漫不清，據文意似當作“奉”。

〔六〕□，底本漫漫不清，據文意似當作“圍”。

〔七〕□，底本漫漫不清，據文意似當作“便”。

〔八〕□，底本漫漫不清，據文意似當作“謹”。

〔九〕□□□，底本漫漫不清，據文意似當作“布腹心”。

〔一〇〕□□，底本漫漫不清，據文意似當作“討論”。

〔一一〕□，底本殘缺，據文意並參下文“小子仰庇寵靈”，似當作“子”。

〔一二〕□，底本漫漫不清，據文意似當作“送”。

〔一三〕□，底本漫漫不清，據文意似當作“事”。

〔一四〕□，底本漫漫不清，據文意似當作“者”。

〔一五〕□，底本漶漫不清，據文意似當作“暄”。

〔一六〕□，底本漶漫不清，據文意似當作“酬”。

〔一七〕□，底本漶漫不清，據文意似當作“没”。

〔一八〕□，底本漶漫不清，據文意似當作“它”。

〔一九〕□□，底本漶漫不清，據文意似當作“專閫”。

〔二〇〕□，底本漶漫不清，據文意似當作“竟”。

〔二一〕□，底本殘闕，據《子夏易傳》卷七當作“藏”。

〔二二〕□，底本漶漫不清，據文意似當作“五”。

〔二三〕□，底本漶漫不清，據文意似當作“議”。

〔二四〕□，底本漶漫不清，據文意似當作“諭”。

〔二五〕□，底本漶漫不清，據文意似當作“念”。

〔二六〕□，底本漶漫不清，據文意似當作“衰”。

〔二七〕□，底本漶漫不清，據文意似當作“善”。

〔二八〕□□，底本上字殘闕，下字漶漫不清，據文意似當作“不盡”。

〔二九〕□，底本殘闕，據文意似當作“從”。

〔三〇〕□，底本漶漫不清，據文意似當作“門”。

〔三一〕“與謝與槐少參”，本書《目録》此題前有“再”字，與本卷《與謝與槐年丈》相應，當補。

〔三二〕□，底本漶漫不清，據文意似當作“鑒”。

〔三三〕□，底本漶漫不清，據本書《目録》當作“南”。

〔三四〕“淵”，據《晋書·陶潛傳》當作“元”，乃音同而誤，且與其別名淵明淆亂。

〔三五〕□，底本漶漫不清，據文意似爲“粤”之訛字。

〔三六〕“扎”，據文意似當作“札”。

〔三七〕□，底本漶漫不清，據文意似當作“耶”。

〔三八〕□，底本漶漫不清，據文意似當作“私”。

〔三九〕“盼”，據文意當作“盼”。

〔四〇〕“盼”，據文意當作“盼”。

〔四一〕□，底本漶漫不清，據文意似當作“比”。

〔四二〕“與陳抑亭中丞”，本書《目録》此題前有“再”字，與前題“與陳抑亭大參”相應，當補。

〔四三〕□，底本漶漫不清，據文意似當作“蒙”或“荷”。

〔四四〕□，底本漶漫不清，據文意似當作“謹”。

〔四五〕“彼”，據清雍正《山西通志·藝文二十·書二》當作“鄙”。

〔四六〕□，據文意似當作“而”。

〔四七〕“只咫”，“只”本通“咫”，而“只尺”成詞，“咫”當作“尺”。

〔四八〕□，底本漶漫不清，據文意似當作“退”。

〔四九〕□□，底本漶漫不清，據文意似當作“黄髪”。

〔五〇〕□，底本漶漫不清，據文意似當作“無”。

〔五一〕□，底本漶漫不清，據文意似當作“也”。

〔五二〕□，底本漶漫不清，據文意似當作“鉅”。

〔五三〕□，底本漶漫不清，據文意似當作“荷”。

〔五四〕□□□，底本漶漫不清，據文意似當作“潤草野”。

〔五五〕□，底本漶漫不清，據文意似當作“春”。

〔五六〕□，底本漶漫不清，據文意似當作“又”。

明經王桐庵先生誄

嘉靖十三年乙未，郡明經王桐庵先生諱行仁字愛之，年四十有三卒。先生直諒貞固君子也。敏而嗜學，質而少文。履道甘貧，高尚絶俗。窮經析理則精微洞徹，立誠修辭則簡確冲融。規過廣益，篤友叙倫。憤世疾邪，憂君念國。棘圍屢躓，蓬户長扃。聽金石之聲，知寒士之所養；挹芝蘭之氣，樂善人之可俱。方期束帛之招，有待公車之起，乃鯤程中止，鴻志永徂。余於先生貧交而兄事之，古人云"樂莫樂兮心[一]相知，悲莫悲兮生別離"，嗚呼！生猶如此，死當奈何！余仕時吊墳草之蕪，經過十載；歸日傷墓木之拱，又已廿年。思舊興嗟，向秀泣山陽之愍；補亡隴誄，顏延闡栗里之幽。其辭曰：大鈞陶品，翕受弘敷。有材必達，無美或逋。奈何先生，秉命獨殊。學超文史，道尊典謨。飲水自樂，談經以娛。執規持矩，言師行儒。朋濡麗澤，邦仰亨衢。瓊瑶竟匱，不如砥砆。昊天如何，埤乃毒荼。既鞠既疚，殄我友于。不官不壽，山川捨諸。惟德無朽，惟誄不誣。庶其良嗣，攸恢永圖。

故汾州學正虛溪先生林公誄

先生姓林氏，諱大槐，字茂德，道號虛溪，福建莆田人也。嘉靖壬子，以明經高第舉於鄉。歷癸丑、丙辰會試，不第，署汾州學正。先生以學有憲乃身爲師法，藝有極乃身爲黼黻，教有本乃申六行而懇四維。仁心以噓之，義氣以鼓之，中以立之，和以融之，量材而授之，循序而與之。偷懦者俄以奮，蔽塞者俄以開，固陋者俄以廓，沉冥者華暢，彊猛者柔嘉。不疾而嚴，不期而信。《詩》曰：“載色載笑，匪怒伊教。”然人所稟，兼術爲難，先生則才德文學之並茂。揆之衆甫，信乎其天民之英傑，人倫之表儀者。居三年，聘浙江主考。己未，凡三上不第，拜直隸懷遠縣知縣，則以經術調政教，以文章飾紀綱，以恭敏屬功能，以愷悌流惠化。方當擢異，而儵然上賓矣。嗚呼！先生正志篤行，憂深思遠，壹以斯道爲己任，乃跬步未施而退軌邅輆，何其數之迫也！汾弟子及諸士大夫聞訃之日，莫不爲位而哭，心悲涕零。追惟先生，言有壇宇，今則虛位之瞻焉；行有防表，今則遺蹤之想焉。余乃扷淚而爲之誄曰：天乎蒼蒼，望之不可測其茫茫。大化潛易，修短行藏。生當蠖屈，死必龍翔。先生其夭矯八極耶？其乘彼白雲遊於帝鄉。其御東維，爲列宿之光。爲日爲月，隆隆煌煌。爲山之巍巍，爲川之洋洋。夫神則無不之也，而斯人乎奚亡？然道尊而位卑，德厚而命微，抑安能以不永傷！

禱雨文

惟神斡襄造化，粒我蒸民。以風以雨，以雷以霆。鴻休罔極，惟時之徵。今者雷霆絕響，風雨愆期，蓋三閱月矣。野草不青，道殣相望。室滿啼飢之兒，家垂待哺之老。閭閻悲痛，展轉無聊。倉廩空虛，賑貸莫及。其所詹仰，惟神之明。是用陳啓嗸嗸之狀，叩籲嚇嚇之靈。伏祈開通山澤，調理陰陽；早施甘澍，一洗暵荒。非予敢有私溉，惟神其德好生，其功陰隲，無感弗應，無微弗通，矜此凶鞠，寧無鑒恫？故某等修省暴露，俯伏靈壇，爲萬民請旦夕之命，神其與我乎哉！嗚呼！汲汲皇皇，哀鳴是將。皇皇汲汲，候望無斁。

再禱雨文

惟神於昭，奠兹境内。土穀嘉生，風雨不匱。佑啓休祥，消除菑害。蒸民允承，庶官攸賴。比者時雨弗降，我稼未安。吏民皇皇，屢籲靈壇。竊覬神之一鑒，澤之一施。植枯槁於既仆，扶困餧於已疲。乃今旱益太甚，民益無聊。苟可以恤，不敢告勞。奈何心雖勞而力有限，人事邇而天道遥。惟神明聖，可以達天。惟神靈應，可以保民。神今不恫，民生無所矣。故某等再掃靈場，懇□[二]虔祝。祈三日而爲霖，庶晚田之猶熟。過此則九夏將闌，一苗弗植。此邦之民靡有遺子，是神不我恫也。神不我恫，惟我有咎。斯民何辜？胡不保佑？於戲！民嗷嗷兮疾呼，藴隆隆兮憯予。雲油油兮雨不雨，望復望兮苦復苦。惟神其鑒之哉！

禱雨告先正文

鄉先生殁而祭於社者，其生爲民表，而死則神庥乎！故建功立德則法垂乎邦國，捄災捍患則能通乎鬼神。凡以是也，故祀禱必依依焉。今九夏不雨，兩浙無禾。民貧不免於餓死，官空不能以賑貸。望雲則西郊之有渰，祈雨則百神之靡臨。此群公先正之所知也，然而捄災捍患惟其時。某等政不足以保民，德不能以格神，敢布憂忱，用求救於群哲。願普威靈，早施弘濟。豈惟鄉井之休，實二三大夫之大幸也。惟神其鑒之哉！

祭王陽明先生文

惟聖植教，惟教闡心。學由教迪，道以心忱。心義云何？厥惟明德。上帝降恒，三聖守一。孟曰良知，孔曰不惑。直指旁通，異名同出。奈何末儒，日以支離。矜名外鶩，逐利狂馳。以富貴爲最計，視聖賢爲不可爲。姍大道爲迂闊，挾小技而希世資。嗚呼！人心陷溺，聖教乃夷。滄海橫流，疇其砥之？恭承先生，光表良知。揭日月而行中天，振唐虞鄒魯之植於已披。道弗墜地，文其在茲。某等東西南北之人，生不及門，私淑未遠。于墻斯依，于堂斯踐。于神斯對，于貌斯儼。何以述規？昧旦丕顯。何以申儀？醴酒有衍。神其鑒諸，佑予狂簡。

祭瀾石梁方伯文

嗚呼！古有哲人，性成而善。喜怒不形，物我無間。賢者稱仁，聖人許忠。寂寥千載，依稀我公。儲靈漲海，孕秀羅浮。睿思淵蓄，溫理川流。學綜伊洛，志纂伊周。明經上第，司馬良籌。于藩于臬，克剛克柔。自閩徂浙，時推右轄。尋登左丞，勛階茂徵。三事翼勵，九德浚明。冲襟春穆，玄覽秋澄。物無弗載，時靡有爭。朝野推賢，吏民懷惠。如日斯仰，如蘭斯締。奈何一朝，奄然長逝！嗚呼昊天，曷維其惕！殲我寅恭，失茲愷悌。江湧悲濤，堂垂素繐。悵焉莫從，泫然涕淚。爰整牲罍，載申哀祭。幽明詎殊，神感斯戾。

祭張襄敏公南川先生文

維帝降衷，維民秉德。爲性之恒，爲物之則。稽古哲人，□[三]斯盡斯。學之弗明，室是遠而。蔽也久矣，疇釋其回？貪邪縱妄，莫知我哀。我公崛起，古訓是求。精思力踐，匪正弗由。立朝徙鎮，匡翊廓清。忠肅恭懿，明允篤誠。誼弗謀利，道不計功。保我龍德，以正以忠。策勳揆藻，金石可鑴。運緒雖促，已永萬年。某知公學術可以勵俗儒陷溺之非，知公志業可以愧俗吏貪鄙詐僞之習，知公貞行雅言又足以表正鄉閭也。故想像瞰詞，以代臨送。嗚呼！無忝所生，寔寧其已。高山嵯峨，白雲觳麗。

祭潘春谷少參文

維靈才高一世，心雄萬夫。晁賈之策，顏孟之儒。弱冠登朝，廷尉稱平。參藩分陝，安定臨涇。直方難進，舍之則藏。潔歸畎畝，忠懸廟堂。令聞令望，式昭遐邇。屢薦弗興，一疾遽止。於戲先生，厥遭匪辰。宦不達賢，壽不逭仁。爰有佳嗣，龍駒鳳雛。企其騰陟，以廓爾圖。徂春聆訃，驚魂路睽。今當窆夕，邈矣長違。同榜之生，合道之友。奚能爲情？寄詞隴首。

祭李黃巖憲使文

嗚呼蒼蒼，弗憖弗遺。殲茲鴻哲，而止於斯。公有令德，復有令儀。有才有猷，有文有辭。明粹廣博，沉毅肅寧。楨幹彪炳，融渾秀靈。射策金門，登第紫庭。推刑執憲，廉訪藩屏。敭歷廿載，終始一節。玉振金聲，山輝泉潔。道合顯庸，位宜上列。中路違遲，初服永絕。神返其天，人懷其賢。悲風四流，愁雲遠延。我聞我悼，我哀我憐。瓣香束帛，以腒末愃。

祭別駕陳環山文

惟靈高朗之姿，正直之度。博學多聞，中閟外著。厥德不回，與道其庶。抗志雲霄，遭時淪瀁。仕籍晚通，郡僚初署。束帶俯仰，珮玉趨步。浩氣鬱紆，歸心猶豫。決事齋居，引疾投疏。未遂秋風，忽委朝露。宦不達才，德靡延數。天問悉遺，人胡悲訴？旅襯載旋，佳城于赴。兒僕哀號，閭井攀慕。某等共服仁賢，同承禮顧。《緇衣》徒咏，素車莫駐。酹酒春郊，含情煙樹。冀公清明，省予忱愫。

祭楊七嶺先生文

惟公與余同長冀南，公名先著，余乃後驂。憶未識公，高山仰之。因回王屋，始覽光儀。君子既瞻，我心則慰。公情景孚，亦喜斯會。置酒郊亭，以宴以歌。飛鴻在望，朱弦孔和。曷來九載，音塵寂如。抱關隨牒，與子同車。裁一再見，幽明已殊。念子貞良，嘉樂豈弟。宜保天休，而克永世。德浮於官，壽不以仁。淒凉虛館，誰爲子親？余忝岳牧，不能周恤。送子將歸，佇立以泣。靈輀東返，河水秋橫。滔滔之咽，曷其有平？公骴丘中，玄冥冥矣。保爾後昆，俾之興矣。我心繁憂，言莫之殫。臨風酹公，惓焉以潛。

祭總督王石岡文

惟靈惇懿天授，鴻朗世資。其德克類，厥才允宜。柔嘉惠直，膚敏翕施。策于上第，揚于清時。經術令望，儒宗淑儀。踐履華要，臺省茂熙。式奮爾庸，天衢是馳。桓桓司馬，秩秩邦憲。開府臨戎，承帝之眷。忠忱肅將，嚴簡謀選。屈彼群醜，綏伊遐甸。弗震弗虞，以溫以晏。績以貞收，師無衂戰。士嬉馬騰，吏修民便。六載之功，三陲用康。皇心鑒微，申錫寵光。朱芾帶玉，崇階保衡。榮祿膴膴，勛名煌煌。式輝鼎鉉，載表彝常。即其人願，與其天福。永應難老，百齡猶促。胡不憖[四]遺，遽奪之速？營緯示占，里春罷築。輴緫有嚴，音容莫屬。哀哉云亡，運也攸蹙。某等覿德稟度，咏盛沐膏。山頹棟折，悲零怛忉。臨水送歸，逝者其滔。何以述行？鄦詞且謠。何以奏格？刲牲釃醪。晝夜爰阻，精誠實昭。來斯歆斯，我蘋我蕭。

祭慶成安穆王文

繄高皇之七世，宣宗子之維城。奕載德之克紹，惇元允之茂明。軌姬文之安膳，躅河獻之典刑。涉藝林之芳潤，研翰藻之精英。琬琰銀鈎之妙，琳瑯金薤之奇。言無微而不究，理有奧而必窺。極萬象之包羅，貞百行之委蛇。《易》讚黃中之美，《詩》稱朱芾之宜。年彌高而德邵，帝冊命之寵旒。守河山之帶礪，襲珪組之蟬聯。志謙冲而寅畏，躬儉素而廣淵。繹倚相規申之語，欣武公抑戒之篇。睦群宗而有惠有儀，懲弗類而無黨無偏。昭哉王度之肅，允矣藩服之良。胡昊天之失愁，束咸池之景光。帝聞之而悲悼，優恤典而謚揚。實生榮而死哀，矧嗣世之發祥。維孝孫之睿聖，率乃祖之攸行。清緝熙之無替，式金玉而有章。某等義承延攬之餘，理感深情之痛。曾日月之幾何，忽幽明之如夢。望園陵白露之秋，栖車馬蒼雲之送。龍絕鬐以何攀，酹言誄而遙貢。倘六虛之周游，或九原之回控。

祭貞毅先生馮公文

惟皇降懿，民受以生。彊毅正直，明允篤誠。我觀衆甫，亦鮮克由。於惟先生，時乃懋修。先生之道，剛貞是持。不屈於物，不詭於時。先生之才，英邁膚敏。大受則勝，弘敷則盡。先生之學，經史博通。文情理路，合一冲融。先生之教，以禮爲先。正容謹節，少長不愆。先生隱居，以經以鋤。敦仁履義，式表鄉閭。先生教授，成己成物。孫子振振，生徒屹屹。或登于第，或薦于庠。或紆華綬，或縮金章。皆出模範，悉資陶冶。林菀桂間，蹊成李下。先生悃款，廊廟江湖。卜築西山，老我素儒。無位而尊，無爵而貴。彌壽而康，景福攸暨。奈何弗愁，扤此良木！失我所依，云胡不哭？丹旌在望，繐帷以飄。畫像雖即，營魂可招。某等陳牲酹醑，申之誄辭。薄言餞之，生悲死離。形則宂矣，神當旁燭。歸來歸來，如彼曙旭。

祭王母太安人張氏文

在昔孟母，育賢命世。尹母育賢，以善養志。二母之休，垂照兩儀。後有作者，誰其繼之？曰惟安人，配德貞固。節凜冰霜，庭分玉樹。招延師友，綜史博書。鴻衢蜚譽，龍馬出圖。郡邑庠序，矢其文德。成均司徒，其儀靡忒。母以子貴，子由母賢。徽音克紹，視古有妍。慈明康壽，乘彼化遷。生順歿寧，安人允焉。茲其返真，宅於玄室。永阻青春，長辭白日。臨岐望送，疇不殞傷？余亦悲止，酹言以將。

祭趙母太安人田氏文

於鑠顯母，純稟淑靈。柔嘉維則，慈惠以貞。德門之子，文儒之姝。恭君之配，名卿之母。克孝克敬，克順克儉。維壺之宜，維天之倪。維帝眷祥，載錫之慶。誕育賢嗣，俾弘文命。爲珪爲璋，爲龍爲光。邑錦雙製，天功代襄。巖巖司寇，允允司徒。帝曰嘉止，申命荐敷。封綸溫如，褒袞焕乎。子德母成，母名子揚。慈孝相禪，福祿以昌。宜克長世，永保大年。奄忽遐馭，胡不慭焉！恒數百齡，母有其八。民生萬善，母有餘烈。生榮死哀，群聖一轍。存順歿寧，千古一訣。瞻望弗及，曷知我悲？薄言酹之，以寫我私。

祭兩湖蕭方伯文

嗚呼！生之有死，其誰不然？顧死而可惜，於公則有四焉。公之才當大有所爲，公之志當遠有所就，公之氣常不屈於物，公之行每特立於衆。矯矯錚錚，鷹揚虎視。有憤嫉一世之心，隘狹四海之意。即其瓌瑋，固陸子所謂士之豪也。倘天有假年，人無憾願，則積德建功，當必有見。然忽身先朝露，事委秋草，如棟斯傾，如瀾斯倒。是力之制於命也，豈不惜哉？嗚呼命乎，玄且幽乎！彊弗能抗，巧能謀乎？修以聽乎，盡不正乎？考終令乎，唯德盛乎！公之已乎，其如是乎！某等念常日之相携，悵一旦之永絕。越水咽以悲流，楚雲黲其愁結。有酒空清，有餚徒潔。詞慚生誄，情傷死別。

祭土地神文

惟神秉中氣於五行，敦厚德於庶類。無尺地不賴其主宰，無一物不蒙其保佑。今修樂壽園成，敢忘神惠？特造室選辰，奉神爲司園之主。園有屋宇門墙，花木果蔬，雞犬人煙，井泉道路。爲事頗多，俱仰祈靈佑，呵禁不祥，助施嘉氣，令百事安和，群品昌茂；俾林下放臣得享清平之福，得以朔望時節長奉香火祀奠，以答神庥。寔神人相與憑也，是用祭告。自今伊始，神其鑒予，載安斯宇。

祭友人文

惟靈發源晉水，挺秀遼陽。植德純粹，履道正方。學窮鄒魯，儒步朱張。屢舉不第，戢翰以翔。臨黌振玉，兩邑奉揚。擢居王傅，如賈在梁。道德仁義，禮樂文章。日陳王所，莊敬毅彊。王每不夷，公輔不僵。忠憤伊鬱，疾疢云亡。曷維其已，塞塞用光。三嗣繼述，肯構肯堂。武宣垣塞，文顯宮墙。篤公之慶，以衍則長。死而不朽，如陵如岡。某等忝同宗派，陳此瓣香。水木之思，終焉永傷。

祭李荊陽大參文

憶公初夏，臥痾省齋。謂當勿藥，憂殲喜偕。曷醫匪良，淹辰屢浹。六月徂暑，載震載慄。疾疏既上，温留靡從。冒彼炎熱，駕言歸東。群僚祖之，不復能飲。扶拜登車，丁寧起寢。家園之樂，茹必保和。怦來無書，覆虞有他。天根脱木，嚴霜應駟。凄其訃聞，悲其總至。嗟嗟令人，明允恪恭。孝友敦備，文儀肅雍。右秩履道，左遷坦而。思不出位，行乃惠時。州郡稱良，臺省讚直。學泳源淵，辭踐闈閫。何位不詣，何壽不脣？乃靳乃嗇，德之無徵。悠悠鴻造，冉冉化遷。安知逝者，非然而然？嗚呼！生而不淑，誰謂其壽？死而不朽，誰謂其殀？昌黎斯言，頗類齊物。寄言歌之，聊以代哭。

祭張母馮氏太老夫人文

於惟夫人，載其厚德。歸配宜家，生賢佐國。厥賢惟何，儒服履道。纂孔肆周，淵思岸造。脱輓登階，鳴珮珥筆。司直典言，予違汝弼。衣繡持斧，樹風省方。明明御史，夫人之光。庭座踐陟，憲理寅清。秉鉞貞圉，榆塞底平。再晉再移，於寧於固。經略總統，敦大彊裕。內安外攘，文恬武熙。自彼鳥獸，莫不懾夷。中阻邅迴，履信思順。光復保釐，山暉海潤。勛繇德峻，業以志崇。桓桓司馬，夫人之功。復有仲嗣，競爽連枝。駁歷昭懋，宣闡敬慈。册書內榮，鼎養滋備。胡乃弗須，倏其厭棄。司馬哀號，待命徂奔。墨縗從事，忠孝允元。凡民有喪，匍匐救之。淑媛其隕，心何弗馳？某等列司有三，抱惻惟一。言酹斯羞，有飾其肵。倬然壽母，休穆考終。無神不□〔五〕，奚感不通？

祭劉母吕氏太老夫人文

天佑純良，作之内助。篤生淑媛，姜姬其庶。柔惠貞懿，莊敬孝慈。承天之道，應地之儀。克相夫君，齊體合德。修身正家，亮采華國。鳴珮省署，握符江邦。清通簡要，寰海無雙。敷文闡憲，于藩于宣。經略安拊，如山如川。赫赫司徒，桓桓司馬。人物權衡，文章風雅。帝心簡重，曰惟碩臣。虒封錫類，嘉此令嬪。於惟夫人，既多受祉。宮雍廟虔，睦姻仁禮。女有四德，温其萃焉。斯其必壽，胡不永年？悲之如何，賢哉殄瘁！滕庶啼恩，閭里泣惠。居諸迅邁，宧歺遄臻。歲云既晏，迹誠已陳。某等夙聞賢善，共感悲零。送歸酹止，胗來其寧。

校勘記

〔一〕"心"，據《楚辭·九歌·少司命》當作"新"。

〔二〕□，底本漫漫不清，據文意當作"申"。

〔三〕□，底本漫漫不清，據文意似當作"躘"。

〔四〕"啟"，據《詩·小雅·十月之交》當作"慭"。

〔五〕□，底本漫漫不清，據文意似當作"屇"。

孔文谷續集

〔明〕孔天胤　撰

王卯根　點校

孔文谷續集卷一

送鎮守省吾紀公升陝西憲長序

夫監司者，國之楨，守令之表也。守令之於民也親，監司之於守令也異分而同情。故國以吏民之事付監司，監司以職業之修責守令，而守令者一以監司之心爲心，如是而守吾之職，如是而定民之業。持而循之，其軌易遵；信而行之，其沛莫禦。其初也若畏其臨，其成也若執左券而契之。何也？有以表之也。故表正則影直焉，理也，是以維國之楨也。爾其表我冀南者，惟省吾公乎？

公天下之通才卓德也，視寇亂之後則防禦之爲急，殘破之餘則整茸之爲先，然防禦與征繕難兼，整茸與休養異致。公切於救民，審於濟物，勞逸之理運用無方，是故甓我高城堅於磐石，保我遺黎慈於杜母。至於飭綱虔紀洪纖不渝，獎善疾邪舉措咸服，則正固剛明之烈也；識遠察微知幾其神，割劇剖紛游有餘刃，則弘敏睿哲之標也；笑談樽俎而朗照內閑，緩帶臨戎而宏機煥發，則又文武之裕也。是故二載之間，群吏相與勵其職，蒸民相與樂其生，噫嘻！不有以表之，孰從而範之？故曰表冀南者公也。

是年癸酉之夏，上擢公總憲陝西，將去汾。汾陽乃開府之地，抑亦猶南國之於召伯，東人之於周公也。彼於召伯則有甘棠之思，周公則有遵鴻之咏，今公之行也，吏民能已於頌耶？斯爰設祖帳而載輿人之言焉。

送周鳳池太守升福州別駕序

萬曆元年癸酉夏四月，鳳池周公出守於汾，五閱月而貳於福。當其行也，贈之以言。夫贈言古也，然而無可言者，不如其默也。有不容默者，言之不可以已也。公於是有人不能知之德，人不能用之才，人不能行之道，而余厄言之，亦猶夫古之義也。

公海岳之英而公輔之器也，聰明正直而彊固者也，醇謹潔白而愷悌者也。其蘊積也閎，其注錯也當，其治辨也精，其文理也密。其德有如此者，而守之乎朴諾。不求知，故人不能知也。大其授其華袞之司而黼黻文章乎？承明之從而論思獻納乎？其清廟之薦而珪璋乎？其才有如此者，而□〔一〕之乎簿領。不求用，故人不能用也。公初由郎署移郡，人以爲循次之遷也，非所以處公，而公處之晏如。已而郡移之州，州復移之郡，人以爲補吏之遷也，非所以處公，而公處之晏如。其視下遷也曰：“大塊假我以閱歷也。”視粤之南、冀之朔猶門庭也。其道有如此者，蓋不求利於行，而行無不可，故人不□行也。此三者與時俗殊矣。凡有求者，必趨時之□□，緣俗之工巧也。君子則不然，寧孤立無助終不□□於時俗，寧跧伏偃蹇終不妄求。雖然，天生賢俊，豈鬱之使終伏哉？凡物之將起者必伏，伏必大所起，故應龍泥蟠而天飛，而揚光沛澤於天下也。公之象以之。公始至時，州人皆望見顏色而悦，頃承令而悦，又頃蒙化而大悦，乃今人人悵然有所失。君子曰：《緇衣》之言好賢也，《甘棠》之言去思也。千載一情也。余故厄言之，亦猶夫古之義也。群公時張組贈離，遂取以代車馬也。

送杭玄洲太守致政還山序

萬曆二年甲戌之春，公以南康判府擢守西河。西河固古名郡，今爲汾州云。南康佳山水，文公講堂在焉。公正潔白之操，流愷悌之惠，用儒飾吏而治，然每挹匡廬，輒欲振衣其上。及蒞於汾，遂果歸言焉。汾有山河之固，封建之雄，戎馬之重，控地數百里，帶三屬城，廣土衆民，又有監司開府，是毗是憑，俗負卜商之儒，人秉段干之節，其化易陶。以公之操、之惠，誠足坐嘯而理。乃朝上而夕辭，凡三狀，當道乞轉聞於朝，即敦喻不可得留。計到官之日，自夏徂冬，裁八閱月耳。其淵尚所存，時人莫之測也。昔邴蔓容爲官，不肯過六百石；陶淵明在官，八十餘日解綬賦歸。彼皆明止足之分，樂天命而不疑，公非若人之儔乎？抑公延陵人，先民季子弘退讓於前，公生千載之後而有其風歟？不然，何浮游塵埃之外，矚然泥而不滓也？公在郡平理，其去後之思猶足以勵貪懦，雖日月不加而遺休永矣。藹藹之餞，塞塗盈亭，莫不攀翻慷慨，泣數行下。僚吏請余記言，因叙之以表寅清之徵，而著高世之介。

呂甬東《閏臘迎祥》卷序

　　夫泰鈞毓靈，壇曼絪縕，爰發間氣，是生奇人。奇人之生，固與庸衆殊矣。夫其經世之奇，則調天紀，正皇綱，建功名，垂竹帛，和風雲之會，依日月之光。其嘉遯之奇，則玩道遺世，玄文處幽，水鏡萬慮，塵芥六合。其翰藻之奇，則脫略公卿，跌宕文史，下乘章句，高談名理，揭華群籍之苑，振芳百氏之林，成一家之言，定千古之事。其遊觀之奇，則迫狹區中，恢廣方外，遍龍門之歷覽，畢尚子之周流，長嘯高巖，朗咏洪川，出宇宙，凌霄漢之上。夫是四奇，皆見鍾於扶輿之淑，受賦於融結之醇。故形貌與衆同，而實神檢之迥別；隱顯於已異，而皆卓犖之寡仇。然世不恒出，代不數人，所謂應間氣而生者，故當希有之耳。

　　山人呂中父者，四明之幽秀也。中心粹質，簡遠清夷，賦窮麗則之義，詩殫綺靡之情，文炳道德之精，筆湧江山之氣，儷語珠連，妍譚玉振，翰藻既工，遊觀兼嗜。爾乃翔千仞之高，旁覽德輝；測重溟之深，超登彼岸。轍迹之存幾滿天下，光塵攸屬快睹爭先。故貴公倒屣而延上座，賢人傾蓋而定前言。謂其盡東南之美，極天人之際，必此人也。信余所謂奇人者矣。

山人覽冀之餘，蓋三昒余於汾上之亭。今年甲戌中秋既望，余政七十，山人挈雲笈之章來，遂留以過臘。惟臘之閏，亦值其祥旦，山人乃自嘲曰："時來曷遲乎？吾生於正德丁丑閏臘之念七，其後臘而不閏，至嘉靖乙酉始一逢之，丙申再一逢之，今萬曆甲戌又一逢之。蓋吾生五十有七，而真生日者四焉。時來曷遲乎？"余筴焉解之："自丙申至今，蓋萬有千日而爲初度，亦猶夫楚南之樹乎！以五百歲爲春秋蟠桃乎，以三千歲爲春秋大椿乎，以八千歲爲春秋靈異之材，豈與夫木槿較朝暮哉？且閏臘建春，是天道歸餘於終，人道履端於始。交泰之振，會昌之運，明間氣出，奇之一徵矣，而曷時之遲哉？"時有薇省之良，柏臺之俊，與諸墨客子卿咸矢詩爲壽，山人亦自咏言。余乃著之於篇，標曰《閏臘迎祥》，謂纂言者紀群玉之珍也。

送季北沙貳守升僉憲序

外臺分司惟兵憲爲最重，駐節之地惟薊鎮爲最重。薊左翊地也，外控關塞，內屏翰京師，軍國之樞而戎紀之會，不最重與？其總統之爲經制，督撫之爲整綏，兵憲布其法；調度機宜，講畫大議，定疑決策，兵憲綜其實；閭閻之疾苦，行伍之艱虞，吏治之淑慝，兵憲釐其弊。是宣德達情，稽類考衷，惟兵憲之能，不最重與？銓司每爲地簡才，必兼資仁智，昭其果毅，而老於練閱。誠以仁智則能周，果毅則能立，練閱則能通，斯得人矣。比薊鎮兵憲員缺，上用太原府同知北沙季公以山西按察司僉事補之，循薦剡也。

公始以才名。守隰，隰治；擢守太原，太原治。諸郡邑疆圉利害之交，損益之致，盤錯之艱，幽隱之疑，撫按下監司，監司借公處之。經公所處，必無不達，車轍所臨遂遍全省，於是上下遠近皆服。公有周知之哲，大觀之雅，循廉之概，慈惠之風，重鎮之陟良有以也。夫鏡皆照而獨言秦者，以其萃九光之秘。夫劍皆斷而獨言越者，以其出百鍊之精。公今闡厥宏蘊，神而明之，正如此矣。往醜虜跳梁，戎臣追鋒逐北者，一時之事；當黠酋內附，思患預防慎於苞桑者，千載之功。若其文經武緯，長筭遠猷，坐式帷中而清塞外，俾畿甸安和，流衍四域，乃主上仄席之懷，當寧之意，公其懋哉！盛哉！同官李公、喬公、王公、張公，皆夙昔公義，贈言以重其行。余敬叙述之焉。

贈郡伯筠亭張公以賢膺獎序

初，州守員缺，撫臣鄭公請擇才補之，若曰：“汾之爲州也，居冀南之要，帶三屬城，幅員幾五百里，土廣民衆，有藩服之封，戎馬之寄，賦役之會，簿領之叢，而又有監司臨之，部署委之，諸所事事，不一而足，倘析理不精則錯，爲義不勇則弛，持法不允則刻，秉度不弘則偏，即得循敏寬仁之吏一人於要地焉何有？”乃太宰用筠亭公。

公尹鄉寧，終三年行此四德，誠自其已試之效而徵之。公到官，劑量宰割悉中肯綮，稱物順施，猶以輕車而踐熟路，纔五閱月而百務興矣。其最較著則府史肅其清裁，胥徒凜其切責，逋滯振於理繩，急緩濟於調瑟。撫臣聞而獎之，重得人也。

皋陶之謨曰：“在知人，在安民。”夫能安民，則惟其人矣。因民之安以卜其人之賢，不曰知乎？知人者君之道，安民者臣之職。君子修身以俟時，惻其民之不獲以思义，非有求於知也。然不見知則志不行，譬騏驥千里，遇良、樂則至，不遇則佚於策之不已，躓於纆之太長。是故管、樂振采於桓、昭，董、賈潛光於弘、勃，何也？信於所知，詘於所不知也。今公故遇之矣，遇之則可以安其位，安之則可以利於用，故志得行也。

公守專城，正如大將統百萬之師，先按轡徐行，部署行伍，定之節制。又如醫師用藥，察其脉之病否，芝、术以養其元，烏、附以攻其弊。又如工師料木，令長短小大悉就繩墨，使其擁腫拳曲而不中者置之。吾驟見驕貴者戢以禮也，介騎者嬉以騰也，輸之均也，囂之弭也，繁之約也，劇之易也，士修業，民恬生也。昔黄霸布寬和於潁川，龔遂昭恩信於渤海，亦如斯而已，故志得行也。

或曰："必若所云，大矣，美矣，奚貴一獎爲？"是又不然。蓋御才有獎薦，建功有初成，獎所以勵其初，薦所以表其成。公以其成功炳之閭閻之下，登之廟堂之上，豈誣也哉？臨當展禮，僚寀稱慶，野史氏記言以闡令猷。

贈邦伯順庵胡公上績序

先王建官惟賢，稽三年之政而賢益徵第上績，如《漢史》稱河南守吳公治行爲天下第一云，今則有平陽守胡公。

公之守平陽也，端本正初以有成也。其郡三河之首，其屬城三十六，其視聽不殊，其精神流通。下車令曰："吾聞之賈生，牧民之道，安之而已。夫生有資也，居有業也，民奚而不安也？或擾之則不安，曷惟去其擾乎？錢穀甲兵獄訟之事，簿書期會之間，功令之司，非政之本也，我不敢多事，我不敢有疑貳。縣之於州，州之於府，一體也，其圖之。"於是列屬遵軌，較若畫一，蓋期月而可，三年而成焉。何也？安擾之辨明而舉錯當也。時事好奇立異，矜高刻深，輕改作而厭因循，多議論而少誠實。其勢若操危柱之瑟，小絃將必絕焉；若東野畢之御，良馬將必佚焉。夫使人汲汲乎，鰓鰓乎，其誰曰不擾？先王議事以制，不爲刑辟傷煩也。罔違道以干百姓之譽，罔咈百姓以從己之欲，惡矯也；風林無寧翼，端水無縱鱗，憂亂也。公所謂擾之者以此，誠推本乎其言之也。夫泰山之石，積溜可穿；龍門之砥柱，橫流磨之而不磷。天道不以人之惡寒而輟其冬，君子不以時事之紛挐而易其守。我不擾而民自安，正其本清其源而萬事理。公所謂安之者以此，非徒言之，實允蹈之矣。

汾州守張侯前尹鄉寧，爲我言公之賢曰：“純稟懿衷，冲粹廣淵，包含豐美，孚尹圓融，其賢也。鋪揚[二]絋紀，潤飾采章，昭回天經，舒廣國華，其賢也。惠疇平理，強教悅安，條風濯俗，敦敏廉清，其賢也。履道循性，樂善同人，言中典謨，行成儀矩，其賢也。”此目擊之，言故詳矣。皋陶陳知人安民之謨曰：“亦行有九德，亦言其人有德。”比古絜今，公其以之。公出守先雲中，重攘外。及虜屈而擢河東，又爲安內重。其繫天下之望久矣，報績之行，群寀贈言，張侯屬余敘其事。夫問大夫之政於野，野史能言之。若其懋官以酬德，懋賞以崇有功，則大廷之典也。

玄洲喬公攝郡還府序

君子正民以經，議事以制，所以法天之明，因地之宜，本人之情，該物之理。是以上無逆施，下有順應，而政平焉。比總統方略之臣則不然，違經以干時之譽，拂民以從己之制，行貊道於□□□□[三]，尚墨法於禮樂之邦，名爲寬民而實道民以□[四]，名爲節財而實不省用財之費。於是公門□事有□[五]而司存掣肘難運，至於輿騶僕從、祭祀軍□[六]無不減削，大户庫役改委別□[七]，矜矯枉之能，滋過直之弊，遂使長吏無漢官之儀，明時失周禮之度，土守思去，民僞日繁，刻薄之風行，中和之頌息矣。蓋經制本自平壹，而好名喜事之人日起而紛之，譬木偶土型，朝刓夕剔，頻洗數刷，有不壞乎？閭閻之庶，冠帶之倫，望促柱之改絃，思亂繩之一理，得我玄洲喬公攝行郡事，期月而可。方將撥苦霧於青天，布陽春於白日，與民更始，而代者至，吏民遑遑，懷戀遵鴻。

公實純心亮節，黼黻珪璋，匡時之俊良，輔世之名德，其去此而陟臺省之巍，膺經略之寄，庶燮諧樞宇，弘濟艱難，先及晉鄙之元元，復睹先王之經制，或人有所願，天必從之哉！汾同知崘等恭陳祖帳，申以贈言。

贈宋伴蘆先生通判黃州序

天子於大郡置守貳之臣，以奠邦國。若通判者，於郡事靡不關決也，必其人才有德焉而後可以弘贊襄、廣忠益，學有文焉而後可以美敷陳、光潤飾，蓋不徒解詁經訓、明習法令而已。昔者子游、子夏皆有大才德，獨以文學名聖人之門，誠學以廣才，文以經德，以故游之武城尚絃誦而修禮樂，夏之莒父略近小而圖遠大，非其道與？若二子之於天下可也。

比黃州府通判員缺，適調我學正宋伴蘆先生補之。先生有敏碩之才，愷悌之德，自起家賢科，通仕籍，出入文學之林、政事之司者十有餘年，則閱歷之甚深，操履之甚信，淹貫之甚詳，綜理之甚悉，其於判也何有？先生之教人也敬以寬，其與物也和以厚。敬以寬，故弟子日入其薰陶，而其興也勃焉；和以厚，故僚寀皆愛，署邑皆見思。其於判也何有？除書既下，太守聞而迎之，喜其良佐之來也。夫題輿以待仲舉，解佩而贈休徵，茲非其時哉？漢世稱盛得人，及推儒雅則公孫弘，弘豈游、夏之匹乎？直亦遇其時耳。今先生當弘之時，而有游、夏之實，其之大郡猶駕輕車就熟路，按轡徐行，第駸駸不已，必至天之衢也。

兹文旆將發，聘主考陝西鄉試，稱品藻得俊。十月還汾，始南邁，官僚及弟子送者藹藹依依，因請余爲紀其行。時余亦與供祖帳，斯序之如此。

教授呂礄溪先生以賢膺獎序

礄溪先生，文學直諒之君子也。昔者夫子之論友曰："友直，友諒，友多聞，益矣。"多聞者，文學之謂也。班《史》載董仲舒、司馬相如、王褒、劉向、楊雄爲古之益友，以其直諒而多聞，豈非君子哉其若人乎？及觀當時如柳下惠爲最和矣，而猶見絀於魯；漢之五賢皆不甚達，獨以文學雍容述作侍從之間，其不能曲學以阿世明矣。是故董子不遷，劉生不調，天人之謨，山陵之戒，至今可表焉。是蓋文學強可以置身直諒，終難於取位勢也。屈於不知己，而伸於知己，時也。君子一遜之而已。

礄溪先生呂公始以經術宏深，策第京闈，尋以剛明彊毅分符劇邑。一時稱彬彬文質君子，而先生爲之右。已而左官屬文司，故一主盟紹庠，再遷相王國。夫洪鐘發難，斧藻運戴，與考禮正刑，輔匡藩維，翊戴王室，其事當不減於治邑，而邑顧不容鄉校謗評之所，宗黨怨瀆之叢，部使行縣又往往蔑桓衮而輕曳裾。乃在庠則多士歸之，在國則王人服之，上官獎之，豈非直道難容、文學易與之一驗哉？

先生居輔秩三載，能致主於道，飭左右，國人咸守憲不渝。臨利害之衝則侃侃如，處盤錯之交則井井如，是儒雅之操望美仲舒，而誠心直道可希長孺。蓋天授朴忠，不求聞達，其行與性成者矣。其文章藻翰又與司馬等同風，於吾道豈小補哉？比巡按御史賀公察知先生之賢，特隆旌典，是先生伸於知己之時也。闔府賢宗咸舉稱賀，假余宣叙之如此。

叙諸生贈言

君侯鳳池公之南邁也，郊襄祖帳，史紀贈言。諸生仲奇等請曰：“夫子之於諸生也，治之而教之。治之其義重，教之其恩深，則何以報之德而贈之行乎？”曰：“以善。”

夫君以忠望臣則臣報之以忠，親以孝望子則子報之以孝，師帥以善望諸生則諸生亦以善報之而已矣。吾見公之治也，廉制而寬和，慈惠而恭儉，淑慝明，刑賞當，諸生觀是而有得乎！公之教也，陳之德藝，躬之表儀，牖之黼黻文章，諸生承是而有得乎！夫人不善甚者，率以其昏昧放逸，故先師語子貢爲仁之道曰：“事其大夫之賢者。”誠有位以臨之，則肅之而收斂之心生焉，啓之而明覺之心生焉。收斂則可以袪放逸之習，明覺則可以消昏昧之氣，由是可以進於仁。今諸生事夫子之日多，其進於仁者幾也。有一於是即可以報公之德而贈之行，況君子樂善，好取諸人以爲善，未有聞善言而不嘉納者。乃爲詩三章付諸生，令五六六七吹笙雅歌，奉爵上壽，九頓首祖道，庶神之聽之，介以景福。其詩曰：

太上立隆，以爲民極。我其受之，是爲懿德。有淆則昏，有擾則惑。鮮克自由，鮮不爲慝。不有天民，孰開我塞？使司牧之，惟帝之力。文命覃敷，式和民則。明明司牧，淵允篤誠。式綏我邦，爰啓我後生。根道核藝，運規正衡。古訓是迪，大猷是程。月講時校，我邁而征。庶幾夙夜，以廣國禎。帝惠南服，咨此俊賢。爰莅海邦，于藩于宣。四牡既駕，則莫我延。何以贈之？珊瑚玉鞭。何以望之？旭日載旋。載旋載陟，鴻飛戾天。以佐天子，天子萬年。

贈別學正懿泉先生陳公西歸序

天授人以茂義之能而格於用，是錫命有弗融也，惟善自寬者能處之。嘗觀潛龍之爻時舍也，衰鳳之歎時違也，考槃之寬時止也。止而寬，則其視用舍行違猶適然耳。

汾學正懿泉先生，關西之俊儒也。少負奇氣，蘊鴻略，期射策甲乙，可拾芥致。顧終不遇於有司，乃俯就學職，得真定府學訓導。齎鹽五載，挺然自以興禮教、貞士習爲己任，不若他師默塞縻廩而已。繇是多士皆丕丕中規，郡太守品藻郡屬，獨表先生賢於人遠，撫按監司並騰書嘉獎。因委署高密、無極、鄗城三邑，所到皆見振刷。蓋以儒飾吏，類非庸俗之所能爲者，繇是以才羨著名燕、趙之間。尋遷蠡縣學教諭，乃任專而教益隆矣。嘗移以署縣，治益高。歷三載，爲萬曆元年，遷我汾州學正。汾士人得先生，如樗櫟之就斧斤，圬墁之就繩墨也。而先生興禮教，正士習，隨事而發，因材而施，未嘗不三致意焉。繇是頹靡者立，因循者作，廉恥之道彰，長幼之序秩，其諸廢墜肎然漸而舉也。郡縣咸欲得先生久任以成其化，撫按監司咸欲廣先生以民社之寄，而尚書省以考績報罷矣。報至，罔不駭愕。先生無戚戚容，即日策蹇西歸，曰："青氈，我家故物也。登山臨水，坐臥卷舒，可以自由，誰知失意之時是吾得志之日耶？"

君子曰：先生信可謂善自寬矣。然名爲考績，實失一茂才而不知也。即冷職可以輕棄，如禮樂教化何？蓋忽之也。忽之弊有二：以庠序爲老儒之鋪舍，惟其淹泊，不惟其拔擢，一也；旅進旅退，惟其歲月久近，不惟其賢否，二也。要之，亦賢者之命也，非自寬其孰能遣之？於時僚寀與諸生皆攀援顧戀而不忍釋，余敬爲叙述以慰其行焉。

《五懷倡和集》序

夫高山景行，勤嚮往之。思蒼葭白露，切游泂之想。云其懷矣，豈伊異人？蓋理有感於深情，聲相應於同調，古之所謂好德之真者乎？故室邇人遥則咫尺而衡千里之嗟，迹留神往則遼邈而存一室之悟。或托夢以通精誠，或長謠以舒興寄，皆脱略形塵之外，齊契泰宇之間。我思古人，實獲我心。

有林皋君者，神明之胄而宗袞之華也。乃其睿哲冲融，粹精沈明；言鏗金石，道美珪璋。登彼岸而高觀，臨逝川而退覽；歎知德之寡儔，慕同心而獨往。時有玉牒名流，桐封雅望，掞藻潞子之墟，振筆梁王之邸，潛光姑射之陽，焕章東海之濱，皆神交道合，走尺素於蒲東，訊丈人於河上，藹藹芝蘭之氣，盈盈雲漢之光，而林皋君作《五懷》詩，穆如清風矣。夫人未有有情而無懷者。懷居非美士之操，懷利多細人之臆，惟懷德則天之人也。天之人者，彝倫之冠冕，文章之領袖，踔埃壒而不滓，冥廖廓而無閡者也。林皋君以之。

一齋趙公壽登七袤序

夫壽者，天地之元氣也。人所禀元氣純固故多壽，然又在乎養之有道。余觀《洪範》福徵，言富壽康寧皆福也，而壽爲大。康寧者壽之致也，富者康寧之致也，豈非惟富可以養壽乎？且高年之人，非香美甘脆之食弗飽也，非純綿麗密之衣弗暖也，非一體至柔之氣不足以補其形，非同類至真之味不足以補其精，必一足於財則四者可以兼遂。故愁苦不作於心，資用不缺於體，優游康寧而元氣純固矣。貧困之人凍餒猶不能免，則戕其性命，不得以終其天年者衆也。故惟富可以致康寧，惟康寧可以致壽。

一齋趙公以今甲戌壽登七十，賀客皆登堂具羔酒相慶，而不知福壽康寧爲天下之全福，公實得之，天下之全福人也。抑又有福中之福，則賢孝之嗣一姻締椒房，一蜚英國學，皆醇謹温良，問安視膳，朝夕匪懈，承顏順志，一出言舉足而不敢忘。此其善事善養，益有以致其康寧，信哉其福中之福也。

余與公有松蘿之好，又同歲，至較其福，則遠不及公。蓋宦而不尊，祿而不富，有子而學未成，頭童齒豁，行用杖，拜用扶，體不勝衣，食不嗛口，其所以充其飽暖與氣味者十索而九空，雖殘喘之苟延，非康寧有福之人也。是為遠不及公。今公第飲酒高會，以需萬年。

贈邦伯玄洲杭公高尚序

余觀古之君子難進而易退，今則不然，進易而退難，其甚也知進而不知退。是以津濟多褰濡之夫，林谷罕高蹈之士。有能自拔於浮沉者，天下之智勇人也！今見其人，其玄洲公乎！夫汾大州也，太守尊官也，諸問津者汲汲焉恒苦不值。公特以明經異等見擢，其匡時之器、長人之略固足以將之，而文德懿衷、精識雅裁尤足以潤色鴻猷，揚厲偉績，乃割然棄去如剖。長惟惟其潔身之志，思遠垢氛；違時之行，終難詭遇。斯一往奔詣，無少吝情，是能察幾於早見，決策於果行，其處智勇可謂兼之。

亦有薦紳先生抗志澡濯，雖身在魏闕，而神留巖阿，羨魯連芥千金而不睋，於陵仲子辭楚三公為人灌園。及自為之，或不免於低徊，其視公為何如？至於洪沄污穢，齏咨涕洟於去留之間者，視公奚啻霄壤？公于是不可及矣。臨當祖道，諸士大夫乞言以識其別，因略語之大，是語崑華者不能盡其高也。

贈太守一川吳公入覲序

嘉靖甲子之冬，一川吳公當以例入覲大廷，僚吏設祖帳拜送，徵外史氏為文以叙。

夫今郡守入覲，即古之諸侯述職之禮也。孟子曰：「諸侯朝於天子曰述職。」述職者，述所事也。事勝其任則功令表而錫典彰，於是有明言之試，顯庸之擢，而不勝者別焉。於是朝廷有尊賢使能之明，列辟有賢者在位、能者在職之序，乃盛世由之以熙化，群乂以之而亮采。才生其時，厥遇隆矣。郡守剖符受事，出守專城，夙夜循省在，爲上爲德，爲下爲民，是則事之存也。朝夕宣序，政惟其平，訟惟其理，吏惟其稱職，民惟其安業，是則事之施也。以言乎述事，述乎此而已矣。

一川公之莅郡也，恭惠以存之，明允以施之，堂無敗度，階鮮諍詞，胥吏有神明之惕，田里皆父母之懷。至於盤錯之阻，苞蘖之奸，催科之節，調停之宜，罔不制之有方，發而皆中。揆之職事，事勝其任趩矣。今以其能事揚於大廷，高治行之等，崇選署之旌，慶元會之昌，期效萬年之華祝，與師師穆穆者相揖讓而光輝焉，俾環橋門而觀者舉手加額曰：“是西河之賢守也。”其遇豈不甚隆也哉！

霍大司馬壽序

大司馬霍公自上疏乞還里第，順素東山，今且六禩。乙亥春正廿九日爲公六十誕辰，朝野誼舊咸先期奏謁，爰展賀私。陝州判史某寔闥門懿親，首奉觴上壽，余綴之言曰：

昔有周盛時，明良相遇，洪演太和，融徹宇宙，人秉醇厚之德，天眷靈長之福，厚德所以奠邦，長福所以保躬。保躬則元首股肱共享靈長，奠邦則宗□[八]神人永綏磐石。斯《南山》之《雅》曰“樂只君子，邦家之基”，言奠邦也；“樂只君子，萬壽無期”，言保躬也。奠邦所以頌德，保躬所以祈福。是故一德允孚，天壽平格，古今稱人之壽□舉南山，自非苦人之儔□□□哉！維皇上帝，光闡聖朝，篤生鴻俊。維我司馬相□□應運奮時，一若申甫佐周，毓神維岳，聰明正直，淵哲中和，經營四方，總統方略，典司政本，出納綸涣，皆爲國丕顯大猷，植援崇構，建元功於不拔，熙天載於罔極，衣冠榮舊德之序，竹帛紀名臣之烈，所謂國賴其德以奠邦，天福之壽以保躬者，維今日爲信然者矣。史子其舉《南山》之章以爲頌云。

贈別駕石舟陳公拂衣東歸序

余聞之《韓子》："士之特立獨行，適於義，乃豪傑之士信道篤而自知明者也。"今則見其人焉。郡別駕石舟陳公賦受精純，思度淵偉，東南之美而神秀之英也。積學邁德，紹世作儒，力追古文辭，卓然名家，若相如之入室，子雲之登堂焉。科舉之學號時文，曰："卑之，毋甚高論。"公其曲彌高，其和彌寡，以故連弗利於有司，終不緣俗以爲工。詔書招選茂義，公則稱首。居太學數載，名益著，諸學士先生謂宜待詔金馬之門，著作承明之廬，墨守之吏所不能廓也。已而授汾州別駕，自以不堪吏職，投牒東歸。當道勉留，竟去。計到官至去之日，僅三閱月耳。

夫士之干祿，自子張氏至今，始求之惟恐其弗獲，既獲則以官爲家，惟恐其或去，是故貪競而有所不嫌也，洫渫而有所不恤也，冒忌諱之條、觸刑辟之網而有所不顧也。滔滔者天下皆是也，而誰以易之？公獨不然，蓋不以物之汶汶泪天正，不以身之皎皎而蒙世俗之塵埃。夫珮玉長裾不利走趨，高冠大劍不關傴僂，義固有所適也。夫義利之際甚微，而行止之幾難決，惟智者處此而不疑，去之而不惑。惟不疑不惑爲能特立而不以爲異，獨行而不以爲僻，故曰"豪傑之士信道篤而自知明者也"。太上立德，其次建功，垂綸鼓刀，皆能隨世以就功名，人間之世曰豪傑矣，抑安知玩道遺世而有斯人耶？故余斷以公爲豪傑之士，爲無所待而崛然起也。公蒞郡視政兩月，稱病一月，士人式瞻儀範，承聽音旨，如鳥趨鳳；淑問平理，黎民飲和，如渴得泉。即行道已有端矣，豈不堪吏職者耶？

駕言出郊，郡公祖餞，吏民遮擁；遡鳴鶴於九皋，悵白駒於空谷。用余宣言，以永去思云。

《寶善堂稿》序

王國文學書記鏤慶成王宗川所著詩二卷成，余叙之。

王幼孤，乃祖安穆王命之學，學於鄭氏。使就正於林下之老儒，老儒固禁足公府，每有諮質率因鄭轉授，無不領于者。志好詩，故課詩爲多。王讀書有堂，余題曰"寶善"，取《楚書》"惟善以爲寶也"，斯集詩稱《寶善堂稿》云。王睿哲懿衷，觸理神瑩，和粹孚尹，垂條結華，雖玄詣有待，自其肇機已可覽焉。然事有關於諷勸則片言炳於丹青，義有取於化裁則一字重於金璧。此邦君夾輔王室，紹聖右文，緝熙帝載，首善敦族之事，固與持鉛摘槧者殊矣。

王纂世十葉，族屬千門，雖麟趾之祥輩出，而鴟張之崇間亦有之。蓋禮衰於世禄之厚，性成於習染之污，然其明覺之心可感而興也。自王好善，群宗亦勉而爲善；自王好學，群宗亦勉而爲學；自王琬琰其章，群宗有不藻飾其德者乎？夫茂苑長洲，閑房清夜，縱伐性之斧斤，耽迷心之鴆毒，孰愈廣廈之下，細旃之上，覃思道德，恬頤性命，咏歌先王之風，暢通經之遠旨哉？

方衆形仰鏡而依日月之光，百川學海而望洋向若，其興也勃矣。是詩之有補者一也。夫富貴與仁義背馳，故富貴之府略文儒，仁義之士亦藐王侯。假使河間王復出，則兩忘之矣，故觀於詩可以知王之志。抽金版玉櫃之篇，探海上名山之旨，爰稽典則，弘廣著述，於以潤色皇猷，縣此其選。是詩之有補者二也。群宗嚮道，分理教敕，誠以一諭十，以十諭百，以百諭千，俾人人悦詩書而敦禮樂，出垢滓而濯清風。是詩之有補者三也。天下之事有一舉而三善者，《春秋》且必書之，是故可紀也。

《太霞閟宇集》序

國家以經術養士而不及辭賦，以爵禄養宗室而不及文章，非固靳之，蓋欲羡於才者因其所及而進乎其所不及。蘭軒君金枝之秀華也，不猥隨時好，獨好儒。少從儒生學舉子業，業成，猶章甫而適越也，則改轍而爲詩。爲詩十年而篇什斐然，乃自虛以問山人，山人曰：“可也。”儒士尚經而少文，君尚文而本經，顧反卓於儒矣，況又以文章飾富貴乎？因把弱管三寸爲點勘之，凡被圈點者皆可膾炙人口。時國王稽古右文，群宗颯颯趨旨，欲鑿石索玉，剖蚌求珠，而蘭軒君已先得之，肆隨和之珍炳然在目矣，其才之羡可睹也。君讀書有堂，余嘗署曰“太霞閟宇”，兹亦以名其集云。

夫詩本乎心者也。在心爲志，發言爲聲，聲成爲文，文有音爲詩，故詩以道性情。性即心也，情即志也。情有喜怒哀樂，則詩有歡愉悲怨。情正則爲賦、爲比、爲興皆正，情僻則爲賦、爲比、爲興皆僻，故曰“思無邪”。然必以養其性情，察善惡之幾，存其善端，紐其不善，常使清明内湛，靈穎外敷，感物而動，實中其聲，是故作周詩者本以綜文而見孝弟之性。優柔平中而發者，溫厚之體也。錦上花開、長空雲起者，妙有之用也。妙之又妙者，玄之又玄也，惟涵養之深者能自得之。此性情之理也。滄浪嚴氏曰：“詩有別趣，非關理也。”蓋未識夫理生趣、趣含理乎！

《蘭玉堂詩集》序

萬曆三年，文學鄭柏齡等繕《寶善堂詩》成，明年丙子，《蘭玉堂詩》亦成。《寶善》紀賢王之製，《蘭玉》則以紀王弟仲川君之作云。

周文公之詩曰：“常棣之華，鄂不韡韡。凡今之人，莫如兄弟。”允矣其是之謂與！昌黎氏有言：“文章之作恒發於羇旅草野，至若王公貴人，氣滿志得，非性能而好之則不暇以爲。”信斯言也。豈必以寒酸之語爲工乎？或有爲而發之。王公貴人功光禮樂，德迨黎庶，顧不暇爲，性能而好又不多有，如之何其文也？推言其弊，始於志氣之衰，流於習俗之蕩。是故鐘鼎之室少揖遜之儀，章句之門乏黼藻之致，燕趙之士慷慨悲歌，鄒魯之生雍容絃誦，豈非習之使然也哉？苟變而之道，則文矣。文者，道之華也。詩者，文之華也。余觀《蘭玉》之作，其華之不可掩乎！夫道隱於昧，荒於怠，喪於傲，弊也久矣。仲川君明睿又敏，以□□〔九〕謙以受之，則合乎道。日閉户端居，覃研六籍，弘攬百家，亹亹若下帷之儒。其爲詩類苦吟，以其蓄德若淵，真所謂性能而好之者也。蓋天挺而濟之學，絕埃而天倪之和，行之必至其極矣。夫文之興，禮之所由舉也。表宗袞者，其不在茲乎？

　　初，君每有所著，輒請正於王，王稱善乃録。録之成卷，以考厥成。柏齡氏請余爲叙，斯叙之云爾。

校勘記

　〔一〕□，底本漶漫不清，依文意似當作“若”。

　〔二〕“揚”，據文意當作“揚”。

　〔三〕□□□□，底本漶漫不清，依文意似當作“華夏之國”。

　〔四〕□，底本漶漫不清，依文意似當作“利”。

　〔五〕□，底本漶漫不清，依文意似當作“期”。

　〔六〕□，底本漶漫不清，依文意當作“實”。

　〔七〕□，底本漶漫不清，依文意似當作“流”。

　〔八〕□，底本漶漫不清，據文意當作“社”。

　〔九〕□□，底本漶漫不清，據文意似當作“益之”。

孔文谷續集卷二

送疊川於公按察湖廣序

疊川於公以布政左參政分守冀南道，三載，遷湖廣按察使。將發車於汾，南邁於楚，汾之吏民遮道泣留，如失所天。知州倌等備列公德政與吏民之思公者，授簡而屬之言。余亦遮留之人也，乃矢之言曰：

公之茲行，攬轡宣條，握符貞軌，惠流江漢之廣，德加衡霍之高，楚人誠甚幸矣。然而奪吾之愛也，如之何其弗思？夫吹煦寒谷者，然後知陽春之德深也；弘濟艱難者，然後知仁人之利溥也。公之德政，吾不能悉言之，吾舉其大有二焉，其安內攘外者乎！夫三晉之敝甚矣，而汾為最。汾之敝莫大乎內有強宗而外臨驕虜，蓋苞孽強盛，豪惡肆興，威劫武斷，恬黨賊刑。當是時，百姓不能安其居，長吏不能盡其法，事勢洶洶，人心疑畏，蓋不知所止矣。自公守臨，威惠並布，治不數月而綱紀肅然，罰不數人而強慝衰弭。繇是郡中清宴，四境復安堵如故焉。此其安內之彰明者也。庚子秋高，胡馬南犯，辛壬相繼，益以跳梁。當是時，羽檄飛馳而□〔一〕不暇箄，邊關失守而戰不及施，殺人如麻，擄掠載道，蓋不知所止矣。自公守臨，文武兼資，增城附廓，築堡郊遂，廣選兵戎，修備器械，帑無所費而民皆悅從，繇是匈奴三入而不敢近汾之境，追兵一出而尤多斬虜之功焉。此其攘外之彰明者也。夫內難佺惣，昭輯允綏，盛德也；外憂猖獗，先備厚防，大才也。夫惟盛德為能成天下之大業，惟大才為能建天下之遠猷。今主上方畏天悲人，側席賢佐，必欲為天下安攘，微公疇咨，吾土其曷能留哉？雖楚人於公亦不能久留也，祇以積人之思焉而已矣。

初，臺諫交薦公之才德宜處拊循之位，振疆□[二]之紀，宰衡猶遲之三年之餘，陟之外臺之長，豈欲益懋乎德而愈老乎才耶？願公崇植迂續，以永鴻禧。自古勛良孰不俟明哲也？公當啓節，余亦南徵，道出綿山，稅車官舍，還顧仁人，繹思邈然。敬述美宣忱，鐫之簡冊，雖不足彷公之盛烈，抑亦略布吏民之所懷云耳。

送浙江右使畹溪謝公赴河南左轄序

畹溪謝公之匐宣于浙也，是爲嘉靖乙巳。公下車視事，以藩務殷巨，奸蠧翳焉，郡縣旱極，千里流莘塞塗，守令坐空文不能恤，乃閔然憂懼，日夜靡寧。于是定令飭彝，删繁舉要，剔弊滯，整紛撓，節器用，順物宜，捄菑害，匡困窮，守儉而履恭，居敬而行簡，蓋再逾月而政有象焉，綱紀章也。于是吏民大悦，咸願企其有成。忽復陟河南左轄，去，吏民乃大惜之。公初以監察御史按部浙中，光闡風猷，吏民懷畏。其後東觀風齊、魯之墟，西汾、陝而治，中總憲河南。距由河南而來兹也，蓋逾一紀矣。故人心思舊德，悦新理，而又惜其遄邁如此云。言邁之辰，白露初霜，寒氣總至，江潭送别，朋宷悲離，何以贈之？曰余有言。

夫先王代天弘化，列官資理，寄以風猷，屬其光闡，于是有宣條布憲，育德厚生，專厥莅御，静以歲月，俾其下視聽審，固心志寧一，然後群吏仰式而蒸民遵軌，罔敢携貳而淑于化。是故官師有相乎天道，君上成享乎歲功。何也？久于其道而天下化成也。道之弗久，雖美弗宣。弗宣卯[三]著，又奚化焉？故孔子曰："苟有用我者，朞月而已可也，三年有成。""如有王者，必世而後仁。"蓋思大化而歎其用也。今上求治皇皇，端理化機，而官材辨治雲從林立，然宰相擇賢而處恒若寡儔，拔德而任猶恐不速，而德賢之士又自惜其抱道屢遷不得，須其化于一方而人心幸遭思化，卒亦不果于成。金帝繹之而不得其故，茲于畹溪之行竊有睹焉。蓋緣督之理，可以守經，□〔四〕求治緩急之際，則人才淹速繫之，乃聖人與世推移之達權也。今海內數菑，邊警荐臻，主上壼拊髀之想，執政體握髮之忠，雖人才彬彬，效用信匪虛乏，然求英傑于千萬之中，固已難矣。當是時，得一人焉亟而進之，龍淵、太阿惟上所急庸耳。然則畹溪公之陟河藩也，亦猶浙之日乎？三河之間，中國之處而天下之樞也，近京邑，臨要害，即詔而任使，撲策建勛，如臂運指，其勢易備焉。假使公深鎮一方，令吏稱其職，民安其業，孰與亮鴻伐以綏遠耶？余肆竊有睹焉，而知求治之急，故用人之難也。《詩》曰："申伯之德，柔惠且直。揉此萬邦，聞于四國。"言謝公也，實繫大夫之世德焉。公其以之。

時大參孫公徵余此言，乃取而贈行。

贈居麓艾公入覲拜河南布政右參議序

居麓子僉憲於浙三年，用法廉正，用威惠均，又明習吏治而達於民隱，吏以是畏之，民以是懷之，彬彬然執亮君子矣。是歲甲辰，當萬國朝正之期，例藩臬長吏當率郡縣守令以行，行而朝，朝而聽部院稽察群吏之治。吏治之賢否殿最，惟藩臬長言。而部院之黜陟幽明，亦惟藩臬長言。是為國之大典。然必藩臬長惟其人，然後吏治之賢否殿最不差，部院之黜陟幽明亦不差。而吏之不能者去，能者勸焉；賢者用，不賢者遠焉。惟是之行也，故必藩臬長惟其人。當是時，浙臬長升去，代者未來，而予與二三大夫有專敕，又非其人，不可行。乃共推居麓子率群吏以行。至邸，果勝其事。事訖，太宰以子果賢，不當復去卑濕，乃升授河南布政右參議。居麓子親拜命於朝，人盡榮之。是時户部上書留居麓子，以其官住京邸，總部河省糧儲，計上乃還省中。於是居麓子留京師。初，居麓子入覲，當有贈言，覬其歸也而獻之，今遂遷且留，則當獻而歸之邸乎？二三大夫曰：“夫行有贈而喜有慶，今將慶之矣。”文谷子於是述二三大夫之意而慶之，曰：

夫君子修德勉善，孳孳閔閔。晝日以學，夤夜以思，惟恐不及。及其得也，惟恐不行。及其行也，惟恐不知。及其知也，惟恐不信。及其信也，惟恐不用。蓋信而不用猶不見信也，知而不信猶不見知也，行而不知猶不能行也，得而不行猶不能得也。是故君子疾没世而名不稱，憂終身而道不達，雖周公、孔、孟不能無皇皇然。然則道之顯庸誠亦難矣。今居麓子有行於浙也，而人知其賢；述職於朝也，而人用其能。夫觀于用可以知吾之見信焉，觀于知可以知吾之能行焉。夫君子患不能行與不能信，而子則行道而有得焉矣。由是而之焉，孔孟之德、周公之業可期也，何慶如之？《詩》曰：“日就月將，學有緝熙于光明。”又曰：“靖恭爾位，正直是與。神之聽之，式穀與女。”吾取以爲居麓慶焉。

謝母太宜人壽序

少溪謝子按部於浙之明年，是爲嘉靖乙巳。母氏太宜人在堂，壽週甲子七齡，某月某日寔其誕辰。少溪子乃端冕焚香，金章綵服，清旦北向載拜，蹈焉舞焉，觴焉祝焉，承家慶也，荷天祉也。於是三司大夫聞之咸賀，申以祝辭。藩大夫曰：“吾典方岳，淑厚如吾會稽之山者壽。”憲大夫曰：“吾象太微，執法太微之傍，有星曰婺，是爲金華之精光，恒而如此者壽。”閫大夫曰：“吾提兵擐甲，鎮湛海澨，有如吾三神九玄靈秀而鴻烈者壽。”時文谷子從文學吏，又先世魯人，則取《魯頌》“令妻壽母，宜大夫庶士”以爲祝也。

夫少溪子天錫祉，家承慶，而三大夫咸輔發其賀祝，諸吏共稽首賀，不謂之“宜大夫庶士”不信也。於是少溪子拜受善言者四，則抃而喜曰：“昔我先齊桓公嘗三受善言而拜之，史氏書册，到今以爲巨麗，而尚闕四之一也。今僕何幸，既荷天寵綏錫老母康彊之日，而又辱公等善訓之光照耀古今，增助人子之孝。攬義思緜，誠不知所來自。”文谷子曰：“是人理樂天而頌聲起也。古之人有道舜之仁者，言盛夏之時萬物長遂，聖人緣天心，助天喜，樂萬物之長遂，故舜彈五絃之琴，歌《南風》之詩，而天下治。當此之時，頌聲作，故知頌聲之事，樂天之理也。人者，物之靈也。壽者，長之盛也。保佑覆育，天心也。悠豫和泰，天喜也。天道普物而好生，人道體天而願壽，故《詩》、《書》頌壽，《洪範》之陳，《南山》之咏，皆緣天心、助天喜而作也。聖同天也，故天心所喜，聖人亦喜之也，故聖人樂天。今少溪以太宜人之教，英明和毅，文雅端平，振俊甲科，敷教秉刑，爲天子法，從巡訪之臣。而太宜人安頤長年，高堂溫晏，淑厚光靈，仁孝休穆，匪戕匪闕，克順克諧，則既如物遂盛，當乎天心而喜之矣。錫祉承慶，蓋將三光齊而五岳媲也。然則緣助以爲頌者，其能已乎？故曰‘人理樂天而頌聲起也’。謂之樂天，則人心可知矣。”於是少溪子之學動以天也，馳其文報太宜人於章丘。

右方伯鳳岡徐公請告東還三司贈別序

夫朝廷之士入而不能出，山林之士往而不能返，是各執於一隅。若聖人則不然，可以仕則仕，可以止則止，可以久則久，可以速則速，惟其宜而已矣。宜則無執，執則有見於可，而無見於不可。故進退之際可以觀智，出處之間可以觀仁。人情愛榮顯而厭幽約，故濡迹軒冕而甘心殆辱者滔滔而是，濡迹丘壑而甘心窮餓者蓋仟伯一二焉。然而山林之士亦已難矣，有能不汲汲於必達，不戚戚於終隱者乎？是聖人之徒也。

今右方伯鳳岡徐公，命世之才有鄰于孟子，而願學之志一祖乎聖人，爰用此學光舉制科。筮仕維揚，則讞獄平允；晋秩瑣闥，則忠讜著聞。既而宣條布憲，屏翰藩垣，綜維教化，匡美風俗，則英聲茂實，歷齊魯秦晋而皆盛焉。夫古之君子上不負天子，下不負所學，以是通求公，其有之矣。公自莅右轄，位望益近尊寵，每有要缺，中外咸見推，蓋大官崇階可待而至。公乃偶以微恙，輒上疏乞移疾歸里。巡撫都御史傅公、巡按御史程公及我諸大夫僉共勉留，不從，竟浩然東歸。群公追而送之灞之滸，左方伯葛公俾其紀之而贈之行。

韓子有言"行而宜之"。夫宜者，有當於心，無歉於志，真見決行，我不能止、人不能援之謂也。今徐公之行也，果不宜而能若是乎？夫人無幽顯，道在則爲尊；道無方體，宜之則爲是。古人其上或以版築而致大位，或由釣耒而陟師衡，不以爲逾其次；或抗行首陽，或降志卑辱，或功成拂衣，或急流勇退，不以爲貶。何也？宜也。假使徐公守資積望，由方岳而公孤，白首巖廊之下，廟堂之上，信顯榮矣。或一旦嫉毀隱於位高，菑害萌於分過，則如之何？或有待而不來，或無求而不得，則又如之何？今公退而耕於梁宋之間，養痾丘園，栖神玄默，勿藥之暇，課禮兒孫，或與野老爭席，或彈琴泉石以咏先王之風，信幽約矣。然寵辱不形，喜怖不作，得惇葆其天真而厚其壽命，則如之何？或道不世遁而賢不野遺，鶴書赴隴而鳴騶入谷，則又如之何？一惟宜之而已。公願學孔子而有得者，固將無所不可，故其乞而歸也宜也，行且辟而仕也亦宜也。酒三行，爲歌《白駒》之篇而爲之別，書以紀之。

送荆陽李公便道上母氏太宜人壽序

夫純和之德，天所含也；祚胤之慶，天所扶也。天曷爲含乎純和哉？天主善，純和以當其源，沕而穆之，冲而淵之，日與灝灝者游也，而灝灝者與之無外也，故含之乎爾。含斯聽，聽斯和，和斯平，故曰“神之聽之，終和且平”，含之至也。天曷乎扶乎祚胤哉？天主福，祚胤以當其廕，葐而菖之，鬱而邕之，日與明明者熙也，而明明者與之無射也，故扶之乎爾。扶斯保，保斯右，右斯命，故曰“保右命之，自天申之”，扶之至也。含之至者，□〔五〕固之極者也。扶之至者，允植之常者也。而埃壒之物無所概焉，葡沴之莫從，閴閭之無入也。人間之世，孰不欲自固以順泰化，自植以禔洪休？然而不得其含，則暴露偪側，而戾者室相比也，是以有淺狹之民不長厚之俗。不得其扶，則悍鞠連遭，而敝者室相比也，是以有愁苦之民不得其所之俗。斯二者，皆天之棄民也。亦有不棄於天，或德與福違，或福不劭德，或秉德未大惠，或戢福無馨宜，觀我同生，又豈少哉？是以屋有三瓦之遺，侯王有孤寡不穀之號，言事天也。

大參知荆陽李君有母氏曰周太宜人，與其先君通參公實咸有恭和慈思〔六〕之德，當乎天善，篤生六子，咸纂令德。歲壬辰、乙未、戊戌，三遇皇上闈運登賢，而太宜人六子之內，科進一人。今三人者，皆有周之鳴鳳也。夫麟鳳龜龍，《書》記以爲四靈，四靈得一，即表國禎。乃一門而有三焉，即太宜人祚胤之慶，當乎天福，爲邦家之光大矣，遠矣。而三子者方奮庸明功，亮采敷懿，振珮臺省之間，雍容巖廊之上。既而伯氏甘棠分陝，仲氏銀臺獻納，季子化蜀樂職，中和實又參廣，惠風競爽無二，即太宜人祚胤之慶當乎天福，爲邦家之光信矣，明矣。太宜人既樹惇布福於外，猶內受三季子之甘旨，日觀諸孫之孝悌，則都無顧慮而有愉懌。而庠士子兩人與諸孫之舉於鄉者，又皆將振其羽毛，向朝陽而噦鳴也。而金吾子亦縮銀黃，紆朱紫，時時傚萊綵而舞於庭，則太宜人之康豫益以倍滋。夫滋其康豫，匪福奚備焉？而祚之、胤之、引之，方勿替也。今壽六十有五，季夏十八是其誕辰。荊陽君當拜表如京師，計其道路與其時日，則省覲太宜人而上之壽便。於是三司諸公因便送君，咸爲太宜人壽。余於君有年家之誼，於諸公法君舉之書，因抽所知聞，歸善於純和，表福於祚胤，而原本之於天，若曰天所苞植之云爾。倘人人可得此樂，何世稀有也？

　　君至家躬拜家慶，親展終南華岳之圖矣。銀臺君日近紫清，必致天皇玉珮金璫之書。重慶君在金馬碧雞之鄉，亦必致丹砂桃竹之獻。太宜人目快嘉事，耳娛好音，德和光泰，慶祚景臻，不曰天予善，帝錫福，吾不信也。作侑觴之詞三章，附麗諸孫歌之。其詞曰：

　　南山兮蔥蘢，華岳兮三峰。中有不老之樹，九天秀出金芙蓉。

　　天皇兮寶文，元氣兮氤氳。中有不老之道，躡日景兮凌霞芬。

　　丹砂兮素芝，邛竹兮桃枝。中有不老之術，扶助玉體永不衰。

賀大中丞樵村賈公巡撫陝西序

　　惟皇誕敷嘉命，拊循兆民，乃緣俗畫方，簡畀元臣，俾總統化裁，用惠用威，而安之攘之，令方內外畢底于康，是《書》所謂“良哉康哉，以承明哉”之盛者也。然方服所維，固莫重於分陝矣。今歲拊循大中丞缺，皇上命我左布政使樵村賈公，則簡畀之良亦莫尚焉。故開府之日，內外咸悅，以爲民迄用康也。

惟陝之重，東抗河山之阻，南控鄖漢之巖，西闌巨羌，北堵彊胡，中峙八郡間，樹大藩戎馬之會，屏翰之雄，而京邑之右臂也。然軌物之度取足田廬，繇是百姓之供邊者什之六，供藩府者什之四。邊多燧藩衍條，日有朘，月有削，繇是百姓之供邊者六而匱其三，供藩府者四而匱其二，而後民用凋劫，吏治之艱難也久矣。縣之吏疲于奔命，不得整逋負；寡于循理，不得保□〔七〕黎。邊之吏困於資給，不得養壯士；習於畏縮，不得信遠略。而後陲腹之交敝，威惠之靡罩。然而通變其所宜，順其所樂，振刷其所汙，立其所隆，綜統條貫而經略之，則惟大中丞之爲專往。

公在監司之位，篤以惠和，宣其廉哲，守以恪恭，布其允惇，于前所謂吏民之不叙其業者靡不究心如燭照，數計一切，思務保釐，爲之康之。猶患關白懸於撫按，柄鑿起於異同。何也？綜統之不專而尊信殊也。今公得專之矣，行其所知，溥其所未竟，如神禹之行水也而滔滔者安流也，如孔子之正樂也而《雅》、《頌》各得其所也，其不在茲乎？夫居弘體毅，君子所以任重而道遠；知明處當，君子所以贊化而參儀。公自對制策，名展案錯，事敭歷中外迨三十載，所在惠威聲實詡詡，有以也哉！夫德心廣大，弘也；義用彊直，毅也；炯物達微，明也；稱物平施，當也。公寬而有容，廣以大也；偅而無競，彊以直也；察而不苛，炯以達也；恕而能喻，稱以平也。兼斯四者以溥化裁，惠流等春澤，威行並秋令，內蘇息疲敝，鼓舞元神，外式遏寇攘，大布震疊。至蕩瑕滌穢，鏡於太清，俾官樂其職，民叙其功，康彼西維，有始有卒，行且陟踐衡鼎，調燮化樞，以其重者遠者而成其贊參之能，真有所謂“良哉康哉，以承明哉”之盛者，固公所素蓄優爲，是故悅之。

開府之日，望之迄康之年，群情翕如也。三司誼在舊寅，禮嚴新屬，宜有贈言，以相賀于執事。某不敏，實久竽參侍，斯僭言叙之云爾。

馳頌太封君鳳灣靳公壽序

兩城靳子膺簡命、奉璽書董學官功令之明年，是爲嘉靖辛亥。其年十月二十七日，當太封君中憲大夫吉安知府鳳灣公壽登七十有二；二十五日，當太恭人田氏壽登六十有九。偕老協夫婦之和，同辰會日月之吉。考箕疇以演福先，咏《南山》而稱樂只，斯其盛矣。

兩城子乃東望長懷，忻慕徙倚，爇香遙祝，舉壽卮加額以語客曰：“皇天鑒佑，不遺下氓，用祚家大人齊壽駢祉。誕育我兄弟，恩斯勤斯，詎欲遠遊離膝下哉？今我客秦，弟復縮符守穎，比且移駕臨汾矣。兹昭時令日，垂白高堂之上，屬念兒子各天一涯，亦必歎弧矢之爲妄設，臨觴之寡悰也。而後知《南陔》之眷戀實獲我心，《白華》之晨省悠邈莫致。是故余情之不勝矣。”

客解之曰：“有是哉！俞俞，否否。夫具爾之樂，誠足順親，然取樂無方而爲順不一，大樂則大順，大順則大福，故父子姁姁，家人輯輯。當歲時伏臘，烹葵剥棗，割鮮宰肥，陳杯酒相笑歡，終老不離一室者，士庶人之樂也。然而安田里，悅家慶，不可謂不順，非所喻於福之大也。若卿大夫之行則不然，以公善爲樂，以顯親爲順，以致和爲福，故其所爲道必至歡忻玄通，鴻祉熙洽，仁壽泰和，物我同域，乃所以爲大。兩城子伯仲競爽，紆銀青，佩金紫，出庭闈之緒以表秦晋，一則陶淑人文，一則康叙民理，顯德揚聲，光惠流布，實用此三道兩所，峨峨元元，含和歸福，遝邐一致，即太華、終南可爲几席，藐姑射之山、汾水之陽在座隅矣，何謂各天一涯哉？夫太封君淵穆其居，廣餘慶以錫類，子大夫華國承家，歙時休祝，以奉親大樂大順，厥福以之，孰愈閭里之沾沾也？”

兩城子於是容展意舒，集上頌詞，以賞□[八]綵之娛。三司大夫聞而頌之，其詞曰：

揚庭淑，顯國禎。穆二子，塤篪鳴。理洪閟，德醇精。贊梴樸，長莪菁。□[九]六事，保元蒸。職中和，來頌聲。介眉壽，望龜蒙。緝遐祜，歌魯公。

右丞某叙記，以爲馳頌之始也。

《南山獻壽圖》序

嘉靖癸丑六月之望，劉母太夫人程氏壽登七十有七，厥嗣少參君方握符搴帷，撫治漢南，不得展稱觴之奉，但爲圖史遥寄獻北堂耳。時右使胤於劉君有同榜之誼，乃贈之言：

夫人生之福，惟壽而康寧之爲大。然壽繫於天，康寧則在人所以養之。即壽矣，而於身於子孫者有一之弗若，則焦勞困拂之不暇，如康寧何？即康且寧矣，而非眉壽以承之，亦與弗康弗寧者等乎！故兼全之爲難也。太夫人慈惠貞淑以飭其躬，忠肅恭懿以訓其子孫，家人嬉好以順其化，嗣子浚明以宣其教。即太夫人神安志定，無倚門之憂，有起居之適，少參君今歲招徠流徙，賑恤飢餓，漢南之民賴以全活者萬計，萬人讚福咸歸太夫人。太夫人聚百順、飲人和於千里之外，而恬然泰然於一室之中，其所養之康寧可知矣。聞太夫人耳目聰明，顏色美好，望之如五六十人，則詩人所謂"眉壽保魯"，亶其然也。即如《魯頌》，正少參君戀魯公子之明德，而太夫人享壽母之令名，尤其福之全者。此亦太夫人教子以賢之心，少參君養母以禄之志歟！書之圖首，並表南山之獻云耳。

壽陳母太孺人九十序

蘆山陳公牧汾之明年，爲嘉靖甲寅。其年十月六日爲賢母太孺人九十之辰，蘆山乃先期過余語曰："老母慈惠康彊，今歲且九十，誠自幸甚。然遊子不歸久之，奈何？蓋某自辭親筮趙，再調洧川之繁荐，被命守兹郡，倏十載餘矣，中間省覲之日纔二三次而已。老母但勉恪官，不令啓處於家，如人子之情何？人間之世，福老壽而褆子孫，今天錫老母高年，乃嘉辰吉日，弗見其子躬拜稱壽，何官之爲哉？古之人不以三公易一日之養，今則大謬不然耳，又弗得棄去，如人子之情何？"余於是解之：

夫親之愛子，與子之愛親一也。善愛子者以教不以私溺，善愛親者以道不以小養。故夙興夜寐，無忝爾所生者，孝之始；立身行道，揚名於後世，以顯父母者，孝之終。夙夜所求，立行所存，親之所以爲教也；無忝而名揚，子之所以爲道也。故子之道修則親之教行，則親必悦。道修則可以悦親，皆非世之煦煦昵昵、禽犢口體之微而已焉者，故孔子以爲卿大夫之孝也。初，太孺人以恭懿惠和之教教公，公敬而服之，竟以賢舉鄉，以能莅秩，再命爲大夫。其在趙與洧者，民籍籍頌之。若行道於吾汾者，有三善政，皆覃太孺人之仁。蓋以禮正憲而强宗戢焉，一也；以儉節庸而積冗捐焉，二也；以簡要御煩而百物叙焉，三也。今汾四境之内皆畏公如神明，親公如父母，願公久留吾土以福吾民，願太儒人眉壽不老以堅太守之心。咸舉手祝天，歌令妻壽母宜大夫庶士之詩以相保也。即太孺人聞之，有不慰且悦乎？使公弗恪其官，不得其民和，雖捨而之膝下，太孺人將亦不滿於衷矣。何也？非所以爲教也。今公身雖在千里，而百順之休、諸福之應已合通萬感而萃之堂階，則名立而無忝，孝莫大焉。何也？道之所以行也。

太孺人姓李氏，性至淳厚，敬先大夫如賓，教其次子政與其庶子清者愛維均也。今政彬彬有成德，清已納級指揮矣。夫仲季承顔以事其親，伯子養志以事其君，何弗可者？太夫人業已受洧川之封矣，況人之所欲，天之所從者乎？故天必眷孝慈，以遐福永壽方未已也。蘆山於是遣使獻太孺人壽，而以余言報之。

贈月空上人功德圓滿序

月空上人住持蘆芽山之乾元寺，遵其師奇山之業而光大之。而其徒從者雲集，遂創建二庵，在本山曰西照，在老營堡曰圍對云。又念此山是古佛道場，歷劫奉法，代有其人，獨山居岑寂，遠臨邊徼，教典稀存，講誦多闕，非所以度皈依之衆，闡印度之宗，泛覺海之慈航，懸智天之朗曜，乃飛錫南都，告禮秩宗，印造大藏經二部，一留本山，一貯老營之庵。由是嚴龕滿貝葉之□〔一〇〕，僧俗遍蓮花之睹，實上人心堅冰蘗，志邈煙雲，涉水登山，餐風味道，始於荒野之林有此梵天之勝。又以如來妙法具載經□〔一一〕，五蘊迷心非茲莫啓，故前聖傳言而度世，後學因□〔一二〕以明初。不由見解，何補頑空？須資誦說，方成證果。乃敦求善識，延請高僧，閱覽玄文，搜尋奧旨，經六載而告周，總萬法而歸一，實覬因文闡教，藉顯明幽，庶講訓者不謬乎西來，諦聽者允協於東度。倘人人信受，得令諸苦消沉，處處修持，能使一真透露，惡緣不造，善風流行，非但空門向化，遂見比屋可封，實上人開山印經扶教之功為益弘多。今年六月六日，為其功德圓滿之期，於時比丘等衆、檀越諸人咸共欣悅勝事，共往稱賀。有禪僧大輝與其徒定果道其事之大端，乞余為之言也如此。

月空諱真净，本姓楊氏，朔州人也。

《白雪陽春》序

《白雪陽春》卷者，蘇寒村大參作之，以贈文岡陳公之行也。

文岡公奉天子璽書，宣欽恤之令於全陝，而全陝之獄冤焉賴以昭雪，幽焉賴以噓煦者，無弗然也。取象於物，有白雪陽春之事焉。又文岡公秉文懿之衷，擅綜纂之智，清讞之餘，襄開之暇，復感物造端，風雅著列，其鴻麗藻鑠，調高絕響，時人莫得而續之。取證於古，亦《白雪》《陽春》之歌乎郢中者也。斯一文而有二義在，文岡公兼體而互盛之，斯寒村贈之云爾。

時余謬從陝之廉使移布政右使，樂附諸大夫之後相與贈公之行，共贊衍是義而離之。卷中大抵誦美之詞，即西人歌咏之餘，屬和之聲，直《下里》《巴人》之類而已。記公循行西土在嘉靖辛亥，而畢事還京在冬春之交，又政白雪陽春之景會也。

蘆山陳公受御史臺旌獎序

君子居職守道，志勤於愛民，事專乎報主，□〔一三〕非有慕乎外者。然有得安其位與不得安其位，有得行其志與不得行其志者，則又繫乎上之知與不知。故《易》稱“樂則行之，憂則違之”，豈非以樂行爲見知，以憂違爲遁世而不見知者哉？古之君也親臣，其臣也親民，故官無崇卑，天子咸一體之；民無遐邇，公卿大夫咸一體之。故民生之休戚即吾一身之痛癢，無弗知也；百官之不賢不肖即吾四肢之好惡，無弗知也。猶天地之於萬物也，爲同仁也。後世君尊於天，臣卑於地，民僻左於泉，君門遠於萬里，公卿之門遠於千里，監司守令之門遠於百里，蓋勢分遞懸，而情分亦沿之矣。故百姓之休戚有不能達之有司，庶官之賢否有不能達之大臣，六卿之賢否有不能達之九重者矣。是非今古異宜，亦勢之積累而然耳。於是天子用耳目之臣，行按部之令，察吏民之賢不肖，而徹之巖廊之上，以一其情。於是居職守道之賢雖不求人知，亦未始不以見知御史之爲遇焉。

蘆山陳公守吾郡三年矣，非爲民之志弗存也，非爲國之事弗行也，以正彊禦無憚也，以撫疲黎無擾也，而又聽斷之審，宣序之虔焉。故求志勤於愛民，事專乎報主者，宜莫公若也。而御史黃公實咨義而周知之，乃寅闡憲絃，懋旌有德，飾文誥之辭，介褒美之意，金幣以禮之，鐘鼓以樂之，而冠裳之會，車馬之同，彬彬以相賀者，爛公之堂也。三城之屬，四境之氓，蹌蹌而來，觀者闐公之門也。而公之循良之雅，中和之頌，雖未易窺述，然安位行志之遇亦略可表見焉矣。郡僚王君等共徵文展慶，因敬矢其大端。孟子有言："居下位不獲乎上，民不可得而治矣。獲乎上有道，不信乎朋友，不獲乎上矣。[一四]"今公一有喜慶，而賀客影響應之，其信乎朋友可知也。公有太夫人在堂，能以善道崇養其志，荷天之休綏以眉壽，則公之所以誠身而悅親者又可知也。公勉茲勤，宜行且召公矣。昔黃霸、王嘉皆治郡吏，尋踐司鼎鉉，文翁、吳公皆以治行照耀古今。即如公之賢，何往而不可屆哉？故必且召公矣。

陽城鍾三谷翁七十壽序

嘉靖丙辰之歲春正月十又六日，爲前四川憲使三谷□□□□□□□□□□□□□鄉者國老，爲人所尊，□□□□□□□□□□相慶者翕然遝然，莫之已也。蓋天與善人，錫之遐福，天固樂之矣。天固樂之，人其捨諸？乃宗□大將軍敬庵首隆禮稱慶焉。以余於鍾翁昔忝同寅，又廁鄉邦之後，義合有言以叙列其事，遂走介發書，不遠綿沁而徵之。余於是舉手祝天，知皇矣上帝篤佑鴻哲，至老而益明也。一時人事之參差，官塗之□坎，□夢幻泡影耳，非所以定於天也。

鍾翁有仁義之度，剛明之德，宏雅之學，經濟之才，舉進士，筮劇邑，□事之望赫然有聲，寅亮之司必爾能致。乃逡巡外臺，中遭讒□，□髮歸里，大業未究。當是時，爲天下惜者以爲翁之不得於天也。及翁返服丘園，息擔塵鞅，樂志魚鳥之間，放情宇宙之外，寵辱不驚，炎凜不涉，忘其帝力，和其天倪，優優焉，休休焉，殆三十年矣，而神融氣和，康彊容與，尚無減於仕之時也。而兄弟怡怡，子姓秩秩，所以助公之樂康，適翁之暢朗者，又總至而時惠，是翁有得於天□耶？謂非天心篤佑，世如翁有幾人者？因憶時輩自□與翁□所睹記，有宦未登而齡早促者，有宦巧行□而身名俱盡者，有宦之或顯而終之不令者，誠不知其幾也，知天之於彼何哉？夫天之福莫美於清閑，莫大於康壽。富貴者塵芥之微，聲利者浮雲之細，貴與賤爲鄰，利與害爲徒，故聖人之所不求，達士之所不願也。然而履清閑之府，遊康壽之林，安居而不危，周行而不殆，非自天錫之而誰之能自爲也？假使翁勞悴一生之力，勉須極品之官，進退維谷，終始莫測，有千日之憂而無一日之樂，有貪怙待盡之苦而無優遊卒歲之休，一天之敝民而已矣。以是而比清閑，律康壽，其所獲爲孰多也？故余必知天之於善人也固獨加厚於尋常萬萬矣。

夫天之所厚不可渝也，翁之壽亦未可量也。敢書之以復敬庵，仍望敬庵爲我崇酒三觴，以祈天之永命，以永保善人之無疆。

代諸生贈分守馬公總憲山西序

嘉靖乙卯之冬十二月，德陽馬公小東先生繇分守冀南左參政升按察使，式總全晉之憲。拜命之日，旌榮遂當去汾。惟汾爲先生駐節開府之地，乃吏民之承被教澤比他所爲益親，而衣冠之侶親炙淵懿比他所爲益厚矣。於時舉人賈敦等僉謀贈言，以祖先生之行，因就山人而語之曰："先生端亮靜默，示諸生沉潛之學。諸生微且寒，在尊官視之略之而已，先生則優之，令諸生得進見請益，又周之惠之，令諸生可自資致。凡此皆先生錫類之仁，爲敦等所共感激而不能形容其萬一者，幸爲之一言以表之。"山人固不識道，惟以意應之：

君等不見昌黎韓子上宰相之書乎？其首書稱引《菁莪》，推廣長育成就賢才之旨美矣；次書復稱引周公飯吐哺，沐握髮，下賢禮士而弘功業，益又盛焉。然光範不能樂育如《小雅》，不能禮賢若公旦，則其書縷縷皆惜之之詞也。而韓子以賢才自居，以功業自待，一遜諸遇焉而已矣。今先生既示諸君以身教，而思禮之施又復隆重，則諸君為不遇乎？然感遇而不思奮，思奮而不圖所以報稱，則恥之。先生固《小雅》之望，公旦之儔也。其所以處諸君者，藹然樂育之懷，由然吐握之志，若曰加之乎賢才以作其邁往之氣，期之乎功業以濟其弼諧之謨焉爾。而諸君其信於知己也，其不詭於所遇也，則亦賢才自居，功業自待如韓子所云，斯無負矣。先生位望日躋，即旦夕陟宰相之衡，建周公之迹，當令天下之英歌"菁菁者莪"而來也，何止一郡國之士哉？諸君其無徒羨德，惟孳孳以自勗，斯先生亦樂之矣。

試呈之以請正乎。其言之不文，不敢謂之贈也。

贈都運少岳方公入覲序

入覲之行，序功能也。外之列辟始受天子之明命，以率職弘務。及三載會朝，則各以其職務奏。於時功有明滯，能有優劣，而持衡之府為之考定其序而黜陟之。於是有殿最之等，賢否之科，如數甲乙，辨黑白，區以別矣。當是時，有卓然顯功異能，當厥高等，無愧天子之寵靈者，厥惟艱哉！

今嘉靖三十有八祀，適列辟入覲之期，都運少岳方公當以其預冬往，鄉縉紳大夫條巖張子等謀所以餞贈公者，乃托禮舍張紳以語山中人胤曰："吾方公且入覲矣，距自公蒞吾土即惠吾土，其惠流汪濊非尋常尺寸之間已也。蓋乙卯地震，河東之變極矣，諸所傾陷頹圮自運城以至禁城六十里，無弗然也；自官師之廨宇，以至學宮書院，無弗然也。諸所殘破，民之生者九死而一也，舍之空者十室而九也。當是萬有蕭條，群究竊發，旁觀者束手，永歎者無措，蓋不知其所止矣。適公下車之始，目擊神愴，惻然存濟，毅然整修，不三閱月即傾陷頹圮者復其崇堅，破殘者納之安輯。又隆教育以興士，寬出納以通商，厚賑貸以蘇困，亦不數月而乖沴之餘浸變而熙熙矣。其後培養休息靡有寧日焉，故今四民完業，百務允釐，吾土雖百世賴之矣。即其惠流，豈尋常尺寸之間已耶？昔遵鴻之詩言東人感周公之德，喜其留相王室而復惜其去，故托之詩以道其情。茲願爲我道之乎？"某於是作而言曰：

近海內多事，聖天子孜孜求治，務在得賢，然求功能於材藝之士常易，求顯功異能於俊乂之士則往往而難焉。何也？材藝之士居常守故，效伎於一事，奮采於一途，足表見矣。俊乂之士則不然，德而不有，爲而不宰，居常守故，無以自別於衆，惟履屯難而康之，處事變而通之，則大猷鴻略方與衆殊絶焉，其正少岳公之謂乎？夫臣之職務莫大於安上治民，然安生於危，轉危而爲安者斯爲安矣；治生於亂，撥亂而爲治者斯爲治矣。今公專政釐秩理財，與郡縣民牧之體異，乃其志畏天悲人，康屯難，通事變，任大弘濟而不疑，而上下賴之，卒底於寧，所謂顯功異能，孰右之哉？茲當著之天子之庭，親見俊乂之擢也。鄉大夫既戀公去留，復幸願其峻陟，意有尚於遵鴻，競以元聖之德待公，則謂公爲俊乂之良益可徵矣。敬述其事，以爲贈云。

校勘記

〔一〕□，底本漫漫不清，據文意似當作"廟"。

〔二〕□，底本漫漫不清，據文意似當作"隅"。

〔三〕"卯"，據文意疑當作"卵"。

〔四〕□，底本漫漫不清，據文意似當作"至"。

〔五〕□，底本漫漫殘缺，據下文"孰不欲自固以順泰化"，似當作"順"。

〔六〕“思”，據文意疑當作“恩”。

〔七〕□，底本漶漫不清，據文意似當作“惇”。

〔八〕□，底本漶漫不清，據文意並參本卷《送荊陽李公便道上母氏太宜人壽序》“而金吾子亦縮銀黃，紆朱紫，時時傚萊綵而舞於庭”，此字當作“萊”。

〔九〕□，底本漶漫不清，據文意似當作“炯”。

〔一〇〕□，底本漶漫不清，據文意似當作“觀”。

〔一一〕□，底本漶漫不清，據文意似當作“函”。

〔一二〕□，底本漶漫不清，據文意似當作“僧”。

〔一三〕□，底本漶漫不清，據文意似當作“固”。

〔一四〕按：據下文“其信乎朋友可知也……則公之所以誠身而悦親者又可知也”云云，此脱“信於友有道，事親弗悦，弗信於友矣。悦親有道，反身不誠，不悦於親矣。誠身有道，不明乎善，不誠其身矣”。

《泮宮獻壽文》序

於，奕哉！慶成之肇封也，自莊祖八傳而至今王。隆慶六年五月，王受聖天子策命，纘緒鴻盟，踐登寶位。告成宗廟之後，特選元辰，鳴玉而謁先師孔子，行釋奠如古王制。仍蒞學開講，與師生相揖讓，又遍加物采，以彰古之養老乞言之義。於時師生咸共祇服，國人之聽觀而興起者颯如。神龍現而霧雨咸集，圖書出而人文丕應，以爲時王多自有天貴，不屑爲稽古右文、尊德樂道之事，是以盛位無赫赫之光，蓋貴自貴而賢自賢耳。今王仁孝聰明，温恭謙抑，毅然以古之賢王好善而忘勢者自居，故當嗣大歷服之初，覲廟視學，惇典厚文，禮樂之度，文章之選，焕乎一新，迴曠世之缺典，建一代之雅儀，昭文祖之耿光，垂列辟之清憲，方春秋鼎盛，而規謀閎遠矣。

閏九月九日，爲王千秋令旦，師生相率獻壽，如《泮水》之頌魯也。《頌》之詞曰：“思樂泮水，薄采其藻。魯侯戾止，其馬蹻蹻。其馬蹻蹻，其音昭昭。載色載笑，匪怒伊教。”言魯侯之幸學也。又曰：“魯侯戾止，在泮飲酒。既飲旨酒，永錫難老。”言學人之祝壽也。又曰：“穆穆魯侯，敬明其德。敬慎威儀，維民之則。允文允武，昭假烈祖。靡有不孝，自求伊祜。”則又於頌禱之中而寓規望之誠矣。今師生之於之也，言有盡而意無窮也。王之賢也固益戀於魯侯，則師生之所以爲壽者亦取此而獻之禮也。外史氏爲之序。

靈石令壽王龍門太守〔一〕

龍門王公守平陽之逾載而政孚，其屬吏靈石縣令董大經因公之令旦之辰而頌之，其辭曰：“明明我侯，令德令儀。我吏我民，是憑是依。如茂鳥懌，如淵魚嬉。何以報之？弗知其涯。曰光月華，山川吐氛。我侯誕只，郁其卿雲。辰良景清，和氣絪蘊。介以遐福，而恒其德。”勘辭既修，又請余爲叙其意而獻之。

余因問董令曰：“而府主政誠孚矣，其所謂吏畏其威，民懷其惠者耶？”令曰：“似矣，而猶未是也。”“其所謂吏稱其秩，民安其業者耶？”曰：“是矣，而猶未至也。”“其所謂敬之如神明，親之如父母者耶？”曰：“至矣，而又欲其久也。”

余問其似，曰：“將無畏乎，而侯不作威。將無懷乎，而侯不示惠。”又問其是，曰：“吏有常秩而循之，侯不拂；民有常業而居之，侯弗擾。”又問其至，曰：“神明之於物也，福善禍淫而無所私也，故雖愚蠢之物無不知敬其神也。父母之於子也，好好惡惡而無所偏也，故雖孩提之童無不知愛其親也。今吏民之於我侯也，誠亦若是焉而已矣，故其以爲至也。乃侯之政一出於誠，吏民之服一以誠，侯不得而知，吏民亦不得而知也。”余於是作而歎曰：“是非孟子所謂至誠而動者乎？夫誠者，天理之真，人心之所同然也。故動以威者取人之畏也，威盡而畏者讐矣，動以惠者取人之懷也，惠竭而懷者怨矣，奚其誠？吏不自稱而惟惴惴焉私畏之爲，民不自安而惟忳忳焉私懷之爲，奚其誠？若善善而淫淫，好好而惡惡，出之不以爲威惠，承之不知其畏懷，其敬之也一天理之惕然者也，其親之也一天理之惻然者也，奚其不誠？古之人有行之者，堯舜帥天下以仁，而民從之是也。仁者，誠也。從之者，親之也。龍門公今守堯舜之故都矣，其服膺精一之訓，而以心會心於千載之上乎？斯人皆可以爲堯、舜也。”

余又問久，令曰：“傳不云乎？‘久則徵，徵則悠遠。’悠遠者天地之所以長久也，堯舜之所以久其道而天下化成也。願我侯持是以相聖明，而域天下以仁壽，乃我侯之所以爲壽，吏民之所以壽我侯也。”余曰：“至則久，久則至孚矣。信矣不可以有加矣！”於是叙述其語，以貽董子爲龍門公獻。龍門公必曰：“吾道其至是耶？吾方求其所未至者爾。其已至耶？吾懼吾之有息焉爾矣。”是又龍門公之所以教羣吏也。

贈碧澗來公移守代州序

嘉靖三十五年之冬，碧澗來公由太原府通判擢守汾州。視事數月而事有紀焉，民欣欣焉戴之，而望其寖寖焉庇之也。乃巡撫大中丞上疏薦言：“代州當雁門孔道，防秋之臣歲駐，禦虜之務時飭，而所以共武之服取之而逢源，用之而合策。率資足於有司之能，故非才有司不可也。來某前以通判主錢穀，署代，出納明允，攝理兵民悉有條貫，可經諸緩急，所委無不神解理順而應者，故較羣吏之才實有裨於邊，宜莫如某者矣。然今已擢汾，誠得許請移代，則安攘之幸。”於是上許可之。除書到門，遂整駕北行。當是時，百姓怛然謂其奪之庇也，僚吏悵然謂其奪之依歸也，羅而送之境上，而又索余言之以爲之贈。

夫公之行，其説有二。其一，公已去代而上下思復請守代是矣。然汾實大郡，比代尤劇，乃借才去此而不恤，則當道之調停也猶未當也。或曰：“代大門也，汾堂室也，曾有門不之固而室安者乎？”故當道之意爲大門計耳，計其大者則當矣。其二，公之兹行信才矣。然孟子以人之不善不係乎才，善未至爲不能盡其才，則才之信與不信別有爲之主者矣。曷爲主？曰善是也。公天資樸茂，子諒易直，而又服膺先聖敬事而信、好謀而成之義而有得焉。斯善矣，斯可以達才矣。曾有用智自私而伎倆以爲能者，謂之才乎？先自蹈矣。故公之才可以自信而信人，乃信才也。間嘗聽公籌邊有六事：曰處芻糧以濟時艱，募土著以便清勾，買戰馬以備騎征，樹城堡以遏外患，劫賊巢以弭深入，夜襲虜營以驅速退。皆禦侮之良猷，濟時之切務。試以抒之帷幄，議之廟廊，夕舉而朝行之，則安攘之大幸也。當由是復移公以守四方，亦如斯而已。

贈郡博愛山先生西歸序

　　愛山任公繇保定府學訓導移學正汾州，幾三載，道行而士服。乃今歲之春偶感微恙，尋已勿藥矣，輒喟然有歸歟之懷。諸生二百餘人泣留，弗從。郡太守龍嵋張公、別駕蕭公、康公，幕史寇公，教授許公，司訓楊公、高公，及士大夫咸共勉留，亦弗從。遂挾氈策蹇而行，將息陰溫泉之渚，怡老驪山之陽。其棄一官若投瓦礫者然，豈非安貧樂道，守之終身而不易操者耶？

　　時僚友諸生徵余言以爲贈。余問之曰：“前師有行，或有弗留弗贈者，今於師何懇懇哉？”曰：“先生之處心也厚，其行己也恭，其待僚友也讓，其訓育諸生也嚴以寬。連歲大侵，先生茹蔬飲水，衣弊袍，日臨講誦，聲若金石，氣如春風，無戚戚容，省躬飭志，無少怠。舊俗，學僚多失意樽俎之間，芥懷升斗之際，先生輕利重義，遇事但雍容揖遜而已，以故三師者極寅以穆矣。諸生質異賦、志異趨者甚難以一端理也，先生因材而篤，量可而導，卒變其小異而歸之大同，蓋有油油然入乎其中而不自知誰使之然者，以故諸生咸敬憚其嚴，鼓舞其寬焉。若是者殆古之惠也，安得而不留耶？且人情好利達而惡貧賤，故官雖卑，祿雖薄，比之貧賤亦達也，人固不能捨矣。雖當捨時，猶復遲迴濡滯而不肯就道。先生年力屬未當免，乃見定篤行，不復可留，其樂天知命之心允有出於尋常萬萬者，又安得而不贈言以表之耶？”

山人曰：夫士類不能安貧，故無所不至。昔顏淵、子路獨克肖聖人，獨能安貧耳，然非樂道者不能。愛山子夙貧，能明經勵行，樂古聖人之道，及仕與止，坦然同歸而不易其操，此所以爲賢也。漢策者艾有曰："大夫其修身守道，以終高年。"余於愛山亦云。

贈邑侯陳斗垣陞南城兵馬指揮序代霍司馬作

斗垣陳君尹吾邑之三載，政成能著，銓部用薦者内遷君爲南城兵馬指揮。議者以君之才宜列臺諫省署之司，是殆不然。主上垂神化理，先首善之地，則輦轂之間不可以不肅，於是修古司隸徼巡之法，則兵馬之官始重於曩常而拔於才俊。今君之陞兹選也，良有以哉！

夫才足以周天下之用者，無用而不宜也，故置之煩劇而宜投之艱難，而宜授之重大，而宜不擇官而仕，不選地而居，惟其用之焉耳。是故以大舜之智而勤於歷試，孔子之聖而效於委職。君通才也，奮迹賢科之選，超家師儒之尊，偉矣其治吾邑也。思信以有體也，慈惠以有威也，恭毅以有勇也，廉節以有文也。當四郊多壘之時，安攘並修之日，廢者起也，作者明也，呻吟疾苦者有養也，不謂之通才矣乎？夫通才自足以周天下之用，凡其所閱歷之處則其造極之階也。譬登崑崙之山，苟不已於丘陵原隰之歷，則必至其巔矣；挹朝夕之池，苟不已於川溪滙瀆之歷，則必至其涘矣。以君之才而又有德以基之，有道以弘之，其在邊縣與其在京邑也亦歷之而已矣，亦安厥職、敬厥事而已矣。

吾知其大用之繇此也，於其别也，書以贈之。

贈玉泉陳君擢順天經府序

夫賢才之處世也，亦猶珠之在淵，玉之在石乎！方其隱而莫之見也，曾碔砆魚目之不如，及精神充符，光彩振越，則求之者至矣，以天下之寶在是也。故賢才者非有求於人，人自求之。求之者至，則達之徵也。

玉泉君，平原之秀也。平原多賢豪長者、薦紳先生，君起家監冑，端委而從諸公，博聞周覽，其言論風猷與之相下上，斯其中超然之識，卓然之守，有待而施，固自有不容掩者。比隨牒而簿平遙，平遙爲汾郡劇邑，其俗健訟而梗於化，又多逋負。君主賦而賦登，鞫訟而訟平，化亦不梗，邑人皆曰賢。郡以磚繕城，委君董視厥役。君經表部署，作勤節勞，不爽錙銖，以是事省而功倍，郡人皆曰賢。先委董視塞垣，垣獨堅。頃北虜求通關市，又委君綜理。君區畫調停，有機有宜，非但闡我威畫，而實中含控馭之略，邊人皆曰賢。時順天府經歷員缺，太宰特遷君補之。

夫順天，大京兆也。尹丞位尊重，除大事表奏，凡經國理民，布行文書，於經歷無所不關，故其人必嫻於大體、明習法令而後可。君高明有治劇才，及歷委咸效而能益彰，蓋郡邑邊鄙之稱徹之監司，監司之稱徹之撫按，撫按之稱徹之臺省，是以其來求君也，是以其有異擢也。即臺省之稱又漸徹之九重，則所以求君者抑又至矣。夫時事重內輕外，自內而出之外易，由外而轉之內難。今君實內遷，非異擢而何？夫珠之照乘也，玉之登明堂也，實之達也。君秉文京兆之庭，朝禮承明之廬，蜚英三輔，大授遠圖，信乎其達之徵自此矣。

君其勉作功名，公車就道，郡大夫咸祖帳爲贈，余因略叙其事以紀之。

贈少陂黃公擢守汝州序

比汝州守缺，銓部推少陂黃公往。汾守龍崛張公俾野史某叙所以贈言，乃作而言曰：

皇上臨御三十有九載，威靖朔南，乃孳孳内治之修，務惠養元元，惟守令之慎。蓋籲俊簡良，惟厥德懋明，厥才膚敏，斯惟其人焉。我黄公之於汝也，洵是之選也。

公初以俊良起家甲科，進司徒大夫，出守彰德，已高位崇職矣。值中路坎壈，復從左律用，徙別駕於汾。淹汾兩年而有斯擢，人皆以爲屈。君子以爲才德之大者無小用，無近功，閲歷之愈深則推引之愈遠，造履之愈精則致極之愈弘，斯古之俊良之所以崇廣其勛業，聖人之所謂大受也。何也？夷險臨之而處之一也，崇卑間之而處之一也。不易其德；不有其才焉。夫不易其德，是爲懋明；不有其才，是爲膚敏。既懋且膚，才德之所以大也。世未嘗無德，然往往見役於才，或能處利達而不能處幽微，如昔儒所謂血氣用事者，夫豈少哉？要之，不可以語其大者耳。公繇大吏下遷，無墮釜失聲之態。及莅厥職，若固有之。處僚友恭以遜也，理民物愛以周也，聽訟獄廉以平也。居不數月而上下允孚，士敬其學，民恬其業，奸慝者銷亡，彊禦者衰止也。非實有大才大德，而能若是乎？然固閲歷之矣，造履之矣，是故明敏之純備，而懋膚之克昭也。行駕而之汝，亦舉此而加之，而彼之元元悉蒙其休可知也。

吾聞南郡之墟有先王之遺風焉。士務學崇禮，可以施教；民務稽尚儉，可以施養。天生俊良，俾懷才抱德，如有甫田患不得耕，今則既備乃事矣。繇是而登之巖廊，庸之天下，其道一而已矣。皇上圖治用賢，自守令始，即且召公矣。《詩》曰："樂只君子，邦家之基。"公其以之。於時張公取斯言以爲贈也。

《晉陽獻壽圖》序

夫人子愛日之誠，莫不欲其親之壽也，然有不能必得者焉。其得之者，必其純善合天，若故予之。蓋維天之命，於穆不已，人受是命以生，其蘊精深而冲粹，其發華美而光融，其積熙廣而豐隆，其至堅固而悠久。自百順而備之則爲福，自大年而保之則爲壽，皆其命之漠然本有，森然具足。太和涵演，流而不息，合同而化。天不已，人亦不已，無磑無閡於其間也。夫是之謂純善矣，夫是之謂予之壽矣。純善者，以人而合天也。予之壽者，以天而合人也。人間之世，不知復善所立命，立命所以久生，而習習乎，詡詡乎，日磑閡其生之爲，斯不壽有由，雖至孝，其能祝乎？

維揚有卞氏之母曰史氏者，蓋天予之壽者也。其配小山公也，相其成貞毅之行，承五世共爨之饋勿攸。遂事祖姑與翁姑也孝，處姒娌也仁，御卑幼也慈，訓子孫學也嚴，履尊高也勤，居富厚也儉。而其和淑恭惠，靜榮淵冲，雍如晏如，蓋於世之嫉妒頹靡一無介乎容儀，概乎思議以磑閡其所受之命者。其爲善也純矣，故其神檢莊嚴，膚理悅澤，聰明康彊，優遊逢吉，當滿八之年，猶在巽之質，自非天錫難老，申之保佑，廣衆之中疇克爾者？即其符契，故若天予之矣。

母有子芷，出仕於晋，爲按察知事，然已奉命後伯氏野樂公矣。而心慕母不忘，居常祝天，惟願母多壽。每家信至，聞母健，輒叩首謝天。今六月二十一日，爲母初度之辰，知事君益焚香遥拜，修所以獻壽奉上家慶，乃藉圖繪以表其情，托文言以達其志。余故原幕府愛日之心，本慈幃得天之慶以彰之。母既壽聖，復多後，且賢子五人，有爲兵馬使者能聲最著矣。而知事君玉潤金暉光臺省間，臺省大僚及郡邑吏士聞君壽母，咸贈致頌言。内外孫及曾孫殆三十人，其所觸目多琳瑯云，則母之縟用於是爲不窮，所謂積之熙豐而至之堅久也抑又允矣。且知事君一念愛慕，不以易地而遷，不以遠宦而廢，又能得人之歡心以事其親，蓋其志可以通神明矣。《詩》曰："神之聽之，終和且平。"

《望雲祝壽圖》序

嘉靖己未九月廿有三日，爲楊母太夫人連氏七十誕辰。時其子前原君司訓汾學，以不得親承膝下奉觴上壽爲歉意，忽忽如有所思而不自醒，色如不豫者然。

諸生跽而請曰：“人子之孝其親者，大率以承顏色、備甘旨爲善事之能者也。然而有進於是者，則順志之爲美，禄養之爲榮。古之人有行之者，曾子是也。孟子述其事而稱之曰：‘事親若曾子可也。’昔子游、子夏皆不離其親之側，而日以味順，夫子皆弗與焉。曾子狥禄三釜，蓋涉遠遊，而其孝顧卓絶如彼，豈非真有進於恒情之外者哉？太夫人貞惠慈宣，教吾師以明經勵行之學，其志實欲膺一命之寄，沾升斗之禄，外之則於物有濟，内之則於親有養也。吾師體太夫人之教，竟明經勵行，拜師儒之職，用迪我多士，端雅而敬敕，勤懇而善誘，我多士式遵允蹈，固趨步師門實遠被太夫人之休澤，不可謂順志以爲美乎？雖官卑禄薄，然分而致養，猶愈於菽水之貧者也，不可謂禄養以爲榮乎？且嬉娱堂階，兒女畢集，四鄰斗酒慶康祝禧，太夫人今豈少哉？又孰愈薦紳彬彬，衿珮濟濟，出仁義之言，彰禮樂之文，環橋門而頌之也？是大君子之孝固與衆庶異，吾師乃善學曾子而有得者。即其一念之誠，固已建諸天地而不悖矣，而何芥胸情於離合之間哉？”

前原君於是意平色怡，整衣冠，望青天白雲，百拜太夫人稱壽。諸生即取其事繪圖，乞余叙之，而使人馳獻太夫人。

《五葉重光册》序

觀人之仁視諸後，視後之盛且賢，而家祚之隆可知也。一家之祚，父傳子，子傳孫，孫又傳子，子又傳孫，斯盛矣！然亦似續之常耳。人生百年之内，五世之間，祖以見孫之賢，孫以見祖之壽，康彊逢吉，累洽重熙，斯可以爲盛也已。皇宗奉國公南村翁躬備純孝，履善敦仁，始傳一子曰東皋君。東皋君克纂仁孝，衍有多嗣，其長曰七泉君。七泉君亦温文而懿，衍有多嗣，子而又子焉。南村翁垂白看嬉，乃子乃孫，乃曾孫玄孫，競爽森秀，歲時伏臘，綰銀黄，佩三組，奉觴獻壽，藹藹彬彬，樂且未央，乃天篤其祜而身萃其休矣。不然，世之言有後者，率自其身後，況寓形宇宙之中，受制造物之府，己之壽與子孫之多寡蚤暮、賢不肖皆不可必，能令後先相見，五世一堂哉？是故視南村翁之後，可以觀其仁；視其後之盛且賢，可以知其家祚之隆也。縉紳大夫共嘉美其事，作《五葉重光》之册，賦詩稱述焉。

《含育堂詩録》序

《含育堂詩録》者，録詩之關於堂者也。我分守相公抑亭先生再鎮九江之日，嘗夢至一園，曰孔氏之園也，園有桃有桑焉。已而開府於汾，而觀愚公之園也，謂夢與景符也，因題其堂曰"含育"，言此中包含化育乎！聯其門曰"桃李滿園春不老，桑榆覆院景無邊"，言所以含育者乎！而又足成七吉〔二〕一篇，以紀人生聚會非偶然也。是則詩之關於堂者。夫善言必録，山人故録而藏之，嗣是而教言者咸録也。

公清明正直，有開必先，車轍將臨，淵然響應，信非偶然者矣。不知區區之園何以入哲人之夢？如此者輒亦矢其音焉。公言得是夢時，竊以意自占：吾其保釐東郊乎？蓋將遊曲阜之墟，觀所謂夫子之家園者。兹故神告之耳。

山人占曰：孔園者，大園也。聖人以四海爲一園，萬象爲一體。公弘備聖道，業已登太山之高，觀滄海之深，超然遠覽，軒然返詣，由是以揚洙泗之波，揭日月之光，功上孚澤，下被桃李之爲榮，而扶桑之爲耀，熙之巖廊之上，而徹之海隅也。道之將行，兆之先見，神之告之，意其在兹乎！意其在兹乎！

文成公《學的》序

夫學之有的也，猶射之有正鵠也。正鵠者，的也。樹十尺之侯，畫四尺之鵠於其中，以立的於百步，射者發焉，必至於是而不遷焉。射其至矣，而況於學乎？學也者，以求至乎聖人之道也。聖人之道至大而不可垠，至微而不可測，然其精切簡易之處則謂之的，乃吾靈明之心是已。冲漠無朕，而萬象森然已具；寂然不動，感而遂通天下之故。不物於物，物之所不能外也。不物於物，故通；物之所不能外，故具。所謂天地萬物爲一體者，此也。世儒論學，莫不祖二帝、宗三王、師先聖以爲的，然自格物致知之有補也，則求理於物，而遺其心之原具，待物而知，而外其心之本通。蓋似以格物爲學之的，其於帝王精一執中之旨，先聖一貫之道，不無毫釐千里之間。學者習而不察，則務外游，不務内觀。務内觀者察，務外游者蕩。蕩則馳騖日紛，岐路日多，而亡羊日衆矣。何也？失其的也。

文成公陽明先生，天啓神悟，特揭其精切簡易以匡之，曰"知〔三〕良知"也，即吾靈明之心也。一念靈明便是致知，隨時隨物不昧此一念靈明便是格物。良知是虚，格物是實。虚實相生，天則乃見。千載之疑，一語道盡，真爲學者立的矣。學者發焉必至於是而不遷焉，學其至矣。先生衛道憂世，闡説數千萬言，業已成書。悟者信之，不悟者猶涉疑異。疑者明之端，異者同之漸，心學其有望乎！心學不明，則高者恣其用智自私以亂治，下者安於卑陋頹靡，至斁紀決防以敗俗。先生有憂焉，故無惜於辯，其載之整庵、東橋之問答爲最詳矣。先生既歿，龍溪子申演師門之訓三編，曰《學的》。毅庵查公方張皇斯道以扶世，適得此編，遂托汾守張君一敬鋟梓以正來學，並命余爲叙其意。胤不敏，仰而歎曰：「衆言殽亂折諸聖，不有先覺，孰開我後哉！」

贈參知相公華山孫老先生陟憲臺長序

萬曆四年，我參知相公移鎮爲按察使。汾守一敬言於野史胤曰：「相公之德厚，開鎮三載，實惠綏我吏民，由是吏得以奉其職，民得以安其業者，公之貺也。今總統憲章，實又貺我全晋而惠綏之。凡一命之吏，一鄉之民，孰不思以自遂？然不獲知遇，則有抑鬱而不暢，怵惕而靡寧者，或深文巧飾污暴之弊滋於郡邑，偷惰咎窳散亂之俗隱於閭閻。今遇之矣。相公之德厚，其道剛以明，其度仁以廉。剛以震之無滯之積，明以燭之無慝之隱，仁以宏之體物而不遺，廉以貞之正己而不求。蓋天有是四德也，而公以之。公在鎮興理皆秩秩大猷，可表金石。其最著則振旅之餘，年穀屢登，天應穰也；築堡之成，甘泉湧出，地應潤也。其諸人應之和，不可勝紀矣。昔公孫大夫之於鄭也，其恭敬惠義亦猶行此四德也。諸葛武侯之於蜀也，其開誠布公，集思廣益，亦猶行此四德也。當時鄭人戴大夫惟父母，蜀人戴武侯惟神明。今我吏民之戴公也，豈不異世而同情哉？切思所以頌之矣。」

野史氏頌曰：「夫謂監司與守令合一體者，信也。蓋朝廷以民牧之事付監司，監司布之守令而致之乎民，是監司心乎民，守令以監司之心爲心，奚而不一體也？若勢分限於相臨，疑畏起於緣飾，斯貳矣。觀州守言相公，真仁且知，真能任人以安民。進而憲百辟，康四海，功光格天，慶流奕世，其自今始矣。」於是州守取以爲頌。

李母太老夫人大年序

夫君子功裨邦家，德逮黎庶而頌聲作者，以歸德也。歸德莫大乎祝釐，祝釐莫大乎祈壽，祈壽莫大乎壽親，是故周人之頌而言文母也，魯人之頌而言壽母也。德之所及者遠，情之所感者深矣，今吾於環洲公見之。

公仁孝之哲而禮樂之英也。太夫人在堂，公奉厥慈訓，弱冠而登上第，歷顯庸。始教授蘇湖正經治，尋視草尚書振文雅。比出守陽城，進太原，極循良焉。陽城之俗浮，太原之俗鄙，公玉立冰操，平理正辭，斷敕群枉，滌除積滯，以潤澤生民。間橫經論道，染翰抒文，以誘啓諸後生。委歷旁邑，動見整綏，野老遺文，悉蒙諮攬，紀綱風俗之調秩如也。值御史大夫朱公煩督捕之令，開告訐之門，判狀日數十下，公片言折之，貞詭立分，良善賴以保全。其他諛旨縱奸，深文構禍，殺人不可勝紀，朱去而得平反之讞，罷收挐之兵，解羅織之網，公之力也。凡此皆精白一心，爲國爲民，今百城畫像，萬口成碑，沐浴膏澤而歌咏盛德，頌聲所由起也。今歲孟春，太夫人壽登七十，正衆甫祝釐之辰，以故馳心東海、獻頌南山者雲之瀚也。周生文蔚在門人小子之列，實虔斯舉，屬野史氏爲叙其義。乃再拜祝曰：

維皇上帝，將弘慶善門，必佑命賢母，篤生俊嗣，爲世楨臣，綿綿翼翼，永享多福。今太夫人以康彊膺大年，公以名大夫漸上台，信天錫純嘏也。作侑辭三章。南山有李，北堂有萱。青葱華澤，以保萬年。萬壽無已，南山之李。萬壽無愆，北堂之萱。瞻彼南山，十洲載環。猗彼北堂，三光互藏。

澗南李公七十序

夫壽何謂也？久道之稱也。人生以百年爲大期，三十年爲一世，三世爲期，過則四世，不及則二世。吾得歸餘焉，其七十乎？故古以爲中壽也。中壽而賀，何也？天□[四]惡盈而好謙，人道守謙而戒盈。當君子謙謙之時□[五]且好之矣，而況於人乎？

此賀之禮所由起也。

潤南李公實有謙德，弱冠嘗與余同學，見其孝友著於家庭，忠信篤於朋友，非義不敢爲，非禮不敢動，簡默而清修者也。及遊太學，貳武定，司斷大寧，志行一無所移，確乎其有守也。方仕有能聲，榮陟可待，以鴻臚翁老，遽乞養歸。親終盡禮，鄉邦稱孝。息陰田園，課子明農而已。今年壽政七十，慨然歎曰：“吾先君福厚，得八十五齡，吾登七十足矣。”因自製誌，作玄宮與石槨。其謙損夕惕之懷，視往如歸之智，時人莫能測也。公克肖其先君，其福厚，其壽固隆。余長公二歲，覺前路轉逼，視公所圖，則爽然自失矣。

公有賢郎，具家慶爲賀。特賀客滿堂，故舊零落，雖有新知，或不若我知公之深。及今不述，後將誰考哉？因經紀其實，見壽之張本。特繪一圖以登之，約同好者賀焉。

《北堂獻壽詩》序

憲使明軒蔡公迎養太夫人程氏之明年，爲萬曆乙亥。春正月既望，適太夫人登歲八十之辰，公乃九頓首上壽，同寅諸大夫咸矢詩以相慶也。太夫人融融然樂曰：“吾今日乃知吾樂。夫物之生有榮於朝而不保其夕者，吾得年滿八而望百焉。物有敷春華而乏秋實者，吾得有子而賢且貴焉。人有蒸藜炊黍而飢者，吾得禄養焉。人有綌布荊簪而寒者，吾得服其命服焉。婦人無丈夫之德，中饋而已，吾得黼黻文章之觀焉。天之於嫠也厚矣，安得而不樂耶？”

太夫人性勤順恭孝，宜厥家。侍祖姑疾三月，湯藥寢食之調罔敢忽。侍夫君疾三年，辛勞萬狀，罔敢忽。視庶弟如己出，周宗族之貧病無少吝。居常誡兒女輩曰：“人生在世，常行好事於人，則禍不臨身。”及公入仕，常分俸以給庶弟，分田租以給諸父昆弟之貧且老者。太夫人喜曰："人生除一息足用皆是餘物，積而能散，又何患其不常足也？"凡是嘉言善行，皆達天之道。每旦必焚香拜天。

明軒公敭歷中外，一法天循理，天人合德，福壽乃基。諸大夫曰："樂者順也。順天者昌，故天壽平格。仁孝之至通乎神明，故受天之福旨哉！"言乎詩凡若十篇，皆此旨也。野史氏叙而明之。

贈郡博任龍泉公升深澤學諭序

大道爲公之世，選賢與能，器使之宜而推舉之當，故朝無倖位，野不遺才。叔世有不然者，吾夫子傷之曰："丘竊有志焉，而未之逮也。"明代以儒之賢爲學校師，至令白頭倚席，即稍轉不越黌舍，或曳裾王門，豈可師不可以爲大夫耶？今年吏部更始，用教職超補縣令，天下凡數十人。於是經行之賢人人有嚮用之心矣。

龍泉先生任公，關中之雅儒也。司訓於汾之學，卓然模範之端。以根本六經爲文章，以踐履五常爲德行，不責備束脩，不足恭有司。諸生有善，若己有之。其有阨窮，捐己恤之。蕭然一室，左史右書，朝齏暮鹽，有以自守，泊如也。逾三載，移深澤縣學諭。深澤爲畿輔文物之邑，邑子之屬多才俊，得先生主盟造育，吾道有不興乎？況值登明選公之時，則先生自此升矣。蓋先生聰明正直，愷悌慈祥。聰明則可以昭德，正直則可以塞違，愷悌則可以教安，慈祥則可以保和。乃藏器於身，待時而動，雖欲勿用，時其舍諸？吾固知不遠講堂之上，而銜魚之有徵也。汾諸生素歸服先生，若吳下生之於安定。同寀二公服其道義，真異姓骨肉，臨當祖餞，戀惜莫知所裁。余林下之老儒也，曩督學秦中，與先生有一日之舊，及親賢三載，知厚益深，因即事以道其情，亦若古之贈言之義云爾。

《成趣園詩》題辭

栖遲窮岫之人無所與於世，而猶好世上之文章，蓋其性之使然者矣。不然，狂狂乎爾，瞢瞢乎猶之盲也，五采現前而莫之娛。乃若居深山之中，耽研泉石之英，結攬巖木之華，挹金膏之明光，斟水碧之流溫，搜抵鵲之玉，括靈蛇之珠，是孰使之然哉？或啓靈篇，披瑞圖，理事雙彰，神景全會，則若登中天積翠之臺，而越三山五城，又孰使之然也？

我龍池先生迴軾紫薇之省，息駕白雲之園，日涉焉以成其趣。趣何趣也？蓋樂天而與天游。方伯董公咏言以發其微，雪樵主人同聲以反其和。余亦有言，傚輞川、雲溪，政巴人下里耳。及觀雲樵之作，鈎玄暢奇，往往出驚人之句，天仙之辭。余莊誦四三，爽然自失，遂欲澡心振衣，摳攝大雅之堂，而後知余性之所好亦正矣。雪樵處仁桐宮之隩，斧藻叢桂之幽，潛底震而象紋圓，魄朗而犀舊，故玄且奇矣。

余考古文辭，大氐皆聖賢發憤之所為。文王明夷，仲尼旅人，淮南撰鴻寶於枕中，洛儲吹鳳笙於霞表，其異世而同神者歟！玄文處幽，若有人兮山之阿。特抒其所好，存睹記云。

郡史贈言

皇上進賢興理，惟端亮仁敏厚德之臣，天下推濂濱公矣。公以名德參知晋省，分道而守冀南。無何，陟按察山東。駕言斯邁，吏民允懷，汾州守一敬屬余紀去思之義曰：

天生蒸民，使司牧之君命之，監司宣之，守令承之，非有我之得私也。及監司以督責為明，守令以緣飾為慧，則用智自私之意多，而經國體民之實少矣。公則不然，以為經國無二道，體民無兩心，興一利，除一害，必與守令慮同而後發，信及而始行，以合天道、順人情乎物理，無所自用其智，故令行禁止，偃草從風，吏易稱職而民業以安矣。開田渠通道二十五里，決壅滯之水疏之河，旱濡潦洩，利民名田四萬餘畝，惠而不費，悅而有功。小大之獄必以情，沈幽仰鏡，猶暗室而見日也。救閭閻疾苦，猶上醫察脉，洞見五藏癥結，處方發藥，應手其蘇。以鎮豪猾，威於九鼎，俾鬼物迹藏，神奸影滅。至陳文章禮樂以臨諸生，諸生灑然若被時雨。是枹鼓立軍門，使將士改觀易志，思厲矢石，奮封疆。接士大夫與群屬莊嚴粹和，使人望之而敬心生，即之而愛心生焉。指美非一，要之皆開誠布公之蘊也。其進登三事，茂哉！茂哉！亦如斯而已矣。此天下稱公爲端亮仁敏厚德君子乎！端亮以有孚也，仁敏以有弘也，厚德以有載也。君子哉若人！

在昔文、武受命，周、召佐時，周公以東人見思賦遵鴻，召公以南國見思賦甘棠。今公應運輔世，媲古名臣，其惠溥，其澤長，宜其敭歷之地咸有鴻棠之思云。爰[六]

校勘記

〔一〕"靈石令壽王龍門太守"，本書《目錄》此題末有"序"字，當補。

〔二〕"吉"，據文意疑當作"古"。

〔三〕"知"，據《王文成全書·傳習錄中》當作"致"。

〔四〕□，底本殘缺，據下文"人道守謙而戒盈"，當作"道"。

〔五〕□，底本殘缺，據文意似當作"尚"。

〔六〕"爰"，據底本該頁左側旁批"原缺"，則此字下有脫文。

浮山縣弘修廟學記

浮山縣文廟學宮嘗毀於元季地震之災，時蓋聊且修復，規制甚陋。入本朝二百餘載，因之而已。廟則正殿五間，東廡七間，缺西廡，而戟門臨街。嘉靖辛卯，始補建西廡七間。學則明倫堂三間在廟後西北隅，無臺基階序，有東西齋而圮也。庖宇藏室俱壞，凡祭祀賓宴，講學行禮，率藉草依壁，不蔽風雨，則陋且敝益甚。隆慶壬申，密雲左君某來宰是邑，慨任舉修，議捐俸募工，佐貳某等亦捐俸從之。由是師生與士夫及鄉之義民胥起輸助。資用既足，乃請於監司修吾馮公、太守順庵胡公，並見許可，督委省祭官周某經紀其事。以萬曆甲戌之春，改建文廟五間，東西各七間；明倫堂五間，東西齋各五間。前建戟門五間，門前建欞星坊一座，中鑿泮池。舊有民居插廟之右，堂之前，茲則易買其地，遂得展修。蓋相其陰陽，審其向背，改偏而爲正，補缺而爲全，秩秩其有條，翼翼其有禮也。弘曠典於幾墜，隆軌物於方新。且費出於義而民不擾，力成於信而民不勞，實一舉而三善備焉。乙亥之秋，師生勒石考成，遙請余記。

余謂國之大事，在祀與教。朝廷以一邑付之令，誠欲其敬恭明神，宣序人紀，非徒簿書期會而已也。故善爲令者，惟是之慎以仰承之。今左君初政而舉其大，余何言哉！然亦有説以表其用心。昔周衰道塞，吾夫子定正六經，申明五典，以垂訓萬世，使萬世之下知先王之大經大法，天理之所以不昧，人心之所以不死者，皆至聖之德也。是故作廟以崇其報，建學以闡其教。虔祀者有司之事，有其舉之莫敢廢，由教而入者章縫之業其可廢乎？故宜窮經以證心學之源，篤倫以致良知之實。然而有不行者，智愚胥失之矣；有不明者，賢不肖胥失之矣。然賢者可挽[一]而中，愚不肖可導而上也。其他岐者惑也，捨真而逐妄，狥物而喪心者，惑之甚也，盍亦反其本乎？反本，心學也。千聖一心，萬古一道也。堯舜之道，孝弟而已矣。孝弟，仁也。仁吾心也，存之微乎其微，發之其丕顯也。故曰："人皆可以爲堯舜。"群情見頹垣傾棟則慘，見修則欣，見修之一新則大快，顧吾自有其身而不修與？修之而不反求諸心，以求日新之益，是之謂不知類矣。兹蓋賢有司之心，同志者之願昴云。因記及之，以告執維。

金龍四大王祠記

大王舊不祠於汾，嘉靖癸丑之歲，郡商王志鶴等始即黑龍廟右隙地爲之祠。蓋信焉由衷，禮以義起者云。祠既成，嚴氏九齡來乞記，且告之故曰："金龍之神蓋宣諸河久矣。河自大梁而東極乎漕，其舟利涉與不利涉，人有禱輒著靈應，故河滸之人隨地設祠焉。漕渠之官靡不拜禜，凡以敬神之威也。四方行貨之旅魚貫鳥集，咸頂禮乞靈冥廮。往來或巽坎交衝，變態叵測，神乃弘仁顯道，拯溺亨屯，令倏忽之間醳危險之虞，獲安通之濟。當是時，艤岸酹焚者殊面同感，仰空讚歎者萬口齊聲，實神之靈通乎天下而不可垠矣。故即吾郡之商某也某歲在某處嘗困於沍，時以禱神，則俄而水泉湧焉；某也某歲在某處嘗阻於濤，時以禱神，則俄而風浪息焉。至於痾札寇攘，亦莫不隨禱而應。如兹之異，蓋不可勝舉焉。而其功德之在人心，故必思有以報之，是祠之所以立也。惟公其記之，庶創始之事垂後而有徵，報祀之私緣情而匪瀆云。"

或曰：山川陂池之神能演化興物，以利濟民用，則各祀於其土。稽古在昔，如允格、臺駘能宜汾、洮，障大澤，帝用嘉之，封諸汾川，肆汾人之祠臺駘也有縣然也。而江南之祠金龍也或亦猶是也，而他所之亦祠之也則自今始也。以神言之則無不之也，以禦設捍患則祀之則無不可祠也。由衷之信可質也，義起之禮可有也。

祠廟凡三間，經之癸丑，成之甲寅，而記之乙卯之歲焉。

龍天廟重修記

城西二十里許，里曰開原，莊曰安睦，有龍天神廟峙焉，兩翼則牛王馬王神祠。牌[二]板莫傳，不審建自何時。弘治九年重修，嘉靖十有四年又重修之。其廟闓明曠達，東鄰卜山石室，子夏之所退老也；南屏綿上之山，文公之所封也；西連驪虞之嶺，原公之水出焉；北跨龍橋之巖，金宮石乳秘其中。故是神宇之藏，必得形勝矣。寇亂相仍，漸見頹圮，里人亦復凋劫，不易修營。萬曆元年，歲在癸酉，王國人居士曹公大珮暨其子掌記君禄經過拜廟，輒起願心，首倡出錢仗義典修。里中人同心響應，衆緣并力。居士親督其工，厥婿申守文分理其事。曾不數月，而廟貌爲之一新。又添設鐘鼓各一，以享神也。落成而考之石，請余記焉。

余惟龍天，龍星也，蓋主乎農。或曰龍田，云牛馬之神以主乎牧。里中人重農牧，故崇此三靈，祈年於斯，報成於斯。協氣布而風雨時，嘉生殖而藝畜繁，神之休，民之賴也。余聞之，神有所止則降康。自今伊始，歲其有乎？故知肇基之與修述之者，皆達神人之理者也。善人也，福人也，因記及之。

郡守褚君生祠記

元泉褚君牧霍三載，而政成焉。吏民兢兢翼翼，懼其擢且去也。於是名其所葺之橋曰"元泉橋"，以表君之德澤如河之流斯而罔竭也。又建生祠於橋北，以表吏民之愛敬如神明之畏、父母之親而無已也。其屬靈石令王植具狀，走訓導張嵩、驛丞邵迎祥來徵文以記之。余固知褚君者，其吏民所爲又曠古之勝事，余何辭？

孟子有言曰："善政不如善教之得民也。善政民畏之，善教民愛之。"夫政教皆治，畏愛壹民之心，然謂教大於政，畏淺於愛，豈其道有殊二？蓋自尚氣用智、言政而不及教者言之爾。若聖人以不忍人之心行不忍人之政，而仁覆天下矣，孰政非教，孰教非政哉？孰畏非愛，孰愛非畏哉？褚君學聖人之道，而德性純真，治郡一本於仁心，凡興利除害，輯綏康和，皆教也；凡講學行禮，法象話言，皆政也。無假借，無將迎，惟感以是心，斯人亦以是心應也，宜其敬而愛矣。夫禮緣人心生者也，心含敬愛而俎豆之事形焉，理也。《漢書》載儒吏三人，如董仲舒、公孫弘、倪寬，皆通於世務，明習文法，以經術潤飾吏事；循吏六人，如文翁、王成、黃霸、朱邑、龔遂、召信臣，皆能政平訟理，令庶民安其田里而亡歎息愁恨之心。至稱優被榮號，遠見祭祀，則文、朱、召父之外無紀焉。漢庭風勵天下，詔祀百辟卿士有益於民。當是時，應詔立祠亦惟蜀郡與九江，豈非因民之心哉？今褚君生見立祠矣，故余以爲曠古之勝事也。乃樂叙其大端，付令尹勒金石焉。

寧武關督府題名記

山西之關三，而寧武在雁門之西，偏頭之東。弘治七年設守禦千户所，正德九年添設守備，而副總兵駐禦偏頭。蓋是時，塞外有防，内險足據，所慮老營河岸之衝而已。至嘉靖二十一年，虜遂南犯，越重關，薄汾、沁矣。朝議始於寧武設大總兵，開府建牙，居中調度焉。所統參遊六員，帶甲數萬。四十三年，復設副總兵，於老營堡駐劄，輔車之勢益以嚴矣。今都督董公謂自移鎮以來，大將名氏不可無記，乃琢石作題名碑於庭，因徵記於外史氏。記曰：

今京師以雲中、代郡爲右臂乎？雲中諸塞以捍蔽乎內，代郡三關以藉庇於外，內外慎固，則我臂康疆[三]。乃其事不在於險而在於守，不在於守而在於人。是故聖天子以專閫之寄付元戎，元戎亦即以長城之任慰主上。勤誠則篤忠也，明允則孚信也，撫綏則恤仁也，果毅則宜義也，運籌則哲謀也，敵愾則克勇也。悅詩書，敦禮樂，義之府，德之則，利之本也。見可而進，知難而退，軍之善政也。兼弱攻昧，武之善經也。絕利一源，用師百倍也。或外寧則以守爲戰，或內經則以戰爲守，動中權略，舉合機宜也。先今所著，概桓桓虎臣，揚聲沙漠之陲，功光節鉞之表，然具體忠信仁義而兼資謀勇者幾人？履德義者幾人？諳政經者幾人？絀嗜利者幾人？審機權者幾人？君子覽貞珉，抒品藻，必有以別之矣。聞董公負文武之鴻資，挺忠義之大節，務在提三軍以城萬里，則兹舉也不已表帥之乎？

詩樵先生鄭公墓表

先生姓鄭氏，諱儀，字時範。性好吟咏而樂林丘，因別號詩樵，人稱詩樵先生云。其先吳郡嘉定人也。大父某，洪武初從晋恭王之國，家太原。父璽，復從慶成恭僖王分封，家汾陽。後以奏事蒙譴，移戍遼東。母高氏隨之，生先生。

幼質穎悟，年十二爲學官弟子員。居高之喪，哀毀盡孝。後會赦，先生奉其父及繼母黎氏得復歸汾。高墳墓在遼東焉，先生望思之不忘也，特構一軒，題曰“望東”，歲時輒東望而哭之。初肄《毛氏詩》，擬射策甲乙。既益博通群籍，究極典奧，作詩與文，爾雅不凡；彈琴寫畫，匠心獨妙，尤善書法，以行草名。

時端順王在儲貳之位，方敦好禮文，即延先生而師事之。先生朝夕謀迪，一以禮文，乃喟然歎曰："昔者穆生去楚，志有所不留；卜子居魏，心有所不去。亦各言其止焉而已。吾幸茲會遇，吾其止於此乎！"遂棄去科舉之業，不復求仕，亦不染指勢利焉。以故郡邸上下無不以師道尊重先生者。先生亦惟以道自樂，不爲家，故一室蕭然，處之晏如。又善訓諸兒，各因其性之所近，如琴得其琴，冕、翰、輅得其儒，禄得其醫，寅得其畫，雖其術不同，其成章一也。其佑啟諸孫亦復如是。先生當高齡，見兒孫滿前，彬彬藹藹，文采逼人，則自以爲天樂之在茲也。日與耆舊飲酒賦詩，蓋舉區中之□〔四〕無以概其中矣。忽無疾而逝，時正德庚辰正月十九日也，享年八十有二。

生於正統己未某月某日。配吳氏，繼金氏、溫氏。有子男六人：長琴；次冕；次翰，淄川縣學訓導；次輅，高陵縣學教諭；次禄；次寅。孫男十有二人：長某，生員；次某。曾孫男五人：長某，生員；次某。

初，先生望淄川與高陵登上第，取右職，然二君晚成，先生不能待矣。今年高陵君解印歸里，念先生有盛德高義，生兒未致顯揚，諸兄亦零落殆盡，即今不圖，何以見九淵耶？因買石，徵余爲文，勒之以表其墓。先生風儀峻整，望之儼然，端雅恭慎，行不易方。《易》稱："藏器於身，待時而動。"又曰："不事王侯，高尚其事。"若先生抱器而不競，處王門而不失其高尚，世誠希有之矣。銘曰：雍雍先生，睿質博明。懷玉不售，含章以貞。玄菟曰歸，朱邸是依。詩書禮樂，鈎深闡微。師以道隆，國由禮崇。藻綜梁苑，文叙鄴宮。不裾而曳，匪屬匪揭。冠雲服芰，履坦負潔。辱寵不紆，守我戶樞。彈琴咏詩，而呼俞俞。有子若孫，如雲斯繁。衍厥慶祉，本本源源。淄川其渢，高陵有巖。庭承不爽，善誘不鑱。天祚國者，終始不移。壽考洪錫，令德永隨。麗牲之珉，哲昆是陳。我言用章，以曉後人。

封通奉大夫浙江布政使司右布政使健庵
劉公配贈夫人李氏墓表

公秉醇淑之姿，履貞素之道，約不求仕，隱乃宗逸，仁族睦鄰，厚施樂與，庭嚴魯訓之規，門衍周楨之慶，親黨歸其德良，縉紳欽其雅度。以其嗣大司馬西陂公貴，先封承德郎、刑部廣東司主事，加封通奉大夫、浙江布政使司右布政使。省秩清華，親承寵命，岳臣尊顯，還被恩榮。鼎頤鍾養，田里而有公侯之奉；垂白縉黃，芰荷而兼簪組之紆。一邦之人，所共健羨。公惟社會高年，歌怡擊壤，休休焉，熙熙焉，丘壑安之，草莽自如而已。故賀客加於封拜則以布衣謝，鄉飲延爲大賓則以筋力辭。至於野老話其桑麻，兒童獻其嬉戲，則掀髯與遊，去留不吝。或跨馬出郊，據鞍示矍；行觴藉草，憺暮忘歸。《書》載"身其康彊"，《詩》云"永錫難老"，公必當之。乃嘉靖辛丑十一月念日，遘疾考終，得年八十有四。時西陂公以巡撫遼東都察院右副都御史晉戶部右侍郎，訃聞京邸，爲位哭擗。公卿百官罔不臨吊奔喪，而行恤典，載頒敕文誄祭，命工視作。桓桓彰華衮之褒，鬱鬱藏佳城之兆。遂以癸卯十二月三日葬於光大之里，龍首之原，啓夫人李氏祔焉。

公姓劉氏，諱檜，字大用，別號健庵。世爲咸寧縣人，自始祖恭、高祖子實、曾祖廷玉，皆賢而隱約。祖清，壽官。父銘，贈官如公封；妣路氏，贈夫人，生公兄弟二人，長桂早卒，公其次也。元配夫人李氏，同邑處士本之女，淑質幽閑，閫儀恭惠，授受嚴不親之禮，妯娌藹同胞之愛，人美孝哉，家曰宜其。德過其壽，天不假年，卒於成化丁未三月二十八日，得年二十有四。生子男一人，即西陂公儲秀，登正德甲戌進士，歷官刑部主事員外郎、郎中、鎮江府知府、山西提學副使、河南湖廣參政、江西按察使，至户部尚書，轉兵部，辭歸。公葬後十年，門生胤來忝岳牧，司馬公特命述詞貞石，以表玄岡。惟封君公夫婦之懿比德乾坤，嗣世之良同光日月，高厚融朗，固難讚測，然金簡玉誥之刻藏之石室，誄行銘功之藻撰自史臣，則其緒略可抽攬焉。其詞曰：於顯碩者，含文抱質。冲志寡營，澹悟惟逸。孝愷睦姻，温厚而栗。奕世載賢，惟帝之弼。貴焉及之，崇錫爾秩。服寵則榮，守素弗失。賓禮不居，賀客攸忧。取樂閭里，用陶嘉日。康壽所臻，詩書是述。倏不久淹，惠化長畢。吊者紛如，慕德非一。遣酹作堃，殊典薦恤。生榮死哀，曾不回通。龍首之宮，鬱其有㮰。追彼元配，歸於其室。淑媛之芳，修短齊匹。樹石表高，終南太乙。受祉發祥，象其崒嵂。百世不騫，以永貞吉。

楊母太孺人田氏墓誌銘

太孺人姓田氏，郡處士子敖女。生四歲失所依，能自植立。及笄，適楊西橋公。家世業素勤儉，孺人即不事靚華，躬操井臼，精心織飪，奉舅姑以孝稱。相夫君爲儒，弗就，乃西遊爲商，歲歲客延、榆，從乃翁行。姑所倚孺人，孺人惟善養，而孝益著。有子尊穎異，孺人覰其必大吾家，乃令隨夫君西去，求師授經學，數年歸，選郡學弟子員。無何應舉，舉嘉靖癸卯科高第。三會試不中，太孺人命之仕，因謁選授陝西麟遊縣令，民爲立生祠。調直隸無極縣，一年而大治。君子曰：母有慶澤而子有惠孚，如水有源而善利斯溥乎！尊在兩邑俱迎養太孺人，太孺人喜曰：“吾兒始以善養，今以禄養，雖未震曜吾家衕，吾所慰亦已多矣。”尋以忤旨當道，下遷大名府學教授。乃遂講明道藝，躬率以淑多士，多士心服。時官雖左律，回視簿書倥傯、奔走期會之事，覺靜躁之頓殊矣。方計復迎太孺人就養上庠，而太孺人

奄以疾終。時隆慶六年閏二月初二日也，享年七十有九。弖奔
赴，卜其歲四月十七日葬廓南祖塋，啓西橋公壙祔之。

西橋公諱天翔，字君瑞，拜壽官，以嘉靖三十六年正月初七
日終於安塞客舍，余嘗撰辭以銘其墓。茲德安太守龍岡王公撰
狀，復以余爲銘。按，太孺人生於弘治七年二月十有九日，淑質
柔嘉，德性慈婉，孝敬勤儉，無愧古之賢媛。生男二：長即弖，
配李氏；次芹，配張氏。女二。孫男六：長四知，郡庠生；次四
維，國子生；次四喜、四樂、四科、四表。孫女二。曾孫男四。
銘曰：維廓之南，原隰臚臚。邑大夫之尊，爰宅爰處。光岳潛
靈，俾得爾所。以鬱以葱，淑媛攸同。於萬斯年，以考玄宮。

承直郎洛川縣知縣小亭先生楊君墓誌銘

夫士有裕於修身而約於得天，君子所爲深痛也。文行本諸
身，禄壽令諸天，盡其所本而聽其所令，韓子所謂“生而不淑，
誰謂其壽？死而不朽，誰謂其夭”者也。斯可以銘小亭君矣。

君姓楊氏，諱勗肖，字象賢，別號小亭。世爲聞喜望族。始
祖宗道，元末隱紫金山，被召不出。生子三人：長孟積，次仲
克，次季敬。孟積洪武初舉明經，授聞喜縣學訓導。仲克生思
恭，思恭生剛，以忠信亮直爲邑鄉賓。剛生琛，仕保定縣典史，
稱廉惠焉。琛生謙，是爲君考，登弘治壬子鄉試，歷仕城武、諸
城、單縣知縣，皆有大功德於社稷生靈，鄉閭式之，以故三邑及
聞喜皆祠祀焉。大中大夫谿田馬公不妄許可，諡公曰忠惠云。配
劉孺人。

君生而端穎，六歲能誦古詩，八歲解屬文，十五充學官弟子
員，弱冠復古文辭。勵行聖門之學，然輒弗利於有司。乃貢入太
學，則文行益弘，竟舉嘉靖庚子鄉試，隨牒授洛川縣知縣。洛川
邇邊一隅，政教缺，俗鮮興義，民健訟逋負，吏治稱厥艱。君

至，則調瑟而理之。先務勸農講學，罰及頹墮，徐問民疾苦，與之休息。於是罷里甲供饋之私，省賦役繁難之弊。邑中歲派夫百名，協濟三川驛接遞，遇川漲阻涉，則鄗人代募而倍取其值。邑故貢柴胡，後移易郁李，價則重。君並申狀免之。又應付差遣廩餼之外，仍苦折乾，君白取支直銀依例分繳，請上印鈐發給，不許分外須索。撫按深以爲便，著令通行焉。催科糧稅，必酌量緩急，俟其收成。審編縣役，必視民消長之實而登降之。乃民困漸蘇，流亡者寖來復焉。有撫臣令沿邊郡縣每地糧十石抽軍一名，百姓愁懼，不知所裁。君抗言不便，令竟不行。邑有奸俠號十龍九虎與鉅寇蘇四者，吏不敢問，君召父老諭曰："吾爲若除害以妥良，如何？"父老咸叩首言願。於是悉捕治笞殺之，一邑快然。鄉野多盜，君立牌甲之法，盜遂息。俗婚娶論財，葬拘風水，因多暴其親與怨曠其男女者，君下令悉改正之。聽訟鞠獄，幽枉立辨，故案無留牘，囹寡繫囚。又教民引水溉仙宫、黃連、開撫等田，民始知藝稻矣。嘗中夜聞紡績聲，明旦知爲夫婦共織，老母坐觀，給綿花十勉勞之，於是民乃習勤。甲寅歲荒，君募粟賑救，所全活甚衆。每仲冬差人掩□〔五〕，復時買藥以濟痾札，君子以爲仁也。《爲善書》載秦族賢，而鄉祠未列，君舉而入之。至孤孀老死之貞，被虜不屈之烈，潛隱而莫彰者，咸見表識焉。君廉平公敏，每承委公幹，輒明當蚤完。如清戎發武臣之私占，驗功昭旗軍之妄殺，是其一端已。邑有戍卒七十人，每臨遣代還，必厚加撫恤，仍作詩以諭親上死長之義，南川撫臣聞而歎服。君始至閲城，即葺其缺圮，令完固，仍布堅壁防虜之令，民悉奉令惟謹，故癸丑大虜深入，而邑中晏然。君憂勤視事，晨起坐衙，至日昃不遑食，邑中父老相率獻新米一升，叩頭上，曰："使君勞悴若此，百姓享豐成之樂，願君進一匙粥。"君笑而留之。君方直，人不敢干以私，然待人御物，禮賢周乏，罔弗厚焉。杖斷罪人，必男女異處，曰：“存彼之廉恥也。”至用箠朴，又視獄小大以爲輕重，曰：“勿殘傷乎人爾。”

居六載，清慎惠慈，終始如一。當道三薦之於朝，朝數獎於邑，竟弗調。乃拂衣投牒，徑返田園，囊篋所携惟圖書敝袍而已。里中有嘲其宦久而貧者，君解之曰：“金帛無緣常罄橐，詩書有分且盈函。”又曰：“茅屋縱疏清□〔六〕在，野羹饒淡齏鹽香。”又曰：“花辰有句貧仍樂，聖□〔七〕爲儒賤亦强。”其樂天知命如此。臨水登山，文朋社會，課子明農之外，無少世營。亦絕口不談世事，人望之若仙。偶以瘖疾告終，時嘉靖三十七年十一月七日也，得年五十有二。君疾將革，夢二童子邀至華山，被朱衣、紫衣、青衣三人延坐石幢，出珍異飲食之，要留君住。君固辭，三人各賦詩相留，有“玉簡金函上帝宣，衆中迎取列仙才”之語。然則君豈仙去耶？配王孺人，方伯潛齋公孫女。有子三人。

夫學術隱，文行衰，士往往以浮靡而取世資，貪競而獵高位。君遠覽博通，爲文與詩力追古作，又玄解聲律，兼美書畫。居身守官一以孝廉恭惠爲本，而真心實踐無愧古人。不可謂文行純備，彬彬君子矣乎？然位臻一邑，年逾五旬而止，大鈞於人何也？祿不稱器，壽不比德，但餘平生爲我心惻焉。然孰俾君有嘉文令嗣必傳世而紹大之？真昌黎所謂“淑而不朽”者，安知非造物者之有托耶？所著有《野蟬畯嘯》三卷，《草屋雜談》一卷，《池蛙樂府》一卷。

己未九月十七日，當葬城西忠惠公塋次，惟滋持父執李□〔八〕狀、張汝敬書來乞銘。君宰洛之時，余亦分陝，固知君廉平。汝敬又亟稱君事太孺人顏旨曲盡，在太學夢太孺人，即星夜馳歸，定省無恙，纔往卒業，居喪哀毀骨立，則又益知其孝。爰著之銘，銘曰：孝廉才章，忠惠之遺。辟有良田，耘而耔之。弗逢其豐，弗覃厥施。授邑邑理，奚如弗宜。季鷹勇往，淵明樂知。我思古人，弗愆我所期。蓄德而種，令器令辭。必大其世，必傳勿疑。孰榮孰修，厥銘靡欺。

中憲大夫平涼府知府北泉王公墓誌銘

吾友北泉公之生也，位不竟能；其卒也，壽不滿德；其葬也，吾庶幾銘之以表其幽。

公姓王氏，諱儆，字汝思，別號北泉。世爲汾州衛之茂族。高、曾、祖俱慷慨有大略而不仕。父瑄，壽官。母党氏，生母劉氏。

公少有異才，警穎絕倫，讀書日記千言，屬文好瓌瑰倔曲，見古人奇事奧旨必欣尚之。在郡學以高等稱，顧應舉輒落落難合。嘉靖戊子之試稍變格而就之，乃始中式。及試南宮，又屢北焉，因謁選授臨洮府推官。居六年，鞫訟用獄罔弗平慎，查盤邊計者四，一弗縱弗苛，當厥所委，部使者歲上其能。凡五上，遷漢中府同知。居頃之，會褒斜盜起，鳳縣盜楊元時等聚衆號三千餘，略陽盜亦號千餘，皆乘饑饉相亂。時上下駭怖錯愕，莫知所圖，公受巡撫謝公、巡按徐公及兵備陳公委以便宜，付之兵卒，務相機剿撫。公掀髯唯唯曰："兹故易辦耳。略陽盜雖號千餘，實不過數百，乃流民烏合，勢難久存。鳳盜雖衆，脅從者約三之二，可以理解。"於是先往略陽，定戎守之宜，令十壯士詣敵壘諭以禍福，盜心疑然者半。公乃專力鳳縣。時縣令逃去，公入，召居民無恐，自以單騎出諭群盜曰："爾等皆本土大族，雖過失，豈可自云賊乎？略陽盜皆四方流民，爾等能破之，即將功贖罪，有何不可？"於是群盜皆俯伏告饑。公乃撤去民兵，出倉粟稍稍賑之，以安衆志。因密報謝公，令官軍但聲捕略盜，以怠其防，而實先破鳳壘耳。已而官軍奄至，公從中應之，斬首五十餘級，而楊元時在焉。官軍尚復追斫，公止之曰："只許活拏，勿亂殺爲。"於是生禽二百有奇，審釋商旅四十人，饑民三十人，餘問罪焉，而鳳境以寧。略陽盜聞之，盡以解散。仍捕獲渠魁，戮之以狗。初，民饑盜起，公且賑且捕，動合機宜，故於民多所全活，民亦家祀公矣。聞人馬谿田贈詩："濟活齊民無以報，只容懸像祝焚香。"又云："鳳凰栖處起埃塵，雲棧經年斷旅人。此日山川依舊好，王尊車過滅黃巾。"允矣。

平凉守缺，巡撫傅公特疏名上請，乃擢公爲平凉府知府，任其能也。公至，政教兼舉，威惠並行，諸所廢滯崛然舉修，而强宗悍卒、神奸鬼滑遽見消沮。時上下顒顒，方謂是郡得人，而公以被言歸矣，輿論惜之。公歸處園廬，遂寡應酬，但與數老儒爲社中會而已。然居常忽忽不自怡，以嘉靖四十年二月十有一日終於正寢。生於弘治十年十一月初五日，享年六十有五。葬中千里祖塋之西。

公爲人俶儻有智略，故從政優，尤長於治劇。然遭時淪棄，抱志長往矣。使用究厥能，功名止此哉？林間有所著述，多自秘。然公博學精理，其篇章固必有傳之者。配李氏，封恭人。子二人：長順之，次勝之。女六人。銘曰：豐其才，弗廓其用。縮其位，弗贏其年。政有哺餓戢亂，起弊捄偏。畫像尸祝，遺愛允焉。識其大者，孰曰弗賢？返我初服，脱彼徽纏。深栖單緒，晏然鬱然。投璧于山，藏珠在淵。孰掩其精，其光則延。我銘不爽，公後不愆。

國子監生兑川周君墓誌銘

君諱倫，字以明，號兑川，以講肆在郭之西，取《易》"貞和兑"、《書》"美濟川"之義。其先本浙江海寧縣人，自始祖賢以留守總旗，隨侍慶成莊惠王之國，遂家汾州。歷四世，至毅庵公永浩，皆以循謹見重於王。而毅始爲王官，掌書記，生四子，君其長也。九歲失母党氏，見撫育於繼母黃氏。黃愛護愈己出，公亦奉黃如所生，人故以慈孝歸之。

垂齠慸穎，弱冠明茂，受經師門，志辨理解，遴材黌序，敬業樂群，實天衷淳懿，資秉淑靈。故其研精屋壁之藏，暢疏通之遠旨；綴藻科場之績，弘博雅之芳猷；毫翰擅臨池之工，篇章臻入室之漸。根本人倫，率由天性。孝弟稱於宗黨，敬遜著於鄉閭。仁義之言藹如芝蘭，忠信之操確於金石。每學使考德校藝，必見旌篤行之科，襃列高文之等，然連不遇於省闈。始以父命遊學京師，會有詔入眥爲郎，遂用例充國子監生，覿鴻彝之攸叙，觀俊乂之所關。已而從玉堂學士裴公遊，蓋三年卒業，留邸舍待試京闈，復不第而歸。時春秋未艾，始見二毛，因撫膺太息，有巖居川觀之思。遂理北溪之館，葺西郭之廬，將存衡門講誨之樂，收夕景桑榆之光。息慮青紫，安心玄白，優游容與，不知老之將至。乃命不副志，享年六十有一，以萬曆二年正月二十八日卒。生於正德九年八月九日，配謝氏。生男二：長文蔚，郡庠生；次文炳，亦業儒。女一，孫男一，孫女三，俱幼。

君家盛時，毅庵公在堂，康彊豐裕，君兄弟四人，三在國學而一守家塾。及毅庵奄棄，兩弟胥亡，今此鞠凶，君又離之，痛哉！其天乎！其年四月二日，葬君上文里新塋，宜有銘。嗚呼！我老友也，我不銘之而誰爲？系之銘曰：天畀民性，曰德與行。德有九，孰其守？行有百，孰其繹？淑人君子，不爽其儀。不逢祚命，遘此大罹。善則不朽，利誰能期？嗣其未艾，皇矣其有待。我銘在幽，君其處休。

皇宗南村公暨配淑人戚氏合葬墓誌銘

公諱奇灝，封奉國將軍，道號南村。系出太祖高皇帝之後，慶成莊惠王之曾孫也。父輔國將軍諱鍾鑒，母夫人蘇氏，生五子，而公爲長。

君頎長魁偉，洪度豁達，有倜儻之節；仁孝友于，好禮尚謙，有揖讓之風。當成、弘、正德之間，宗衮蕃盛，率驕貴自崇，或重厚少文，赫奕而已。至公始折節讀書，取益師友，樂善而忘勢，以故縉紳先生肯與之遊。太夫人寡居，公時時安膳，凡所以養志適躬，靡不周至。一弟早亡，公爲植其遺孤，請封娶室，悉出己貲。時郡守郭侯於他宗寡交，獨敬禮於公，以此也。公自處恒約，然往往急人之難，每歎貧者病不得醫，則買藥弘濟。獄有矯氏之冤，公仁心義氣，白當道得釋，亦以公言爲必可信耳。端居多暇，或出其天機，爲竹籠網燈，裝潢纂組之事皆極其妙。然珪璋之德、黼黻之才有足占者，露之乎微而無所用於大，均之乎魏王之瓠，悲矣！天錫之慶，生一麟趾，而衍有多嗣，群公相賀，作《五葉重光圖》。配戚氏，封淑人，克柔克慎，以孝以勤。凡公之善行，家之令猷，皆淑人助焉。淑人喜靜修，一室清齋，皎然冰玉，慈惠貞嚴，白首不渝。

公以嘉靖四十一年三月二十五日逝，享年八十。生於成化二十年五月十有八日。淑人以隆慶四年三月十有八日終，享年八十有四。生於成化二十三年二月二十五日。生一子曰表松，封鎮國中尉；配田氏，封恭人。孫男四：長知楚，次某。孫女三，曾孫男五，曾孫女十，玄孫男二，玄孫女一。公殯，蓋未之葬也。茲卜庚午五月十有七日與淑人合葬某原，乃中尉君用別駕水南雷公撰狀索銘，余謹據其概而銘之。銘曰：親則貴之，愛則富之，有華其牒維岡功。德則韜之，才則櫜之，有延其慶維岡恫。眉壽而臧，同室之藏，其永祥。

高陵縣儒學教諭平川鄭公墓誌銘

公姓鄭氏，諱輅，字宗殷，道號平川先生。其先蘇州人也。

高祖諱文通，爲王國人，斯汾有茂族曰鄭矣。厥考諱儀，號詩樵先生，以端雅博約爲端王師。篤生五子，皆治儒術，公與兄翰更自超絶。翰官至臨淄學訓，公由韓城學訓至高陵教諭。公爲學官弟子時，病學寡師承，乃從師遠遊，廣覽深造，文翰兼美，流聲晋陽。顧屢舉不第，竟就冷職。其在兩庠，有彬彬君子之度，循循善誘之風，兩庠士子皆如七十子之服孔子焉。已而鑒止足之分，返田園之居，甘貧樂道，屢空晏如。性喜飲醇，作詩畫自娛。詩畫往往皆傳，而尤工於梅。書法則遒勁可師，風流文雅大□〔九〕。晋人雖藩體尊重，見公未嘗不抑，公亦淡然無染指之欲，人盡以是高之。

享年八十有八，不疾而化，時隆慶二年正月二十六日也。生於成化十七年十一月二十七日。元配王氏，早卒。繼何氏，有子一人，曰守身。女二人。嗚呼！國殞碩儒，鄉傾大老。位卑而道高，身隱而名著。凡百君子，靡不悼思。仲春廿二，歸窆中千里之祖塋。中岳外史作銘付石，以表幽玄。其辭曰：穆穆元老，故里延陵。厥流淳古，季子之承。家汾浹者，盛於樵翁。篤生群美，高陵有崇。學有源委，行有步趨。抒文染翰，中軌合塗。清言究萬，雅度鈎玄。虞庠再踐，黌序總虔。知幾其神，拂衣還里。薄宦猶辭，厚禄寧靡？于焉逍遥，雲松以巢。陶兮五柳，回也一瓢。丹青涣發，觸咏間之。詎曰玩物，天真委蛇。載耄及期，優游爾休。乘化歸盡，不處不留。古有康靖，非先生乎？我銘匪佞，惟德之符。

奉訓大夫乾州知州近山李公暨配安人曹氏合葬墓誌銘

古之君子，其生也淑，其死也哀，則誄之；其生也有爵，其死也不朽，則諡之。今則誌而銘之，禮以義起也夫！亦猶行古之道也。是則邦伯公之亡也，宜有辭以掩諸幽。

按，公姓李氏，諱天錫，字德徵，道號近山。世爲汾州愛子里人。曾大父鎮，有隱德，好儒術，始卜居郡城之文林坊。大父景成，好義樂施，以齒德拜壽官。父麟，以明經宿儒貢上太學，授陝西鳳翔府知事，卒於官。然克紹先志，起家儒業，實自翁肇之。母任氏，生公兄弟三人，公其仲也。幼英姿秀朗，神哲內融，趨庭學《詩》，玄解六義，敷文析理，大雅不群。中嘉靖辛卯鄉試，後連上不第，至甲辰授陝西乾州知州。公下車觀省，即得民休戚之故，利害之由，疏導宣通，蠲除補葺，之綱之紀，有惠有威。乃期月而已，風采頓殊；惟歲之周，民俗丕變。於時上官稱能，旁邑仰化，謂公有邵伯分陝之仁，黃霸守潁之知。方當奮庸高位，乃中道有違，遂退而耕於野焉。公優游田廬殆三十載，課子明農之外，一塵不以芥其中，與田夫野老話桑麻之務，接文朋道侶，致杯酒殷勤之歡，洽如也。

享年八十有二，以隆慶六年十二月十六日考終正寢。生於弘治四年十月初七日。配任氏，早卒。繼曹氏，溫惠貞淑，內助有聲，卒於隆慶四年十月五日，生於弘治十二年二月十四日，享年七十有二。卜以萬曆元年三月二日合葬於杜村里新塋。有子四，孫男五。銘曰：桓桓邦伯，克長克明。期月而可，三年有成。紹志作儒，光於家國。一命而偏，大夫是式。中林閑閑，初服乃還。逸我以老，相彼南山。壽爲福先，德居位右。孰是之遒，展玆耆舊。新塋之阡，佳鬱有延。施於其後，永保萬年。

誥封太淑人梁母任氏墓志銘

太淑人姓任氏，孝義處士文祐之女，贈陝西行太僕卿梁公雷之妻，今四川提刑按察使明翰之母。淑人在家幼多疾，其母張氏問卜，得壽而且貴之繇，已果疾愈。以聰惠溫純爲父母所鍾愛，擇配以適太僕公。

公孝義巨族，父志福在堂，母褚氏卒。繼母高氏性嚴急，動多誶語，太淑人孝養益恭，竟得其歡心。公慷慨高義，嗜酒好客，有田三十畝，歲用□□〔一〇〕，□〔一一〕顧人代修署之役，適殞於覆壓，法當給葬，因又鬻田之半以給之，則益貧。太淑人力勤紡績，躬操井臼，以補不逮，雖啗糠蔬無怨意。生有賢嗣，按察君也。

君鴻才雅造，兼通《尚書》、《春秋》二經，名冠州邑。嘉靖丙申，詔嚴選俊乂，公褎然稱首。上太學，由太學生中癸卯鄉試。丁未，登進士第，授刑部浙江清吏司主事。辛亥，以考最封父本部主事，母爲安人。甲寅，出守慶陽，陟陝西按察副使，遷本省行太僕卿。值今上正位東宮，覃恩誥贈祖及父俱太僕卿，祖妣褚氏爲淑人，而太淑人則加封焉。按察君在刑曹時，分宜公執國柄，百官懍懍懼得禍。太淑人夫婦迎養邸舍，教君周慎，舍中人賢之。其守慶陽，化行邊郡，有古循良之風，太淑人之教爲多。副使以璽書兵備漢中，漢中深山多回夷遺種，時或反側，素稱難治。太淑人教君審機宜，重恩信，一道底寧。甲子，太僕公喪亡，太淑人哀毀骨立。訓育諸子及孫，與伯兄子孫，有惠有儀。按察君起復，仍補陝西太僕。入覲，晉本省參政，分守涼州。涼州介番虜之間，地險而責重，太淑人諭勉如漢中。君從事一如太淑人教，以故西人至今思也。當之涼，遇虜道中，相去里許，得避免焉，識者知有神護。西人有□□□□，□〔一二〕人以數百金爲太淑人壽，太淑人斥去，即報君令早決，以□〔一三〕其覬覦，至今邊吏憚服。辛未，擢四川提刑按察使。蜀吏民方望其風采，偶被言，從老□□〔一四〕，年□〔一五〕五十餘矣，時論稱屈。太淑人聞之，喜曰："吾老矣，兒歸甚慰。"君到家，奉母歡顏，與三弟居，怡怡如也。

萬曆紀元，太淑人年八十，君張組列筵，集車馬衣冠，文章
歌頌，大合樂爲慶，鄉里榮之。以乙亥四月告終，享年八十有
二。生子五人，長明翰，即按察君。銘曰：有淑其媛，無美弗
全。宜家則順，撫己則虔。婦之道正，母之德淵。天篤其慶，生
乃國賢。作哲作乂，于蕃于宣。母以子貴，榮祚誕延。没而不
朽，媛其允斿。勒銘玄堂，以考萬年。

資政大夫兵部尚書思齋先生霍公誄

維萬曆三年乙亥三月二十六日，大司馬思齋霍公卒於中陽里
第，春秋六十。嗚呼哀哉！太微之精，帝佐之英，珪璋特達，文
武兼資，奮興亨衢，跨騰風雲。自展案策勛，御史廷尉，中丞上
卿，暨掌戎柄，出將入相，天下倚以爲重殆三十年。雖綠野頤真
之日，實蒼生望濟之時，奈何奄忽哲人其亡，乃朝傾隆棟，鄉失
表儀。余仕承覆露之庥，歸襲清風之穆。當公花甲載周，余生七
十有一，扶筇造門，舉酒祝釐，□□[一六]謝之曰："余老矣，今
強爲未老者出，得無憊乎？"余曰："不然。政爲公壽日之長，
老人稱壽之日短耳。"即欷歔而別。越兩月而訃至，誠不覺其涕
之從也。乃誄以□□，托之□□□。史臣記事，朋友述德，我不
誄公而誰公之爲？其□[一七]曰：

霍爰有周，胙武維服。奕世克延，著氏列族。在漢式弘，顯
允元僚。斤斤博陸，俁俁嫖姚。濟美鴻逵，同熙炎曆。曠代毓
靈，維皇時錫。誕生明俊，厥維我公。翼亮紫極，通理黃中。幼
標神敏，弱冠潛融。味道洽聞，日躋廣崇。履孝溫純，仁心藹
然。信義篤倫，弗忘弗愆。根經核藝，綜旨敷篇。星□慶霄，波
湧珠淵。學以道優，才因德羨。應龍天飛，鳴鳥時見。服寀京
邦，聿司紘憲。矯枉若繩，燭微如鑒。庶獄明慎，邦人以寧。越
登臺表，端軌正經。巡方攬轡，不激不顙。莫敢不惕，莫不震

霆。式遏寇亂，脅從罔治。渠魁授首，梁宋底綏。兵荒薦臻，幾靡孑遺。多方救恤，發粟煮糜。天子曰咨，體予南顧。於維良哉，表茲朝著。大理其微，平刑貞度。于張之儔，皋呂之庶。夏西雄鎮，敕公拊循。開府臨戎，百廢其振。士嬉馬騰，一戰則伸。勸學興禮，侃侃誾誾。畿輔薦瘥，移公徂東。多士繹思，勒銘黌宮。亦既苙止，繄起屯蒙。祁祁膏雨，習習惠風。大藩之國，祖帳寅清。百□□範，□□余老。徵輸四鎮，朝虛暮盈。推轂卿佐，華□二京。□□□□，總陝四域。乃武乃文，是匡是飭。氏□〔一八〕來威，獫狁面革。民安其居，吏守其則。陟纘禁戎，□□□馬。弘□□辭，肇修姬雅。震耀遐荒，發抒華夏。位正樞機，望均朝野。議事以制，公實不違。聚訟甲乙，抗表旋歸。命葺菟裘，俯仰巖扉。內省無疚，大宅有暉。子牟魏闕，安石東山。蒼生拭目，志士苦顏。詔書將下，帝鄉已還。河清難俟，中歲阻艱。誰謂不尊？惇德允元。誰謂不榮？弼諧謨明。誰謂死息？功存社稷。誰謂亡淪？澤在生民。我之懷矣，高賢愉愉。不朽者三，三光是俱。總帷空館，宿草高墳。庶幾如見，有感斯文。嗚呼哀哉！

分守冀南道左參政濂濱張公創開田渠碑

萬曆四年丙子，濂濱公以布政左參政分守冀南，開府於汾。下車省方，問民疾苦，則得水之所以為利害。義安里有渚水一區，曰豬城濼。其濼西北受張堡河十八澗之流，東南隔汾河二十五里，匯不得輸，天雨暴漲則彌原淹野，敗壞民田，凡七里十一村，旱則無補于溉。夫水善利萬物，不因其勢而利導之，則鬱而為蓄耳，是豈水之過哉？公乃察河壩之紆直，相水□之弦緩，畫方略，定準裁。乃下令鑿□□□〔一九〕，□□□□〔二〇〕徑通河口。渠長九千二百五十步，□□□〔二一〕，□□□〔二二〕。□〔二三〕高七尺，兩堰基各闊一丈，收頂各□□〔二四〕。□□□□□〔二五〕深一丈二尺。渠有長，長有夫，其□□□□□□□□買渠地與犒勞工役用公府之粟□□□□□以使之。五閱月而大工告成，繇是數百年淤滯之陂一朝通理委輸而會之川。若水有神，必歆其遇。渠以衍滂，□〔二六〕以禦衝，計民得安好腴田二萬三千四百畝有畸。久之，渠水充積，猶足以資灌注，而退灘之餘又倍〔二七〕利秔麥。

《詩》不云乎？"自今伊〔二八〕始，歲其有"。夫建便宜，决壅閼，裕國足民，政之仁爲大。昔蜀守李冰鑿離堆之渠，避沫水之害，民饗其利；西門豹渠漳水溉鄴，河内富饒；鄭國鑿瓠口渠溉田，關中遂爲沃野。此三大夫皆有大功德於民，故至今頌之。今我公洪仁拯溺，淵哲康屯，兹出其一端，神運理解，不動聲色，而開萬世之利，遂俾山澤宣而氣通，水土演而民用，其諸經世之備爲可知矣。媲美前修，休有烈光，惠我無疆，可無述乎？於時州之長吏僚屬、大夫庶士刊石立表，以紀元勛，并記渠堰制度，永爲後式焉。慶功之日，詔公總憲山東，遺令每歲東作將興，先事挑修一次，以便疏通。計益宏遠矣。

公，陝西韓城縣人。公名士□〔二九〕，□□□〔三〇〕，□□〔三一〕進士。

校勘記

〔一〕"梚"，據文意當作"挽"。

〔二〕"牌"，據文意當作"碑"。

〔三〕"疆"，據文意當作"彊"。

〔四〕□，底本漶漫不清，據殘留筆畫及文意似作"埈"，同"峻"。

〔五〕□，底本漶漫不清，據文意似當作"骸"。

〔六〕□，底本漶漫不清，據文意似當作"明"。

〔七〕□，底本漶漫不清，據文意似當作"學"。

〔八〕□，底本漶漫不清，據文意似當作"某"。

〔九〕□，底本漶漫不清，據文意似當作"盛"。

〔一〇〕□□，底本漶漫不清，據文意似當作"恒缺"。

〔一一〕□，底本漶漫不清，據文意似當作"嘗"。

〔一二〕□，底本漶漫不清，據文意似當作"使"。

〔一三〕□，底本漶漫不清，據文意似當作"絶"。

〔一四〕□□，底本漶漫不清，據文意似當作"而歸"。

〔一五〕□，底本漶漫不清，據文意似當作"歲"。

〔一六〕□□，底本漶漫不清，據文意似當作"公亦"。

〔一七〕□，底本漶漫不清，據文意似當作"醵"。

〔一八〕□，底本漶漫不清，據文意似當作"族"。

〔一九〕□□□，底本漶漫殘缺，據（清）雍正《山西通志·水利三》載孔天胤《田渠碑》，當作"渠增堰"。

〔二〇〕□□□□，底本漶漫殘缺，據同前校引當作"自濼頭起"。

〔二一〕□□□，底本漶漫殘缺，據同前校引當作"闊四丈"。

〔二二〕□□□，底本漶漫殘缺，據同前校引當作"深五尺"

〔二三〕□，底本漶漫殘缺，據同前校引當作"堰"。

〔二四〕□□，底本漶漫殘缺，據同前校引當作"六尺"。

〔二五〕□□□□□，底本漶漫殘缺，據同前校引當作"渠高連堰共"。

〔二六〕□，底本漶漫不清，據同前校引當作"堰"。

〔二七〕"倍"，同前校引作"信"。

〔二八〕"伊"，《詩·魯頌·有駜》作"以"。

〔二九〕□，底本漶漫殘缺，據（清）雍正《山西通志·水利三》載孔天胤《田渠碑》，當作"佩"。

〔三〇〕□□□，底本漶漫殘缺，據（清）雍正《陝西通志·人物三》本傳似當作"字玫父"。

〔三一〕□□，底本漶漫殘缺，據同前校引似當作"嘉靖"。

孔文谷詩集

〔明〕孔天胤　撰

王卯根　點校

點校説明

《孔文谷詩集》四卷、《文谷漁嬉稿》二十卷，明孔天胤撰。

《孔文谷詩集》四卷，編入孔天胤自嘉靖十三年左遷祁州知州至歸田之後詩歌，即《履霜集》、《澤鳴稿》、《漁嬉稿》之合編。據卷首序文及各卷題署，是集爲山西參政洪朝選所刊，經孔氏門人趙訥輯校，蓋自嘉靖四十一年至四十五年陸續付梓。此本内容與《四庫存目叢書》所謂“北京大學圖書館藏明嘉靖四十一年洪朝選刻本”相對應，其中卷之二末、卷之三《漁嬉稿》題下各鈐北京大學藏書印一方。全書依次爲《履霜集》一卷，《澤鳴稿》一卷，《漁嬉稿》兩卷。各卷作品按時間編次而不依體裁分類，截止嘉靖三十九年前後。

《文谷漁嬉稿》二十卷，收入孔氏嘉靖四十年迄萬曆八年二十載間詩詞，以及詩友唱和之作。卷次依年代先後排列，始于辛酉，終于庚辰。各卷皆輯刊當年之作，按節令月日順序編次而不顧及體裁。是稿癸亥卷末載《刊漁嬉稿》一文，落款署“時嘉靖甲子春，弟弟子孔天民記”。其文云：“家兄文谷先生詩稿多矣，率散刊齋閣。民齋居獨冷，有所得癸亥《漁嬉稿》，亦書而壽諸梓云。”又趙訥隆慶五年《文谷孔先生文集序》稱：“往者閩中洪芳洲氏參藩晉省時嘗刻其詩，付西河之石室，因先生所自名‘漁嬉’名之焉。顧其文尚秘，無以示也。訥宦遊過家，往來且十年，數以爲請，乃先生以其詩則與人偕樂，每歲刻《漁嬉》一帙，而獨難于以文示人。”綜是二文，此稿乃按年度陸續輯刊，由孔氏胞弟天民董其事。其内容與《四庫存目叢書》所謂“北京大學圖書館藏萬曆增刻本”相對應，其中“辛酉”

稿卷首，以及“癸亥”、“甲戌”二稿卷末均鈐北京大學藏書之印。

　　孔氏先以詩鳴于時。兩集之前，有《海霞篇》一卷，計三十四首，乃督學浙江時按臨台州所作，爲詞林所宗，入選萬曆《盛明百家詩選》、康熙《御選明詩》。朱彝尊《静志居詩話》：“管涔山人如新調鸚鵡，雖復多言，舌音終是木强。”蓋四庫館臣所評“深不取之”，而朱翁編《明詩綜》，孔天胤五古一首赫然在卷。是後孔氏入關陝，遊河洛，退居汾曲，爲詩“興致益深遠矣”。[一]與王明甫、吕仲和、裴庸甫諸老結社，“凡有詠吟，莫非意趣”。[二]其“詩文高古，直逼漢唐，海内明公咸重之，通訊不遠數千里，贈答往復無虚日”。[三]嘉靖四十四年，“後七子”之一謝榛適晋，專程汾州拜會，多有唱和。林大春評其詩“多冲逸豪宕之致”，“在江湖而懷廟廊之憂，居京洛不忘山林之趣”。又論其人云：“假使當時弗爲制格所限，得以聯玉堂金馬之班，抽金匱石室之秘，即房、杜、王、魏之業未足道。然其凌雲吐鳳、飛商流徵者，不過敷陳盛德之形容而頌美之，欲求一言如《衡門》、《考槃》固不可得矣。豈非天欲令其言必傳，不徒奏伎周衢之中，與文史並貴於世也？”

　　孔氏詩作秉持《詩》、《騷》傳統，有心得曰：“得事則可以識情，得情則可以達辭。唐俗尚詩，號專盛，至其摛藻命章，逐境紆翰，皆情感事而發抒，辭緣情而綺麗，即情事之合一，詎觀覽之可偏？宋興理學，儒者偏鄙薄詞華，復又推杜甫等，而以格調聲律爲品裁。然但言理而不及事，豈與古人説《詩》之旨同哉？”[四]孔氏詩學注重“神韻”，其説云：“詩以達性，然須清遠爲尚。西原薛子論詩，獨有取於謝康樂、王摩詰、孟浩然、韋應物。言‘白雲抱幽石，緑篠婧清漣’，清也；‘表靈物莫賞，蘊真誰爲傳’，遠也；‘非必絲與竹，山水有清音’，‘景具鳴禽集，水木湛清華’，清遠兼之也。總其妙在神韻矣。"〔五〕此番點校，以《四庫存目叢書》所據"北京大學圖書館藏明嘉靖四十一年洪朝選刻萬曆增刻本"爲底本，其中《孔文谷詩集》卷首首頁缺近兩個半頁，内容爲林大春《刻孔文谷先生詩集序》，據北京大學圖書館藏另一版本"《孔文谷詩集》四卷、《漁嬉稿》三卷"補齊。此"另一版本"，其實是《刻孔文谷先生詩集序》圖片文件而已。至于山西大學圖書館藏《孔文谷詩集》四卷、《漁嬉稿》十四卷，北圖藏《孔文谷詩集》四卷、《文谷漁嬉稿》二十卷種種，更復問津無門，空留"江山雖好非吾土"之歎。故爾實無別本勘對，聊以下列區區三種地方志參校：

一、康熙《汾陽縣志》卷八下《詩歌》。

二、乾隆《汾州府志》卷三十三《藝文七·詩》。

三、咸豐《重修汾陽縣志》卷十四《藝文》（詩）。

兹三志涉及兩書詩篇僅四十二首，可謂杯水車薪，故勘正多采用理校方法。大凡訛倒衍脱之處，校記既寫出文獻依據，且指出致誤原因，如形似而誤、音同音近而誤、涉上下文而誤之類。底本字迹漶漫殘缺現象較爲嚴重，其中僅一二字而殘留筆畫依稀可見，且據他書或上下文語意可斷定者，校勘記寫作"當作某"；難以完全斷定而理據較爲充實者，則寫作"似作某"或"疑爲某"。若未具備上述條件，尤其大面積漶漫不清，無法查證之處，則用□號標示，不出校記。兩書各卷末所標卷次信息，如"孔文谷詩集卷某"、"某某稿終"，盡依古籍整理慣例删去。又《文谷漁嬉稿》卷末，《四庫存目叢書》另附《四庫全書總目·孔文谷文集十六卷續集四卷詩集二十四卷》提要，實無關乎點校重印，亦一併删除。每卷首集名後原有"門人趙訥校"五字，也一併删去。

校勘記

〔一〕見（明）林大春《刻孔文谷先生詩集序》。

〔二〕見（清）趙訥《請刻孔文谷先生全稿書》。

〔三〕見（清）康熙《汾陽縣志·文行》。

〔四〕見《孔文谷集·重刻唐詩紀事序》。

〔五〕見《孔文谷集·園中賞花賦詩事宜》。

刻孔文谷先生詩集序[一]

夫士有迹在隱淪，以其沉冥之思發之於山林澗谷之間，故其辭多豪宕沖逸，有輕世肆志之意，其原蓋出於《衡門》、《考槃》之風也。若夫歷金門，上玉堂，以其博探玄覽，著之於頌美功德之際，故其辭多雍容爾雅，一倡三歎，而其體亦本於《卷阿》、《崧高》之遺。豈才情頓殊？亦所處之地固然爾。昔先正謂屈原不能從事《大雅》，而獨馳騁於變《風》變《雅》之末，爲原惜。不知原之所處變《雅》之時也，雖欲效《大雅》之雍容，其可得乎？至如史遷稱《詩》三百篇爲聖賢發憤之作者，亦非通論。夫《文王》、《生民》之什，《清廟》、《明堂》之章，是何等氣象也！而謂其發憤所爲，不已過乎？是故詩者發乎情，極乎禮義，順時而動，非強物也。乃今觀於近時名公之作，如孔文谷先生者，亦可云睹矣。

始先生仕浙中，嘗著《霞海篇》二千餘言，其自叙天台、雁蕩之勝，以爲不讓華、嵩，顧獨怪其所托幽遐光靈不屬乎禋祀。余每三復其言，慨然悲之。其後入關陝，遊河洛，退居汾曲，於是復有《履霜》、《澤鳴》、《漁嬉》諸稿，爲別集若干卷。其中摛詞比義，大率與《霞海篇》類，而其興致益深遠矣。

夫先生起家進士上第，歷官爲方岳長，非隱者之流也，而其辭反多沖逸豪宕之致。入對之後，即以藩臬出爲外史，貶徙栖遲且二十年，未嘗一日身在朝廷之上，非登歌應制之會也，而其調乃多叶乎巖廊鐘鼎之音。蓋先生負《卷阿》、《崧高》之具，生逢《大雅》之朝，而其迹乃似原之放，其意有《碩人》之寬，故其形之於詩也，在江湖而懷廟廊之憂，居京洛不忘山林之趣，是以性術兼該，而《騷》、《雅》之道備也。假使當時弗爲制格所限，得以聯玉堂金馬之班，抽金匱石室之秘，即房、杜、王、魏之業未足道。然其凌雲吐鳳、飛商流徵者，不過敷陳盛德之形容而頌美之，欲求一言如《衡門》、《考槃》固不可得矣。豈非天欲令其言必傳，不徒奏伎周衛之中，與文史並貴於世也？

先生始著《霞海篇》，傳之已久，爲詞林所宗。今大中丞芳洲洪公復取前後諸集合而刻之，譬如連珠累璧，見者靡不寶矣。大春辱交先生於十年之前，而公之刻是集也特遺書於千里之外，是以得具論之如此。

嘉靖四十五年，歲在丙寅秋九月既望，潮陽林大春撰

校勘記

〔一〕按：此標題及正文首句至“不已過乎”，底本殘缺，據北京大學圖書館藏《孔文谷詩集》本補。

紀　言

芳洲洪公之莅晋也，垂問俗之仁，廣敷文之義，乃移書山人曰：“某頓首捧誦佳章，如商彝，如周鼎，不事雕鏤，而古意宛然。且人情理路一齊迸出，透徹無遺，真希世之奇文，昭代之名家，誠珍之寶之，愛之藏之，不啻百朋已也。居嘗私謂我朝能詩者不過數家，近如何、李之作，皆□道也。公詩當傳於世，至今未頒布海宇者，誰責也？敢乞鉅篇發下，容一一校閱，旋登之梓，庶天下寶，古今寶，爲天下古今傳之。行李將東，佇竢來示。伏惟鑒其來意之誠，諒其蓄誠之久，不惜垂示，至仰，至仰。”又曰：“尊稿尚多，僅以一册見貽，豈非知其非入社之人而故靳之耶？尚容再請貴處刻字匠，不知孰工。若《汾志》則連筆鋒皆刻削無存矣，殊不見佳也。併望賜教。俗冗尚未趨候，尚容，尚容。朝選頓首！”其移書山人如此。

竊念胤虛薄，奚足以語詩也？特心喜學詩耳。曩歲在甲辰，公嘗稱余感懷安定之作於浙上。今隔絕殆一十九載矣，尚親訪余詩，至欲梓之，其賞余之心哉！然余之詩則終於不能也已矣。念公賞心之言，何日忘之？謹用登記，庶斯字長不滅云。

嘉靖壬戌孟夏，山人天胤謹記。

孔文谷先生詩集序

　　始訥自范陽移廣陵，過汾上，校吾師文谷先生之集，以行將捐俸刊布。會溫陵芳洲洪公過，則語訥已刻置晉省，蓋先生不欲以文示人，乃芳洲公請而得之者。是秋先生以刻本寄示，訥得讀而叙之。叙曰：

　　於戲！道德衰而文辭勝。世之薦紳先生莫不有集，集莫不有序，序莫不贊美其文辭，而其人之道德之實曾弗論據焉。夫自達人視之，文辭已落第二義矣，而論者又不原其文辭之所緣起，吾恐作者之心不如是也。惟先生抱道於河汾之間，周流於秦越燕趙伊洛之表；講學以正心爲本，論文以躬行爲先；嚴教以約，浮而不縱；敦仁以綏，窮而不猛；節冗以理財而不濫，奮愾以飭武而不玩。雖當取忌左遷之際，尤從容以展其猷。即令歸老明農之時，適優游以頤其真。彼其文辭之間作者，乃游藝之緒餘也。予嘗侍教於石室之中，即不睹其文辭，聽其言而鄙心降矣；豈惟聽言，即承顏之餘，蓋神融而心領者，真春風不言而桃李成蹊也。孟子曰："誦其詩，讀其書，不知其人，可乎？"愚於先生竊亦有以知其人矣，知其人可以知其文辭之所寄矣。載道之文，有德之言，誦讀之餘，其意藹如也。

　　先生起家壬辰及第進士，其對御問策已稱上意，而傳之天下。諸所述作皆非其志，而況於集之以示人乎？又況於贊美之詞刻水鏤雲者之贅乎？訥蹉跎强仕，風塵愧容，回首西河，豈其徒耶？退食夜坐，讀其集而深長思焉，即不能探本其道德，亦不敢綴葉其文辭。兹集特其守祁州至浙中與今山中，訥爲之

摘其極玄者。其詩之全集與文集尚當續請於先生，訥故不敢直
以詩叙之。

　　嘉靖四十一年壬戌九月既望，門人趙訥頓首撰書於江都之體
信軒。

孔文谷詩集卷一

履霜集

甲午冬十二月赴祁州經宿榆次縣

寒颸轉玄陸，窮陰集廣塗。歲年此沉晏，駕言辭故都。嗟予
抱重譴，投荒式餘辜。國恩浩無際，海岳容垢污。且試股肱郡，
而分銅虎符。銜命不遑安，行行中踟蹰。晋雲鬱晚凍，榆石含霜
蕪。疲馬戀鄉邑，日夕憩城隅。退思有嚴程，進勉缺良圖。交兹
起心戰，時哉安所須。

過平定用蘇門韻

旅館風霜集，山程曉夕寒。復當將盡歲，且爾未休鞍。處世
飄蓬是，容身直道難。紅顏與鬢鬖，應爲雪沾殘。

至　郡

解劍挂齋壁，忝兹銅綬加。登堂已民牧，回首即京華。水帶
屬城近，山連舊里斜。疇予論遷謫，不是遣長沙。

行役宿保安寺

驅策有時命，疲駑誰復論。畏途飛短景，孤寺寂黃昏。鬢改
風塵色，衣殘雨雪痕。春煙俱著柳，應亦到蓬根。

曉發望燕臺

風懷栖晨霧，星軺載宿霜。嚴程動往役，曉路促懸裝。水帶天雲色，山披海日光。燕臺高樹隱，佇立客心傷。

除夕同弟酌郡齋中

梅柳參差逼歲除，風雲繚繞待年初。人離鄉國新趨郡，雁度關山遠憶書。柏葉秖憐同弟席，椒花還擬頌親廬。微臣更有嵩高祝，欲撫星河謁帝居。

仲春閑齋

坐覺春將半，閑看柳漸長。鳥鳴晨雨細，花落晚風香。聽訟因農簡，行春以病妨。齋中掩扉罷，心思益蒼茫。

春夜即事

牘紛稍休暇，容與步楹軒。月幌兼天霽，宵鐘罷夕喧。吏似閑爲隱，心應静不煩。所嗟時暫爾，非復蔣生園。

午　睡

柳院春陰匝，蘭窗日影懸。風枝喧鳥雀，露幌澹雲煙。客思魂歸夢，鄉愁病入眠。佳期不可見，還寢夢遥天。

病　懷

爲邦無異政，病俗且相因。卧似馬卿渴，官同原憲貧。違時衰鳳是，處世覆蕉真。蓬累誠吾分，何辭不乞身。

春日路年兄淶水縣宅宴別二首

三歲別京華，相逢綠水斜。論交逾骨肉，離思惜天涯。顧我雙蓬鬢，憐君滿縣花。春風方殢酒，整旆復成嗟。

又

春風楊柳道，高館玉燈張。酒發離尊滿，情因別路長。堂琴和鳳侶，星劍映龍光。竊歎予飄泊，風雲倍感傷。

晚回至郡

旅竄對蓬飛，孤征餞落暉。山川非故國，道路是王畿。繞樹翔禽集，殘雲困馬歸。郡庭憑夕望，隱隱客星微。

宴別雷鳴春上京用杜韻

少年秉孤秀，神采映三台。天府青雲近，賢關白日開。應詔儀鳳見，含景伏龍來。知有《長楊賦》，行能結駟回。

又

獻賦趨金闕，龍光切上台。離堂饒夕醉，別騎向明開。知爾能登奮，無勞感去來。豈如機上女，望使玉關回。

餞別君衡二首

汾上舊談經，星間兩劍明。論交多意氣，懷古有餘情。尚抱匡時策，空聞高士名。茲歸且龍伏，日夕待雲生。

又

握瑾復西歸，天涯會面稀。離亭懸草色，別路重雲飛。望望龍門迥，依依鳳侶違。所期楊子宅，詞賦日光輝。

十六夜鄧司僕宅小坐望月

今夜月還滿，青天揚素暉。懸風歸羽扇，帶露濕羅衣。酒泛金波淺，花看玉樹微。客心應可照，流影到親幃。

晨　起

晨起髮不理，披衣撫前楹。露繁花氣重，雲歛木陰生。蟬響臨秋樹，禽喧空曉城。顧瞻林想協，悵望復餘情。

秋思八首

金井雙梧桐，葉葉辭枝飛。零落自茲始，孤鳳胡所依。人途廣荊榛，蒼茫悟言歸。將勵九秝羽，而覽千仞輝。

又

白露沾野草，商風吹前林。容華忽以改，寒涼時見侵。四運有承謝，平生多苦辛。豈不念時命，積鬱終難任。

又

蟋蟀鳴西堂，促織吟東壁。涼風吹我衣，念彼北邊客。秉燭弄機杼，終夜不成尺。惻惻栖寒雞，不能生遠翮。

又

西蟬鳴樹顛，蟪蛄擾階砌。庭蕪滋晚陰，日夕涼景霽。煩蒸幸少除，羈悽此方繼。人無百歲年，苦憂何可屬！

又

初月照我户，隱隱夜微光。中懷窘難燭，展轉内自傷。出户見河漢，三星麗其傍。水遠不能度，欲濟無舟梁。肝腸結不解，俯仰意何長。商歌淚如霰，玄夜殊未央。

又

鬱鬱靈芝草，芬芬瑤樹枝。不植瑤池圃，仙葩疇復知。涼風野草委，寒露日以滋。豈不惜馨香，托根難可移。欲以搴英秀，遺之我所思。所思在遠道，孤身不能之。願爲凌風羽，飛寄中言辭。身無青鳥姿，沉憂潦水泥。

又

晨風飄白日，日短夜以長。愁人不能寐，中宵起彷徨。修明難苟立，遐羽無卑翔。麒麟久不至，鳳鳥亦微茫。德衰乃來現，俯仰梧桐岡。涼秋枝葉零，草露晞朝陽。思乘萬里吹，返我昆侖鄉。

又〔一〕

晚雲變朝露，西日揚東輝。萬事有轉易，玄命斡其機。達人探幽眇，去住無從違。太公欲西往，宣父思東歸。鳳鳥既不至，楚狂歌亦微。嗟哉飯牛侶，寒夜悲無衣。清商一以展，嚴霜見日晞。

秋日定州道中得故園諸君子訊

孟秋水雲盛，落日山川平。展跂望鄉縣，悠哉多苦情。何意雲中雁，銜書向我鳴。借問何方來，言是故園聲。念兹久離別，殷勤慰遠征。承之啓械誦，溫詞如風清。長吹入懷袖，以解心蘊蒸。不如會面好，依然別思盈。

秋日郊行即事

野水接雲平，郊陰散曉晴。村煙林際出，蟬響樹中生。禾黍垂秋實，山川帶雨明。釣潭何處是，徒有羨魚情。

言懷寄王子拙庵

竄身履幽側，日夕坐窮陰。閉户罕交際，擁愁多苦心。幸子海天鳳，來栖碧樹岑。高音偶相賞，遂協芳蘭襟。陳洪非我鄙，幽居時見尋。開顏肆墳典，灝懷超先今。邈哉山水想，所得亦兹深。始信一然諾，不假千黃金。秋澄風雨滿，羨子蛟龍吟。愁思龍變化，貽我空寒林。

九日登南城作

日景迅西曜，佳節開重陽。兹辰尚登衍，遊子悽遠望。良朋信高賞，南樓促相將。携樽吐言笑，把袂凌空蒼。緒風吹我服，白雲如帷張。木葉落成雨，草枝垂清霜。飢鳥集水樹，鴻雁鳴悲翔。黃花折盈手，相對惜馨芳。歲事亦已爾，臨眺徒生傷。豈乏杯中醞，其如羈思長。聊持轉蓬迹，猗狔殘秋光。

古　意

西國佳人冰雪膚，芙蓉雙綴夜光珠。春風不住黃金屋，秋月空懸白玉壺。蕙草孤房愁望絕，龍沙萬里信音無。誰家笙鼓喧喧動，却爲封侯覓婿夫。

寒食放吏齋居悄然五首

寒食曉霏微，鳴鍾放吏歸。庭閑如息訟，几隱似忘機。階樹含風緑，檐花傍鳥飛。芳春由此暮，撫景悵榮暉。

又

龍忌殊鄉國，雞栖感歲時。雲天沉旅況，風日倍離思。杏雨春城暗，蘭煙晚徑遲。搴芳欲有贈，淹蹇意空持。

又

庭蕭春陰澹，齋空人吏稀。風香生草樹，日影挂軒扉。柳葉金英綴，桃花錦片飛。涉心宛成趣，嘿嘿但思歸。

又

自出逢寒食，依然兩度春。鶯花紆淑景，風雨泥佳辰。貧愧榆錢薄，愁縈草帶新。還思里中舊，相遇出城闉。

又

抱病逾春暮，天涯食尚寒。高雲親舍近，芳草客愁寬。離陸憐星劍，崔嵬歎鶡冠。佳辰亦强飲，其奈不成歡。

春日郊行三首

公齋稍無事，驅馬出郊坰。問俗依村遍，看耕到隴停。攀緣垂柳陌，徙倚落花汀。始信長沮輩，爲農薄世榮。

又

乘春試省勸，弭蓋臨東葘。鋤笠參差在，田桑遠近滋。晴雲微帶雨，陽鳥亂鳴枝。好寄逃亡屋，今年勝別時。

又

宿雨春城散，晴滋野色賒。輕雲落水際，垂柳帶村斜。隱隱鳩鳴樹，喧喧雀啄花。窺游使心曠，綠草忘還家。

貞文書院諭諸生

大道易遵軌，多岐涉險艱。鴻英正皇覽，昏狂瞀窮年。茂明二三子，遐征緝古先。六籍炳天日，百氏紛雲煙。披紛極儀象，元化自我旋。文章乃餘緒，勗華達淵泉。雅頌夫豈亡？周孔道固然。願言廣德心，旂哉日乾乾。

送雷生歸汾上

郡閣春方暮，言歡君子來。坐參芳樹席，吟倚落花杯。離劍今初合，征車此復回。送君沙水上，流水思悠哉。

寄　弟

遷客沉時宴，離心屬暮雲。風塵鴻雁斷，原草鶺鴒分。慰子高堂侍，嗟予世網紛。南陔與唐棣，駢益肺腸熏。

贈高生世榮司訓饒陽

昔予謬典教，識子爲醇儒。薦藻辟雍渚，賓光日月都。簪裳果通籍，龍馬斯出圖。秉鐸振文響，操鈕貞道模。饒陽邇京縣，多士承化樞。言贈豈伊異，遐心察蘇湖。

將赴潁上與親愛別

戚戚攬衣帶，倉倉結征輪。僮僕已在御，遊子難興身。豈不畏簡書，高堂有老親。欲辭再三戀，强拜淚盈巾。昔人曾有言，

言之傷我神。不行無可養，行去百憂新。切切委兄弟，依依托四
鄰。揮淚自茲去，驅車出城闉。都門楊柳陌，祖餞列朋賓。把酒
不能飲，惻愴逾逡巡。隱忍登廣途，緘情各未申。日仄渡冰河，
荒山石磷磷。不見所親愛，但見車行塵。

初祖庵觀留影石

青山橫色界，碧澗轉祇園。石壁龍宮閟，蓮花鷲嶺翻。諸天
寧有象？萬法了無言。却異當年事，浮蹤片石存。

奉和翟青石中丞長沙寇平自湘江順流而下還軍武昌二首

煙塵時一掃，江漢遽旋兵。鷁舫浮佳氣，龍濤泛凱聲。三湘
春草滿，七澤瑞雲平。已自功勳盛，猶謙不伐名。

又

節鉞開雄鎮，韜鈐擁善兵。寇淪卑濕氣，師捷洞波聲。陣裹
風雷出，營邊草木平。壯猷人共羨，方叔好齊名。

阻雪偃城縣館書示萬宰二首

歲晏方希澤，風雲此效靈。凝華紛點綴，積素漫飄零。入樹
潛回綠，沾田豫換青。省耕勞令尹，騎馬出郊坰。

又

雲葉披檐重，風花繞樹深。庭如月波湛，窗似曉光臨。釣有
江湖意，耕多畎畝心。勞歌無與唔，誰念白龍吟？

登壽州寺塔

伏日淮南暑濕偏，偶從高敞一攀緣。觀空似覺諸天盡，證果纔看七級懸。行倚夕嵐雙樹遍，坐澄秋水白雲鮮。林僧不語安禪去，笑我腰間銅綬牽。

毗盧閣上同沈惟遠作二首

支離同極楚鄉愁，懶散還能作伴遊。逃暑暫憑高閣霽，凌風聊假四天秋。斜陽坐落青山樹，片月看生綠水洲。朝市茫茫寧有此？謫來翻共爾淹留。

又[二]

紺園高閣俯東城，一眺河山滿夕晴。清净自然分上界，空虛了爾是無生。銖衣幾種蓮花秀，金字千函貝葉明。世難欲逃應此地，可能携手謝塵纓？

淮上會孫明軒水部二首

別後成飄泊，思君邈若龍。焉知今夕幸，遂與舊遊逢。誼氣平生在，情文此地鍾。淮南故多麗，延攬第從容。

又

悵望無由見，欣逢有此時。江雲迎桂舫，水樹發瑶厄。申款離群思，尋盟隔歲期。槎回定予問，栖楚尚於兹。

題薛西原先生園中

解組一官後，開荒十畝間。著書探道德，時先生正注《老子》。栽藥養容顏。碧柳門常閉，浮雲意自閑。坐令鷗鳥下，日夕竟忘還。

上黃安厓中丞岷梁峻捷十三韻

烽火沙場静，驚飆葦澤生。簡書勤帝命，節鉞仗師貞。有美中丞烈，曰真絶代英。登壇紆妙計，提旅誓橫行。虎豹盤軍壁，風雲起將營。關山雷鼓震，部壘電旂明。負險狐雛泣，擣虛草薙平。人因先義奮，事以好謀成。殺氣霜含陣，銷氛雨洗兵。露文遥漢闕，星劍挂秦京。塞静人煙出，川寧物象清。謳歌西土動，恩寵上方榮。吉甫今爲憲，非徒麟閣名。

廣陵贈范都運遷蜀藩參政

濠梁始傾蓋，淮海遽離舟。宦業隆江左，居人頌道周。風帆摇客思，雲樹起天愁。巫峽猿猴甚，巴陵煙雨稠。經塗湘浦夏，駐節錦城秋。政府延新譽，賓僚慰舊遊。山川增氣象，閭井動歌謳。訪古楊雄宅，臨高白帝樓。安南金鼓震，塞北羽書流。共洒憂時淚，伊誰爲國謀？

四月望日舟中

楚水浮雲日夜流，扁舟如葉與悠悠。遥天念國身仍去，異地懷鄉迹且留。芳草自餘遊子恨，幽蘭還共古人愁。江亭繫纜心無限，緑樹滄波月影稠。

淮南五日

建午貞時令，端陽表節辰。仙蒩五葉映，綵縷百條新。菰黍還遺俗，蕭蘭有逐臣。羈栖成感慨，況在楚江濱。

潁城秋思

宿雨微朝旭，涼雲澹夕岑。蕭森來暮景，寥唳起寒音。地擁紛紛葉，城飄處處砧。誰能乏鄉思，對此不沾襟？

從軍行四首

雁門北望白漫漫，狐嶺西驅漸漸寒。黑海岸邊焚虜帳，黃沙磧裏破樓蘭。

少年學劍圖金印，今日飄蓬老玉關。但使朔方聞姓字，任教枯骨馬駝還。

漁陽戰罷陣初移，萬里連營出月支。相向莫言征戍苦，隴頭流水爲君悲。

黯黯陰風亂朔沙，沉沉孤月海邊斜。胡兒吹笛天山曙，回首何人不憶家？

塞下曲四首

朔草肥胡騎，雄風起漢兵。進軍玄菟郡，突陣白龍城。苦霧陰山合，寒雲大漠平。誓將驕虜破，不數衛青名。

又

漢月懸沙塞，胡霜掃玉門。分兵防北塞，出馬破西蕃。大將頭如虎，三軍臂似猿。封侯誰定是？李廣不須言。

又

轉戰皋蘭北，橫行瀚海西。胡風吹月墮，朔霧使天迷。驃騎心成鐵，匈奴血作泥。捷書連夜去，侯印幾時攜？

又

未斷烏孫臂，難辭青海頭。風沙攢劍戟，霜雪裹氊裘。陣苦胡笳落，軍悲漢節留。徒勞公主嫁，不使戰塵收。

山中懷秋山上人

谷口來栖二十年，無人知是上乘禪。還飛錫杖凌風去，却向浮雲何處邊？

贈西谷

方外尋丹壑，山中藝紫芝。意將流水遠，身與白雲期。夏葉栽書策，春條攬釣絲。柴門隔溪望，嫋嫋薜蘿垂。

少年行二首用俟齋韻

射雕回細柳，走馬向長楊。面帶胡姬酒，衣沾漢苑香。黃金捐舞館，白璧謝歌場。詎念閨中婦，纖羅繡紫鴦？

又

吹笛青樓暮，珠簾滿落梅。鳴鞭何處去，走馬日邊回。乍怒猶懸劍，俄歡更舉杯。來朝灞陵戲，已有博徒催。

晒遺書作

亂簡殘書次第開，先人遺迹滿塵埃。徘徊空宇嗟何及，泣涕斜陽心已摧。

卜居白雲庵南答友人

樵隱非關絕世氛，退耕猶屬野人群。泉間樹色籠青霧，寺裏

曇華耀白雲。暮雨尋僧花錫近，春風藉草蕙蘭薰。高情暇日如相
問，一飯能烹澗底芹。

奉和劉石梁太守歸思

使君嘉惠滿汾濱，何事懷歸思轉頻。滄海未嫌歸棹晚，皇闈
寧許乞書陳？榮名滿眼知誰是，淡朴無心任己真。坐嘯閑齋即仙
吏，豈宜還作避時人？

九月十日出訪北村便留酌逮暮率爾賦酬

佳節忽已回，幽人在空谷。朝霞刈紫芝，夕露餐秋菊。服食
引長年，俯仰自然足。猶懷方外蹤，遠覽道書讀。披圖點芳翰，
摘藻散幽馥。晴嵐生列岑，澗水湛逾綠。風葉卷高林，霜蕪映茅
屋。此時携酒尋，相對柴門曲。把手話巖泉，委心同草木。坐來
日景闌，星分未遑宿。冥契忘古今，寧能論昏旭？世緣非所知，
從君謝牽束。

孟春宴文湖南園

孟月春林會，南園曉帳開。文霞飄翠蓋，華日瀉金杯。秀靄
溪山入，柔滋草樹回。深栖復何似？暫賞遂悠哉。

仲春書懷

二月春逾半，高齋病獨眠。尋芳雖累日，服散詎延年？門柳
和煙綠，園桃映雨然。佳期悵無晤，微感曷由宣！

秋日同弟西田

開秋徂西甸，微雨湛新晴。山疊蒼林翠，水紆素練明。蓐收
秉金氣，豐隆揚玉英。皓露委圓葉，丹霞冒紫莖。陰虫朝暮急，

陽鳥東南征。節涼景多利，歲晚物咸貞。丰穎灌郊遂，佳蔬蔭柴衡。蓬麻相弼直，蘭茞有餘清。糲食甘鼎俎，草衣華紱縷。雖非捨塵慮，亦已寡世營。胡爲百年内，誤馳千載情？既乖大知德，亦慚小隱名。劫來悟所遣，逍遥學無生。

聞出師北伐二首

戍樓霜夜動胡笳，吹起陰風滿雪花。平世何人聞戰鬭，中原今日有塵沙。兵分幾路連旗出，陣合千重疊鼓斜。共道伐謀須上將，不愁驕虜亂如麻。

又〔三〕

塞垣秋色滿寒煙，正是霜高急虜弦。飲馬漸看來近渡，射雕時見落平田。烽傳羽檄遥天上，轂轉金符下日邊。大將誰爲寶車騎，會當銘藻勒燕然。

次祁縣館

不能窮巷卧，仍作畏途行。殉禄終非志，居卑但此情。朔風流絕塞，寒日慘空城。何物愁堪寄，燈前白髮生。

保定道雪

玄陰抒積霰，白雪曉霏霏。風絮競春豫，天花蕩日微。浥塵緇稍素，染鬢黑逾稀。秖可欣農望，那堪點客衣。

校勘記

〔一〕此題底本原缺，據本書組詩通例補。
〔二〕此題底本原缺，據本書組詩通例補。
〔三〕此題底本原缺，據本書組詩通例補。

澤鳴稿 辛丑

河南省堂公燕因呈省中諸僚長二首

春堂陳廣燕，登攝滿晴暉。雅樂朱弦奏，華鶬翠羽飛。落霞淹已暝，延露坐仍晞。誰謂厭厭醉，還能看紫薇。

又

不意窮途子，來參大國藩。岳瞻申伯在，棠睹召公存。陪德知無似，齊賢念有敦。稱觴拜明燭，倘肯鑒予昏。

大梁城樓雨中留別三司諸公時出守河北

高城楊柳綠森森，正是天涯春草深。孤客不堪時眺望，群公端向此登臨。浮雲似蓋催行騎，密雨如絲散別襟。白首從軍誰復念，茲樓一寫仲宣心。

至輝縣分司作

受命忝藩僚，分疆適名縣。下車此何時，春和序將變。懷志未于宣，驚時忽多念。吏民稍已親，山溪亦陵緬。百泉如有情，蘇門象回眷。茂樹結蒙蘢，芳華積蔥蒨。暄鳥下嚶鳴，晴霞上暉絢。環顧眄皇靺，芸芸灌郊甸。窺攬悉幽閑，寅緣益清宴。余本嗜丘園，謀生厠纓弁。不意代躬耕，復得兼游衍。殉祿雖寡廉，微衷自茲見。斯民尚餘安，都忘卑與賤。

茭道驛作

浮雲一出海，風雨萬山深。嶺道煙中失，泉聲樹杪沉。息車防險徑，投館對空林。借問巢居子，寧知行路心？

送盧方伯之任廣東

大江東泛綵雲秋，五嶺南看瘴霧收。自有霜威行海徼，更天塵色起邊州。鳥啼薇省千花馥，月吐羅崖萬壑幽。莫是逍遥鵬海上，翻飛還向鳳池頭。

江樓送遠贈和峰大參

伐鼓通晨江練暉，登樓觴別與心違。明珠按劍誰知己，春水盟鷗自息機。玉節忽分臺裏樹，金章偏拂省中薇。馳情五老青天上，時繞懸泉一道飛。

與趙俟齋宴湖上閣

萬木寒山葉盡衰，青青惟有桂林枝。攀芳結思徒千里，聚梗論心忽此時。湖雪紛從琴裏散，閣鐙朗比杖頭炊。厭厭莫惜闌宵醉，明日海雲何處期？

石屋寺宴集

碧澗蒼松紆翠微，白雲幽石啓玄扉。龍盤寶藏千尋入，鷲舉靈峰百丈飛。若葉夜懸金色相，蓮花秋吐玉光輝。菩提更在諸天上，向夕同探聖果歸。

憶蘭餘馥篇爲郟少參題

幽蘭本是王者香，紫莖綠葉垂琳瑯。姱質雖同瑶草茂，玄精別稟玉池芳。逶迤深谷秋風裏，比德寥廖無伴侶。放臣紉爲身上衣，縱聖操作琴中語。可憐奇物等茵陳，忠信神明道不伸。楚山失却連城璧，魯水難容橫海鱗。伊人千載能相憶，抱潔含華處南國。讀書萬卷未成名，梦取一枝天上植。天上葳蕤奕葉芬，人間那數百花薰。趨朝獨佩青青色，行省平章采采文。巖梅自合調金鉉，誰道崇蘭不光顯。羞來清廟猥蘋繁，薦在明堂貴瑚璉。香草美人多未逢，君家升長何丰容。積慶流芳有根蒂，詩人俱美憶蘭翁。

出湖州童南衡送至謝村賦酬二首

春水輕舟漾曉煙，美人相送坐同天。連堤柳色明衫袖，隔岸桃花映酒筵。客路雖非千里去，朋心其奈一帆懸？西湖嘉樹予懷望，最是嚶嚶黃鳥翩。

又〔一〕

吏道驅人不暫閑，春辰還此度江關。亭亭車蓋浮雲外，落落征衣芳草間。澤旅自將顏色悴，河郎誰念鬢毛斑。高人載酒來相送，共寫愁心江上山。

讀薛考功集感而賦之

一覽西原作，闌干涕莫從。紛茲懷化鶴，憶昔見□〔二〕龍。耿耿對秋竹，青青倚春松。玉壺斟水月，瑤席整絲桐。聽嘯蘇門上，窺玄草閣中。著書躪二老，解綬辭三公。道即先天地，名誰究始終。希知占子貴，直指發予蒙。義諦昭如日，言詮穆似風。洪河方飲鼠，岐路忽飛蓬。遠吊斯文喪，深悲吾道窮。流沙歸李叟，梁木萎尼翁。生死原相托，幽明遽不同。譙墳宿草長，苦縣暮雲重。懸劍情何極，投芻理亦空。惟將千古意，潛向九淵通。

湖州夜坐感懷安定先生十首

微雨初收夜色清，下帷端默感懷生。當時教授胡安定，今日人間秖姓名。

又[三]

濂洛關西未有名，泰山安定兩先生。蘇湖講治談經事，總與當時建法程。

又

宋初風俗還淳古，肯信儒官去討論。一自黨人刊石後，至今才子笑專門。

又

本朝學校彌寰宇，取士惟看十五篇。里選齋分即無用，儒官昏悶老青氊。

又

今人不似古人癡，纔會操觚便已知。假使儒官盡安定，未知若個肯來師。

又

兩齋並作非閑事，要使心通向此中。今日學堂都破壞，幾人經治幾人通？

又

分經分治事殊途，及到同歸一也無。只爲學人才□[四]別，且應如此立規模。

又

莫道明經爲上乘，屯田水利亦高玄。假如三百篇俱誦，不會施爲只罔然。

又

大凡立教如營室，要使居身得所安。可憐安宅人稀住，盡向臨深絶嶺端。

又

皓首迷途好怨嗟，只緣童子路頭差。而今後路追前路，誰肯將車戒覆車。

清明後正晴與賢良文學坐大觀堂同賦

積雨辭寒食，新晴上袷衣。熙辰蕩暄煦，韶景競芳菲。樹萃交天色，花紅捧日輝。躍鱗蓬海現，鳴羽杏園飛。階葉蟲雕細，檐風絮落微。蘭光照虚牖，竹影散閑扉。即事消塵慮，沿情長道機。開堂羅衆彦，列榻對高暉。矯矯貞鴻志，蹌蹌儼鳳威。舒文國華廣，奏曲人和稀。議政薄桑孔，談經邁董韋。席珍誠可聘，懷寶定何依。按劍知誰是，投珠莫盡非。嘗充赤水使，故譜黄金徽。頗學神巫術，能窺善者幾。流觴洛西浦，春服魯□□〔五〕。物理欣同賞，天真樂共祈。設心倘如是，携手咏而歸。

寒食客中作

春城風雨颭花殘，花裏看春漸復闌。傳食尚嫌今日冷，更衣還比去年寬。青郊百草搖鄉思，古冢長楊罷客歡。繫迹不違千里道，歸心祇湧大江湍。

宴歸雲庵是孫太初隱處

林間處士去不返，山裏孤雲常自歸。石徑葳蕤蘭葉長，松門寂歷鶴群稀。函詩剩有天仙句，壁字還增佛日輝。今宴舊堂懷舊隱，歲華春酒悵微微。

晚登道場絕頂煙雲變幻兩儀混茫曠然凝視有若鴻荒

嵐嶺氤氳生夕煙，冥冥忽與太虛連。穿林暗度無千樹，到頂真登不二天。風籟乍疑仙樂渺，雲龕祇有佛燈懸。混成天地果何物，却似鴻荒上古前。

謝子佩乞休有作用韻贈之

上書北闕緣何事？歸駕西山別有天。安石風流還見子，成都人物果誰賢？臨岐不惜千金劍，對酒惟歌白雪篇。去歲令兄先解印，今看鴻鵠兩悠然。

鐵佛寺送江大參之金陵

花宮酌醴送君行，南到金陵數日程。雲裏鍾山摽帝闕，天邊淮水帶王城。高臺鳳羽來儀處，豐芑龍光載見情。行省平章誰不羨，江淹文藻舊馳名。

夏日宴洪氏湖亭

湖邊高館絕氛埃，湖上青山送酒杯。改席暫依芳草岸，登舟還泛白雲隈。風生水藻看魚戲，日落煙嵐趁鳥回。此地信能便吏隱，終嫌塵網隔蓬萊。

江上奉送南石翁

湖亭方晤語，江路復言歸。永日舟難繫，高風席易飛。還山應自慰，臨水奈予違。此後懷思處，丹霞向夕輝。

夏日靈隱寺遊宴用韻

長夏深林宴白雲，逍遙真與列仙群。臨池衣染蓮花色，傍石經參貝葉文。醉向醍醐僧語笑，凉乘薜荔鳥驚聞。歸途尚隔塵中市，九里松枝半夕曛。

訪緒山許氏莊上

終日茫茫煙霧間，兹晨裁一訪雲山。柴門夾竹驚秋早，石室邊松處夏閑。授講每看庭鱣進，爲漁常逐海鷗還。楊朱不必悲岐路，自有先生善閉關。

送譚少嵋西巡

銅符分憲後，玉節省方初。細雨吳山道，清風季子墟。威將秋令肅，恩作海雲舒。坐見褰帷處，康哉時晏如。

西溪莊宴與金近山同賦

湖館澹春陰，芳菲襲我襟。復逢文翰侶，言寫歲華心。望美雙峰合，歌清一水深。將隨招隱趣，於此遂投簪。

奉和李抑齋司勛歸自京師遊虎丘見詒五篇

本自北溟翼，垂彼南天雲。扶搖幾萬里，暫歷吳江濆。吳中故佳麗，留覽極氤氳。六合下塵芥，上摩星斗文。安能比鷦鳩，所搶榆與枋？

又

披暾出閶門，排霧覽大荒。大荒不可覽，終古莽蒼蒼。瞻言太伯里，乃是句吳鄉。遜畢遜天位，至德安可量？烏虖延陵子，執亮期子臧。夸毗變傾奪，茲猷胥以亡。

又

祗役別肜墀，行行徂吳會。吳門懷古風，蘇臺稅征蓋。鷗陂蔓草蕤，虎丘松柏枒。霸圖不可尋，滄江尚如帶。舒嘯青林端，送目紫霞外。恨阻雙玉盤，齊食鱸魚膾。

又

虎丘何所有？璠樹植其巔。寶露滋華葉，慶雲輝以鮮。鬱鬱佇神鳥，道久不來翩。今子出丹穴，翻徂沅湘遷。眷伊集爰羽，感彼朝陽篇。願言栖此樹，和鳴徹鈞天。

又

美人涉秋水，臨高倡吳歈。音響一何亮，慷慨思煩紆。所思在玄邈，丹霞白玉都。中有列仙侶，雙雙珮明珠。欲問阻煙霧，佇立野踟躕。危柱厲金節，凉風生坐隅。安得吹此曲，飛度瑤天衢。

昭慶寺承龍巖憲使招同諸寅丈宴集席上偶成

一杯蘭若醉秋陰，共愛蕭蕭風滿林。出嶺高霞兼鳥度，沿溪密柳繫蟬吟。來頻不獨逢僧話，坐久還因長道心。未是達懷超吏局，幾人能向此開襟？

中秋無月

涼天三五夜，端合有明暉。詎識浮煙澹，翻含細雨微。暗窗孤燭映，幽草數螢飛。抱影難爲照，鄉心托夢歸。

十六夜玩月閑齋

昨夜未明月，今宵却朗懸。不緣雲暫蔽，安表鏡長圓。影落婆娑桂，光流皎潔蟾。金波一何麗，思取贈遐天。

觀潮映江樓二首

對酒臨江隩，登樓瞰海濤。氣噴雲葉亂，光湧浪花高。地即橫三島，山疑駕六鼇。此時向若歎，秋水與俱豪。

又

渡口喧聲寂，樓頭望眼明。潮仍天外落，水自日邊平。餘泛綠侵岸，流氛白向城。遂令殘暑退，端覺海隅清。

映江樓雨中送蕭右丞皇甫憲僉
同出會稽循行一首用壁間韻

看君風雨別江樓，却似神仙汗漫遊。煙樹不離雙鷁首，雲山長繞片帆頭。逍遙信有莊生樂，寥沉應無宋玉憂。若到昔人修禊處，試將樽酒遡寒流。

席上寫懷用前韻

江風吹雨散高樓，江草連天悵客遊。荷芰正闌秋水面，雁鴻爭返暮沙頭。搖搖歲物應須惜，滾滾波濤未足憂。醉傍雕軒極遐眺，長空不盡海烟流。

秋夜二首

秋夜方苦長，那堪復風雨。葉散滿林霜，虫急千家杵。殘燭耿餘輝，單衾寂無語。還聞塞北鴻，愁絶江南旅。

又

海上秋風起，蕭然江夜涼。溪雲散疏雨，葉露點微霜。忽是歲芳晏，而餘宵晝長。此時偏不寐，端使坐懷鄉。

九日同省中諸公登北峰最高頂作

霜辰天宇湛然空，北上岩堯翠嶺崇。杯引落霞延夕照，身隨高鳥御泠風。樓臺下見江城碧，洲島遥看海樹紅。却憶故林那可到，應知時菊委寒叢。

又用杜子藍田莊韻

秋宇寥寥無限寬，暮懷因對紫萸歡。霜飄孤旅芙蓉劍，風滿群公獬鴈冠。三竺樹連湖色澹，二峰嵐接海光寒。醉來忘却鄉關道，直倚白雲深處看。

處州水心亭偶題二首

雨餘日初顯，亭上風稍寒。緩帶閉高閣，加衣坐方欄。池清出天表，蕉綠在檐端。淡默得所遣，忘其迹微官。

又

晨起坐亭幽，不異山林静。湛澹俯清池，紛緼望層嶺。雲飄雨後輝，竹散霜中影。即是可夷猶，心形猶未併。

永康縣訪松谿先生不果至館頭懷寄並謝來篇二首

秋澗瀉雙溪，寒松冒層嶺。緣源阻洄洑，陟巘費陵騁。思攀瑤樹枝，而猶隔塵境。牽迹且東遊，還途或未併。一日比三歲，離悰曷由整？

又〔六〕

離悰不可窮，矯首視飛鴻。嘹唳響遠音，飄搖翔惠風。遺我一書札，云自赤松公。殷勤兩三語，言約意彌隆。上言思采藍，下言慰轉蓬。采藍亦易盈，轉蓬何時定？願托廣庭陰，息此塵中影。

別懷送少玄

薄宦不求達，佳人欣與俱。門通蔣生徑，宅近子雲居。方謂時相扣，茲懷得晏如。如何舍之去？茫茫向煙霧。煙霧朝凌漁浦潭，星霜晚泊富春樹。行到雙溪水陸分，雲嵐一路藹絪縕。丹楓驛裏行人少，括蒼嶺頭偏憶君。不得同來永嘉縣，深秋山水恣游衍。瀑布空垂雁蕩青，霞標遙倚天冥冥。

雨夜不眠漫成五首

江南冬日雨，江北雪連天。落葉空山木，飢鳥噪野田。居閑三徑裏，迹繫五湖邊。縱有歸歟歎，泥塗那得旋？

又

積雨寒堂夕，蕭蕭點客心。淒涼成遠道，黯慘奈窮陰。海氣沾藜榻，山風冷布衾。攤懷獨不寐，抱膝自爲吟。

又

驚風吹海霧，飛雨夜逾繁。樹冷無留葉，齋空獨掩門。約情千卷廢，破暗一燈存。達曙惟成坐，朝光尚弗暾。

又

遵海守微禄，星霜忽兩移。淡心渾若水，衰鬢悉如絲。雨夜愁偏作，雲林夢不離。因知越鳥意，所以戀南枝。

又

平生雲鳥意，空往十年間。魚腹經過水，羊腸到處山。歸期慚綠草，零雨歎顇顏。賴有旅人訓，時時心自閑。

陪憲府諸公遊宴天竺

籠鳥思林悵不還，偶逢幽賞得追攀。天邊竹樹搖尊緑，雲裏松枝廕室閑。坐久法燈燃静夜，步回仙□□〔七〕空山。歸途尚復攜餘興，遲聽微鍾杳靄間。

夕宴許太守宅

郎官出守拜新恩，便道歸寧愜里門。戲綵偏承堂北樹，論文還敞日斜尊。座中賓侶烏臺盛，琴裏歌聲白雪繁。却憶巴東人吏候，莫將春草戀田園。

塔燈二首

寶塔凌蒼蒼，金燈燦夜光。非緣虛自瑩，那使暗彌彰？照水蓮花秀，開山若木芳。還當見五蘊，不滅是空王。

又

久在迷途裹，今來見佛燈。影垂香閣盡，光發寶輪層。是斗懸天象，爲龍燭地靈。化城元不夜，人世有沉冥。

翠筠山房同皇甫少玄三首

一眺蓮臺上，蕭然見竹林。因之步空翠，忽抵禪房深。窗冷含霜葉，檐昏落日陰。生年安簡淡，此境遂投心。

又

檀欒修竹裏，一室有餘閑。携手罷勞慮，晤談消苦顏。林聲歸鳥處，嵐彩落霞間。方此契玄晏，坐深忘所還。

又

牽役歲仍晏，勞生客已疲。偶逢方外日，不異山中時。□樹人同老，寒雲意共持。言觀東壁偈，總似北山移。

送南橋李公赴四川右轄

一望江頭楊柳煙，鳳城春色使人憐。方將驄馬遊同日，誰遣驪駒唱別筵？黃鶴晴臨鄉樹外，碧雞新下省薇前。須知萬里懷君意，共向峨嵋皎月懸。

省堂春燕

浮海及茲歲，驚時俄再春。迅光長逝鳥，淹迹未歸人。有酒承君子，登筵合衆賓。華堂滿嬉笑，樂事悉敷陳。擊石雷將解，彈絲蠱欲振。魚龍呈水戲，爵馬侑杯巡。餘雪飄梅盡，生煙挾柳新。察雲披五采，揆日仰重輪。道泰應承象，春公詎有鄰？肆來癃澤叟，言共省方臣。攬木知鶯陟，窺淵耿蠖伸。胡然復惆悵，終是感熙辰。

東岡寺訪楊二檀李潛厓作

爲愛春林雙樹華，依依來就野人家。崇蘭酌醴風香細，藉草談玄日影斜。海色游絲飄一院，經聲飛粟演三車。生年病在耽幽寂，得過茲緣意已賒。

贈許茗山赴夔州

君厭承明侍從班，聊麾白帝綵雲間。得賢時有王褒出，喻蜀人傳司馬還。水到巴東情亦向，猿啼峽裏勢咸攀。應知虛館無爭訟，端比口〔八〕陽臥治間。

春日山中行呈南衡

春色蒼蒼春欲闌，春光且向山中看。山中瑤草碧如帶，美人不遊予寡歡。寡歡何所爲？行樂當及時。相彼夭桃逐長浦，那能一片還故枝？君今光展城隅宴，煙霞峰壑俱陵緬。青林歷歷討花宮，紫徑迢迢乘羽傳。雲裏流音兩鳳笙，日邊蔽影雙鸞扇。香采氤氳百和生，睛芬葱蒨五文明。背郭花顏隨兩絕，面河柳絮拂塵輕。奚似巖阿春不老，好鳥懷之嘉樹嚶。與君携手重然諾，與子齊心等廖廓。連翩不獨訪三山，結束仍期窮五岳。尚蒙符綬苦牽纏，其外則白其內玄。玉壺美酒朱絲懸，下山再酌山門前。夕陽嵐嶺猶堪晤，吏館夜還私自憐。

送謝工部四首

玉壺携美酒，持向水衡斟。且縮青絲騎，聊同碧樹林。山川一以間，江海若爲深。獨有斯須意，因之款別襟。

又

臨水難爲送，驚春復此時。雲光依碧岫，鳥語戀青枝。攬物猶如此，嗟人獨不斯。合將分手意，還比會心期。

又

亦知從此別，且復宴晴暉。春草依袍上，煙花傍酒飛。澄湖方可泛，畫省竟言歸。縱有西林餞，其如始願違？

又

終然難久滯，遄已發前旌。去去高雲闊，行行幾日程。文章推水部，尊酒散江城。玉珮焚香暇，應懷別者情。

席上觀牡丹

庭中芳卉本多奇，遲日華含麗景滋。拂檻紺雲翻倚蓋，飄筵香霧裊遊絲。佳稱絕代應遺世，宴對餘春且滿巵。解道洛城真富貴，銀黄三組亦虛垂。

贈别林退齋赴湖廣廉使

文僚行楚憲，帳餞越垌陲。分手白雲意，同心黄鶴思。貞堅凌竹箭，芳潔比江籬。寶善邦風舊，還將此道推。

送盧公巡撫遼陽二首

中丞開府向遼陽，山海新承日月光。塞外不須防虜障，雲邊拱手盡夷王。

又〔九〕

樓船東下海雲生，盡道龍江雨洗兵。秦築何煩亘遼水？漢家別有一長城。

浙中三載中秋俱不見月

江上三逢八月秋，望舒曾不顯西樓。疏燈螢火當窗映，亂杵蟬風帶葉流。客鬢正宜昏鏡裏，鄉心無奈大刀頭。憑欄繞繞看烏鵲，匝樹驚飛使我愁。

贈鹿園居士四首

背郭高樓連袂登，夕嵐秋樹彩層層。低頭下見湖沙盡，方曉平空是上乘。

又〔一〇〕

常笑沙門乞食僧，黃金爲面有人曾。不知吾黨緣何事，懶與先師繼一燈。

又

雲裏春山更不移，月中明水任流之。道人住世心無事，世事悠悠何所爲。

又

金印纍纍棄若泥，葛巾麻履一青溪。人生行止原無定，說着避喧都是迷。

湖閣宴眺

秋水連山一面斜，城隅高閣野人家。淹留暮景因叢桂，剥啄寒籬有九華。托迹暫同如聚鳥，持心不住與飛霞。年來頗解浮名累，未遇登臨意已賒。

冬日再訪寒溪

歲晏高林再一登，白雲紅葉曉層層。維摩病久身無恙，女偊年長道豈增？開徑只應來仲氏，灌園那復數於陵？嗟予亦有垂天翼，未脱樊籠愧爾能。

用韻答寒溪留别之作

雲裏青溪鶴髮翁，送予瓀水步如風。形容不意□□〔一一〕父，姓字何緣達遠公？惜别夜光星斗爛，醉憐燈□□〔一二〕毛髮。臨岐未必仙凡隔，天上人間會此逢。

春懷書報同志

春光纔上柳枝頭，便有同聲黄鳥求。始信太和能保合，可令吾道不相謀。吟行每愛寒巖樹，宴坐常隨緑水洲。莫是流連逐風景，忘言真意總悠悠。

雲居與龍巖虚齋同賦

與君攜手竹林園，化閣春遊宿好敦。牛馬一官還自笑，塵沙多劫好誰言？階前古柏寒僧對，天外浮雲夕鳥翻。解道達生忘去住，合持芳醴宴林昏。

答江石南春遊見招

元僚春省踏春暉，携手同官意不違。共喜晴湖淹客棹，却愁芳草照吾衣。青枝送酒憑黃鳥，上界尋僧見翠微。氣淑道和何處是？夜深燈火醉言歸。

元夕述懷奉呈龍巖兄丈
前歲此夕龍巖在金華

元夕懷君憶昨年，三溪東望水如煙。非無美酒乘春興，獨少同心共月圓。往事蹉跎成夢裏，兹宵荏苒復燈前。相離莫謂逢還易，猶恐萍蹤益渺然。

窗下看飛塵二首

閑向春櫳窺野馬，絪縕不定擾虛空。個中到底難安著，只好勞形去逐風。

又〔一三〕

纔明忽滅胡爲爾，似有如無更惘然。只以朝陽向窗看，絲毫都是碧紗煙。

平望道中二首

輕絲流亂鳥綿蠻，夾岸春深楊柳間。眺聽可能消客慮？低徊翻自長離顏。

又〔一四〕

雨餘煙水澹晴暉，早有風花數片飛。不惜花飛帶春去，春衣又換與心違。

校勘記

〔一〕此題底本原缺，據本書組詩通例補。

〔二〕□，底本漶漫不清，據文意似當作“蜻”。

〔三〕此題底本原缺，據本書組詩通例補。以下八首同。

〔四〕□，底本漶漫不清，據文意似當作“各”。

〔五〕□□，底本漶漫不清，據文意似當作“南沂”。

〔六〕此題底本原缺，據本書組詩通例補。

〔七〕□□，底本漶漫不清，據文意當作“錫響”。

〔八〕□，底本漶漫不清，據文意當作“淮”。

〔九〕此題底本原缺，據本書組詩通例補。

〔一〇〕此題底本原缺，據本書組詩通例補。以下二首同。

〔一一〕□□，底本漶漫不清，據文意似當作“知漁”。

〔一二〕□□，底本漶漫不清，據文意似當作“草鬖”。

〔一三〕此題底本原缺，據本書組詩通例補。

〔一四〕此題底本原缺，據本書組詩通例補。

孔文谷詩集卷三

漁嬉稿

漁　嬉

平子賦《歸田》，願同漁父嬉。我今歸已遂，捨此更焉之？言鼓滄浪枻，式歌濯纓辭。振衣高天吹，晞髮九陽曦。貪競非吾志，潔芳聊爾爲。怡顏豈憔悴？放迹良委蛇。明月乃游鯉，虹蜺其釣絲。虛無乏患害，堅白少磷緇。追服古人訓，所保今在茲。

仲春始農

久知行偃蹇，弗能自罷歸。籠鳥待人放，搶榆還獨飛。雖令羽毛鎩，豈與性情違？楊柳上春氣，鶬鶊鳴曙暉。田家土膏動，野老生計微。泉脉荷鋤覘，竹叢解帶圍。開荒服南畝，習靜掩東扉。蘭葉廕皆秀，豆苗鋪壠肥。緣源植荷芰，表我遂初衣。

行路難二首

飭余水陸具，青雀兼紫騮。坎坷不自意，迍邅以相繆。上山冰斷道，入海風引舟。改轍逢巨壑，乘桴阻崇丘。飢鷗噆鼠嚇，猛虎挾狐遊。鑿齒候木末，含沙偵渡頭。天門一何曠，人宇故多愁。霜露戒朝□[一]，桑榆期晚恢。自無偓佺術，行路安可謀？

又〔二〕

人生大歡者，飲酒及從禽。桂宇羅廣宴，蘭堂沸繁音。韶歌送白日，上壽稱黃金。走馬向芳甸，放鷹起曾岑。疊雙成巧射，載滿縱高臨。自謂樂已極，孰虞憂見尋？沉酣損真氣，好殺傷本心。戈戟興俎豆，號呶化呻吟。此時思靜澹，潰敗不可任。

春林即事

廿年塵土客中春，今歲春巉屬隱淪。欹枕杖藜隨處得，野花啼鳥認來真。

答日者二首

即我令人猶未喻，知天於我更何如。茫茫只合隨緣住，不敢從君問卜居。

又〔三〕

我命自來能自筭，送窮乞巧兩無因。若教握粟成都市，定惱當年賣卜人。

閑居和答潘子抑

自笑狂夫懶更閑，閉門不省窺園間。稀疏短髮違僧幾，減損凡心與道班。夢轉日長仍就寢，興來瓶罄亦開顏。鄰翁剩有幽蘭調，時送一篇聊啓關。

仲夏北泉精舍書感

三十年前文會遊，此中花鳥羨同流。今來風景渾如昨，獨是少年成白頭。

栽 竹

虛心直節者，比類合同群。地左池堪夾，園蕉徑可分。移叢
偵酪酊，植本厚殷勤。南向道應長，深資德已薰。鳳條修廗石，
龍種翠含雲。詎望伶倫采，惟存嶰谷芬。歲寒誰復見，形影獨
憐君。

九日端居四首

雲净天空露始霜，山人歸隱及時光。瓮醅泛濫呈新绿，籬蕊
崢嶸現舊黃。

又〔四〕

重九嘉名俗共耽，插萸斟菊滿晴嵐。山人無意登高望，獨酌
空齋亦已酣。

又

籬花燦燦迎杯出，門柳蕭蕭拂帽低。何似關河客中眺，不堪
風雨暮凄凄。

又

佳節無人訪蓽門，徑荒惟有菊花存。折花盈手花邊坐，一段
寒香孰與論。

承小村宗尉分惠萊菔兼高咏數十篇
愧不能報聊戲答短章四首

仕宦無能學圃歸，那堪草盛菜苗稀。侯門困載貽萊菔，茹美
應教遁者肥。

又〔五〕

嘉蔬滿領貯荆筐，分付山妻好護藏。榾柮火煨成熟後，何人知有菜根香？

又

肉食無如藿食安，胃腸已作菜園看。自今尤覺藩籬固，縱有羔羊踏破難。

又

《本草圖經》載此蔬，導壅消穀勝薑蘇。只緣一種溫平氣，遂令胸中渣滓無。

謝小村孟冬雨中送菊

重陽無酒復無花，偃仰蓬廬只自嗟。不謂過時淹暮雨，却逢疏蕊映寒霞。破除楚客悲秋興，妝點柴桑處士家。折取未遑羞短鬢，一枝先插帽欹斜。

歸僦城隅之園聊以避俗頃趙孟敏有愛於竹形之雅作輒走筆虞和且見志焉凡五首

歸來未有買山錢，僦得東鄰屋數椽。灌木夾亭無次第，個中惟取竹堪憐。

又〔六〕

衆芳搖落及秋時，趁暖違寒若有知。不似此君淹暮景，無心一盡雪霜欺。

又

半畝荒園兩叢竹，一窗高枕上皇人。看破閑居有真相，門羅蛛網座生塵。

又

不作飄搖陌上蓬，園丁纔識主人翁。行吟只在修篁裏，坐臥長依小閣中。

又

洛陽才子氣如雲，能枉柴門坐夕曛。招隱何堪爲君賦，情知不是野人群。

郡守陳盧山言其兄小泉戶侯之高尚率爾寄贈

盧山云小泉，貌似馮唐老。壯略期收大漠塵，雄心欲薙祁連草。偶覺功名未易居，便將身世卷吾廬。即今養壽百年裏，何似封侯萬里餘？

元夕篇

風光新歲屬新春，時景元辰更元夕。天上星河泛綵雲，人間花燭紛瑤席。蘭膏金爐焰幢幢，絲竹嘈嘈疊鼓撼。何處歌歡綠雲第？何人笑語碧煙窗？翠蓋香車穠李華，銀鞍寶馬列侯家。火看燭龍噴作樹，鐙觀天女散成花。別有多情重遊玩，徹曉紅妝惜零亂。還將明月抵今宵，未肯一刻千金換。山人自窶北山萊，形如槁木心死灰。不逐東城共南陌，布袍孤擁月明堆。

送周以明援例入太學

決戰文場日又曛，且循條例待青雲。辟雍流水春衫映，御苑疏鍾曉舍聞。六館授書崇博士，四方觀禮樂同群。玉淵金海興賢地，妙選旁求會到君。

喜李書記千里見訪四首

下車衣服滿塵埃，千里相期笑口開。門網經年雀不到，何因得有故人來？

又^{〔七〕}

春盡深山草木長，更無人語到茅堂。兒童見客疑天上，敲火烹茶喜欲狂。

又

漳臺策馬過漳川，北及汾陽路已千。借問遠情誰得似，涓涓流水白雲邊。

又

我怕羊腸道路難，夢魂猶自苦躋攀。君過何得平如水？不是畏途途裏官。

宗賓西泉折紅藥見貽其花
一莖五朵便以供佛二首

冉冉色香搏頰霞，短枝繁朵足仙葩。呼童收水净瓶貯，持向佛前名獻花。

又〔八〕

記取一花開五葉，應知此本不尋常。憑君乞與靈根種，日暖風恬好護將。

與李書記談諧

酌酒與君談道緣，不求安飽不求仙。邯鄲舍裏夢初破，傀儡塲中戲可憐。赤水弄珠圓的的，青天邀月皓娟娟。街頭縱有兒童罵，只作流風過耳邊。

喜雨同李書記

問舍求田者，甘爲田舍翁。桑麻看隴上，雞犬牧雲中。破塊惟需雨，抽條但信風。旱來欣灑潤，況與故人同。

宗賓槐泉生日漫書

日光成火雲作煙，鳥不敢飛樹欲然。呼童煮酒復烹鮮，與我友生相周旋。豈不知，苦炎熱，其如樂。當年九河李子平原客，槐泉趙君中散賢，岸幘偏袒百壺盡，眼花耳熱就地眠，此時混沌真老仙。

園中和李書記

夕陽下山好，滿園生綠煙。一杯陳契闊，三畝樂歸旋。聽鳥知求友，餐霞計學仙。近來迂懶甚，只想荷蓑眠。

與南洲上人叙歸二首

一官廿載苦伶俜，好似玄裝〔九〕去取經。萬怪千魔俱歷盡，剛剛存得本來形。

巨蟒伺人横作岸，含沙射影暗如塵。當時就合江中葬，不意歸來有此身。

西泉莊遊眺次韻

日長何事可消愁？携手聊從汗漫遊。最愛西林帶雨净，還耽高館入雲幽。行揮炎暑葉爲蓋，坐汲清泠泉滿甌。莫道生涯太疏淡，山人元不擬封侯。

送徐汝戢之甘泉

年少筮邊邑，下車好爲之。賦困田多廢，兵頻屋屢移。高低烽火報，赤白羽書馳。大府催科急，遺閭奔命疲。調停策居上，經紀事從宜。韓范有先躅，弦歌誠我師。盤根別利器，推本見仁施。佇聽謡鴻雁，還看咏素絲。

述懷呈程古川舊巡四首

憶在關中備役時，得從群寀奉光儀。持心仰鏡青天上，點檢長憂負所知。

十載宦情如嚼蠟，不求聞達只求歸。形蹤稍似鷄群鶴，得返雲松自在飛。

夜光明月終無改，道作魚砆可奈何！自是世緣多不遇，空令千載惜隨和。

又

一官偃蹇百無成，天放歸田有此生。報德竟然慚國士，矢詩聊爾見心情。

送別李書記

九河李君天下奇，千里訪我山中爲。絶有文章希李杜，豈徒方技邀黃岐？足音正喜慰岑寂，行色那堪轉別離。秋水茫茫暗天地，問津策馬欲焉之？

奉和紀山見懷山中

自覺歸山好，蕭條常晏如。行樵遵古道，作賦信閑居。陶令真思友，嵇康懶寄書。適來勞問訊，惟有報迂疏。

贈琴士葉友桐

友桐山人彈雅琴，果令山水生清音。九月霜寒木葉下，曲終無語天沉沉。此曲由來世寡和，幾回聽者識其深。山人抱琴入山去，且向白雲閑素心。

送李判官之武定

寒日照郊館，朔風擺離旌。時當一陽復，君作千里行。入國凍流解，到官春草榮。還携琴鶴興，去訪濟南生。

山中答古川二首

古木高嚴誰與鄰？杖藜携卷自逡巡。情蹤好似脫籠鳥，不敢飛鳴更向人。

歲晚山寒萬木空，澗深樵響落巖風。閉門擁絮復何有？榾柮
滿爐燒夜紅。

山齋咏雪用鄭廣文韻二首

何物乾坤一色明？紙窗疑是月妝成。梅間認取花無數，竹裏
聽將葉有聲。啄粒鳥驚殘夢語，傍溪人著幾蓑行？常憎白髮欺吾
老，及比寒華老更清。

塗却人間黃與蒼，只凝孤館薄梅香。窮陰始滿即消散，大地
不平都掩藏。任俗看成輕絮舞，從時烹作苦茶嘗。憑誰喚起天公
問，六出爲花孰主張？

對雪寄懷紀山學憲二首

盡日瑤空白雪飛，阿誰能合此清機？遙知郢客高歌處，其曲
彌高和益稀。

乾坤誰使玉妝成？竹屋紙窗無限清。擁被聊同洛下卧，拏舟
恨不剡中行。

和古川登覽龍門

振衣登天闕，俯瞰洪河勢。日日湧驚濤，時時復東逝。盈竭
兩不形，流坎一奚係？升高即甘霖，潤下誠普濟。善利絕矜爭，
平成合天地。在昔浲警予，九載屬乖盩。載庸神禹謨，聿除穿鑿

弊。理順破懷襄，決壅來厲揭。弸涉大川舟，漁鼓滄洲枻。君子觀其瀾，同條聖人智。

和古川遊王官谷

昔栖欽表聖，今覽羨遊仙。澗底拾瑶草，峰頭凌翠煙。雲璈連谷響，芝蓋與天圓。即是謝埃壒，真心滿虛玄。

和酬許少華中丞秋日見懷

一封遥肯問荷衣，未是人間知己稀。吏隱向來舟不繫，山臞近與蕨同肥。東軒静寄西雲靄，昔月良遊今雨違。欲度關河無遠翰，夢魂惟作搶榆飛。

對雪寄懷少年

山齋對雪遥相憶，仙掌峰頭玉樹枝。在昔每容葭莩附，抵今誰賞歲寒期？花前酌醴登臨日，石上題篇笑語時。都作相思離別後，可堪愁裏鬢成絲。

哭李黃巖憲副

我欲紫團來結社，君胡白日去升天？舊僚詩酒俱陳迹，同榜聲名亦惘然。不憤煙生楊柳上，惟憐雪散梨花邊。此時回首淚沾臆，春色斷腸誰爲妍？

喜　雨

自春不雨，迄于仲夏。田之弗苗，亦胡以稼？匪歲伊凶，維時我謝。我行弗逑，我旋弗蓄。我求弗飽，曷甚我飢。上天有潦，忽其有祁。我疇晚植，以需口食。望秋且遥，柯腹中戻。衆厭膏粱，我免溝洫。

自題山巖屋壁

畎畝餘夫，山澤臞父。略覽詩書，粗窮鄒魯。厠足雲途，濫名天府。一命敷文，再命守土。三命如前，五教斯溥。既典藩憲，式昭王矩。名位攸崇，不能傴僂。眾口鑠金，大人解組。復厥初衣，保我衡宇。夢醒從伊，習習詡詡。泠吹滿窗，月華在戶。人謂我今，亦已太古。我欲求之，蔑無所取。

贈別趙南庵二首

聞道移官向江右，黃童白叟盡攀轅。分司使者嚴如雪，何得陽春滿谷暄？

又〔一五〕

豫章樓閣神仙府，解纜江城望是仙。金鼎調元要君看，香爐峰爇九霞煙。

贈張職方募軍北還兼寄懷林石洲戶部

赤心報國奇男子，白面談兵老丈人。帷幄早收西塞士，貔貅新擁北門軍。銜枚六月逢時雨，決策三秋净遠塵。遙想清風誰作誦？司徒瓊海一儒紳。

夜七月七日答趙孟敏見訪

火德迅西邁，金行生早凉。鴻鷩上弦月，鵲起渡河梁。霞表邀靈駕，雲端闢洞房。會期天不短，泣路世偏長。離索吾方感，招尋爾不忘。虛檐坐蕉綠，大斗酌瑤光。夜久彌眷戀，明當復翱翔。庶持九秋節，無爲參與商。

夜坐偶然二首

窗際蠅鳴曉鼓，草間蚊響昏雷。不是市朝闤闠，如何亦有喧豗？

又〔一六〕

階面月光流水，庭心雲影敷花。驀地不堪掬弄，恍然看破虛華。

戲答南公見惠絲瓜二首

絲瓜在君果園裏，枝枝葉葉相綢繆。霜刀剪斷送山客，公然不挂一絲頭。

葫蘆架上蔓絲瓜，綠葉相扶黃白花。花落果成連果棄，如同秋水送寒霞。

喜紀山至郡校文

新秋宿雨夜來晴，星斗高懸分外明。怪底人間占德曜，適從天表迓文旌。綠槐風動魯中講，絳帳雲滃稷下生。幽谷別夫忘却老，欲充童子備將迎。

生日就輝上人飯僧

我生漸已老，于道蔑無聞。自從脫冠來，稍益厭塵紛。習懶晝多睡，睡起延夕曛。好覽佛氏書，因與釋子群。賤日適清暇，消散精廬雲。此時秋正中，天宇澹氤氳。煮飯約僧共，還容鳥雀分。食已各沉靜，滿室香煙焚。即是理齋素，方爲滌羶葷。抱冲有餘蘊，百年非所欣。

重九將近招我友生二首

秋色凋零不暫停，蝶愁蜂慘惜餘青。人生潦倒知何事？莫遣黃花笑獨醒。

又〔一七〕

老至逢秋更不禁，葉飄風打暗庭陰。多情只有寒籬菊，把酒來同歲暮心。

九日對菊呈紀山

昔賢愛嘉名，誠謂今日好。高天無片雲，清川絕泥潦。澹泊蘊貞素，澄瑩徹幽渺。綠葉吐霜莖，黃華絢金藻。眾芳委蕭晨，孤節方獨表。歲晏歸來翁，欣定合其道。與我鄰曲交，及時共傾倒。掇英而飲醇，袪慮以却老。茲焉景不殊，云何覆傷抱？爲缺賞心同，中懷悆如擣。

承紀山枉駕丘園率爾賦酬

小圃綠蕪秋，能生宋玉愁。人群久相棄，歲序行已周。顏鬢先霜改，神情與谷幽。惟當慶雲惠，垂采到林丘。

贈紀山校士

金鑑自爲明，玉衡自爲平。高賢出延閣，復是蘭臺英。宏雅授文命，允中司道盟。憲天闡元化，本實末浮榮。九秋氣宣朗，八表氛澄清。凌旦莅廣堂，大觀臨諸生。析理發疑難，屬藻定章程。蕭蕭儼光儀，鏘鏘流正聲。群蒙仰熙耀，萬有會醇精。待公相王室，品題充國楨。

送別紀山

文思信神敏，功令早已竣。駕言還省署，旌斾颺術阡。諸生擁道周，列侯羅後先。鴻儀競瞻奉，至教圖勉旃。水流赴大壑，民懷屬高賢。曰余獨多戀，送遠不能旋。行行造野寺，擾擾申別筵。杯酒豈足珍？聊用寫勤悁。融暾被寒樹，英雲滿山川。相去逾百里，竭來殊一天。丈夫雖耿介，離析終黯然。

和紀山國寧寺小集

息駕休僕夫，振衣暫祇樹。良近今子華，清緣昔玄度。雲中野鶴歸，雪裏山僧住。吾道豈淹留？驅車還復去。

和紀山自國寧寺訪白雲庵與中望卜山

東林蓋白雲，北嶺籠黛色。曾是聖門儒，于焉此栖息。其人雖已朽，其道常不忒。俗客幾經過，橫棄塗路側。君獨何爲者？褰帷望還憶。

送紀山至白雲庵夜坐觴咏

爲憇林間室，枉此霞外驂。華月吐雙樹，清光凝一龕。鐘聲散白雲，萬籟虛空含。端居澄道心，清净和且耽。郡守遠見候，巖叟亦來參。泛愛携友生，抽藻締文談。達曙滿芳翰，彩翠成煙嵐。

奉和紀山公白雲庵留別

霜葉易分散，離人難久留。長廊一杯酒，成喜復成憂。會面偶前期，解携思舊遊。所須心是月，流影到西樓。

喜翟山人至二首

誰謂故人老，猶能策馬來。到門僮僕喜，留榻酒尊開。瘦骨全如鶴，雄心半已灰。屏風時點染，輞水木蘭隈。

又

蕭索歲雲暮，閉門人迹稀。寒檐鳥不下，空宇葉頻飛。棄學拋書卷，逃禪擁衲衣。栖遲君莫厭，久與世情違。

寄題子夏石室

道存身退老於斯，石室千年尚可窺。谷水寒流洙泗派，巖條春長杏壇枝。梯雲直上心猶壯，帶月空回力已疲。自歎爲儒還不遇，由來吾黨合栖遲。

送別翟汾涯

春風黃鳥泥人時，却把芳尊贈路岐。怨別況逢花落盡，惜分應見馬行遲。鏡中勛業看成老，筆裏丹青鑑者誰？知到舊林生計拙，小樓惟有獨吟詩。汾涯家有小樓，故云。

山中答王西石使君見訊

春晚草煙綠，晝閑山雨微。落花鳥聲散，閉閣客來稀。曷由天上字，來訊野中扉？惠澤灑芳潤，蓬蓽滿清輝。自慚缺世用，偃蹇與時違。朝隨麋鹿往，暮逐孤雲歸。習懶益成性，抱愚豈有機。非君念幽側，誰不吝音徽？

奉和紀山公春晚齋居見答

獻歲感知己，當春事行役。欲往道無因，悵言空日夕。奚由掃徑延[一八]，觴翰來所益。庭樹華已繁，階草色逾碧。駘蕩撩我心，良期竟云隔。奉君金爵杯，兼以洮溪璧。杯爲酌南山，璧用鎮文席。亮懷豈殊況，流光坐相惜。

校勘記

〔一〕□，底本漫漫不清，據文意似當作"歷"。

〔二〕此題底本原缺，據本書組詩通例補。

〔三〕此題底本原缺，據本書組詩通例補。

〔四〕此題底本原缺，據本書組詩通例補。以下二首同。

〔五〕此題底本原缺，據本書組詩通例補。以下二首同。

〔六〕此題底本原缺，據本書組詩通例補。以下三首同。

〔七〕此題底本原缺，據本書組詩通例補。以下二首同。

〔八〕此題底本原缺，據本書組詩通例補。

〔九〕"玄裝"，當作"玄奘"。

〔一〇〕此題底本原缺，據本書組詩通例補。

〔一一〕此題底本原缺，據本書組詩通例補。以下二首同。

〔一二〕此題底本原缺，據本書組詩通例補。

〔一三〕此題底本原缺，據本書組詩通例補。

〔一四〕此題底本原缺，據本書組詩通例補。

〔一五〕此題底本原缺，據本書組詩通例補。

〔一六〕此題底本原缺，據本書組詩通例補。

〔一七〕此題底本原缺，據本書組詩通例補。

〔一八〕"延"，據文意當作"廷"。

漁嬉稿

寄拙園叙志二首

罷官無一事，涉趣有斯園。半畝菊成徑，三間草作軒。窗前柱史册，厨裹步兵尊。山客頻相問，而非車馬喧。

又

不是能辭貴，無非只灌園。林光映疏牖，山色滿空軒。拙計畦邊瓮，清緑樹底尊。看雲兼聽鳥，誰道迹離喧？

羅江公席上喜雨二首

和氣集端暇，油雲冒高城。陽飇滿葉振，陰鳥拂檐鳴。始至絲同散，稍深河共傾。已回緑野秀，遂復炎埃清。燕喜廓靈覛，惠康敷太平。方知霖大旱，可以潤群生。奚獨束夫子，卓然通神明？

又[一]

麋鹿在山澤，野情常畏人。安知食萍意，還復比嘉賓。徂暑奉華宴，廣堂羅衆珍。樽酌如環轉，絲吹怡我神。好雨應期至，良苗育時新。庭樹滿芳色，終席無一塵。醉飽竟何德，嚅嚌清與真。癯非戰勝者，庶不爲緇磷。

蓬蒿園用韻二首

背郭柴門懶自開，盈園蒿草未須栽。無階那得翻紅藥，不砌何由長綠苔？僧舍相看如鹿苑，儒家取次似書臺。窮年輪軼稀塵迹，鎮日孤雲任往來。

又〔二〕

短垣荒圃帶孤城，容得牆東一朽生。苦李任天還結實，野蒿隨地亦抽莖。栖遲歲月殘書卷，混沌乾坤濁酒罌。仲蔚所居吾不讓，祇緣除却世間情。

答柳川山中送杏

北窗微雨旦來清，頓覺人間暑氣澄。更得山翁寄山杏，帶將仙露滿金莖。

聞紀山先生訖試平陽東巡駐上黨萃考五郡諸生寄懷

三聖大觀揮振德，五州總覽盡敷文。仲尼已度臨河轍，伯樂還空在冀群。簾卷翠微干彩筆，弦揮吹萬滿靈薰。詩人仰止吾同調，潞子高山正是君。

夏日北窗偶書

潯上炎風熱不支，北窗榴影綠參差。單衫禿袖蕭然卧，殊勝折腰束帶時。

和柳川宗尉屋泉茶竈之作二首

漠漠紫芝洞，蕭蕭修竹林。泉飛窗裏細，山隔世間深。茗碗消炎氣，香爐凝道心。思君若天上，雲路杳難尋。

又

早披塵網絶貪緣，獨秉真機事静專。石屋水寒西澗注，竹爐茶暖一甌傳。食蔬慣斫芝田種，衣草常收樹葉穿。可是世人尋不到，只應雲鳥過窗前。

西齋秋思二首

老與賤相仍，新來更自經。坐中常懶起，睡裏却動醒。報主心徒赤，逢人眼不青。細思何足歎？身世本浮萍。

又

歲序行已周，役車方載休。涼風聽木落，秋水看雲流。楚客空歌鳳，莊生且任牛。稜田釀濁醅，聊可耐窮愁。

西齋寄復齋二首

結茅如斗大，即此是西齋。松菊尚無徑，木蘭豈有柴？隨緣希布置，率性少安排。三復《考槃》咏，願言與子偕。

又

偃仰一室中，蕭條如抱冲。方將是非遣，頓令人我空。暑氣散林薄，秋光上簾櫳。綠陰轉明瑩，華月欣與同。

秋 夜

庭柯生爽吹，今夕西齋秋。殘暑銷煙薄，新凉帶月浮。青熒燈始媚，滴瀝漏方遒。獨擁蒲團夜，真成不夢周。

移　菊

篤愛秋容好，併在菊花端。碧叢分紫翠，金英間玉丹。霜露
方表節，風雨詎知寒？操當同隱士，氣復尚幽蘭。回回遶籬玩，
采采帶霞餐。相親意無限，移向西齋看。

孟冬六日宴集社中諸公

野人當歲晏，斗酒會芳鄰。雞黍無兼味，琴書有宿因。情塵
風落盡，鬢色雪沾新。取醉合相笑，清時總逸民。

初雪宴柳川西園分韻得淹字

同雲作凍冬始嚴，雪片下庭飛滿簾。梨葉灼爐紅可擁，松枝
拂牖翠堪拈。未愁謝館吟難就，生怕陶杯酒不添。剡棹載歸尋友
興，何如今侶興方淹？

至後承羅江公夜宴留別

嚴車將邁更多情，旨酒方爲悵別傾。江海天連知道在，冰霜
歲晚見陽生。簾前燈火煙華媚，院裏笙歌朔吹輕。醉飽無能勝德
意，懸心祇恐逐離旌。

奉送羅江公總憲之江西

一陽乘取動征輪，行作江鄉萬里春。雪燕重憐官路永，星臨
爭睹法垣新。化參鐵柱流丹壑，望切香爐祝紫宸。合道豫章梁棟
地，廟材先及老龍鱗。

送張龍嶼太守入覲

萬國同趨覲紫微，賢侯此去有光輝。一官儒雅才堪別，三德

動宣世所稀。春色喜瞻龍袞近，恩波應繞鳳池歸。還將樂職中和頌，獻作賡歌滿禁闈。

送趙孟敏會試二首

弘文世方盛，抱道君且賢。知上南宮選，復當東閣延。雲羅收鳳日，天府漸鴻年。送者應如堵，登瀛望是仙。

又

目送者誰子？飛鴻凌紫煙。天人今擢第，鄉國早推賢。日射黃金榜，風生白玉鞭。長安多意氣，先遣報書旋。

自叙耕田讀書圖意奉謝紀山公見寄題咏二首

出身自畎畝，還復返郊原。回思一官繫，秖足叢世喧。適來耕且穫，聊慰釜與尊。學稼非有請，休猜姓是樊。

又

鯤海身難化，鸚籬手自編。非將藝作圃，聊以學為田。萬卷焉能破，遺言冀可詮。先民亦曾是，所說聖人篇。

奉和紀山公歲暮見懷二首

仰止情千疊，離居阻一歡。寄書人不便，對酒獨成歎。荏苒春仍及，蹉跎歲已殘。循環竟何益？就裏是愁端。

又

歲月林中老，顏華鏡裏銷。那堪聞《別賦》，還復在玄宵。北斗文逾麗，南山興豈豪。偏能題尺牘，重與故人袍。

奉酬孟衞源右轄晋陽春初見懷

自歸無復逢人問，何得瑤華到草廬？幽谷信移陽吹裏，鄙生誠荷德薰餘。舊來高義還傾蓋，別後窮愁頗著書。面目語言時盡憎，報章臨遣更踟躕。

喜衞源公移晋右轄作此叙懷

海內馳心者，關中會面親。芳蘭同氣味，秋水異精神。省閣論文夜，河梁送別辰。篇章憐俊逸，岐路悵酸辛。道遠音塵隔，情深夢想頻。逢時君奮跰，安命我沉淪。薇省天工亮，棠陰野戍春。久要平仲敬，不棄魯公仁。蕙轉光風淑，鶯鳴化日新。村墟無暴客，畎畝得閑身。已謂居成獨，誰知德尚鄰？停雲徒徙倚，適館竟逡巡。政府絕書信，今方爲子陳。

山中答李湫南大參見訪

神交十載悵多違，面覯今憐得所依。愒舍綠棠春雨細，下車五柳夕陽微。不知子夏歸來老，獨羨李膺攀者稀。谷口巖廊竟殊致，鷃栖還解看鵬飛。

送客回漫書二首

業已爲主人，依然還送客。日暮返柴荊，浮雲散巖碧。

又

野徑遇山僧，招邀坐幽石。一掬取泉凉，抗言談在昔。

柳川園息陰

清和入園趣，最是綠陰繁。藹藹翳三徑，森森周四垣。交疏人不到，坐静鳥餘喧。明月還相映，幽閑可自言。

雲山別意詩五首有序

"雲山別意"者，贈紀山別也。孟浩然曰："君登青雲去，余望青山歸。雲山從此別，淚濕薜蘿衣。"大似爲余道者。斯取而題之卷端，作詩五篇。

遊好方自此，榮名遽見遷。駕言徂南服，江帆摇遠天。孟夏山氣好，草木緑成煙。中有嚶鳴鳥，求友聲不惓。人獨不如斯，但感別經年。

驅車下太行，坦然即平路。荆門暫一過，王程不可住。桂舫御安流，江藩入雲樹。名省得新參，無人不瞻慕。文命久矣敷，仍當惠風布。

瞻依惟北斗，仰止惟泰山。高明孰不眷？攀攬良獨艱。軒車舍我去，望望天雲間。百壺酒方湛，首夏花復殷。縱有暫時晤，詎解別離顏？

野人曾一仕，無合其所如。孤雲還舊山，散木存朽株。昔日金蘭友，棄我若秋蕪。公獨奚爲者，惠好竟不殊。鵬鷃當遂判，臨風恨跚蹦。何時復琴醑，重訪山中廬。

又

極目送飛鴻，冥冥上霄漢。我欲往隨之，天路與我判。短羽戢蓬蒿，聊從蟲鳥玩。高卑分已陳，寒暑易回換。所保金石期，一別非所歎。願言遺好音，報之青玉案。

寄贈趙生登第

久知嗟蠖屈，今却羨鵬騫。不有朝登俊，其如野伏賢？王褒獻頌日，董子策名年。運合風雲裏，身依霄漢邊。莫仍懷漆室，真已戴堯天。畫省纔分署，金門更佇仙。高文宜著作，異等貴招延。阿閣緣何事？應爲鳴鳥懸。

贈谷近滄自潞安兵憲擢參浙藩

坐鎮三年重國楨，建牙高岳與天平。襄帷問俗五州盡，草偃風行一道清。正是河陽資寇日，那堪秋水送王程。紫薇江省文華地，知復甘棠滿頌聲。

送王西瀛之任江西僉憲

別久纔一還，歡宴謂可長。奈何復言邁，飲餞心徬徨。是時秋始序，雲樹生新凉。晴嵐出彩翠，積水川澄光。子有大江行，旌旆金飆揚。銜命不寧處，豈得論私腸？東南屬多事，之紀馮蕭將。況有經世器，弘濟在舟航。當令著明德，慰此遥相望。

九日喜張南川公至汾晤言奉呈四首

華秋翠渚看鴻飛，盡令東人識袞衣。授館豈徒留信宿，爭持壽斝獻晴暉。

仙輿西下白雲層，山水高深信若增。何况清言是吹萬，不教狂簡一凌競。

後生白首竟無聞，羞睹黃花對暮雲。先達誨人還不倦，坐中玄解月紛紛。

山中歲月坐推遷，搖落秋深信可憐。看取自家何處是？冷雲堆裏菊叢邊。

題東谿公新建鈴閣

紫薇分署日，青瑣出藩年。鈴閣開雄鎮，牙旗建大川。四維端護國，八柱迴承天。畫戟排雲上，丹梯拂漢邊。朝披分氣象，夕攬辨風煙。形勢山河固，聲輝星斗懸。居高心每下，虛左士頻延。樽俎紆韜略，干城屬俊賢。威行民害去，惠洽主恩宣。道以經綸備，才將文武全。規模誠遠矣，事業信巍然。佇目台垣進，應從此地先。

寄題張都官招隱園二首

聞君栖隱處，山水護林園。雲幄滿空翠，松門隔世喧。投心應自得，撫景復誰言。不是逍遥者，能無足力煩？

又

辭榮復何好，幽曠從所如。果藥羅後圃，松筠列前除。窗移巖影翠，簾卷月華虛。借問招隱士，招得幾歸與？

奉和張南川公宴集見贈之作

車馬到門誰不訝？別無人眄子雲玄。歲華荏苒東溪上，木葉蕭疏小閣邊。坐對碧山看晚翠，笑臨黃菊認秋妍。一杯肯與幽人共，忘却尊高輩是前。

臘日小村館宴集和酬

欣茲社中會，駕言停我車。主人好文宴，珍筵列前除。玉壺傾美酒，金盤薦嘉魚。日闌情未厭，改席坐高廬。秉燭親茗果，展玩復圖書。雍容寒氣微，迢遞夜景虛。歲慕余寡悰，不意樂有餘。方知賞心同，能使俗慮袪。

磬室篇贈柳川

幽人曲房名磬室，問之方始得其一。賦情好靜不好喧，稟志耽文亦耽質。昔有江南張建勛，嘗蓄玉磬泗濱雲。聞有俗人談俗務，起繫清耳息塵氛。此事遥遥隔千載，鏡花水月無人采。道通殊世會相因，機合取裁還不改。以室當磬閑更深，自然塵遠玉山岑。名在實存奚異調，今來古往總同心。橫窗小戶檐扉裏，茶竈酒爐成具美。蒲團一片啓鴻濛，鶴嶺終南居尺咫。冬寒不入夏氣清，竹露夜闌啼鳥聲。幽人起看但空翠，自稱寵辱曰不驚。山客抱琴候門側，幽人始肯放顏色。琴罷酒酣各不言，三歎静緣題紙墨。

送黄少陂移守汝州

嘉會云可常，不謂遽别離。行邁欽剖符，飲餞悵臨岐。春氣敷百卉，野煙含緑滋。嚶其出谷鳥，翩彼上雲枝。君子抱鴻略，舉翼鳴熙時。方將策遐路，豈恤繾綣私。佐郡已久淹，專城猶量移。奮庸諒兹始，祇役聊爾爲。當知惠邦國，嵩流滿田陂。昔日潁川守，振珮趨彤墀。

酬衞源中丞見訪

春草蔓墻東，誰知引上公。苔文迎幰翠，樹采媚旗紅。不畏門題鳳，惟欣軾畫熊。非由一存舊，幾與野人同。

喜雨呈衞源公

望霖方此日，應雨即來車。觸石靈何巧，隨風潤自餘。氛銷高闕外，麥秀兩岐初。和澤還無限，絪緼滿太虚。

喜分守抑亭公入汾而雨奉贈

美稷兒童迎使君，即看車蓋起浮雲。山川有待爲霖溥，草木何私被澤殷。九派巨流曾惠楚，公曾兵備九江。三河餘潤又霑汾，公曾守鄴。應知民愠都消散，一鼓虞弦萬室薰。

仲夏田居

永日謝紛雜，惟當野老家。圃收諸葛菜，田長邵平瓜。細雨
童吹笛，晴風鳥啄花。門前五柳樹，往往絓飛霞。

偶逢江使寄懷曹紀山先生

淑人君子心如結，還使人心更結君。梁苑吟同深夜月，汾亭
酌別晚春雲。江山夢蝶何能到，霜露驚鴻不忍聞。一寄書緘
口〔三〕南信，可堪葭水思紛紛。

贈張大行

彤闈拜命肅華旌，朱邸覃恩耀寵榮。天上文星遙發使，國中
雲采競歌卿。方當畫舸臨汾日，又是錦衣歸越程。覲省便應還闕
下，好移鴻藻奉承明。

生日奉酬柳川

初度曾將弧矢懸，蹉跎今老一溪煙。開筵喜共邀明月，聞道
慚多負長年。九局棋中甘我後，三條路裏讓人先。可能積得彭聃
壽，傍柳隨花似葛天。

寄和趙孟敏京邸中秋見憶之韻

門巷秋深斷掃除，獨堪衰柳翳吾居。山林未是金張館，朝省
應無故舊書。却老久知丹藥誤，銷憂常畏綠尊虛。月明千里勞懷
咏，欲報瓊瑤愧不如。

寄懷土岑詩社次抑亭韻

蓮社千年變詩社，江山文藻別爲春。卷中珠玉傳高咏，圖裏

冠裳見偉人。望極瓊峰樹若薺，夢回瑤圃草如茵。游魚亦有聲音趣，欲往從之遡廣鈞。

西齋秋夕

始信寂寥者，惟當楊子居。荊扉謝明盛，蓬鬢保玄虛。窗葉蟲雕遍，階塵鳥篆餘。秋聲復何處，蟋蟀響前除。

東谷樓九日再眺呈龍嵋太守

佳辰高蓋復高臨，野老還隨眺遠岑。帽插紫萸和露重，杯浮綠蟻帶霞深。弦端鴻影揮秋思，鏡裏潭光照暮心。叢菊何知酬勝事，的然開出滿籬金。

霜降日作

玉女飛霜似薄埃，流飆悽緊塞鴻哀。纔從黃葉林邊過，又向白頭人裏來。

園中刈蔬

饉歲菜苗稀，當令吾圃微。霜寒方薄擷，日暮未盈歸。饘粥聊相藉，虀鹽但不違。先師有餘樂，後輩良可依。

夜憶吳山人寺宿二首

今宵頓覺茅齋冷，古寺荒涼更若何？定是單衾眠不得，愁聽落葉打窗多。

又〔四〕

雙樹蕭條獨掩扉，可堪燈火夜深微。此時歸夢不須作，幾客真從夢裏歸？

愚公園答諸公見訪二首

城隅結茅地，乃是愚公園。真水資苔井，假山借雉垣。草因無路長，樹以不材存。栖息除外想，土安仁亦敦。

又

天地始閉塞，園廬正荒涼。高車尚未覿，美酒還載將。嶺上雲多白，林間葉盡黃。不堪酬惠好，聊爾對斜陽。

答吳山人嘯庵

涉世一何淺，入林良已深。蕭條黃葉意，冷淡白雲心。歲歉猶釀酒，家貧未罷琴。惟應同病者，來此共幽沉。

抑亭公惠燕柳川莊之竹林夜歸賦謝

巖扉溪館駐熊車，爲禮幽人向竹廬。下榻敢當徐孺後，開尊已過孟公初。夕陽嵐彩山增翠，落木泉聲谷轉虛。醉去不驚寒犬吠，村林燈火夜春餘。

酬龍嶼冬日招宴

劇郡一何暇，平理自雍容。嘉事洽樽俎，和聲倫鼓鐘。儒紳既延佇，野老亦過從。賓貌儼庠序，主儀蕭夔龍。情深文益著，德茂禮逾恭。嚴吹生廣陌，晴暉散高春。晤言歡未極，留款眷彌重。移席就蒼翠，傾壺竭醇醲。玉童歌宛轉，金爐粲玲瓏。磊磊霜下柏，亭亭雪餘松。當同君子操，顏好耐玄冬。

校勘記

〔一〕此題底本原缺，據本書組詩通例補。

〔二〕此題底本原缺，據本書組詩通例補。

〔三〕□，底本漶漫不清，據文意似當作“佇”。

〔四〕此題底本原缺，據本書組詩通例補。

文谷漁嬉稿

〔明〕孔天胤　撰

王卯根　點校

《漁嬉稿》自叙

　　山人有稿，名《漁嬉》焉。客問："此名義何居？"張平子《歸田賦》曰："追漁父以同嬉。"嬉者，樂也。樂則生矣，生於心而宣於言也。屬言於草，則有稿存焉耳。客又問："夫魚則有荃，而言則有稿，固矣。或猥瑣之不足存也，不足存則弁髦棄之，存之何居？"南郭子綦之表天籟也曰："大言炎炎，小言詹詹。"詹詹者，小篇之貌也。夫有使之言而小者，政吹萬不同而使其自已也。亦猶夫轂之音也，蜩之響也，與龍之吟也，虎之嘯也，鳳凰之鳴也，其有辯也。語其使之然，不得不然，則無辯也。道惡乎往而不存？言惡乎存而不可？余是以存之。客聞此解，自謂得其言而言與不得其言而言旦暮遇之也，遂不復起予矣。

　　嘉靖四十四年，歲次乙丑六月十五日庚辰，管涔子叙記如此，而書於文苑清居

文谷漁嬉稿辛酉

謝東府春宴二首

東第開春宴，先沾在野臣。和風隨喜氣，瑞日見豐神。設醴恩逾楚，謂楚元王。綜文義過陳。謂陳思王。會當滋福慶，欣睹應年新。

圖書燦東壁，賓客藹西園。姬聖溫文萃，河王禮樂敦。玉杯香柏瀝，金縷翠雲翻。要識千春樂，應看此日存。

人日咏懷一首

此日念吾生，徒慚大冶成。踐形衰未肖，繕性老奚明？窗北時高臥，墻東竟寡營。嘗爲抱關吏，蔑取棄纁名。忠信獨蒙毀，直方誰見貞。謂愚無一得，寄拙有餘情。靈貴爭開歲，困蒙還守程。五窮揮不去，六極任相攖。綵勝將爲勝，清平自太平。若言人似我，庶類缺歡榮。

柳川翁自製天香玉兔燈巧奪天工
□〔一〕入神品余喜而賦之

燈火上元時，君家特地奇。裁綃依月體，連轂象天儀。玉畫蟾宮兔，紅妝蕊殿枝。蘭膏一吐耀，流影遍庭帷。

中和堂燈宴作

今歲元宵宴，光華倍藹然。主賓無一缺，燈月有同圓。晬〔二〕面宜春酒，明心不夜天。中和何處是？併在繡筵前。

二月十五日偶然作

三分春色古人云，今日平平兩半分。過去已看成幻化，未來尤恐作斜曛。雨中楊葉籠山氣，風裏桃花颭水紋。可縮遊絲繫駒住，只憑啼鳥勸杯勤。

在原山竹林戲題

君家好翠竹，映廕碧溪邊。明月偏秋夜，清風滿夏天。有酒莫向此中飲，有枕莫向此中眠。若復沉酣更高卧，定成瀟灑竹林賢。

題條巖圖

碧樹雲爲葉，青山水作簾。俗中人不到，望想是條巖。

奉和小村郊園見贈三首

僻地稀三徑，離居絕四鄰。樹憐松竹舊，花笑槿葵新。山迥雲來少，階閑鳥下頻。坐深餘靜定，良已愜沉淪。

北山看不足，西嶺望還青。夏水章章秀，春蘭葉葉馨。眈幽深作洞，結翠小爲亭。不是閉關者，隱居門自扃。

入山愁虎豹，卜築遂邊城。鷄犬□〔三〕中事，煙霞物外情。種桃看少好，集鳥聽嚶鳴。道侶如相問，留餐綠芋羹。

頃辱小村見咏荒園輒已賡韻仍專賦奉酬

面山無美宅，背郭有荒園。鶏羽易栖息，桂枝聊攀援。勞君白雲意，遺我清風言。稅駕良已矣，世營非所存。

送陳公子歸浙應試

臨汾發英胄，銳氣耿長虹。學以過庭正，文非沿俗工。賈生年最少，董子道兼隆。江省賢科待，天門廣路通。鳳來鳴盛日，鵬起趁遙風。丹桂榮之子，泥金喜若翁。太丘家自慶，定國閫宜崇。詎爽青雲的？腰懸明月弓。

首夏背郭園即事

結宇背城陰，聊無外物侵。形骸謝牽束，光景得窺臨。春事良已晚，樂生宜及今。幽蘭何馥郁，好鳥亦招尋。秀木清夏氣，輕颷澄夕襟。縈心寒泉井，明眼北山岑。昭曠此中盡，冲閑謁來深。花前銜貰酒，石上寫鳴琴。即是全野逸，誰謂嗟陸沉？

北愚草堂謝諸公過訪二首

故人念幽獨，載酒一相存。美話情當悅，深心迹不喧。雲峰開畫障，羅幌布空軒。離索還簪盍，拘方安可論？

徇此野人分，嘿然安我廬。覺心如夢後，定性似禪餘。雲裏多眠樹，日中纔飯蔬。足音誰不感？身世竟逃虛。《十七章經》云：“樹下一宿，日中一飯。”

憂　旱

永夏抱孤緒，下帷坐復眠。省躬一何苦，蓄意乍若煎。爍石景逾燥，流金焰更然。已無彼黍事，孰有東菑田？爪髮吾豈靳，風雲自爲愆。徒聞發棠日，未見煮粥煙。家食當屢乏，天災爲誰延？留侯喜辟穀，不向飢人傳。

自立春至四月終旬始見微雨

終朝訟風伯，今日逢雨師。觸石且無寸，沾衣纔有絲。枯條希宿潤，燥壤覬含滋。儻遂成甘澍。薄田猶可爲。

北園有樹名沙棗焉紺膚紫莖銀葉金花復有香氣頗似木犀首夏浹旬遂已芬敷余遠望而目恍近攬而神怳搦管記言以徵創見云爾時歲次辛酉

小園沙棗甚稀奇，銀葉金花壓滿枝。香似木犀開更早，清和時景正葳蕤。

奉壽陽谿兄六旬

世間甲子遞人生，一度相逢一眼明。算到十回才六伯，再加三轉是籛鏗。知君壽域超千界，且喜天開第一程。花下玉罍須滿泛，南山詩句好同聲。

仲夏二日賞王孫園芍藥賦

老去看花倍惜花，藥欄千朵艷紅霞。綃紈撲取香無數，玉醴浮將色更嘉。菡萏鮮妍聊可並，荼蘼庵藹不須誇。搴芳欲贈人何許？目極瑶臺道路賒。

閑居五日

一春無雨不成春，微雨端陽□〔四〕可人。芍藥開遲紅更好，菖蒲生早綠逾新。愁兵欲遣靈符避，怕老唯煩聖酒巡。爲報伯勞休擊聒，且留芳草伴閑身。

奉和柳川見咏背郭園之韻

退耕從所好，苟簡故隨緣。茅結觀書地，林開晒藥天。療飢瓶口粟，買醉杖頭錢。了此一生事，寧須二頃田？

咏小院榴花二首

珊瑚出水鏤成花，綴碧堆紅賽浣沙。潘岳閑居君是伴，何如僻在海西斜？

高齋一樹翠將紅，似向斜暉笑老翁。不見阿嬌還妒汝，茜裙脂口綠窗中。

送任學正正歸田一首

儒官已自清如水，更託高林歸去清。地出華池供盥濯，天開繡嶺作檐楹。明農且喜饒秋事，課讀還欣滿夜聲。舊日社朋誰最厚？好傾桑落盡平生。

前題代葛陂作

清汾三載幸同簪，黃鳥芳蘭意氣深。三鱣欲看遷講席，一杯誰想動離襟？蒲津渺渺分長路，驪岳蒼蒼返舊林。石室《陰符》應獨玩，知君剩有白雲心。

見榴花落地而賦之二首

樹頭早起見開紅，一夜鋪階似錦叢。自是繁華要刊落，不須憎雨更嫌風。

雨散風回月上遲，夜深驚鳥動庭枝。臥聽葉葉相凌亂，知是石榴花落時。

閏月一日宴集郡守諸公喜雨

十旬憂旱發琴尊，一雨回枯始掃門。自奉郡侯成燕喜，非干野老事攀援。海榴似火催觴速，山鳥如簧賽樂繁。向夕長虹挂天外，欲將錦組繫歸軒。時輕雷送雨，俄而虹現。

送抑亭公入賀一首

昔日仙班玉佩臣，今還拜表賀昌辰。朱軒出宿鴻儀遠，紫禁趨朝鷺羽振。華祝誰先百官上？嵩呼親向九天伸。周南滯客空留歎，獨喜才賢遇聖人。

贈羽客崔樸庵南遊二首

姑射山前是住居，白雲長自繞林廬。一從堯駕汾陽後，更有何人道接輿？

道人眉宇紫華芝，談吐風雲世莫知。今去江南勿惆悵，海中仙侶盡相期。

北園雨後會鄭平川

雨後荒園樹有陰，杖藜孤影静沉沉。不邀社會香山老，落盡碧桃誰賞心？

題抑亭公喜雨朝天圖

靈壇鶴立佇雲陰，俄頃真成大旱霖。愚叟石田還種却，誰人菑□〔五〕不耕深？清塵故屬朝天路，瑞藹端孚獻壽心。徒旅亦皆歌召伯，黍苗膏雨正如今。

山中喜洪方洲大參見訪廿年之別
獲此良晤有形斯咏情溢乎辭

江蓋初傾日，汾驂嗣晤年。情文還麗密，寒暑自推遷。吾道知公在，浮生愧我延。山空無物贈，只有白雲然。

薄遊無遠致，中返得深栖。風雨荒廬在，詩書廢籯携。猶勤長者轍，尚問愚公谿。誰謂斜陽裏，頹然獨杖藜。

哭西田少參二首

生從遼海去，死向薊門回。化鶴人誰見？□〔六〕舟理自哀。危途邊馬記，短晷隙駒催。總帳看□□〔七〕，魂招豈一來？

世人同委化，於子獨堪悲。祇道官如水，誰言命若絲。星看不老婆，雲想未登兒。舉目皆傷意，何能不涕垂？

齋居早秋一首

爽氣生庭樹，真成一葉秋。新涼從此得，殘暑黯然收。佩我蘭芳秀，餐余菊已抽。不知楚客意，何以獨多愁？

和小村玉泉寺遊眺一首

北山事幽討，言得古招提。樹似祇園長，峰如鷲嶺低。雲中窺雪竇，霞表陟丹梯。望望金仙路，皈心正向西。

秋日送康節判于役河東

惠風嘉藻襲人裾，道論時時重起予。室裏芝蘭香自信，世間萍梗味何如？雲開野水清平後，木落寒山紫翠初。策馬此時雖暫別，可能分手不踟躕？

秋晚山莊即事一首

深秋田圃畢吾勤，寒意蕭條對野曛。下坂牛羊渾適性，旁人雞犬不離群。林間樹色飛黃葉，窗裏山容逗白雲。春黍作醪看漸熟，太和真味滿氤氳。

辛酉九日草堂菊宴社中諸公偕集雲溪□〔八〕倡斯韻

莫向蕭晨歎歲闌，社中無事可悲酸。黃花爲我明霜節，紅葉從他墮露寒。潦倒獨傾陶令酒，敧斜誰整孟公冠？詩人釋子還同調，携手柴籬盡日看。

九日菊宴再用張雲溪韻

萬木蕭蕭秋序闌，獨憐幽菊侶窮酸。深叢露湛千山夕，密朵霜披九日寒。折翠欲將更芰服，分黃爭好插雲冠。柴桑風景依稀在，邀取同心一醉看。

九月十五日邀康蒙泉節判許葛陂楊前源高雲峰廣文對菊二首

重陽未共菊花杯，移日還期笑口開。莫道登臨佳節過，寒芳獨自遶庭臺。

掇英泛酒向誰同？別駕廣文三四公。可是暮心能共契？變衰時景醉顏紅。

小堂盆菊闌殘賓僚罷賞當復埋根圃中雲溪翁携酒賦詩倡曰餞菊歸籬此事自古及今無道之者但欣榮棄悴末如霜露何耳余喜翁創意之高輒附和二首

世情都賞菊花開，及至花殘那復來？收拾靈根歸舊圃，參承化母育群才。冷雲堆裏題詩餞，落木籬邊送酒陪。自古無人發斯興，殷勤只有渭城杯。

窮秋復得笑顏開，却喜幽人餞菊來。爲愛物生還返本，真成吾意獨憐才。傾壺擬作長亭送，策杖親將老圃陪。一段惜花情不淺，明年花好合同杯。

九月廿一日石村揮使置酒小園宴集龍嶠太守清泉別駕蒙泉節判西瀛憲使柳川宗尉葛陂長史適初雪載零柳川倡爲五言群公咸和山人亦擬作一章

白雪滿高宴，宵光重迁回。方爲梁苑集，更逐郢歌來。瑞是同雲表，清如皓月開。此中心賞別，觀者曷能猜。

廿二日葛陂復邀對雪仍用前韻

文裾饒雪興，大笑剡舟回。席藉瑤華展，人邀玉樹來。歲寒將意勝，野老亦顏開。不是希名飲，應無世俗猜。

九月廿六日龍嶠館對雪

秋杪三回與雪筵，瑞花紛自繞庭前。人心共喜豐年兆，天意遙符刺史賢。漏永蘭膏明不夜，杯深瓊醴醉皆仙。蹇余只好牛衣臥，一荷招携一惘然。

奉和小村秋日遊顯慶之作

王子蕭齋寄興長，愛渠丘壑滿林霜。高僧頂禮争迎飯，童子知名競蓺香。翰墨每留題曲几，威儀時整借方床。余家火宅心煩躁，聞説清緣内已凉。

春江行

兌峰將軍向余道，監冑王子春江賢。家當故國三賢里，門對青溪萬古泉。有才能作靈光賦，有學能擬春臺篇。有志排雲叫閶闔，有心揆藻希卿淵。遭時不肯屈人下，用賓早著觀光鞭。明堂大樂見韶濩，辟雍五禮親周旋。歸來寶劍掛東壁，萬箱收取大陵田。乘春慣策五花馬，好客不惜沽酒錢。兌峰帝子金枝秀，與君結好忘形年。時節問遺喜有慶，德音不爽情兼全。今日春江開壽宴，兌峰躍馬如飛仙。金錯剖鱗呈席上，銀潢傾酒到樽前。欲唱南山萬年曲，酒酣舌掉不能宣。但剪瀟湘煙一幅，強余書此爲君傳。

九月廿六日東谷樓燕集

林闓景晏雪消餘，滿眼清輝畫弗如。好客肯邀登閣望，留歡不遣笑尊虛。煙嵐淡抹青山郭，霜葉紅停翠幰車。又是昔年經過處，可堪回首重躊躇？

山中送趙陽谿之任江都

拂林瑤雪灑清塵，仙尹開程氣色新。海上飛鳥雙舃迥，山中勸酒一杯頻。古堤楊柳依來駕，東閣梅花應賞辰。寄語淮南人吏看，風光別是廣陵春。

奉和柳川與湛上人圍爐之作

寒風一夜起威稜，吹入林窗第幾層？賒酒未遑邀社客，烹茶且喜會巖僧。黃金地上流空葉，白玉壺中徹底冰。何是侯門好清靜，想應三世佛身曾。

題龍嵋太守入覲卷

雙旌五馬再朝天，六載真成太守賢。高誼欲看惟晋岳，深仁何許是汾川。雪消疏柳紅亭外，日近長楊紫殿前。上第定當留密勿，可堪父老望車旋！

校勘記

〔一〕□，底本漶漫不清，據詩意當作"畫"。

〔二〕"睟"，據詩意當作"睟"。《孟子・盡心上》："其生色也，睟然見於面。"趙岐注："睟然，潤澤之貌也。"

〔三〕□，底本漶漫殘缺，據詩意似當作"墟"。

〔四〕□，底本漶漫殘缺，據詩意當作"最"。

〔五〕□，底本漶漫不清，據詩意當作"畝"。

〔六〕□，底本漶漫不清，據詩意似當作"藏"。

〔七〕□□，底本漶漫不清，據詩意似當作"煙霓"。

〔八〕□，底本漶漫不清，據題意並參下題"再用張雲溪韻"，當作"首"。

題楊司訓青氊獨坐圖

一寒獨坐廣文氊，多士同聲夫子賢。弦誦不愆周禮後，浴風如在魯城邊。超群野鶴非時調，徹底冰壺是道緣。閑向春風問消息，杏壇花發幾枝先？

壽田柏冬

憶昔紅顏美少年，筆花成彩氣凌煙。斗牛時許龍光射，姓字曾將虎榜懸。結綬不辭爲邑宰，抽簪還擬學神仙。青春半百何堪壽？壺裏丹砂萬載延。

奉謝慶國春燕喜雪一首

王國今年春到先，瑞霙釀出滿瓊筵。分飛晋野農皆發，點染梁園客共妍。花萼梅開龍笛裏，簪裾玉戞鷹池邊。腐儒尚有觀書興，欲借清光向草玄。

元夕集西谷館燈宴復移柳川館觀所
畫窗燈蒙各分賜小兒叙事二首

上元燈火足繁華，最是西園帝子家。匝樹銀蕤噴翠霧，重輪金燼焰紅霞。煙宮地縮蓬壺渺，月席杯傾珠斗斜。別館春情饒翰墨，鶴松魚藻畫窗紗。

正元三五鬬韶華，誰勝□[一]昆玉友家。延客綺羅同坐月，徹宵燈火上蒸霞。寶花如雨千枝散，仙樂凌風一派斜。野老携童善嬉戲，當筵乞取絳籠紗。

正月廿日小堂春宴

絲繩玉壺春酒香，嘉客奉延嬉滿堂。蹀躞千金響驪駩，繽紛三組輝銀黃。歌雲促酌冰弦急，舞雪留歡羅袖長。宵漏滴殘都莫問，蘭膏吐焰華燈光。

送湛師歸臺山

與君半載結鷗盟，説道無情却有情。正好簞瓢同陋巷，可堪杖屨別春城。香臺古寺侵雲冷，嵐嶺高林帶雪清。弟子逢迎定相問，齋糧幾許濟群生。

送楊司訓東還

一官文行中無愧，命合栖遲豈怨嗟？生計且將田種石，世情其奈粥搏沙。榮期帶索寬如許，顏子簞瓢樂未涯。知是先生會心處，蕭然環堵足煙霞。

送蕭清泉別駕南還

歸去田園及蚤春，可能沽酒會親鄰？二年飲水囊如洗，萬里凌霄翮未伸。奉母課兒非俗務，耕雲釣月是天真。茫茫世態君須驗，獨有青山不笑貧。

前題代許葛陂作

當官三世君無玷，去國一朝人共憐。任淺未能饒廩餼，途長應苦滯風煙。離懷春草難分袂，歸計晴林好種田。只恐奚囊蕭索甚，兒孫休問買山錢。

春日壽東莊宗正

寶善如金玉，愛賢似芝蘭。家傳磐石固，國與泰山安。祿坐千鍾享，珍充九鼎餐。瑤笙聽吹鳳，紈扇看乘鸞。曲度《霓裳》舞，歌移《淥水》彈。桃花紅欲染，楊柳碧成攢。向此留春住，當爲萬載歡。

送卞知事署汾事竣還省

會逢嘉客本無期，顧步柴門却有時。求友高深黃鳥解，惠民幽隱白雲知。春風正擬頻揮□〔二〕，芳草那堪更唱驪。臨水送歸君不見，隔煙楊柳亂成絲。

贈張龍嵋太守入覲榮旋一首

春日朝回守舊疆，萬家煙景襲餘光。桃花細雨隨車下，蘭葉香風引綬長。再見王君馳蜀道，重逢寇老借河陽。依然美稷兒童輩，竹馬紛紜迓路傍。

三月七日壽小溪殿下作

聖朝宗祀日光輝，帝子文華耀紫薇。獻壽觥籌交海運，承歡花鳥雜霞飛。盟來磐石天長厚，分到桐珪命永祈。漫說東平賢漢室，賢藩今更有聲威。

新理小園承西谷諸公見枉酌言謝之一首

荒園無結構，春暮始爲之。疊石臺依樹，編茅室近池。瑩心清湛澹，止影綠參差。未必居成隱，高軒共賞期。

三月十九日壽西谷翁

自歸頻得款光儀，八度親持獻壽卮。桃李年年讓顏色，松筠歲歲與心期。求仙碧海何須藥？頌德南山故有詩。仍欲野人身似鶴，千回翔舞降申時。

題周氏五老圖

象先呈秘，五老受符。經持玉軸，緯運鴻樞。穆沕在御，熙皞以驅。四序遵軌，群有順塗。弗宰而茂，因應而虛。長永貞固，敦大博舒。後無畢竟，前靡厥初。壽考曷算，康樂豈渝？遐契之者，上德之徒。

送西瀛丈北上

橋頭綠水泛離卮，谷口青山擁畫旗。喜向帝城千里道，愁分鄉柳萬條絲。豫章材大遥難識，宣室恩新近始知。不以愚公作溝斷，終無寸補報明時。

春日樂壽園即事一首

莫笑山人缺世資，山中却有好風期。雲來常繞觀書屋，花落多粘鑑月帷。南畝婆娑桑綠處，東籬潦倒菊黃時。幽栖未必無同調，桀溺陶潛是我師。

春日樂壽園晏坐一首

才不通時性寡營，灌園聊復遣餘生。百年鼎鼎知誰是？十畝閑閑較獨成。鳥趁花飛忘去住，雲隨山吐作陰晴。揚巾掃石臨流坐，一笑□[三]然歌水清。

山居一首

何處居塵不著塵，白雲空谷有幽人。編籬插槿將紅藥，泛水浮槎采綠蘋。坐嘯獨閑三徑事，行歌且喜百年身。分明擊壤陶唐世，莫擬桃源是避秦。

壬戌五日宴柳川園賦

身向西河老，情猶楚客深。感懷驚節序，承賞及光陰。香起芳華沐，朋邀翰墨臨。紅裙石榴讓，綠酒玉湖斟。永日歡成極，薰風醉欲沉。詎徒全四美，良是有同心。茂苑修文地，清池養道林。復能延妙趣，奚止滌煩襟。

和謝龍嵋太守見題小園爲樂壽松之亭
爲伴鶴梧之所爲栖鳳一首

丘園一蕡陋迴妍，風景依稀小洞天。梧佇鳳鳴傾曉日，松間鶴舞伴長年。邊林汲井心無累，入室團蒲意豈遷。敢向師門論仁智，只將樗散學神仙。

仲夏八日慶雲莊喜雨

不怕驕陽旱薄田，只愁霖雨缺堯天。已看夏氣流金半，纔見朝雲觸石先。一灑歡顏群品動，再回生意幾分全。盡教野老迎神賽，好剪園葵辦社錢。

奉和小溪閑居一首

煙雨朝來散綠陂，晴林別館互標奇。文霞猗狔流高棟，修竹檀欒夾小池。懶草東阿《洛神賦》，愛吟西母穆王詩。應知濁路奔忙日，正是清都靜樂時。

賀許教授膺獎用韻

曳裾高誼並枚鄒，贏得褒賢禮數優。導善國風成最樂，除奸邦典伐先謀。黃堂束帛敷文盛，朱邸搋金播德休。復有橋門聽觀者，歡聲齊逐彩雲流。

壽西巖翁

芍藥綺階槐幔窗，蘭堂鏗鞫金鼓撞。鶴客遥分靈壽杖，鸞姬亂開春酒缸。硬肉滿盤啖俱盡，蒸桃如斗食能雙。世間老叟莫誇健，若見此翁都退降。

贈別張龍嵎一首

方將行理濟時康，何事懷歸促曉裝？清似冰壺寒徹底，惠如温谷□〔四〕生傍。攀轅更欲三年住，別路那堪萬里長？□〔五〕語鶴籠山客道，退耕人是古賢良。

題張龍嵎送別卷二首

功成身退好，遺愛自堪傳。任久才逾練，官貧操益堅。純心尊五美，亮節映三賢。俗吏無公是，誰將此道詮？

十年行役者，無日不思歸。得返王陽斾，應伸萊子衣。瀾滄印江閣，蒙樂峉山扉。總是怡真處，浮名信可揮。

代許葛陂送張龍嵎南還一首

惠風終日被寒氊，不覺深仁積五年。治郡恩威如召父，傳經學術似韋賢。只言吾道常堅白，誰料浮名有變遷。恨別詎堪南去遠，雙斾搖曳我心懸。

送徐洛川北上一首

緑槐夾道柳依城，仙令驅車向北行。酌别厭看人乍遠，衝炎欣見雨初晴。舊來邊節冰霜苦，今去朝聲星斗橫。佇聽鶯栖復何處，翻飛應好到承明。

伏日蘭雪齋睡起忽憶柳川翁別業

睡起覺齋空，佳人獨未同。遐心間谷口，清景落溪東。過雨留山黛，殘陽閃樹紅。應納知凉處，不遠北窗中。

避暑小堂漫句同劉生

伏日既熾，苦彼炎埃。與我友生，逍遥徘徊。于堂之中，于樹之隈。八窗齊啓，重户洞開。席地而坐，岸幘以陪。有瓜有李，是盤是杯。指揮玉塵，環轉金罍。囂雜不入，間以談詼。邪熱内斷，清吹遠來。如濯如振，匪池匪臺。得一之清，衆甫允該。純氣在守，孰予違哉？

承小村牧雲洞及谷中立秋之作輒依韻各賦一首

牧雲洞夏日

静中添得日頭長，洞口微風花氣香。却笑熱行多襆襪，不知雲館較清凉。

谷中立秋

秋光纔轉梧桐上，高興憐君逐景賒。賦就白雲詞絢彩，池臨玄水筆生花。故人衰甚能懷寄，空谷凉新好静嘉。星火迅馳誰不念，蹇予愁縷獨如麻。

七夕六言二首

星彩盈盈銀漢，月華穆穆金波。佳期天上還有，空老人間奈何。

鵲渚雙星會處，蟬枝一葉飄時。不憤香筵乞巧，生憎團扇含悲。

橘泉圖贈陳醫士

區中有一士，被褐守清緣。道闡神農術，方窮《本草》編。活人心不二，市藥價無偏。病屨盈門側，酬尊滿席前。庭餘孤白鶴，囊剩幾青錢。橘樹垂霜實，銀床引玉泉。將同種杏老，欲比茹芝仙。髣髴成圖畫，要令識者傳。

七月十四日壽柳川六十

君向蓬山壽域開，我持瑶水白雲杯。還同瑞鹿銜花至，欲比祥鸞授籙來。修竹晴林瞻有斐，香蓮旭沼羨無埃。應知不老惟清净，一任寰區甲子催。

七月十七日壽小村

北翁之後復賢君，儒雅風流自不群。染翰盡玄池內水，觀書時秘枕中文。謝家樓榻多明月，陶老山居滿白雲。今向華晨復何祝？只延此景到無垠。

對梧桐作

梧桐朝影肅庭芬，還轉西窗映夕曛。總是碧天秋一段，送歸山侶到閑雲。

聞暮砧作

秋閨月色涼如水，亂杵調砧向空起。恨不流風萬里長，將聲吹入征人耳。

奉謝次山公按節汾陽見訪一首

明代栖遲百不逢，威儀今喜見康公。澄清汾水兼葭日，采訪虞墟蟋蟀風。幽谷我猶勞問詢，窮檐誰不荷帡幪。應知鴻渚攀轅意，只恐熊軒遽邁東。

賤日奉裕庵昆玉携酌見枉率爾賦酬用來篇新字

五十八回犬馬辰，頭毛贏得皓如銀。不嫌衰賤獨明月，肯訪荒涼惟故人。碧樹森庭撩意趣，彩雲籠席煥心神。荷君瑤華乏瓊報，秋色笑顔期永新。

奉答趙陽谿自江都見寄壽意一首

故人在江縣，憶我於汾嶠。江汾幾千里，迹迥神不殊。箋綵致雲翼，芳辭若瓊敷。殷勤玉笈意，款曲金箱圖。野老自多暇，巖栖無一娛。灌園非寄傲，學問賤爲儒。道在聞猶後，時違歲屢逾。衰顔怯朝鏡，涼景愛秋蕪。望美廣陵郡，風舟隔蓬壺。臨觴豈歡緒，倚檻方煩紆。適此慰離寂，何能附雙鳧。

題柳川新開道場八月廿六日作

前生慣習開山住，今世逢山故喜開。曲曲亂穿如玉洞，層層高起似花臺。窗含石樹齊巖末，門枕瓜田接澗隈。怪底林間帶仙氣，野雲堆裏即蓬萊。

雨夕懷林虛溪學正二首八月廿四日

微雨澹秋煙，端居感易偏。抱冲餘獨緒，望美隔清緣。樹暝槐壇綠，燈明草閣玄。應知不成寐，默渺憶閩天。

門人散今雨，夫子定閑居。秋色滿芸閣，文華似石渠。下帷董公後，掩卷伏生餘。誰道官成冷，冰壺湛玉虛。

秋堂夜雨

今夕一天雨，蕭條滿空堂。庭葉委如積，遊氛生遠凉。耿自悵孤獨，同心適來翔。斗酒命歡叙，清言夜未央。束濕還煮茗，迹簡意彌長。秋氣轉可愛，誰復含悲傷。猶期待晴旦，續賞寒籬芳。

九日呈次山憲使

野老悲秋秋正深，使君佳節肯招尋。城隅曲徑朱旗繞，山下東籬畫戟臨。菊朵聊將浮綠醑，萸枝兼取奉華簪。夕嵐霞綺仍相媚，欲啓高天秀句吟。

九月十日慶成館菊宴呈次山憲使

屈指還山已八霜，多成風雨禁重陽。今年好景逢佳客，是日高臺得舉觴。帝子續開黃菊宴，仙人留佩紫萸囊。分明勝似陶彭澤，悶把寒英坐宅傍。

奉和次山公寄拙園惠音

褰帷問閭里，移榻款山扉。仁恩遍惸庶，禮意達幽徵。是時霜始降，百卉成具腓。蕭條野無綠，羽書如月飛。方當肅明憲，兼復理戎機。奈何憂勤日，慈惠益葳蕤。迂庸屬溝斷，□〔六〕飾與時違。猶荷丘園寵，自慚人則非。寥寥碧天曠，晶晶華日暉。清光覿眉宇，仰止獲因依。還聆郢中唱，獨傷和者稀。籬菊欣可泛，愁送高鴻歸。

贈別次山憲使還鎮

汾陽按節盛威明，潞子旋車愴別情。伏虎盡教潛北渡，防胡無復敢南征。素波簫鼓中流送，紫嶺風雲夾道迎。望美可堪徒極目，建牙高岳與天平。

寄和杭州張南屏侍史

美人家在二峰前，寄我江雲日暮篇。伐木意涯超海闊，開緘眉宇覿芝鮮。綠蓑明代溪邊老，白簡清朝柱下賢。籬鷃欲從飛不去，遙心空繞玉松泉。

兩日承虛溪學正及雲峰鳳山二司訓文燕即席奉酬

累日沾清燕，方知飽德深。事當聞俎豆，道乃盍朋簪。入室渾書府，升堂總藝林。先生饌誠盛，樂處還可尋。

醉起雪中口號

一杯何許寄情深，早已交疏白髮侵。叔夜玉山曾潦倒，季倫金谷久消沉。支離世上形無累，傴僂林間道自任。今日晝眠纔是醉，不知朝雪滿庭陰。

和小村遊禪咏雪之韻

說法天花墜，瑩空復滿壇。似鹽厨欲借，如粒鳥欣攢。幻質應須化，浮生那不殘。惟當玉毫裏，認取一光寒。

壬戌除夕四首

掃壁糊窗帖勝餘，爇香煮茗坐吾廬。從頭點檢一年事，冷暖陰晴過隙駒。

老景蹉跎又除夕，了無功果在林間。形如懶衲人應笑，偷取韶光特地閑。

守歲今年勝昔年，笑看兒女共燈前。女能刺繡兒能讀，便覺春光似火然。

徘徊臘盡候春來，整點椒盤柏葉杯。欲向正元歌介壽，太和釀得好顏開。

校勘記

〔一〕□，底本漶漫不清，據詩意似當作"金"。

〔二〕□，底本漶漫不清，清康熙《汾陽縣志·詩歌》作"塵"。

〔三〕□，底本漶漫不清，據詩意似當作"咨"。

〔四〕□，底本漶漫不清，據詩意似當作"暖"。

〔五〕□，底本漶漫不清，據詩意似當作"寄"。

〔六〕□，底本漶漫不清，據詩意似當作"雕"。

元日寫懷一首

白髮催年又一回，何方醫得老懷開。情文綺靡閑詩卷，閭里浮沉濁酒杯。海燕漸當乘社至，江鴻早已踏春來。胡床玉笛休輕弄，怕送東風灑落梅。

西谷館燈宴一首

野老還將春令乘，年年來賞上元燈。香然絳蠟丹霞擁，光薄銀花寶樹騰。陽焰崢嶸殘雪後，瑞煙縹緲淡雲層。仙家淑景宜長玩，欲把浮生繫玉繩。

文室盆梅始開漫興二首

盆裏江梅開向春，馥然香氣惹衣巾。東園桃李雖饒笑，未必孤清會我神。

階下寒蕪猶自荒，門前凍柳未抽黃。不知春色緣何事，先著孤山數朵香。

新雨田家

老農春早向西疇，礧磪初開宿莽收。霑灑適來甘似露，沾濡真比貴如油。杏花村裏紅□〔一〕映，楊柳橋邊綠正浮。□是太平登歲事，不□豚酒祝甌窶。

閑齋對雨作

小雨閑庭春正中，杏花含蕚草抽茸。細看紅碧生香意，却恐丹青畫不工。

贈趙二尹之任絳縣

攝幕汾人俱服義，栖鸞孝里盡懷仁。官微一命心無負，才屈三年道已伸。絳館哦松新暇日，清風偃草舊行春。唐堯山水依然在，民俗今看賴爾淳。

題軒下碧桃一首

紅梅開罷碧桃開，春色分明到草萊。俗客不知天浩大，只言幽隱是寒灰。

和裕庵雨後村居之作

雨餘煙水綠浮川，渺與青山互接連。芝閣平臨楊葉裏，槿籬斜遶杏花邊。香風送酒芳菲地，遲日留人澹蕩天。信是春林多自在，醉來從枕白雲眠。

和裕庵端居寫懷之作

高人彷彿嵇中散，俗事眼前無一歡。厭濁日將山术餌，耽玄時取道書觀。愛覷泉脉携筇杖，懶整朝簪戴鶡冠。蘭雪尚難爭氣象，世間何物可能干？

春日愚公園一首

園涉自成趣，春風還起予。已妝花覆砌，更染柳含渠。翠逐鶯聲滿，紅翻蝶勢虛。厨中況有酒，不樂今何如？

春晚背郭園賦

巧智無能拙有餘，田園春晚獨躊躇。新醅未出酬花下，寒食仍過禁火初。細雨齋空衣尚厚，斜陽門掩榻常虛。蕭條不耐閑如許，欲學安仁賦所居。

神女詞二首

神女姣麗，陽臺之下。霧縠徐步，霓裳屢舞。朝行爲雲，暮行爲雨。忽而霽兮，草木莽莽。

豔逸洛妃，于洛之浦。游龍蟺蜒，驚鴻揚翎。左采明珠，右拾翠羽。忽而逝兮，不知何許。

與野老酌花下二首

老去光陰倍惜之，恬風香雨看花時。只愁花片沾庭砌，故悅鶯兒勸酒卮。

野老扶筇向藥欄，一壺留賞惜春殘。斜陽潦□〔二〕不歸去，更折紅香醉裏看。

舊認串條紅爲碧桃近得真品
始覺前誤因喜而賦之

碧桃原別種，錯認串條紅。仙苑新移植，山除第養蒙。妍姿香露潤，豔質暖煙烘。似有花神助，春深更不同。

莫春閑齋作

春草遮徑合，門無車馬喧。青錢榆上挂，白雲梨邊翻。沽酒應難逐，彈琴差可援。勿云虛薄甚，聊寄賞心存。

雨中栽菊一首

結根霜雪裏，分種夏春交。生意芽抽葉，化機莖奮梢。油雲應時育，靈澍解畦磽。節晚定須就，幽人在衡茅。

聽鳥林間悵然感懷一首

清和嬌鳥趁芳林，杳翠霏紅流好音。丘壑此中堪眺聽，煙霞何處有招尋。周公《伐木》希同調，陶令《停雲》寄遠心。獨酌東軒予不豫，悵然還撫没弦琴。

卧病高齋作

口燥唇乾燕笑餘，由來悲樂有乘除。匡床自合維摩卧，閉户誰憐楊子居？茂樹陰籠高閣静，落花香趁小堂虚。却慚詩思依然在，時復浮雲共卷舒。

四月八日背郭園宴集諸友生夕雨
時至挑燈夜留一首

夏氣始可愛，清風扇幽園。扶疏嘉樹列，鮮美落英繁。黄鳥咬窗前，華蟲雛隴上。有情皆命儔，執誼不相向。掃徑集蘭友，披襟坐竹林。盤蔬無世味，壺醑不時斟。既醉延永日，還歌樂當年。行休吾已爾，賞會誰復然？密雨解留人，紛絲繫歸騎。方將秉燭遊，達曙娛心意。

酬裕庵四月八日宴集桐竹山房對雨之作用韻

短垣乘緑徑堆紅，高閣褰帷招遠風。竹杖肯尋山郭外，桐花相對井欄東。不緣空谷無人問，應是天台有路通。坐愛清和變芳潤，夕嵐疏雨白雲中。

高西泉行年六十詩以侑觴時癸亥四月十日

三十年間莫逆交，酒杯無日不嘐嘐。近來形迹多疏曠，可是心情竟擲抛？我與鷗盟嬉海岸，君如鴻侶住雲巢。却憐初度貧無宴，合訪仙人去煉茅。

林間宴坐偶書

茅堂廕綠夏行深，宴坐蕭條便隱心。出嶺白雲褰道服，當窗寒井瑩空林。扉扃或有高僧扣，徑寂應多細草侵。近愛《淨名居士傳》，一編時啓向桐陰。

題卞知事《萱花榮茂》卷

遙思白雲舍，一獻紫霞觴。壽祝南山永，心隨愛日長。淮王鴻寶地，晋使豸冠郎。望美堂中樹，花深玄圃芳。

題卞知事《風木餘悲》卷

由來風木意，偏感薄遊人。祇役憐之子，孤生念所親。不聞歌處樂，詎美食前珍？誰道南陔廢，皋魚迹已陳。

夏日與友生飲花下

榴火朝來焰，槐風午復清。披襟意已曠，入坐眼逾明。猶恐丹葵歇，兼將綠醑傾。因之命觴具，于以招友生。

送林先生赴省修志一首

晋乘闕無詮次久，編摩今喜屬才賢。三長自覺雕蟲□〔三〕，六善誰知司馬玄？花發杏壇明彩筆，草深雲館拂青氈。河汾弟子多歸向，挾策尋師到講筵。

客有賣花而過小園者余愛而買之輒已罄囊正釋氏所謂障也乃作此自嘲

租錢那作買花錢，一種能輸數畝田。乞食舊緣渾忘却，捏華新障苦纏綿。豈無非樹千紅藹，更有真香百和燃。笑殺支公愛嚴選，讓他洗耳棄瓢賢。

夏日端居有懷南宮弟二首

永日心不怡，端居還自持。豈無千金劍，亦有白玉卮。鴻羽分飛處，棣華連理時。相思杳難制，極目夏雲滋。

獨緒感芳物，携筇時一臨。華光明静院，香氣襲幽襟。原響玄鴒急，池生緑草深。不知惠□^[四]處，亦有恨離心。

贈別雲樓畫史

我愛高平老畫師，形如野鶴鬢如絲。司空宅裏題書送，招隱園中下榻期。適意丹青存古淡，隨緣冷暖識時宜。飄蓬更欲浮淮去，舊友相逢是阿誰？

賦得幽人在空谷

幽人在空谷，如鶴處寒松。頂有丹砂鍊，翎皆白雲熔。遠心超海運，絶響徹霄重。仙路原無極，雕軒安可籠？

齋居憶大輝上人

不見高僧久，跏趺何處邊？火雲燒世界，甘露灑心田。獨轉蓮花梵，誰參柏樹禪？老懷逾寂寞，將共爾隨緣。

和裕庵落日登樓之作

憐君傑閣滿篇詩，落日危欄獨倚時。黛色層峰屏裏看，金光曲沼鏡中窺。僧鐘杳逐鴉群度，牧笛橫歸牛背騎。賞會盡成吾土趣，仲宣應作旅人悲。

覽鏡戲題

清晨鏡裏忽驚魂，芳樹窗前未敢論。學養丹砂隳薄命，思單玄草落空言。頭毛短脱□〔五〕疏甚，面色衰殘肝皺繁。聞道利命能速老，□□顛倒著丘園。

偶書背郭園壁

高城直北，小閣偏東。百花香裏，萬木陰中。蕭然茅屋，兀爾愚公。不怨遺佚，不憫厄窮。飢食渴飲，朝屯暮蒙。禽魚自適，葵藿以充。時人稀偶，世事闊通。書劍無用，身名可空。雖慚介石，差逾轉蓬。階前芍藥，井上梧桐。竹柏雙挺，蘭菊交叢。物而不累，神焉有融。徘徊容與，庶其古風。

寄贈張半山二首半山善草書又久不拜官

青雲世胄樂清真，時向山中作隱淪。望美若人誰得似？右軍瀟灑在風塵。

華宗草聖自張芝，後代流傳孰可追。今日羨君還獨步，滿庭池水墨淋漓。

在柳川山莊作

識破迷途有變通，初衣來訪祝雞翁。到園瑤草連畦碧，入室銀砂滿鼎紅。山色晴流窗樹裏，泉香細出洞雲中。逃名結社君須信，非復吳江舊阿蒙。

林間早秋即事一首

秋光起庭際，流向碧煙窗。煙從何處碧？翠柏夾庭雙。復有竹間綠，鳳下與龍降。二物稟天粹，貞標凌石幢。結□〔六〕橾金

氣，托根瀁玉淙。相蕩吐靈秀，華景印澄江。對此悦清曠，炎埃
盡椎桂。徘徊上涼月，瑶采奪蘭缸。泠然谷神嘯，劃若余鼓摐。
微生本耽寂，首路謬爲邦。歲晏始栖托，鴻林在崆峵。雖非鹿門
隱，願學襄陽龐。

題庭前黃蜀葵

鳳爪移爲葉，蛾黃帖作花。傾心向何處？留滯野人家。

題剪春羅花

絳羅時一剪，爭看若耶春。豔色由來重，應知閨裏人。

古　意

楊花飛罷蘆花飛，溪上老人愁落暉。無奈蘆花秋色裏，楊花
端是送春歸。

壽小村作時七月十九日

轉眼秋光又漸臻，涼雲鋪水白鱗鱗。筵開金鏡千年會，客擁
銀潢一派人。滿座清浮仙氣象，南山翠合玉精神。愚生亦有銜花
分，青雀西隨向此辰。

生日承西谷諸公惠宴即席賦酬一首

清時早還誠達機，初度年年觸翠微。桂宇涼飄天上馥，蘭筵
秋引日斜暉。長歌喜聽瑶池曲，緩舞爭看金縷衣。幸是列仙扶野
老，敢辭酩酊踏雲歸。

和西瀛年丈中秋見壽之作一首

世間何許是良辰？月裏中秋觸故人。念昔獨驚千里別，憐今

同感二毛新。夢回烏鵲南飛夜，看破桃花東去春。只有杜康能却老，賴君呼取玉杯頻。

酬吳一川太守中秋雨中見枉宴集之作一首

小宴期華月，高天隔暮雲。清光還照我，明德自承君。濁酒呼盧勸，枯魚束濕焚。應知憐野老，不擬慳杯勤。

和一川太守仲秋雨中行祀馬跑泉祠一首

聞道隨車雨，相將出谷雲。褰帷觀野俗，露冕見仁君。樹引雙旌濕，香迎夾路焚。川祇[七]方望幸，時享復精勤。

生日寄答南宮弟見壽之作一首用來韻

山林多暇日，犬馬復餘年。展我中秋宴，傳君上壽篇。氣同連碧樹，心遠共長川。今夜雙鴻影，遥天一鏡懸。

題馮師河底山莊一首

界取青山一曲深，傍巖隨水結高林。雲間洞館流霞氣，樹裏池亭散竹陰。舊卷不忘携討論，幽人每許到招尋。聖朝亦有冥栖士，不向金門歎陸沉。

壽平陽劉進士母氏七十一首

積善門庭慶自隆，北堂真喜福攸同。華辰坐歷堯年永，壽酒持添舜岳崇。寶馬蘭孫姿若玉，青雲桂子氣如虹。相將戲綵慈顏下，不減西王鸞鶴叢。

送霍思齋侍郎之留都

□[八]公清德重鄉評，揚歷真蜚朝野聲。按節三河川後順，提兵兩鎮虜魂驚。徵輸特藉司農計，留守還咨副相行。遙想金陵迓仙鷁，大江秋水貼天明。

秋日蘭竹館偶書

仕路不得意，歸園頗自寬。賴存三徑竹，復藝九畹蘭。竹以清風扇，蘭將香露溥[九]。已便無世味，獨感歲華殘。

中秋無月用小村韻一首

我向西樓候月圓，夜深舉手問遙天。揚輝正好行時令，埋采何如遁世賢。庭葉珠沉風裏露，池波金散雨餘煙。冰壺欲貯無消息，獨有寒砧到耳邊。

再用蒙字奉懷柳川翁一首

谷口秋林葉漸空，栖遲誰識臥雲翁？澄潭積水搖天白，散綺餘霞帶日紅。龍性却馴蓮社裏，鶴形偏趁羽人中。何時杖策來齊物？一叩南華爲啓蒙。

小圓籬菊始開裕庵携酒見賞漫此叙酬

籬花纔吐清秋色，便得幽人共賞之。可是同心憐晚節，故教三徑有佳期。隨緣雞黍慚無厚，適意壺觴醉豈辭？野老近來知盡興，不堪衰柳鬢如絲。

今年園植盡爲風雹所摧獨籬下之叢不減郁馥霜辰玩之率爾成句

苦雨酸風作祟餘，短籬荒圃尚扶疏。金英擢秀看還勝，玉朵聯芳畫不如。白帝似教陪處士，青神應遣照幽居。一杯佳色誰能負？盡與南山共翠虛。

自笑一首

人言拙老固相隨，體向吾身信有之。藝黍石田逢雹打，種蔬鹵壤著霜披。奸饞僮僕如油滑，頑鈍妻孥似馬疲。自笑癡僧能説法，不能行矣但支頤。

奉酬西瀛翁見賞園菊之作用來韻

徑荒松冷菊猶花，妝點空林處士家。秀色不妨名酒對，幽香能取使君誇。車停坐愛吟斜日，杖倚行看弄采霞。豈道寂居無勝事？歲寒心賞興逾賒。

和柳川巖洞之作

深巖卜築樹新栽，非復他年舊草萊。洞裏剩藏燒藥竈，林間高起讀書臺。白雲滿眼將誰贈？明月同心自我開。俗客欲尋應不到，丹丘惟見羽人來。

送次山劉公南還

滿眼風霜屬歲闌，傷心歧路結愁端。文章東觀璵璠美，法象西臺星斗寒。兩郡分符同吏治，五州開府盡民安。賢聲獨不聞霄漢，可是天門四達難？

冬日入室

兩儀閉塞群彙藏，不走歧路嗟亡羊。褫襫挂檐遮泠落，氍毹鋪地坐齋莊。灰中有火吹還蒸，罋裏無鹽淡可嘗。身世此時成混沌，北窗何許較羲皇？

喜李山人見訪一首

千里故人去，八年今復來。乍逢疑作夢，相對喜銜杯。淡水交心在，寒山笑口開。吾生君信否？付與白雲隈。

相見行贈李山人

憶昔關中初見君，驚看野鶴超鷄群。大梁城裏再相見，恍如玉琰昆山片。别君初服返吾廬，千里君來聞起居。白雲汾水留君住，把酒婆娑數株樹。日暮酒闌離緒生，拔劍起舞東南征。自從别後少書信，春草秋鴻空復情。至今八載離當合，匹馬衝寒扣山閤。開閤招延喜欲狂，鶴形無改玉仍光。五岳周遊欠衡岳，大江直往到錢塘。自言囊中有靈藥，傳得仙人海上方。一丸服之老可却，與我共造無何鄉。

寒夜憶李山人齋居

今夜寒更多，重衾暖猶薄。伊人在山齋，得無逾冷落。湛月流高窗，嚴風響幽壑。短褐雖不充，敝貂還可著。默坐守玄虚，身應向寥廓。奚必羔醑儔？酣歌擁華閣。此語道門緣，道心能領略。不聞楊子雲，閉户爰寂寞。

喜南宫弟書至因便寄答二首

塞鴻飛盡朔風寒，北海常山道路難。書到未開心已定，封皮先寫報平安。

獨冷齋中寄寓身，青袍無改二毛新。由來儒行多難進，只合栖遲似魯人。

送西瀛丈北上

世路驅人不得閑，衝寒又復上重關。冰壺酒滿應須盡，雪柳條高未可攀。飛烏曉浮雙闕下，除書新拜五雲間。吳公最著河南治，莫説馮唐鬢已斑。

寄答謝四溟見懷一首用來韻

孤生冉冉思依依，欲訪蓬瀛話息機。舟去只愁風倒引，路迷常苦夢空歸。馬卿才湧天雲氣，謝朓名流海日暉。何幸欲來相問訊，瑯函先遣報巖扉。

柳川小洞夜宴用韻

小洞圍爐夜不寒，泰和薰取破冬殘。應門童子垂頭睡，閉户先生抱膝歡。石鼎香籠雲氣暗，紙窗明透月華圓。此中清意言難罄，須寫孤桐韻雪蘭。

謝汾村大宗正西園高會韻

嗣君命飲復綢繆，歡緒闌宵秉燭遊。絲管沸庭天樂下，壺觴淹席海霞流。碧山學士焚魚袋，紫府仙人醉鶴樓。莫道西園明月夜，歌鍾却似武陵侯。

除夕共李山人作二首

歲去如河決，寧無川上心？茅齋邀客共，柏酒命兒斟。聽漏嫌春早，挑燈戀夜深。獨憐殘臘盡，猶自雪盈簪。

山人應自老，又閲歲華歸。與世知誰是？謀生覺盡非。丹心灰更冷，白髮短仍稀。那有延年術？令予駐夕暉。

刊《漁嬉稿》

家兄文谷先生詩稿多矣，率散刊齋閣。民齋居獨冷，有所得癸亥《漁嬉稿》，亦書而壽諸梓云。

時嘉靖甲子春，弟弟子孔天民記

校勘記

〔一〕□，底本漶漫不清，據詩意似當作"偏"。

〔二〕□，底本漶漫不清，據詩意似當作"側"。

〔三〕□，底本漶漫不清，據詩意似當作"陋"。

〔四〕□，底本漶漫不清，據詩意似當作"連"。

〔五〕□，底本漶漫不清，據詩意似當作"牙"。

〔六〕□，底本漶漫不清，據詩意似當作"實"。

〔七〕"衹"，清咸豐《重修汾陽縣志·藝文》作"原"。

〔八〕□，底本漶漫不清，據詩意似當作"霍"。

〔九〕"溥"，據詩意或當作"溥"。

文谷漁嬉稿甲子

春林即事同李九河作

今日覺林間，青春稍已還。入看花蓓蕾，流聽鳥綿蠻。渠瀉泉紋細，窗含岫影閑。餐霞期道舊，同此鍊朝顏。

謝王北野送玫瑰栽

玫瑰處山叢，珍寶蘊石中。謝君能采擇，遺我得尊崇。選地托膏潤，乘天接和融。涵濡濯縹水，噓拂舞雩風。位置儕桐竹，班行篚蕙蔣。坐看春物蕩，行睹化機充。垂棘抽條軟，懸璆照影空。葉栽羽葆翠，花綴火齊紅。曉露團香濕，佳人讓色同。飣糖逾枸醬，糅茗跨龜蒙。秀出摽瓊圃，妝成豔蕊宮。招邀三足鳥[一]，笑傲九遷蓬。蘭谷傷孤茂，桃源恨靡通。誰知草木品，亦以遇時豐。

謝王北野見惠竹栽二首

連墻覆砌好清芬，却許人移種白雲。可是太繁禁不得，蕭騷風雨夜深聞。

□[二]梢雨葉不曾乾，認取南枝次第安。待到夾池圖萬個，邀君來賞綠檀崇。

和九河春遊韻時予宴坐林間

惠文珥貂無福冠，帶索鹿裘頗自寬。得處洪鈞爲大幸，行歌終日有深歡。杏花雨過酒方貴，柳葉風來食正寒。籍草觸波儂不與，喜聽春鳥啄林端。

春　寒

仲春天氣冷風埃，柳眼糢糊不肯開。何處鞦韆得歡笑，佳人都著錦貂回。

負暄篇

太陽垂景耀，暴我屋南榮。冲融瀉天粹，盎然純以精。傴僂受熨帖，鈷錭誰爲營？初若浴温室，少焉肌粟平。薰蒸徹五内，靈府騰光明。歙艷唅金砂，咀霞噍瓊英。陰滛如霧釋，寒痾永不嬰。引鏡照顔色，澤理紅黄生。抽毫繹文思，錦組爛縱衡。珍此欲持獻，徒抱區區誠。寄言短褐子，夜旦何哀鳴？

寄酬謝四溟用來韻

春深無奈獨臨流，一望天涯生遠愁。芳草殢人還異縣，青衫爲客幾同遊？賦成修竹梁王苑，詩滿高雲謝眺樓。何日扶邛定相問，楊花撩亂水悠悠。

園中雜咏十二首

平霞館

本自餐霞人，高居與霞接。要令天宇間，了此道門業。

讀書臺

少年學書史，白首無聞知。猶自荒臺上，開編時一窺。

雙樹軒

不是祇園樹，分庭翠亦雙。光華垂日月，扶影到軒窗。

杏花亭

山鳥悦春林，嗖花流好音。焉知亭上老，不有惜花心？

桐竹山房

一室依桐竹，清陰拂地垂。愧非丹穴鳥，閑却朝陽枝。

長春洞

洞栖無結構，深静保玄虚。若問春何在，此中常晏如。

春草茵

林叢匝青翠，積草芳蒙茸。宴坐無餘物，文茵即此中。

果　庵

開花仍結實，種樹功乃成。退處茅庵内，澹然無復營。

槐　井

山川雲不出，時雨望中稀。喜聽槐陰裏，泉聲一道飛。

藥　欄

名花伍衆草，衆草獨繁滋。不有雕欄别，終慚園令知。

魚　鏡

曲沼清流注，澄凝無急湍。要知魚所樂，只向鏡中觀。

菊　柴

陶令存籬菊，曰余有菊柴。若添詩酒興，便好作同儕。

清明後邀廣文諸公遊憇北溪時
虛溪先生有作乃率爾奉酬

春至變林色，維暮益以滋。丹蕤耀陽涯，翠結臨清池。竹柏挺貞秀，桃柳弄柔颸。谷鳥一何好，嚶鳴群來嬉。同聲踠相應，妙機疇委之？昔人觀所感，長謠《伐木》詩。肆予招我友，銜觴不復疑。芳菲襲昭曠，暢叙閒且夷。達儒秉鴻諒，摛藻掞新辭。羅縷詎雕飾，茂對神理熙。雖非山陰禊，列賢俱在斯。方知咏歸趣，情景無外馳。

贈仙臺相公春日郊行宴集一首

褰帷問俗萬花明，露冕乘春宿雨晴。鳥語樹頭知讚頌，雲飛谷口解逢迎。不嫌野老稱觴獻，真見天人捧日行。過後定當留氣象，高山增秀水增清。

春晚林居呈九河

春晚憺林居，暄研益可戀。惠風流宴溫，和澤滋葱蒨。深綠寫杯中，亂紅鋪水面。門無車馬過，門柳紛如綫。

謝裕庵宗相小田茂才林中見訪

中散山林士，仲容雲漢儔。春來偕問訊，花裏一淹留。香草承衣帶，和煙媚酒甌。誰言離索久？但與鹿群遊。

東莊宅夜宴觀舞四絶

蓮花旋出繡筵紅，鸚鵡杯前恍惚逢。香霧半消銀燭上，霓裳初度廣寒宮。

遊龍夭矯帶浮雲，曳袖蜚纖眇不分。向夕更堪燈影亂，回風飄轉石榴裙。

凌波微步襪生塵，緩舞婆娑健有神。最是纖腰橫意態，翠煙簾柳不勝春。

霧縠纖羅光陸離，閑庭起舞宴闌時。《陽阿》激楚無人會，除却行雲付與誰？

觀繩戲一首

繩戲本山戎，輕軀習此中。麗人期鬥巧，芳月競凌空。繡柱栽香桂，雕梁架彩虹。攀登魚踔浪，奮迅鳥開籠。揚袂風逾送，垂鬌霧轉濃。仙妃時彷彿，神女乍過逢。駐馬情無限，游龍勢未窮。承回花歷亂，藉佇草蒙茸。豈若羅敷輩，條桑自一叢？

含育堂奉和裕庵

君愛吾廬好，林華氣淑清。停車向垂柳，把酒對班荊。背郭平開圃，依村小結楹。嗒然成獨往，何意有同情？

出園中書感二首

宴坐終朝獨掩門，真成董子不窺園。梨花落盡無人報，應是陽春負酒尊。

春盡郊園乍一臨，青蘋綠蕙滿庭陰。可憐芳草空留昐，其奈佳人隔賞心？

暮春與李逸人薛茂才行視田園望雨時
小雨適至戲爲五韻

學圃爲農力不任，祇憑好雨一犁深。菜花憔悴榆錢小，桃葉焦卷麥浪沉。到處土龍無義氣，竭來石燕有靈心。浮雲霈灑雖微細，已許蒼生望作霖。

春暮背郭園奉酬大宗尉西谷諸公携酒見過

三月芳園爛熳春，緑楊如蓋草如茵。飲中仙侶無期會，花裏相逢意自親。

銀鞍翠幰照芳園，追逐餘春倒酒尊。不分煙流楊柳亂，生憎雪散梨花繁。

壽西谷賦席上玉蕊花

剪璧栽桐出數枝，净瓶香水秀葳蕤。仙人獻壽應須別，不説千金侑紫巵。

閑齋即事呈九河裕庵

比來疏拙較還多，花落春園更懶過。書卷任從風歷亂，酒杯聊取日消磨。耳邊啼鳥如仙妓，眼底浮雲似海波。門巷寂寥誰問訊？一簾閑影下煙蘿。

社會二首呈一川太守

今年社會勝常年，神悦民歡太守賢。壇樹拂雲依舞節，旗風招雨布桑田。

吹笛打鼓送神回，割牲盈案酒盈杯。長年三老誇閭巷，親宴仁明太守來。

四月六日壽王相葛陂翁賦

羨君長年六十餘，不肯作吏風塵驅。師席雍容談古書，王門偃蹇拖長裾。深知道存天壤俱，無用寵辱傷玄虚。世上學仙多遁世，未明大隱徒區區。先生内腴外若癯，緑鬢方瞳捷走趨。叢桂小山昔不殊，紫芝四老今堪如。梁園弟子親賜酺，五岳真人齊獻圖。天氣朗清花鳥媚，花間醉臥錦氈毹。

陽谿自江都考績過家北上賦贈

三年百里政俱成，楚水燕山滿頌聲。儒術本來資吏治，道心端已協民情。過門家慶椿萱壽，上計天瞻日月明。聞説平津開閤待，可能超擢廣川生？

理園盧作

近築小園成卜居，聊經一畝足吾盧。樹隨土性時宜植，花任天工自在舒。引水灌畦機事外，杖藜看竹賞心餘。終朝燮理無他技，却是逃空守静虚。

小園集景一律與畫史郝近山

果園霞館事應殊，上得王維好畫圖。槐井西邊丹洞合，杏亭東畔藥欄紆。清池玉鏡穿魚荇，虛室瑤窗鎖竹梧。籍草不離雙樹下，流杯還繞菊花隅。

寄懷陳抑亭蜀相

汾陽去後繫民思，西蜀方當藉保釐。陰德晋飢存濟日，神功漳寇勦平時。文翁舊館還吾道，杜子長橋更好詩。爲寄遥心明月裏，夜來應已到峨嵋。

五月一日清居落成用九河韻

榆邊棗下結盧成，場圃依然面小楹。知止壁蝸容我住，避喧野鶴向誰鳴？物華且喜蒲葵秀，人境還饒水竹清。合是老農消受得，傍巖時有白雲生。

送九河遊弘農謁其先人舊治

愛汝方將共白雲，那堪復此別清汾？萬條堤柳生離緒，一片汀鷗起索群。沙澗渡頭過鄴客，桃村祠裏拜嚴君。弘農父老多憐舊，雞黍相邀到日曛。

贈郝畫史

喜君千里扣巖扉，與我空林意不違。家是廣文稱畫史，身從東魯服儒衣。圍屏雪裏回丹壑，團扇風中起翠微。更作敬亭山水障，清光長擁謝元暉。

馮少洲參知往過蒲坂寄詩見懷今始奉和呈省中

文章清穆扇皇風，誰不傾心企明融？今日西人迎竹馬，何如東土送飛鴻？

一自山中索莫居，世間真已隔吾廬。非蒙三歲瑤華字，何處青雲可報書。

送趙孟敏由江都宰擢刑部主事

政成單父彈琴日，官擢明光起草年。道在何慚孝廉試，文雄不羨子虛傳。曾聞題柱輝三署，今見含香奉九天。林有素交還憶否？鴻飛應遣白雲篇。

連日不嗛於口戲成短言

食麵如嚼木，食米如唊砂。漸不喜肉味，無乃合餐霞。

伏日林間二首

山中伏日晝偏長，盡我閑眠枕簟涼。蝴蝶數番飛不盡，綠槐猶自閃殘陽。

　　禿袖單衫好避藏，白雲堆裏綠廢傍。炎天亦有清凉處，只説名場是火場。

謝西谷柳川小村見惠玉李

　　筠籠擎到露華香，知是仙園摘曉光。黃玉現前勻百顆，紫霞涵內勝千觴。方將淡泊驅心熱，恰得甘寒助膽凉。堪笑野人惟種菊，贈君須待滿籬霜。

合藥一首

　　清晨援古鏡，歎息此衰顏。靈草希三秀，仙方得小還。服之明水下，行以白雲間。倘見玄功著，先應染鬢斑。

睡起即事一首

　　閑門聊永日，睡起復餘閑。花徑堆風瓣，苔階積雨斑。綠消先老樹，青抹乍晴山。臨眺情何極？悠然杖策還。

立秋日偶書一首

　　端居信多暇，適與懶相宜。禿髮梳全廢，冥心坐屢馳。困眠忘化蝶，飢飯足蒸藜。不看梧桐落，秋來那得知？

六月廿日壽静川宗尉作

　　學得麻姑醞玉漿，敬來蘭館注霞觴。浣顔有此長生藥，延壽無他却老方。雲鬟絲簧催既醉，冰涵瓜李薦漸凉。八仙名飲今誰繼？宗哲多君似汝陽。

苦熱行二首

　　赤縣准庖龍配丁，祝融司鼎扇雷霆，浮歊隱溽熏冥冥。讒人尚可鑠金骨，酷熱如此誰能寧？

　　日光下地炎氛紅，流火爇炭山煮銅，高臺無處追凉風。玉瓶絲綆挈在手，汲取井華煙霧中。

送林先生典試浙江一首

　　學士禀靈昆玉姿，捵天摛藻桂林枝。青氈近屬高山仰，絳帳新將北斗移。晉水白雲分棹處，吳江華月到簾時。待君收取名材獻，更好同升上赤墀。

塞上曲二首

　　秋風蕭條起，何事偏苦辛？砧杵閨中婦，弓刀塞上人。心悲懸漢月，氣哽滅胡塵。老將長爲主，輸他雁作賓。

　　金颷尚餘暑，玉塞早已凉。鳴馬俱北向，驚鴻獨南翔。書摇青海月，劍抹黑山霜。要掃祆氛净，終須戰一場。

秋氣篇二首

　　清風戒將旦，爽氣明西山。珍木及瑶草，改緑成蒼顔。白雲起芝蓋，麛景到林間。短葛生新凉，繁暑忽已删。即是便隱逸，蕭條安且閑。獨驚玉衡馳，遷化不可攀。賴有樽中翠，臨水漱潺湲。喧濁蕩如洗，落霞相與還。

　　秋露瀉香蘭，翠羽雜明珠。芳菊捧朝霞，金玉間珊瑚。幽幽深谷裏，詎减隨侯都？冉冉東籬下，何慚何氏帑！不堪爲君贈，歲晏增踟蹰。

蓬蒿園即事二首

門掩蕭條仲蔚居，伊人真已學玄虛。雨深蒿草生無數，遮却階前也不除。

莫把蓬蒿當是蒿，秋來顛倒比人高。闌風伏雨都經過，看著何曾損一毫？

乾石弟寄詩見壽漫此寄答

青鏡摩娑奈老何？白頭荏苒六旬多。聲聞那有先師順？遺佚聊同下惠和。爲壽一杯邀月樹，連枝千里隔煙蘿。瑤華寄我生顏笑，珍重南山醉裏歌。

七夕詞四首

烏鵲無聲河漢清，玉光隱隱射樓明。誰家花果香燈上，幾處蛛絲結網成？

人間伎倆似波瀾，日日風生滿急湍。我看星河寂無事，不知何巧降靈壇。

願祈天巧濟群蒙，百伎千能轉六通。只恐幻華彌世界，更無人肯作愚公。

晒已庭書送夕暉，銀河珠斗夜霏微。自知拙命如椎鈍，不望天孫惠巧機。

七月十四爲柳川誕日十九爲小村誕日詩焉共壽

清秋玉立見仙姿，不逐西風蒲柳衰。欲比大椿參八桂，慣收靈草茹三芝。華筵玳瑁開朝宴，綠酒瓊蘇漾夕池。共羨岳生雙國秀，爲歌申甫賀昌期。

送友人入試

綠槐秋早布新黃，丹桂天空流好香。勸駕登先時已際，揮戈戰勝日須長。可知陽子收神駿，定見隨佚保夜光。萬巷經書千首賦，誰人不羨錦心藏？

奉辭諸公舉酒見壽二首

先師耳順日，大聖心通年。發憤當無已，爲歡獨未然。困蒙人已老，陶寫事應偏。方惡隨秋草，何堪樽酒前？

白雲在我上，碧樹在我傍。彷彿成變化，或散或萎黃。人無仙聖略，疇復永真長？斷斥酒與肉，保此桑榆光。

秋意二首呈南公

紛紛碧樹雨中黃，頓覺西風似水涼。坐對高僧憐歲暮，心知一段好秋光。

雨後白雲知露清，落將黃葉與階平。方知老樹得清淨，不惹狂風亂作聲。

和小村下莊寺遊覽見寄一首

人已紛紛較短長，何如靜裏覓空王。卷阿古寺鐘鳴遠，曲突荒厨飯煮香。雲氣忽成山背紫，霜威全作樹頭黃。寄言火宅愁煩者，栖息應尋此地涼。

東籬行

吾廬東畔結東籬，插竹編荊聊爾爲。內控外閑清且夷，有如列柵嚴疆陲。未能羽衛芙蓉池，那可勾欄芍藥陂？谷裏幽蘭人不知，宅邊冷菊應易欺。特然保此傲霜枝，不許中傷凝露姿。白朵相陪白髮宜，黃蕤好補黃金虧。衆芳蕭條百草衰，獨與天地留洪私。神鬼猶當默護持，矧吾三復樊圃詩。憶昔捨斿狂走馳，失路折腰鄉里兒。詰屈羊腸愁委蛇，虺隤馬足精魂疲。西風始高雁南之，潦水初盡鴉□□〔三〕。野曠國遥行者誰？山空木脱歸來遲。隔籬犬吠雞亦隨，鄰曲省存僮稚嬉。掇英酌醴襟顏披，醉後放歌漁父詞。籬下婆娑心自嗤，搶榆真已慚鷽斯。人生安身立命竟有期，詎減陶令田園時？

送西瀛丈分巡海道

一官坎壈向明時，忠信惟吾可仗之。龍劍自含星斗氣，豸冠還瑩雪霜姿。天涯絕險王尊過，世路多岐楊子悲。今日看君表東海，河南已起去思碑。

歲暮憶柳川丈山居二首

風獵獵兮號木，霜皚皚兮塗屋。冰斷道兮絕蹤，猿苦寒兮夜哭。農人役休旋邑居，寒潭無情漁網束。獸炭噴紅羔酒緑，雕軒綺帳相徵逐，夫君獨何兮在空谷？

望美兮空谷，逍遥兮無欲。躬耕兮隴上，力食兮自足。竹林兮果園，千頭兮萬竿。芙蓉池兮廕嘉樹，復九畹兮崇芳蘭。好奇服兮製紉，光相麗兮鷫冠。牛羊歸兮日夕，雞犬戲兮雲端。徇身世兮野務，樂天予兮林巒。

壽王北野隱居

聖代何曾闕隱淪？野翁真已得閑身。瓮中有酒心常醒，囊裏無錢道不貧。見訪每於風雪夜，相携多在水雲春。壽君一點殷勤意，且保清平過百旬。

葛陂静川石村見過文苑清居對雪

清居何事更添清？一夜寥空糝瑞英。皓采恍從虚牖得，靈華紛著冷枝生。蘭舟笑剡回橈去，兔苑誇梁撰賦成。不似素心能賞會，接籬顛倒玉壺傾。

寄題柳川翁幕草山房用原韻

望美雲峰處，其高不可攀。巢松青拂漢，幕草碧連山。日月流窗外，煙霞擁户間。惟應同道者，識得隱君賢。

贈廉憲仙臺公之蜀

滿川汾水接天清，一道行山與地平。途路盡能歸鎮静，間閻誰不仰廉明？軺移錦里瞻星使，鏡轉峨巖見月卿。化蜀文翁今再得，詞臣應起頌賢聲。

送林虚溪學正會試

□^{〔四〕}宮春早送鴻飛，直上天門覲紫薇。雲裏玉臺文五色，日邊金榜姓重輝。名儒射策昌期遇，弟子横經始願違。若問去思何處繫，鳳城楊柳共依依。

校勘記

〔一〕"鳥"，當作"烏"。《史記·司馬相如列傳》："載勝而穴處兮，亦幸有三足烏爲之使。"張守節正義引張揖曰："三足烏，青烏也。主爲西王母取食，在昆墟之北。"《東觀漢記·章帝紀》："三足烏集沛國，白鹿、白兔、九尾狐見。"《論衡·説日》："儒者曰：日中有三足烏，月中有兔、蟾蜍。"

〔二〕□，底本漶漫不清，據詩意似當作"煙"。

〔三〕□□，底本漶漫不清，據詩意似當作"止息"。

〔四〕□，底本漶漫不清，據詩意似當作"泮"。

文谷漁嬉稿乙丑

元日試筆

愚公六十一年初，晨起焚香謝太虚。拙劣遠慚傴僂丈，廢弛大類支離疏。又經陽氣浮灰琯，還得春風到草廬。老景婆娑竟何事？看雲聽鳥幸生餘。

寒食喜謝四溟至率爾賦呈

上黨隔年期，西河今日果。欣忘屣倒迎，幸顧席虚左。春岸柳和煙，山城厨禁火。歡顔浮酺醅，喜氣明花朵。大雅久糠粃，多君獨揚簸。精華遂見收，本實未曾墮。擊玉寫冲融，垂柳秀婀娜。清言神理熙，高步塵物瑣。邈矣爾超群，嗒然吾喪我。朱軒安足榮？素位無不可。即事且淹留，娱心方帖妥。

清明日西園同賦

寂寂山城當禁煙，陰陰雲鎖杏花天。斜陽郭外逢嘉客，獨樹村邊横古阡。冷節已過春尚欠，寒風不斷地真偏。與君沽酒消愁思，莫歎故鄉生可憐。

清明後一日園亭雨集呈四溟得分韻文字二首

望美挹清芬，真成見所聞。佳辰酬邂逅，淑景化氤氲。興劇催花雨，情繁觸石雲。無爲淹逸駕，蓄意良已勤。

中林留上客，輕雨度閑雲。氣入蘭襟爽，香沾蕙帶薰。餘寒風色變，薄晚雪花紛。宴坐饒清興，停觴復討文。

奉和四溟園亭對雪一首

山齋看雨俄成雪，可是東皇播惠威。不怕春陰多黯慘，只愁時景缺芳菲。世間冷暖誠難料，雪裏招尋幸不違。酌醴焚枯無限意，呼僮且典鷫鸘衣。

奉和四溟暮春北園六韻

一枉丘園酌，言銷客路塵。紅嫣花雨潤，青踏草煙新。北海慚非類，東山允若人。高文合風雅，冲度滿天真。加飯隨寒節，縫衣換暮春。無將光景易，不向此中頻。

暮春北園宴坐用静川韻

何處消春緒？城隅曲沼濱。鳥聲猶帶澀，花蕊競含新。藻思雲林客，萍蹤江海人。天清意俱暢，空水縱游鱗。

三月三日邀四溟徵君宴背郭園賦

昔人修禊事，引水遡華觴。地以群賢勝，時因上巳良。江山寓陳迹，金石表遺章。是處草堪藉，何年蘭不芳？清塵竟誰嗣？孤景莫能償。有美中林彥，陶嘉干木鄉。依然惠風暢，藐彼白雲翔。羽泛雙渠裏，襟披五柳傍。春疑越分布，詩比晋栽將。蕩濁隨朝霽，含和到夕陽。天機吾尚淺，神理子偏强。齊契今猶古，玄同隱亦光。興言遂成賦，感慨焉可忘？

家有老驥伏櫪蒙諸公咏歎和此一篇奉答

鹽車時自頓，金馬信空傳。霜雪催毛縮，泥沙損足圓。悲鳴猶代北，疲老向誰先？識道其如遠，黃臺落日邊。

三月初九日壽四溟賦

碧桃黄柳翠霞厄，旅館春深獻壽爲。詩似少陵天寶日，人如康樂敬亭時。煙流鳥語諧歌咏，雲寫山光媚羽儀。瑶草拾將難致贈，君家玄圃正葳蕤。

三月十有一日園植始芳適枉四溟
諸公小集分韻得陽字

春寒三月園始芳，春酒正熟君當嘗。五岳行遊片雲度，百年寄寓高鳥翔。陰晴蕩日嵐移彩，紅翠襲人衣滿香。坐對幽蘭自成調，不能冶容矜艷陽。

三月辛酉夜大風有感同四溟老賦

曾聞吹萬群方悦，忽聽頹飇魂屢驚。萬壑疑奔洪水沸，九天如掣洴雷轟。豈容少女傳花信？盡與於菟嘯谷聲。秀木芳蘭無恙否？徹宵徙倚不勝情。

同四溟吊望郭有道墓公舊宅在郡，今爲天寧寺，而墓在介山。

舊宅化空林，高墳存大邑。洪中水折旋，綿上山環立。樵牧姓名知，莓苔碑板濕。自非聖人徒，明保誰能及？

贈健庵使君參藩兩浙同四溟賦

山頭高館結旌行，江上通津畫舫迎。蕙轉光風吹草偃，雲隨甘雨潤花明。文章軒冕歸雄鎮，煙景樓臺擁屬城。麗地更逢康濟日，當知瀕海頌廉平。

庭樹有花與四溟對酌同賦分得來林二韻

嘉樹春深花正開，喜逢文侶拂衣來。相逢逢恨不早傾蓋，須對芳菲數舉杯。

沓翠霏紅春色深，都來城角小園林。高人過此非因竹，多是同聲黃鳥音。

同四溟對梨花桃花有感各一首

煙消露净看梨花，萬玉枝頭絕點瑕。更待月明溪上看，清光別是野人家。

春著桃花紅可憐，正嬌千朵綠樽前。東風莫作尋常妒，搖蕩亦如楊柳煙。

和四溟原倡二首

莫道春來風日遲，且拋樽酒易佳期。開芳最是梨花後，香雪未飄能幾枝？

駘蕩韶光望眼迷，桃林紅泛竹林西。此中欲繫春長住，却惱花間百舌啼。

寄曹紀山中丞

不見中丞今七年，知從滇海亦歸田。寄聲賴有南飛雁，還到荆門郢樹邊。

贈薛生 薛生河東人，自荆門持紀山書來。

舊鄉春草綠菲菲，贏得王孫萬里歸。久處荆門富沙市，多遊湘浦貴荷衣。岳圖畫出看皆美，郢曲傳來和總稀。恰爲幽人破孤悶，一樽款語共斜暉。

三月十九日壽西谷

聖朝宗衮紹文謨，鶴髮雍容似老儒。宇泰日閑詩思好，天空時養谷神娛。壽筵香雨桃花送，春酒寒霞竹葉敷。欲進一籌投海屋，知君名已勒真圖。

寄懷慶雲上人

上人初紆中散珮，一旦投簪學身退。髮落金刀煩惱除，手提錫杖虛空碎。踏窮滄海復還山，巖曲結茅三五間。挑水每收澗唇涸，種田多斫石頭頑。一龕古佛燃燈語，大藏塵言皆故楮。頂上千峰要見君，水雲深處須逢汝。

春日郊行觀社呈四溟二首

打鼓吹笙看社回，雨餘光景畫圖開。雲峰百疊黛妝染，水樹千重綠剪裁。

社雨初晴飛絮繁，送神歌管雜風喧。少年爭□〔一〕青絲騎，笑入花邊楊柳村。

奉和四溟雨中送春

昨日看花歸，今朝花亂飛。此中春欲去，何以慰歔欷？紛紛花瓣難爲數，邀客高樓誰是主？悵望綠陰紅盡銷，無端一夜枝頭雨。

奉和四溟雨夜感懷次日立夏

暝色生庭樹，空齋一愴神。連天不斷雨，徹夜未眠人。雲亂已迎夏，花殘寧復春？若非詩酒意，那可度閑身？

四月一日同四溟對薔薇作

氣候變清和，轉來嘉樹多。薔薇一何麗，使我心婆娑。
當庭秀一叢，露濕曉香濃。並蒂復連刺，防人摘滿籠。

看瓶中牡丹同賦<small>唐人以牡丹爲木芍藥</small>

遶欄看木藥，復向寶瓶中。却訝春王侈，偏教化母工。風條
多委翠，霞朵獨堆紅。香草雖堪佩，騷人怨未窮。

和四溟觀種菊一首

種菊方乘夏，開花要及秋。芬榮久已謝，衰晚復何遊？碧葉
看林盡，金英采徑稠。歲□□□酒，應向此中求。

初夏園集分得郊明二韻

綠樹滿煙郊，將令炎景敲。殘花鋪水面，嬌鳥撲林梢。貰酒
邀山客，烹葵薦野庖。遁栖如有意，來共此編茅。

幾許百花明，俄看綠抹平。水流春雨駛，山閟夏雲輕。彩翠
通斜照，清和澹遠晴。晤言無俗韻，良已謝塵纓。

首夏七日與四溟遊覽峪中宴於柳川池亭用小村韻

勝地招遊喜乍晴，隔林花鳥亦相迎。衣沾翠靄嵐光濕，面灑
紅霏夏氣清。池上欲將蓮結社，沙邊已與鷺爲盟。挂冠自謂身無
累，今日閑身更覺輕。

四月七日贈王相葛陂翁

瘦骨崚嶒似鶴形，巍冠巀嶪楚王庭。朴忠自歎雲遮日，淡泊
誰憐浪打萍？貧計淹留五斗白，高齋偃仰一氈青。幾曆鐘鼎豪華

歇，争□清和醉緑醽。

折園中牡丹送謝四溟

國色殿春芳，天香流曉光。韻宜仙翰灑，用李翰林《清平調》意。標絶冶容妝。拂檻嗟吾圃，分瓶贈客堂。君家紅藥句，應對此栽將。

林亭同賦在柳川園

谷口晴光泛嘉樹，沿源忽到栖閑處。竹林前館緑苔階，蓮浦東溪白沙路。路入山房花木深，泠泠碧澗瀉鳴琴。荆扉時許松枝拂，石徑惟容鳥迹侵。宗尉當朝貴金紫，奈何喜作空林士？鶴情自在九皋中，龍性由來大澤裏。王舍朱門晝不開，翠虚笙鶴幾徘徊。相知但謂耽幽寂，説是神仙那可猜？

四月八日水竹園同賦

北溪風景好，水竹此園林。宿雨添新漲，初晴放密陰。石邊幽草徑，樹裏白雲岑。相向遺塵物，淡然生遠心。

四月十二日壽鴻臚李公

太平身世占來多，八十餘年笑裏過。記得玉宸參委珮，説將金闕聽鳴珂。兒孫戲綵心常樂，兄弟邀歡氣更和。聞道遇仙傳秘訣，至今□[二]鬢不曾皤。

寄題陳梧岡侍郎紫薇園

海陵仙館托名園，天府文昌奉至尊。聖世由來登築釣，道心真已佐羲軒。分庭八樹參雲直，出圃三花麗日繁。莫是功成休暇處，緑書早著丘中言。

酬前二首

梧　岡

早辭榮禄返丘園，賢達高風世所尊。薇省何知飄赤綬？蓬門
應喜挂朱軒。家從孔壁藏書遠，地似陶籬種菊繁。常怪汾陰多紫
氣，聞君日誦五千言。

散髮行歌學灌園，不知身是大夫尊。遭時曾獻明堂賦，去國
聊乘下澤軒。世上風塵人事改，墟中花鳥客愁繁。采蘭汾水遥相
望，何日從君得晤言？

四月廿四日集李氏園遇雨忽晴分韻得青山

雷雨生陰壑，村林當晝冥。須叟〔三〕變晴旭，添得滿園青。
田舍邀還去，芳樽對雨閑。夕陽如有意，開出□溪山。

賞李氏白芍藥用韻

長安競青紫，著眼故偏多。白芍裁江練，朱欄照雪羅。飄香
雲葉度，送影月華過。好共人如玉，春殘奈若何？

折園中芍藥送四溟館

一室香堪共，何偏芝與蘭？我分紅藥贈，君向寶瓶看。逞豔
霞初剪，凝姿露尚□〔四〕。應將意氣勝，無作槿花殘。

奉答上黨大宗正雲峰達軒寄四溟兼見懷之作用韻

石徑紫團斜，高雲帝子家。丹梯攀不到，翠嶺望仍遮。庭老
棠梨樹，階空芍藥花。此時同謝客，惟有歎天涯。

贈平遙令張君擢守岢嵐一首

朱絲之繩玉壺冰，劇縣分符衆所稱。訟理欲欺民不忍，政平無擾賦偏登。麓臺春啓千巖秀，嬰澗秋生萬壑澄。一望樓煩懷舊德，可堪雲樹渺層層？

四月晦日宴社中諸公作

滔滔孟夏落莪賓，冉冉韶華劇轉輪。坐惜詎堪垂白老，行歌還共踏青人。杯傳紅袖榴花淺，饌出冷淘槐葉新。殘照滿庭須盡醉，太平林壑好閑身。

咏榴花分得秋字

槐陰方逐夏，麥氣已迎秋。謾踏王孫草，還看漢使榴。渥丹從瀉鍊，剪絳出織柔。若可浣顔色，誰能欺白頭？

五日邀諸公宴叙一首

節序屬端陽，土風安可忘？蒲葵列紅翠，鶩黍薦馨香。絲作延年縷，符傳辟惡方。幽人翻勝事，熱客幾相將。

奉和四溟端陽懷古一首

開樽今日事，沉浦昔人行。但保孤心退，寧須衆口傾。江魚成一往，菰米竟空情。何似逃名飲，翻然解達生。

夏日端居呈四溟四首

暑氣亦已煩，如何晝兼永？無人不苦炎，獨習山中靜。石樹偃重陰，巖雲蓋層嶺。車塵隔路衢，清吹生涼景。濯髮西澗濱，瑩心寒泉井。回思虐焰餘，金鑠還能整。

皎皎青雲姿，誤落紅塵道。當其毒熱時，暴露同野草。焦卷鬢與鬚，顏容悉枯槁。摧頹鼎盛年，一旦成醜老。陶令去官遲，平子歸田早。赤日謝炎氛，清虛以爲寶。

蒼鷹化爲鳩，朱橘變爲枳。人生失意時，翻覆亦如此。丹桂插雲端，幽蘭生谷裏。托根高且深，氛雜何由滓。首路落汙泥，中道游清沚。九夏絕炎埃，方見空林士。

鳥鳶愁欲墮，炎天不肯飛。驅車行薄薄，鼎鼎觸炎威。平生畏朝露，揮汗沾我衣。自無商丘術，火錦焉能希。路逢漢陰老，憬然抱甕歸。拙哉一愚叟，能采北山薇。

郊遊篇附溟老百花歎

春草歇東郊，晴峰饒北谷。垂巖無惡枝，照水有深綠。好鳥識時光，群飛擇雲木。秀色滿煙嵐，流音散絲竹。山中人不閑，爭藝黍與菽。陌上亦何知？競取舟行陸。舉世覓丹丘，終朝只喧豗。得偕靜者遊，新詩賦華牘。仍作步虛聲，劃然林響蕭。汗漫非所期，依稀到王屋。

瀋國壽詩同謝山人賦

時謝山人獻頌，余感昔文教，亦附和此篇。"又玄"，出《老子》"玄之又玄，衆妙之門"。

聖皇冲漠上同天，宗國時能體又玄。廣座虛涵修竹裏，高窗净瑩白雲邊。凝旒得一三才正，托乘仍多七子賢。好向令辰占福德，萬年稱獻滿華筵。

奉和德平王兼寄壽同謝山人賦

近得高人謝惠連，逍遙池草適餘年。長風吹落郢中調，明月思存鄴下賢。緬想坐花臨玉樹，何能嚼蕊嗽珠泉？殷勤共有無疆祝，欲假青鸞寄向前。

題劉魯峰壽萱圖

萱草爲圖瑞，仙郎獻壽慈。文兼萊采煥，事比朔桃奇。南岳
人何老？北堂春自遲。應同九華殿，婀娜萬年枝。

喜承山公蒞鎮十一韻同謝徵君賦

褰帷行楚甸，改服康晉疆。事類河陽借，名由渤海揚。兒童
迎美稷，人吏待甘棠。開府山川壯，宣條日月光。熊軒瞻貴重，
露冕見循良。堁野蒙諮俗，疲黎荷省方。地偏餘固陋，聖遠益微
茫。始是章逢侶，思從文翰翔。晴雲拂高閣，時雨散修篁。宴坐
凝靜理，端居擁清香。還將保釐意，上以佐巖廊。

奉咏承山館清宴用韻

高館入雲天，端居望是仙。延賢清暇日，化俗威明年。文酒
淹虛席，薰琴韻古弦。應知醉歸處，神想尚泠然。

伏日會四溟諸公作

端居換時節，伏日早已臨。詩社人偕至，田家酒共斟。不嫌
雲觸石，生怕火流金。嘉樹應須憩，微風好夕陰。

裁衣行戲作

廿年去作折腰官，青袍前短後須寬。十載歸閑豎鐵脊，前幅
展長餘一尺。山間林下好雍容，半似迂儒半老農。社會家筵無外
飾，多穿短褐少章縫。有時接籬花下倒，平鋪襪褲眠芳草。督郵
到郡不敢問，白雲和月懷中抱。近得江南細葛黃，相看絕勝紫羅
裳。命工裁成水田樣，要向東林披遠涼。

冗中漫書呈四溟一首

形役相尋苦未閑，誰言隱處得林間？悲看朝槿明初日，羞對歸雲白滿山。藥裹可回精力耗，酒杯無補鬢毛斑。須知大塊安吾老，合理茅齋去閉關。

青樓曲二首

綠窗開看曉妝遲，水冷銀瓶怪侍兒。却是畫眉人去後，夜來花雨落胭脂。

花撲簾櫳朝日輝，美人猶自宿羅幃。情知不是陽臺伴，却向誰家夢裏歸？

宮詞二首

雲母窗前花陸離，影娥池畔草參差。更堪黃鳥相催迫，又是青春欲老時。

長門秋鎖夜鐘闌，不羨嫦娥住廣寒。桂露湛將珠箔冷，月波澄得翠衾單。

伏日登萬佛樓

四時冥火宅，六月却憎炎。風想凌霄御，栖期永日淹。虹蜺栖畫棟，牛斗宿雕檐。下見西山盡，朝來爽氣添。

避暑春谷庵輝上人便留宴坐

浮世炎埃裏，應知內熱多。步回芳草徑，言訪白雲窩。香品厨中飯，清陰庭際柯。微鐘坐銷歇，華月滿煙蘿。

仙槐觀訪王全真道士

搶榆猶不至，容與道林翔。庭儼更生樹，人修不死方。詩瓢逢隱逸，茗碗酌清香。無限青霞意，偏令此地長。

遊長春觀登鶴鳴古洞聽鶴〔五〕

仙人騎鶴去，洞口白雲封。何事遺清唳？猶聞在古松。山藏燒藥竈，門掩上堂鐘。羽化嗟如此，空林一駐筇。

壽静川宗尉十韻

世禄承家遠，天資積學深。綜文成藝圃，灑翰作詞林。客至仙棋著，朋來聖酒斟。逍遥遊舜日，淡簡契堯心。玉府藏名器，金門謝陸沉。貴將無位視，壽以大年任。祥旦貞中伏，華堂滿盍簪。挹清琪樹影，散暑白雲陰。三比對人祝，千稱園令金。思移楚南樹，植于澗西岑。

五月廿六日壽汾村宗正

清如皎潔銀河水，秀即蓬萊玉樹枝。禁闥不教勞使從，明時應負展論思。静調元氣臨丹鼎，泊守玄文傍墨池。却喜令辰多富盛，黃金稱壽萬年期。

六月廿三日雨雹作同四溟

忽訝雨成雹，方知陰脅陽。墮階驚玉碎，擊羽畏弓傷。圃作齎鹽瓮，田為土石塲。所嗟平盛世，氛祲亦灾祥。

四溟以詩嘲不送酒漫答解之

一瓶將去一瓶回，知是仙翁索酒來。兩日空瓶缺音耗，只言花底尚餘杯。

送酒篇答客居也

山人嗜酒無酒量，秖緣好客山中釀。依稀玉友與蘭生，白墮翠濤芬鬱鬯。小賢收取貯瓶罍，大聖珍藏盈瓮盎。霜雪澄清湛月波，東風泛溢翻桃浪。步兵厨裏不勝春，北海能淹座上人。自笑鄙生千載後，追攀聊可躡奔塵。四時光景值嘉日，四海兄弟來嘉賓。上堂叙禮啜茶畢，列筵整饍一杯陳。命此非關達生事，解道寓形須適意。入唇先好潤枯乾，注腑還當滌貪恡。曾得餐霞却老方，澹乎猶使朱顏悴。奚似酺歌百不憂？泰和真宰傳靈祕。古來豪士皋夔行，變格往往遊醉鄉。醉鄉日月何如者？抹摋古今成混茫。富貴功名等飛鳥，死生得喪如亡羊。伯倫荷鍤已齊物，元亮棄官幾葆光。鄴下謝公詩酒客，杖藜肯訪茅齋僻。羽翰翮翮陸地仙，才章炳炳詞林伯。長浮渤澥略扶桑，高跨瑯琊凌楚澤。酒渴思吞朝夕池，詩狂欲掃之罘石。此時裝載滿鴟夷，絡繹與君觴巨卮。君但豪飲賦新詩，白衣不讓酒家姬。

和答趙陽谿比部自京邸見壽

得向高林度小年，真成倦鳥克飛還。卜居人遠三閭後，背郭堂依五柳邊。安土到來無擇地，浮雲消盡獨觀天。仙郎尚復憐遺佚，又枉瑶華照壽筵。

題友人書畫册

飲水還内熱，永日心不怡。耳目暫消遣，圖書潦拂披。丹青開地軸，文翰灑天池。掩卷寂無事，凉氛生座陲。

贈西齋養疾西寺平安回府

移疾蕭齋就白雲，日依雙樹滿清芬。尋方欲廣仙人術，擇藥
應窮《本草》文。室裏匡床渾是幻，門前問客若爲群。喜今脱
灑回王舍，仍把名香坐靜焚。匡床問疾，出《維摩經》。

奉和承山相公枉駕王龍岡西園即景論心之作

昔老亭汾處，仍開背郭園。朝來山氣爽，雨後木陰繁。上客
傾華蓋，幽人共緑樽。干旄寂已久，今見古風存。昔王文中自秦歸
晋，宅居汾陽，有汾上亭。

題鎮康王白鹿圖

聞道列仙儔，長驂白鹿遊。和聲徹玄圃，素質凌丹丘。芝草
頻銜得，蟠桃幾見偷。王將畜靈囿，宜準畫圖收。

三喜篇三喜者，司徒大夫魯峰劉公進階、
受封、生子，一時而三事可喜。

上天垂慶篤仁賢，親顯名揚似續連。三事悦心誰總致？百生
遭世幾兼全。使君銜命司中餉，策府徵能第上遷。章綬共看朝服
重，簡書仍爲朔方延。惠如蘭谷春風轉，清似冰壺皎月懸。起草
筆端吟雁塞，鳴珂馬首躍龍淵。飲河日飽千軍腹，增竈時騰萬旅
煙。老將用師文德濟，大農經國武功宣。安邊節苦風霜勵，報主
心誠霄漢懸。譽在紫宸應眷注，貺施元吉好周旋。虵封孟母當眉
壽，賜類隨珠映掌圓。瑞氣遥通東嶠岳，恩輝下照北流川。高衙
合沓蹄輪擁，華署鏗鞈金鼓駢。介胄爭持寶刀賀，縉紳競獻南山
篇。管涔隱者復奚贈，豈少束帛與弓旐？

懷山中一首

欲把山杯就白雲，不勝煙道鎖氤氳。樓臺乍似中林見，雞犬翻疑隔嶺聞。裳集芙蓉拋錦組，食甘沆瀣棄羶薰。上皇身世翛然別，短羽何緣更索群？

贈別虛溪先生之任懷遠二首

方來正師席，復去宰王畿。軒蓋分秋色，河梁悵夕暉。道高猶位下，祿仕與心違。塗嶺參金烏，荊巖駐翠微。彈琴適多暇，馴雉喜群飛。淮浦焉能滯？承明遽見歸。

杏壇千載絕微言，芸閣三年綴道論。弟子受經多入室，先生發憤幾窺園。久期東觀行當至，試宰中都兆已存。離思鬱陶那可見？白雲秋水接天繁。

東王令旦七十祝辭

八世桐珪到嗣王，千秋金鏡藹重光。庭儀鳳舞南山曲，宮宴霞飛西海觴。翊亮帝圖承眷佑，保明邦典奉靈長。現逢聖主降天壽，定是心傳不老方。

奉和承山翁秋堂夜雨暢然有作之章並序

時雨載零，有秋呈瑞。我翁和德之感，暢然興咏，書史可記。猶有取於山人夜雨之吟，何其興之遠也！輒附和一章，比之投礫然。酬言之義，聊復爾耳。

上公威惠格重玄，甘雨蘇民總需然。畎畝欲將呈合穎，桔槔何許汲飛泉？清歸薇省觀書夜，綠滿棠陰問俗年。餘潤猶能邀翰墨，蘭章分灑到林邊。

乙丑七月二日立秋在林間作

衰翁畏及秋，偏速火星流。是物皆將老，何情獨不愁？梧飄風葉馻，蟬□[六]露枝稠。坐見林疏索，青山笑白頭。

和四溟七夕感懷三首

庭空月澹風泠然，悵望星期橫遠天。暫詣奈何憑鵲度，長違依舊使人憐。青絲籠絡終年繫，翠錦機梭盡日懸。却是自謀猶太拙，乞靈翻更滿樓前。

向夕猶稀鳥雀音，澹然獨坐閑此心。應知乞巧吾無分，一任綺羅占繡針。

長因離合損朱顏，爭似無情任往還。不信仙媛缺神契，含愁恨隔水雲間。

積雨憶四溟丈

雨深泥斷道，室邇嗟人遥。獨坐擁蕭瑟，誰來問寂寥？歌聲子桑苦，愁思景陽饒。裹飯吾將往，聊充回也瓢。昔子桑子阻雨十日，飢寒，鼓琴而歌，其友子輿裹飯而往食之。張景陽愁霖。

七月十五日邀諸公北園雨中宴會得園字

金行水雲盛，蘭節風雨繁。淅瀝響山閣，蕭條澄樹園。暑隨流潦散，涼逐墮梧翻。一室羨清景，非君誰晤言？是日爲中元之日，道家作玄都大獻於玉京山，釋氏作盂蘭盆供佛，故云蘭節也。楊炯有《盂蘭盆賦》。

七月十七日登龍岡龍洲西樓四溟首倡秋字各得二首

宿雨初回雲澹流，翛然涼氣滿西樓。登臨莫惜壺觴盡，翠嶺華秋是勝遊。

雲白山青池上樓，窗含奇樹樹含秋。知君好此凌空意，不減王喬控鶴游。"好此凌空意"，本仙人好樓居。

秋風歌和四溟作

對秋風，秋風感懷殊不同。我愁霜毫增領上，君悲羸馬走西東。人生少壯老當至，不見來往飛天鴻。丈夫四海等一席，豈比捲地孤沙蓬？羨君詩入杜陵細，羨君才出陳思雄。羨君偃蹇行己意，羨君耿介超人叢。北林春草見臨況，芳樹時憑白玉童。妙句常如命鬼工，笑看唧唧草間蟲。六虛周流迥無礙，八極遠覽方無窮。晤言使我釋玭吝，北面頓忘爲老翁。願撫泠然發高嘯，夕陽攜手凉雲空。

陰隲篇 爲四溟作

有鳥哀鳴求匹儔，謂逢鴟鳥相啁啾。決胸欲使錦文碎，顧影痛絕零山丘。竊聞仁人肯弘濟，急難如此胡不周？莫言羽蟲甚微眇，靈性可以媲姱修。雞鳴起居奉巾櫛，小星當户供余裯。願比女蘿附松柏，枝枝葉葉終綢繆。東山逸老聽言訖，心惻手援遽見收。貯之管城踰金屋，飲以學海過瓊流。奚但爪嘴縮昏夜？遂令窈窕登河洲。盟將老丹穴，誓不吟白頭。感君陰隲厚，報應非所謀。黃雀銜環向君側，福壽圓轉應無休。

和張鳴遠八月十七日再壽之作

瑤天飛下步虛詞，碧落仙人見訪時。爲取野心清似水，不嫌衰鬢白如絲。風前玉樹連歌扇，月裏金波漾酒巵。好景更逢花甲後，歡顏却老自應知。

送張鳴遠見別還沁

殘年一別會無期，今日重逢慰所思。下榻敬承千里駕，開囊莊誦百篇詩。天搖秋水浮杯上，樹引晴嵐到座陲。更欲留君卧霞閣，待開黃菊采東籬。

奉酬承山相公題扁城下小園
爲汾上行窩兼枉駕咏言

行窩題向白雲窩，生不逢知奈老何？身累一官能解脫，情塵小隱得消磨。垂天麗藻回幽勝，特地良辰具美多。時菊在籬聊可獻，落英還效楚人歌。

奉壽宗川

天上玲瓏玉樹枝，人間重九誕生時。家傳世胄神明遠，國保儲君聖哲宜。漢武紫荄初綴實，魏文黃菊已敷蕊。他年競作求仙用，今日端爲獻壽持。

憶昔行贈別四溟先生

憶昔未見君子時，渺如天上攀瓊枝。今日相逢復相析，相看終作長相思。春草如茵當瑤席，紅藥滿欄熙岸幘。把酒題詩思欲飛，秋閣晚霞神更適。準開籬菊要君看，無奈歸心急羽翰。汾水白雲遮去路，太行黃葉灑征鞍。世間何事最爲樂？獨有新知愈歌咢。世間何事最堪悲？獨要生離在路歧。山中無所有，贈君池畔柳。來歲輕絲流亂時，可能其下一杯酒？

奉和承山相公枉駕北園即事二律

傳呼使君至，童稚競讙譁。園幸金章貴，門榮翠幰遮。開籬呈野菊，汲澗煮山茶。知爲幽人款，何曾厭阮家？

白雲看不極，秋水望無垠。澹默誰關意？孤清獨愴神。聞車偏倒屐，掃石亂揚巾。正有黃花醞，應憐色味醇。

九月十六日視穫西莊對菊小飲

桑葉辭枝露欲霜，山田登隴粟盈箱。謀生家食三時足，給餉邊需萬旅强。雲度雁行回極浦，風吹蛩響如西堂。老農亦有功成樂，坐對黃花酌晚香。

霜辰書感

白露秋將改，青霜更若何？花疏悵園菊，葉盡昒庭柯。送目天鴻遠，驚心塞馬多。計時當北伐，嚴凛助雕戈。

和東皋邊報有感

城鴉啼落日，邊馬送愁時。不意重關險，仍令點虜窺。總戎皆報主，三捷竟稱誰？獨愧馮唐老，空歌北伐詩。

送霍思齋户侍巡撫山東

正色當朝羨畢公，東郊端付保釐中。司徒執法冠峨豸，督府行營軺畫熊。地出泰山符鎮静，天輸滄海像涵融。□□□[七]德登三事，勛業應爲報主隆。

奉贈姜對陽憲副

門巷蕭條落木深，幾逢車馬爲招尋。今來明月中林意，却是故人千里心。雞黍味單充列鼎，芰荷香冷對華簪。獨慚西上無堪贈，欲借白雲仙掌岑。

奉和承山公中秋北溪之作

北山涵水竹，略似輞川莊。不有丘園賁，誰憐松桂香？亭雲團紫蓋，滿月遡華觴。獨灑高天興，相看色正蒼。

贈別程竺陽

金竺巖前舊結廬，伯英池畔好臨書。彎弓欲挂扶桑上，説劍思存莊叟餘。黃鳥春林欣晤語，白雲秋水悵離居。梁王賓客今零散，君去還應著子虛。

乙丑長至之前夕同龍洲户部及竺陽諸君集小田新居夜深酒闌歌咏樂甚因相與賦詩

小至歲將闌，新居集舊歡。家敦奕世講，人羨肯堂觀。延景華燈錯，崇情玉舉寬。更聞歌古調，白雲滿林端。

孟冬訪龍岡龍洲二翁便留賞雪即席賦呈

之子端憂日，曰余一款扉。孟冬寒寂歷，初雪晚霏微。樽俎開瑤席，宮墻即粉闈。素心昭色象，清表見容輝。嵩室思爲侍，梁園賦已歸。何能玩書册？祇有對麻衣。興接山陰棹，文參河渚機。坐深忘慘栗，飲滿破嚴威。秉燭欣蘭繼，燃爐懼桂稀。茶煙隨雅淡，羔錦屬輕肥。玉樹方攀附，回車意頗違。

壽王北野

羨君平世一閑人，住過青山七十春。屋有數間惟鑿石，田無百畝足資身。情耽阮籍兵厨醉，意得王褒洞管新。説道避喧吾獨信，白雲深谷滿天真。

壽東谷一首

世緣多半冷如灰，獨有交情澹不回。雪夜尚尋林叟去，花辰還引社朋來。酒因合道常斟酌，詩欲忘言廢剪裁。喫緊爲君稱壽處，南山借侑白雲杯。

送侄受業龍洲因宴集館下用西皋韻

摧頹白首未逢時，偃蹇山中世莫知。久愧蠹魚埋舊卷，惟耽綠蟻泛新厄。王通曠古能談道，匡鼎當朝善説詩。老計尚存兒子輩，門墻都遣學趨隨。

閉關一首

老去蹉跎百不宜，冬來惟欲掩柴籬。宵長剩有安眠候，晝短剛餘喫飯時。怯冷炭爐渾是伴，扶衰藥裹鎮相隨。寥寥三徑空山裏，除却白雲知對誰？

寄答東明弟

歲晏懷君正黯然，喜逢蒼首尺書傳。迹言五載關河別，情道一官萍梗偏。陶令思離督郵去，王陽欲戒險途旋。鶺鴒原上迢迢望，鴻雁何時共渚田？

壽東皋翁

宗風樂善類能敦，凤德惟君衆所尊。翰墨作林垂實燦，詩書爲□[八]結華繁。窗中白日羲皇世，郭外青山水竹村。歲歲誕辰偏勝事，奉觴稱壽滿兒孫。

壽承山相公二十韻

有美人生傑，惟良表代工。純資鐘禹會，明稟毓周嵩。特達珪璋比，登庸瑚璉同。含香龍袞近，視草鳳池通。省署推寅亮，藩垣借朗融。循良綏渤海，文武憲天雄。鎮徙五州日，條宣三后風。仁恩覃隱伏，義問徹愚蒙。閭井康和裏，河山奠麗中。酬言思欲竭，報德意奚窮？壽域千年啓，祥辰此地逢。時欣祈歲盛，世喜得賢隆。小雅期綿邈，南星現鬱葱。金章猶未艾，玉貌已還童。柏葉斟寒翠，青陽遞曉紅。嘉平高宴叶，樂愷妙顏充。群吏森門下，諸儒儼閣東。諧聲歌大吕，正色挹層空。祚慶乘春豫，勛榮共德崇。佇看調鼎鉉，百禄盡來叢。

歲暮一首

歲暮坐惆悵，微生亦已然。不堪齒髮敝，那可學神仙？結念屬老圃，種蔬春雨前。或持一杯酒，酣枕白雲眠。有月相對飲，無時亦不憐。悠悠隨化耳，何敢問青天？

校勘記

〔一〕□，底本漶漫殘缺，據詩意似當作"放"。

〔二〕□，底本漶漫不清，據詩意似當作"雙"。

〔三〕叟"，據詩意當作"叟"。

〔四〕□，底本漶漫不清，據詩意似當作"溥"。

〔五〕"鶴"之後，（清）咸豐《重修汾陽縣志·藝文》有"鳴"字，當補。

〔六〕□，底本漶漫不清，據詩意似當作"響"。

〔七〕□□□，底本漶漫不清，據詩意似當作"共知戀"。

〔八〕□，底本漶漫不清，據詩意當作"圃"。

文谷漁嬉稿丙寅

丙寅元夕燈宴呈座上諸公

今夕華燈錯，兼之火樹紅。文霞流月宇，香霧結煙籠。籩盍欣同照，樽傾畏屢空。春來多樂事，先起上元中。

丙寅春日

依然窮谷裏，又值太平春。月令欣貞孟，農祥美建寅。曆無耆舊紀，世有遁栖人。獨歎青陽轉，逾增白髮新。

寄答張清源詩酒見寄

平子能西望，題詩寄所思。殷勤別後意，鄭重到來時。淡綠消冰片，新黃上柳枝。林塘不共賞，春酒坐空持。

山居懷古

卜居無選勝，聊以托幽閑。地即林宗里，樓通子夏山。田園從邵仲，書史尚楊班。古老雖離逖，神情獨往還。

壽西野翁

吾師抱道樂青林，白首窮經住世深。俗裏幻名飛不到，區中塵景斷難侵。暖煙芳草文筵藉，和氣朝霞壽酒斟。看戲綵衣還勝事，門墻桃李欲成陰。

奉贈穆少春大行過汾見訪

春城共迓皇華使，天宇爭攀玉樹枝。秀色照人清馥郁，光風偃草綠離披。幽居過訪留能暫，野館分携去欲遲。知到帝鄉多勝事，紫雲青瑣拜恩時。

二月廿二日北園和裕庵見題之作

芳月過逾半，蕉園尚不知。東皇寧故外，北鄙自堪遲。杏澀榮先蕊，楊慳槁後黃。茂無十步草，誰定踏青期？

二月廿四日壽劉玉泉大尹

早同文會復同官，歸老還將共歲寒。晚節每看庭際柏，幽香常邇室中蘭。長年學士頭全黑，行地神仙面更丹。好向佳辰醉春色，翠紅相媚滿林端。

奉謝承山公春日惠宴

二月山城尚不春，喜沾文酒見天真。泰和聲轉朱弦迭，清淑光生玉燭頻。杏蕊詎須墻外早？柳條盡緩陌頭新。合知黃鳥潛幽谷，鳴向高筵自有因。

寄壽謝四溟

南山篇有之，樂只壽無期。今我興斯咏，非君屬阿誰？僑居潞子國，高步惠連詩。授簡參梁宴，觀書下董帷。消搖鷗鷺渚，笑傲鳳凰池。秉德鄰皆應，敦仁福所綏。長庚符令誕，彩筆助神思。楊柳褰文席，桃花送羽卮。遙緘小雅意，一寄白雲陲。

三月十一日宴北野山莊題于小洞

何處巖居好？林邊小洞幽。荊扉長晝閉，柳塢伴春遊。坐石依山足，分溪到水頭。飛紅寒食盡，積翠暖烟稠。友意存黃鳥，閑心共白鷗。浮杯要淹客，怕帶夕陽流。

壽西谷大宗尉

張筵把酒笑春風，多歷偏能識化工。柳色抽回千古綠，桃花開出萬年紅。揚塵任自田爲海，聞道還當老復童。個裏真常渾是壽，莫言人境缺仙翁。

寄東明弟見春日之懷

閑看棠棣滿庭華，諦聽歸鷗集暖沙。同氣遥爲百里宰，相思各繫一天涯。荆樓日暮難孤眺，姜被春寒奈自嗟。世路舊遊多按劍，不知何處可移家。

答陽谿見寄介山遊覽之作

一覽山中作，知閑塵外蹤。文茵藉芳草，羽蓋廕長松。浮世舟難繫，空林杖可容。自微仙客到，誰啓白雲封。

贈陳瀛南侍御行部至汾

行來郡邑皆時雨，到處山川總出雲。攬轡信然森法象，宣條真已煥人文。官迎繡矛欣承德，將凜花驄願樹勛。堯舜故都風俗儉，大觀應表聖明君。

喜陽谿見訪同二王丈作

巾車到愚谷，喜鵲繞檐飛。孰是見君子，而不欣所依？憶日緬中里，如隔山之巍。暮雲屢銷散，春草徒芳菲。兹言携手好，不謂會面稀。清和呈夏氣，煙彩絢晴暉。花香灑文翰，鳥語戀音徽。同懷儼雙駕，一觴來共揮。歡緒若河決，湍湧無停機。方將久維摯，極宴庶忘歸。回旋在倏忽，此意良已違。出谷惋相送，悵然空翠微。

三月初五日壽王龍洲親家

曾説蒹葭依玉樹，更聞松柏俯絲蘿。感君高美誠如是，顧我攀援奈若何？北海頗饒文酒興，南山宜向壽筵歌。譬諸好鳥懷春旭，不覺清音宛轉多。

效胡青厓方外之作

一條竹杖挂青鞋，不躧長安市上街。栗里自存松菊徑，輞川誰看木蘭柴？白雲修嶺憑虛眺，黄鶴高樓帶醉排。世味備嘗渾謝却，旋收沆瀣有餘齋。

題王龍岡喜生貴子圖

泰和吐祥天毓奇，大海産珠山秀芝。鳳凰將雛龍導子，閥門喜見麒麟兒。麒麟本爲王者瑞，要將名世偶昌期。英物自然聲氣好，骨相已表青雲姿。青雲器業自昭代，乃祖策勛開國時。至今列侯佩銀印，帶礪河岳功永垂。邇來奕葉更全盛，金昆玉友振鴻儀。桂子香生月中樹，蘭芽美茁庭前枝。家藏萬卷會應讀，篋有千金奚足爲？虋莢向階彌晦朔，清和呈景迓炎曦。菖蒲挺節紅藥滋，花下列筵湯餅隨。賀客駢闐車馬馳，爭看慶霄五色增門楣。

四月廿七日山泉宗尉邀賞西園紅藥偶然二首

背郭芳園披翠微，名花拂檻亂紅霏。含章未覺靈根異，品藻方知豔質稀。茉莉撲簾還撲扇，胭脂匀面復匀衣。若教移植觀書地，愛護當施絳帳圍。

西園風景又朱明，身世何曾有定程？老去水流三峽駛，賤來山比一毛輕。花邊潦倒惟拚醉，樹底婆娑未達生。猶恐紅香易銷落，夕陽疏雨不勝情。

庭許榴花盛開酌言玩之率爾成句

緑裁翡翠千枝出，紅琢珊瑚萬朵開。爲荷昊天多雨露，故教炎月滿庭臺。桐花小扇爭妍集，茜草長裙負妒回。却笑野夫還世態，愛渠能送紫霞杯。

送楊古峰之任麟遊

大才從小邑，幸是宰明時。美錦勞先製，青雲歎後期。到歧看鳳樹，登隴見麟陂。祥瑞今當別，仁賢作羽儀。

奉和承山相公同文峰學憲宴集山亭之韻二首

紫薇推亮采，驄馬羨皇華。命駕同看竹，登筵共坐花。郢歌卑下里，魯俗賤東家。今日重光照，雲窗滿碧紗。

誰知霄漢侶，亦愛野鷗盟？高蓋凌空下，雙驂入谷鳴。行邊綠樹翳，座裏白雲生。已作仙遊處，兹山定得名。

奉和承翁臨况小堂之韻

一杯何事寄情深？鼓舞南薰在竹林。碧簟我便回夏氣，朱弦人卓返虞音。禽魚締〔一〕聽皆歡趣，童冠參□〔二〕滿道心。明日還陪郭西宴，適來嘉樂可重尋。

贈李澗南斷事六十

束髮同門者，今皆謝政歸。問年周六甲，養性愜初衣。日向歌筵永，雲當舞席飛。看君開壽域，添得好容輝。

王龍岡生日席間賦

青歲鄉書薦紫宸，賈生英俊更無倫。蹉跎華髮猶爲郡，荏苒金章未在身。天上九關疑夢幻，人間萬事等灰塵。且將美酒酹嘉旦，收得壺中不老春。

竹軒宗尉納雙寵用韻戲贈四首

金剪雙栽繫臂紗，香車迎得兩名娃。春風貯向紅綃幄，笑對桃花映臉霞。

文彩鴛鴦刺合歡，芙蕖錦帳繡團圞。要令二美知人意，更爇薰籠滿麝蘭。

臨池折得並頭花，不說雙鴛戲暖沙。似是東風欲相媚，送將春色與侯家。

楚館高唐夢寂寥，漢宮金屋草蕭蕭。誰家絲管雙調弄，除却周郎有二喬。

寄柳川生日七月十四日

煙霞之癖何其深？不肯闤里相浮沉。引水作池清見底，開山種竹綠成陰。春風花鳥飛雙去，夜雨蛟龍坐獨吟。舊客罷携爲壽酒，知君久矣斷招尋。

贈小村宗尉華誕六旬

憶昔先公傾蓋時，與君桃李共春姿。詩中意氣雲天渺，琴裏心聲山水知。今日壽辰周甲子，百年祥旦有瓜期。通家載酒殷勤祝，欲學清寧配兩儀。

七月十五日夜望月

明月向中元，清輝遍廣軒。冰壺懸皎夜，水鏡失黃昏。樹鵲依涼靜，風蟬褪暑煩。惟應砧杵婦，愁絕塞西垣。

聽美人彈琵琶和小村

佳人捲羅袖，爲我撥鵾弦。幽怨花含霧，離傷澗吐泉。疾徐
檐馬上，斷續塞鴻邊。曲罷還留聽，江州思宛然。

和小村山居南字韻

丘壑中分我在南，君家北面好清潭。煙消定是荷衣冷，日落
應同漁父談。陶令去官翻自樂，嵇生出仕不能堪。浮名頓覺都參
破，只有鴟夷意尚貪。

送張玉岡節推之南陽

梓里郊筵悵別深，蒹葭秋水不堪吟。切雲飛蓋河梁轉，計日
遄車郡館臨。好使憲章貞似玉，遂令王度式如金。武侯岡隴依然
在，忠益須求千載心。

林間宴坐五首

今日林中影，他年陌上塵。柳栖搖落歎，蓬轉倦遊身。涉惹
波侯怒，登逢山鬼嗔。迷途猶未遠，回首見吾真。

回首見吾真，纔然理靜因。深居緣水石，茂苑得松筠。漸復
琴書好，翻將魚鳥親。役形猶爾耳，未到絶埃塵。

未到絶埃塵，只應悲此身。虛華非我有，實相可誰因？踏破
浮雲岫，掀翻苦海津。維摩無伎倆，宴坐第淹旬。

宴坐第淹旬，從他秋復春。花開紅處滿，葉墜冷邊頻。問疾
猶凡想，端憂自本因。寥寥空宇內，剩有一閑人。

剩有一閑人，甘爲賤與貧。如椎還魯鈍，似梗合飄淪。松桂
成三友，煙蘿足四鄰。休將歎離索，大塊本同春。

慶成王誕日奉壽

華辰清曉拜宸居，遥望紅雲護紫虛。開國緒長分土後，承家光遠祚茅初。丹深漸熟金砂鼎，道杳恒參玉佩書。天酒酌花須累進，杯杯期引萬年餘。

秋晚園居酬郡守諸公見枉

老圃秋深漸復荒，郡公紆駕轉輝光。神熙鏡寫寒潭碧，吹爽旗翻落木黄。殘菊帶籬還正色，濁醪浮瓮有新香。高懷對此應饒笑，殊勝邀樽栗里傍。

晚秋宴弟園中

君欣初服返柴門，我歎高秋入槿園。碧樹階前黄葉聚，紫巖窗裏白雲屯。耳傾蟬響成蛇蛻，目送鴻飛急馬奔。即物詎堪人速老，會須開口菊花樽。

喜徐君謝官王門漫贈口號

我愛浙泉子，辭却宰官榮。朱門不再踐，綠樹有餘清。未睹先賢隱逸傳，解道無官一身輕。我愛浙泉子，飲酒有酒禄。醉卧草堂雲，無榮亦無辱。早晚生男尚不遲，還當有子萬事足。

和東皋題竹軒喪寵之作

蘭摧不可道，玉折豈堪聞！窈窕恩中絶，綢繆夢裏分。團悲班扇月，斷憶楚臺雲。怪底瑶箏咽，新來雁失群。

壽周兑川上舍

仲秋水雲净，湛澹天宇清。時哲美初度，潛龍兆元禎。取

《易》初九之意。含光稟純粹，變化韜至精。蚤觀辟雍禮，再試京闈衡。吾謀適不用，羽翼終當升。自從家食來，亮懷余所程。和稀白雪調，室近紫蘭英。爲壽一杯酒，安能不滿傾？南山鬱佳氣，碧樹藹新晴。歡宴在茲會，萬事良已輕。

病起四首

垂帷永日臥匡床，童子渾能檢藥方。只道火雲猶帶熱，不知園綠已蒼蒼。

疾餘拄杖看浮雲，説是蒼梧那得分？總爲太虛難住著，隨風吹雨過清汾。

嗒然一笑笑何如？方技頻謀老病除。別有無生稱上藥，《神農本草》不曾書。

識取浮生大患因，何慚一疾動經旬？有誰還是臺山客，來訪林間宴坐人？

謝陽谿見壽林間

道義親情自不同，隔溪來壽白頭翁。詎嫌疲老成今日，直叙交遊到古風。林鳥欣飛秋色裏，籬花欲吐笑顏中。此時何用悲明鏡，一酌丹霞面已紅。

寄題陽谿郭西草堂用韻

有美郭西隈，吾廬向此開。案書多古禮，園植每深培。守道心無間，思君腸幾回。惟應悦慈母，花外板輿來。

和趙陽谿樂壽園即事之作

荊扉無客見招尋，一晤高賢喜不禁。下榻幽蘭當谷映，開窗涼樹滿庭陰。巢居自合人群遠，宴坐誰憐歲序深。欲款緒風驚別鶴，孤雲冉冉又空林。

奉和承山相公中秋後四日雨中臨況東谷樓宴之賦

踏閣攀援處，隨車霈灑時。歲華秋半好，煙景望中奇。地足雙禾穗，天低萬木枝。宴言逢化雨，欣喜共農師。

奉和承山相公宴集龍洲戶部西城別館之賦

樂地豈遐藉，幽園却背城。池將心共湛，蓋與意俱傾。霽色斜陽閃，涼風高樹生。幸陪清宴末，塵想介然輕。

對北園芙蓉作

小園亦有秋江色，開出芙蓉滿樹花。葉葉翠綃澄皓露，枝枝香粉暈彤霞。耽奇欲製衣裳美，贈遠愁看道路賒。多少芳菲競春去，西風流落野人家。

奉和承山相公九日登臨太虛勝覽樓宴更移席禪堂悠然有作

古寺高巘披翠微，重陽開宴與心怡。召公分陝文軒苢，漢使橫汾畫舫移。雨洗煙霄迎盛節，露催寒菊欵佳期。河山望美凌晨得，鐘磬留歡落晚宜。戲馬臺荒名尚在，登龍人遠興非隨。年華奄冉誰能惄，世界清平此共知。哲匠賦成還倚檻，彩毫相對法輪熙。

題高貞婦陳氏册_{其弟爲刑部郎中}

東方有賢淑，少小稱未亡。内牽慈母恩，上以奉姑嫜。茹荼三十載，掩鏡滅鉛妝。一心抱貞孝，皎潔團冰霜。朔風起當晝，白日含精光。孤鴻叫玄夜，落木響空堂。是時悲且勵，單情誰爲詳？昊天毓靈秀，賦之綱與常。丈夫翻改□〔三〕，奸諛代成行。視此純白姿，豈不惡蒼黃？衆草委秋色，幽蘭揚其香。我貴在從一，柏舟胡感傷？德立而不朽，垂聲以無疆。

答程竺陽暮秋咏懷

天涯長作客，汾館莫論秋。報國心逾壯，平戎志未酬。星霜朝鏡改，風雨夜燈愁。到處皆吾土，王孫好自留。

別駕南岡穀峰過訪對菊率爾咏酬

獨擁寒雲歎歲華，蕭條誰念野人家？連鑣肯訪重陽後，倒屣還開一徑斜。庭草不堪承墜露，籬花猶可伴流霞。題輿更復傳呼去，愁對空林只晚鴉。

屋旁隙地作一小室名虛白齋

隙地餘方丈，安居止一間。户樞從不蠹，門設好常關。夜景虛生白，朝光静是閑。自慚非絶學，投老解希顏。

奉和承山相公宴雷明府新第

雕符玉麟後，畫棟彩虹連。上客紆文組，高楹啓繡筵。列陪慚郡彦，傍□〔四〕羡神仙。東道應深扙，嘉光詎偶然？

秋懷詩二十首

吾觀萬物化，榮瘁相轉折。衆芳歇有時，胡爲怨鵾鳩？鳴鳥久寂寥，斯螽何屑屑。白露本無心，一灑玄蟬咽。林葉稍已疏，静聽得幽絶。始知大聖言，真能息邪説。

其　二

夏氣爲鬱蒸，群有得充盛。密葉翳庭柯，繁草塞階徑。蟲禽
亂其聞，晝夜不肯静。舉翣風逾温，揮汗如雨迸。極宴在朱樓，
方爲永日競。我本姑射人，冷淡夙成性。何以處心神，寒泉聊
可瑩。

其　三

郭外二頃田，城中五畝宅。黍積幸見登，桑棗已屢摘。雞鳴
風雨朝，犬吠牛羊夕。井税無後輸，家食有餘積。山客訪柴荆，
村醪時正碧。

其　四

吾道本淳穆，今古一真常。僞妄與斷滅，多歧故亡羊。山木
乃自寇，石火難爲光。玄珠獨何隕？宛在水中央。軒黄并罔象，
須臾繫我裳。終日寓無始，蚩蚩仰洪荒。

其　五

盈盈靚妝女，皎月希令顔。遠嫁長獨栖，風霜摧以殘。不及
桃李春，好鳥鳴間關。又不弄機杼，錦綺雙鴛鸞。幽蘭棄空谷，
桂樹委寒山。猶蒙鄰女惡，薄命良苦艱。

其　六

我觀功名士，桓赫良可爲。往往垂成日，禍至毁亦隨。豈乏
憂與讓，雖信猶見疑。唐虞殷周間，四哲古所推。禹稷萬世賴，
夷齊百代師。濟物畏天命，求仁保民彝。

其　七

遐想列國士，亦有三代英。子産與叔向，孰愈齊晏嬰？文能表邦憲，義以强國楨。滔滔詐力間，明允兼篤誠。生不逢揖讓，奚不爲保衡。仲尼泣遺愛，歎息有餘情。

其　八

孟軻既淪亡，道喪復千載。卓哉河汾公，束髮探滄海。揚瀾疏其源，周孔未之改。修史名續經，叙説大中在。開繼領斯文，立言足模楷。編書尚體裁，傳記皆可采。雅志屬宣尼，步趨惟恐怠。豈屑後世賢，覆用爲罪悔。

其　九

蚤歲讀毛詩，晚通六義旨。心聲本自然，宣叶貴神理。感物斯造端，緣情遂綺靡。廷廟簡宗工，邦國掄小史。哲匠與庸師，命名良有以。末學昧參同，起予者誰子？今古競雌黄，上中紛比擬。功虧築室迂，技窮畫虎耻。自非天縱資，微言勿輕矢。

其　十

吾聞大仙者，托迹金銀宫。彩雲開户牖，靈草結簾櫳。坐邀廣成子，行引浮丘公。温泉淋雪白，寒火煉鉛紅。處夏不炎燠，居冬反和融。冲氣四澄澈，湛然秋水同。十洲蓮葉上，三山鶴羽中。妙化誠叵測，神理終當窮。誓將凌倒景，一與斯人通。

其十一

金氣化爲飇，玉光凝爲露。肅肅掃溪堂，泠泠湛庭樹。天籟生此中，雲山得韶濩。神朗敵昏冥，慮澹啓超悟。憶落塵網時，清居隔煙霧。自出迷津來，今夕游太素。

其十二

涼露滌氛埃，天高月波穆。夜静耿蘭膏，青熒在東屋。心景共虚明，蕭蕭對修竹。谷傳書有聲，情知是兒讀。

其十三

列國禮英賢，魏文實冠冕。首師洙泗儒，段生從偃蹇。田子亦矯抗，君侯意逾腆。章逢非技擊，氣概自陵緬。坐策藩國功，明因軾閭闤。驕吝破崇高，謙恭得尊顯。勍敵罷東圖，弘聲亘西衍。方愧坎中蛙，矜持一何淺！

其十四

弘景歌白雲，淵明傳五柳。寄意一何深，遺安在林藪。余亦遂初衣，築室托崇阜。泉石乃臺隍，松蘿爲户牖。鳥獸非同群，駭怖都無有。昔云草莽臣，今作山林守。

其十五

山居四時好，秋序尤所欣。平生耻喧濁，而不愛炎熏。到來天宇净，青谿無垢氛。廡庭兩碧樹，出嶺多白雲。昭曠符遠心，潔爽清見聞。仙居倘可接，當共爾爲群。

其十六

纍纍園内棗，離離野間禾。田家無遠略，隨分保巖阿。歲華秋有實，所得良已多。老至不願餘，苟可衰顏酡。夜來酒新熱，取醉還復歌。壹意聊爾耳，捨此將如何？

其十七

儒生守章句，信傳不信經。執經猶外望，況乃隔嚴扃。上古製文字，一爲寫心靈。默識神所契，盡性而踐形。

其十八

少年有膽略，遇事輒含弘。竭來衰復甚，處己猶不勝。語言覺無味，面目慚可憎。驚禽願孤宿，駭獸思遠騰。空谷白雲裏，深秋莽層層。

其十九

陶潛任天真，不獨在飲酒。薄宦竟遺榮，歸田惟五柳。屢空常晏如，縱化從白首。知命故不疑，素履往無咎。觀其飲酒詩，頗亦盡幽剖。自昔原思亡，此義日已否。樂道安貧人，疇能出其右？

其二十

歲暮懷百憂，不悟老已至。冉冉桑榆暉，□□〔五〕濛汜次。往化難可追，來日知誰是。有酒且一歡，勿復獨多意。

喜東明弟還山詩十首

微官易得罪，方信古人言。肝膽知誰見，平生頗自敦。萬物各有寄，世事多飛翻。解綬詎疵賤？所貴還丘樊。

其　二

啳客勿多歎，歸心久已然。因事遂云邁，得果丘中緣。窮達自有分，華纓非所懸。但令存我貴，奚曰愚與賢。

其 三

迢迢五載别，空此郊園扉。春草秋更碧，仰視征鴻飛。撫景心欲絶，涕下不可揮。今日破爲笑，覯子遂初衣。

其 四

天地有界畫，畫出百官圖。爾我在圈外，差得爲野夫。簦笠而簪冕，失步邯鄲趨。歸來復歸來，薄田口可糊。

其 五

芳草雖滯歸，碧雲還果諾。日暮見猶疑，明燈耿華錯。顔鬢稍已蒼，心情故如昨。何以寫深歡，蘭漿差可托。

其 六

緑綺裝君囊，蒼龍繫君帶。下以款心知，上焉除國害。此意適無成，去來何足慨。拂拭置床頭，摩娑倚天外。

其 七

大塊載我形，小大各有辨。當其盡性時，安知鵬與鷃。容與碧林園，遨遊翠山澗。即此是消摇，自餘非所盷。

其 八

東鄰招我飲，綺席置華館。水陸羅珍羞，歌舞雜奇玩。飛爵亂縱横，昏星映河漢。僕夫前致詞，雖樂會當散。

其 九

西山多爽□〔六〕，翠彩雜煙嵐。流光冷虚牖，落影净寒潭。

兄弟時既翕，和樂誠且湛。喧客但飲酒，勿復語謫謫。

其　十

庭樹幾開落？客久當自知。今日稅歸駕，寧復悲別離？在家貧亦好，帝鄉不可期。斯言爲我設，何憂復可疑？

入冬多雨夜坐有作二首

涉冬猶積雨，闌夜響空階。風急吹難斷，雲深黯莫排。人愁薄寒中，時礙小春諧。總有盈樽綠，其如歲暮懷。

衰翁無志意，歲晏仍苦心。朝雨觀猶細，宵霖聽轉深。飄蕭碧樹靜，寂歷紫苔沉。却憶子輿友，哀歌十日陰。

雨雪歎十月廿日作

五日曾無一日晴，北風吹雪曉盈盈。疏林曲沼皆含凍，小苑空齋太放清。竈冷獨愁燃桂盡，褐寬猶恨著綿輕。不知馳逐名場者，內熱還能此際生？

冬夜吟

玄冥撫節行夜長，不令早舒白日光。蘭膏見跋銅龍強，麗譙鼓冷聲不揚。岑岑寂寂擁匡床，蕭蕭寥寥空草堂。六夢影滅三彭亡，耳目黯黯心清凉。恍疑身在無何鄉，混沌不死仍洪荒。鴟鵙戢羽猿狖藏，玉兔斂足鳥罷翔。復有志士晞東方，商歌一曲斷人腸。我亦攬衣起彷徨，河宿爛爛殊未央。

寄酬謝四溟暮秋見懷

憶昨春風杖履過，論文兼得醉顏酡。方將瑤席清塵滿，復遣鴻天別思多。攀向桂枝偏潞國，斷看雲影隔漳河。惟存袖裏三年字，時對孤樽宛轉歌。

山窗夜雪

今夜月應遲，疏櫺胡皎潔？如水復如煙，冷光凝決決。純白如粉塗，向虛生不滅。惚恍冰壺懸，依稀玉版列。侵曉益分明，真知是瑶雪。

宴坐偶書

衰頹乘暮序，遒緊復嚴風。昔願修名立，今知妄想空。老還青鏡裏，悶撥綠杯中。木葉飛寒盡，何慚禿髮翁！

承山相公新作西北城樓召宴郡中文士左史胤與焉因敬賦詩以紀其事

河山昔美封疆固，樓雉今開坐鎮雄。絕塞西臨三戎靜，神京北望五雲叢。天邊樽俎延高會，郡裏衣冠荷上公。文采軍容互輝映，鐃歌笳吹滿晴空。

奉壽承山相公

嘉辰開府宴蓬瀛，野老躋堂有頌聲。申毓帝靈蕃翰著，畢敷文命保釐成。擎春梅柳當軒映，獻歲雲霞滿席生。須信物華隨道泰，好調元鼎格熙平。

贈蔣雲龍大行奉使南陽經臨汾郡

自儼驂騑出帝畿，經臨處處有榮輝。皇華鳳彩銜丹詔，嘉客龍光映紫薇。時其外舅承翁開府在汾。賦向漢都平子再，歌來郢曲和人稀。玉堂青瑣須鴻俊，旋及煙花滿禁闈。

和宗川立春後一日雪

東風律始調，和澤上飄蕭。奏節梅花合，占年柳絮饒。摘辭梁苑夜，發藻灞陵朝。爭及陽春裏，仍將白雪摽？

除夕一首

四序功成退，三陽道轉新。將迎交此夕，否泰遞茲辰。盤裏椒花馥，杯中柏葉醇。白頭仍守歲，笑殺青春人。

校勘記

〔一〕"締"，據詩意疑當作"諦"。

〔二〕□，底本漶漫殘缺，據詩意疑當作"承"。

〔三〕□，底本漶漫不清，據（清）康熙《汾陽縣志·詩歌》當作"玉"。

〔四〕□，底本漶漫不清，據詩意當作"睹"。

〔五〕□□底本漶漫不清，據詩意似當作"蕩蕩"。

〔六〕□，底本漶漫不清，據詩意似當作"氣"。

文谷漁嬉稿丁卯 隆慶元年

鼎湖曲二首

鑄鼎騎龍賓萬靈，白雲玄極杳冥冥。誰知草野傷心處，亦似抱弓號紫庭。

紫殿前頭對制臣，太平流落有閑身。可憐不得隨龍馭，空煉丹砂學隱淪。

元會詞二首

中和建極三陽泰，曆數承乾萬祀初。九野光華瞻日月，八埏文軌奉車書。

聰明聖武復神文，大寶重華五色雲。鳳紀早看隆道泰，鴻威先表净邊氛。

壽乾石弟

斟取南山翠一杯，青春家慶好顏開。年過知命揮緌冕，道不逢時合草萊。看破淫雲爲幻相，從將散木當非材。林間淑景誰消得？晴日煙沙二鳥回。

送別駕王龍岡先生北上

陽春扇清淑，群品欣向榮。子有經濟略，行當謁承明。嚴車即長路，文采影華繯。奕奕此邦彦，表表振賢聲。久凝延閣望，況值泰階平。遵鴻我所佇，奮翅起高征。親友百壺餐，酌言俱遠情。東風一何好，吹子青雲程。

奉和憲長静泉翁寄懷十六韻

解薜登金日，爲葭倚玉年。下移余補吏，高步子登仙。籧羽
文駕接，鳴珂曉騎連。宸居依肅穆，天語聽傳宣。詞賦凌青漢，
衣冠帶紫煙。鵬溟圖九萬，桃海度三千。詎見紅塵侶，空持黃石
編。有腰唯曲折，無路不屯邅。我貴人猶賤，時違道可捐。自從
初服遂，常恐百邪奸。忽仰臺綱振，新承憲使遷。惠慈烏附柏，
嚴凜雀回鸇。郡邑因之理，閭閻疾者痊。殷勤存故舊，溫欵向園
田。寒谷生融吹，窮途起福緣。陽春竟難和，搦管意茫然。

移疾高齋作

移疾高齋獨掩扉，不知春事已多違。暖煙融綠朝陰暗，芳樹
燃紅夕雨稀。止酒故虛池上酌，耽書聊復枕邊揮。隔窗幽鳥諳吾
意，軟語空林話息機。

寄壽河内謝竹亭上舍

無日不思清化里，何時能訪竹亭君？每逢嘉客傳高咏，更得
華緘寄好文。桃水羽觴春泛灩，石嵐煙樹曉氛氳。須知野老遙爲
壽，一借天壇萬古雲。

和答趙陽谿登樓之作

羨子登樓作，高懷何亮哉！天游冥泰宇，人境謝春臺。伏檻
虛無合，當窗紫翠來。莫由伸短羽，一往共徘徊。

和竺陽三月三日北園宴集之韻

茂苑流杯地，芳辰曲水筵。霏紅花若霧，沓翠草如煙。澡雪
非塵事，香蘭有咏篇。何慚晉中勝，今亦滿群賢。

中和堂宴壽

淑氣盈三月，嘉辰占此時。老人星獨現，仁者壽偏宜。樹色分瑤席，花香點玉卮。仙家好風景，最是日舒遲。

謝宗川積翠亭宴用承翁韻

春風滿嘉樹，高宴及時開。席展流黃簞，亭虛積翠臺。河間勤漢道，洛浦逸仙才。野老還叨醉，休光被草萊。

送地卿王龍洲先生服闋還京

讀禮三年易及期，王程春草綠離離。臨高目喜飛鴻送，望遠心違立馬辭。雲杳曙鐘趨闕處，日長華省到官時。太平天子登賢俊，阿閣須君振羽儀。

寄和陽谿坐桃花軒二首

花軒邈何許？宛在郭門西。潤雨桃初灼，芳煙草正齊。浮雲一點過，幽鳥數聲啼。坐愛春林晚，從他落日低。

默坐閑軒裏，應觀春靜深。紫蘭猶蘊藻，黃柳未垂陰。有美桃源意，無窮避世心。風花時變幻，真想自彌襟。

天宮寺作

聞道天宮好，纔因送客過。雕甍籠石樹，畫壁幌煙蘿。袍惹空香細，厨分素味多。車塵劃然斷，雲淡晚鐘和。

春日行

莫惜樽前倒接䍦，莫慳花底笑蛾眉。棠梨一樹堆香雪，便是青春欲老時。

看榴花作

夏雲堆裏石榴叢，絢采矜榮翠夾紅。老眼不堪如薄霧，多情還似酒杯濃。

喜雲上人見訪

深山怕見虎行蹤，大澤龍蛇不可從。卜築故依垂郭柳，端居惟對拂檐松。尋思荷蓧能嘉遁，珍重樊遲學老農。何事林僧解相訊，披雲時下紫團峰？

與雲坡四首

策杖西來是凈因，日中樹下少風塵。吾廬別館蓬蒿地，肯息悠悠雲水身。

一段家風寂不分，何須傾蓋始逢君？應知兩地經行處，俱倚青山看白雲。

山僧舊住文殊臺，瘦骨怯寒仍下來。一憩樹園誰悟語，碧空香影自徘徊。

蒼蒼園樹夕陽邊，坐到夜深心悄然。欲問《楞嚴》字中義，月明如晝老僧眠。

四月廿七日爲竺陽子壽

人生一歲一華辰，四十九回如轉輪。君但飲酒莫辭醉，百年到頭能幾巡？槐陰展綠鋪芳席，榴火驕紅當美人。解道及時行樂耳，誰識天涯遊子身。

五月十有二日大參承山宋公湖山劉公憲副麓池郭公見賁背郭之園兼垂題藻輒此奉酬

神仙來往五雲車，背郭肯度幽人廬。童子望塵雙躍雀，中厨釃酒一焚魚。浣花香雨晴光膩，偃草清風鬱景除。未道離群耽寂寞，總欣華袞照林虛。

承山公枉駕丘園兼有詩見贈輒倚和奉酬

比來佳事落城陰，開府能憐隱者心。曲沼芳花頻載酒，小樓高樹數行吟。逃虛那有朱軒照？投老惟應白髮侵。欲和陽春謝知遇，不堪徙倚没弦琴。

積翠亭夏日宴集用承翁韻

夏氣蒸雲鬱不流，槐陰垂綠廣堂幽。筵開剩有華林興，入座渾無熱客愁。蕉葉飄成五明扇，瑤華散出萬書樓。丹霞夾月尤堪愛，共待還邀池水頭。

季夏園中晚眺二絶

米殼花殘石竹稀，水葒含穎菊苗肥。物華已自關秋事，更復蟬聲滿夕暉。

輕雷曳雨過林西，一片斜陽壓柳低。晴色轉來深似黛，滿園芳草碧萋萋。

逃暑園中趙陽谿適至便留小酌二首

言避日中暑，來乘早日涼。雲邊鋪枕簟，樹表挂衣裳。心以寒泉瑩，神唯空谷將。冥然見秋意，蟬響木蒼蒼。

逃暑有同心，來乘嘉樹陰。話言陳在昔，疲老歎如今。賴與田廬接，聊無世網侵。日斜清吹好，盡此一壺斟。

謝東皋惠李

谷中諸李玉爲珍，分惠年年到野人。本是高情存故舊，頓令渴吻得時新。堆盤潤潔香沾露，沉水甘寒味絕塵。不用學仙求服食，由來聖果即通神。

齋居秋夕

蟬風扇金節，荷露傾火旻。暑較池亭淺，凉驚河漢新。庭枝稍已瘦，月影怪來疏。黃落年年盡，寒雲抱室虛。

奉和承山公枉駕園中兼題藻見贈

林園地僻背城陰，取寄聊將適遠心。更得山公頻載酒，那能梁父獨行吟？投閑自覺形骸放，破老寧知歲序侵？此意不堪還湊拍，石雲蘿月與清琴。

七月五日謝承山相公載酒丘園

秋氣漸流冉，凉風生樹林。蕭條新雨已，寂歷池亭陰。淹旬倦炎鬱，幽居苦沉沉。茲晨始森爽，結念我所欽。熊軒適來况，鳳采儀華簪。携榼百芬暢，挈壺行屢斟。清言灑瓊蕙，公度把崇深。魚樂依藻游，鳥呈悦木吟。在物猶且感，矧余空谷心。款悰非外飾，真想自彌襟。零露泫叢薄，歸雲冒層岑。燕娛易終極，孤景復難任。

奉和承山相公園中見會之作

嚴壑朝來氣爽然，郊墟小苑入凉天。相依形影藜堪杖，共棄身名車早懸。一任瓜期成代序，幾叨蘭醴列高筵。廣平大雅兼弘濟，酩酊山公未足賢。

送諸子入試

聖皇御極之元年，文運乾坤一轉旋。藝上省闈專典雅，名登天府必才賢。青雲襯馬平於地，丹桂撩人香滿筵。此日奮揚誰不願，要令精采應奎躔。

汾上贈銀卿郭艮山先生

兩朝嘉際樂昌辰，翰苑銀臺並寵珍。覲請雖辭丹鳳闕，聲華猶重紫薇臣。名儒授講遷洙泗，高第傳經滿縉紳。歷覽西河定相笑，碧潭秋樹有垂綸。

秋日登樓作

星火催成碧樹秋，湛然清況滿西樓。雲連野水含窗盡，露濕晴煙拂檻流。眺遠頓令心目曠，憑墟無限海天遊。因知弘景高樓處，不學班生老一丘。陶弘景隱居，構二層樓，己居最上一層。班彪云：“栖遲於一丘，天下不能易其樂。”

中元節作玉京山會

淵凝參四令，泛濫觀九流。中元理玄醮，厥旨齊聖猷。肆赦聆册府，在宥聞莊周。明王務救世，所軫悉遐陬。孰是委灾屬，而不興殷憂？大火迅西邁，倏然開首秋。泠氛變蕭索，冥旅滯幽囚。枵腹墮冰炭，壞形淪馬牛。重昏非朗炬，覆照竟奚求？所以上真道，極意靈壇修。結攬時物芳，登揚萬寶休。諸香百和暢，雜花五彩繆。雲璈鏗綠簡，霞帳擁丹丘。心虔玉京奏，神肅清都遊。大帝倘昭覬，苦海一航浮。何縛不可解？何網不可收？生平重仁術，萬户非我侯。聊因蘭月寄，豈曰黃冠謀？

中秋行生日答陽谿

屈指六十三中秋，回思往事良悠悠。少年學文守章句，佔畢漫然窮魯鄒。畫粥聊能飫朝夕，結衣不肯干王侯。中歲登名猥隨牒，關河江海無奇烈。四方糊口異爲匏，萬里傷心成佩玦。騏驥哀鳴九坂深，鸞皇鎩羽層霄絕。中秋好景悵如斯，幾處陰晴使我悲。照徹關山嫌短夢，驚飛烏雀阻安枝。銷魂最是臨觴夜，歎老偏當皎鏡時。歸來始見家山月，補我清光慰離闕。載酒恒斟金水平，裁詩每祝瑤華發。水邊花底倍相親，稚子老妻歡不歇。人生那有大椿年？月裏金杯自可憐。富貴崇高果身外，豪雄往往皆塵煙。秦皇漢武怕朝露，入海乞仙如上天。輸他住世隨緣者，但得逍遥即仙也。

奉酬承山相公見壽之篇用韻

槐穗飄黃桂吐英，夜闌樽酒對長庚。月華可奈圓仍缺，露質那能老復丁？南極授書垂玉珮，小堂延景進瑤笙。因風更欲祈仙訣，九轉何當學得成？仙錄有金鐺玉佩之書。

壽經衞石莊君

一官如水食無魚，圖史蕭條俗計疏。軍事數聞資幕府，軒光時喜照林閭。庭前桂樹開紅際，階下蘭芽苗紫初。家慶不妨千里外，露華仙掌獻晴虛。

月夜聽琵琶行

白苧生涼丹桂華，美人坐月彈琵琶。纖羅皓腕輕推却，安弦撫節揮橫斜。初疑瑤林戞冰雪，少選玉壺敲列缺。單于射雕群馬騰，公主怨鶴層雲結。的的歷歷珠溜磬，唧唧啾啾人倚欄。宵杳青霄戲鸂鶒，低徊鷺啄漁浦灣。緊緩卑高斷仍續，幽咽出塞入塞曲。絕漠窮秋夢豈聞，曲短更長淚如燭。

同趙陽谿題苑内蓮池

瑩碧方投種，開紅遂及時。妙香池面水，芳意藕中絲。

月夜坐樹下同陽谿作

月光流樹上，樹影落庭邊。坐久虛華滅，依然一老禪。

九日有懷

陶公樂天真，自號無懷偶。泛彼忘憂物，憂於爾何有。四序本無偏，偏為愛重九。寄言雖短章，深衷故難剖。曰余當此時，亦復不空酒。澈底鑑寒潭，高天凈氛垢。紅葉灑西風，黃花照虛牖。摘露瀉朝霞，寒嚅適我口。清靈俗不干，淡泊神所受。爭如鱐與鳶，啄羶吞腐朽？

恭遇宗川儲君令旦賦賢善篇

古之賢王好善而忘勢，後之驕主惟知富貴而不知有德惠。譬如良田無茂草，高山無美木，空空一片土石無所濟。德惠者云何？仁義禮樂而愷悌。衆善之靈根，百祥之信諦。漢興三十有二王，獨有河間稱聖睿。其餘習驕逞傲，背却丹書盟，不肯河山同帶礪。汾川帝子希古王，戀昭聖學弘且麗。朝登秘閣窺典墳，夕啓縹囊綜詞藝。尊賢每羨楚元醴，敬士不嫌魏侯簹。忠厚拳拳魯訓遵，肅雍勉勉文謨勵。聖主崇儒重道時，賢藩謹節承風際。信然宗祀有光輝，允矣邦家得屏蔽。元年重九慶華辰，盛日丹顏開朗霽。雍容金烏趨兩宮，遙望紫薇朝玉帝。仙桃特進大椿嘗，珍羞首為慈萱製。便應孝道通神明，且喜歡榮洽常棣。廣博由來地德符，謙恭自與天心契。冲齡妙善已如斯，禄位名壽萬載注延寧有替！

奉壽趙母太老夫人令旦

秩秩婦規，閑閑母儀。克孝克敬，乃惠乃慈。作配大儒，姑章以尊。治内助外，承乾體坤。厥德動天，錫祚有延。篤生才嗣，齊聖廣淵。伯也先登，熙功奏能。江邑再試，巖廊允升。帝策爾庸，言貤其封。位以子貴，福由善重。仲氏姱修，仕學孔優。以善養志，慈顔輯柔。猗歟壽母！其樂詡詡。逢吉而康，受天之祐。季秋之月，蟾兔匪闕。白露呈霜，黄花表節。阿母誕祥，儐進舉觴。有禮有樂，有文有章。家慶雍容，雲歸鳥從。孰是不宣？而遺管彤。

雨中對菊作

中秋無月重陽雨，嘉節林間没景光。露冷楚蘭沉浚谷，泥深邛竹阻崇岡。凌高已負當年健，守黑寧嗟此夜長？未必天公渾忘却，酒邊留與菊花黄。

丁卯九月望日北虜寇汾凡八日始回感而賦之

生當明聖時，老作山林叟。自幸保餘齡，晏然終白首。何知異患干，狂胡入郊藪。憑陵復虔劉，見辱良可醜。主將兵不援，耰耡亦何有。飽滿去仍遲，驕縱來還陡。無地可安居，誰能善其後。恨不叫天閽，申嚴四夷守。

乾樓獻俘一律贈承山相公

始作雉樓憑鎮遠，今爲虎帳坐臨戎。運籌神鬼森嚴裏，焕號風雷指點中。壁有獻俘知算勝，虜因清野怨回空。怪來督府援兵絕，望見胡塵已向東。

虜寇殺掠焚燒之餘風雨大作走回人口仍多凍死及被官軍遮殺詐充首功因成口號四首以代七哀時九月廿七爲立冬之日

死者縱橫生怨哀，疾風寒雨更相摧。可憐鈴柝孤城夜，却恐仍吹胡騎來。

殘喘顛連脱繫歸，口無含糗體無衣。天將殺氣摧還盡，劫數真成不可違。

高衙大纛是何人？擁衆遥遥避虜塵。烽火在汾軍去代，詢津覓路與金銀。

丁男被掠暫存生，皮帽皮衣護虜營。間道得歸仍是禍，官軍遮取作功名。

贈桃林逸史

關中信多士，樗散亦奇才。華岳供文筆，瑤池當酒杯。雲橫山水障，樹匝金銀臺。甲第丹青裏，爭看玉軸開。

齋中積雪

積雪門前三尺强，來年豐稔現年荒。爨清不憤樵蘇窘，糴貴生憎鳥雀忙。晦迹此身惟白屋，迷途何地有康莊？玉壺沽酒難尋問，愁逐朱絲縷縷長。

北虜寇亂之後逢北野王公生日林山畫史以公善簫爲贈圖余因題此二絕

綠壑野翁閑洞簫，一聲和月響山椒。世人不解此中意，只説吹笙王子喬。

大羅光景絶塵煙，吹斷碧簫情杳然。幾夜胡笳亂汾曲，想應聞不到青天。

寄答徵君沈青門先生與徵君別二十四年矣，今年得濮上，
九月寄音，有千里見訪之意，因賦此寄答。

山川久隔休文信，蘭芷長牽公子思。多道夜酤淮市酒，何期秋枉濮陽詩。盡遊天海舟難繫，若就姑汾步可移。勿謂索居徒草木，石雲香雨秀華芝。

與蜀之日者宋峨嵋

蜀嚴高謝已千春，還有成都賣卜人。新雨幾逢嘉客過，好星多爲達官陳。皆知李廣無封拜，誰信宣尼作隱淪？我命造成非世器，清時林野一遺民。

寄贈祁侯岳省吾先生二首

祁侯大岳後，鴻羽合天衢。旁里沾河潤，清暉照海隅。身留報國劍，人仰薦賢書。聞道開東閣，琴堂尚自如。

下位沉英俊，因君歎此言。櫪嘶千里驥，池寓九霄鯤。諫草傳家乘，陰符逢世屯。平胡今日事，誰與叫天門？

石畫史歌

石子胸中富丘壑，援翰寫我平霞閣。高閣分明入杳冥，何由落紙爲丹青？餐霞老仙人不識，何由徙倚青天側？澗花巖樹幾千春，墨石迸泉如有神。著色鏤形物各賦，含情顯性成天真。山雪新晴繞一玩，瑤光彩翠交零亂。帝堯黃屋此時輕，弘景白雲何處斷？俗工往往畫蛾眉，變亂醜好邀賂遺。不見漢宮窈窕流絕域，至今青草縈傷悲。羡子深心托毫素，貌得空林煙水姿。空林無世

態，子亦無所私。貝葉書中亦評畫，單道此心爲畫師。三山五岳真圖秘，妙悟還當一掃之。

鶴庵行 題鄭子鶴庵圖也

帝家宗衮紹桐封，賓客梁園亦景從。就裏曳裾誰最盛？姑蘇鄭子來雍容。姑蘇舊苑臨官閣，太湖淼淼青天落。鄭子愛學浮丘公，拂雲籠取松江鶴。自從野服登王門，文學朝朝事討論。心在白雲君不見，朱冠不肯乘華軒。退息何所依？結茅成隱僻。上有懸蘿偃蓋之深松，下有瀉月橫琴之巨石。等閒不敢對鶴發，長嘯只恐引起飛鳴破空碧。世人知白不知玄，大隱小隱俱茫然。賴得丹青爲爾傳，江鄉老手謝樗仙。

閒言二首

墨池淺於學海，石鼎勝似燒銀。讓與伯英草聖，傳將元亮茶神。

渴吻能消五斗，枯腸原没一篇。不知誰爲詩聖，自稱臣是酒仙。

陰霾積四十日不解端居寡悰悵言獨酌

亂後人煙少，庭無鳥雀喧。一杯誰與晤？愁對雪花繁。

秋卿趙陽谿先生服竟見過因贈言二首

我緘歲暮心，君子適來晤。菌閣纔一開，荊扉誠久沍。白雲參往篇，華月照幽素。別此夢前期，恐迷芳草路。

太樸蘊天真，高文炳德純。狂瀾漲浮世，砥柱砐斯人。服竟歸朝省，車停訪隱淪。歲寒聊可贈，瑤雪滿松筠。

題調美補袞圖奉壽仲川殿下

金鼎調元氣，袞衣伸闕文。得賢保靈祚，奕世垂清芬。商家傳說周仲甫，載在詩書今可睹。黼黻皇猷代有人，本朝不許到宗臣。分茅食邑豈不偉？貴而無位高無民。比聞聖主闢賢路，天上九關仍自錮。文學雖多玉牒流，侍從誰展金門步？有美王孫海岳之英奇，其才八斗似曹植，其書五車如惠施。誕日御賓觴紫卮，願永磐石邦家基。太羹不和知者誰？古錦無象窗前摛。世間何物可比瓊林玉樹姿？蓬萊宮裏萬年枝。

效郭弘農遊仙七首_{傷時艱虞，思遠世蹤。}
辭不逮古，意頗折衷。

仙人調六氣，變化爲六龍。含精寂無間，吐景大漠容。駕言斡玄運，藹藹祥雲從。欲停不可頓，環轉何能終？

澹然無嗜欲，輕體遊太清。周流遍六虛，寂歷過五城。路逢赤松子，携手若平生。話言漢庭叟，握樞朝玉京。_{道書言張子房爲天樞上相。}

仙家在寥廓，宮館皆金銀。昭朗失晝夜，晏温無冬春。澡身玄淵裏，策步飛羽輪。下視世淫濁，莽莽堆紅塵。

挹溜嗽丹液，掇華咀紫芝。金沙和五内，千歲永不飢。鷗鳶挾腐鼠，顑頷嚇長離。不見瑯玕碧，磊磊瑶昆涯。_{長離，鳳也。}

被服文采裳，環珮極清響。裁剪五雲華，貫穿七星朗。振袂凌紫霄，縹霞赤城上。衆仙美天章，人繡非所仰。

萬靈明庭居，亦有宦情事。衆善等尋常，一眚即顛墜。太上容散仙，不令行作吏。白鶴盤彩雲，高謝回谿翅。

弭節西南隅，傾蓋逢叕簪。羲農浮以樸，黃老靜而深。王母粲玉齒，姮娥揚妙音。浮光蕩空盡，漠然冥此心。

壽乾石弟一首

窮通源自命安排，憂喜浮生浪拍懷。未到漆園齊物地，且從顏巷學心齋。梅花雪裏情無限，荆樹春前意獨諧。酌酒壽君能不醉？白頭相守共茅柴。

立春前一日奉壽承山相公二首

百福隨嘉慶，千祥擁誕辰。德符天有合，道在日方新。黃紙傳優詔，青旗挹早春。崧高爲公奏，誠已再生申。

壽以南山介，文將北斗高。安期何必棗，方朔未須桃。穆穆持台鉉，桓桓擁節旄。詎殊驂白鹿？五色雲中遨。

文谷漁嬉稿 戊辰 隆慶二年

新歲喜陽谿來晤

野館春醪第一杯，殷勤端爲好懷開。門前積雪和冰解，天上光風□〔一〕蕙來。獨鶴不辭玄夜舞，高鴻欲向紫霄回。可憐亂後還歡緒，柳色舒眉桃吐腮。

和陽谿席上之作

薄酒斟來味却甘，歲寒欣得友爲三。只言草野無傾蓋，誰信山林有盍簪？喜氣欲浮鳴鳥樹，惠風先起戲魚潭。佳期又恐成離析，滿眼青雲正結驂。

陽谿作

春風座上酒偏甘，温語仍催須待三。欲向白雲從野服，羞將華髮結朝簪。草知迎暖滋芳地，魚不驚人起碧潭。祇以飲醇增眷戀，幾回擬去又停驂。

壽蕙亭

留得椒盤柏葉樽，都來西館壽王孫。青春又是一年盛，白髮今還幾客存？喚起桃腮供玉案，倩將柳眼媚朱軒。此情未許倉庚覺，催促百花飛滿園。

贈別承山相公

相看一笑宦遊身，去國傷讒最愴神。只有青天能信我，更無明月可投人。廣平自合登王佐，方叔還當靖虜塵。坐見盛時蹉跌盡，啾啾群鳥亂啼春。

承山答

落落乾坤萬里身，懷讒去國奈傷神。天機自信盈虛理，世路誰分黑白人。强引孤樽消旅興，敢言一劒净妖塵？從今拂袖歸青塢，海上蓬壺別有春。

人日宴竹軒館看美人歌舞

亂後苦無悰，春杯尚不空。方知瑶雪館，依舊綺羅叢。舞態流銀燭，歌聲散彩虹。美人今日勝，應笑白頭翁。

送尚書郎趙陽谿北上

十里亭前春正芳，杏花紅夾柳枝黄。雲飛高嶺辭親舍，日轉熙辰上帝鄉。□[二]鷺趨朝還接武，夔龍補衮共成行。心旌馬首多回戀，自是榮輝滿北堂。

陽谿答

正好春山攬衆芳，無端出處又蒼黄。清時不敢終丘壑，遊子其如悲故鄉？眼見浮雲忽相掩，心驚旅雁未成行。適來花裏宜春服，何日尋師一上堂？

上督撫相公楊夢翁二首

授符新徙鎮，決策早平戎。岳峙貞文德，淵渟亮武功。黄塵秋塞斷，白羽夜垣空。充國經全勝，知將漢道隆。

雁塞鞏皇基，熊軒借寵綏。廷摧元老望，轂轉丈人師。義氣橫金鉞，仁風泛羽旗。坐看宏業建，何止靖疆陲？

喜趙山人見訪作 趙四明人，工書善畫。

荆扉鎮日閉荒苔，蘭友何期自遠來？萬里光搖霞海氣，一枝秀出桂林材。池邊翰藻春雲映，障裏煙嵐夕照回。却喜野人同逸調，杏花瑤草坐銜杯。

憶同野君寺中二首

旅館蕭條二月中，春光一半水流東。遥知獨枕眠難著，吹入小窗花信風。

早晚聽鐘向白雲，香床閑宇思紛紛。有時掃素僧能乞，却少山陰鵝一群。

漫興二首

小隱荒山絶四鄰，不堪猛虎漸窺人。春來欲作移家計，滿眼榆錢未濟貧。

陶潛三徑古無資，獨向東林尋遠師。半道有人邀一醉，江州深趣古今奇。

壽謝四溟行年七十

一片野雲閑素心，懶將詩卷易朝簪。床頭酒有仙人送，門外車多長者尋。到處東山且携妓，碣來梁父獨行吟。今年七十身逾健，笑酌桃花春滿林。

三月三日偕乾石弟與袁張鄭三書記
程王二子爲流觴之會同賦

茲辰莫虛擲，春序行已深。故事美元巳，達人偕賞心。風花澹紅采，水木含翠陰。揚泠滌氛垢，泛羽遺陸沉。萬物本齊契，真樂良可尋。富貴非我有，浮世慳黃金。節往不知惜，樽空寧肯斟？適與二三子，陶嘉曲澗林。鄒枚雖曳裾，廣受已投簪。悟言同在昔，文感興自今。奚必佇蘭浍？青霞滿瑶岑。咏歸無俗韻，漁父滄□〔三〕吟。

送賈卜山先生之任郿縣

吾道乃西適，再爲百里遷。循良無異術，安静委前賢。問俗橫渠野，看耕渭渚田。還將《出師》意，參彼《訂頑》篇。

壽宗尉西谷翁七十

奕世金章寵，洪宗玉牒華。守文忠翊國，秉禮孝承家。善與皇風穆，齡同帝道遐。列仙齊獻壽，門集五雲車。

題西谷壽圖卷

天將韶景媚華辰，翠竹紅桃絢采新。竹葉瀉深瑶席暮，桃花開滿玉顔春。

金昆玉友宴瓊霞，何樂能如此會嘉？好似聯輝樓畔樹，枝枝連理萬年花。

三月晦日作

青春亂後失舒遲，一片陰寒淑景移。苦霧不開含凍蕊，凄風長鎖向榮枝。齋空晝閉厨煙薄，室邇人遥徑草滋。豈道暄妍無著處？適當幽鄙未逢時。

答竺陽阻雨看花不果之作二首

杏樹壇邊幾牡丹，莫教風雨浪摧殘。明朝賁酒邀君看，共酌晴霞滿赤欄。

盡道豪華逞牡丹，誰知野老惜春殘？殷勤夜雨花神祝，生怕紅霏墮曉欄。

四月四日宴慶國西園

芳園別館挾清和，瑤席金樽耀綺羅。宣子喜承嘉樹宴，穆王能記白雲歌。花交紅翠晴光滿，鳥哢宮商逸響多。歸去更便池上酌，夕陽林影共婆娑。

孟夏即事五首

黠胡亂後陰陽錯，老圃空林日用昏。四月土床猶近火，一春柴酒只關門。

土雨沙風日日狂，一春埋沒好時光。即今尚在陰埃裏，那有清和到草堂？

四月八日佛誕祥，家家焚禮浴蘭湯。有誰掬取菩提露，一灑昏氛泰宇光？

夏令已行天不閑，疾風飄山波倒回。愁來我欲乘之去，避地海上金銀臺。

揚沙折木晝長昏，飄瓦捲茆山下村。欲作雷聲起中夜，迸流甘澍洗乾坤。

題味泉老人卷

渴飲飢餐日不離，個中真味果誰知？洪鈞賦予無偏向，元鼎調和有妙宜。沆瀣滿酣玄酒夜，葆光充飫太羹時。甜酸苦淡應難說，却憶慈湖老趙師。

贈別趙山人

雲壑喜逢江海賓，丹青草隸俱通神。芝蘭入室美三益，風雨對床便一春。芳樹不將遮別路，輕帆偏起趁離津。送歸無限登臨意，可有長絹畫得真？

看園中芍藥有懷

牡丹連種不成葩，知我元非富貴家。却喜藥欄清夏氣，肯垂花朵艷晴霞。香流小苑風難斷，影轉空階日易斜。草有性靈能對酒，客無心賞爲誰夸？

送南洲上人經胡寇亂後往龍堂別院院在交城縣北，是其弟子慶雲創建，拈用“椶櫚”二語，聞其地形如此。

墟里煙中大相村，静居堪比給孤園。去秋狂胡逞陵踐，一片白雲爲掩門。弟子開山得巖□〔四〕，丹崖綠壑舍空舊。椶櫚葉卷夜叉頭，芍藥花開菩薩面。下界攀緣百尺梯，鐵鎖不垂猿夜啼。上方香床展空碧，要請老師移去栖。老師便此策飛錫，松際草庵凉寂歷。啜茗與君詮會期，青天有月長相覷。

招隱一首

風霾一以散，林景復依然。雖少濯枝雨，已多籠水煙。鳥聲流樹上，花氣撲簾前。寄與山中客，知予掃徑延。

程竺陽生日書贈時年五十

不鄙西河近朔邊，蕭然行李客三年。林間野景皆圖畫，酒後狂歌即管弦。染翰欲令池水黑，談文真到古人玄。華辰勿謂官當服，却是無官好醉眠。

丘中偶書

蹣翼九霄人，冥心一丘老。文章不經國，著述安用道。有酒歡自斟，無詩閑亦好。落霞嵐嶺曛，滴翠空林曉。

贈監冑周小湖奉使隰川王府過汾一會而別

江南塞北本無期，樽酒俄逢又別離。垂柳萬條遮去岸，飛花千點胃遊絲。韓宣嘉樹儀鴻日，越石長松繫馬時。回首可能懷故舊？贈携惟有竹林枝。

五日山中即事

林間亦有端陽節，却是炎凉杳不分。坐樹翠搖雲母扇，酌花紅近石榴裙。五方綵縷縈珠貫，六甲靈符篆寶文。免俗未能聊爾耳，詎知龍舸鬭江濆？

林間習静二首

爲厭塵囂耳目煩，稍從清静碧林園。却嫌形影相爭辯，邀致白雲康老言。

金光明滅鏡中泉，翠色依微墟里煙。坐對夜深寥落盡，一連抛却子雲玄。

壽静川言懷一首

求仙不耐海雲深，服散難回白髮侵。且把醉鄉爲玉洞，更將老圃作瑶林。生辰歲展南山席，夢曉時投北闕簪。自許閑身得清静，滄浪歌罷有餘音。

白雲康老詞二首

夜吸月華朝日華，泠然五内生金沙。瑶林一抹青天外，何處白雲康老家？

陌上起煙塵盡紅，人間無地追凉風。白雲康老在姑射，冰雪戛林旻火空。

棣華軒即事二首

兄住東頭弟住西，一壺新熱往來携。非關好飲相徵逐，共對花林聽鳥啼。

兄解微官弟亦辭，到家俱是黑頭時。如今尚覺容顏好，長有春風面上吹。

鄭子移居二絶

偃閣蓬廬只數椽，雖居人里不通塵。要令車馬音塵絶，贏取北窗清晝眠。

帝家高館插雲紅，長夏珠簾蕩遠風。應笑書生結茆地，等閑一畝便爲宫。

七夕詞二首

巧節年年届，祈靈處處同。神光下燭地，終不到愚公。

拙者有明效，才疏世寡諧。天孫莫相笑，亦是命安排。

題絳客隱庵卷

長安青紫匝塵緇，若個英雄不詭隨。何似五湖煙浪裏，逃名只數范鴟夷。

海東藥草無人識，天上星槎有客通。解道隱心能晦迹，跳身長往一壺中。

鶴林園題壁一首

園圃何須廣，幽閑褊亦宜。三間崇小架，一徑勝多岐。窗几饒文事，花材費酒資。性成無俗調，頤解在言詩。

孟秋即柳川小村壽筵作是日天現彩雲瓶插紅白蓮花斯賦之云爾

七月天風吹彩雲，瑤空幾片落晴曛。照君酒琖爲君壽，好把秋光醉十分。

紅白蓮開香滿池，壽筵長插兩三枝。歲來權作看花伴，一十二回無改移。

夜坐一首

說道無爲却有爲，此情惟許自家知。軒黃赤水求珠日，樂廣青天撥霧時。

遙賀陳母太老夫人壽登九十

八座太君膺寶籙，三台元老侍斑衣。人間福壽齊滇岳，天下孝慈兼寵威。曲度玉霄青鳥語，杯承瑤水白雲暉。緬知家慶酬恩意，並捧南山獻紫微。

卜居一首

背郭閑園小結廬，避喧聊學古僧居。池中水引澆花後，窗裏雲分桂樹餘。一枕邯鄲知是夢，幾場傀儡看非虛。只愁豺虎縱橫甚，何處深山可晏如？

題石假山用韻二首

有時踏雲去，挑得雲根還。奇峭龍撐角，華嚴豹炳斑。日光每穿漏，人意重翻攀。織女支機處，真成杳渺間。

混沌分開後，乾坤此削成。入山移玉潤，植館帶雲明。幾卧從風虎，長栖出谷鶯。猶疑補天剩，不斷彩毫生。

和趙陽谿戶曹京邸寄壽

紫璃仙體寄盈巵，更有南山見壽辭。文露香溥秋草處，惠風光泛月華時。居來鄭圃生涯寂，歸向陶園老景遲。身世久拼人棄盡，問遺驚喜尚如斯。

送趙文岡試宰臨潼

驪山溫谷朝元處，霸上新豐定鼎餘。湯沐千年留舊邑，弦歌百里得新除。幾經震蕩民無屋，數事將迎傳有車。聽訟應爲第二義，惠風先向野田噓。

九日奉壽宗川

西山氣爽帶瑤空，南極光熒入紫宮。金序九陽時最盛，玉人千載道斯隆。庭中燕喜歌延露，臺上雄威賦遠風。更有菊芳和桂醑，助顏殊勝海霞紅。

九日同乾石弟書臺登眺九首　臺在平霞館前

莫怪重陽雨滿城，風吹雨回開太清。我家兄弟乘時興，聯步紫霞調玉笙。

書臺高處與霞平，霞外清光萬里澄。說道吾心不相似，林園哪有世間情。

韶年拙宦只卑栖，老景高臺路不迷。翠嶺華秋雲净盡，冷煙空水和天倪。

千山紅樹半狼當，一徑黃花堆晚香。不負幽人舊來意，高高折取醉斜陽。

九日晴登九仞臺，洗天風雨昨宵回。高心欲賦言難盡，坐對鍾期笑口開。

上有書臺接翠虛，下邊松菊繞蓬廬。今朝添得登高事，却爲嘉辰一起予。

遐征我亦羨飛鴻，輕舉人皆想御風。不見高臺在平地，振衣往往白雲中。

一自陶潛服九華，至今傳到隱淪家。寒香會裏無邪祟，不用紫萸囊絳紗。

登高佳日賦新詩，五柳先生會意時。此意亦應人會得，醉吟寒菊兩三枝。

奉和見賞芙蓉五首

和西谷韻一首

林居疏豔陽，却有好秋光。冷葉偏葱蒨，佳人稍頡頏。粉脂勻皓露，羅綺護玄霜。相對須成醉，清於錦瑟傍。

和柳川韻一首 《楚辭》："搴芙蓉兮木末。"

移到纔三尺，長來高一尋。蒙君看木末，知我惜花深。不改秋江色，還傷暮渚心。明分數枝去，幽藻結同林。

和小村韻二首

任他桃杏角春風，保取秋容自在紅。今日看來何等好，碧天雲净水煙□〔五〕。

香紅膩粉出團團，莫向長門惹恨端，正是娉婷怯羅扇，可堪花老被生寒。

和静川韻一首

君愛芙蓉似美人，露華清曉看來頻。須知冷豔無心緒，不是江頭楊柳春。

奉和龍岡青州寄壽之作

知君道妙合軒羲，龍馬千年應聖期。翠幰將迎尊別駕，青丘循省惠前綏。松邊蘿蔦猶存記，海上雲山盡表儀。三復玄言來玉軸，九霞光采翳華芝。

秋晚西園社會一律 "逸我以老"，出《莊子》。

歲華搖落仍嘉會，始識乾坤大有容。紅樹千頭黃菊現，青山一帶白雲封。淡中風味雞和黍，閑裏光陰鶴伴松。老去不蒙天與逸，誰將此景付龍鍾？

長嘯一首

庭前奇樹葉將飛，籬下黃花耀翠微。酒興半隨秋興展，詩情全與世情違。我歌碩鼠招尤衆，誰道虛舟觸怒稀？回首可憐驚歲暮，仰天長嘯月明歸。

雨中對菊同東明弟 時九月廿七日

山雨蕭蕭迫孟冬，菊花猶帶好秋容。東明令尹多情思，來對寒籬濁酒鍾。

乾坤正氣九華存，落木之時香滿園。苦節不勞青女妒，冥心惟共白頭論。

九月廿九日壽趙小田作

趙璧由來天下奇，明堂終有見微時。乾坤未必疏賢俊，詩禮方當保訓遺。菊展好花黃壓帽，蘭開新酒綠融卮。爲君初度承嘉慶，一矢南山燕樂詞。

擣衣曲

嚴霜未降，白露始零。金颷流碧樹，蔓草失其青。此時空閨
婦，偏念客衣單。笥裏敝藏湔浣出，機中寸縷落成端。尺幅裁新
忌生硬，橫斜改舊煩鋪叙。新舊皆須熨帖平，殷勤幾處行砧杵。
亂杵調砧積漸多，燭短杵長將奈何？紛紛碎却關山月，滾滾翻成
瀚海波。聲疾激，玉女投壺飛霹靂。聲悠揚，啼猿感傷人斷腸。
□〔六〕作斷續聲，千思萬恨情。還因響哀怨，可以摧長城。寒雲
捲空河漢微，力盡夜闌人語稀。寧知紅粉淒凉意，化得寒鄉温暖
衣？歌擣衣，胡蹙遽？北里南鄰富華屋，娥眉晚妝饒袨服。綈錦
文綃袖手穿，厭聽搗衣驚瘨宿。

和東皋悼馬二首

自出黄泥阪，騎來衆所看。長鳴逢主識，却走爲時安。芳草
乘春樂，垂楊踏月歡。昂藏思致遠，夭矯欲勝殘。遽謝支公櫪，
空留越石鞍。仁哉敝帷意，惻愴北風寒。

骨相越驪黄，和柔乃獨良。貴之青玉勒，文以紫絲韁。足弭
雲中寇，能追月下亡。一朝形委化，千里志難償。老棄猶□〔七〕
惜，生捐詎可忘？知當厩焚日，不止問人傷。

奉壽邽田相公

帝簡高賢奠冀方，恒陽開府復汾陽。英威地轉山河氣，亮德
天垂星斗光。城起戍臺森畫戟，郊安氓里遍甘棠。興情共效華封
祝，敬以嘉辰一獻將。

贈孔以英赴朔邊

敝袍羸馬薄長川，儒行宗風自藹然。去魯幾經芳草地，來汾

正值白雲天。好陪松菊淹吾土，又倚弓旃赴朔邊。先聖未周秦晋轍，羨君今且踏祁連。

贈暘谷崔先生教授太原

世人多笑儒官冷，我道青氊亦不寒。座上春風遍桃李，室中香氣滿芝蘭。洪鐘絕響需頻扣，藻鑑長輝具大觀。若見督郵俱束帶，先生書卷獨盤桓。

壽北野翁七十時十月初十日

愛汝高年閑素心，茅柴縮酒壽筵斟。形如野鶴與雲遠，節比寒松耐雪深。倚仗看山無一事，吹簫弄月有餘音。將同榮啓生平樂，帶索垂垂自鼓琴。

贈節判穀峰楊公擢合水縣令

佐郡三年猶一日，堅清如玉復如冰。文章飾吏施爲別，德禮先民感化興。北地喜迎明茂宰，西河愁送短長亭。古來道在無卑位，謾擬郎官是列星。

哭業師西野先生

吾師歸化白雲鄉，七十八年夷且康。無位盡教師道重，有才不作吏途忙。南窗傲寄松筠節，西野耕韜畎畝光。虛館來來哭遺愛，桂蘭桃李各成行。

壽仲川宗正

宗盟帶礪綿長日，王子春秋鼎盛時。食邑浩恩連鳳沼，免朝殊寵隔龍口〔八〕。杯傾翠醴南山入，卷展珠文北斗垂。爲壽爭看道德麗，冰桃雪藕未多奇。

臘月廿四日壽乾石弟作

壽筵莫惜杯行滿，臘日俄驚歲序周。往事笑吾如畫虎，强名呼我任爲牛。山林淡簡心無累，兄弟安和道與謀。共對華燈觀氣象，春光早已上眉頭。

志感題樂壽園壁四首

谷雲長自白，庭樹本來青。縱有風塵色，何曾損性靈。
自言心累盡，空谷保田廬。獄吏猶相問，方知公也愚。
積玩生陵辱，稀知絶比鄰。如何談世務？原是避時人。
何事受侵誣？當觀百一書。下流不可處，君子慎厥初。

息機一首 黄公事出《西京雜記》

説道忘機未息機，一場閑氣好乖違。與民救苦知誰是？爲國驅殘計已非。周處合憐身倖免，黄公那曉力衰微？桑榆尚自存餘照，猶恐浮雲亂夕暉。

校勘記

〔一〕□，底本瀎漫不清，據詩意似當作“轉”。
〔二〕□，底本瀎漫不清，據詩意似當作“鶴”。
〔三〕□，底本瀎漫不清，據詩意似當作“浪”。
〔四〕□，底本瀎漫不清，據詩意似當作“徑”。
〔五〕□，底本瀎漫不清，據詩意似當作“空”。
〔六〕□，底本瀎漫不清，據詩意似當作“復”。
〔七〕□，底本瀎漫殘缺，據詩意當作“堪”。
〔八〕□，底本瀎漫不清，據詩意當作“墀”。

文谷漁嬉稿己巳 隆慶三年

春日林間有懷趙陽谿使君

新年光景不曾新，自判鴻蒙有此春。喚雨催耕少昊鳥，含哺擊壤帝堯人。林花但簇當初錦，野草還鋪太古茵。酒泛東風思共御，龍門老友性情真。

正月十日小堂春宴和西皋宗正

喜逢青帝送韶光，更得朱軒貢小堂。酒碗舊香今日共，菜盤真味幾人嘗？凍回園草生將綠，老至頭毛變已黃。好景不應閑放過，只愁花鳥笑空囊。

聞　雁

陽鳥通春信，歸飛紫塞雲。銜蘆方尚武，擺字復成文。海闊愁單緒，沙平愜乘群。流音雜歡怨，情感思紛紛。

寒食西岡二首

山後山前丘壟，村南村北人家。煙火蕭條時候，紙錢飛共楊花。

萬户尉陵西里，墓田丙舍東家。門外青□□〔一〕色，窗前紅映桃花。

二月十五日口號

美錦如春一段，誰將刀尺中分？岸柳愁遲著綫，園花欲早穿裙。

不分花間宿雨，生憎水上浮雲。是彼流將春去，教人錯怨東君。

和西皋春日登城之作用韻

高城獨上思寥寥，廣野春晴入望遥。雁字寫雲江樹暖，羽書沉月塞烽消。酒家半向東林閣，詩社平臨北渚橋。此地見之能下否？同歌擊壤聖明朝。

贈程一山參戎始建牙汾郡一首

北闕授符推轂後，西河分閫建牙初。弘修軍禮昭文幕，遠闢兵威到朔廬。戍靜關山和月唱，氓安隴畝帶經鋤。方知上將收全勝，頓令邊庭絕羽書。

春寒一首

造物原無我，春光此地難。已逢三月暮，猶作一冬寒。雨雪時相雜，風沙日幾搏。下帷疏講誦，寂默按愁端。

贈孝義葉丞膺獎代人作

儒紳佐邑最稱賢，見獎中丞問俗年。日對古松閑政理，時思長劍掃風煙。旌書花鳥韶光煥，賀客衣冠喜氣偏。試向雉樓同極目，滿犁膏雨潤郊田。

三月十有二日王生允承行年四十允承吾先友桐庵先生之遺孤也蓋及髫而遊吾門今亦長焉如是因感而賦之

少年頭角好凌雲，今日昂藏未策勳。學久可能明似聖，功深應自老於文。風前煙柳朝無賴，月裏天香晚更芬。四十古來名強仕，通家迁叟望彌勤。

晚春與康老共酌

桃花隨雨逐東流，楊柳牽風繞指柔。坐惜芳春三月晏，行招野老一杯酬。偶因藉草依山足，不爲看雲到水頭。身世似將無係吝，信歸渾比泛虛舟。

立夏日偶書

未展春遊春遽殘，夏陰早已拂林端。禽言翻出玫瑰朵，花氣飄來芍藥欄。天外數峰雲突兀，池邊孤館竹檀欒。流光荏苒乾坤事，栖息長遺野老安。

四月五日宴小田宅

思親隆執友，念舊欵通家。水翠斟名酒，泉珠瀹好茶。坐深花困蝶，歸晚樹栖鴉。自賞清和節，無如此會嘉。

贈侯露泉宗相一首　宗相才猷卓犖，意氣慷慨，思出時□〔二〕
遠甚，宜其高賢貴客樂與之遊。余愛其英□〔三〕，特贈以言。

我愛露泉子，雅宜宗國賓。聘祥充里選，服寵荷恩綸。玉琬縷通籍，金章已在身。乘龍推上客，跨鳳美斯人。晉代奇中散，周家重懿親。悦文敦禮樂，耽隱尚松筠。義氣干霄漢，仁風洽比鄰。長希藺相節，每望魯連塵。門外多車馬，堂中滿縉紳。同懷欽令德，嘉會引芳辰。交態誰能古？朋情爾獨醇。荆扉朝夕對，蘭室往來頻。書劍應無用，琴樽自可因。贈言非外獎，辭鄙意彌真。

仲夏同程參戎遊李氏園亭

近郭園林百畝賒，高原陸地俯平沙。穿渠引水紅泉細，疊石
爲山翠領斜。樹裏樓臺淹落日，花遷羅綺豔晴霞。上公冠蓋登臨
盡，何似橋西野老家！

己巳端陽日偶書

時光冉冉劇飛埃，過去端陽今又來，鏡裏詎堪愁鬢改，樽前
惟許笑顏開。符牌畫虎元虛謬，書帶成蒲孰剪裁？不是鄙夫情累
盡，夜深雷雨湛靈臺。

贈郭公子西歸 舊守石橋公有遺愛在汾

去日西河守，遺風四紀存。口碑傳父老，家乘表兒孫。投刺
稱門閥，飄蓬歎世屯。故交零落盡，微我復誰論？

五月八日園中再宴

重午過三日，良遊喜再同。景延流俗愒，心賞及時隆。爽吹
風翻綠，妍華露滴紅。真成宴嘉樹，可使玉壺空。

看東家牡丹

牡丹庭館閔芳蕤，正是春深著色奇。青紫向人從拾芥，輕盈
拂檻冒遊絲。香風羅扇歌殘處，麗日金尊醉倒時。何似幽蘭老空
谷，燕儔鶯侶不曾知。

仲夏庭榴開盛對酌咏言

庭前有奇樹，對此青玉樽。芳宴啓炎節，流□〔四〕適晴暾。
葱蘢碧如染，的歷丹若焚。色映珊瑚水，光奪櫻桃園。羅紈搖葉

亂，茜袖攦花繁。霞綺正成絢，露珠稍已翻。幻質委陽焰，餘英匝苔痕。焉知垂碩果，而不美靈根？華實豈俱敝，榮枯勿復喧。自從植欄檻，亦是產河昆。神理若微滅，吾生寧久存？今日當極飲，獨醒非所論。

夏日齋居

空宇獨依依，柴門人迹稀。日凝槐夏永，風送麥秋微。榴火丹無焰，茶煙綠有暉。食餘分鳥雀，稍已落禪機。

刈麥復無所獲笑而賦之

自笑身爲田舍翁，麥收曾遇幾年豐？計當十斛成烏有，力盡三時獲屢空。雨露豈私磽確處，風雲不在坎坷中。若教宴者無荒儉，沮溺當時總未窮。

和西皋宗尉見訪北園兼有高咏

長夏端居悶不禁，委懷猶自惜餘陰。舊行種柳垂門密，新學栽蓮覆水深。物化轉頭驚老大，時流携手笑幽沉。憐君避熱還相問，一灑瑤華振夕林。

奉和西園宴集之製

瑤林別是洞天幽，不似班生老一丘。大地鏡光融作沼，半空霞彩結成樓。流風絲管傾凡聽，過雨煙嵐净遠眸。怪底世塵都隔斷，只應仙侶占高頭。

和東皋宗尉盛夏登北城新樓贈太守甯公之作一首

高樓一上絶氛炎，更覺凌空翠靄添。棟彩虹睨如欲奮，劍華菡萏不勝拈。示威逾表重關隘，設伏應教萬弩潛。合是守臣多大略，百年安攘力能兼。

夏日山莊六言

老病不識人間，幽栖一片地閑。炎飆夜歇高樹，爽氣朝起西山。麥飯炊來香熟，石田斫去堅頑。巖扉只有雲到，村徑通無往還。

伏日看文苑蓮花

炎暉無可避，聊作看蓮遊。翠蓋圓逾展，紅衣净欲收。露傾河女汞，風動水仙舟。只恐池中□〔五〕，□〔六〕成一片秋。

和答趙陽谿使君四月廿七在徐州見夢之寄六

□□□〔七〕敏與高惠善，每相思，便於夢中往尋。行至半道，即迷不知路而回。

別離無想應無夢，有夢還愁路不明。雲樹可遮千里面，江河能禦百年情。形神静夜龍山合，意氣遥天珠斗橫。一笑漆園蘧栩處，浸將塵物等浮生。

陽谿寄

終日思君不見君，清宵夢裏轉分明。關河寧阻來時路？江濤遥憐去國情。北極風雲方際會，西山豺虎且縱橫。何當回我邯鄲道，灑掃門墻盡此生。

贈張圖南由臨漳司訓掌教甘泉

漳河桃李下成蹊，文館甘泉道復西。理士受經聆達旨，詞人操管待分題。槐風帶掃邊沙静，杏雨連沾塞草萋。莫是一官真冷落，門墻終日有攀躋。

和小村山中立秋見寄

脉脉驚秋早，沉沉苦晝長。回颷聞葉墜，片雨覺天涼。遥憶山中侣，孤蹤雲外翔。題詩寄□社，落晚愛榆桑。

秋日書感二首

噫氣一以秋，卉木無精光。萎黃何足嘆，貞脆具見傷。丈夫懷耿介，陰賊相摧戕。毒螫滿蜂蠆，反面皆豺狼。天道倘可滅，聖世容民殃。

秋氣何慘慄，白日無光華。陰蟲附宵火，豺虎亂如麻。蛟龍碭失水，受困蟻與蛇。貞士見誣辱，群小方自誇。或矜巧文墨，或矜利齒牙。悲風在珍樹，孰知我所嗟！

中元令節壽柳川小村二翁同誕

暑就西流火，涼生高樹陰。露光和月泛，蟬響帶風沉。雲葉天張綺，槐花地布金。瑶堂通碧落，朱館對青岑。令節中元啓，南星此際臨。弟兄嘉旦合，德齒慶源深。面有丹顏潤，頭無縞髮侵。盈門來鶴馭，四座儼蘭襟。寶鏡將秋獻，銀河當酒斟。籙傳千歲紀，冠插九華簪。竹奏蒼龍管，絲調紫鳳琴。清懷逾白社，歡笑灑空林。即已登仙道，方壺何用尋。

覽鏡二首

面有慘淡色，孰知情寡悰？言慚成困悔，動省作貞凶。只恐人謀險，難爲天道容。將因學浮海，潏洸竟誰從？

端居意不釋，焉有好顏容？鏡裏人先老，窗前樹尚濃。急颷凌夕鳥，繁雨亂秋蛩。政自獨多緒，寧堪觸景重！

短歌行在文苑清居作，呈郡博張十洲先生。

置酒清居，我歌以噓。天道幽渺，人事齟齬。善惡云報，禍福每愆。淑慝云別，彰癉則偏。翼虎在邑，枝蛇在野。鷗鳶爲鸞，麞麕爲馬。夸毗變戾，鬼神莫貞。凶頑回惑，賢聖靡程。文王明明，慍於群小。仲尼遑遑，厄於周道。胡寧我躬，閔侮不臻？怨固叢敵，德奚寡鄰？曷維其忘，不如飲酒。積憤成痼，亦復何有？我思在昔，爰契我心。作者七人，于彼竹林。

十洲和

世事何居，閑念起噓。薰蕕品錯，飴薺齒齬。顏回盜飯，簧口之愆。不疑竊金，貝錦之偏。爲龍爲鳳，率彼荒野。如鬼如蜮，蕃成錫馬〔八〕。所賴君子，素履以貞。其惟先哲，大猷是程。泰宇爲大，滄溟爲小。感遇付時，責成付道。面唾自乾，衆妙攸臻。狂生不忤，聖徒斯鄰。太白之詩，淵明之酒。得也非無，失也非有。緬我文師，妙契此心。尚友古人，傲寄平林。

七月十五日清醮呈郡博張十洲先生

佛氏祗盂蘭，道家虔玉京。共以中元令，同持上善情。土風沿宿昔，撫景肅齋明。萬寶證華實，兩儀澄濁清。金繩界壇道，瑤席展精誠。妙香瓜果外，奇味海山并。羅列允珍麗，裸將何屏營？仙盤玄露湛，神鼎紫煙升。伏蒲陳所願，未言悽已怦。四靈寂郊藪，群猛浩縱橫。禍福久茫昧，善良胥圮傾。冥冥倘終鑑，拯苦達冤生。

十洲和

射策首仙侶，鳴珂遊帝京。應此緣中果，閱盡世間情。急流心勇退，爽氣眼偏明。幸際太平世，矧值節序清。佛說盂蘭會，道薦紫霄誠。式將斯理味，元與吾儒并。參玄探實際，奏假濯俗營。智劍劈煩惱，慧燈照悟升。慈航岸克到，苦海波自怦。山鬼窮伎倆，豺虎任縱橫。丹衷已披瀝，蒼冥諒可傾。大道通三教，高人達此生。

驚秋一首

一片新秋何處生？露團雲白暑氛澄。鏡中空碧川光映，畫裏曉嵐山氣明。木葉漸隨流籟響，草蟲齊傍擣衣聲。此時坐臥誰能定？除却無心盡有情。

月蝕後書感

門種先生柳，家藏太史書。將爲君子遁，不學小人儒。朱鳥還傷尅，蒼天定有無。夜來看月蝕，暫似暗投珠。

林居即事一首

戰勝有餘樂，自惟良已多。池蛙喧鼓吹，林鳥疊笙歌。飯客聊鷄黍，帷門滿薜蘿。少無經世用，垂老幸閑過。

理北園作

心累何時盡？閑居亦有營。看山移閣就，引水鑿池成。花裏參榮悴，酒中研濁清。無爲一邊事，深謝古先生。

汾上贈孝廉何竹窗先生故禮部尚書文定公子也。

文定公以清德儒臣著名當世。

伯起清風後，玄成素業餘。遭時猶廓落，抱道且踟躕。洛下誇新進，河陽守舊廬。相逢無可贈，一段白雲裾。

答南老惠絲瓜白豆

成粒美白豆，蔓絲嘉緑瓜。山中好秋實，世上玩春華。老缺牙堪粥，沉煩肺慊茶。得蒙清意味，歡喜唉煙霞。

贈安上人<small>舍侄謂借其蘭若誦書，故有此贈。</small>

我家秀士修文去，借與香林一片閑。鏡影每從看定水，嵐光便自得晴山。蓮花藏裏資開悟，貝葉書中取訂頑。若向青雲策高步，不忘天宇幸躋攀。

中秋月一首和七泉宗尉見壽

一年美景私籌等，最是中秋月滿天。簾箔漾輝珠彩亂，池潢含影鏡華圓。庭團玉樹清非淺，人照金波老更妍。世界未應終缺陷，歡盈稍已到璚筵。

和十洲見贈美際中秋喜逢華旦之作

學道無聞已白頭，月華秋水尚登樓。團團玉樹齊書案，穆穆金波泛酒籌。嘉節生憎晴霽少，拙緣私喜退藏優。今年瓜熟同君玩，莫説東陵是故侯。

答南陽長老持山果見壽

山僧不厭人間世，還把庵羅餽賤辰。俗眼每看成外道，禪心久許契吾真。稍留香飯嘗新黍，共對秋雲笑此身。歸去莫令時節換，菊花猶待往來頻。

題贈清溪宗尉石洪山莊二首

湛湛石洪水，平平綿上田。耦耕非吾事，高謝古人賢。屋遠扶疏樹，池籠縹緲煙。漁樵相問罷，閑拱夕陽邊。

　　豈無北里好，獨守東皋耕。默眇紫芝想，蕭疏白雲情。結茅倚山靜，坐石臨水清。哲代韜時略，只應閑此生。

積雨背郭園居二首

　　連陰迷晦朔，積雨亂昏明。樹染深秋色，蛩悲薄暮聲。布衾寒自擁，苔徑滑難行。焉用憂成老，將因達此生。

　　今雨復誰來？荒庭滿綠苔。楊朱興浩歎，墨翟動長哀。南北徒爲爾，蒼黃何有哉！惟應抱幽獨，坐對不然灰。

謝東府宴一首

　　西園秋色裏，剩有好筵開。玉樹懸金葉，冰壺瀉露杯。鄴中飛綺蓋，梁苑集文才。往事俱陳矣，茲游復茂哉！

喜陽谿户部分曹事竣過家省觀因贈五言二律

　　司計足公期，到家安母慈。皇華瞻使節，彩服見光儀。義用丹誠盡，仁由素履推。那同濮陽騎，盛向汝南馳？

　　孝德邦惟戀，文思國有華。神明通善行，詩賦藹名家。仕意榮三釜，歸心戀九霞。寧知金鉉待，將爲草黃麻？

酬陽谿先生以詩見壽用原韻四首

　　時俗眇衰賤，生辰愧酒筵。況當多難日，猶阻太平年。故舊還憐此，存期尚宛然。一丸銷積疢，恍已遇神仙。

　　喜到龍山駕，忙開雞黍筵。清言淹永夕，重感別經年。菊圃留花看，茶爐掃葉然。已如方外侶，只是未成仙。

　　一語破苦惱，俄登歡喜筵。壺中瀉甘露，鏡裏換衰年。神火得長照，心灰豈復燃。登山謝魍魎，平地有真仙。

荆扉衰柳徑，霞館菊花筵。冷落悲前歲，歡娛復此年。秖緣千里駕，相對一燈然。太息人間險，將因去學仙。

喜陽谿員外以九月一日過汾見訪

別經二載遥相憶，歸近重陽若有期。見面並先庭樹老，冥心都破海鷗疑。晴暉翠領開桑落，佳色黃花折槿籬。借問故園携手好，何如戲馬望鄉時？

次韻九日登北城新樓呈邦田相公

雉樓苕蔕此雄州，嘉節登臨是勝遊。萬隊旌旗寒色動，千家砧杵夕陽浮。黃花有酒舒長嘯，紫塞無煙豁遠眸。樽俎折衝人静定，滿城車馬自如流。

奉壽趙母太老夫人時令嗣陽谿君省覲

阿母高堂喜氣新，慶餘光景悉來臻。身登壽域儕金婆，兒轉仙班待玉宸。禄養膳羞歌潔白，淑儀州里頌慈仁。萬年□〔九〕捧南山祝，□〔一〇〕羨萊衣悦老親。

九月十九日培菊因憶雲溪老人嘗錢菊歸籬創意殊絕斯及之焉

皇天有意人間世，四序平平分與之。物各賦其物，隨事還順施。春物駘蕩夏富繁，綠岸青郊紅采園。貴遊熱客，車如流水馬如龍，欸來騁望相攀翻。我當居苦空，編籬種菊廬其中。種早開復遲，木落水波霜露濛。雷收其聲火藏烈，炎炎者熄夷隆隆。據槁焚枯悶欲絕，的歷皎然開一叢。此花真可貴，皇天以補幽人窮。吾聞天地閉塞賢人隱，貞卉可令荒草并。盆移案列謹呵護，恐被村童悍婢殘始英。又聞老子言，歸根曰静静復命。即因刊落守靈根，仍以栽培厚真性。托土欲深封欲嚴，涵水欲濡安欲定。爲何珍重出尋常？精和稟純三正光。金玉爲苞翠爲葉，瓊碧引枝凝妙香。發藻乾坤殿清節，歛形龍虎潛黃房。記得雲溪叟，臨風起高趣。云當玩賞餘，合有餞歸醑。今日舉觴嗟共誰？只應九華開謝，不爽歲寒期。

暮雨蓬蒿園作

一室蓬蒿掩，栖遲笑屢空。詩書堆案上，山水落琴中。今雨心無限，寒雲迹稍同。群陰方剥落，幸自保微躬。

喜四明吕徵君自上黨來汾見訪

有美東南彥，無期西北遊。潞郊芳草晚，汾水白雲秋。倒屣迎三徑，開林坐一丘。清言時領略，江左舊風流。

邀吕徵君次園中二首

庭前落木亂成堆，徑裏蓬蒿掃不開。獨有寒松帶空碧，孤雲遠影鶴飛來。

堂名背郭巷稱窮，路絶人稀是此中。不合臨空起書閣，賺來霞海杖藜翁。

再贈吕二山人

四明狂叟昔稱賢，再出逸人今儼然。瑶草沃洲書著處，赤霞臨海杖遊邊。琴中山水音常絶，壺裏乾坤趣獨玄。我守空林歲雲暮，喜逢傾倒菊花天。

比神不旺數夢見鬼物就於夢中紀夢爲六言者六寤而思之亦怪矣常惑王文考《鬼賦》今乃信之

醒怕貪狼猘犬，夢遭封豕長蛇。幾處飛沙吐氣，一群吮血摩牙。

一念羞人偄傒，終宵夢鬼嘍囉。若使東方不曙，將無魘殺維摩？

曾見鬼王圖相，非如夢裏搊颽。舞瓜張牙鐵面，提刀把筆銅頭。

清晝木人持杖，黃昏山鬼嘯梁。在昔嘗聞有此，今宵夢在我傍。

齎臼原無借杵，鼠窠那有乘車？近日世情顛倒，夢中栩栩蘧蘧。

檄文可驅瘧鬼，夢賦能掃非祥。不若九天爲正，萬里誅妖電光。

謝甬東題園景十二咏二首

小園分景太參差，一寓閑心任所之。恰似月明隨處著，萬山千水不曾離。

此景被君題得破，何曾清意少人知？天寒潤筆無它物，只有庭前柏樹枝。

邦田相公誕辰適當奏凱賦以爲贈

上公行省慰民思，荒歲兵連撫且綏。蕩滌煩苛存本實，調停征繕有機宜。嚴城利建增高日，祥旦欣逢奏凱時。野老報稱歌樂壽，南山詩裏萬年期。

卜亭行

憶昔先師道不行，七十二賢皆守經。大者散爲侯國師，小者宰邑餘飄萍。當時魏文頗重道，其師卜商抱道西河老。玉韞自然山有暉，至今山以卜爲寶。此山崒嵂橫地維，綿亙百里深委蛇。

中有石室似天造，要令文儒隱在兹。文儒化去二千載，空山只有白雲在。隱隱書帷挂薜蘿，茫茫古道來樵采。王官張子振遺躅，結草爲亭傍山曲。命名取義象先賢，思義顧命美可續。學禮攻詩早貫穿，摘篇灑翰復殫研。奮飛有時適不遇，退藏猶得保林泉。林泉一片好閑地，高卧不減羲皇世。聖門師弟且遑遑，咄嗟我輩成何濟？綠蹬丹巖無垢氛，碧樹珠泉風雨聞。醉來大嘯叫猿鶴，静後一心窺典墳。温飽亦不缺，朝霞可餐蘭可結。鍾鼎萬户食，銀黄三組榮，回□〔一〕可憐要領絶。我觀張子毛骨奇，頭圓耳闊神仙姿。不礙曳裾爲吏隱，大隱小隱誰能知？留侯辟穀從赤松，果老下山騎雪龍。二翁風流遐哉，邈矣隔霄漢。子爲苗裔，可能夭矯躡華宗？

初寒擁爐酌呂二山人並竺陽諸公在虚白齋作

青霜塗瓦上，白雪帶林邊。與客圍爐坐，呼童掃葉然。芋煨三昧火，茶煮陸家泉。復有杯中物，流温酌暖煙。

齋中再集擁爐酒不殫興戲用前韻

歲華搖落盡，深雪冷無邊。虚室生雲白，窮薪抵桂然。欣逢人似玉，愧乏酒如泉。第學求似侣，丹爐守絳煙。

答人問疾

高齋卧疾疾非虚，試把吾生説向渠。草木變衰春意盡，齒毛垂朽世情疏。腰纏索帶疼何得？脚躡芒鞋痛不除。自是化工頻作弄，老牛捧扯破柴車。

咏 史

建元事招選，平津亦延賢。正直皆遠斥，所延誰復然？引用刻薄吏，文法輔威權。誅殺枉天道，禍機不踵旋。舉措業已爾，經術有其愆。徒將矯情儉，豈救阿世偏？

病中偶成

纔占百年多一半，已分諸疾兩三停。不嫌帽底頭增白，祇恐窗前樹失青。久識小兒爲造化，常疑老子鍊精形。流沙一去無消息，何得人間有壽星？

三次擁爐疊用前韻

天寒初雪後，人語夕陽邊。落葉風皆盡，空齋火獨然。揚巾掃塵榻，持綆汲華泉。同病來同隱，蕭條遠市煙。

酬呂徵君數來問疾

空齋臥疾餘，復此苦寒日。賴有山中人，每從林下逸。圍爐意轉溫，對酒情逾密。方藥間討論，因知達生術。

喜陽谿再過見訪

歲晏荒山下，蕭條只草萊。形如將夕照，心比不然灰。古道水霜斷，寒簷鳥雀回。故人還問訊，驚喜一銜杯。

至前宴集趙陽谿戶部用甬東韻

經月柴門掩，今朝草閣開。祇緣千里駕，端爲故人來。舊雨憐簪盍，新陽動琯灰。省郎多道氣，詞客盛仙材。調古朱絲直，宵深絳蠟陪。方當笑前輩，興短勒舟回。

冬日宴趙陽谿復移小齋夜坐得六言四句二首

白首相逢素交，玄冬盡醉醇醪。坐嫌西堂日短，移就東齋月高。

爛熳夜遊秉燭，綢繆晝短携樽。目前偶爾自適，身外都無可言。

至日二首

老去逢長至，猶能學謹微。天心存默眇，吾意在幾希。關路行當閉，齋居坐豈違。明窗何朕兆？野馬作塵飛。

動物重淵起，知幾子夜存。象先開玉籥，妙有達玄門。出地冰霜凛，迎陽鳥雀喧。下帷多日影，一綫未須論。

咏吕山人酒瓢

似向箕山拾得，疑從顏巷分來。青天邀月引滿，碧海凌風醉回。

玉液溶溶小勺，金波穆穆盈斛。飲知浮世清濁，量見滄溟淺深。

壽王北野

人間無處可同群，獨有深山住近君。容髮漸隨蒲柳敗，襟期常惹蕙蘭薰。來尋一徑兒童喜，去隔前村鷄犬聞。每到壽辰偏鄭重，盡教潦倒醉寒雲。

和吕二山人夜吟一首

向夕空園裏，幽懷一種平。霜飄寒宇白，月灑凍林清。愛景披衣立，緘情踏葉行。從來抛寵辱，獨影自無驚。

宿陽谿西郭草堂時己巳仲冬十有六日

望美兹堂久，何緣遂宿之？星文羅洞牖，月彩散疏帷。暖席春疑早，延宵曙欲遲。將因一晤重，投老百年期。

阻雪懷呂山人兼索詩

俱對山齋雪，應同歲暮心。猶憐一城阻，空望兩相尋。玉樹生蘭席，瑤華惹蕙襟。無爲慚下里，不作郢中吟。

送大參知邽田孫公入賀

仙曹畫省出名藩，十載深銜紫禁恩。嵩祝今趨雙鳳闕，日華重覯九天門。喜逢堯曆開昌運，會見虞庭舉納言。祖道飛鴻時極目，春風倚馬立郊原。

叙舊呈馬北崖先生

相知二十載，心密形影疏。非自一權阻，良田兩索居。索居日已老，離愁不可道。缺月挂空林，東風泛芳草。芳草歇多時，寒雲滿故籬。方當憐歲晏，之子忽來茲。來茲遂來晤，携手悅情愫。無遽返東山，依然隔煙霧。

臘月廿日與呂山人程逸士迎春霞館

青陽獻歲新，白髮增年老。時物兩驚心，臨觴一抒抱。少壯已蹉跎，胡今不潦倒？猶遵擊壤餘，倚杖東郊道。卉木吐林榮，嚶鳴變谷鳥。雖牽耳目營，不爲心志擾。海客來瀛洲，談玄肆幽眇。柔飈倏起予，翻然在霞表。衰賤匪吾怃，盛貴非我寶。

臘月廿四日壽乾石弟

一官坎壈道成非，五畝栖遲志不違。樹種青皋桑葉暗，田開白水稻苗肥。詩書侵曉聽兒讀，蓑笠斜陽看牧歸。歲杪天倫還樂事，南山春酒宴晴暉。

題梅竹圖爲壽二首

生日不逢桃李時，雪梅冰竹兩三枝。暗香苦節無人會，畫出歲寒君始知。

今年春早在嘉平，似是東皇却有情。竹葉放將寒醖綠，梅花開出冷齋清。

立春後六日壽呂山人時十二月廿七日

紫氣來仙日，青陽獻歲時。大年超鳳紀，高世戢鴻儀。桐竹書留著，雲山酒共持。冲襟諧谷羽，芳翰藻林枝。禮展光華旦，詩申杞李詞。義因然諾重，道在久要期。壽命逾金石，蜉蝣安可知？

和呂二山人除夕寫懷

山閣題詩幽思清，不勝今夜獨多情。燭華然臘杯前盡，雲色催年座裏更。結社將留空谷住，懷鄉欲瀉大江行。朝來寄語東風道，慢著天涯綠草生。

校勘記

〔一〕□□，底本漶漫不清，據詩意當作“垂柳”。

〔二〕□，底本漶漫不清，據詩意當作“人”。

〔三〕□，底本漶漫不清，據詩意當作“俊”。

〔四〕□，底本漶漫不清，據詩意似當作“觀”。

〔五〕□，底本漶漫不清，據詩意似當作“綠”。

〔六〕□，底本漶漫不清，據詩意似當作“翻”。

〔七〕□□□，底本漶漫不清，據《天中記》卷二十引《韓非子》故事，當作“國時張”。

〔八〕“馬”，據詩意及押韻疑當作“焉”。

〔九〕□，底本漶漫不清，據詩意似當作“杯”。

〔一〇〕□，底本漶漫不清，據詩意似當作“共”。

〔一一〕□，底本漶漫不清，據清康熙《汾陽縣志·詩歌》當作“首”。

文谷漁嬉稿庚午 隆慶四年

正月八日杏花亭與呂程二山人觀梅呂有
"百年情在此杯中" 之句因足成一絶

東風吹酒晤言同，笑對黃梅開滿叢。莫把寒香流玉笛，百年情在此杯中。

林間元夕

林下逢元夕，兒童學世緣。銀花雙樹燦，金爐九枝然。皎鏡同遥漢，韶顏憶往年。傍人疑佛火，將謂此逃禪。

贈別呂山人

足音纔喜落虛堂，行色那堪動曉裝？去住久諳形不定，悲歡新起緒偏長。碧煙垂柳空南陌，丹嶠浮雲隔兩鄉。幸付心期與明月，遥山極浦見容光。

和呂山人留別

寒松雪際幸逢君，弱柳風前遽惜分。萬里煙波回越絶，半天嵐嶺隔姑汾。江花解點詞人賦，皋鳥知迎羽客群。應笑楊雲老無用，泊然空守《太玄》文。

寄答素愚上人

空理談不極，稍從文翰遊。緬懷碧雲意，嘉藻凌惠休。一札枉芳訊，投好在滄洲。歲交冰雪散，微綠生遠疇。煙暖蒙蘢室，人閑窈窕丘。山僧或來往，共此谷中幽。

送別陽谿户部在香林寺作

初旭遠煙含碧岑，柔荑新柳別香林。天邊畫省行應到，谷裏柴門閉復深。出處兩當明聖世，悲歡一繫友朋心。誰堪妍景空琴酌？伐木時聞山鳥音。

陽谿和

家山回望是遥岑，何苦驚飛又過林？客路空憐芳草遠，洞中應愛白雲深。久知奔走非吾事，無奈風塵違此心。試問相思何以遣，還憑早晚惠佳音。

喜西瀛丈歸田三首

方將隆位望，亦是返田園。舊渚魚欣適，高雲鳥倦翻。自然無俗韻，偶爾謝塵喧。但逐經鉬老，能令夙好敦。

未遑啗失位，翻爲喜歸園。農事春將及，村煙□〔一〕不喧。瀑花烹石鼎，山翠閃柴門。興味應全別，蕭騷吏局煩。

少年同筆硯，投老接田園。瓜蔓相鈎帶，農書互討論。琴將流水淡，酒比落花繁。誰謂不嘉遁？已無車馬喧。

送　別

杏花時節草青青，流亂春陰緑滿庭。欲緩別愁惟是醉，不堪黃鳥唤偏醒。

春林即事

翠沓紅霏乍淺深，淡煙濃靄忽晴陰。齋中隱几過寒食，天外停雲寄遠心。止酒不勝花會勸，耽詩無奈鳥能吟。却憐此景消沉易，何事幽人廢討尋？

看園中牡丹

衆藻多先露，名花獨殿春。總收煙月盛，偏照水雲頻。經宿含香異，妝晨出色新。有神能不笑，臨眺白頭人。

戲題康老

白雲康老人難識，似是沉冥一腐儒。天地自將芻狗待，姓名應作馬牛呼。落花微雨看朝槿，啼鳥東風聽畫胡。童冠比來疏問對，多因我已喪其吾。

製衣歎

預製春衣下剪遲，只因疲老故然疑。平生志意無温飽，耆舊山林有禮儀。儒行自傳逢掖古，騷人空語芰荷奇。幾多華袞同朝露，不得衰翁挂一絲。

首夏齋居

流水將春帶落花，密陰侵曉樹交加。時光轉眼衣成葛，世事無情飯煮沙。策杖不驚籠外鳥，停杯方斷酒中蛇。誰知老境吾廬適，山翠林紅夾彩霞。

臥疾虛白齋二首

虛室本生白，匡床留病夫。又經春草歇，還枕夏雲孤。開眼群書在，記心一字無。惟應窗裏月，慣照澤中癯。

經年疾不退，去日良已多。扶老聊相藉，沉憂竟若何？山春青入樹，溪晚淡成波。獨偃空空室，無人問薜蘿。

送郝虞官應貢北上

長歎爲儒老一經，豈期招選向彤庭？遷鶯自合升喬木，呦鹿
原從食野苹。劍發土花宵氣紫，袍迎春草禁煙青。君王正闡臨雍
義，何惜先生鬢有星？

園中行藥二首

園廬入初夏，卉木稍已繁。藤蔓交蘿石，柳條垂竹門。杖藜
行藥性，插槿護苔痕。臥疾豐暇豫，方當向此論。

服散疾仍在，玩芳心稍夷。雨餘花藥徑，煙裏薜蘿帷。永日
謝喧雜，端居成委蛇。白雲豈予念？到門如有期。

新理茅齋

聊因雙樹舊，試理一齋新。虛牖納蒼翠，獨居成隱淪。樽空
貧亦貰，書懶疾須陳。行役應無盡，勞生尚此身。

贈介休李學諭之芮城令_李，岐周人。

愷悌牧民非俗套，文章飾吏豈言筌？遺賢近出岐周里，新政
還平虞芮田。晉鄙好山迎翠幰，洪溪佳水媚青氈。督郵使者須珍
重，馴雉方嬉麥隴邊。

初夏看榴花作

榴花歲歲過端午，今日花開一月前。時至合教遲未得，人生
何用強爭先？露珠叢裏雞冠聚，霞綺園中翠葆懸。只恐榮枯還不
定，與誰呼酒問青天？

壽程竺陽作

酒逢嘉旦莫停杯，客抱今年要好開。屈指光陰如夢寐，無頭學問等塵灰。一番又見紅葵展，六度雙瞻紫燕來。交久敬深渾不厭，朝朝携手北溪隈。

北園茅室新成輒謾題壁二首

休道當年楊子居，且從初地學逃虛。山肴只好烹蒼术，野服惟當製碧蕖。時遡蕙風懷柳下，每臨桃水憶秦餘。邇來剛會不思議，閑却床頭數卷書。

菟裘營得一茅庵，怡老如同坐佛龕。暑氣撲人門向北，晨光開卷牖朝南。白鷗來往無猜忌，紅藥枯榮少競貪。但令此中常自在，不知何處有瞿曇。

贈王琴史

舉世尚箏笛，獨居閑古琴。幽蘭曾不采，綠水意何深！一鼓雲生壑，再彈風灑林。須臾天宇靜，萬籟此消沉。歎息知音少，相看淚滿襟。

送王心涯別駕拂衣還里

本自西南翰墨儒，却教憔悴守邊隅。懷鉛未必無操割，佩玉終難利走趨。元亮委心投印綬，季鷹何意美蓴鱸？高情只許幽人會，一葉扁舟萬頃湖。

酬西皋到山房見留之韻

貧家邀客竹林西，小飲猶能具黍鷄。雨後草深迷舊徑，雲邊樹密蓋清溪。幽栖自覺逢人少，莊叟何勞要物齊？細筭此生無計達，形骸如土一壺携。

寄壽陽豁户部

去歲賤辰君面壽，壽君今歲隔天涯。文抒晝省應華國，夢繞萱闈自憶家。賀客共傾千日酒，仙曹多駐五雲車。寧知故老南山曲，獨對青松獻紫霞？

陽豁寄和

微官潦倒寄京華，千里神遊汾水涯。遥想社中頻念遠，應知客裏苦思家。雪溪久鱀王生棹，花節誰攀邵子車？一字萬金珍壽意，晋山西望映高霞。

贈春谷上人

古殿檐阿三十年，春雷秋雨只如然。不知安穩緣何事，坐得蒲團幾箇穿。

移疾蘭雪軒四首

火宅若爲勝，風軒幸可乘。偶然當夕坐，尋已失炎蒸。看破三分鼎，分開兩合繩。輕身如有漸，衰疢故相仍。

抱癢嗟永日，幽林無一喧。紅香和露氣，翠色落苔痕。隔轍誰相問？掩扉吾獨存。不知清静理，翻以病夫敦。

閑居將廿載，幽事稍已貞。福過災還及，賤來老亦并。説詩猶不廢，服餌竟何營？芝术了無補，桑榆空復情。

仰觀神宇曠，頓覺此身微。鬼物乘虛敢，人天問疾稀。書空從草聖，據槁倦塵機。委運榆枋裏，卑卑一鳥飛。

和宗川雨後西園漫興

宿霧連朝一雨收，晴光瑤圃作仙遊。魚旃翠彩花間出，鸞輅黃暉草際浮。水現圓荷迎笑傲，山環高柳助清幽。更從樓觀褰珠箔，極浦呈秋到遠眸。

和小村題取經僧送茶

印經兼得采茶來，貝葉雲芽一迸開。活火試烹金作鼎，新泉欲注玉爲杯。徵君嗜酒饒清味，仙客題詩有逸才。從此北林添勝事，法華香露兩奇哉！昔陸羽善茶，怕陶淵明買之，時號茶仙。吕祖有《大雲寺茶詩》。

和西皋答人送果

火旻團露熟檀園，朱果遺人到竹門。滿捧異香供太媼，平分甘味與諸孫。天漿玉粉浣顏色，仙苑瓊林共本根。何必千年算花實？每逢秋早對芳樽。

初秋夜坐

新凉如洗一燈青，獨坐閑園孤草亭。書癖尚抽殘册看，睡魔翻逐遠鐘醒。碧梧井上三飛鵲，白豆棚邊數點螢。似爲驚秋栖不定，我心何許落沉冥？

雲川宗尉賦中秋月見壽輒倚和奉酬

看月中秋空碧盡，光華全與酒杯分。庭中木葉稀堪數，鏡裏頭毛短更紛。露濕青苔明壁繡，風回綠沼見波紋。玉人此夜吹笙處，蘭室盈盈桂采薰。

西樓坐月

老來情狀似深秋，黃葉公然比白頭。壯志盡銷成底事，歸身雖晚得餘休。筆床尚自陪書卷，茗碗還將配酒甌。月在碧潭寧有意，等閑流影到西樓。

謝雲川惠菊兼有高咏

暮山搖落總芸黃，獨羡寒籬菊有芳。一束贈來存古意，九華恭處見真香。未酬佳節臨丹嶠，先與新醅玩綠堂。多謝助將彭祖術，正愁難遣鬢眉霜。一束助彭祖之術，見魏文帝《與鍾繇送菊書》。

中秋無月和呂傅

久雨結秋陰，隱居如獨深。寒流門自對，落葉徑誰尋？月滿光猶秘，林衰響易沉。佳期不可夢，空遠歲闌心。

酬王龍岡太守自德州寄壽

老年生日詎成歡？學道無聞百感攢。雲裏中秋恒秘月，雨中蓑草不分蘭。昔時樽俎今寥落，同社章縫半朽殘。三服使君情獨盛，八行遙與寄平安。

承雲川就菊小園爲登高之會用韻

南山對酒菊時開，千載人思隱逸才。佳色尚然明小圃，亮懷那可負高臺？詞林宗衮游龍至，記室文簪躍馬來。何事秋風茂陵客，橫汾簫鼓興情哀？

和雲川看菊韻

花神殿秋菊，郁此凝露芳。濯色摽中理，采英聞妙香。朋來三徑益，客有四明狂。奚必龍山上，丘中自可觴。"中理"者，取《易》云"黄中通理"也。

俠客篇

馬上誰家子？里中亡命兒。二氣降乖戾，化爲梟與鴟。慧辯捷連環，觜爪銛利錐。啖人徹其骨，催物如腐糜。攫金日中市，司隸不敢持。吐霧昏曜靈，昭昭良可欺。黔首暨黄髮，亦莫何我爲。擊筑飲長夜，肝膽知是誰？達曙駕風去，縱博驅九逵。

喜王龍岡使君拂衣還里

縟紱本非有，解之方若無。灌園仍仲子，著論只潛夫。陰息影須定，道同德豈孤。君□〔二〕問麋鹿，老圃尚存吾。

背郭吾廬好，中多嘉樹陰。冥觀涵水鏡，泛覽出雲岑。門寂人稀扣，林閑鳥自吟。喜君來問舍，倘此共幽尋。

龍岡和

白髮投簪滿，黄金歸橐無？欲尋吟澤叟，還問灌園夫。東海浮雲散，西山倦鳥孤。敝廬汾水上，栖止可容吾？

歸山多氣色，每日幾晴陰。流水還深谷，飛雲度遠岑。青牛隨草臥，黄鳥隔林吟。野老閑居地，忘機方可尋。

和雲川初雪韻

大有從三白，開冬始兆之。玉林千葉綴，瑶圃萬花滋。城上飢鳥粟，閨中寒女絲。無爲怨空獨，豐暖易爲期。

宗尉東皋翁令旦庚午臘月十日

不求聞達不修仙，贏得清平老歲年。恩受四朝逢世治，道參千古合心傳。壺觴未減陶公逸，詩賦當過楊子玄。我欲移將楚南樹，置君東館玉堂前。

夜坐即事呈龍岡丈

爲惜暮光成短晷，不嫌宵永坐遲遲。關心柏葉床頭酒，過眼燈花注脚詩。世路舊蹤都不是，空林閑影略相宜。此情却恐人稀會，說向平原太守知。

龍岡和

華巔逐客欲何之？廬在西河歸未遲。滿座接歡將進酒，隱堂感興可言詩。賞心晚景閑居好，散步高蹤初服宜。世事浮雲徒倚變，百年能有幾相知？

臘八日作香糜供佛

喜逢白帝嘉平節，正是金仙報滿時。燈放寶花融旭照，粥和香米作晨炊。瑠璨鉢捧三天獻，瑪瑙珠穿半偈持。願化飯山彌法界，更垂甘露灑慈悲。

臘月廿四日壽乾石弟

我家醇醴熟寒醅，□〔三〕壽年年爲爾開。瑤席喜攀瓊樹合，金尊笑指玉山頹。流渐帶臘行將盡，宿靄浮春送欲來。茌苒此中能不老，直須驅轉燭龍回。

歲暮行

歲云暮矣吾何爲？山空無人獨掩扉。金壺漏凍滴長夜，日出寒景俄夕暉。眼看庭樹雪中老，頓覺婆娑生意少。我生衰蒴復何殊？髮禿齒搖行欲倒。自度寓行能幾時，憂思枉作千年馳。黃河之清不可俟，碧海之仙難與期。不如春秋釀美酒，不如打柴煮爛糜。藏書萬卷漫磅礴，著文千篇徒隱約。教兒收取探精華，莫學迂儒守糟粕。鯤鶊彭殤自不齊，漆園先生多品題。浮生欲盡便須盡，一片白雲隨所携。白雲無情亦無緒，與之奚懼復奚疑？物華春早易零落，歲云暮矣吾何爲！

夜聽王生讀書二首

寒夜迢迢星斗稀，讀書聲遶竹林扉。王生幼學勤如許，漸覺燈煙滿布幃。

強懦昏明四等分，不知勤學可超群？吳生渴睡王生醒，夜半然燈誦古文。

答問一首

問酒有何好，卿家恒滿缸。答云憂速老，難以力相降。獨有思柔部，可爲戰勝邦。折衝在樽俎，飛幔逾葆幢。平樂陶西圃，歸休偃北窗。頗欣龍嶺孟，不省鹿門龐。惟願一杯小，演之成大江。

燕喜得孫

中歲幸生子，晚年仍抱孫。接芳雙玉樹，燕喜一金尊。華國文須廣，弘家慶始繁。于公陰德厚，曾已建高門。

壽弟叙懷二首

藩觸智難進，谷栖愚稍安。弟兄嗟若此，冰雪歲將闌。社臘且高會，生辰詎寡歡？應須仰天笑，盡醉白雲端。

薄遊疏世態，投老得天真。茅結觀書室，朋來好酒人。百錢挑挂杖，七里坐垂綸。爭似壺中隱，公然遠市塵。

壽西瀛丈

青雲路滑步行難，回首空林事事安。柏葉翠浮生日酒，胡麻香足野人餐。社中老圃談三白，洞裏明窗伏九丹。若問壽徵何處是，南山長拱一峰寒。

掃舍一首

此室本來净，流塵何事生？一經等微細，諸受皆滿盈。巾帚發朝䶄，窗櫳含夕清。因知磨鏡客，併此得空明。

校勘記

〔一〕□，底本漶漫不清，據詩意似當作"畫"。

〔二〕□，底本漶漫不清，據詩意似當作"休"。

〔三〕□，底本漶漫不清。據詩意似當作"稱"。

文谷漁嬉稿辛未　隆慶五年

初春遊長春觀六首觀在田村西巖，

是張真人羽化處。張，元時人。

步入澗西道，山阿如有人。谷傳孤鶴唳，柯晞老龍鱗。初旭啓幽昧，衆芳回委陳。願言招隱士，併此度長春。

西北有巖龕，空蒙紫翠含。煙窗融霽旭，石磴閃昏嵐。舊迹仙人隱，遺言老氏談。妙門應不二，殊路可同參。

青牛何處去？黃鶴此曾來。羽化惟空谷，春登只古臺。栖雲茅再結，賣藥杏仍栽。却是逃虚者，新從鳥道回。

三山尋妙有，五岳訪真圖。不識人之世，亦爲仙所都。林巒帶城邑，巖洞隱蓬壺。夢想丹華子，何時返故吾？

西山鳴鶴地，是昔羽人丘。幸自接塵境，依然栖道流。壑雲飛作幕，巖樹結爲樓。火宅窮薰習，何如此退休？

緬想天皇上，遥緘玉珮書。期將駕煙道，恨不乘羽車。人境得丹墼，山堂朝紫虚。雖無騰化術，於世稍已疏。

題平泉館畫燈二首

玉山瑤水隔煙霏，王母春池滿翠微。要識上元來獻壽，毫光浮動錦燈圍。上元者，上元夫人也。

煙嵐彩翠冠輕霞，花鳥聯翩落絳紗。試點金膏窺妙象，慶霄蓬島月生華。

元夕篇

漢家祠祀燈徹宵，古佛燃燈十里饒。至今妝點上元節，金爐蘭膏明不滅。長安豪貴矜紫騮，颯沓真成秉燭遊。道逢司隸不敢問，踏破胡姬之酒樓。復有高門齊衛霍，大燕極歡鐘鼎錯。只要銅壺漏水長，翻喜紅輪向西落。此時谷中人，尚不知有春。束縕請火焚析薪，煮飯作糜沾釜塵。東皇太乙無私親，黃面老子不救貧。欲乞銀花與火樹，霧冷煙消不知處。

元夕懷社中諸公

上元佳景刻千金，高閣燃燈憶賞心。戶外却嫌車迹杳，座中空閃漏聲深。笑談白首春猶及，悵惘朱顏老自沉。一語社翁如破夢，但逢歡好即相尋。

春日感懷用前韻

□^{〔一〕}人爭解惜黃金，不省春陰繫宿心。雪盡冷枝青欲壯，煙生弱草翠將深。馮唐老景空消受，方朔明時總陸沉。獨有阮公能曠達，酒家時挑百錢尋。

酬諸公看燈用來韻

金膏焰暖絳籠紗，寶樹燃紅爛綺霞。未踏王孫遊處草，先披天女散來花。彩雲香輦群仙下，華月春城小徑斜。只恐夜闌笙鶴去，空齋依舊野人家。

仲春涉園了無春事因題二絕解之

花信今年又較遲，峭寒深鎖帶春枝。憑誰寄語東皇道，借取和風一夜吹。

青春過半酒盈巵，欲傍好花開尚遲。悟得花須未開賞，花開又是落花時。

春分行

全春能幾何，俄頃割其半。來朝寧復留，今日已代換。荏苒
此中行白頭，胡不及時歡酒樓？豪家酒樓高百尺，就近且從芳樹
適。芳樹滿園花亦芳，清霧曉煙紅翠香。池開弱藻雙魚戲，林泛
柔風百鳥翔。魚鳥無情却耽趣，戲藻翔風散還聚。離人輕往逐遊
絲，生不成名韶景去。復有蟲蛄性弗靈，不識凝水與飛絮。大夢
茫茫覺者誰，多廢賞心縈俗慮。含華公子燭幾先，玄晏先生真解
玄。蘭葉題詩灑蔥蒨，杏花釃酒藉芊眠。世上紛紜了無取，利害
斷根煩惱蠲。顧兔潛收玉壺裏，奔龍巧落朱繩邊。泰鈞鎔品授嘉
令，順軌陶嘉爲樂聖。氣和神逸好容顔，豈把流年歎青鏡！

春日登讀書臺二首

自覺春林好，書臺日日登。馮高逾澹蕩，視險尚凌競。香草
花霏合，文霞樹藹升。少年青紫意，與此隔千層。

登臨日日閑，稍已出入間。隔樹青雲去，銜花翠鳥還。舍周
流到水，春擁看來山。怡老事全別，面無塵土顔。

招隱一首

宿莽回春細纈紅，東皇造物此爲工。寒巖石屋煙霏暖，窮巷
柴門旭靄通。避俗久堪蟲網户，凌風却訝鳥開籠。寄言同隱來同
醉，莫著鶯花笑苦空。

有所思二首

喧風吹雨入煙條，點染丹青樹樹嬌。腸斷玉壺君不見，伯勞
飛過落花朝。

桃花紅間梨花白，零亂清光拂鳥飛。記得東山人未老，香風

吹上越羅衣。

馬員外送酒歌

祁褫宫樹滿宫綠，都官郎家春酒熟。夕念劉伶未解醒，朝寄一壺來野谷。野谷氛氳生紫煙，村南村北杏花天。朱絲提酒亦成醉，不及君家好醴泉。君舊爲醴泉令。色湛金莖露，香浮玉井蓮。瓊液三漿縴是聖，菊花九醖只如賢。怪底仙郎富鬢髮，天與靈丹鑄仙骨。一日能使百觴空，三萬六千安可窮？我幸酌餘波，頌德起舞徂顔酡。人生有酒便須醉，況值花前金叵羅。

春日過天寧寺賦贈謝丈

春風巾卷落東林，空水閑雲澹遠心。徑草踏殘多問訊，天花飛下每沉吟。香籠翠柏晴軒滿，光閃紅燈夜坐深。衲子亦知留謝脁，幾□[二]擁帚玉山岑。

贈大參知董公

洛陽鴻俊廣川儒，綱紀天人世絶殊。正色立朝輝柱下，英威移鎮凜邊隅。雨隨熊軾新恩溥，春轉薇堂舊德敷。只恐借恂遲不得，調元還奉紫宸樞。

三月三日與龍岡諸公天寧寺宴集

嘉會本無期，東林泛羽厄。依然上巳節，還似永和時。佛樹垂煙縷，天花散雨蕤。坐深饒藻思，逾喜惠風吹。

和龍岡招宴洪西隱居之作

懸解得清修，天真自在遊。春陰從我憩，雲影爲誰浮？亭館依丹墼，琴樽向綠洲。時多魯城趣，歸咏不能收。

古　意

山下種紅藍，華滋蔚猗狔。美人時摘拾，珠翠奚能比？皓腕淪烟支，妝成合歡綺。裁剪爲誰新？所期隔千里。何日大刀頭，音書石沉水。

壽西谷宗尉

誕辰誰不啓高筵？爭比宗英帝室賢。禮樂新承明主眷，河山共睹壽星懸。青開蘭葉金樽裏，紅泛桃花綺席前。最是長春美嘉慶，雁行麟趾蔚連翩。

挽宗川王夫人

素帳香猶蕙，空階色映苔。鸞飛花鏡去，鶴斷寶琴來。短晷疏春枕，深扃隱夜臺。君王憶珊珮，欲向杳冥回。昔漢武帝思李夫人，用道者術遙見之，曰：“是邪，非邪？翩何珊珊其來遲！”

侯露泉賓相《修竹圖》

中散好清芬，清芬何最清？世間凡卉不足數，獨有淇澳之種瀟湘英。自從天開毓靈秀，聖人葆元純粹精。在物得之爲此君，虛心偉節凌天雲。一竿晴掃太空碧，萬葉玲瓏風雨聞。有時變化入神品，却就化工登斧斤。秦女鳳簫吹窈窕，葛陂龍帳起氤氳。玉清光景只仙都，金帝高標塵境無。中散恨不移嶰峪，拂素寫成修竹圖。看圖得意在行樂，滿堂秋月涵冰壺。茂林雅歌貴同調，突梯猥瑣非達模。賞心須添七賢士，陪德還描五大夫。

四月六日宴端謹堂看牡丹用韻

春深紅紫豔瓊卮，看到清和樂豈遲？羅綺帶香浮欲動，文章延景坐相推。緩催絲管翻高興，亂入煙雲更好詩。猶是西園愛賓客，露華留待月華移。

四月八日周兑川昆玉邀謝徵君王平原與余同宴峪中園亭即席有作二首

山中知佛日，林表步仙風。過雨洗天碧，落花飄澗紅。清和人景混，簡遠性塵空。後會客須滿，賞心應莫問。

碧桃芳月盡，坐闚流杯賞。紅藥豔陽初，欣同茂林往。紋波溜石堤，秀木森羅幌。對此愜幽襟，自心非外獎。

送張中丞拊循寧夏

中丞節鉞事專征，雄鎮韜鈐屬老成。靈武高臺依日近，賀蘭修嶺接雲平。笑談應遣胡沙靜，射獵惟當野火明。不負策勳酬聖主，久懸華袞待時英。

書五世恩貤卷

洪宗開奕葉，累世洽恩華。督府能匡國，勳階更起家。紫泥文綴露，丹錦字縈霞。耀德高陽里，昭哉詎有涯！

四月九日園中宴坐

看盡郊園花漸稀，坐看雲鳥獨依依。雲飄遠浦空難住，鳥悅平林倦有歸。傴僂累丸還用志，桔槔抽水漫成機。應嫌野老疏慵甚，竟日長關白板扉。

開池種白蓮呈柳川主人

自笑野人如出世，稍於花草結同緣。已邊曲徑栽紅藥，又著方池種白蓮。水翠欲擎瑤朵秀，金晶須吐玉英鮮。香風吹空火雲散，看我觀心古佛前。

高西泉小樓行爲壽

環堵蕭然一小樓，不知經歷幾春秋。記得建時髮正黑，今來雪剌已蒙頭。六十八年荏苒到，登樓且作蘇門嘯。乾坤惟有酒杯寬，身世何曾老還少！但説神仙俱渺茫，請看漢武與秦皇。富貴功名本朝露，高智莫如張子房。花放鳥鳴樓四傍，君醉此中樂未央。我家棠棣東明君，抛解印綬同浮雲。與君結社離世紛，星闌舉觴窮夕曛。豈限百年三萬六？樓上好山高突兀。

壽程山人

孟夏年年草木長，與君高宴及時光。只緣北海能延客，自把并州是故鄉。借宅每連詩酒社，臨池多畫水雲莊。誰知野鶴無塵夢，醉舞千回獻壽觴。

夏日與同懷諸子賞芍藥行

楊花飛盡百花闌，紅藥當階獨可看。欣逢三五少年輩，不棄老癯來締歡。越羅單衫秦女扇，文采翩翩坐葱蒨。舉杯爲我施朱顏，杯裏流霞碧如靛。我將此酒酹花神，殷勤莫負賞心人。上哲見花如見德，名花逢賞即逢辰。憶昔名花遭災厄，天怒人嫌兩相迫。幾番風雨肆飄揚，幾次兒童來蹢籍。賴得靈根托九洲，保藏元氣行周旋。變幻滅亡神理定，結芳挺秀還依然。國色天香真可憐，與君傾倒玉樽前。不見當年李謫仙，自稱大隱金門賢。半醉忽承天子宣，揮毫立進清平篇。一枝穠豔露凝妍，新聲宛轉龍池邊。玻瓈滿酌蒲萄煎，珊瑚回策錦連錢。如此安榮百無慮，那知潛隱夜郎天？與君醉歌復起舞，世事紛紛難縷數。日暮花間生紫煙，正是仙人踏瑶圃。

贈郡博張十洲先生遷德王府紀善□〔三〕

文昌送客九龍灘，曾羨王門最好官。今日送君復何羨，小山叢桂青雲端。屈指鴻儒在黌序，六年不改一氈寒。西河生徒蒙點化，時雨杏花春滿壇。董子天人未得試，淮王且接嘉賓歡。文茵廣厦出蓬蓽，換却款段乘銀鞍。談宴知惟道術訓，不應別有秋石丹。白榆本爲天上樹，國香自是谷中蘭。丈夫適意隨所托，吏而隱者心胸寬。不然張籍攻討論，好官何獨稱王門？

五日對榴花作

五日江南競渡喧，此山愚叟寂無言。鼇頭戴浪吳天湧，魚腹吞波楚水昏。梅落有人吹玉笛，雲深何處寫蘭樽？婆娑老我安榴下，却是園林宿好敦。

築關城後作室嘉樹園因自寫懷

重城乍起青山郭，小館新開綠樹園。豈羨玉堂臨禁苑，何慚薇省在雄藩。安門待有樵漁扣，隔轍知無車馬喧。片地乞閑天不吝，許同仙老住瑤昆。

壽□〔四〕泉六旬

生長太平世，優游閭里間。讀書不求達，養志在幽閑。兼抱濟物性，願爲盧扁班。心明古方契，手到疾隨删。戶外屨常滿，囊中藥不慳。修持偶仙道，服食均九還。渴飲上池水，飢茹紫芝山。歷世周甲子，面有好容顏。我欲回大夢，因君訪玄關。酌霞壽三獻，珠樹倘可攀。

夏日承同隱諸公林亭宴集得青字

潛夫谷裏真成隱，處士天邊合有星。巾烏萃來城北圃，琴樽移轉竹西亭。鴨頭新浣池華綠，鴛尾亂飄蕉葉青。此境會心誰解道？光風吹徹紫霄冥。

慰趙陽谿生日_{時宅憂}

緘情頻取折疏麻，覿面翻令愴物華。半夜烏啼丹樹冷，北堂人去白雲賒。愁顏霧鎖萊衣暗，悲淚河傾孝水斜。生日知君不爲樂，惠時蔬粥且須加。

贈友人生日

老來光景重朋簪，最是華辰感我心。半世已過多蹙額，百年都在幾開襟。海山圖裏家筵具，鼓笛聲中社酒斟。共道駐齡無別藥，醉鄉深處紫霞深。

大暑臥疴西谷翁見惠玉李走筆奉謝

名園珍李綴圓香，不羨羅浮荔子芳。滿餽翠籠黃玉冷，遙通青鳥碧雲翔。相如未賜金莖露，叔夜無緣石髓漿。却訝病夫愁肺熱，偶從仙果得清凉。

秋夕篇

七月七日古老傳，安公飛升王子仙。我聽白帝吹靈籟，坐向碧梧金井邊。金井沉沉鏡波止，碧梧蕭蕭玉聲起。風動漢斜生彩雲，半籠弦月下澄氛。月光雲影互凌亂，煙霏露氣相氤氳。幽蘭幽篠凉初見，驚鵲驚蟬秋始聞。乞巧樓前應未覺，擣衣閨裏乍能分。世人亦解苦炎熱，往往袨襪還成群。遂令神宇落昏焰，竊欲仰懇天皇君。願將紫府三清詔，來洗紅塵五濁熏。素商流空滿空白，涵虛湛淡歸營魄。恍疑西母授金砂，退火還精練淫僻。又似文殊携五臺，遺我清涼一片石。道在皓華聊此夕，龍鶴飄飄已陳迹。

酬陽谿龍岡二使君見壽二首

出去半生成底事，歸來稍已得閑身。學書無用猶看字，枕谷何心但養神。修竹夾池鳴玉珮，孤松偃蓋結龍鱗。不應種樹人先老，空負丹丘屬隱淪。

甲子重過又七年，校量身世轉凄然。鷿斯蒿外渾無地，方士壺中却有天。舊卷蠹魚應識字，濁醪浮蟻亦稱賢。不堪疲老空林下，疏影婆娑意自憐。

陽谿見壽

蚤歲金門待制麻，及今宦海永恩華。歸來佩有幽蘭在，興至傳將白雪賒。犧棹空臨汾水曲，停雲悵望卜山斜。神遊遠擬觀濤氣，多壽多籌海上加。

龍岡見壽

中秋闕里慶長生，喜氣文光滿座清。遙捧玉杯玄露湛，高懸金鏡紫雲明。蘭抽九畹菊翻徑，桂發三花芝吐英。每歲笑顔行樂處，壽翁天酒醉仙瀛。

雨中對庭樹二首

雨深寒露後，葉卷碧林初。此日人先老，他時客更疏。齒因搖廢嚼，髮以脱捐梳。只有孤心在，蕭條守敝廬。

碧樹渾無賴，西風一夕黃。白頭誰不感？青鏡自堪傷。怯冷衣須厚，妨眠夜始長。空聞除老病，那可駐流光？

龍岡和

雨色松經久，蒼然節勝初。金庭仙有象，喬嶽壽方如。日霽龍鱗結，雲盤鶴髮梳。相邀天外客，始許入吾廬。

坐閣雨初霽，開籬花欲黃。有詩吟是興，無酒坐何傷？飲水神逾爽，飡英壽可長。重陽金氣勝，幽徑亦含光。

送安穆靈至西山新兆

紫府朝元竟不歸，白雲回望與心違。樹聲寒擁高天吹，山色晴收細雨霏。城闕規模開分野，樓臺光彩動郊圻。萬年松檜禎祥地，佳氣浮來滿翠微。

積雨秋林四首

衰年病苦益侵尋，況是秋高百感臨。缺齒漸因成拙訥，降心久已倦浮沉。曾經噬犬兒童嚇，慣作離龍風雨吟。自是道窮惟待盡，冷雲堆裏閉門深。

一變成秋氣爽然，豈堪繁雨復連綿？山泉倍逐驚波往，木葉渾妨伏枕眠。慚愧治身除害馬，依稀緘口學寒蟬。古儒楊子仍多事，門巷蕭條獨草玄。

積雨陰陰暮序催，病餘空欲強登臺。兼葭帶野山城背，鴻雁連天水國回。衣白杳無曾送酒，竈清剛有不然灰。應門童子愚堪咤，猶把荊扉半壁開。

維摩大士常稱疾，宴坐林間却灑然。樹不作聲風葉散，雲無留影月華圓。我因疏蹇違清世，誰謂空虛乏好緣？貧子此時還鄭重，破衣藍縷一珠懸。

秋雨歎

麥苗欲槁穀未布，正是田家望雨時。穀穗垂黃黍頭黑，場面不乾禾耳滋。造化戲人每如此，怪底狂生呼小兒。自我身爲田舍翁，十望收成九脫空。亦曾騎馬向西去，西風倒吹馬首東。一生不得造化力，若學棹船還阻風。鐵樹幾時花得開？石火幾時然冷灰？黃河之清不可俟，白日之去不可回。眼看得意人皆老，苦死怨天天豈哀！

題大司馬王公靖邊五圖

其一　單于款塞

匡國歌周雅，安邊倚夏卿。聖文弘廟略，神武振天聲。革面獸來舞，懷音鳥向鳴。款關何代虜？今奉一王程。

其二　三秋晏然

頻年塞草秋，堠火不曾休。今歲關山月，交河自在流。羽書馳漢捷，笳吹落邊愁。誰展平胡略？惟應萬里侯。

其三　萬里鷹揚

桓桓老尚父，奕世讀鷹揚。赫赫大司馬，遠狩平朔方。弓閑青海月，甲卷黑山霜。我旅非無事，開耕古戰場。

其四　鈴閣蕭閑

絕徼塵煙滅，嚴城鼓角閑。未須登瀚海，早已定天山。職貢通殊俗，明威耀兩間。戍樓時北□，遙喜慰龍顏。

其五　功垂帶礪

和戎非上策，柔遠自殊勛。義動名王禮，威成聖代文。銘功嘉鼎勒，報德重圭分。華袞河山字，垂輝煥五雲。

酒熟一首

青女下時桑葉落，竹林新酒醱寒香。霞溶玉乳蒲萄豔，月泛金波琥珀光。何必眺高酣九日，只須浮滿對斜陽。逢人盡道憂成老，誰向樽前學楚狂？

壽王相呂磻溪先生

看破皺眉多少事，不如開口笑佳辰。山高月小晚容淡，雲白水寒秋意真。殿上書仙新曳履，閣中漁父舊垂綸。慚無朱果爲君壽，幸托黃花送酒頻。

自　咤

秖因泛愛和鷗狎，便有無窮沙鳥來。鏡裏采花能得意，水中撈月第成猜。葉飛秋雨嫌枯木，雲靄寒山象死灰。坐久嗒然渾自咤，前生應上捨身臺。

合　藥

持將桂斧劈枯桑，爛煮斑龍頂上霜。雲碓千春火毒盡，素娥丸出紫霞光。

霜　夜

一夜高寒入被池，新霜屋瓦玉琉璃。思君有夢忽零亂，月落遙鍾屬響時。

西岡草堂自題

結茅編槿白雲隅，憔悴人呼山澤癯。玉鳥朱旛久淪棄，更誰知是列仙儒？

自　寬

深悲髮齒今搖脫，一望林秋正解顏。落葉滿空成代謝，東流幾許得回還？避人蔣詡翻開徑，中酒劉伶善閉關。癯叟只應隨幻化，那能問影白雲間？

十月九日初雪

木葉霜全脫，天花雪始霏。光妍小春暈，色亂夕陽暉。虛室人煙冷，空階鳥迹稀。讀書久無緒，見景復依微。

山齋積雪二首

積日阻陰霾，瞑寒偏易生。爐空燒桂盡，硯凍著書成。白首知何極？青山願已盈。無人問岑寂，猶有怨離情。

門對千峰雪，山圍一室寒。人蹤疏戶外，雀響亂檐端。絮擁何慚敗，衾重尚覺單。將尋樵采去，自畫路行難。

臘月二十四日壽乾石

吾弟介然守，青松不改柯。一官遲獨冷，兩鬢早成皤。退步翻如進，寡營猶若多。深衷聊可見，有酒願如河。

喜東谷生子

蘭葉重開九畹秀，桂林新吐一枝芳。英聲預洩珪璋美，勝事爭欣餅餌香。寶鼎龍文看氣象，瑯玕鳳彩見輝光。仙人摩頂將何記？禄壽金錢鑄永長。

題雪夜幸普圖用原韻

一從真主定河山，頓覺風雲意氣閑。曉御萬幾垂拱罷，夕咨元宰退朝還。行沾白雪宵衣裏，坐對黃金樽酒間。江北江南渾卧榻，鶴□[五]魚鎖詎須關？

七泉宗尉五十

嗣君文雅自天成，知命華年萬美并。慶仰二親垂白健，歡看諸子戲婣榮。鳳毛騰彩開詞翰，螭首含恩待聖明。獻壽碧霞人盡醉，滿堂歌管太平聲。

守歲慶雲山房兒階侍焉

守歲兒供酌，相將戀舊年。惜分情愛老，進寸事稱賢。燭彩歡顏結，香氛曙色連。應知開泰處，不遠善門邊。

附蘭雪堂落成調沁園春一闋

嘉樹爲林，緑構爲堂，載游載躋。見朝嚴氣爽，凉生户牖，夕天雲净，清惹亭溪。冷坐誰同，閑身自許，一片空香惟鳥啼。回頭處，塵緣漸褪，好景纔携。

城邊舊闢蒿藜，苟美矣、平軒拂柳低。笑晚蠶繁緒，還成大繭，春鳩寄拙，不肯卑栖。白雪關情，幽蘭本性，二字標堂手自題。幽居裏，有蓬萊玉宇，豈用舟梯？

陽谿和

聞説芳園，見成廣厦，何日攀躋？想彪嶺嵯峨，列爲翠障，文湖漣漪，引作清溪。堂下三槐，門前五柳，嘉樹濃陰鳥亂啼。

興來處，室中有酒，幼子堪携。

　　登臨謾策青藜，有具眼、天邊雲乍低。喜未老抽身，早抛塵鞅，老來身健，永遂高栖。室滿蘭香，詞傳雪調，心事平生自品題。人間世，眼看仙境〔六〕，不用舟梯。

校勘記

　　〔一〕□，底本漶漫不清，據詩意當作“世”。

　　〔二〕□，底本漶漫不清，據詩意似當作“回”。

　　〔三〕□，底本漶漫不清，據題意似當作“句”。

　　〔四〕□，底本漶漫不清，據題意當作“橘”。

　　〔五〕□，底本漶漫不清，據題意當作“扃”。

　　〔六〕按詞譜並參上一首同一位置詞句，此句脱一字。

文谷漁嬉稿壬申 隆慶六年

開歲五日涉園俗云此日爲五窮日

舊隱時方適，焉知日五窮？詩書從嗣世，田舍自爲翁。旭沼冰將綠，陽條杏欲紅。陶嘉豈孤緒？魚鳥漸來同。

人日蘭雪堂宴坐

大隱金門客，當年號謫仙。今日無名隱，虛堂坐紫煙。蘭將表幽馥，雪以喻清妍。知我應希絶，獨拋區裏緣。

贈平原太守王公西林清醮二首

掃地西林裏，安壇北斗前。齋心澄石瀨，朝禮肅香煙。真氣看成紫，靈文聽啓玄。彩雲盤白鶴，紛舞下瓊筵。

雲山起韶濩，清醮奉瑶壇。皁擁真人蓋，黃分道士冠。四儀終日具，五彩落霞團。祈請應如願，善緣神所歡。

和燈韻二首

蓬廬春每遲，兹夕早光泰。玉鏃碧筠籠，金泥紫綃帶。懸燈泛月華，燃火拂煙靄。結駟枉嘉觀，照微誠有賴。

宵燈明不歇，春漏滴猶長。燦席金花勝，浮杯柏葉芳。雲車來上客，月幌挂西堂。文采增香焰，人間別景光。

酬陽谿春初見枉之作用韻

望洋宜讓海，説法愧登壇。門掩蓬蒿徑，人來獬豸冠。柳塘冰破片，茗碗月開團。無自促歸駕，首春聊一歡。

寶善堂觀料絲燈作寶燈行

滇南寶絲金碧精，良工制器奇巧呈。先學媧皇煉五石，紫煙凌颷膏吐液。一鑷隨機萬縷縈，大片織綃如卷席。上元夫人傳古燈，良工剪裁各異能。方架玉屏截瑤水，圓簇冰輪挂綵繩。却嫌妍景不應素，更寫丹青入香霧。秦女鸞驂弄紫簫，宓妃羅襪矜微步。芳菲花鳥媚陽春，繡轂雕鞍羅綺新。翠蓋旒垂珠斗系，緹幕影斜銀漢津。此玩世希有，春城帝子家。不將照乘騁明月，自著文華爛曉霞。帝子文華薄金馬，碧雞閃鑠從空下。神燈佛火陌頭喧，何似蓬萊宮中妙觀者。

仲春小園獨酌

二月空園坐獨觀，依然煙景到林端。東皇量物施輕暖，北叟隨時奈薄寒。書帶緩抽蘭欲綻，酒錢先點杏成丹。鷗夷似海今浮去，可等飛花一片殘。

贈參戎程一山三首

且傾卮酒飯雕胡，身外何能定有無？笑口破除蕉裏鹿，愁心寄與月中烏。石田我擬栽紅稻，天路誰將種白榆？聞道平戎大司馬，羨君武勇足文謨。

霜蹄千里獨違遲，歎息人間路嶮巇。猛虎本無來市日，神龍暫有脫淵時。建牙威武今猶在，勒石勛名素所期。遙想玉堂敷辟命，好抒丹悃靖疆陲。

別離久阻瑤華信，飢渴長懷玉樹枝。今日到門良不意，早春携手若爲期。鶯邊綠醑還酤我，馬首紅塵是阿誰？莫道故鄉寒食過，此中芳草舊遊時。

登趙陽谿書樓一首

仙人怪底好樓居，光景超然上翠虛。秘錄瑯函星斗剩，真圖玉軸海山餘。腐儒漫自誇芸□〔一〕，才子由來典石渠。我躡丹梯猶夢寐，宫墙睥睨獨何如。

春雪遣懷四首

北山氣候太偏枯，寒去依稀尚若無。三月雨來還是雪，幾時煙景到潛夫。

禁煙時節凍猶含，眼底應無三月三。昨夜狂風吹大雪，恍如破絮挂蓬庵。

春天園景爲誰誇？桃杏無花雪有花。燕子不來風掠去，畫梁何許謝公家？

兒童掃雪門含凍，却訝陽春過比鄰。未必東君無意緒，多應不勝阮家貧。

清明後前一日作

社前風雪與春違，社後清明春始歸。紅采入林天翠合，黛容生嶺日華晞。鳥知求友爭啼樹，客斷尋幽自掩扉。却是澤癯無悶處，坐看桃水浴斜暉。

三月三日邀郡守鄭公峪中宴眺

水村山館豁晴暉，承引高軒駐翠微。雲到樹來依碧靄，鳥銜花起趁紅霏。永和□〔二〕賞春無别，上巳好懷天不違。最是惠風群品□〔三〕，家家蘭浦被除歸。

暮春同陽谿龍岡乾石竺陽露泉至谷口遇周兌川峪川邀坐樹下一餐去看柳川竹林不遇主人竟觴咏而歸用龍岡韻一首

聞説桃源無處尋，多應只在水雲深。周家谷口山爲障，柳老莊前竹作林。不問主人來下榻，自開空館對遥岑。昔賢觴咏稱陳迹，今日誰知萬古心？

陽谿和

春山久擬往追尋，及到山中春已深。緑樹幾家依屋舍，鳴禽何處變園林？行經石澗聞流水，坐對柴門見碧岑。暖氣醺人渾欲醉，好風時至一清心。

喜陽谿見過二首

望美適來過，春林響玉珂。逢迎時態少，宴語道情多。灌木生葱翠，叢花代綺羅。孰云人闃寂？簪俎在巖阿。

幽人邀上客，上客契幽人。匪自忘形迹，能誰不越秦？班荆一語款，修禊千齡春。即事今猶爾，在心良已真。

玩階前紅藥二首

紅藥謝家吟，真能得我心。烟支繁蕊艷，翠葆密叢陰。文耀天孫渚，香流翰墨林。芳辰恐回換，釃酒坐披襟。

天花不落身，時藻亦堪親。彩旭蒸紅莟，香風泛緑蘋。宜沾洛浦襪，好上華陽巾。空與幽人玩，無言若愴神。

陽谿和

白髮每沉吟，紅花憐壯心。南風動香氣，午日轉清陰。知汝方新豔，陪予在舊林。當階獨對坐，寂寂抱沖襟。

兩地花同發，賞心違所親。嫩紅開豔蕊，濃綠轉晴蘋。縱有杯中酒，其如頭上巾？自知非美好，何敢問花神！

閑　居

山澤老仙形貌癯，性情已復鴻蒙初。春風下掃蔣生徑，晚日上懸薛子車。庭樹圍成九華帳，園葵壓倒雙白魚。人言此景是圖畫，可有丹青畫得如？

壽西谷翁

南山彩翠合晴曛，石樹高筵擁夏雲。綠鬢地仙塵外賞，朱陵天宇座中分。花迎玉斝鶯雙下，月引瑤笙鶴一群。莫惜千金酬令節，九霄靈景盡輸君。

宗正諸公見訪林園賦此奉酬

轍迹門如掃，跫音徑始通。春歸芳草外，夏轉落花中。坐竹諧三益，鋤蘭笑屢空。清和在嘉樹，巾卷襲微風。

朱茀蟬聯者，翻爲隱逸人。尋幽多暇日，延賞共芳辰。芍藥開紅滿，蒲陶蔓綠新。知非適俗韻，聊可侑杯巡。

棣華軒喜雨共酌和弟韻

春晚坐芳閣，緋英帶雨零。松帷全湛綠，嵐嶺半含青。方此一杯晤，杳然萬慮冥。世蹤誠已遠，樹裏戶常扃。

乾石作

難逢三月雨，春暮喜能零。潤染花間綠，光浮杯裏青。煩囂净淅瀝，滄爽豁沉冥。一與雲華暢，軒窗敞不扃。

避　喧

喧燠衰年不自禁，獨携形影向空林。北窗時有涼風至，窮巷應稀熱客尋。徑轉碧煙當樹盡，箔搖青靄傍溪深。半生奔走嗟塵迹，垂老安知悟息陰？

陽谿和

向來仕路熱難禁，涼意於今滿舊林。笑我閑心寒自在，愁他俗眼冷相尋。綠穡樹底風偏好，清淺溪邊水不深。欲往舞雩聞道妙，願操几杖坐松陰。

謝鄭明府四月八日惠燕北谿草堂

風光歲歲有清和，人事無關可奈何？太守惠時弘燕樂，群情含景效謳歌。琴邊流水穿林細，車上亭雲在嶺多。莫羨梵筵酬佛節，豈勝文酒笑顏酡？

庭榴盛開酌言賞之

垂白猶能玩物華，安榴一任野庭遮。無心富貴朱丹滿，出世文章翠彩加。絳帳隔叢看是霧，金樽浮蕊嚼成霞。時人莫漫誇奇麗，不比初移入漢家。

和陽谿由雀鼠谷遊綿山見寄之作

雀鼠通綿道，龍蛇隱晋賢。唐宗巡幸到，燕宰和歌旋。覽古君能上，生今我不前。終慚濟勝具，欣覬《遠遊》篇。

陽谿作

落日山川好，臨風披素襟。人家依樹合，野廟帶雲深。雀鼠思唐雅，唐玄宗常幸雀鼠谷，張燕公等有詩。龍蛇歎晋音。介子推從亡，晋文公歸不與賞，賦龍蛇詩，後隱綿山。平生多感慨，懷古獨關心。

和陽羲謁介子推祠

從亡將義盡，徇禄本無期。世網捐予挂，天功任爾爲。焚山恩矯害，誓水信成疑。自是君侯譌，長留古木悲。

陽羲作

蒼蒼綿上遥，松柏滿山椒。古廟今猶在，遺魂不可招。乾坤留舊迹，陵谷變前朝。斜日西風起，林巒自寂寥。

五日山中

端陽百忌古遺風，總與山家事不同。麥飯初嘗南畝熟，松醪獨撫舊遊空。徑尋藥草無媒到，路絶桃源少信通。定是鬼兵嫌寂寞，可能干惹白雲中。

贈賓卿省齋劉公至慶邸册封

聖朝惇典樹藩屏，玉檢金書下闕庭。信節宵征卿是月，文驪西指使爲星。河山快睹臻奇麗，袞冕欣承布寵靈。歸奏傳車還迅邁，望中雲遠路蹊青。

郡城新甍北樓奉玄武像而下築臺建五丈旗壬申夏陽羲君登眺有作余倚韻和焉

樓雉山河信美哉，鬱葱光采若浮來。地憑玄武摽爲閣，人道凌歊別有臺。守國已成千載固，當關寧許萬夫開？時清翰侶能吟眺，拂檻晴雲競護陪。

夏日園居十首

田里無他累，惟應野務牽。荒開三畝廣，小結數椽偏。種翠庭前柏，栽紅沼上蓮。坐看芳意永，況是日如年。

宿世稟山緣，居今遂復然。城當半邊嶂，郭負一區田。得米如官俸，賣蔬充酒錢。生無富貴相，處此足餘年。

平子賦歸歟，貧居每晏如。憩陰憑屋樹，資養足園蔬。官號羞人說，醫方喜自書。猶多著述意，臨晚獨躊躇。

寂居消永夏，多是北窗眠。涼氣清全得，衰形懶更便。山林云尚簡，性行視成偏。五柳先生在，吾當弟子員。

勞生不自意，垂老得安眠。習懶平生慣，栖幽野性便。衣思裁瀑布，杖擬挂苔錢。莫道曾為吏，非才只散員。龍岡屢叠員字，因再綴此。

逃暑無餘地，乘涼有一枝。西山來爽氣，東沼送泠飍。意曠若懸解，境閑如網披。雖慚列禦術，已與鶌鶋期。

豈無園中葵？使我心不夷。居士蓮孤秀，先生柳靜垂。嵯峨夏雲變，掩苒秋露滋。坐見憂成老，佳人不可期。

古今成獨往，多是背時人。蓬藋逃空寂，魚龍托隱淪。自寬行帶索，臨老坐垂緡。不遇知音者，當隨秘草湮。

安予蹇劣分，守此丘中園。端坐日方永，寡鄰時勿喧。新知鳥鳴樹，舊想羊觸藩。微尚果初諾，願言良已敦。

避喧且行役，止影方息陰。林竹藏蹊暗，巖雲蓋屋深。誓將玄處默，寧用陸嗟沉？怪是人蹤滅，幽居自寡尋。

賀西皋新第

侯家高館傍高城，樓雉煙霄翠宸橫。不信天宮移陸地，已教人里得蓬瀛。花攢玉樹分庭秀，石累瓊峰鎮宅清。怪底微風來燕雀，杏梁朝日好光榮。

壽龍岡翁六十

泰鈞鎔品百年身，好景先收六十春。書類賈生才最茂，民歌召父吏尤循。歸田見早緣知命，入谷嫌遲爲養神。奉壽却關明日事，歲華從起一元新。

立秋後九日壽趙陽谿

壽君卮酒莫辭推，勝日冲襟要好開。駐命可將彭祖並，交情欲挽晏嬰回。承明署裏三能入，背郭林間數肯來。信得道高隨處樂，碧天秋爽正登臺。

宗尉東皋釋禪爲拈一語奉慰

思親信斷白雲鄉，讀禮空驚歲月忙。日落動搖風樹木，春深消卷雪衣裳。琴雖入響神猶淡，燭已成灰淚更長。自是孝情終不得，只從王制表皇綱。

坐笑一首

計返空林十八年，不言平地少神仙。寥天對影雲常白，静夜同心月好圓。萬卷付教兒子看，一杯留聽老翁傳。笑他腐鼠雄鴟腹，曾嚇鵷雛過耳邊。

喜雨二首呈鄭明府

兌郊雲疊幕，弦夜月彎弓。占望田家觖，神明束子通。土龍潛进水，石燕亂翔風。九里奚爲潤？回枯萬有同。

旱延三伏盡，澤應一壇祈。天意嗟如此，民生尚可爲。苗稀看晚秀，雨已望重施。非賴昭明信，穹玄叩豈知？

擬古五首

富貴不可極，氣勢不可殫。苟不炯損益，必有異患干。天道惡高盈，人道惡險難。所以賢達士，惕茲倚伏端。時來固龍現，善守還閉關。結綬豈久牽？塵冠聊一彈。惻愴東門恨，凄戚華亭歎。懸車保餘榮，覆舟傷急湍。春風二三月，花樹滿長安。花樹豈無枝？珍此谷中蘭。谷蘭人不采，幽香長不改。

我有一端綺，華彩郁天章。中有雙飛龍，曜靈含景光。被服參兩儀，萬美羅中黃。我有一箱藥，軒岐遠傳將。烹煉按文武，性度和陰陽。服之清五內，六腑凝馨香。揚芬群方悅，吐氣蠲不祥。百神來拱護，壽命永遐昌。二物世希有，什襲而珍藏。思遺我所懷，曠野莽蒼蒼。煙霧截短翮，山海絕梯航。緘情以終老，橫棄勿復道。

高槐揚遠條，垂陰君子堂。劃若翦空翠，而爲頂幕張。玲瓏逗華月，微漏皎日光。盛夏赫修畧，端坐此中央。好風自南來，瀟灑流清香。歊蒸一消散，神宇湛新涼。默眇紫霞想，振珮青琳瑯。我思嘉樹德，不減召公棠。何以相報貽，保此萬年枝。

霜露一以溥，鴻雁東南飛。奈何遠遊子，不來處重闈？狐白足禦冬，不爲遊子衣。梁肉足饜腴，不令遊子肥。短布適無絮，薄粥恒苦飢。豈無致身具？天命與我違。豈無平生交？視我如死灰。石田難爲耕，銅山亦易隤。清水難爲漁，鹺海亦易夷。人事有往復，神理疇能窺？生當異其遇，盡則同所歸。薑桂懷本性，辛苦終不回。我歌式微歎，以解我憂患。

西方有美人，窈窕遺世紛。何以喻顏面？丹霞和白雲。何以喻儀象？神雀五采文。揚聲諧玉律，吐氣栴檀薰。誓處瑤臺室，惡將巾粉群。肉眼不能視，俗耳徒相聞。詎知冰雪子，天地同絪縕？我欲倩青鳥，傳之聖明君。靚妝盈紫宮，遠道難爲通。

緩歌五言

秋氣著桐竹，果添林壑清。碧光流枕簟，朱火散欄楹。端坐語言默，緩歌心性平。學仙無早悟，歲晚或能成。

七夕二首

金颷起吹河漢津，夾岸相望空水銀。虹貫鵲梁通絳節，鶯飄蟾宇駐香輪。楚宮雨落瑤姬夢，洛浦煙銷羅襪塵。不似雙星長此夕，清容修渚歲相因。

山中無曆不知時，七夕俄傳尚有疑。遠戍豈嫌瓜節快？袁翁惟願火朝遲。鑿開混沌心猶懍，生長升平命越椎。欲向夜深求化術，攬衣顛倒拙言辭。

空谷篇招隱

少日故人今漸老，垂白尚能超物表。幾人蹋翼墜青雲？幾人走馬長安道？幾人齎志入重冥？幾人棄置如蒿草？君家住在玉山岑，我亦因家琪樹林。除却鳥飛人不到，夜來惟有月相尋。歲晏山空孰知己？與君交久識君深。幽興多耽水西寺，廣殿長廊時一至。七寶香床短塵揮，五銖文彩雙童侍。愛僧不愛紫衣僧，梵音單討蓮花字。平生著作數千篇，篇篇都帶紫霞煙。文章雖好命不達，坐見吹竽勝疏越。二十五弦彈向誰？曲盡天空心憪悷。流火蘭秋憶故知，卜居非遠亦傷離。何況迢遥隔南浦，雁書阻絶衡陽湄。我歌綠水要君和，我携鴻覽要君披。君獨何爲滯空谷？白日逾往□[四]南馳。

贈別馮益川憲使東歸

朱絲之直玉壺清，白日誰能表至精？延閣却令董子去，懸車終保薛公榮。笑看止水無波浪，愁問高天有利名。仙嶠爲家山海隔，飛鴻杳渺不勝情。

雨中留陽谿二首

結軨欣君至，回策非我情。信宿良有待，淹留豈無成？空齋暝雨色，涼葉應秋聲。正此連床夜，仍當秉燭行。

纖羅畏朝露，況值秋雨繁。好戢尚書履，聊窺仲子園。厨人束濕爨，林鳥助歡喧。延賞獨多趣，無將負綠樽。

喜吕山人至

然諾心同金石期，海天無爽再逢時。域中歧路誰能定？方外神交自有知。白鶴下庭雲掩冉，青蛇出袖月離披。秋空一嘯生靈籟，還把江樓玉笛吹。

八月十五夜邀吕山人吕太傅同弟東明令玩月

□如空水樹交加，中有仙人玩月華。共勒□[五]輪期緩轍，久凭文几當浮槎。涼光玉瀉千莖露，灝氣金生九鼎霞。看到纖埃無著處，喜傾珠斗醉橫斜。

酬鄭明府見壽

一自遭逢太守賢，山林無事不安全。讀聞稚子青燈下，耕視農夫綠野前。柳巷樹深雞犬静，荆扉人悄薜蘿延。今朝又見敦耆舊，垂問丘中草木年。

生日酬親知作

坐驚涼露灑庭枝，又是中秋月缺時。六十八年嗟短夢，百千萬里悵佳期。面容鷘凍冠簪懶，筋力衰微拜起遲。不負上天逸老意，玉樽猶款對親知。

酬郡博宋伴蘆先生見壽

黌宮新拜我師賢，經治蘇湖道始全。美錦製成花縣後，青氈鋪向杏壇前。諸生聽講洪鐘扣，東閣知名束帛延。猶念老儒同氣味，摘將瑤草慰殘年。

從呂山人處觀東巖唐公所贈詩
因憶公之雅致有古人風

爲官不過二千石，歸向高巖冥古心。每把浮雲看幻化，多將啼鳥伴閑吟。國君憑軾門長閉，山客栖禪步屢尋。近得赤霞人信息，知君遠響寄孤琴。

題瀋國好學敦倫册

桐圭光日月，帶礪誓河山。匪自貞文德，何由慰聖顏？恩覃九族外，書下十行間。華袞榮增倍，褒綸禁裏頒。

殷宗勤典學，唐帝篤恩倫。百代皆時憲，今王總日新。令聞賢掩貴，嘉獎義先親。陪德情何許？遥遥捧玉宸。

雨懷呈呂逸人二首

歲晏人逾老，秋深草木知。擁階黃葉盡，滑屐綠苔滋。永漏仍兼雨，窮愁未廢時。宣言總悽斷，況是雁歸時。

昨雨復今雨，佳人期不來。無車泥斷道，空門酒盈杯。默眇飛鴻影，蕭疏槁葉堆。自非三楚秀，誰此賦悲哉！

九日奉壽慶成王

册府重申帶礪盟，岳宗真啓聖賢生。修文五緯光天德，秉禮三綱樹國楨。壽域喜當佳節莅，福庭欣與泰階平。黃金采采花無數，總有千秋萬葉情。

九日登北城樓呈鄭明府二首用韻

九日相期何處臺？高天渾可白雲杯。三湘舊説登樓客，五馬今逢作賦才。露菊冷香當席放，煙嵐晴彩傍城開。邇來不奈塵容蹙，寥廓披襟遂爽哉！

登高不用羡南溟，酌菊簪萸也自馨。山積暮霞橫遠靄，潭明秋水湛虛靈。飛樓半閃牙旗赤，伏檻平臨望眼青。勝事更宜闌夕待，真人聚處有華星。

九月十日與呂山人小樓續眺

自憐佳節每蹉跎，喜子今來共笑歌。三徑就荒花未減，重陽雖過酒還多。樓居小隱壺公狎，水寫長空木葉波。欲倩白雲留鶴馭，與參黃老住巖阿。

和呂山人山房話別三首

逃禄遥同仲子廉，無愁贏得黑鬚髯。近居霞海玄蹤別，歷覽雲山逸思添。渭水韜鈐□[六]自秘，漢庭詞賦力能兼。我家苦竹寒松徑，歲晚重來意不嫌。

雁鴻飛盡滿霜嵐，江客懷歸勢欲南。在館白雲猶自戀，離亭紅樹可誰堪？長裾厭向王門曳，秘檢思登禹穴探。莫是故鄉成獨醒，也應回首竹林酣。

白葛方巾紫領衫，五湖煙水一輕帆。清酤竹葉同蘇晉，妙悟蓮花似苑咸。雲路懶登慚執戟，石田歸種樂持鑱。相逢忽漫相離別，知向南明第幾巖？

猛虎行

南山多猛虎，北山多豺狼。昏夜呼號出深莽，白日恣睢大道傍。同生往往葬其腹，唇吻爪牙逾奮張。勸君得坐且高坐，惡蟲行處不可過。往年帶劍還入山，比來市中常取禍。不聞枯柳嘯寒鷗，正是陰魔弄火時。憑誰蕩掃妖氣滅？借取周郎箭頭鐵。

壽吕磻溪先生效張文昌

清時吏隱在王門，邸舍猶看松菊存。菊蕊□齡千片掇，松英擣藥大丸吞。陪鸞月上承華蓋，設醴霞流獻壽尊。試看此中饒宴樂，何慚彼美客梁園！

題老僧衣菊用吕山人韻

花神亦愛水田衣，披向寒籬澹晚暉。淺紺乍經玄露浣，深黃猶惹碧霞霏。三天靜影閑襟度，五蘊空香繫帶圍。怪底柴桑忒珍重，多因古錦世間稀。

枯魚過河泣

朽索貫枯魚，枯魚銜索朽。始知貪釣絲，誤落漁人手。

春江引

江水碧如靛，郎舟疾如箭。看盡渡江人，妾心君不見。

估客樂

前船載蜀錦，後船裝廣葛。中船有莫愁，不畏風波惡。

夜聽落葉思呂山人旅桐竹山房二首

空階聞墜葉，寂歷如有人。出戶曠無覿，掩扉還自親。怯寒思擁絮，燃火念窮薪。老病口〔七〕一己，閒宵獨愴神。

木葉下庭盡，蕭條秋已闌。高齋守空夕，獨窟生微歎。鄰杵月華淡，野鐘霜韻寒。無令望鄉客，併此結愁端。

聞達泉公將去郡悵然有作

太行官路總摧輪，白日浮雲更愴神。襲石豈明懷玉士，吞氈焉辨飲冰人？卜居身外從詹尹，歸去山中問許詢。宦不遇時功在郡，德碑留取對蒼旻。

和甬東嘉樹園留別

相期共度紫芝歌，忽賦驪駒奈若何？客路曉霜孤劍盡，家鄉春水片帆過。鴻離絕嶠書應少，鶴暝遙天夢定多。誰謂逃虛能不悶？悄無心賞在煙蘿。

贈呂山人自汾之潞

橫汾一歡宴，歸緒遄寒流。匹馬臨高岳，群龍滿名州。好賓梁苑盛，作賦楚才優。春草應留滯，王孫此舊遊。

姚江陳生隨其師呂公見訪以詩留別依韻和酬

負笈從師自德鄰，遙天空谷且相親。霜深踏葉通樵徑，水冷衝煙過釣濱。五字瑤華投分定，一燈蘭彩晤言頻。淹留願借陪幽寂，其奈青雲路裏人！

題蘭軒太霞閑宇

層城翳華構，窈窕居蓬山。几閣橫林際，琴書滿窗間。情涯秋水遠，神宇太霞閑。叢桂攀援處，幽人得往還。

齋居與甬東

野鶴本閑適，深松處處宜。謇予投老地，要子歲寒期。鄰舍分薪火，家童煮粥糜。淡中應有味，靜裏復奚爲？地閉征蓬覺，天嚴宿鳥知。龍蛇保貞固，蒲柳任先衰。窮巷扃扉早，空齋擁被遲。曝榮雙鶴氅，袪慮一鷗夷。談世已捫舌，説詩惟解頤。昔人招隱士，所隱寧若斯？

雜詩二首

歲華一變颯成冬，落木高巖吼白龍。劍客不知天地閉，欲窮山鬼試寒鋒。

陰風吹起白茫茫，無數亂雲生冷光。最是水深人莫度，惡溪窮處滿豺狼。

送歸客五首

清如哀玉直如弦，置在荊門古道邊。白日晒光渾不見，竟誰知有後車賢？

酒中九劍不成歡，倍覺離憂別有端。去國傷讒誰不痛？登山臨水淚闌干。

結綬牽纏脫却閑，竹冠泉履步雲還。青山自没緇塵到，只擁煙霞坐樹間。

去位正無慚柳下，入山應不愧孫登。世間荏苒知誰是？且喜霜刀斷葛藤。

郊園春酒襲芳菲，正是陶公解印歸。笑看無心雲出岫，盡教籠鳥拂林飛。

壽伴蘆宋先生

世路難將玉珮趨，雍容還學魯中儒。傳經心與先師印，講德身爲達士模。石室舊山橫道岸，杏壇新雨點寒蕪。華辰藹藹天文應，南極垂輝滿座隅。

壽柳川宗尉七十

東海記籌登七袠，南山釀酒壽千金。無疆德與年俱邵，不老身將世共深。松下瘦容瞻鶴立，竹間清響聽龍吟。分明谷口仙人住，門帶天潢一水潯。

雲翁壽日

前身應是大羅仙，妙解園中玄又玄。神室坐盤金鼎氣，天風吹徹紫霄煙。麻姑書信潮能遠，王子音塵鶴與傳。南極一星同壽域，耿垂光彩到瓊筵。

壽仲川宗正

蓬萊宮裏萬年枝，瓊雪皎然姑射姿。九曜翠螭回薄處，三天青鳥下來時。光搖玉軸圖書府，香灑銀潢翰墨池。世上但聞仙葉貴，不知兼美在文思。

題鄭君秋香玉兔圖因以爲壽

世間何物長青青？獨有月中之桂顧兔擣藥和精靈。邇來十萬八千歲，丹砂金粟玉英璀璨華天庭。康成之後儒門彥，弱冠思遊廣寒殿。巨斧雖懸百煉鋼，高枝竟阻三秋願。却剪生綃畫得成，意匠巧妙能經營。麗藻紛紛綴凝碧，奇香冉冉流空明。兔亦迷離不忍去，蟾亦連蜷不肯傾。静玩瓊樓隔瑶水，動觀景落冰壺裏。一段清光説向誰？無始以來只如此。□〔八〕君五十顏鬢蒼，見圖猶欲天衢翔。我持大蜡一杯酒，勸取日月高奔方。日即金烏月即兔，弄月豈愁攀桂樹。試濯雙丸丹井西，應哂嫦娥偷藥處。

立春日偶書

門前枯柳凍初消，便有和煙四五條。何事世間還冷眼？陽春應不上眉梢。

立春次日爲東明弟壽辰得詩二首時嘉平廿四日也

同生太平世，俱作背時藏。比翼青雲短，連枝紫樹長。歡延臘月釀，夢發早春塘。更得南山翠，來添野席光。

日月光華旦，家庭宴喜時。兄誇能擊壤，弟逞善彈棋。舊臘銷詩帳，新春櫟酒巵。只應除老病，無樂更如斯。

題東皋翁隱居

選地桂宫餘，結成蘭圃居。仙裁象蓬闕，野製學田廬。樓榭丹霄入，房櫳翠篠跦。廣堂凭几正，曲檻步櫚徐。玉女調香篆，青童侍寶書。□〔九〕微九緹幔，氣朗八瑶疏。人俗喧中斷，天光□〔一〇〕裏虚。德幾形妙有，神檢秘玄初。汾水紆堯駕，緱山繫帝儲。安知户庭内，宛已得真如？

校勘記

〔一〕□，底本漶漫不清，據詩意當作“閶”。

〔二〕□，底本漶漫不清，據詩意當作“退”。

〔三〕□，底本漶漫不清，據詩意似當作“揭”。

〔四〕□，底本漫漶不清，據詩意似當作“西”。

〔五〕□，底本漫漶不清，據詩意似當作“冰”。

〔六〕□，底本漫漶不清，據詩意似當作“嫻”。

〔七〕□，底本漫漶不清，據詩意似當作“唯”。

〔八〕□，底本漫漶不清，據詩意似當作“鄭”。

〔九〕□，底本漫漶不清，據詩意似當作“塵”。

〔一〇〕□，底本漫漶不清，據詩意似當作“門”。

文谷漁嬉稿<small>癸酉 萬曆元年</small>

元夕寶善堂燈宴二首

　　海上三山縮地來，金銀宮闕倚雲開。玉繩光轉燃燈夜，寶鼎香籠玩月臺。花樹萬枝春冶秀，笙歌一派漏壺催。仰觀河漢長無極，欲與君王注壽杯。

　　新年佳景屬賢藩，玉燭調和映上元。天樂夜懸雲彩度，文杯春寫月華翻。王同在鎬歌《魚藻》，客比遊梁賦兔園。共道國風流化美，紛紛燈火未須論。

小堂燈集用韻二首

　　春燈一歡宴，使我生酡顏。龍騎來霄漢，鸞車轉珮環。賞真情不極，照寂意逾閑。孰是向隅者？同嬉泰宇間。

　　上天垂淑景，元夕盛燈筵。綃晃鮫人織，珠聯龍女懸。煙花噴作柳，火錦簇成蓮。玩此無□眩，惟應玉洞仙。

仲春郊行

　　芳草東林二月萋，百錢酤酒杖頭携。杏花村館遙堪問，桃水人家近不迷。青靄暖升群木上，翠微晴閃半天低。此中寧惜山頹玉？已許春風醉作泥。

題竺陽館畫壁

　　客路悠悠何處歸？不堪塵土敝征衣。蕭條舊館餘空壁，悶寫寒松黛一圍。

懷古

嚴君賣卜城都市，太守憐之勸作官。笑道達生貧自足，莫將危險換平安。

敕律歌二首

老余馬兮虺隤，蹇余駒兮遲回。心鬱陶兮白日晚，野茫茫兮安歸？

我馬老兮玄黃，我駒駑兮不行。日已晚兮心鬱陶，長太息兮野茫茫。

兒階入學陽谿君有詩見教倚韻奉酬

喜看一脉綴斯文，却恐趨庭學未勤。放犬豈知慚白日？懶龍終餒奮青雲。中陽令範西河接，三署英聲四海聞。願借光風作時雨，灑開桃李徧吾汾。

三月三日宴集王龍岡洪西別墅二首

小築依岡半，長林帶浦斜。翠浮魚戲藻，紅亂鳥銜花。會以群賢盛，辰因上巳嘉。引流還列坐，併此醉煙霞。

晋日山陰賞，芳辰禊事修。遺文陳迹在，興感後時遊。細雨花含潤，微風鳥嘸柔。命觴西澗曲，歡趣滿春流。

三月十有二日宴集慶□[一]西園爲參知紀公喜雨即席賦謝二首

東第移高宴，西園就茂林。雨餘花氣散，池上竹光深。飛蓋霞如落，吹笙月漸臨。陳思不可見，清響盛於今。

名園邀客處，花對紫薇郎。樹染丹青色，雲霏翰墨香。流杯追上巳，改席送斜陽。但覺情文好，銅龍漏自長。

暮春山中一首

住山道士習離群，問影扶筇衹白雲。豹隱已教人共得，龍鍾真與竹平分。槿花卉彩朝來看，蕙草含香静裏聞。獨酌更堪微醉後，石頭高枕夢氤氲。

落　花

花開花謝本無心，春到春歸恨轉深。不見青□惜芳樹，紛紛紅雨濕羅襟。

和陽谿春遊二首

樹下有微徑，幽人時一行。浮雲真外事，好鳥若多情。春氣蒸紅濕，嵐光積翠平。却疑仙分少，神境不勝清。

微雲澹晴色，飛絮捲梨花。藥圃留春住，蘭階坐日斜。輕身便野服，爽口信胡麻。貧里殊無狀，依稀似阮家。

維暮之春陽谿君過訪藥園便留賞酌

爲訪白頭人，兼看紅藥新。當驚漢陰老，亦富洛陽春。彩豔生花筆，香霏漉酒巾。無然輕賞會，流水帶芳辰。

立春後二日約柳川東皋磻溪園賞會

園林忽已夏，緑陰生晝長。幽居感時序，復恐變炎凉。念當遽成老，奚用空名揚？是日天宇閑，觸目滿嘉光。花藥紛蔥蒨，禽魚得泳翔。筠簾蕩嵐旭，玉水瀉方塘。獨遊引孤緒，情想多徬徨。投書速同調，來此對華觴。

孟夏李磻溪園遊宴同柳川水南

平田北遠青山郭，別圃西連綠樹村。插槿□□□藥散，植援激澗果蔬繁。藂雲侵曉籠□〔二〕閣，片雨斜陽映竹門。杖策可能招隱士，桂枝誰不愛攀翻？

蘭軒遊河東回奉贈二首

春草猶未歇，夏雲已嵯峨。齊心漢壽罷，遊目禹門多。嶺疊南來路，谿奔東逝波。晤言懷物表，飛思灑烟蘿。

回此金門步，觀餘寶鼎祠。汾陰存漢舊，晉鄙識堯遺。水樹參文幄，烟嵐擁畫帷。獨遊應不倦，歷覽故多奇。

贈西泉七十

厭將風露數豪雄，且喜君爲七十翁。頭髮尚存多半黑，面容常帶九分紅。貧能樂道心無累，學不名儒義每通。日暮會仙樓上醉，獨聞雞犬白雲中。

贈紀省吾參知擢陝西廉使

舊德留棠樹，新恩陟柏臺。皇華從冀轉，法曜向秦開。正色調綱紀，光風拂草萊。《呂刑》中是折，漢典恤攸裁。物睹通盆日，人蘇起蟄雷。大川行櫂桂，九鼎佇和梅。引領情何極，時時望上台。

四月念七酌程山人生日山人寓此十度

一自旅汾陽，十回春草芳。詎云歲月易？且喜長相將。天地爲傳舍，而我俱行商。孰是丹丘翁？不死留舊鄉。念子善淹泊，嬉遊及時光。孟夏扇熙景，初度屬佳祥。茂苑坐葱翠，鳥弄餘花香。清和韻天籟，絶出絲與簧。生無燕頷食，豈有鸞驂翔？若問駐顔術，委己緑樽傍。

五日即事呈郡守鳳池公

五日沿風俗，千門趁宴嬉。纖羅裁碧霧，皓腕約紅絲。苜蓿驕金勒，菖蒲灑玉巵。偏來承夏令，露冕出郊時。

端居感時序，蕤景入煙沙。蕙嫋光風葉，榴團麗日花。折葵香帶露，浮醴暈成霞。似是滄洲趣，平分小隱家。

仲夏小村招飲

有美園中酌，言携谷裏人。連枝參玉樹，列坐滿清塵。叙意在歡宴，肴觴嘉屢陳。息陰就繁緑，盛夏凉景新。弟兄皆翰侣，愧我非文賓。廬舍喜相接，寨予非善鄰。惟然含款曲，掃逕期載申。

清夏嘉樹園二首

投老遂忘年，兼忘區裏緣。力疲南畝藝，時借北窗眠。樹影雲添重，池光月抱圓。嗒然吾笑我，所守一虚玄。

息陰清永夏，稍已愜幽園。鏡寫圓塘潔，帷寨直木繁。倚窗成寄傲，抛卷似忘言。身世何其曠，空林獨掩門。

題西齋新宮及園林二首

廣厦蕭高明，長廊嚴序清。調銀題榜正，琢石砌階平。賓榻華榱陰，庭柯寶樹榮。惜無文考筆，來賦魯宮成。

林園多逶迤，臺榭復參差。種竹開三徑，栽蓮鑿二池。緑槐邀對酒，紅毯坐敲棋。觸景皆成樂，惟應費好詩。

嘉樹園自題

白榆天上樹，移植此庭中。茂對三槐表，綢繆綠玉叢。瓖材得所處，豈復希棟隆。清華結虛翠，湛淡神宇空。映日文成采，含采散煙虹。炎景薄不入，氛埃安可通。自從息陰來，形影歸鴻蒙。堅貞謝先伐，朽老依鬱葱。樹與人俱隱，誓當保玄同。是以名吾園，署余曰園公。

觀書蘭雪堂作

湛湛嘉樹陰，蕭此幽蘭居。坐愛綠光轉，清氣滿庭虛。心目淡成洗，稍覽逍遙書。陳言久牽綴，疑網當見除。卑高群品序，安用矜鵬鷃。野性好閑適，幸自返林廬。無欲以觀妙，俯仰真晏如。

新葺南隅書舍題以示階

宅邊亦有塾，別復尋避喧。草屋資南里，喜臨高樹垣。塵蕪久荒翳，可以象蒙昏。即新聊化腐，就簡特删繁。居此豈燕息，束心攻討論。文華日芬絢，理解暢靈根。賢路自天啓，青雲開九門。良才無窘步，遲舉成願言。卓爾廣川生，二年不窺園。陰岑下帷地，大業早已敦。

睡起即事二首

六龍誰遣繫長繩？修晷沉沉睡不勝。起對南窗更多暇，拈將拂子獵飛蠅。

鶴避茶煙松徑斜，竹爐往往廢烹茶。炎天病渴無金露，自挈冰壺汲井華。

逃暑嘉樹園有序

園門畫扉，日影交樹。綠陰下布，若積水之方澄；清氣空涵，相流飀之始泛。白雲康老，容與婆娑。啜龍井之茶，甘於中聖；臥虎丘之席，適以遊仙。即事興懷，咏言賦志云爾。

大熱猥難禦，偃余嘉樹陰。霏微定光轉，寂歷煩景沉。展簟適遊夢，淪茶成洗心。清言無與晤，獨此抱閑襟。

宗老南川翁八十

生長太平世，優遊八十年。守文承五主，秉禮冠多賢。玉珮疏朝請，金章少拜遷。食饒封邑賦，用足水衡錢。好植淮南桂，欣耕綿上田。門前車滿馴，座裏客常千。祝慶移山岳，邀歡沸管弦。無論白日晚，達曙壽星懸。

癸酉大比送諸生入試

青雲有路待君行，策馬須開第一程。莫道杏壇疏舉業，且看桂苑擢文英。隋珠可是投人暗，秦鏡方當比日明。秋水接天成目送，望中高遠不勝情。

壽柳川小村静川

三十年前舊盍簪，而今俱被老相侵。白雲秋水心無事，碧樹閑庭月有陰。南極光遙連桂席，西山氣爽入蘭襟。邀歡且共淹遲暮，莫作芭蕉帶雪深。

與舊遊酌池上

結交三十載，閭里羨豪雄。老去心猶壯，閑來興故同。蒲萄漾杯緑，菡萏襯衣紅。炎溽紛銷散，清微得遠風。

謝慶成見惠水晶蒲萄

漢苑蟠根厚，梁園引蔓長。芬榮張翠幄，津潤灑銀潢。結實成珠綴，含滋醖玉漿。龍鬚風裊細，馬乳露凝香。百果推前列，三花避後行。玄猿爭獻得，青鳥獨銜將。布德枉瑤札，分情下筠筐。捧盤驚的皪，收籠重琳瑯。瓊蕊回顏悴，金莖灌項涼。何如一咀此，五內生靈光。

觀　蓮

在塵離染著，獨此池中蓮。翠蓋承香露，紅衣蕩彩煙。負文還自歛，濯質向誰妍。幸以拈花會，持將一法傳。

對紫薇

瑤光布其彩，燦爛華紫薇。秋圃見栖托，曉齋成廡依。人殊省閣對，事別山林揮。第共青霞賞，甘隨碧草腓。

觀　魚

圓塘開皎鏡，鏡裏看魚游。空與色相映，天將水共浮。濠梁非結網，嚴瀨且垂鈎。愛爾恬生事，偕予樂行休。

看芭蕉

舒卷恒如智，芭蕉信有之。含章初曲折，展采漸離披。風動青鸞扇，雲飄翠鳳旗。空林無冊簡，幽悄借題詩。

咏　蟬

蕭蕭流響夕陽邊，露濕寒光思悄然。自解冠裳挂高樹，潔身應已絶塵煙。

雨夜聞蛙

鼓吹池塘秋夜長，不勝和雨鬧蒼茫。林居只道避喧好，對此何殊在市傍？

癸酉生日書懷時六十九

□[三]時一往成頹波，來日已衰將奈何？月滿遙看蟾兔缺，林疏苦傷風露多。家筵見壽紛起舞，社會舉酬還放歌。荏苒世間各歧路，稍便遺佚青山阿。

林間秋意二首

雨餘殘暑驀然收，老圃平霞處處幽。何事芭蕉綠偏重？只應添得許多秋。

露滴翠盤水銀爛，紅蕖掩映羅衣新。秋光冥冥火煙盡，一似洛浦無纖塵。

秋日下帷偶書

一簾白日挂庭前，静影寒空思爽然。誰謂韶華老無分，只消此景足餘年。

霜　月

霜月休百工，丘中閑有餘。身絀是非遺，境幽昏悶除。山童收脱葉，然火作茶蔬。茹淡復散步，逍遥遶林廬。英雲冒層嶺，華菊明修渠。蒼苔積門徑，鳥雀依人居。吾亦安所止，豈曰不晏如？

九日宴餞鳳池太守

佳辰萸席款心期，却是臨高送遠時。菊若有情妍正色，酒偏無力蕩離思。題輿異表山城到，別駕英聲海嶠馳。極目曉天清萬里，何人不喜見鴻儀！

九日登高四首

平霞高館嵌高臺，四面華秋翠嶺開。拄杖一條凌浩蕩，振衣千仞絕塵埃。柳飄殘綠人將老，菊吐新黃雁獨哀。目送歲闌無可奈，只應瑤水白雲杯。

望望高天積翠氛，野煙秋水共氤氳。登臺俗應九華節，把酒人欣半夕曛。真逸可同陶處士，善酣仍減孟參軍。獨憐歲晏空林下，一片寒峰滿白雲。

卑栖不解攀緣事，今日登高與素違。梯滑詎能安窘步？樓岑猶恐墮危機。流飆淒緊驚黃葉，落日凌競下翠微。回想龍山宴來客，豪華俱已付斜暉。

碧海青天霜氣橫，節當重九愛嘉名。樓臺歷歷攜壺眺，丘壑層層躡屐行。黃菊紫萸簪秀色，奔泉落木帶寒聲。脫冠揮手人間事，幽賞應非逐世情。

懷龍池公閑居用見題文苑清居韻

穆穆王文子，寥寥汾上園。雲山開竹室，煙□入蓬門。帷下潛爲董，臺中嘯是孫。功高身不宰，時詘道彌尊。心密稀形迹，書回牴悟言。兼葭聊可望，夢寐詎堪論？老態君知否，黃綿借日暄。

龍池題文苑清居圖

三賢佳遁處，山水載名園。沓嶂分王屋，飛泉隔禹門。雄材真國史，瑞命老王孫。未就東山詔，重開北海尊。弦歌俱入律，桃李總忘言。自惜芳辰阻，誰將幽意論。思君不可見，燕雁共寒暄。

雪中遣悶二首

歲暮嬰情獨多慮，不勝寒雪槿園西。青光汗簡臨眸眩，黛色好山當面迷。作麵幸成消悶酒，爲鹽喜和禦冬虀。柴門怪底疏形迹，天地閉藏人解携。

拂林瑤雪灑寒梅，一片清光失草萊。恨不賦從梁客授，思將曲和郢人裁。樓臺鮫幕層層展，山水銀屏面面開。又似粉霜篩月窟，亂□□屑滿塵埃。

送趙陽谿起復

彈琴適成聲，改服情淡然。報國有嚴程，墟中寧久延。晨裝袂將判，戒途旌已懸。密交多懇款，離緒方見牽。何以申餞贈，願言保貞堅。昔參省圍彦，今漸上台躔。鳴玉思比德，整冠期進賢。文華廣經論，出入備時銓。利用在金鉉，曰余腥末悁。

贈王老

空林疏往來，誰與數晨夕？賴有山中人，葉深投屨迹。一壺時共傾，醉就寒齋息。曉起還復留，煮飯作糜食。世難心已灰，年高髮俱白。獨憐霜下松，不改青青色。

贈郭醫士視疾有效

初基學書史，改轍攻岐黃。金匱抽玄略，珠囊出寶方。開山看種杏，飲水遇長桑。仁術多兼濟，醫師信已良。

大宗正東皋翁登年七十

恭孝溫文事事真，德符天瑞兩相因。丹心□□榮千石，白首傳經富七旬。誕日嘉平□□應，及時歡賞慶筵申。庭森玉樹尤堪羨，葉□[四]枝枝擁大椿。

西瀛年丈登年七十

榮期遐景在君邊，且喜今登七十年。閉閣白雲辭俗客，挂冠青瑣拖神仙。清光臘送瑤林雪，瑞氣春生寶鼎烟。總是令辰嘉樂處，南山歌吹遶華筵。

東明弟行年六十宴於棣華效《成相》語

孝弟力田，卒不逢豐年。被褐懷玉，蘊真誰爲傳？出門遇雨蹄泥旋。入山愁虎豹，和光混迹依人煙。熱不投曲木下，渴不臨潦水邊。頂禮白雲希神仙，神仙憐我苦，探懷取藥授二圓。一圓與兄啖，一圓與弟充壽筵。云此是上藥，炎黃擣治日月煎。醇滋入五內，嘉生滿盈害氣殫。後天而老，昆岱比肩。弟花甲之一周，兄多弟之十年。自今服之倘收效，當令棣華左軒、棣華右軒，媲美茅君朱陵之洞天。

歲晏感懷一首

鬱鬱苦無悰，沉沉自傷意。庭昏積霰凝，鐘曉榮暾閟。觸物少光耀，抱形獨多累。于役始□[五]跎，歸耕復憔悴。稍停波上舟，寧弭隙中駟。山澤日益癯，桑榆豈遲寄？寢興違往規，食飲背常次。恃粥屏葷膻，厭酒罷觴鱓。晝短方困眠，宵長覆忘寐。久知老境臨，不謂颯焉至。大壑笑藏舟，洪流惜川逝。推遷理固然，徂景奚足喟？默眇向無生，凋榮兩捐棄。

校勘記

〔一〕□，底本漶漫不清，據題意並參本書別詩多處提及“慶國”，此當作“國”。

〔二〕□，底本漶漫不清，據詩意似當作“芝”。

〔三〕□，底本漶漫不清，據詩意似當作“盛”。

〔四〕□，底本漶漫不清，據詩意當作“葉”。

〔五〕□，底本漶漫不清，據詩意當作“蹉”。

文谷漁嬉稿 甲戌 萬曆二年

歲初拈筆

甲子周來又十年，老夫幾已是神仙。世間苴莔渾無著，方外逍遙略有緣。海運鯤魚壺腹裏，山生芝草鑱頭邊。爲漁爲圃非爲學，剛曉《南華》第二篇。

元 夕

銀漢寫天空，玉繩牽夜永。庭虛華月流，輻湊春燈耿。徙倚澤中癯，婆娑照孤影。歡遊事如昨，衰健今難併。聞樂忽成悲，臨觴自爲哽。含心煙紛紛，達曙誰能整？

雲川和

青玉五枝燈，曲瓊懸夜永。高堂邃宇間，一刻千金景。火樹泛光華，銀蟾流素影。燕歌宛轉齊，楚舞聯翩併。長笛韻悠悠，洞簫聲哽哽。上公非賞心，此夕其誰整？

喜雨十韻呈華山公

省歲春維暮，含生化欲時。言興憂旱惻，載始望靈祈。明信無煩禮，幽玄有洞知。石雲占寸合，膏雨應全滋。野色浮新綠，埃容净故緇。雉群嬉隴上，鳩羽拂林垂。豚酒奚堪祝？軒幡自可隨。菑畬盡南畝，簑笠滿東陂。溥矣承君貺，俄然及我私。歡心眇難寄，祇咏大田詩。

寄懷陳抑庵中丞用見憶韻

德星移度東南永，政日留棠此地春。愛樹共思民社□，□〔一〕書多倚雁鴻賓。碧鷄金馬敷文遍，翠水瑤山結社新。我欲往從槎在壑，太霄何處可通津？

抑庵寄

含育堂前桑已挺，桃花洞口日增春。閉門幾著潛夫草，下榻常留孺子賓。醴酒殷勤君念舊，鱸魚興感我懷新。冀天浙水相惆悵，何日驅車再問津？

讀湖南社稿緬懷抑翁

湖山佳處可誰知？獨有仙群玉洞姿。白社向來蓮作偶，高林今與竹爲期。留侯老子耽黃石，甪里先生愛紫芝。曾是德潛光愈奮，許教明主借康時。

春暮聽西皋談遊武擔之勝

觀岳南還春較過，猶言佳賞憶仙阿。琅霄玉磐流丹壑，絳館瑤笙散碧蘿。柳葉金垂魚口綫，江華綠泛鴨頭波。我家寒雪消纔盡，曲水無觴泝永和。

園居消夏二首

芳草沒行徑，薜園新雨餘。紅香散煙薄，翠色含晚虛。踏閣疑嵐嶺，凌風寄蕙裾。息陰聊爾耳，捨此復焉如？

嬌青映階色，繁綠展庭陰。花下春餘幾？鶯邊夏漸深。疾夷群品暢，老盡二毛侵。空谷無人采，幽蘭時一吟。

清和曲

春衣換盡百花飛，越羅錦帶飄晴暉。晴暉散作清和節，梨雲柳浪融香雪。清氣墮天濛雨絕，和光撲面煙霏熱。玉勒驕嘶匹練曳，娥眉巧笑千金折。日輪西輾紅塵滅，醉偃流黃月華裂。

四月八日即事

風土相沿佛日嬉，北嬉山社古叢祠。棠梨作雪籠香案，楊柳和煙颺酒旗。藉草競分如錦地，攀花爭向最紅枝。太平野老奚能默？小飲低垂白接䍦。

題崇文書院

瑤天玉樹總成行，文苑金枝更結芳。開閣星熒書葉燦，臨池露浥翰花香。鄭玄惜理宣儒術，劉向修辭表漢章。宗主丁寧上乘義，親題銀榜重琳瑯。

四月廿四作天真會於嘉樹園分韻才字二首

徂顏久予慼，今日爲誰開？喜動門前柳，榮增庭上槐。陶嘉在三徑，望美得同來。若道無名欲，天真任散才。

銷憂事伊始，沉抱忽已開。香雨生紅藥，柔颷轉綠槐。宴憑嘉樹下，盟合素心來。白首無夭伐，何慚處不才？

送李西渠通府署汾畢事還潞

五龍高郡出浮雲，一鶴清風借與汾。月在冰壺同亮采，雨隨芝蓋下晴曛。舊疆還守車仍邁，新館留行袂竟分。東望迢遙盡煙樹，可勝嵐嶺復氤氳？

病起看榴花

抱瘵已空桃李月，開顏尚及石榴華。衰年定得餘生幾，芳緒猶期一日加。豔采凝杯丹是液，繁英簇帳絳爲紗。婆娑白髮慚珍樹，莫作仙翁弄晚霞。

五日宴王相呂公二首

去日冰未泮，來時花已紅。奄觀時節換，猶喜宴言同。佳辰適重午，歸筵列芳樹。相勸倒金尊，相歡贈綵縷。去住得官閑，恬兹散淡班。君王愛文學，叢桂方追攀。

驚心大化速推遷，又見端陽一縷牽。朱畫鬼符兵劫後，青懸病草藥王前。愁聞鶗鴂吟斜日，笑酌菖蒲助小年。何事三閭厭人醉，定應漁父識其偏。

咏山房紫竹簾一首

雀網久當敝，筠簾今乍垂。文驕青瑣纈，質勝紫絲帷。避熱篩朝旭，延清逗夕吹。瀟湘秋一片，惟許月明知。

仲川輔國見訪樹園

槐風泛綠帶新涼，榴火燃紅豔曉光。遂見列筵紆組練，還隨飛蓋繞林塘。谿雲乍喜遊龍駐，山月仍愁別鶴翔。豈是孔融能好客？從來載酒說淮王。

翠虛亭

群木滿韶夏，孤亭積翠芬。色緣空自映，香以静成薰。簟展青瑤織，書翻碧落文。琉璃曉光混，無處著浮雲。

六月社會

嘉月催教作會頻，那能撫景不陶真？平生轉眼皆行路，何處同心有比鄰。止影樹圍青簟穩，怡顏華沼碧筒新。相看盡帶煙霜氣，似是喬松隊裏人。

觀謝樗仙山水畫障

謝仙圖海嶠，神理浩無涯。石壁表天翠，霞標逗日華。浦長煙是岸，村杳樹爲家。絕頂千巖小，虹梁一徑斜。

答方君見訪

久知窮巷無車馬，誰信空林有足音。好客如從雲外至，幽人卻訪谷中深。相留麥飯慚雞黍，自哂荷衣對紱簪。問爲先皇求道日，幾逢青鳥玉山岑？

雨後與鄭鶴庵酌亭上

客坐亭中好，風來雨後清。垂檐涼葉振，出沼净花明。家食隨村野，鄰酤寄性情。論交詎云薄，終以淡然成。

七夕自解

巧節胡爲爾？愚公拙復嬉。多應天上事，不與世間期。煙道驕靈匹，泥塗老鈍姿。鵲橋風未耐，鳩室雨翻宜。真幻能誰辨，仙凡可自知。蕙樓紛玉案，芸圃暗松帷。曙色催行速，涼光助寢遲。瑟琴長在御，雞犬亦相隨。河漢原無望，何曾苦別離？

西岡草堂

西岡草堂西澗邊，窮僻無如此地偏。村語夜高傳谷響，鄰炊家少淡墟煙。傷心古木形容老，過眼浮雲歲序遷。大是野僧聊寄泊，休猜蔣詡默林泉。

題先壟碑後

琢取青珉一片雲，勒銘爭得九泉聞。山川有意牛眠壟，日月應閑馬鬣墳。呵護總憑翁仲氏，歸來時想令威君。蔡跌螭首蟠松路，佳氣長留紫翠氛。

贈李劍州礌溪於生日作

半刺三年坐劍州，一封初服返林丘。巴山昔雨西窗夜，蜀國高弦小洞秋。名勒潼君青玉案，身閑漁父白蘋洲。地仙難老分明覺，綠酒酡顏映黑頭。

壽柳川小村二翁

生長升平代，皤然鶴髮翁。宗磐良比石，奕葉自分桐。珪組閑朝謁，圖畫美會通。買山藏窈窕，蓋屋結蒙蘢。學隱真成遁，參玄遂解空。臥遊黃竹外，坐嘯白雲中。顏駐曦和日，身輕禦寇風。傳經續劉向，作賦擬楊雄。岳秀文兼質，天扶老復童。華秋屬初度，高宴集群公。青鳥銜芝碧，朱霞映酒紅。卜年椿共大，延景桂多叢。今我將何祝？南山正鬱蔥。

玉李時熟親知多所見貽賦此奉答

名園佳李冠時新，百顆爭傳席上珍。帶露摘來空碧樹，含漿分得冷瑤津。金門漫羨偷桃客，葱嶺還推證果人。欲報却慚無一物，擬收瓊蕊雪中春。

宴李別駕澗南於生日作

華筵不是等閑開，要寫南山壽一杯。題軾方驂五馬去，投簪早就白雲回。明農歲取芝田熟，課子時看桂苑材。只此百年平地好，無將高起望仙臺。

田園秋意社會作

萬木呈秋一葉先，物華老圃覺澄妍。芝英亂點金花秀，瓜蔓平鋪翠彩圓。玄露正堪中夜飲，白雲能得幾人憐？社翁來款長松下，共對西山氣爽然。

采蓮曲

江南采蓮女，綠水芙蓉衣。玉腕黃金約，蘭橈冷翠圍。攀花恨紅淺，愛葉怕珠微。共蒂者誰子？薄游方未歸。

奉酬靜川諸公見枉

祥飆吹下綠雲車，却枉山人背郭廬。琪樹綵毫連夕照，鈞天韶響落晴虛。盤收火棗花開後，杯寫金莖露滴初。大是道緣嘉此會，歡榮覺與世間殊。

玩池荷作

鏡光秋水灩紅蕖，無限清華入草廬。多露獨知殘暑退，微風尤覺早涼虛。玉壺澈骨銷塵夢，金笥開心諷道書。孤景自將成絕俗，寂寥誰問子雲居。

龍洲公惠宴用韻奉酬

高筵華組拂林開，秋氣涼雲薦爽來。碧葉芬敷雙玉樹，紅漿流轉百瓊杯。堂中畫錦森長戟，座裏星文映上台。只恐鴻飛宴闌後，天功久已佇鴻才。

北野談老病多愁作此解之

老來多病復多愁，自是浮生下落頭。秋到有林皆墜葉，雨中無水不浮漚。孔顏樂處三光並，堯舜心田萬古留。細説與君君未信，直須歸卧酒家樓。

寄贈張蘭池二尹

哦松大邑政優閑，飲水三年帶笑顏。道骨未升從吏隱，聖功將滿列仙班。故人在野能相問，高義凌霄迥莫攀。何日移車向州郡，面談秋水白雲間。

吕山人來自上黨藩國諸王俱見存記賦謝一首

高雲龍嶺護雄藩，東望岧嶢不可援。好客每開叢桂苑，題詩多在綠筠軒。南金擲地聲全振，秋水連天氣欲吞。本自聖皇隆大雅，最宜文德滿王門。

上鎮康王

西瑶玄館布瓊章，散作卿雲五色光。寂歷暮山渾照澈，蕭條疏樹總含將。鶴諧亮節笙邊舞，魚樂希音鏡裏翔。獨是七襄無可報，太霄頂禮意徬徨。

八月十五日喜甬東至二首

中秋今夜月，萬里故人同。遠駕心如許，前言事豈空。暗枝翻喜鵲，明水下遵鴻。促羽金波駛，高林聞曙鐘。

中庭華月滿，左界銀潢斜。下馬南州客，開尊北海家。青囊迸瑤藻，玉齒噴金砂。賞會歡應別，攀留思更賒。

八月十六日和甬東見壽之韻

既望生辰七十年，停杯自笑月明前。容輝漸是今宵耗，營魄剛存昨夜圓。絳縣山人林下老，赤城霞侶座中仙。相將且作陶然計，誰把盈虛更問天？

壽西谷翁

朱門先達道爲尊，白首論交夙好敦。祥旦欣逢三月麗，芳筵茂對百花繁。盤中果薦瑤池熟，袖裏書傳玉洞言。帝胄有仙誰得似？只應王子在蓬昆。

西皋宅陪宴節使龍洲公賦得中厨出豐膳

中厨出豐膳，延此文翰賓。露氣潔高天，日華明珮紳。諸生咸列坐，藹藹席上珍。秀藻布芬絢，光香凝翠茵。金尊數斟酌，絲竹催轉頻。俄景見卿月，垂輝荊與榛。嘉招具今夕，歡樂難縷陳。

社會分題得中秋對月用高字

盈盈皎鏡晰秋毫，自是孤懸碧落高。映樹滿諧流玉藻，橫河一水抹銀濤。明光白地衣裳冷，遠影空闈夢寐勞。寄語社中來共對，皓華堆裏絕塵囂。

和甬東園中偶步韻

涼葉灑天籟，惟應靜裏聞。幽人在空谷，誰復眼中青。散步巡叢桂，浮蹤笑聚萍。知君素心者，無惡此山靈。

酬呂山人見題蘭雪堂二首

幽蘭空谷秀，白雪陰岡屯。湛宇攬香潔，清魂欲飛翻。懷人隔瑤島，有酒間玉尊。終日坐沉默，竭來方與論。

一丘聊寄泊，歲月稍已深。漸少適俗韻，猶多求友心。土花沉屐迹，風葉滿庭陰。不有同懷侶，寂寥方自今。

貞節詩爲林皋姊太君作

名與節相因，蓋棺評始真。神霜冽孤操，娥月皎同倫。桃落車猶蕭，鸞飛鏡豈塵。寓形誰不朽？只有柏舟人。

答林皋蘭軒雨中見過

昨雨復今雨，蕭條秋氣深。半黃生冷樹，輕黛抹孤岑。老盡王孫草，單栖野雀林。微君好幽素，應負歲寒心。

答甬東見喜生子

老蚌生珠日，原蠶結繭時。夜光猶可照，寒服尚堪被。兄喜添新弟，翁憐有二兒。太鈞良有意，世事本無期。

贈林皋宗尉一首

威鳳來碧林，華彩何離離。丹霞照秋水，野草蒙光輝。雉鳥鳴澤中，癯儒多委遲。虞淵獲希遘，神秀與我期。翩翩王子晉，控鶴下庭陲。對月吹玉笙，臨風遺紫芝。高音絕繁響，大藥回衰姿。奇氣凌九秋，異香紛微微。豈曰耳目爽，天地亦清夷。暫憇若千載，再晤知何時？恨不化爲鶴，與爾長相隨。

沁太妃令誕

帝子承顏奉淑慈，彤闈宴喜學瑤池。曾來青鳥下庭際，正熟蟠桃出海時。舞綵袞衣千乘貴，助齡天酒萬年宜。封人亦有南山祝，曠望金華寄紫芝。

壽王相呂礃溪

秋深朱邸逢秋度，人與黃花笑獨妍。極目水波寒葉外，放形鴻影夕陽邊。登臺酌醴崇今宴，授簡陳詩抗昔賢。鞅掌局中多速老，寧知閒散足延年？

九日偕諸公登平霞館用臺字

翠宇凌空雙樹臺，青霞成綺絕氛埃。谷中幽賞佳辰應，天外晴登好客來。萸紫代簪從落帽，菊黃浮醴任盈杯。悲歡古往俱陳迹，今日何慚笑口開？

九月廿三日同甬東竺陽少山
禹麓郊行至一僧舍少憩

散步出林間，逍遙信所如。數家山郭外，一處野僧居。茅結懸霜磬，蒲團坐露除。菊花惟欠酒，貝葉故多書。茶帶樵蘇氣，齋分鳥雀餘。佛香流冷淡，梵唄繞空虛。繕性翻成妄，冥心倒復初。看他閑寂寂，慚我困蘧蘧。把袖咨同調，將何遂起予？

西齋玉華園觀菊

霜壓槿籬白，風梢槲葉聲。眾青隨見悴，微綠轉抽榮。孰是觀無始？聊因解達生。賢人當閉塞，幽卉表堅貞。素質比雕玉，紫英如鏤璃。黃溥金粉澤，紅抱火齊精。正色寒光互，妙香玄氣并。開軒悅叢秀，置酒延列英。張組露臺靜，濯纓秋水清。飛文灑蔥蒨，逸思浩縱橫。滿插頭應重，加餐身可輕。細參知我相，高賞識君情。已過九華節，猶申卒歲盟。看花那不有，春日路傍行。

和胡山人留别一首

寒雲兼落葉，老景並侵尋。非復草廬意，寧爲《梁父吟》？瓮醅新秫酒，床挂没弦琴。薜圃迷三徑，荆扉閟一岑。獨行方念侣，高士適投林。塵榻乃雙拂，冰壺遂屢斟。芝蘭敷秀藻，水月湛靈心。不曳虚堂履，安知空谷音？宵譚曉星墜，朝宴夕陽沉。只擬長携手，那堪促别襟。暫離傷歲晏，重款遲春深。種得庭前竹，來時緑正森。

金蘭詩社宴集

茂苑依靈囿，崇基闢雅堂。名因斷金利，義取沐蘭芳。瓊樹標時哲，瑶華炳日章。二南麟趾應，五彩鳳毛翔。多暇延耆舊，同聲奉睿王。寒香霜葉重，清繞月枝長。朱芾多歆向，青袍老段商。良由機在範，遂使化彌光。本自圖書府，分爲翰墨場。當知正四國，題此記宫墻。

咏瓮頭春四首同吕山人

驅憂每恨無長策，得句常疑别有神。却是黄花解人意，等閑釀出瓮頭春。

暮雨空林落木愁，夢魂飛上酒家樓。東皇似管人憔悴，早遣風光到瓮頭。

瓮頭春泛海波紅，無數桃花落曉風。三十六宫何處是？大家同跳一壺中。

大家嘗取瓮頭春，百味無如此味真。若使生當阮公世，竹林奚止七賢人。

十月東皋館會

孟東文酒社，半雨夕陰園。氣爽聞天籟，心閑净俗喧。籬疏黃菊淡，樹挂白雲繁。晚節佳如此，何慚我所敦？

贈楚鶴

疏樹半黃落，寒蕪方綠沉。空山逢旅逸，僻徑見招尋。濁酒開新瓮，高歌聞素琴。論交定傾蓋，栖止期共林。遊子念歸路，他鄉多苦吟。無何袂就判，翻長一離心。

送呂山人東歸

悵別休看陌上蓬，翻飛不定與心同。條堪繫馬憎偏短，雁好傳書畏落空。界道白雲千疊樹，連天青翰一帆風。玉龍錦帶寒光結，挂向丹霄牛斗中。

送陳生伯梓

翩翩公子桂林枝，再別西河使我悲。染翰每看心正處，論文多坐夜分時。仲容天與青雲器，子禮人稱黃絹辭。歸到鄉園憶今日，霜前留飲菊花遲。

山房憶呂逸人

海隅人去竹房空，庭樹銷殘一夜風。搖落豈堪離折後，徘徊偏向寂寥中。久知大塊爲傳舍，何惜浮生似轉蓬。爭是有情除未得，百年鼎鼎意無窮。

送龍洲公還京

銜命桐封建國楨，奏旋星駕守嚴程。經臨頓改山川色，咨訪兼知郡邑情。鳴珮入朝光九列，揚庭展寀動群英。自天殊寵君宜奉，延咏康哉贊世平。

水南公登年六十

高才仕州郡，芳譽廣前修。薦剡屢不報，一往歸林丘。吾道適當隱，知命復何憂。振衣白雲表，長嘯青山頭。回首顧埃壒，華簪誠足投。雍容多歲月，六甲俄已周。先師稱耳順，心聲相與謀。看君湛神理，真乃聖之流。旨酒發嘉旦，朱弦揚妙謳。客獻靈椿頌，海進萬年籌。匣內三尺水，盈盈涵斗牛。庭中叢桂樹，勃勃月宮秋。持此運天壤，曷言公與侯。

東谷翁令誕五衮

大齡今半百，懿行已三千。《鴻寶》成書日，龍文鑄鼎年。冰桃形似斗，雪鶴勢如仙。我奏南山曲，都來向壽筵。

仲冬巢雲館圍爐

嚴月虛堂積霰微，高年社會樂晴暉。暖煙紅桂金爐爇，文綺青樽玉案圍。野鶴在群離世網，閑雲何處起塵機。宴闌踏暝分燈去，猶似蓮華寶炬歸。

贈趙陽谿出守保寧

十年仙署遠分麾，正是文翁出守時。疊嶂映帷生彩翠，空江隨纜湛清漪。岷梁積阻專城重，蜀漢連塍沃野滋。安阜自將成禮俗，德風流衍頌聲馳。

九日西園宴壽

丹霞夾月照西園，翠蓋延賓惠好敦。座上吹笙鸞猗狔，階前起舞鶴翩翩。夜闌移款紅萸席，樂闋催添縹玉尊。獻壽九華無近計，萬年茅土胙名藩。

謝蘭軒携酒見訪

離居歲當晏，朔氣良已深。夕吹響乾葉，朝暾變成陰。掩扉悟言絕，隱几方沉沉。不有青霞侶，一尊誰見斟？

林間冬日二首

西日淡餘暉，空林獨掩扉。采薪雲處有，送炭雪中稀。雀網成疏箔，牛衣賽暖幬。誰知結茅地，亦具首山薇。

冰色已凝澗，巖雲凍不浮。林深滿空静，歲晚足淹留。倚樹高千尺，編茅小一丘。向時猶覽卷，今與筆俱投。

對　雪

同雲鬱不開，密雪灑輕埃。龍井方燒液，羊羔正釀醅。絮沾門外柳，花度嶺南梅。寄語招尋客，無然戴與回。

蘭玉堂稱壽有圖有詩

發祥高岳秀，濟美大邦楨。德劭河間禮，才兼鄴下名。金昆聯玉友，璧采焕珠英。初度臨長至，一陽光太清。壽徵占道泰，福應叶時亨。庭啓瓊瑤席，山開紫翠楹。西池朱果獻，南斗綠書呈。綽約陽阿舞，霏微子晉笙。麻姑新釀熟，借取百杯傾。

冬日謝蘭社諸公枉駕

冬緒誰爲款？惟應松桂心。清成一室悟，靜入四簷深。破暝焚蘭上，延宵坐漏沉。相將意無限，所保歲寒陰。

贈鄭鶴庵林皋清尚

方當曳裾日，遽是拂衣年。清尚何其遠，知幾固已先。撥雲開舊隱，斫石種新田。庵放巢松鶴，溪收上水鯿。飲中參草聖，靜裏作枯禪。筆湧山河氣，門高商段賢。道存爭健羨，學古尚覃研。宴襲元王醴，經傳鄭氏箋。蔣生猶有徑，楊子獨有玄。世事誠難料，惟應此計便。

西皋壽日詠言用韻二首

朱筵高舉玉杯三，碧海冰漿味正甘。頌魯詩中看壽母，祝堯語裏見多男。人間美福渾兼致，世上浮名眇不貪。五十年來附仙籍，大羅今日好清醰。

芝芳神草秀來三，天酒榴花分外甘。假我壽杯歌萬壽，羨君男子是奇男。雄才倚馬高能賦，麗句雕龍老更貪。遺落世氛須盡醉，等閑參破竹林酣。

寄馮孚溪試宰香河

終知瑚璉當登薦，符竹先將試理人。花露近天千樹好，麥秋盈甸兩歧新。朝回吏肅鳧初下，野闊童嬉雉正馴。才羨詎須論褊邑？行看小往大來伸。

宴坐一首

夏氣晝方永，鳥飛人迹稀。花林結芳郁，香色滿晴暉。寢瘵忽無悶，開心獨依依。篇章久蕪廢，樽酌與我違。今日復思整，誰能空掩扉。揚巾拂瑤席，延賞坐霏微。

蘭軒君乃堂壽

祝釐北堂上，獻壽南山前。六甲周星紀，九華成洞仙。元符重啓運，昌曆再承乾。紫府登神筴，彤闈列寶筵。旅珍來桂海，張樂下鈞天。光溢芙蓉鏡，香籠翡翠煙。大慈參聖諦，衆善讚靈篇。麟趾昭家瑞，鴻文表國賢。曾參侍饌日，萊子舞衣年。金母桃如斗，麻姑酒似泉。端爲仁孝助，遐祉萬聯綿。

汾西先生華誕六旬

莫道青雲志未酬，盡餘佳景在林丘。塵沙脫屣三千界，煙月行吟六十秋。靜影古松長似鶴，閑心空水不驚鷗。避人野老西鄰住，獨喜和君歲暮遊。

謝劉汝清見訪

餘雪滿荒徑，林藏背郭幽。足音過苦竹，心賞得同遊。溫款然爐共，清言緩帶留。柴桑居止近，無事數相求。

正月十一日雪二首

種石編茅特地荒，不知何處有春光。今年似荷東風力，吹送雪花聞雨香。

歲交冰泮雨猶遲，白雪陽春信有之。昔日少年今老去，小窗還似映書時。

題輝上人壁室二首

古廟檐阿一片閑，高僧借取作禪□〔二〕。真成樹下能消宿，正是巢由不買山。

三十年來面壁身，也無歡喜也無嗔。傍人不解何清静，只道幽居少客塵。

田家留客二首

身爲野田叟，尚自好留賓。莫若茅柴薄，山中只此春。
鷄黍無兼味，村醪近可酤。緑煙黄柳處，好鳥叫提壺。

挽歌词四首送兑川君葬

厭世消摇離垢氛，重淵杳眇隔層雲。多情泣盡惟沾臆，總有悲聲怕不聞。

懷君萬恨結孤墳，玉箸縱横馬鬣文。生死到頭原共路，不應早已見離分。

心期欲達命期愆，朝露珠沉雨落天。埋玉未應成寂滅，青袍青草共生煙。

梨花柳絮亂離春，苦雨凄風愁殺人。君到夜臺如夢覺，也應回首重沾巾。

題王龍池園圖十六首

成趣園

初由趣攝園，已乃園成趣。有待猶爲煩，冥觀無待處。

遂初堂

揚帆吴楚甸，總轄岷梁墟。信美非吾土，茅堂成遂初。

點易臺

韋編三絕後，神理六虛前。多少羲農意，都從一筆圈。

百花壘

春城豔綺紈，處處與花攢。野老渾閑事，風前一笑看。

巢鶴山房

吾廬白雲裏，人迹故應稀。賴有松千尺，廖天一鶴歸。

婆娑亭

嘗聞漆園叟，倚樹閑婆娑。今日青林下，息陰當更多。

清泠軒

青天落層檻，下壓清泠淵。静夜月華滿，珠游神女邊。

抱瓮處

朝從抱瓮去，薄暮抱瓮歸。機事誠已少，畦苗當獨肥。

長春洞

玉洞開天後，含將太古春。桃花長貼水，瑶草歲成茵。

丹藥圃

茞莄異暄燠，夾花銜玉卮。國香隨處好，休道洛陽時。

君子居

修篁廕空曲，青翠鎖庭深。自是仙人館，瑶天帶玉林。

仙峂

羽客住丹丘，福庭能久留。誰知姑射墅，大是列仙峂。

流觴處

藉草席瑶青，臨□〔三〕寫酴醾。非由蹈陳迹，自有一蘭亭。

涵靈池

湛澹靈池水，有龍當自深。共看雲起處，去作敷天霖。

餐英飲露

幽人愛蘭菊，挹露啜其英。怪底顏容好，多應世味輕。

鄧林一枝

棄杖猶不朽，虞淵尚可追。至今凌倒景，還是鄧林枝。

一泉宗尉山莊四首

龍蛇藏大澤，雀鼠帶前川。芳草王孫道，來耕綿上田。
洪山總蒼翠，石樹凌超忽。中有玉笙仙，吹墮瑶臺月。
湛湛石桐水，泠泠似我心。虛亭坐相瑩，凉竹鎖清深。
林宗不可見，卜築愛遺閒。霞表清風至，滿堂生翠虛。

校勘記

〔一〕□，底本漶漫不清，據詩意當作“詩”。

〔二〕□，底本漶漫不清，據詩意似當作“閒”。

〔三〕□，底本漶漫不清，據清康熙《汾陽縣志·詩歌》當作“流”。

文谷漁嬉稿萬曆乙亥〔一〕三年

元日與呂山人聽黃生彈琴歌

我從元日探陽春，欲春不春如隱淪。黃生一揮五弦出，雷斧剖冰波躍鱗。飈轉紫淵驅綠壑，鐵幹老梅花□〔二〕落。招邀神鳥啄瑯玕，挐曳九苞巢阿閣。澹蕩悠揚流太清，霞綺煙綃歷亂明。曼衍冲融拂平地，陳根宿莽紛回榮。貫珠仍嫋嫋，餘聲散幽悄。壯士解鋏羞從軍，寒女斷機期鬥草。坐中呂子工玉笛，緬想江樓心忦惕。東家孔生知猗蘭，對之不覺起長歎。賴有春醪百餘斛，共醉且和陽春曲。

贈杭太守抗疏還山

使君明經致高位，五馬雙旌列侯貴。到官首夏同清和，忽感秋風遽思退。乞陳亹亹遂連章，印綬纍纍不可繫。當塗留勉惠元元，使君必欲果歸言。吏民擁門復遮道，使君不肯停征軒。只耽江上蓴鱸美，詎戀□〔三〕汾蕭鼓喧。橫汾蕭鼓聲嗚咽，寒雲一片傷心絕。塞北江南此地分，水遠山長夢難閱。搖搖玉雁曉離披，冉冉金烏夕明滅。昔時名重孝廉船，殊勝青雲著早鞭。今日扁舟羨張翰，孤棹何慚李郭仙？紅蓼灘頭罷吹笛，曠放太湖清渺然。看君骨相冰壺裏，朱絲之繩直堪比。卜居偏隣善卷洞，辭榮獨慕延陵子。五岳尋真非浪遊，定得無生亦無〔四〕死。神鼎丹砂爛九霞，王陽黃芽滋萬蕊。將追二老芥六合，何怪棄官如敝屣？

贈奕客吳少山

海客談秋奕，山城一見過。迹留幽薊遍，名在朔雲多。百戰堪懸印，千年枉爛柯。晋陽遊樂地，賭酒醉紅羅。

校奕烏皮几，分明似用師。雁行參鳥陣，馬首辨魚麗。始事勞千筭，成功落一麾。子房天下手，只有謝安知。

壽東皋翁

占得人家五福先，看來惟有上公然。承天澤共黄河遠，捧日心隨紫極懸。老學争爲門下士，玄文新著枕中篇。誰知臘酒南山獻，樂只遥含壽萬年。

酌黄琴士與吕山人同之

山谷希聲不可沉，支流雅善絲桐音。去年爲我彈秋竹，今灑白雪寒松深。松竹蕭蕭復何有？因君生辰且酌酒。相邀共醉海天人，袖出冰桃大如斗。

和柳川小洞避冬

深洞長松老此身，清朝朱邸一閑人。性單總有煙霞癖，機息偏令魚鳥親。破凍滿爐燒檞葉，加餐成碗飯麻仁。尋常温飽山中足，何必秋風江上蓴。

咏迎春花

有雪無梅地，盆芳迓早春。一叢抽綠嫩，五出綻黄新。東閣還偏興，孤山合比鄰。誰知寒谷裏，先有看花人。

寄酬林皋君見訊

歡來無物比新知，愁轉何方慰别思。翠嶺高霞登閣處，黄花香酒傍籬時。萍蹤已遠事如昨，梅信早通春未遲。可道東軒成兀坐，停雲靄靄獨題詩。

雪徑草芽青

白裏早分青，東皇爲炳靈。輕霏點芳意，潛穎兆初形。鋪砌茵纔織，尋春屐未經。金光含異采，秀出別成馨。

壽霍大司馬六十

青陽正律岳生神，紫府高筵慶上真。國有老成忠報主，家多殊錫孝榮親。銘勛已在麒麟閣，論道還須黼黻臣。南斗即今添壽籙，東山誰不望蒲輪。

壽雲川君

穀日頻申柏葉觴，壽星遙映九霞光。聽歌青鳥碧空下，看舞瑤姬素面妝。發藻偏工梁苑賦，談玄妙解漆園章。緱山一徑無人到，獨許王喬控鶴翔。

壽呂山人二首

紫氣接真人，青陽應誕辰。松帷開帳宴，柏酒縱杯巡。地主能延客，天涯信比鄰。願持今日意，同保百年身。

宴言攀逸駕，開美及元辰。臺是熙春陟，觴爲獻壽申。歌山翻案舊，告海進籌新。欲弭羲和轡，因君駐日輪。

燈夕宴集二首

美夜繡輪張，然苑豔寶光。珠驕瓊浦珮，鏡轉玉臺妝。坐月分瑤席，飛星急羽觴。胡能踏塵去，清境足翱翔。

夕宇華燈錯，金支映璧璫。薄寒銷暖焰，闇影落毫光。四美人方集，三更漏正央。春城真不夜，併此醉爲鄉。

早春園中即事

東風曉色澹晴暉，野館幽林變翠微。萼綠小梅披雪暈，芽黃初柳帶煙霏。宜春正美華觴酌，負曝何慚錦帳圍。獨怪結廬人境外，踏青車馬過門稀。

題壽萱圖爲李環洲太君作

稟訓弘家緒，移忠奉國恩。還持南岳壽，遙獻北堂萱。天翠榮輝合，日華喜氣翻。善門方萬慶，斑綵詎須論。

春風扇微和二首

惠風一何暢，吹我西雉園。草樹勻華澤，亭皋美植援。禽魚含意態，林沼競飛翻。對此情何極，端令宿好敦。

大塊噓青氣，菶菶轉綠煙。蕙襟稍可襲，珍樹欲成然。西第操觚館，東樓秉燭筵。芳辰不相負，觴咏上皇天。

紀　夢有序

　　余夢與過去人薛考功君采、高廉使子業、張方伯子魚行到一處，林淵映帶，迥異城域，有半面磨崖，議題詩其上。余先題"廣澤生明月，蒼山夾亂流"，筆落而窹。明，以告空樓子呂山人，山人意奇之，因取賦詩，送郡守杭公。時杭拂衣歸海嶠，笑曰："此其不死之舊鄉者乎?"余因足成一篇以紀之。

　　夢與數君子，逍遙一處遊。巖泉相映帶，草樹復綢繆。煙嵐互明滅，深靜可淹留。石壁如有待，題詩向上頭。五言章未就，二句文頗遒。廣澤生明月，蒼山夾亂流。不知此何許，稍已驚莊周。適有空樓子，來從霞海陬。問之笑不答，但取付長謳。慷慨臨風發，因之送杭侯。杭侯五馬貴，棄去若雲浮。言過赤松里，爲訪羽人丘。

贈喬二府玄洲署州還郡

山城春早見鴻儀，已有江春到北陲。幽谷盡然回旭藹，群蒙何不啓華滋？題興翠□□□〔五〕上，露冕虹旌曉甸馳。自是甘棠遺愛永，吏人爭寫去思碑。

春日集金蘭詩社二首

茂苑芳菲地，晴曛澹蕩朝。煙華紛藻思，空影散塵嚻。蘭室人如玉，金塘草是瑶。樂遊應未艾，嘉月今始陶。

已感青霞意，復聞黃鳥音。迎風追勝業，諏日款華簪。興洽嫌春淺，情遙愛夕深。問渠何得爾，齊契在蘭金。

風晨感懷呈呂徵君時同宿嘉樹園

條風布青氣，林藹逗朝暉。芳月始成趣，佳人何處歸。相留過寒食，相共換春衣。莫作南枝鳥，心心向越飛。

喜雨邀呂公共酌

耕父有餘樂，田園春雨中。地文青野映，天瑞綠疇通。勝鳥來桑際，鳴鳩過屋東。可令紅濕處，不共浣花翁。

寄酬李環洲別駕

翠蓋紅旌下北林，不知窮巷有招尋。堂開背郭虛無盡，座下光風宛轉深。山鳥杏花催送酒，池煙竹樹澹成陰。怪來顏彩增春色，時倚青天散鬱沉。

寄謝張東沙范東溟吕南渠陳抑庵馬松里諸老見壽

覽冀人從鶴上來，碧華璚檢向予開。文章北極調元老，霖雨東山濟世才。一字真成萬金布，三光如掣九霄回。遥天何許堪酬寄？只擬昆侖作壽杯。

寄謝沈句章范闖峰劉望洋三隱君見壽

歸向深山歲月深，懶隨閭里學浮沉。冥鴻已矯冲天翼，斥鷃寧辭惡木陰？夢裏紫陽終不到，書中瑶草自堪吟。可憐遠影空留滯，一望高雲寄此心。

寄酬沈青門以詩畫見壽

遥憶江門老謫仙，高蹤偃蹇思悠然。心空上竺聞鐘地，目迥西湖看月天。五岳舊遊移入畫，六文精藻韻成篇。前秋遺我雙鱗素，懷袖時時發彩煙。

小樓春望同吕山人

與君適端暇，携手一登樓。上躡尋春步，虚凭寓目遊。雜花明秀野，層樹繞芳洲。好景渾相媚，能無永日留？

輝上人禪室

檐隅一室嵌，清似鷲峰巖。雨洗曇花席，風翻貝葉函。坐觀無影樹，身挂没邊衫。修到不空處，諸天盡落凡。

喜兒階遊成均回詩以勉之

觀國覯明主，還家慰老親。春衫青草色，舊卷綠窗塵。宇泰天光發，齋虚夜氣新。肯因潛大業，行可對天人。

桐竹山房聽伯梓彈琴率然有贈

閑來桐竹舍，聽子泛清弦。雲度遠山磬，檐飛幽澗泉。參差龍管上，婀娜鳳池邊。詎曰冥所感，使予心淡然。

花朝涉嘉樹園

陰晴不定朝來雨，紅白先開樹裏花。園采亂浮青閣上，郊霏紛湧綠村斜。倦遊還擬□□步，止飲猶思問酒家。總是一春中斷處，□□野老惜年華。

仙人好樓居題扇作

仙人真是好樓居，疊閣層城滿翠虛。山琰玉屏移閬苑，水磨金鏡攝蓬廬。馮陵倒景神霄上，結攬玄文聖諦初。下視世間長太息，積蘇累壞不堪除。

題陳生牡丹畫扇

鮫人織成，冰繭之絲。作雲母扇，裁月半規。天女欣悅，帖花一枝。丹霞掩冉，香風紛披。文素凌亂，纖羅陸離。翩其神秀，縹此玉儀。

送別劉霞山二守謝秩東歸

高賢適不遇，晚路仍蹉跎。去國風塵少，還山樂事多。樹深春浦綠，沙曠野煙和。沃壤收紅稻，閑門廔碧羅。兒孫滿弦誦，鄰里數經過。談笑終日夕，優遊此巖阿。魚飛千道網，鳥弄百尋柯。已自參寥廓，澤虞將奈何。

過北谿草堂是兌川君讀書處

谿上人何在？林堂事宛然。承家還令子，留客尚高筵。對樹悲黃鳥，看花愁杜鵑。誰云宿草長，不使淚如泉！

賦得遠別離送呂甬東

勸君且勿馳，聽我歌別離。越江視汾水，悠悠四千里。晉嶺望明山，岹嶢不可攀。呂安昔訪嵇生廬，命駕不遠東平居。嵇生極目送飛鴻，深心杳然彌太空。人生貴在心相知，地北天南非兩岐。山亦不能爲之隔，水亦不能爲之移。憶君贈我錦繡段，日華五彩相凌亂。我亦贈君白地明，光錦一片素波中。隱隱君本黃金臺上人，笑殺黃金不濟貧。應慚丹桂高頭客，等閑丹桂摧爲薪。却羨竹林狂，頌酒矜短章。自處大人先生行，眇視二豪之在傍。又哂湘潭老，懷仙思遠遊。奈何甘爲泛泛之浮漚，而不仍羽于丹丘？窄途險巇何所事，除惟別有人間世。相携飲美酒，相伴學神仙。君向霞溟掇瓊蕊，我耕谷口種芝田。華芝紫瓊紛馥郁，相貽相報不相捐。借問結交時近遠，帶去帶來今九年。去日翠茵滿芳甸，來時玉鏡挂霜天。年年遲此作憑信，遮莫丹成更不旋。

三月三日修禊事於峪中

禊辰佳事在巖巒，石裏流泉漾碧湍。引泛玉觴沿澗竹，坐班瑤草就溪蘭。服鮮霞漂淄塵盡，眺迥煙銷玉界寬。豈道會稽成獨往，同春同賞合同觀。

西林雅會

僦宇黃金地，因依碧樹林。遠塵耽静習，近道愜幽尋。磬繞春窗誦，鐘閑夜榻吟。直須參水月，象外一冥心。

喜胡山人見訪

我欣嘉客到空林，無怪莊生喜足音。小隱詎能忘寂寞，大方真可破幽沉。仙人白鹿煙霞影，居士青蓮水月心。洞裏玉漿春正熟，好班瑤草一壺斟。

花下一壺酒

對花慳酒材，花落豈重開？惜景慚虛度，懷人喜共來。紅霏香裏徑，青靄樹中臺。就此朝朝醉，一春能幾回。

空林積雨

不堪農節盛連陰，小苑芳叢雨亂侵。依杖愁生紅藥徑，當窗悶對碧山岑。空齋束濕蒸藜晚，獨樹臨湍響澗深。莫道曉晴猶未定，只疑晴賞缺同心。

暮春文會觀初唐四子詩

隋季委文命，唐初振典彝。群才迎運出，四氏得時推。斧藻暉丹腋，雕龍煥陸離。深春紫蘭徑，遲日綠筠陲。點檢遺編絕，窺臨間代奇。不誣開卷益，恍已得新知。

咏孟夏草木長遶屋樹扶疏

晨宇一消散，叢芳夏氣初。獨欣蘭徑遶，尤愛竹櫺虛。幽馥凝閒幔，輕陰澹綠渠。文華正高會，佳色滿清居。塵物稍已謝，神情方晏如。五柳有遺訓，時還讀我書。

江上行

錦纜牽青翰，煙江泛綠波。岸移芳草斷，風遞落花多。桂舫搖吳棹，蘭窗映越羅。所歡人不見，春晚奈愁何？

孟夏柳川園看竹

昔聞梁苑竹，萬個夾蓬池。今見仙人館，千竿壓衛淇。龍含
丹壑氣，鳳展碧霄□[六]。玉宇何其寂，清陰盡日垂。

咏出水新荷

華沼澹晨煙，新荷帖水圓。鏡光鸞始合，扇影雉初聯。仙露
凝珠綴，靈薰散綺錢。緇埃無處斷，獨此自澄鮮。

送胡山人遊北岳

徂歲霜月，山人楚鶴子來自燕山，訪予汾上之亭。其人
少年逸氣，而遒於詩，尤善清言，因留浹旬。去遊嵩洛，洛
下諸公視如瓊樹。今再過汾，告余以北岳之遊，爲萬曆三年
初夏。夫北岳恒山，惟并之鎮，阻邊臨代，氣勢高寒，南客
罕登，乃楚鶴子□[七]然思躋其巔，何其壯也！昔尚平誓斷
敕家事，翱翔五岳，其仙矣乎！山澤之儒，形容甚癯，無濟
勝之具，而有其心，亦比於列仙。余少之時，臨高而躞步，
望遠而退飛，遂癯焉老山澤耳。然矯矯霞外，實神往而迹
留。是楚鶴真鶴，余豈列仙之流耶？因述懷作五言送之，且
以嗣洛下之音，冀同雅和之。山人家居廣陵，姓胡氏，荊父
其字，懷玉其名，楚鶴則其自號云。其詩曰：
逝將遊北岳，還復旅西河。喜見情愈舊，惜分意轉多。煙峰
造千仞，花澗遶層阿。拾得金光草，緘書寄薜蘿。

自　述

□□大似庭前竹，潦倒還如樹下藤。舊卷有時披霧閱，小樓

無力杖藜登。門閑流水斜陽送，谷隱春雷半夜升。説與少年應不會，嗒然一笑白雲層。

酌胡山人用華翁韻

照人千里夜光殊，自覺衣中有寶珠。旅宿橫汾三月暮，舟移上洛一帆孤。綠楊委地如留客，青草連天似泛湖。吾土只應隨處是，步厨新酒百千壺。

程竺陽生日

客舍西河十二年，每逢嘉旦必開筵。安居頓少還家夢，久處應多宿世緣。芍藥侑杯紅泛豔，薔薇張組綠纏綿。浮生情景難兼適，樂事在今良已便。

送程氏其章迎父回家

學步青雲志未酬，且將生計寄扁舟。陶朱剩有千金策，定遠終當萬里侯。別路尋親春草暮，還家壽祖月華秋。送君南浦情無限，何處新江江水頭？

贈明府石舟公二首

高賢守山郡，自覺訟庭虛。永夏清枕簟，孤懷澹琴書。鐘鳴夕陰滿，吏散晚衙初。案牘豈留滯，優閑時晏如。

補吏第隨牒，服官惟守程。雄州精行理，列辟讓文名。發藻陽春布，揮弦夏氣盈。高齋一回眺，山水盡含清。

喜保寧太守趙公還山

羨君解印還東山，鴻飛冥冥不可攀。昔去寒齋掩松徑，今來夏閣開雲關。回看蜀道青天遠，高臥涼風白日閑。未必土梗二千石，仙標故自出人間。

訪趙陽谿孝義道中作

款段頻嘶苜蓿花，前村過盡日初斜。碧山學士家何在，白石巖扉護紫霞。

寄謝彭東谿自靈寶見訊

去日棠陰滿舍春，廿年滋長色逾新。召公遺澤海同潤，彭祖延齡道合真。彩鳳稽遲丹闕詔，白雲留住紫薇臣。山中有仙人不識，却□〔八〕無官只隱淪。

夏日林居

仲夏一陰轉，新凉萬葉含。方文舒竹簟，圓蓋啓雲龕。同隱邀皆集，清言坐共談。炎氛暗消去，佳色滿晴嵐。

東皋社會賦詩得槐陰避暑

自笑三槐在庭際，看來不過野人家。月明剛有安枝鵲，露濕惟多集木鴉。花發少時窗下映，葉深老歲屋頭遮。婆娑未是無生意，獨倚凉陰到日斜。

和陽谿歸田三首

到處逢人説達生，幾當榮悴不心驚？浮雲野馬須臾事，流水虚舟自在行。傲吏漆園聊寄迹，故侯瓜隴只閑情。羨君老圃歸來後，飽滿青精緑芋羹。

一覷浮名一愴神，退居端自保吾真。語言無味泉聲答，面目可憎山色親。柱脚障流歸大海，竿頭進步得全身。却憐春草邯鄲道，泥殺黃粱夢裏人。

首路登朝中路嗔，刀頭截斷陌頭春。不堪楊柳迷行客，聊爲煙霞作主人。抱瓮何慚漢老拙，晒褌應笑阮家貧。知君松下清齋處，日暮惟令鳥雀親。

詩社高齋望文昌祠廣惠寺並峙北隅

閑齋眺鄰宇，雙構一何高！碧殿籠丹氣，紅樓放白毫。竹聲虛自籟，松影翠成濤。隔壁巢鳥過，連天院鶴翱。道同思結社，業廣計分曹。頓悟慚非早，空虛始欲逃。

李磻溪席上作

飲君巵酒壽筵中，自笑衰顏鏡裏紅。住色定非真我相，隨緣聊復與人同。遇來旦暮成千古，老去榮枯盡一空。光景現前猶錯過，更從何許論英雄？

送別駕陳石舟致政還山

題輿初下五雲輝，返棹俄從六鶂飛。秋圃飯香紅稻熟，凉筵膾美白魚肥。桂標童子高千尺，松記先人大十圍。此外世氛應不到，海翁鷗鳥共忘機。

伏暑登郡城北樓

逃炎携酒得同遊，共上高城一倚樓。窗閃樹光涵遠岸，檐飛旗影像虛舟。科頭白日冠皆挂，揮手紅塵劍獨留。向夕須收阮公嘯，露華瓊宇不勝秋。

七月七日送別石舟先生二首

星夕方娛會，人今愴別離。列筵依枉渚，解組割長帷。鵲繞回橋處，駒鳴入谷時。平觀河漢表，緬念滄溟涯。一水非難越，三山豈易追。丹霞夾銀闕，碧樹嫋瓊枝。金籛隱玄記，玉璈流妙詞。名存太丘長，道合洪崖期。匿景虛無館，葆光朝夕池。神將天共杳，身與世俱遺。尺鷃望寥廓，丈人真瑋琦。誰能不睎者，我欲往從之。疲馬跼修軌，奔龍頓末垂。茫茫夢中路，脉脉阻光儀。

朅來心不夷，忽忽如有失。出門惘所之，仰視霧中日。掩此夏氏璜，坐昧連城逸。之子文翰賓，伊人罕儔匹。藻掞天庭摛，業廣聖門述。制作參典謨，宮商叶韶律。胡不登明堂，揚暉東觀室？別駕豈不崇，高才第恒秩。新沐正彈冠，鳴珮豈趨疾？長嘯歸海隅，耕雲種芝术。著書列名山，立言炳丹漆。泠然契吹萬，澹乎冥得一。矯首睇川塗，何時弗回遹？自余覿仁賢，疑義每請質。迹爲公府疏，心由道緣密。瓊樹方追攀，離聲變瑤瑟。別鶴安可招？遵鴻遺惕怵。咏言雖委懷，辭殫竟難悉。庶保黃髮期，觀頤玩貞吉。

柳川翁製青筠蠅拂見貽兼有題識輒歌以奉酬

金錯橫裁碧玉枝，條分縷解百千絲。棕櫚奄棄塵尾歇，妙製且看筠拂奇。皓腕香羅爲君起，寒聲淅瀝瀟湘水。飛蠅散失繁暑銷，冰簟紗窗净如洗。飲旨酒，登華筵。陳寶鼎，彈朱弦。座有人如雪，門無俗客填。還將揮灑作談柄，破竹之處心悄然。

七月十二日看柳川莊池荷花盛開輒擬四絶

田田圓葉綠池平，朵朵高花翠葆擎。大似梵天鋪法座，彩毫丹錦萬霞明。

珠翠輕盈試靚妝，紅衣相間綠羅裳。似隨織女回銀漢，拂曙香籠水榭□。

一片池塘萬柳斜，芙蓉如錦復如霞。玉晨清磬飄風露，疑有諸天誦《法華》。

本來清净是真如，妙有誰知映翠虛？塵色滿前侵不得，香華自在水雲居。

壽柳川小村二翁

我采南山第一篇，爲君起舞玉堂前。殷勤獨是平生意，歡喜多應宿世緣。海果摘來瓜似棗，岳蓮收得藕如椽。却嫌鼎俎非靈味，轉使仙芳助大年。

秋夕憶陽谿

溪頭谷口閉門深，暮去朝來詎遠尋？老鶴有情憐自舞，白龍無語向誰吟。當窗秋起蕭蕭樹，傍舍凉生款款砧。已遣家僮釀新秫，未醅先望小車臨。

社中以七月十五日爲瓜果之□□□

金蘭翰侶結清緣，學取瑤京會玉筵。七夕不堪星易散，中元共愛月當圓。果登碧海千年實，瓜摘青門五色鮮。無數綵雲麾不去，天風吹到鳳笙邊。

贈呂磻師納門人小子輩受經

河山朱邸挹光儀，宿德宏文是我師。匡鼎説詩頤共解，楊雲摘藻字多奇。互鄉童子容投學，達巷黨人從問疑。佇看一門桃李盛，東風肯爲及時吹。

自壽二首

截斷諸緣證本因，空林懶散一閑人。不應老擅中秋事，把酒青天醉月頻。

吾道雖窮未是窮，生辰杯酒不曾空。壺中日月真堪駐，盡把衰翁作醉翁。

生日奉酬諸公見贈二首

身世悠悠七十强，真成賤與老相將。蓼蟲事業從前苦，芻狗文章到底荒。秋水自縈川上歎，夜舟誰保壑中藏？餘生尚復隨華月，定是西樓醉幾塲。

山澤老人形貌癯，遁栖那比列仙儒？坐逢帝里金□〔九〕彥，來訪天皇玉珮圖。留飲旋收松葉露，延宵同玩水晶珠。傍觀莫作尋常事，此事區中或有無。

秋林宴坐

取位無三術，栖身有一丘。年非聞道長，迹以避人幽。雲白水容淡，山蒼樹色秋。坐深餘老病，默眇竟難收。

雁門早秋

商颷動北邊，一望冷沙煙。馬噴長城水，鴻驚高闕天。枕戈悽結露，擣練急聞蟬。誰念緘愁者，迢迢夜不眠？

和小村宗尉七夕山居即事

天淡銀河靜不流，星媛何許詣牽牛？雲情乍似高唐夢，風景終如長信秋。煙潤鳥驚弦畔月，粉筵人拜畫中樓。山空此夜聞仙籟，王子吹笙在上頭。

齋中和裴山人宴集同蘭軒君

相憶神交久，相逢義諦真。山林予謬主，江海子誠賓。對酒薰蘭氣，裁詩挹玉塵。更憐今夜月，閑影共三身。

釋子慶雲見訪茅齋有作率爾和酬

歸休猶自未休心，慚愧空栖野雀林。何似開山千嶂曲，獨觀定水一源深。天香盡是青蓮藹，佛性都成翠柏森。疲病却憐攀不得，蕭條風雨學龍吟。

和裴山人見題文苑清居十韻

園廬久栖息，名迹詎見侵？世事稍已淡，野情良自深。蒿萊沒荒徑，几閣依平林。有美在幽岫，無期款鬱襟。停雲曉天際，倚樹夕池陰。但恨一方阻，安知千里尋？英英芝蘭氣，耿耿金石心。共寫丘中好，同行澤畔吟。畦蔬獻秋摘，家醞勤夜斟。始信逃空者，跫然喜足音。

秋林與裴山人話別

萬曆三年八月之望，巢雲裴君自河東來。往余數請君會不果，今始果其諾云。蓋兩人神交者，神物終當必合耳。靖節有言："相知何必舊？傾蓋定前言。"謂一見若平生也。若神交千里而晤言一室者，何以謂耶？時皓月當空，皎余心鏡，玉壺有酒，其清若空。喜極而寓之醉，醉極而咏之言，言則左史書之，且以贈別。

逍遥與子白雲邊，似是天公借好緣。秋色晴分廣寒樹，夜光泠浸瓊華筵。面談千里俄今夕，夢想十年空暮煙。傾蓋定交還別去，後期鷄黍寸心然。

秋堂夜坐風雨凄清用燈字爲韻二絕

秋風秋雨暮相仍，隱几蕭條思不勝。童子敲門社西寺，一篝分取佛前燈。

朝看西山爽氣凝，翠華金水樹層層。陰晴忽變誰能測，風雨滿天寒夜燈。

謝郡侯張公禱雨輒應

使君閔雨愜靈心，一請垂天三日霖。笙鼓水龍喧社處，兒童竹馬躍城陰。青山閣眺晴光滿，翠野帷褰秀色深。歲有何人不稱慶，老農先奉萬年吟。《晉書》："束先生，通神明，請天三日甘雨零。我黍以育，我稷以生。何以醻之？報束長生。"故曰"萬年吟"也。

題《彩鳳銜書圖》爲交城令齊公

家弘開世慶，國表濟時英。玉璽昭文誥，金甌著姓名。排雲雙闕曙，振珮九天清。試比銜書鳳，方當應太平。

九日壽慶國

大椿爲壽八千秋，碧海今添幾度籌。日月自長桐葉第，河山偏壯棣華樓。耽文斧藻皇猷盛，寶善鈎玄聖諦幽。時菊有情開令節，英香紛共紫霞浮。

采菊送龍池翁

葭葵蒼蒼白露寒，望中人在水雲端。著書玄閣成千卷，揮手青天謝一官。佳節遙臨誰與眺，濁醪孤撫自無歡。寄心惟有籬間物，□□〔一〇〕朝英奉夕餐。

龍池答

寒花十品錦雲栽，分取靈根闢草萊。佳節尚餘呼月興，素心長憶補天才。東籬勝事詩千首，北海高尊酒百杯。珍重璚瑤何以報，思君不見罷登臺。

謝西齋君惠菊

仙人館裏分佳色，野老籬邊借逸光。承露掃開黃葉徑，護霜安向翠微房。惜花其奈悲秋晚，對酒還當引興長。只恐自家翻冷淡，可能來此醉重陽？

落葉二首

樹裏秋聲不耐聞，落黃那忍更紛紛。若言對此無蕭瑟，除是寒峰古白雲。

秋來樹是春前樹，落葉還當似落花。萬片遠溪留不得，一天空水送殘霞。

壽呂磻溪先生

與君稱壽白雲秋，六度黃花送酒甌。節晚寒香同氣味，才高小隱亦風流。傳經道洽龍門里，授簡文飛兔苑樓。借問遊梁賓客盛，爲儒誰似廣川優？

滿庭詩景飄紅葉

秋氣稍已勁，寥寥天宇空。樹銷晨露碧，葉帶晚霜紅。亂下紛如雨，平鋪定似蓬。墻陰疏薜荔，檐影净梧桐。有美耽詩客，多賢嗜酒翁。燃爐溫綠蟻，搦管篆雕蟲。短帚收三徑，長廊貯幾籠。只緣情會景，翻愛滿林風。

初冬辱蘭社諸公過訪即席賦酬

落木掩行徑，夕陰生始寒。同懷一相訪，悶緒稍已歡。村酒黃花酌，家蔬綠芋餐。淡然無世味，翻喜坐宵闌。

夜長秉燭遊

志士惜日短，起爲長夜吟。迢迢望遥漢，煙道不可尋。惆悵平生懷，踽踽非所任。還顧念白髮，霜霰日以侵。何用達吾生，前言得我心。秉燭至天曙，美酒時自斟。

小春集畫苑觀妓

舒嘯翁筵向夕披，竹林寒月有幽期。圍屏曲几生春色，洞管佳人學鳳吹。珠珮順風愁解去，錦衾臨水欲相遺。却憐文字東山飲，盡與華燈照翠眉。

暮懷一首

弱冠秉微志，暮年多苦懷。時哉不我與，萬事寡所諧。栖遲野雉澤，憔悴寒猿厓。猿啼腸斷絶，雉鳴少嘔喈。前修豈不偉，天道常好垂。清晨蹈霜雪，短褐足無鞋。飢麟不吞噬，見笑虎與豺。寶劍挂東壁，寥寥星斗排。著書委窗間，卷卷空塵埋。今我復何爲，斯人邈難儕。謂余非土木，久矣爲形骸。

雪夜懷陽谿君

門對長川少客過，可堪孤館閉巖阿。白雲三舍人何遠，黃葉一階愁更多。解愠只須連榻話，怡顏未必在庭柯。知君亦有山陰棹，雪夜不秉如我何？

鍾琴士送余兩琴作雙玉篇

有客銅臺來，遺我雙玉琴。雕琢自上古，含蓄咸池音。神物久呵護，精理弗銷沉。一彈孤雲起，再鼓離鸞吟。須臾變綠水，滅没巫山岑。安得晉子野，聽曲識其深。曰余委窮岫，頽景遂見侵。枯槎爲我形，寒灰爲我心。忽然聆逸響，怳已豁初襟。始知作者聖，至寶徽黃金。詩人感木瓜，見報瓊華簪。我今亦何與，緬在龍門陰。皎皎霜雪幹，亭亭高十尋。

贈平定朱博父見訪

月樹之標昆玉姿，鴻都高論紫庭儀。辟雍暫假垂天翼，金馬初從待詔時。北海宴談霞是酒，西樓浩唱雪爲詞。不應便話明朝別，一片碧雲千里思。

古泉王公自汾州守戎陟山西都閫

虎符三載鎮雄州，儒術兼資上將籌。萬戶曉山威並立，西河春水惠同流。冰操久已居廉吏，石畫多應學武侯。分閫只今臨雁塞，笑談樽俎戰塵收。

再集畫苑呈柳川翁

徘徊高館意如何？爲倚清真在薜蘿。招隱桂叢寒更茂，伴閑雲影畫常多。醉餘直欲騎黃鶴，書罷還思換白鵝。不厭社朋頻擊砧，後期携酒復來過。

寒林宴坐呈社中三老

四海茫茫六合塵，不知餘得幾閑人。多居神宇超千劫，老我空林寄一身。慣學鏡師磨水月，懶從漁父問煙津。向來隱者都參破，獨是陶潛任本真。

山中與王老

陶公故自出風塵，塵網何能誤得身？不見拂衣田里後，交情日與柴桑親。我亦還山得山客，盤桓雲松淹水石。至今忘却歲華深，笑指斜陽頭雪白。

社中至後宴集聽鍾小雅彈琴

玉壺冰凍滿寒煙，早有陽春動七弦。梅氣暗浮江信裏，雪聲疑度郢人邊。飲逢仙侶方歡甚，坐對知音復悄然。林下豈期還勝事，蕭條琴酒白雲天。

蘭玉堂稱壽

白鶴青天盤綵雲，南山佳氣結祥氛。金庭正啓瓊華宴，玉籙新成珠斗文。發藻雁條翹帝業，表儀麟趾冠人群。九霞仙侶前爲壽，一啜冰桃滿座曛。

壽東皋宗尉西瀛少參

嘉平厄酒薦瑤筵，高宴蓬萊洞府仙。松下茯苓蒸琥珀，月中環珮舞嬋娟。半酣面湧朱霞氣，一笑塵飛碧海煙。朝菌□〔一一〕憐時借問，可從聞道學長年？

乾石弟生日

流年共度百餘春，兄七旬來弟六旬。盛世托生同草木，微官過眼落沙塵。歸從謝氏池邊夢，老向茅君洞裏身。豈道列筵無陸海，壽高酒滿不爲貧。

冀陽生日

柏葉樽開獻壽初，梅花香繞讀殘書。青萍氣湧寒霄上，綵筆文驕秋水餘。暫比蛟龍蟠大壑，多逢車馬近高閭。應知歲久才逾劭，會向呈明賦子虛。

雪 樵

大雪群山閉，丁丁響一樵。空聲流邃壑，獨影度回橋。村飯人煙少，城酤酒望遥。玄猿啼日暮，辛苦抱寒條。

書堂對雪

寒光浩無際，豈辨青山阿。食淡鹽空撒，衣單絮漫多。閑庭生鳥篆，□舍罷漁□。花想瑶臺樹，紛紛定若何？

冬夕宴集張卜亭宅觀諧老奕

晚空晴碧四檐清，邀客小堂敲玉枰。絳蠟光搖雲母帳，竹爐火沸瑯漿鐺。寒星縱橫渾在手，天旦星離復何有。勝負從來是戲場，相逢且酹東家酒。

西寺迎春

莫道春無象，絪縕繞佛香。目華曇點碧，心樹柏回蒼。鸚鵡翻珠綴，醍醐倒玉漿。詎須遊上苑，早已證三陽。

立春日分題得香烟接瑞雲

招搖東指歲華新，拂曉焚香拜玉晨。煙上翠虛飄作蓋，雲和青靄結成輪。紀官遥識千年瑞，占象今知萬有春。蘭館柳塘先意緒，雕盤文酒樂同人。

歲暮咏懷呈同社三老翁

冉冉歲云暮，吾衰久矣夫。詩書既委退，田圃亦荒蕪。白石終難煮，黃金不可圖。賴從霞表逸，斗酒聊共娛。

校勘記

〔一〕“萬曆乙亥”誤倒，據本書通例當作“乙亥萬曆”。

〔二〕□，底本漶漫不清，據詩意似當作“进”。

〔三〕□，底本漶漫不清，據清咸豐《重修汾陽縣志·藝文》當作“橫”。

〔四〕“無”，（清）咸豐《重修汾陽縣志·藝文》作“有”。

〔五〕□□□，底本漶漫不清，據詩意似當作“幔高雲”。

〔六〕□，底本漶漫不清，據詩意似當作“儀”。

〔七〕□，底本漶漫不清，據詩意似當作“慨”。

〔八〕□，底本漶漫不清，據詩意似當作“笑”。

〔九〕□，底本漶漫不清，據詩意似當作“閨”。

〔一〇〕□□，底本漶漫不清，據詩意似當作“來取”。

〔一一〕□，底本漶漫不清，據詩意似當作“自”。

文谷漁嬉稿萬曆丙子〔一〕四年 時七十二

首春文會

玉燭調青律，文明啓泰元。日章君子道，時憲聖人言。妙義
三經析，希聲五字翻。翰華凌綵勝，春象滿東軒。

正月六日喜陽谿過訪二首

適枉乘春駕，言申隔歲期。北山吾是我，南郭子爲誰？獨往
凌瑤雪，同懷覓紫芝。平生鷄黍意，猿鳥或能知。

冒雪猶能訪，空山合有人。足音誰不喜，心賞自相親。飯煮
瓶中粟，柴焚澗底薪。淡然無世味，却是野田春。

穀日壽雲川君

獻歲爭傳柏葉杯，何如王子宴春臺。祥逢穀旦梅迎雪，慶衍
燈宵雪映梅。三鳥拂雲將果至，群龍流水駕車來。洞天光景應無
限，桃海看花定幾回。

寄懷呂徵君時在潞安

昨年惜別桃花春，今日傷離柳色新。仙嶠遥通滄海夢，僧房
慣住白雲身。郭東遺佚中林老，江左名流大國賓。相憶却憐汾潞
近，寄聲猶得往來頻。

寄懷上黨程存齋先生

束帛無因贈子華，緘書聊且遡情涯。遥憐海客同雙樹，自笑
山人隔九霞。秀藻千章抒斗酒，清言幾段落杯茶。經春碧草遮行

徑，桃水煙洲路更賒。

寄懷上黨李養虛先生

何事高才李裕州，清時早已卧林丘？逃禪五馬雙旌貴，草聖千金一字遒。憶昔彩毫能見枉，慚今秃筆若爲酬。東軒藹藹停雲意，只向龍門漳水頭。

元夕贈楚峒上人用來韻

香床宴坐一禪清，詩卷行吟萬里情。月寫冰壺空是色，雲和玉磬静成聲。寒山古寺繙經遍，深竹閑園駐錫輕。五夜燃燈供繡佛，蓮花時轉大光明。

寶善堂燈宴

春城元夜萬家燈，別有蓬萊最上層。璧月吐華叢火樹，珠星結綵挂金繩。屏圍翠水鮫光濕，樓薄紅嵐蜃氣凝。福地好春人不見，驂驔爭睹路傍乘。

瓊筵朱邸上元燈，七寶妝成五色層。酒稔冬醅斟翠柏，饌香春餅襯紅綾。煙花萬朵金枝秀，火錦千章玉軸凝。極宴詎嫌宮漏永？鶴笙時繞曙光升。

釋子楚峒年少嗜詩來自京國訪余汾上之亭屬嘉藻
　　見貽尋別去將遊彼中條因贈酬二首

遊於方之外，貌釋而趣文。不逐紫衣侶，寧同白社群。清言對庭樹，麗藻發身雲。南泛中條去，與誰凌翠氛？

霞散文成綺，花生錦上春。五言超半偈，近體攝全身。古寺參無業，空林若有人。誰知珠在繫，未是野僧貧。

再贈楚峒北還

春草行應歇，夏條歸已繁。流暉杯裏度，歷景拂邊論。貝葉移詩卷，榴花當酒尊。知將碧雲思，齎向竹林園。

題柳川館縷花紙燈

光采玉繩牽，文華金錯妍。人將燈碗視，我愛月輪懸。冪歷垂珠網，玲瓏結綺錢。誰知一尺素，燈徹九霄煙。

晦日西園雅集

初月俄成晦，明朝已仲春。列筵將急景，敦賞愜同人。邊雪迎鴻盡，城煙上柳新。風光和酒力，應向百年身。

昆山館聽南洲說法

仙人騎白鹿，下聽演三車。支果小童學，宗門大士家。香風吹海水，法雨灑天花。回向清都去，長空有斷霞。

登杏花村酒樓

春來何許豁吟眸？村路逶迤芳草洲。馬繫短楊遙問酒，鶯啼修竹近登樓。偏憐半醉遊三日，不分孤生老一丘。叮囑杏花徐點綴，莫隨桃水向東流。

春分日感懷

微雨灑青煙漠漠，柔風生綠草萋萋。暗機已剖春中斷，餘景剛成月半攜。猶恐落暉還促迫，函從芳苑共攀躋。多情獨是畫胡鳥，偏向杏花村裏啼。

春至林木變

旭日照山楹，前陂煙水生。空林何澹蕩，眾木總芬榮。微綠
工初染，深紅畫未成。勾萌皆變態，翔泳亦含情。戲鏡魚吹沫，
調簧鳥弄聲。二三隱君子，安可廢瓶罍？

參知華山公陞憲臺長

薇省霜臺望並隆，百城觀感萬心同。明如玉鏡開雲凈，清比
冰壺湛月空。思召豈惟耽茂樹，戀周聊假賦遵鴻。泰階此日何宣
朗，賢路方當進上公。

贈呂磻溪教授北歸

蹉跎江國早懸車，笑傲何慚宴里閭。元亮不貪五斗米，子雲
自愛一床書。花潭酒衍新詩出，香閣鐘聞舊講餘。回首西園明月
夜，恍然塵夢落清虛。

和陽谿山中見懷二首

晨興獨多意，啼鳥落花中。勝水溪頭口〔二〕，盤山谷口宮。
窗含杏壇雨，簾捲竹林風。望口〔三〕仙源近，沿洄路轉窮。

緬子樂南田，愁予渺北川。澗花紅欲染，池柳綠堪牽。踏閣
阻芳月，停杯悵夕天。將心托瓊樹，時繞碧溪邊。

內省軒新葺池塘

內省軒前一片地，等閑開作種蓮池。葉含圓景金田合，花發
靈根玉井移。風細落霞凭檻處，月明清露捲簾時。香光撲面羅衣
冷，不著紅塵始自知。

南洲上人王莊蘭若

色相不離塵，還將證本因。人煙資一鉢，佛火寄雙輪。窮岫
雲爲友，空齋樹作鄰。誰知古橋畔，見住法王身。

三月三日侍太霞亭曲水宴

上巳屬時熙，嵇亭樂在茲。華杯追往事，嘉客萃來思。汲綆
寒泉井，流杯曲水池。穿花浮落蕊，遶樹櫟低枝。順湧方連絡，
回飄復逶迤。酌蘭渾是醉，吟草忽成詩。九轉天潢派，千春帝子
期。丹霞隔城市，遙聽綵鸞吹。

王司馬巡視朔方

邊城楊柳綠依依，上相行春別有暉。節鉞省臺新法象，樓船
淮海舊聲威。平胡更講安危略，定國尤嚴戰守機。元老到來猷自
壯，我歌周雅贈旋歸。

碧桃花下聽吹笙

玉笙吹紫煙，時向碧桃邊。縹緲九霄奏，悠揚三月天。耳和
聞鳳曲，心愜對花筵。不是洛賓侶，飄飄願學仙。

春晚杏花亭小集

杏花春幾許？流水去閑閑。草徑臨城斷，柴門隔樹關。多愁
催白首，一笑返紅顏。吾意真堪適，自餘非所攀。

暮春過子夏祠

舊迹陶山表，荒祠相里存。土花閑雨繡，石樹斷雲屯。聖遠
傳經術，時危輟道論。寥寥竟千載，誰與奠芳蓀？

暮春宴金蘭館賦酬

崇蘭幽谷裏，叢桂小山邊。招隱非無地，陶嘉剩有天。舞花頻送酒，歌鳥競調弦。適意芥塵物，惟餘藻思牽。

落花二首

三杯賞花酒，一片惜花心。何待紅芳歇，臨開念已深。

宿酒侵晨散，林堂小徑斜。滿階紅撲藪，却是夜來花。

感遇四首

積思能令神鬼通，定知此語決非空。打開太極從前竅，恰是先天一老翁。

獨掩荊扉歎日斜，更無人問野人家。夜來却有風雷至，鐵樹新開幾朵花。

盤龍寶鏡絕塵埃，妙有都從一照開。只爲色空非見解，智人拈出暗人猜。

緱氏山頭逢子喬，玉笙吹起鶴飄飄。曲終騎鶴杳然去，獨立有人愁慶霄。

山中答李使君見枉用韻

旌棨遙臨背郭堂，薜蘿生采蕙生香。巢林事業一枝小，補袞文章萬丈長。竹裏掃雲安几席，花邊汲井漱壺觴。十年關尹無奇遇，今日青山禮伯陽。

壽王龍池先生

勝日長懷玉樹枝，榴花天酒慶生時。門迎多是大羅客，山祝惟應小雅詩。仙籍紀年南極□〔四〕，儒林遁世少微知。無能學得馮虛子，一策泠風副所期。

讚王龍池先生小像

溫潤而栗，純粹以精。維金之鑑，維玉之衡。維岳之重，維辰之明。文命之表，德充之符。國之楨幹，庭之典謨。懿厥宏規，咏此瑞圖。

謝查毅庵王秋溪二使君見枉丘園

蓬蒿不辨野人廬，邂逅何期長者車。紫氣忽浮雙翠蓋，玄言時映九霄書。香生古柏含風遠，光轉孤桐上月初。坐對夜深渾默默，恍然空水一舟虛。

雜　言

燕雙雙，薄倖郎。尾涎涎，巢君梁。銜泥濺文杏，落穢庭中央。群生八九子，亂點千金白玉床。主人憐汝特呵護，保汝出入無憂惶。夕扉恒晚閉，朝戶闢晨光。丁寧戒兒女，莫作打鴨驚鴛鴦。主人恩甚厚，胡爲却相忘？去不辭謝，來不參詳。賴道去時壘好墻，不知若個是渠房。啁啁唧唧逞口强，自焚其巢，先笑後號咷。

西園牡丹亭侍宴作

仙苑名花拂檻新，東皇留與十分春。丹葐合是園林主，翠葆渾如侍從人。光映水簾搖畫障，影飄羅袖入香塵。喜將供奉清平曲，爲勸金樽滿百巡。

紅藥欄邊飲酒賦詩

觴咏陶嘉處，林園芍藥圍。樹光流綠暈，花氣灑紅霏。遊目炎朝永，傷心春事微。繞欄看未足，移簟坐相依。絕代愁空老，穠香畏易晞。有懷人不見，無復贈將歸。

題鄰溪園

階翻紅藥盡，簾捲翠微來。鳥趁嵐光下，魚吹荷氣開。林香縈宿靄，泉潔澹炎埃。樹裏仙人館，雲邊帝子臺。扶笻愜登眺，岸幘重徘徊。綠篠紛瑤席，青蒲泛玉杯。自然淹客醉，況復鳳笙催。

首夏猶清和社中作

不堪芳草歇，況復妍花飛。稍喜身猶健，高歌事不違。園苗暢和澤，林館澹清暉。及此邀吾老，携壺坐翠微。

清和文會同賦西苑池亭

高園愜情景，陶咏嘉宴娱。道與朝心契，文因夏氣敷。清暉蕩喧濁，和吹轉虛無。亭上瓊爲席，池邊錦作鋪。啼禽偏向竹，戲鯉或依蒲。風雅開詩譜，煙霞染畫圖。淮山鴻寶地，汾水白雲都。豈羨沉冥子，潛身跳一壺？

夏日承蘭社諸公招飲崇文書院賦酬

文園清夏氣，秀樹滿涼陰。美酒榴花席，佳人蘭葉襟。鶯歌白日永，鳳吹紫煙深。試問傍觀者，寧知世外心？

五日對榴花作

朱英嵌碧樹交加，天與端陽潤物華。如畫采章明向日，隔簾文綺散成霞。芳連薜荔清無限，珍比珊瑚富不奢。對酒頓令顏色好，白頭何許煉丹砂？

五月既望廕修竹之林漱清流之渚
南風時至宴言咏懷

炎景倏已遒，大運迅回斡。潛哲苦埃蒸，高旻思遣撥。臨流攜友生，爰展素心漫。竹氣洒庭陰，南薰飄木末。綠條時可攀，朱果適堪□[五]。□鳥亦翩翩，游魚何潑潑。揮斡命飛觴，瓊枝慰飢渴。輕舉雖未然，拘方庶茲豁。

送郭文山守備柴溝

本自濡翰希鳳舉，今當射策事鷹揚。登壇好佩黃金印，釋褐焉知紫繡裳。大樹入雲閑幕府，高山壓海待銘章。由來我武貞文略，叔甫真堪奠朔方。

伏暑高齋靜坐

逃暑西林一片陰，高齋徑入白雲深。長松箕倨方紋簟，短葛襢披小領衿。御氣能令六月息，空心不受萬緣侵。坐來自覺清凉滿，何用臺山頂上尋？

題蔡使君獻壽北堂册

維皇肇造，陶世埴埏。俾弘而家，輔我帝躔。無幽不暢，有啓必先。篤佑淑媛，誕生偉賢。

淑媛雍容，柔嘉靜恭。既勤既孝，克順克從。慈惠周恤，睦黨敬宗。身其康强，元吉其逢。

嗣賢翃翃，維國之楨。爲天子使，東南于征。持斧衣繡，執規秉衡。于藩于臬，令儀令名。

子以母令，帝錫之慶。榮榮服章，光光寵命。□[六]祉是膺，克綏保定。鼎養在陳，鐘歌斯咏。

歲八十春，維母元辰。子爲憲翰，堂有鴻賓。祝裏昭覬，茹和飲醇。神之聽之，莫不景臻。

在昔尼父，綜文于魯。正魯之詩，特崇壽母。君有庭闈，我有皷黼。秩秩德音，綿綿思祜。

李澗南七十

休道人生須滿百，得來七十已如仙。兒孫置酒南山對，賓客陳詩北斗懸。憶昔曾爲萊子舞，看今又見綵衣傳。知君福德渺無極，合與靈椿較大年。

畫苑看粉紅榴花

玩美若榴傍，盈盈紅粉妝。純丹疑太絢，半素見孤芳。簾晃玻璃色，杯搖瑪瑙光。惟應多結子，玉樹共成行。

咏白榴花

榴火千紅杏，安知一白奇。吳王憐皓齒，楚女嫉蛾眉。篆玉瑤分蒨，調鉛粉結蕤。最宜何處玩？清露捲簾時。

咏東陵侯種瓜青門

不遠灞城邊，栖遲避世賢。平生列鼎食，一旦□〔七〕瓜田。偶自滅名迹，聊因寄歲年。山河百戰後，故國幾家全？

晨起涉園二首

山氣朝來爽，炎氛帶雨消。天青映池草，水翠瀝巖條。竹密徑幽反，鳥稀人寂寥。白雲如有意，孤景共誰招？

拙訥自疏世，遁栖奚所求。有書惟種樹，無壑可藏舟。龜用支床足，鳩將刻杖頭。守吾先子訓，卒歲且優遊。

六月平霞館會

榆光荏苒數招邀，霞館炎天慰寂寥。雲度遠山渾帶雨，樹搖空水忽成颮。登高尚欲翻詩案，茹淡無能棄酒瓢。百事老來擔不得，只應閑境靜塵囂。

懷王龍岡先生

三年不出意如何？生日猶然謝客過。聞道夕當同女偶，臥痾時復效維摩。青山倦眺閑雙屐，白首怡顏昑一柯。我亦逃虛虛未得，羨君真已遂巖阿。

雨後看山

炎霧千峰隱，涼颮一雨分。始清開混沌，太乙共氤氳。石黛煙虹彩，蓮華水翠文。真圖人不識，只解看浮雲。

濮陽蘇磻石見訪兼遺令兄杏石訊用韻贈酬二首

金昆居濟北，玉友過汾西。葉縣雙鳧引，蘇耽一鶴携。白雲將雨至，幽鳥向人啼。契闊期闌暑，無嗟塞草萋。

許國青雲世，相逢喜復悽。弓裘麟閣裏，書劍雁門西。蒿徑稀人迹，柴扉有鳳題。詎知瓊玉樹，使我得攀躋。

初秋涼氣發

端居玩玄化，闌暑遽將稀。一帶曉林色，都含秋日暉。水華如鏡是，雲采似煙非。爽氣平分者，偏多在翠微。

宗老小村翁七十

青春結社本無期，白首逢君七十時。却喜古稀今易得，因知仁與壽相隨。華觴滿酌瓊筵醴，茂苑争攀桂樹枝。白鶴彩雲秋一片，玉笙清響賽瑶池。

雨中玩木芙蓉

玩芳微雨裹，秋色乍燃紅。水彙名相似，木華原不同。群英羅户牖，獨秀映簾櫳。可待成摇落，坐令心賞空。

贈山僧三首

自笑無聞枉歲年，得公提起思悠然。瑯瑯大鼓初鐍後，寂寂洪鐘未扣前。忍草亂藤聊混俗，覺花啼鳥亦通玄。想應宿世曾參侍，今日重修傍老仙。

康節能收宇宙春，莊生秋水湛精神。羨君身世千年遠，古老家風一樣新。虛室坐深惟潔白，玄言開朗盡清真。將因洗鉢從師去，可是龍華會裹人。

白頭偃蹇世交疏，惟向青山守敝廬。何得遠公聞姓字，多因楊子好玄虛。攀緣直欲開蓮社，問難遥同講石渠。静坐月明還憶否，竹林高館誦經餘。

丙子秋送諸生赴試

秋灑新黄上緑槐，曉乘青靄餞高臺。周興選舉鄉閭薦，漢辟賢良册府開。千載六經爲大業，幾人三對擢宏才？仰觀天路平如砥，直任扶摇萬里來。

丙子生日自寬時年七十有二

好作歸人尚不歸，婆娑秋影對斜暉。有何陰隲天增算，每到生辰客款扉。具席淡香鷄黍薄，摘園丹翠果蔬肥。自寬也學榮期老，羞睹黄金舊帶圍。

廣庭流月華高閣凝餘霙中秋夜集西園賦

中秋玩月興連天，拈出蘇州句一聯。高閣霙凝殘雨後，廣庭華滿薄霜前。行同鄴圃遊飛蓋，坐即梁園宴細旃。藻思夜光相混合，不知身是大羅仙。

和謝龍池翁見壽

喜見魚書寄八行，未云葭水隔蒼茫。青天夢落東山墅，白髮顏開北海堂。俱寡世營成脫略，獨存吾道有張皇。遙知著述盈金櫃，何日參同草閣傍？

鳳尾竹

鳴鳳化爲竹，托根北園陬。紛披九苞羽，搖蕩白雲秋。泠吹清吟滿，朝陽異采浮。自然巢阿閣，安事此淹留。

秋日郊園眺望

蕭然身世槿園西，平楚蒼蒼望不迷。黃葉露零高樹老，白雲風卷四檐低。頹齡欲制還湌菊，逸侶相尋共杖藜。餘興却隨秋浩蕩，玉壺新醁好頻携。

九日登碧海青天樓

佳辰廣宇肅高寒，作賦興懷信有端。畫閣朱樓千樹遠，青天碧海一壺看。花干毫彩金英簇，酒衍杯光玉露溥。自古登臨誰不健？只應文賞性情寬。

寄壽呂磻溪先生

梁園別後定何依，知掩黃金臺畔扉。節遇誕祥遙記憶，名高耆舊有光輝。寒花擬酌千杯獻，朔雁空傳一札歸。所羨達生能不老，煙霞久已息塵機。

九日賦白衣送酒於陶公

徑草已蕪没，黃花笑獨存。蕭條佳節度，淡泊遠人村。能使江州守，來將栗里樽。風流遥可憶，身約道彌敦。

哭王龍岡先生

不謂黃鳥時，俄乘白雲去。論心少一人，顧影獨多慮。惻愴山陽懷，欷歔屋梁語。繐帷飄冷香，空是平生處。

社日咏歸燕

社燕知霜信，歸先旅雁翔。雲山望明滅，煙海憶微茫。言鳥羞籠縶，舞禽愁鏡妝。何如自來去，華屋有高梁。

采菊東籬下

陶令憐秋色，東籬采落英。豈無五斗俸，自有一簞情。茹淡欲多遣，守愚身寡營。濁醪倘然至，聊爲歲寒傾。

九日奉酬蓮社諸公見訪

下里欣逢上客來，一尊同向九華開。霜邊時序驚秋往，雲裏登臨傍夕回。木葉水波澄洞壑，巖嵐空翠寫庭臺。大夫已老猶能賦，却是文人藻思催。

秋　思

半夜寒生青綺衾，新霜蝕透紅樓瓦。迢迢金□□更長，添得啼痕數行下。

太霞亭上壽詞

壽星秋殷桐葉裏，寶鼎河山鬱金紫。公子貞符晋日文，漢皇登晛汾陰晬。太霞真人當盛時，慶旦合天承景禧。黃菊進齡朱果侑，千秋萬歲以爲期。

贈趙小田生日

濯濯桂林枝，亭亭英胄姿。青山千木里，綠圃仲舒帷。篇藻蘭瑤似，丹青竹石宜。老夫慚父友，之子視余師。鄰曲每相顧，平生遂見知。寒花標晚節，祥旦應佳時。我有一杯酒，非君誰爲持？

起菜北郭圃九月社會分題

蓻食安隴畝，野中方見容。露凋林葉盡，霜壓圃蔬重。薄采先葵藿，兼收及菲葑。亦知多苦淡，珍此御寒冬。

丙子之秋再叨東府菊宴申寫頌言

去年觀菊宴，一濫紫霞觴。今歲看花賞，重登白玉堂。天澄霜後碧，樹颯雨餘黃。應節偏佳色，開籬滿異香。金童來捧出，青女競裁將。錦繡新爲段，芙蓉舊作裳。竹冠峨麚采，蘭珮藹依光。用表祈齡頌，千秋此郁芳。

九月廿九日承蘭社諸公見訪二首

孤雲常獨往，結駟詎來茲？不謂離居日，還成對客時。濕薪焚冷竈，殘菊耀疏枝。總爲談詩好，蕭條亦解頤。

門外已車馬，庭中方掃除。自憐慵拙慣，不覺應酬疏。家食慚多菲，鄰酤幸未虛。坐深留更住，日短意恒餘。

東籬苦菊

歲闌風始厲，群彙見摧戕。臥聞寒葉響，起視競飄揚。園菊貞晚節，順時胡不藏？東籬結根地，況在南山傍。埋采類幽晦，旋復當輝光。日月儻余待，長奉九華觴。

木葉既脫爰整書齋

群木解已盡，歲功方畢陳。敝廬穿積雨，荒徑沒叢榛。一展修平略，始諧清靜因。下帷猶故事，神理日應新。

送舉子會試一首

帝城煙柳萬家春，文物咸熙雨露新。案琰玉青酬錦繡，臺橫金紫迓麒麟。才鍾間氣生非偶，道合昌期進有因。何獨廣川能大對，羨君今已冠天人。

書堂冬日

夕吹一何凜，朝曦還復暄。定光從泰宇，文曜滿東軒。剩有黃綿富，寧要絳帳溫。此時楊子宅，玄理正堪論。

夜　長

群動悄然息，獨成今夜長。匡床坐迢遞，還寢夢微茫。省己翻多慮，懷人自不忘。初昏期早曙，及曙尚蒼蒼。

北野老人生日賦此招飲

夜長夢短坐待晨，展轉忽憶山中人。雲在石門寒幾片，定應裁作白綸巾。山人今年七十七，手杖紫藤長八尺。康老莊前有酒沽，不來訪我茆齋夕。

壽雷水南先生

愛君皎然冰玉姿，相對宛若攀瓊枝。有客登龍縱下榻，無人放鶴獨支頤。華辰十月明春宴，綺里南山定壽基。借問昔時霄漢侶，抵今□〔八〕老鳳凰池？

吊西齋奉國君

看破浮生更莫疑，出頭便是盡頭時。雲消大海從龍去，月滿長空任鶴之。慣戰秖憑三尺劍，能贏不過一盤棋。漢朝何等麒麟閣，落日黃埃蔓草滋。

咏蘇子十月之望步自雪堂

赤壁從前紀勝遊，獨憐蘇子寓黃州。霸圖慷慨名空在，逆旅登臨興未休。斷岸雪堂乘月啓，寒波煙舫載雲浮。劃然長嘯有誰答？除却玄裳會點頭。

對酒短歌行在東皋社會作

眷言會止，三歲載周。日月其邁，我處其休。德不孤立，孰云寡儔？久而敬之，景仰前修。世道交喪，惟偽是謀。允矣君子，視民匪偷。賢而幽放，貴而散投。樂其天年，于此林丘。嘉肴在御，旨酒思柔。以飲以食，式衍式留。疑義與析，清言用酬。目牛無全，意馬已收。悠悠自信，平浦虛舟。載其大化，天回地游。以永今夕，翌非所求。

呂祖像讚

玉京瑤島高玄，萬劫真常老仙。劍氣青蛇袖裏，笛聲黃鶴樓前。

贈任司訓掌教深澤

西河舊範卜商儒，文學今師有令模。道在却移汾席講，經傳更與澤宮徒。堂前冬日寒生愛，座上春風凍藻敷。若向《漢書》觀禮樂，五篇應取頌皇都。

疾夜四首

長夜如年病不支，晨鐘欲動曙光遲。呼童試撥寒爐火，倘有星星待煮糜。

鳴葉階前片片飛，焚蘭窗下冷煙紅。何言此夜獨無夢？七十年來盡夢中。

記得丁年坐夜深，聞雞每作扶風吟。如今槁木無靈氣，只有寒灰是寸心。

愁來一夜猶嫌永，何事常懷千歲憂？聞道司空在王谷，雙雙款語教人休。

哭西齋君

瑤昆一峰倒，琪樹一枝摧。柱下青牛去，遼東白鶴回。竹荒三徑種，蓮罷二池栽。壁字土花□〔九〕，齋書雲葉堆。履綦難再得，簪盍詎重來？月落猿偏斷，霜深雁獨哀。有情悲自至，臨感不知裁。

和小村看南洲説法兼贈南洲

錦囊詩草爛朝霞，寒日扶筇野寺斜。爲愛高僧持貝葉，因聽小品悟蓮花。雲來却度講餘磬，煙起還燒飯後茶。珍重長廊留一語，門人應已學籠紗。

高僧不愛著袈裟，破衲猶云好自遮。栴檀火傍銷冷病，瑠璃鉢裏飯胡麻。迹深蘭若千峰葉，心轉蓮函一院花。何事學人來問取，殷勤只與趙州茶。

比夜長少寐思想平生謾成一律申社長三翁

逐世無能但轉蓬，飄飄回向野田中。放魚尚怖鈎成月，傷鳥猶疑箭落風。舊業赧顏渾作夢，老緣隨意且談空。百年已過三之二，幸把餘生伴社翁。

望介山緬懷郭有道先生

鴻飛白雲中，衆鳥徒營營。達士一何遠，杳然凌太清。內蘊保身哲，外無絕俗貞。橫波順仙棹，角巾偶華纓。誓將斷巨鼇，支彼天柱傾。時哉不我與，高嶺獨含情。

雙樹軒茶會

雙樹結龍鱗，同人向此臻。手持青玉杖，頭帶白綸巾。住近雲邊宅，消閑霞外身。圍爐啜香茗，聊用寫心神。

白雪曲二首蘭玉堂稱壽

鄩酥如霞瀲縹瓷，南山前捧萬年巵。主人何處動仙樂？盡是高天白雪詞。

一派高歌白雪寒，四筵傾聽和皆難。醉歸餘響挂心曲，回首蓬萊樹上看。

寄題陽谿新理書齋

聞道新齋建宅西，移將舊卷復深栖。辭榮不餌千鍾祿，茹淡寧甘一瓮虀。陋巷客稀門總閉，閑階兒戲手頻携。尋常莫作茅檐看，天際白雲聊與齊。

壽蘭軒君

龍華高會慶生時，獸炭烘堂酒暖厄。白雪唱中人寡和，南山詩裏壽多期。蒼蒼松桂森顏色，歷歷星辰粲羽儀。説道是仙君不信，冰桃爲底摘瑶池。

壽東皋翁

大塊逸君老，焉知老更强。紅顔賽桃灼，白髮比松長。燈下看篆字，枕中藏秘方。喜筵仍戒酒，静室但焚香。身際四朝盛，家觀五葉光。南星當户牖，北斗挂門堂。洪福由天授，浮生安可量？

壽乾石

亭亭連枝樹，矯矯薄暮年。勁幹保霜雪，榮條春復然。雖無蘤華姿，頗類古老仙。塵物日以遠，天親樂無邊。舉俗愛生辰，況乃同生緣。同生何所願？惟願永貞堅。大椿爲我友，喬松我師焉。寄興在鄜酥，取笑南山前。

兒階生日詩以勉之

年富五五學何如，可是趨庭效伯魚？門子未能恢舊業，里人空想建高閭。青天玉宇三條路，緑閣芸窗萬卷書。今日發心良自勉，後期猶恐更成虚。

臘月八日醮佛讚

維臘之吉，供養和南。于我世尊，報厥恩覃。法門不二，風幡豈三？非空非色，即心是參。

社會分韻得歲寒松柏

我觀貞樹林，松柏得其深。葉葉冰霜保，枝枝蘿鳥尋。神方收絳液，仙騎舞玄陰。不省丘中事，焉知歲暮心？

玉樹篇贈山泉宗尉四旬

桂苑亭亭玉樹枝，蓬宮表表列仙儀。延齡定管三千歲，聞道欣當四十時。柏葉翠樽酬令節，梅花綵杖報春期。爲歡正及朱顔好，試聽南山小雅詩。

小堂觀妓

寒堂春欲到，座客笑顔多。翠黛驕銀燭，紅香撲綺羅。吳歈翻子夜，楚舞學陽阿。却恐迎風去，頻看襪上波。

青蓮精舍守歲

殘年此逌盡，暮緒益蒼茫。下上樊籠鳥，東西岐路羊。都令憂速老，轉使聖成狂。諸法原空相，回頭禮定光。

校勘記

〔一〕"萬曆丙子"誤倒，據本書通例當作"丙子萬曆"。

〔二〕□，底本漶漫不清，據詩意似當作"呈"。

〔三〕□，底本漶漫不清，據詩意似當作"裏"。

〔四〕□，底本漶漫不清，據詩意似當作"注"。

〔五〕□，底本漶漫不清，據詩意似當作"啜"。

〔六〕□，底本漶漫不清，據詩意似當作"榮"。

〔七〕□，底本漶漫不清，據詩意似當作"耕"。

〔八〕□，底本漶漫不清，據詩意似當作"誰"。

〔九〕□，底本漶漫不清，據詩意似當作"繡"。

立春日覽鏡

齒牙脱落鬢毛稀，半似當人半已非。臨鏡不堪增醜老，逢春翻更减容輝。莊生野馬觀空盡，簡子微禽歎世違。寄泊此身渾似鶴，寒松疏影獨依依。

早春陽谿君見過有贈率爾賦酬四首

窮巷春還到，高軒亦見過。此身同草木，今日被陽和。酒寫連醅酌，琴彈帶索歌。生年君莫問，但看老巖阿。

晚歲學逃禪，方知蘇晋賢。秖令吾道在，不受世情憐。美夜燈同看，宜春酒共傳。羡君搖綵筆，飄渺散花天。

獻歲省吾私，徂顏自不怡。隨陽慚北雁，發藻讓南枝。絳老年誰問？維摩病獨知。惟應看冰緑，脉脉守東陂。

背郭東風澀，扃扉冷尚餘。若人嗟已爾，君子念何如？伯玉朋松桂，東平宴里閭。遂令岑寂地，時見五雲車。

贈王近暘比部

幽樓未必盡離群，亦有高賢問白雲。畫省行旌天上見，青郊導騎谷中聞。條宣惠藻三陽達，節正瑶光北斗分。恤讞至公兼恤隱，口碑誰不載洪勛？

壽李南原

北闕辭榮早，南山住歲深。耕雲芝滿谷，種月桂成林。尚子遊仙意，陶公避俗心。隨緣還結社，感興亦平吟。酒客頻相問，詩人亦見尋。壺中新甲子，洛下舊冠簪。白髮將回綠，丹砂欲化金。三花識祥旦，開遍紫霞岑。

贈毅庵查使君移鎮廣西

移鎮行當莅粵鄉，即知聲教起南荒。炎風桂水迎來棹，朝雨蒲關送別鸘。記取耳提心學後，依稀身在聖人傍。雖然我道無離合，其奈相思萬里長！

送　葬

大塊賦形器，度齡能幾何。曾無金石固，奄忽歸山阿。山阿亦何好？歸者如逝波。云誰爲鬼雄？當路揭虞羅。我聞《薤露》唱，復聞《蒿里》歌。豈非蒿里君？竊柄恣煩苛。君土亦已廣，君卒亦已多。胡爲斂不休？貴賤同消磨。古冢湮草間，新墳鬱嵯峨。白楊含悲風，生死不相過。心隨死別盡，淚爲生離沱。

月洲咏

黃河遠灧銀潢流，桂苑中涵明月洲。王子吹笙在上頭，羽人跨鶴來丹丘。玉兔擣藥玄霜秋，服之壽與天齊休。華胥有夢非真遊，浮世等閑如泛漚。不老之鄉任君住，我期歲暮同淹留。

贈張濂濱使君總憲山東

東方山海帝王都，法曜重臨象緯殊。綱紀六條凝正色，文章五典煥洪謨。逢時早勝磻溪老，淑世遙同闕里儒。却念晋人攀憶處，野棠含露綠芬敷。

四月八日峪中觀賽

水神祠畔夏陰繁，打鼓吹笙隔樹喧。社宰向人分肉後，紙錢飛上繡花幡。

神媼龕前歌吹喧，女郎連□[二]競花繁。不知拜禱緣何事，炷炷名香悄悄言。

前有樽酒行

我有美酒君幸過，風花引觴紅玉波。三千六百觴豈多，十載幾回顏面酡？君今不飲將奈何？坐令白首成蹉跎。月之朝，日之夕，抵死惜費不惜陰，黃金北斗應無益。

園木初榮偶然對酌

豔裔何從起？都來嘉樹林。菳菳含霧色，猗狔藉雲陰。微綠枝猶短，疏紅葉漸深。陶公將老至，所感正如今。

和濮陽李北翁寄懷一首

忽枉瑤華訓，嘉光滿薜蘿。高雲睎遠岫，一葦限洪河。情似無群翼，形如不廢柯。懷人空有酒，淡淡綠生波。

李北山寄

聖主徵先達，胡然久薜蘿。盛名超北海，高義滿西河。世種王孫草，人如玉樹柯。焉知汾上水，不自魯陽波？

背郭園列薛花藥及開寡顏題以解嘲

木藥有常姿，當春故自披。如何嬌豔色，不似洛陽時？歛媚疑嫌我，含悽欲恨誰？方知背郭地，百物總難宜。

磻溪園第十次賞牡丹作

挂杖看花花笑頻，多因厭見白頭人。香含曉露渾增韻，力怯東風似損神。開落幾回形問影，榮枯一向客同塵。壺公不敢貪天祿，歲得名園五斗春。

再到清華園用題壁韻

樹裏陰陰青霧屯，仙家隱隱綠蘿村。看山屋對千尋嶺，弄水溪流百丈源。鷗鳥向人機事息，苔花上壁舊題存。無弦得寫重遊興，却是意深難與言。

喜裴徵君見枉兼枉蘭章輒倚韻奉酬以寫我心

袖裏瑤華三歲存，前言今喜得尋溫。草長煙水洲邊路，花暗雲山谷口村。松桂有緣來隱逸，詩書無計强兒孫。與君長嘯清風下，一片閑陰綠滿樽。

雨中過裴山人館鄭鶴庵在焉山人有作因共和之

戶外泥深轍，階前步滑苔。不緣今雨過，誰爲故人來？流水心同在，停雲抱獨開。酌言欣有酒，不自荷蓑回。

灑掃桐竹山房迎巢雲先生館之

桐竹陰陰房翠微，丹山文鳥一來歸。雍鳴野谷聞韻律，蕭羽空林見德輝。魯父退藏時不至，楚狂歌咏意多違。獨憐黃雀知趨向，爭自銜花傍爾飛。

偶得名酒携訪巢雲撫景清言不覺造夕

偶荷杯中物，言尋客裏仙。四鄰咸寂若，一室自悠然。羽扇搖薰至，冰壺坐日延。窗流青竹韻，門網碧蘿煙。談笑絕塵想，淹留果道緣。梵垣雙樹接，文綺百花聯。不見金蘭侶，斜陽何處邊？

承蓮社諸公見賞小園芍藥依韻奉酬

種藥忽成叢，焉知老圃空？階分曉天翠，欄聚夕霞紅。不逐蛾眉女，寧從鶴髮翁。莫云清富貴，吾道本來窮。

謝澗南翁招賞名花

已賞名花過十年，今年又向赤欄邊。盡饒白髮還詩債，未化丹砂作酒錢。舊會杏園成雨落，散村樗野得天全。多君長是山林主，不道蓬萊別有仙。

仲川君新園落成見招遊宴即席贈酬

帝子經綸別業開，三山分取一蓬萊。金銀界道雲間屋，丹碧成帷樹裏臺。廡席華樗明組練，炎梅藻夏鬱樽罍。夕陽清吹凌空起，笙鶴盤桓未擬回。

五日宴蓮社宗英

閑居觀四序，全盛屬端陽。修晷導淵穆，微薰蕩幽香。不將心賞寄，焉用惜流光？我有數斗酒，嘉賓一來翔。班荊坐蔥蒨，倚樹弄琳瑯。朱火殷若榴，團花羅縠裳。池青九節草，石秀三珠芳。含章托毫素，雅歌行玉觴。面顏同美好，壽命當靈長。無謂苦炎熱，廣庭生夏凉。

五日西園宴集用裴徵君韻

亭皋清夏氣，簪履及時來。水翠菖陽出，煙紅榴火開。情長延命縷，興治駐年杯。此會須珍重，浮生定幾回。

鶴林園避暑作社會柳川翁爲之主裴徵君爲之賓

仙翁選地集朋簪，共就王孫秀木林。白社静緣回夏氣，緑堂閑影落城陰。挫廉祗爲逃名久，避俗多因涉世深。不遇清人裴叔則，離居何處有同心？

山居寫懷呈裴山人

山居三十載，慚沮非山人。塵物雖稍棄，俗緣猶荐臻。酒中邀每去，詩裏覓時新。束帶揖邦牧，焚香拜玉晨。雲霞非實相，松柏有元因。所保在貞素，終期弗緇磷。斯言向誰語？無著與天親。

宿趙陽谿西郭園

青山背郭扣雲居，童子開門會款予。借榻往年多繾綣，解鞍今雨復躊躇。宅邊芳廡先生柳，窗裏玄文老氏書。便欲向君留十日，呼盧不遣玉樽虚。

咏茶粥

乘凉高樹下，驅暑若爲平。省己蕩喧濁，齋心調静清。晚知茶粥意，真偶菜羹情。寄謂熱中者，釀鮮當見輕。

賦裴山人椰瓢

吴鈎錦帶日南瓢，萬古愁心向此消。我愛梁園好花月，與君釃酒坐相邀。吴鈎如水號神器，不及鉛刀有所置。世上達生惟葆光，笑他野老風前棄。

寄壽龍洲光禄

望望緑洲老，遥遥紫禁中。爲龍作甘澍，是鳳鳴高桐。神鼎調元氣，台階接上公。岳生王佐日，人仰帝臣風。詩比南山咏，文將北斗崇。惜無縮地術，矯首倩飛鴻。

夏日登西山最高頂

西山鬱鬱上岧嶢，絶頂峨峨混沆寥。六月火雲翻爽氣，九天涼露奪炎飆。馮空鶴立黄金界，眺迴虹飛白石橋。欲訪高仙乞瓊雪，此生埃滓盡然銷。

李南原館宴集

野性任平生，同人喜合并。杯承花下馥，簟展竹間清。興是披襟灑，懷因岸幘傾。方知形迹外，可以定交情。

伏日有懷

大暑蒸紅瞥道塵，多應車馬鶩亭津。青溪背日無氛垢，碧樹叢雲有隱淪。洞口九靈芝草長，峰頭十丈藕花新。翛然卧對形神別，便是羲皇以上人。

李磻溪六十

榮宦三年遽息機，周遊六甲宴閑扉。披霞石上丹成幔，種樹雲邊黛作圍。兄弟樂天延淑景，兒孫愛日戲晴暉。借觀車馬盈門客，全福於君似者稀。

贈滄江宗尉見訪

昔人每愛滄江月，今日欣逢江上仙。璚樹真令飢渴解，龍光端共斗牛懸。舟移北渚汾秋棹，琴轉南薰舜日弦。願得興同河朔飲，不辭酤酒杖頭錢。

和巢雲先生喜遇滄江君倩寄家信

高歌旅邸勿躊躇，且喜家園信不疏。稍別風輕六月御，相逢仙降五雲車。論心宛在陶唐里，留款何嫌班氏廬？待灑新秋向姑射，殷勤借鶴爲傳書。

涉江采芙蓉

芙蓉一何好，燁燁江之湄。窈窕事攀折，水深零露滋。羅裳濺珠溜，木蘭組漣漪。豈不畏沾滯？將因貽所思。所思曠修阻，曷由爰致之？芳意嗟徒爾，暮顏忽已衰。

壽圖篇

蘭秋水雲湛，桂宇宴清華。上客仙人彥，高門帝子家。著書參玉訣，燒藥變黃芽。鬢綠瑤昆草，顏紅句漏砂。珥貂遺富貴，牧鶴足煙霞。壽以敦仁積，名由邁德加。西梨甘似藕，東棗大如瓜。二物應難老，行當駐日車。

雲川新居社會

殘暑雖猶溽，新秋已自清。槐疏流火影，蟬急擣砧聲。洞館疑王屋，宮墻似洛城。宴言此暇豫，真境獨含情。

秋日寫懷呈巢雲先生

世事生平百不能，無何面目轉堪憎。休官却任山林守，帶髮翻爲水月僧。蘭醑遣懷心淡泊，荷衣遮體骨崚嶒。良緣晚節蒙天授，霞表人來話上乘。

高齋閑望言懷

淅淅西山爽，盈盈大火流。啓齋聊一望，即事稍已幽。樹態變蒼色，雲暉含素秋。玄蟬厲高響，白鳥馴下浮。歲候感遲況，吾生慚遠籌。何能奮丹嶠，躡景洪崖遊？

生日奉酬見壽諸親舊二首

年紀蹉跎筋力衰，宴言猶復荷親知。瓊蘇恨不勝杯酌，桃竹應須作拄持。月缺瘦多蟾兔影，風高凄緊桂蘭姿。也知酬藻詩人義，無奈毛君鈍若椎。

天風吹下九華仙，佳節奇逢詎偶然？翠嶺三秋登稼日，銀河八月泛槎年。扇搖金粟飄歌右，觴落瓊漿到舞前。感遇便將酬好李，看來終不似桃園。

齋居偶然二首

茅齋全背郭，蔬圃半臨陂。活計聊安我，生涯更問誰？鳥憎如箭木，魚畏似鈎池。只有寬閑地，堪爲僻寂資。

豪豨不可牧，走狗不可爲。功大過無補，名高毀亦隨。魯生蹈東海，李父遁西陲。何事楊朱子，猶然泣路岐？

題鄭鶴庵魚瓮

鄭公陶巨瓮，貯水蓄游魚。圍轉江湖濶，中涵天地虛。星羅珠作網，花撲錦爲藻。剩有濠梁趣，憑觀常晏如。

壽宗正一山公五旬

魏□先登五十籌，瓊筵高啓宴華秋。王孫自是山中宰，仙客都來海上洲。杯捧玉漿玄露湛，盤堆火棗赤霞浮。大羅光景塵寰隔，盡與天真控鶴遊。

和酬龍池翁見壽

一承德意深，頓覺塵心淺。德意等鴻鈞，垂光徹幽顯。塵心祇輕埃，胡力裨崇巘。濯濯問世英，明明泰階轉。群倫肅表儀，百辟推冠冕。歲旱皇澤敷，載熙聖謨闡。大壑避龍蛇，中林狎雞犬。杏開耕石田，桑落收原繭。顧我省非曾，蒙公交是晏。年憐絳縣生，詩賚玄珠選。報李志徒勤，折麻私莫展。拜嘉頂名香，走謝疲駑蹇。願見陟虞庭，聿觀弘漢典。天從倘不違，積念斯可遣。

附龍池先生寄壽

八月寒暑平，河漢清且淺。望舒二八時，圓影如畫顯。何處有高人？彷彿山之巘。二首六如身，千周甲子轉。萬言貯錦腹，一瞬空塵冕。淵微至理冥，述作大猷闡。偏呼鶴上人，時吠雲中犬。英風海外揚，奇士來重繭。問字過王侯，北海常歡晏。斗酒詩百篇，德音不可選。繫余懷素心，良覿未云展。欲往龍門遊，景行愧駑蹇。願君壽千春，永作邦家典。終得趨庭隅，晤言欣累遣。

積雨初晴秋林宴坐

雨洗晴光玉露溥，林間疏影見巖巒。倚梧長嘯身無累，掩卷微吟意自寬。炊黍不離黃葉裏，聞雞只在白雲端。最憐社老生能達，同歘秋容玩歲闌。

聞呂徵君六旬將自潞還越寄言贈之

塞北江南萬里遊，春來秋往六旬周。儒生自爲青袍誤，詞客誰將白璧酬？綠壑丹崖留屐齒，金箱玉笈載床頭。還家君好吾傷別，恨不追隨似海鷗。

寄贈伯梓同甬師自潞還越

有美月枝秀，飄然霞表人。少年甘隱逸，清世托沉淪。愛踏連天草，羞詢要路津。綠琴焦鳳尾，寶劍繡龍鱗。冀覽欣王屋，燕遊望玉晨。棹移漳水曲，家向越江瀕。正及秋林好，黃花赤葉新。

苦雨行

積氣氤氳迷北渚，歸鴉墮葉紛鳴舞。長空閣住萬山雲，大地灘平十日雨。高齋愁偃思悠悠，目極蒼葭白露秋。只恐增波作川漲，併將韶景促東流。

苦雨懷裴巢雲兼貽元善

憫雨初欣三日霖，安知七日更浸淫。頹垣漏屋書猶濕，乞米求薪竈已沉。有客寥寥鄭家圃，黃污斷道相思苦。云誰裹飯往從之，莫作琴歌似桑戶。

楚客吟贈雲谷山人

楚客禁秋異鄉縣，不殊鄂渚閑游衍。支離頤者悅同心，傴僂丈人欣識面。坐撫龍門三尺桐，行披中散竹林風。秦斯湮沉姬籀邈，問君雕篆何其工。酷愛昌黎《石鼓歌》，葛天飛起朱弦和。木葉下庭汾水波，索居寡群愁正多。床頭酒香金叵羅，晤言使我蒼顏酡。不然已謂心苦傷，況復漫漫秋夜長。

須以一袍贈巢雲先生特表《緇衣》之
好云耳輒蒙藻答爰用矢音

自昔緇衣表好賢，見賢今日豈徒然？已知論道超三語，更得
陳詩授五篇。始信幽貞獨修姱，紉蘭被荷帶芳杜。青雲貼天當爲
誰，往往書生詫平步。金剪吾裁作一袍，贈君取著凌秋高。華月
寫空香霧饒，泠風捲地樹微銷。洪崖拍手姮娥謠，翩翻兩袖雙鴻
飄。閶闔曉排朝玉晨，瑯玕吐輝毫素伸。玉晨憐是謫仙人，奇服
聊寫江海賓。好把明珠照玄夜，還將朗筏度迷津。揭來貽我錦繡
段，愧我報無青玉案。文綺珍藏奈若何，心精綵豔汾流亂。

閏月中秋辱玉牒賢宗金庭文彥招飲於仲府之寄興
園再爲朽生壽也即事寫心作醉歌行

芙蓉池上玩朝曦，蟋蟀堂前遡晚吹。唐叔思康樂恐遲，陳王
歡宴不知疲。百代風流如轉環，至今媲美宗英間。文章華袞瑩秋
色，簪組口〔三〕羅開笑顏。茂苑高臺鄴園起，方塘白水佳汾沚。
叢菊未舒九月黃，流霞先酌千山紫。南榮劍丸笙鼓喧，楚舞結風
吳歈翻。興劇曲終仍奏雅，清謠朗咏鏗璵璠。此時歡樂難具陳，
日短酒多銀燭申。醉裏公然得中聖，獨醒豈解沉湘人？座隅自哂
婆娑叟，生長五朝成白首。遇飲希逢莫逆交，飛觥吸月欣纔有。
金波穆穆桂零香，披拂真爲君子光。徹底虛明殊未央，仰天載歌
歌且長。

奉懷呂岫雲中舍兼酬惠問

鳳池鳴珮切青雲，龍袞香煙襲紫氛。司馬翻爲茂陵臥，孫弘
虛枉辟賢文。雄裁五色自垂藻，盛世三朝誰策勳？却念北山饒隱
逸，遙緘赤牘慰離群。

留雲洞

無心出岫口，却向洞中留。石潤靈根引，龍蟠瑞靄浮。微風香篆裊，片雨夕陰收。莫去蒼梧野，遥遥江漢秋。

洞壁梅

寒梅畫壁間，明對小孤山。瘦影月中桂，淡香風裏來。月華長不落，風韻杳難裁。只許雲仙共，書郵莫浪猜。

桂子山莊引爲龍池翁賦

夙世青天種白榆，白榆歷歷表星都。今來紫省栽丹桂，丹桂叢叢森羽衛。天上人間非渺茫，人間玉宇涵天香。子晋求仙謝城闕，王陽歸隱成山莊。莊前莊後通月道，秋去秋來身不老。顧兔擣藥霓裳丸，明窗之塵盡爲寶。金華爭自慕軒轅，安見黄芽桂杪存？我欲投林叩真訣，仙凡迥隔難攀翻。緬想婆娑最高處，凌空積翠超煙霧。開花結子子還孫，永保靈根得貞固。鏡水屏巖嘉月陶，手提萬象恣遊遨。實際芥子納須彌，浮名岱岳等秋毫。赤城霞起照瓊臺，朱陵洞天雲往來。廣庭月華臨静夜，冰壺寒露絶纖埃。勝境徒聞不能見，稍喜良工繢葱蒨。大册高文互品題，箇裏真人合須辨。真人生憎冷暖眸，每把紅羅扇遮面。

秋晚蔡明軒賀澹庵二使君見枉丘園咏言奉謝

漢使行風俗，汾隅及隱淪。蒿藜仲尉宅，木土伯倫身。積雨蕪三徑，孤雲絶四鄰。守玄惟寂寞，知白尚逡巡。鶴蓋垂雙廡，熊軒儼並臻。爇爐迎紫氣，倒屣蕭清塵。禮數原寬厚，情涯自切真。寒花披夕秀，衰草冒陽春。不有丘園貴，安知天地仁？欲宣心所感，瓠楛曷能申？

送月洲還蒲

金素光寒月滿洲，喜逢仙侶再來遊。瑤華灑翰過詩社，玉笛飛聲向酒樓。共羨洛儲能控鶴，不嫌野老會騎牛。送歸河上知吾否？遙望紫雲天際頭。

奉答林皋見寄

千里書存日暮雲，幾時簫鼓濟橫汾？蘆花月白和誰玩，菊蕊霜黃悵獨芬。離緒絲棼空繚繞，夢途天遠竟氤氳。近來稍假杯中物，懷抱微開半已醺。

秋杪翠虛亭留飲月洲王孫巢雲隱君巢雲有作用韻和酬

山亭幽悄足音稀，野水寒煙澹翠微。却喜素心雙顧步，頓令窮巷滿光輝。芙蓉索共籬花笑，蟋蟀愁隨塞草腓。解道歲闌人易老，及時強飲莫相違。

柳川園菊會

園卉具成腓，籬花獨可依。黃中標正色，白藏炳餘輝。吏隱同名傲，人看幾鑑微。智哉彭澤宰，把酒啜英歸。

九日蔡明軒賀澹庵二使君平霞館宴集即席賦酬

疏林荒館動光塵，登覽時逢翰憲賓。霞泛日華明紫蓋，巖飛嵐彩迓朱輪。蒼蒼平楚秋容肅，九九佳辰暮序新。高宴不遺彭澤侶，一籬幽藻燦霜旻。

裴徵君見示長夜客中述懷之作
時余在病亦寫我心

休論寒夜客中心，我已閑居念更深。學道未聞慚白首，藏山無補負青岑。病增衾冷霜塗屋，愁厭葉乾風滿林。自是有情隨物化，不勝天籟起長吟。

仲川鶴庵約巢雲君遊覽介山山中多王孫別墅知有
嘉客率具酒邀會余聞而美之二首

空山寒翠滿，俗駕幾登臨。獨有青霞客，能無紫陌心。行便松界道，息喜竹爲林。仙酒家家熟，邀同歲暮陰。

萬木脫蕭晨，青山見本真。含弘入窈窕，廉峻上嶙峋。五彩孤翔翼，一聲長嘯人。超然向空盡，何者是沉淪！

望綿山懷古

石桐水寒群木空，祠墓可憐綿上翁。狐兔伏藏山鬼宅，龍蛇抹摋亡人宮。刲股只看處已賤，輕心那表奉君忠？夕陽古道灰塵起，猶似燒天野火紅。

孟冬社會賦得鶴來松有伴二首

矯矯雲間鶴，依依松樹陰。傾枝如有待，擇木自相尋。瞻彼能投分，嗟余寡盍簪。殷勤賦招隱，一寄歲寒心。

竊美九皋禽，冥冥萬里心。晨遊超碧落，夕愒返青林。有伴偕貞素，無媒嘆陸沉。向天鳴和好，併在歲寒心。

賦小田徵君種菊盈園招飲菊花酒歌

東籬之下南山前，栗里先生敦雅緣。手把黃金若驕富，心醉濁醪成隱賢。祛慮能消五萬劫，制齡不止三千年。留得佳名復佳色，併向華秋正華飾。末俗蕭蘭總不分，清風松菊誰爲植？紫薇仙省上卿家，公子翩翩逸思賒。有圃不貪鶯裏樹，有泉只溉雁邊花。白雲飛起遍瀟湘，青女飄來滿地霜。即景邀余共花醑，頓令六腑生寒香。我還借酒勸君酌，兢爽藥宮應自樂。盤龍寶鏡鑄朱顏，雙鳳羽觴收大藥。

咏雪二首

遙天凝太素，大地靄餘輝。煙水平鋪練，雲峰亂結衣。南枝花競發，北澗鳥停飛。漁父家何處？寒簑獨自歸。

對酒玉爲人，看花不待春。只消汾曲樹，莫問武陵津。筆灑雕龍屑，譚飛白馬塵。遙知梁苑夜，足共此心神。

雪後携樽蘭館看裴徵君二首

雪深晴亦冷，旅舍今何如？言念蒲團結，應同草閣居。朋來聊贳酒，客散第觀書。剩有郢中曲，隨風一起予。

高人居雪館，宛在玉山岑。道阻人稀問，扉扃我獨尋。冰清襟共澈，晷短坐逾深。不有寒壺酌，其如歲暮心？

對雪懷劉雲谷兼呈兑軒

北地梅花少，應將雪片看。不愁居隴上，如信寄江干。一曲聊歌郢，三杯第蕩寒。猶强洛陽舍，辛苦臥袁安。

寒日訪巢雲先生于金蘭社館

有美玉山隈，扃扉净俗埃。寠然薪帶葉，壺挈酒連醅。野雀□〔四〕書下，畸人問字回。笑予東郭履，何事踏冰來？

隱堂洞懷古

退老西河上，終然君子儒。道存人代改，名在歲華徂。古洞殘書寂，寒峰片石孤。白雲何意緒？長與碧嵐俱。

贈別巢雲先生

論交喜見玉山君，南北過從晉與汾。夕館清言常達曙，晨樽溫款復迎曛。白雲幽岫原相偶，黃鳥春林自不分。縱使別蹤無住□，此心□□未離群。

懷呂岫雲先生

金玉才章冰雪姿，岸冠姑嶺帶汾陂。至尊若見輕黃屋，内史何言舊鳳池。

自解樊籠學退藏，松苓服盡羽毛強。何時一借天風去，直到仙家綠井莊。

懷劉金溪先生

鼉烏飛回弄紫煙，黃金溪水蔚藍天。姓名已自登仙籍，何得區中世網牽？

公幹偏多里閈情，肯將瑤草問癯生。真成隻字千金重，不枉篇詩萬户輕。

蘭玉堂觀梅 醉太平

紅滿枝，白滿枝，繡户珠簾春到時，休言黃柳絲。淺妝宜，淡妝宜，水月精神瓊玉姿，東君知不知？

臘月一日壽巢雲君且送還山

　　嘉平一日古仙辰，初度榮君客裏身。塵世難逢好時節，天涯誰識醉鄉人。面如紅玉堆霞滿，詩似冰壺湛月新。計到堯城還作壽，又當姑射早梅春。

校勘記

　　〔一〕"二"，據上卷"萬曆丙子四年時七十二"、下卷"戊寅萬曆六年時七十四"，當作"三"。

　　〔二〕□，底本漫漶不清，據詩意似當作"袂"。

　　〔三〕□，底本漫漶不清，據詩意似當作"綺"。

　　〔四〕□，底本漫漶不清，據詩意似當作"呈"。

迎春詞二首

喧喧笙鼓動城闉，報道勾芒送早春。紅綵逢迎花杖簇，青旗搖拽柳條新。

寒巖幽谷不知春，陽律何吹到隱淪？似是東皇回世態，也教分與歲華新。

元宵前四日畫苑試燈

燃燈只三五，取樂殊未央。欲展宜春興，先開不夜光。金吾猶戒道，寶炬已烘堂。占得銅壺水，多添幾箭長。

魚　燈

冰綃出瑤水，收得錦江魚。五夜燈如畫，含光混太虛。

梅　燈

屏裏一枝梅，疑從江縣來。曉風吹不落，長向上元口〔一〕。

正月十八日答陽谿君見訪

開歲無方慰寂岑，幸來空谷有招尋。黃衣架上雲堪曳，青草池邊句好吟。燈以意留過節放，酒因心賞及時斟。相看一對搶榆鳥，短羽低鳴不過林。

春酌寫懷壽露泉宗相

支離何處覓交親？晚境天開有善鄰。愛我能忘中散貴，知君亦是上皇人。延宵絳蠟然燈永，稱壽黃柑薦酒新。莫道山深無曆日，百年從此記長春。

陽春行

雪盡水融天氣青，日烘煙暖北山庭。嚶嚶一鳥試新哢，兀兀幾人回夢醒。茶褐園林春事早，鹿胎田地行春好。嫩黃飛上未垂楊，微綠點來初茁草。輕薄翻憐游俠兒，聯翩走馬東郊道。洛陽春滿利名交，利盡交疏春亦拋。何似長春洞中客，酒樓平接杏花梢。攀花小飲駐顏紅，倚樓大笑凌空翠。抖擻超然象外天，拳攣莞爾人間世。眼前荼蘼負韶華，身後橐囊成底事？

贈李南原生日

與君玄素交，削迹紅塵道。守拙甘沉冥，逃虛破煩惱。酒諳半醉佳，琴信無弦好。社鼓遞春秋，村鐘報昏曉。原鹽衣稍溫，井稅食餘飽。冰解縱游魚，條榮暢嚶鳥。芳辰華誕逢，上壽南山禱。丹轂有時傾，南山青未了。

送田汾南應選北上

賢良文學漢科名，辟命欣君並美行。解薜不曾焚芰製，爲龍何忝羨魚情？早從三禮開儒術，時就五詩和頌聲。計到帝城春色滿，萬條煙柳正啼鶯。

奉謝陳抑亭中丞寄懷

雁飛東去鯉西旋，尺素相傳意渺綿。海月四流偏晋野，山雲孤擁獨吳天。陳蕃榻繫下徐日，召伯棠存分陝年。每共蒼生顒舊德，早和台鼎玉宸前。

柳亭見寄

無論去住與回旋，只有音書日可綿。道契心知猶一地，吳南冀北不分天。草玄歸老旬宣後，問字慚予貧病年。莫道清朝猶戀舊，角巾共醉菊花前。

秋風颯颯雁西征，尺素聊將寄遠聲。汾甸月明開絳帳，吳山霜冷杜茅衡。聖朝有分容林叟，漁野無緣歎水萍。爲語故人應努力，白頭丹虛好修行。

春林適興社會作

春林洵景晏，垂柳復飛花。笙歌百舌鳥，鼓吹青池蛙。借問此何居，云是野人家。野人無外務，聊爾樂生涯。扶筇四老友，携興入煙霞。邂逅愜賓主，邀樽坐日斜。

贈龍洲公以光祿使晉尋轉太僕還朝

舊鄉擁傳來三月，新命移官近五雲。行色又隨春草壯，離思空與夏條紛。清班日佇還朝節，紫禁天臨拜表文。豈道夔龍惟僕正，即應端撥贊虞勳。

贈周小川遊太學

賢關一路九天開，昭代駢羅萬國才。化雨盡教滋椷樸，祥雲爭起近蓬萊。宮墻高廣須攀詣，璧水澄泓好泝洄。知爾抱琦行不負，相看翻喜別離杯。

閑齋永日看王臨川黄豫章詩皆以竺乾之學發之乎杜調而臨川隱約豫章有譎諫意因隨緣起興欲擬之云爾□[二]五日書懷

荏苒偏驚物候催，端陽爭得好懷開。身栖絳邑年空老，家在青城首重回。插艾豈消防雀戶？酌蒲猶恐冒蛇杯。榴花滿眼丹如渥，不上蒼然雨煩來。

夏日登白雲寺樓

夏不登樓還一登，畫檐時見白雲層。雲來就我原無意，我去排雲自未能。蛛網打開窗八面，貝函掀倒佛三乘。當空跳出塵沙劫，何處梅炎有鬱蒸？

畢宿壇道士祈雨

爲乞甘霖灑，言回虐焰熏。建壇臨坎位，望月次星文。瓾蜴徒鞭柳，泥龍不逗雲。黃冠彭豕腹，正自結妖氛。

與南洲禪師坐談用柴定公韻

逐浪降心未易降，直須潮落水平江。今朝倚杖歸南畝，竟日肩扉臥北窗。學佛始知門不二，爲儒不羨士無雙。待渠雪裏芭蕉盡，撒手與君遊凈邦。

戲題黃菜會二絕

飯炊菰米菜團鬟，一飽齋時到日西。社友也能忘肉味，莫非都想學菩提？

自作黃鬟會二年，一回相與一歡然。却憐釀醴非膠漆，淡味翻成歡喜緣。

題寶經禪院二首_{院是僧映天造}

靜地得郊墟，栖禪小結廬。佛龕金作像，經閣貝爲書。水月觀心後，風幡定性初。可還離却此，別去問真如。

印經行萬里，來結此招提。半偈方懸悟，千函更指迷。花飛香雨細，樹引法雲低。東土家緣足，無勞面向西。

會清河老人叙懷二首

老來無一事，何喜復何憂？在處隨渠在，休時便自休。夢蕉朝得鹿，藏壑夜移舟。説與人誰會？惟應石點頭。

晝永閑無奈，年衰老不知。座猶嫌少客，酒每厭空卮。錯認吾爲我，真看爾是誰。嗒然成一笑，酩酊復奚疑？

過雲谷新居二首

回望荊門隔楚江，安居汾水白雲邦。仲宣樓上三更月，萬里隨君卧北窗。

西北樓臺一徑過，茅齋小隱結巖阿。果然陶巷無車轍，只有閑雲到薜蘿。

題雲谷山人隱居

達人從所好，佳境即安栖。結屋倚城北，開窗面□^{〔三〕}西。山青邀欲到，雲白望堪携。未是尋幽少，荊扉有杖藜。

伏日憩竹林西館侯中散携酒見過

西館竹林隈，相將避俗埃。緑陰移碧簟，紅采亂蒼苔。客款同心酌，人因笑口開。片雲如有意，還送月華來。

贈王官夏南坪

看盡浮雲過太虛，王門真好曳長裾。身閑不道騎無馬，貌瘦非干食少魚。銅館舊臺鋪苜蓿，金塘新水豔芙蕖。遥知帝子登臨暇，是爾高歌醉月初。

贈霍礪庵以恩廕拜官

司馬公家繼世英，早蒙天寵謁承明。抒文再襲金章采，步武重鏘玉珮聲。傑閣舊勛思博陸，高門餘慶在玄成。故人相贈無他技，耿耿懷親報國情。

柳川園六月社會

秋初瓜果熟園林，便得天真款盍簪。四座放教青竹近，一簾垂向白雲深。酒能適興方嘉醞，詩不落塵纔好音。却愧病來違宿諾，石榴花滿廢招尋。

秋亭宴坐看槿花

静觀秋有色，妝出槿花紅。彷彿葵傾日，招邀蝶戲風。榮枯朝夕裏，舒卷有無中。若與維摩看，應將證本空。

秋林社會呈二老共和

初秋良宴會，交久意逾親。住近青山郭，來同白社人。開軒雙樹對，延款一杯申。長袖爲君起，而無陌上塵。

孟秋多雨弦望之交鬱不見月十九日纔霽四野
榮觀嘉禾豐茂開府柴公登城周覽見招鄙生
從邁乾樓之上共遲好月之升乃二更山吐出
矣因撫景暢懷聯十一韻翌日情感不既輒嗣
響復綴一篇竊謂明公此行庾武昌之淵興謝
宣城之雅裁不是過也

旬陰遮月道，翳此皓華敷。澹澹長河没，蒼蒼平野無。西樓
今夕望，東嶺半輪孤。依舊含文曜，從新映斗樞。熒煌開寶鏡，
晃朗上靈珠。明暗原同軌，盈虛總合符。挈遊招隱逸，登賞恣歡
娛。對酒金波麗，裁詩桂藻紆。流輝蒨郊壠，分彩絢城隅。漏永
增銀箭，杯深倒玉壺。興將開府並，文與敬亭俱。美度澄秋水，
應知陋俗儒。

中元佳節爲柳川小村二翁壽

少日論交老不移，幾人知是素心知？無波淡水投平仲，得意
高山付子期。名列玉京黄籙紀，顏開金井碧梧姿。年年燕洽中元
節，屬我與翁爲壽時。

咏蟬鳴黄葉

野水夕陽隈，蟬聲樹樹哀。葉黄金欲碎，露白火全灰。輕翼
驚寒重，纖綏怯冷催。不勝蕭瑟苦，應悔噪秋來。

雨懷二首念裴徵君

雨深秋欲盡，頓覺暮寒多。黄灑向階葉，青收昔郭柯。吾衰
嗟若此，人遠憶如何？有酒東軒寄，無然欠一過。

對床風雨慣，今雨却暌携。緬想空齋閟，多應在竹西。踏泥

誰裹飯？然火獨蒸藜。客抱當何遣？還來此共栖。

今日良宴會

晴暉下庭際，微雨散林端。席是瑤草展，人同玉樹攢。高言敷令德，逸響奮清彈。杯酒尋常事，無如今日歡。

裴山人憇蘭館月餘矣會不數次招屢愆期嗟嗣晤之幾何憐晚景之虛度悵然成篇亦《詩》之諷也

未見君子時，恨不往從之。及既見君子，猶復隔山陂。三旬無九會，良月忽已移。我病踦如棘，君閑蹇可馳。胡然坐自隘，室近人遠而。豈曰乏音信？亦多懷友詩。心顏復何似？所貴非說辭。伊余願瓊樹，以解長渴飢。曠焉今若此，安用芳香爲？

戊寅七十有四謝開府柴定公見壽

百歲平鋪四段分，已收三段在人群。年年送酒中秋月，日日供詩小洞雲。尚欲末光垂晚照，終慚初景昧朝聞。紫薇開府通南極，假我丹華駐落曛。

柴定公見壽

四分百歲已三分，愛狎漁樵麋鹿群。道在自宜冠早挂，顏留不藉酒微醺。就將山斗名多壽，長此春秋月共雲。老向西河傳孔脉，端令四海質疑文。

奉擬贈燕一首

海燕雙栖對語頻，杏梁宛款意逾親。那堪近社生歸思，競爲辭巢戀主人。好去煙霜南土舊，還來花雨北堂新。紫薇開府甄微眇，看爾如同幕下賓。

園中秋夕四首

春草綠將蕪，夏條蒼以疏。芬榮能幾許？消歇在須臾。逐世垂三組，容身跳一壺。到頭誰得計？不數澤中癯。

數嫌更漏短，今夜覺長添。露氣凉生席，煙光月在簾。煩痾秋稍耐，疲老歲還淹。四序原平剖，潛夫□^{〔四〕}自潛。

梧桐高且修，遲彼鳳來遊。未若瑯玕好，空驚河漢秋。寒聲隨雨滴，淒響帶蟬流。在樹嗟猶此，何人不白頭？

商飆颯高樹，蕤景黯然收。砧杵千家夕，星河一派秋。梁空烏鵲渚，簫咽鳳凰樓。孰是無情極？蕭條獨不愁。

西園宴壽

筵開西圃集文裾，酒對南山獻壽初。青女點花争壓帽，黄衣化鶴會銜書。修成鴻寶藏丹室，眺向玉樓凌紫虚。占却大羅天上事，風光偏在九秋餘。

謝柳川翁菊宴用思字

木脱山空誰共期？風流只有魏陳思。人招白社來高閣，手種黄花出短籬。佳節已過重九宴，餘香還續兩三卮。昔人悲處今翻樂，多是歲寒心所宜。

九月念日邀裴徵君小酌得詩二首一和其旅懷一即事

采采菊方蒨，盈盈色已斑。感心驚歲月，回首憶鄉關。姑嶺寒流上，堯城落木間。吾廬應不遠，時向夢中還。

竭來幾携手，今始一娱心。杯酒呈新緑，篇詩出苦吟。悟言蘭是室，散步竹爲林。日暝紅燈繼，悠然坐夜深。

秋暮田家

登秋輸井賦，無事不平成。山坂牛羊迹，場樊鳥雀聲。黃粱炊細飯，綠芋煮香羮。怪底田家樂，迢迢沮溺情。

咏桑落酒

桑風吹葉落，菊露浥花芳。未啓花前瓮，先開葉後觴。七賢淹暮緒，九醞盡寒香。借問求仙者，如何是玉漿？

送柴定宇參知總憲三秦

鴻天西指思無涯，柏府高臺駐使車。正色二陵風雨霽，英聲三輔震霆賒。權衡禮典弘邦憲，黻冕文章煥國華。回視舊疆遺愛滿，棠陰深處野人家。

贈成監吾太史二首

豈厭承明廬，言馳使者車。褰帷觀魏鄢，凭軾問唐墟。太史陳詩日，弘文飾吏初。高齋復多暇，還理石渠書。

攀援瓊樹枝，汾水白雲涯。正色比秋潔，高香含露滋。境隨文運轉，度與台躔移。爲底予懷望，相逢慰渴飢。

新作金蘭社門

書社始因陋，戟門今壯開。懸題承內史，崇獎飾群才。華袞榮三字，高文接上台。同盟利金斷，齊契等蘭栽。大雅堂斯陟，周行路不回。況當秉禮國，雲集好趨陪。

贈馮孚溪先生自香河擢貳平凉監管固鎮糧儲

出宰近畿安小邑，分麾西守駐雄陬。坐調軍食盈邦計，行理戎機贊幄籌。吹角紺樓邊月静，洗兵青海塞煙收。題輿使者由來重，莫向關河歎旅遊。

御書樓宴集同環洲監吾葛野三使君賦

樓爲書府藝爲林，羅綺高張宴列簪。發藻槧鉛篇什盛，談諧樽俎興情深。笙邊看鶴來松際，笛裏聞龍在竹陰。信是主賢賓意愜，泰光天宇豁同襟。

冬夜長

寒星如雨點疏帷，漏水成冰滴更遲。休説愁人怨長夜，便是短宵愁亦知。

小春集鄭隱君栖真洞分韻得瓶字

子真栖谷口，洞館入林亭。書演三墳義，圖藏五岳形。窗雲虚自白，盆卉冷猶青。招隱來同醉，東床醥玉瓶。

寒夕款裴山人行

雪暈長空冰帖水，微吟苦竹寒聲裏。柴門小徑不逢人，孤緒擁懷愁欲死。薄暮倒裳迎扣門，却是舊遊隱君子。獻策青雲竟白雲，南山之松北山杞。幾向天台度石梁，再從姑射來汾沚。自挂枯藤杖一條，不嫌槁葉埋雙履。問我奚爲老達生，歎謝不知其所止。交深欣戚最相關，不見思之見之喜。留宿平鋪龜殼床，晤言共據烏皮几。閑情只好泝金波，世事不勞開玉齒。夜半酒酣將奈何？舞袖龍鍾爲君起。

金蘭社宴集和李環洲韻

竹園芸館映華星，高蓋清輝溢滿城。道德親承周柱史，門墻寧乏魯諸生？春回十月心同向，酒對南山意轉傾。樂極夜闌仍秉燭，角吹寒響自嚴更。

冬日訪桂亭翁

幽人在空谷，日夕往從之。入戶蔣生徑，升堂董子帷。停雲一杯酒，歌雪滿篇詩。聖代得閑放，祗應方外知。

蓮社新理門堂

藉地竹西鄰，同修蓮社因。遠心成寄泊，净理略蕪蓁。門對碧峰正，堂開銀榜新。當如鏡光佛，磨洗大千塵。

擬淮南王《招隱》之篇

南山多桂樹，鬱鬱廣且修。仙人好安宅，結托此爲樓。上干通五城，下蟠連十洲。九關不可處，虎豹非我儔。千仞不可覽，鷗鳶劇咻啾。寄言蕩遊子，返轡來淹留。

鄭廣文新宅招飲同宗老柳川東皋
二翁山人巢雲子賦二首

嘉會一年幾？況當芳歲闌。多君延舊款，添我匝新歡。雪意撩梅白，風聲送竹寒。香籠淹夕坐，引滿復團圞。

鄭家亭子好，非獨潤之濱。一徑小山側，四邊叢桂鄰。天寒青綺帳，雲净白綸巾。不信是仙館，君看座上人。

仲冬逸老堂會

逸老堂中會，因知逸老情。閑消忙計較，拙背巧經營。黃髮延多紀，青山守舊盟。塵勞無處著，把酒盡平生。

寒齋雪霽得群賢見枉

積霰轉晴暉，晶瑩上竹扉。仙人被鶴至，詩叟跨驢歸。倚玉清無限，傾銀冷漸微。齋居亦嘉樂，奚必錦羔圍？

送西寺僧坐禪南山

身雲原不住，西轉復南參。説法生群聽，翻經第幾函？嶂懸燈是月，林灑雪爲曇。老病吾憐我，聞鐘空夕嵐。

憶慶雲上人説法南山道場二首

北山小隱住多年，今去南山飭講筵。門法到頭原不一，南山禪是北山禪。

深林古道一僧歸，兀兀山行雪滿衣。寶閣香床時入座，天花應繞法華飛。

過裴徵君留飲有作二首

懷君當積雪，稍喜數招尋。貌古唐虞意，歌清金石音。著書成有日，彈鋏澹無心。與子爲雙鶴，翩翩不異林。

僑館淹窮巷，同人獨屢尋。杯深緣取醉，弦絶爲知音。處世無多術，論交只此心。誰憐玉山子，偃蹇在空林。

和裴徵君雪中感懷

寒深孤館雪仍催，三尺擁階門罷開。燃火可憐薪似桂，折花空見樹如梅。故人多落回溪舫，好事誰携濁酒杯？最是西林不堪聽，愁聲偏打暮鐘來。

喜蘭軒公寒日見訪

窮巷本無期，高軒忽問之。喜談留坐久，淹款許杯遲。鷄黍山空日，冰霜歲暮時。寥寥人境裏，能得幾相知？

巢雲生日

獨遊三士里，半度百年生。見壽多瀛客，登堂有洛英。杯香臘月釀，笛韻早梅聲。大笑烏巾折，長謠彩筆橫。天遺龍榜挂，地表鹿仙行。但得長如此，浮名奚足營？

雪後承李澗南招飲即席敘懷

少日同遊侶，多成異路塵。惟君尚堅白，與我不淄磷。雪地圍爐共，花天對酒頻。誰知忙世界，容得兩閑人。

壽泰衡丘明府

耆舊蹌蹌振羽儀，喜逢名岳誕申時。寬和潁水澄波迴，惠愛芍陂華澤滋。庭綵遙臻千石駕，春光豫動萬年巵。南山周雅關情切，歌向融峰仙老知。

和裴山人思歸四首 山人以舊遊入汾，然類有在陳之嗟，不樂久淹，慷慨悲歌，爲我心惻，故辭多激感云。

謂是古西河，迢遙一再過。看碑魏侯廟，吊隱卜山阿。甲第新雲日，長筵盛綺羅。鸝人歌石爛，聲短意逾多。

寒空嗟懸磬，匡床獨擁衣。二毛霜不辨，三友雪應稀。殘角孤城咽，飢鳥半夜飛。只愁鄉路迥，不得夢中歸。

衰翁憐歲暮，復自怨宵長。默眇懷同病，蕭條滯一鄉。少薪黔墨突，無夢熟黃粱。却憶邯鄲道，平原客滿堂。

披褐子懷玉，賣綃吾泣珠。由來傾義氣，到底落虛無。蕙畝青山曲，雲房綠野隅。還從著書去，垂老學潛夫。

雜言四首

楊花飛御溝，溝水帶花流。無計攔春住，教人不白頭。
短褐風泠泠，寒瓢冰淊淊。無錢掛杖頭，椎碎青樓月。
趙女彈箜篌，吳姬唱鷓鴣。愁人不堪聽，塞耳雙明珠。
招搖東北指，白日西南馳。夸父死道傍，魯陽亦奚為？

東皋翁令旦

祥辰歲歲樂嘉平，仙表峨峨骨相成。架上黃雲衣熨帖，胸中皓月鏡圓明。梅傳春信南枝早，柏醞寒香北斗傾。四世兒孫鏘玉珮，大羅宮裏拜長生。

壽鄭鶴庵

汾上談經鄭廣文，真成孤鶴在人群。絳帷西館摳衣衆，朱邸高筵設醴勤。坐永樂天閑歲月，行深平地好風雲。華辰賀客輪如水，誰把寒松取贈君？

潮陽太守若泰公取道汾陽上嚴尊紫薇翁壽頃有詩答諸賀客首余及之輒擬贈謝

朱紱金章朝日輝，娛親殊勝老萊衣。楚南樹裏儀青鳳，冀北雲邊覲紫薇。五岳圖開瑤島獻，八瓊杯邀玳筵飛。還持起草明光筆，發藻陽春和益稀。

戊寅除夕兒階具觴守歲

驚心俄景駛，瞬目一年除。總有青春復，終於白髮疏。兒翩萊子袖，親老段生廬。笑劇燈前飲，婆娑還晏如。

校勘記

〔一〕□，底本漶漫不清，據詩意似當作"開"。

〔二〕□，底本空缺，據本詩"端陽爭得好懷開"似當作"端"。

〔三〕□，底本漶漫不清，據詩意當作"郭"。

〔四〕□，底本漶漫不清，據詩意似當作"任"。

文谷漁嬉稿己卯 萬曆七年 時七十五

元日書懷呈攝守丘司理暨長君潮州太守

陽長陰消歲復新，可能新得背時人？風行硯水冰猶滯，雪盡庭柯柳尚鼙。自笑北愚空有谷，誰憐西老四無鄰。相存獨荷太丘長，並挹元方五馬塵。

咏春日春盤

歲事一番新，先從六膳陳。紅綾封餅薄，金錯縷蔬勻。細脆勝煨芋，生香壓膾鱗。倚盤人共美，味得案頭春。

和丘若泰明府惠音平霞館

曲巷過逢長者車，尋幽端不厭蓬廬。呼童旋餾雕胡飯，束濕聊焚枯鯉魚。座滿春雲邀翰墨，談深野火照階除。漢庭詞客知多少？獨羨相如賦《子虛》。

群雅堂公宴

置酒禮時哲，晴暉溢廣堂。明明金閨彥，皎皎孤琳瑯。聲欵陽春曲，被服雲錦章。四座咸肅若，式依君子光。華星出霞際，纖草夾池芳。俯仰易觀聽，傾心悉彷徨。亮懷羅衆美，促羽命雙翔。宴會豈靡他？佳哉今日良。

栖真洞小集

坐深仍改席，斜日小堂幽。文練含窗白，香風捲幔柔。□[一]荊陳舊好，然竹款新遊。不見墙東石，聞談亦點頭。

留雲洞題壁

弘景先生多嶺上，自言無可贈人群。問君何得相留住，知把閑身當白雲。

席間會裴鄭二山人

閑雲一片兩幽人，衣褐俱懷席上珍。獻賦早年猶未遇，讀書窮巷有誰親。褰帷忽枉朱軒使，下榻平分碧海春。豈道谷蘭終寂寞？光風今已泛池蘋。

趙陽谿借山人之館延款若泰先生時正人日分韻得人字

三陽看堯莢，七葉喜同人。玉珮仙曹舊，金尊野館新。筆花紛綵勝，詩草舊文茵。燕谷溫何早？飛來郢曲春。

獻歲客來臻，欣逢日是人。平生青眼舊，笑殺白頭新。異地猶同室，遙天信比鄰。爭教小隱處，不識大家春。

西園燈宴

帝子瑤臺宴，仙郎綺閣凭。芳辰同佩勝，美夜復燃燈。萬頃琉璃布，千杯琥珀凝。勢分河九曲，光衍佛三乘。瓔珞圍周匝，蓬萊映幾層。銀花瓶綻柳，金爐鏡開菱。剪月懸珠綴，移星挂玉繩。橋虹通宛轉，殿雀上觚稜。采眊生江筆，靈華燦剡藤。此時煙火外，人比露壺冰。

青蓮歌

太華峰頭鷲嶺西，蓮花瑩水青玻瓈。古色澄涵碧空盡，露珠滿葉皆摩尼。昏沙捲風天海淪，此花不染纖毫塵。世間無物等芳潔，太白先生爲寫神。朝班供奉玉堂仙，口稱居士名青蓮。披香灑翰瀛洲裏，秀出芙蓉丹宸前。至今法界青蓮宇，仙客天仙猶記取。紫蓋真人疑後身，黄樓學士真儔侣。瑶草生庭池緑波，王孫稱觴金叵羅。請君振藻青蓮歌，湘靈鼓瑟雲璈和。衆聽起舞紛婆娑，蠟炬比蓮將奈何？歌聲飛入五雲去，雲遠天高不知處。

咏史四首

英英洛陽俊，穆穆廣川儒。抗志萬千載，立心雄萬夫。對策窮天人，上疏追典謨。方當盛隆世，可以幹元樞。坐令四海清，名與三光俱。奈何遇不遇，忠讜翻見迂。琮璧委道側，章裦墜池污。良時不再至，嘉會不可圖。古人有餘歎，斯言非我誣。所以拂衣士，長嘯東山廬。東山一何崇，魯叟昔歸與。大聖且如此，而我奚躊躇？

古人云寄傲，傲實不敢爲。南窗孤寂地，俯仰復奚疑？漆園本閑曠，吏隱婆娑枝。無競亦無惕，名迹非所羈。叔夜甘長傲，醉寫絶交詞。終已隨虞羅，反爲達者嗤。其餘傲睨者，偃蹇恣夸毗。先子有遺訓，天也吾誰欺？

至人不言夢，魯叟歎其衰。歎息有深意，小子焉能知？葳蕤挺春卉，夏木陰已垂。涼風吹槁葉，霜霰還見摧。萬物有榮悴，四序相轉移。三五幹玄運，疇克弗如斯？公旦一以往，周德胥陵夷。夫子誕厥生，周公復起時。奈何無一木，支彼大厦頹。無夢嗟已矣，有夢亦奚爲？春秋二三策，文隱而意悲。

上德貴無名，没世吾所疾。名立而道存，道存名乃實。奈何夸死權，貪與競俱畢。滔滔烈士間，鮮不墮回遹。黄屋固何慚？洗耳則矜逸。忠信憂可違，懷沙事爲窒。魯連蹈東海，段干藩魏室。留侯辭萬户，柳下任三絀。利達苟無心，隱顯寧非一？悠悠此天壤，德音恒秩秩。

贈丘山人

天涯浩蕩獨遊身，信步西河草色新。玉蘊石頭知我貴，珠藏
衣底覺誰貧？不言四望非吾土，頓悟三生總客塵。野鶴飛來復飛
去，月明松影到爲鄰。

贈李環洲憲僉西上

晋陽五載題輿使，漢塞千重擁傳行。白草寒煙春色動，黃沙
野水日華明。胡笳北捲龍堆曲，羌笛南吹猿夜聲。推轂幾賢堪將
相，玉門新起一營平。

李南原壽日

多君解組身無累，會向東園樂有年。種樹高低三畝廕，栽花
紅白一溪煙。同人對酒□□〔二〕去，孤興題詩句每傳。世上苦愁
爭日月，豈知閑散即神仙？

磬室觀妓燈下戲題

銀燭爲誰新？蘭房百媚春。舞容回雪態，歌響顫梁塵。眉橫
青眼客，腸斷白頭人。不作雲邊夢，空餘夢裏身。

社中三老行

三人二百二十八，總把心期效洛南。柳谷翩翩來鶴駕，蘭皋
冉冉下鸞驂。桃花流春自瑤水，小鳥三清致瓊蕊。我引朱絲白玉
壺，沉酣大藥酡顏裏。

東郡田生善書行當北上予作田生行贈之

田生學書今幾年，頓令滿紙生雲煙。爲予掃素灑芳翰，銀爲

鉤兮鐵爲幹。周宣石鼓傳籀文，嬴秦斯邈篆古分。漢言杜蔡和伯英，魏晉鍾王眞草行。顏柳于唐實媲美，後來名家多比擬。昆山片玉足爲珍，看君之書亦如此。君家兄弟雙明珠，六義兼將詩禮趨。兄今展采鳳凰池，照乘安能滄海遺？即聞東閣延書□〔三〕，知是南宮薦爾時。

南山篇寄壽龍洲

南山巍巍高且尊，三十□峰連紫垣。松柏叢茂，雲氣吐吞。八瓊之水，□厥靈根。青葱彩華朝日暾。顒顒我公，惇德□元。克明克比，承乾效坤。逢福世，丁溢恩。勛□〔四〕盛，祚慶繁。帝里廣庭春曦曦，桃花飄筵簪組屯。白鷺振，朱鼓喧。壽旨酒，歌頌言。

二月十五日感懷呈社友

春序忽平分，我心殊不欣。看花前渡水，聽鳥半空雲。翠袖柳容媚，紫杯蘭氣薰。及時猶未晚，且爾狎同群。

贈丘山人遊華山

逸如仙侶淡如僧，雅與文儒共一乘。歷半海天玄鶴對，住多山館白□〔五〕層。相逢好結桃源隱，便別仍從華岳登。谷□希夷原不滅，君行拍手叫還應。

紫塞春鴻

塞北春纔到，江南雁即□〔六〕。關山凌曉路，洲渚□斜暉。借月懸弓影，銜蘆隱箭機。龍沙三十□，都想換寒衣。

贈別裴隱君還山

姑射山南鄉夢飛，汾陽橋北旅人歸。却慚紅杏空春色，不緩驪駒駐夕暉。天上客星原自隱，世間知己故應稀。行行且學桐江釣，龍渚鷗沙置一磯。

壽開府賈容翁

昔瞻北斗連青瑣，今見南山對紫薇。日觀中峰標正色，台躔華袞映祥暉。蓬仙獻壽九天至，桃水知春大壑歸。冀野何人不稱慶？同聲起舞鶴鳴飛。

送藩理丘泰衡攝郡代還

太丘高義古無倫，今見名流復此人。攝政一州三縣長，行風五馬萬家春。生憎楊柳分亭帳，稍喜桃花迓路津。畫省到來懷舊物，可能猶記老薇臣？

寄懷中丞陳抑翁二首

湖水春深長芰荷，湖山人美隔煙蘿。金堂碧巘行應遍，銅柱朱方夢已過。阮籍調同常倚嘯，張衡思遠忽成歌。奈何千里停雲目，不任東軒藹藹多？

望美東山閣，雲懸廣德車。功成旄節後，服返薜蘿初。築圃栽仙藥，垂帷理道書。鳳雛翔帝沼，鳩杖式鄉閭。水月心光似，煙霞面色如。上弦驚別鶴，尺素感雙魚。叙誼言應淺，懷恩思有餘。惟聞詔元老，鼎鉉席方虛。

王允承行年五十

通家余閱世，知命爾為年。冠帶還儒術，詩書且學田。臨池工翰墨，落紙滿雲煙。赤手遺丹桂，閑身種白蓮。桃花飛作錦，楊葉滾成綿。無限春光好，都來集壽筵。

穀雨日種瓜東園值社中諸宗賢見訪

青門種瓜事，今轉郭東園。潤雨迎鳩喚，晴風下雀喧。野堂芳草徑，仙駕碧雲軒。捨耒挂虛壁，酌言春滿樽。

謝楊古峰招飲

荏苒春陰到十分，不堪隱几思絪縕。開尊喜就陶彭澤，問字忻過楊子雲。野鶴向人如有意，閑花鋪水亦成文。相逢興劇君知否？欲把乾坤付醉醺。

嘉樹園種蓮

移來仙掌秀，植向小池清。要使靈根固，如同法苑生。真香流夏氣，妙色暈朝榮。珠翠紅衣好，三山遊玉京。

送別駕申半庵先生東歸

一官坎壈遽東歸，長嘯清時好拂衣。彭澤有園堪寄興，漢陰無圃亦忘機。身安要得逃名早，道在何論知己稀。坐向白雲閑盡日，祇應樵叟扣巖扉。

四月一日會詩嘉樹園

清和貞首夏，叙暢協幽尋。秀木展芳麐，文禽揚妙音。物華隨序轉，理感得情深。一寫丘中曲，俱投象外心。

四月八日宴集仲川新園

十里青溪抱綠洲，重圍翠巘谺丹丘。仙家不遠人間世，方士徒勞海外求。蓮葉出波編作舫，雲花舒彩結爲樓。怪來神爽清和韻，王子吹笙在上頭。

李澗南園觀芍藥

歲歲看花有此身，誰知野老是仙人？酡顏雖比胭紅薄，素抱還强粉白新。檻外數峰來揖讓，杖頭群鳥話交親。勸君尋個丹青手，描寫蓬瀛一段真。

李劍州邀賞牡丹

名園花錦鬪春叢，光景依稀似洛中。黃紫我看真絶色，古今誰賞是豪雄？飛觴剩有纖羅勸，發藻寧容彩筆空？回首多情不多見，可憐門掩背東風。

再賞李劍州芍藥同柳川諸公賦

曉風吹緑茱萸灣，夏氣蒸紅芍藥欄。一徑斜通十步入，千枝爭映兩階看。花天只道廣陵有，錦地寧知別墅寬？共愛君家清富貴，玉缸香撲彩霞團。

玩庭榴二絶

五月閑庭嘉樹叢，輕沾明水淡含風。葉成翡翠葳蕤緑，花作珊瑚爛熳紅。

一幅湘簾小閣遮，半邊疏綺碧煙紗。盈枝丹翠日移影，看取猶如捏目華。

社中七子程藝西園應教賦詩得五言近體用枝字

茂苑文華地，洪鎔麗澤資。五言稽正則，六義衍芳詞。花悦翻階笑，魚欣在沼嬉。即應諸有斐，敷藻秀金枝。

《崧高維岳圖》詩壽明府董伊公

中嵩概太清，積翠表皇京。窈窕仙靈托，絪縕聖哲生。於惟董夫子，所以通神明。文學光朝問，符章祗國程。義將風鼓動，仁作雨施行。河內官容借，汾陽政果平。歡騰九里潤，頌起萬家聲。圖籙標祥旦，山川現瑞禎。《崧高》千載意，寫我慶申情。

清夏宴李南原園

青山郭外仲長園，綠水橋頭栗里門。春盡尚留花半落，林深惟覺鳥餘喧。有朋看我栖蘭谷，無酒呼童向杏村。坐到日斜疏俗事，只將杞梓話中論。

蘭社新開魚沼

引流從玉折，成沼毓金鱗。映色曉天净，含暉華日新。鷺閑青草徑，人卷白蜺綸。試作濠間想，當知樂有真。

題畫扇玫瑰

窗前有奇卉，香色露華滋。摘露和金粉，强如插鬢垂。

感興二首

人生秋水寄浮萍，風急水波萍不停。到底轉流何處去？碧天無際杳冥冥。

芙蓉鏡裏看衰形，衰甚何能老復丁？昨恨有星來點鬢，今朝無鬢可安星。

端陽即事

今日風景好，幽館共徘徊。榴豔然朱火，竹陰生綠苔。飯充九子粽，酒轉百年杯。莫道徇時物，良辰歲幾回？

石菖蒲吟壽龍池王公

蒲生水中石，冬夏長青青。寸餘紆九節，節節通仙靈。上藥《神農本草經》，至人服者登金庭。紫薇先生誕光岳，白鶴彩雲來洞冥。赤松手持紅伏苓，予亦玉箱呈翠馨。願同天酒榴花酌，一駐好顏超萬形。

謝兌軒宗尉惠千葉榴花

貴公嘉善與人同，遺我安榴一樹紅。霧障忽然開眼界，霞標早已建房櫳。自知蓬蓽宜張□〔七〕，誰料花樽向孔融？愧殺白頭渾潦倒，不成桃李謝東風。

和陽谿對芍藥見懷

花底金罍歲歲開，多因心賞及時來。今年掃巷稀人迹，盡日空瓶乏酒材。鏡轉白蘋生綠沼，簾飄紅雨下蒼苔。總爲寂寥增一況，不堪揮麈獨徘徊。

題王交城化蒸甘露巷

嘉樹葱蘢連翠雲，曉承甘露下絪縕。乍如玉藻凝霜潔，稍轉金莖帶日薰。園令愕傳千載瑞，堂官驚捧一香焚。謙恭不敢當仁政，願取丹霄獻聖君。

李萬川先生筮仕臺學訓再轉靈丘學諭
又再轉靈州學正拂衣還里

一官三轉遍三靈，長嘯家山舊草亭。名地表將人是傑，高天占取客爲星。時微乍合謀升斗，道大終難逐梗萍。始信達生能自得，不慚松梓色青青。

病痙

瘦骨已成衰朽質，靈臺猶覺暑侵尋。聲聞流水思臨濯，影惱隨身要息陰。恰有鳥啼青樹在，更多風送白雲深。現前好景且消散，莫道澤痙懷苦心。

東皋翁作會時五月二十四日

及時爲樂與誰同？社樹婆娑三兩翁。目擊風花帶春夏，心驚烏兔走西東。浮生有限青菱老，上智無涯綠蟻通。除却相逢一相笑，自餘何者不成空。

山莊綠陰清晝聽鳥看雲

山下人家好，村邊綠樹林。昕茲塵外境，清此淡然心。牽葉窺雲崿，攀條坐鶴岑。相携琴酒伴，不謂少知音。

蘭雪軒與雲谷銷暑

言逃六月暑，一就小亭幽。雨色浮天淡，雲陰轉樹稠。蒲團宜傍晚，葵扇欲含秋。不到忘機處，池邊有白鷗。

贈曹書記孝行

百行孝爲先，群生多惘然。羨君希穎叔，委己奉慈萱。養志當存日，追思及逝年。瞻闈頻涕洟，視冢數回旋。乞假停書記，端憂廢食眠。□〔八〕彝非外節，天理自中全。貞行孚邦國，旌門軾隱賢。

六月會鄭鶴庵詩社得六言二絶

老去非無聊賴，閑中却有招尋。借得山亭箕倨，沽來村酒輪斟。

魚藻方塘交戲，松篁小院垂芬。臥處白鷗忘我，飛來野鶴尋君。

六月得呂甬東五言寄懷因用韻寫心

高士去予久，能將尺素傳。神交千里外，意在一封前。白首誰如故？黃金交可憐。相思復相望，携手更何年！

六字銘

僵臥不如隱几，空茶殊勝銜杯。清心只消省事，緘口奚用禳灾？

長日吟

志士由來愛日長，要圖功業與文章。衰翁處此忒無賴，臥不成眠坐又忘。

祈雨仙姑洞

瑤宮西石岑，有雨閣雲深。紛屢女巫進，旁皇田畯心。捧瓶承聖液，折柳布靈陰。詎若泥龍禱？空壇不作霖。

萬曆己卯秋七月十有二日赴宗老柳川翁會會于畫
苑入其園見樹皆湛碧池蓮半開半謝明珠在葉而
金粉紅霏盈盈在水面浮秋菊盈畦夏果咸熟令人
結攬不遑入其室圖史與彝器錯陳其最奇則盆石
云石有如支機者如鵲印者有圓光而如佛羽立而
如仙者有如初平之羊李廣之虎者有如瓜如瓠如
几如墊者皆翁因形賦纉刺以金青駁目而疑此身
在星都撫摩歷歷之白榆也其垣一方作白至九疊
屏風畫五老峰樹一小山若瑤圃昆侖而鑴余詩號
曰萬寶詩山夫余詩非寶主人之清高爲寶也然以
礫附玉亦足以垂不朽矣是時東皐東谷二宗老與
劉雲谷逸史共會並觀宴極而賦詩紀之亦以見富
貴之人而有此幽雅之况山澤之癯依稀乎神仙之
儒矣豈非宇宙間一大奇事哉

茂苑像瀛洲，招邀客共遊。銀潢星是石，金宇樹爲樓。斗酒
薄逾厚，篇詩老更遒。移山勒鴻寶，端可萬年留。

壽柳川小村二宗翁

君將百歲四平攤，已得三分入手看。自是慶源通壽域，復多
文藻綴吟壇。桂花溥露瑤樽滿，琪樹流颸碧簟寒。袖取紫笙吹月
下，一天秋水散雲端。

蘭軒君携酒見過奉答二首

金粟瓊蘇滿玉壺，問君此酒爲誰酤。却邀碧海青天月，來醉

乾坤一腐儒。

凉風高樹葉鱗鱗，添得西山爽氣新。坐對不知吾與汝，白雲秋裏上皇人。

八月六日承蓮社諸宗英見訪便留小酌即席謝陳

秋色遠微微，山容净夕暉。班荆桂叢客，解帶竹林圍。浮世知誰是？交情似此稀。頓令黃髮叟，興繞白雲飛。

卜亭携酒見壽即席賦酬

故人零落盡，之子獨超然。散澹金門隱，消摇陸地仙。東籬開菊徑，南畝種芝田。尚憶煙霞叟，相期松柏年。登樓嘯明月，把酒問青天。秋水澄吾慮，無心歎逝川。

己卯生日寫懷

吾生七十五中秋，看月盈虚只點頭。賤與老隨偏易至，榮將壯去獨難留。酕醄寄向杯中物，憔悴吟從澤畔遊。縱浪自寬聊爾耳，此身原是不維舟。

贈總制大司馬吳公應詔還朝

聖皇思理詔元功，玉節還京寵數隆。絕塞草長無牧馬，高天雲净有飛鴻。銘勳大册燕然上，補衮清朝仲甫同。爲底内寧由外輯，十年辛苦建平戎。

中秋寫懷奉答巢雲先生惠而好我寄以瑶華

蒼蒼葭水露華秋，穆穆金波月滿樓。倚檻獨憐空遠攬，停杯偏愴缺同遊。單栖兔影知誰顧，三匝烏飛爲若愁。縱有好音流赤牘，其如人隔海中洲。

慶國廣殿新成宴集二首

銅封開廣築，桂宇創新宮。萬卷丹樓並，三山玉館通。檐秋天漢碧，窗曙海霞紅。未擬靈光賦，先歌大國風。

經始殷星候，居方正日衡。承天安八柱，壯國表千楹。河岳形皆拱，丹青畫不成。銀題昭景福，永與太階平。

雙壽篇奉贊郜司馬獻壽二親壽

福德徵雙壽，祥辰咏萬年。家崇高世老，朝重篤生賢。錫命金章煥，貤封錦誥聯。榮暉增疊爍，華澤裕綿延。司馬三城鎮，飛鴻上黨天。稱觴北斗下，獻席南山前。袞繡瞻雲舞，精誠對日懸。轅門張組練，幕府集圖篇。尊養忠爲孝，康強人是仙。勛名方震曜，烈訓始宣傳。菊秀披黃嶺，萸香湛紫淵。助齡良若此，介景有同然。青鳥嚙芝到，玄猿進采旋。絳鄉扶杖者，頂禮一爐煙。

秋日訪兑軒宗尉一首

門掩雀羅重，孰知予寡悰？惟承君子惠，獨得野人從。策竹遵長阜，團蒲坐茂松。清平無俗氣，綽約有仙容。數會情偏愜，纔離意已憧。今持一杯酒，秋館對晴峰。

寄酬謝竹亭遠見問□〔九〕

神交良積歲，面晤尚愆期。往復雖書疏，遲回總別離。今君捐珮日，亦我挂冠時。氣味芝蘭性，形骸土木姿。結廬連北阜，種豆滿東菑。詩癖多關酒，兵機但弈棋。水清石自見，樹靜鳥應知。萬竹孟渚野，九華綿上陂。登高徒極目，憶美重支頤。葭靡寒蕪盡，何由慰所思？

贈李恒齋登第

舊德名家慶緒長，超然奕世發賢良。庭傳詩禮身爲度，策抱天人國有章。御宸臨軒推上第，公車待詔入明光。知君盛際今如此，先起高鴻第一行。

集池上亭分賦水雲二首

静觀亭上雲，彩碧相絪縕。大似明光錦，新鋪五色文。湛湛秋池水，盈盈絶餘滓。暝陰風雨消，朝鏡還如此。

柳川園看菊寫懷呈同社諸老

庭樹全銷歇，籬花獨滿枝。人將黃髮對，酒借白衣持。歲序嗟如此，神仙不可期。但逢開口笑，就是落便宜。

西園花瑞

木葉榮春春轉來，迫冬杪秋還一開。始訝延紅塞西至，俄驚魏紫洛東回。希奇變化屬禎祥，應在主人和德光。和氣薰蒸希不有，肆令寒圃出暄芳。碧海闌干冰作水，蟠桃開花花累累。即看天藻綴金枝，信是仙宮燁珠蕊。豔陽開好只三朝，十日染霜渾不凋。文學表靈摘妙翰，丹青圖景上輕綃。啓靈篇兮披瑞圖，軋朱草兮儀赤烏。帝子葆真生粹腴，百福有徵千壽符。

小田誕日書贈

通家貴公子，宅里接吾廬。出入每相顧，歲時良不虛。談諧多載酒，問字或携書。敬老忘衰賤，持謙中疾徐。維馨蘭蕙若，厥美璵璠如。青女迎初度，黃花襲滿裾。九秋神宇湛，百福壽源舒。紹爾先公德，弘承慶有餘。

歲寒松柏

松柏有本性，四時常不移。離離山上苗，蔚蔚園中枝。豈不更榮茂，涼風先已萎。惟自度霜雪，青青君始知。

咏古人秉燭夜遊

晦息有常期，宵遊胡若斯？秖緣憂速老，是用樂當時。絳蠟燒金燼，黃梅點玉厄。談諧猶未劇，早已曙光移。

題景福堂東燠室二首

華屋帶瑶林，寒光迥莫侵。綺疏榮旭重，緹幕煖煙深。隱几如溫玉，燃鑪欲化金。陽春方在唱，白雪且停吟。

香鑪借廬岳，寶鼎入汾陰。紫氣從中起，青煙豈外尋。薰空檐雪盡，却冷洞雲深。探取春消息，誰知静後心。

冬日宴李劍州宅

林下有真趣，等閑多不知。雍容劍門守，返服能自怡。收黍釀土窖，宰鷄如折葵。招邀二三老，言款歲寒期。晝日嫌杯短，夜闌還補之。挑燈復燃桂，屋暖更垂帷。俗事口絕談，嚴風天外吹。我爲歌蟋蟀，美子樂當時。

仲冬逸老堂會呈社長翁

招隱幸同人，未行眉已伸。非干耽厭飫，聊口〔一〇〕慰沉淪。虛白風煙古，寒青竹柏真。市酤空不得，庭雪可銷銀。

十八日夜夢鄭鶴庵自定襄來余寫詩贈問

定襄古邊口〔一一〕，流水朔雲屯。一月收王税，寒鴉幾處村？

石溪先生新居

不遠三賢地，宮墙一畝餘。賀新來燕雀，携舊有琴書。席滿傳經士，門橫待詔車。薦文誰似者？應在子雲廬。

皇宗仙老牧雲翁壽登八袠

蓬萊仙老出人間，妙有高邁世莫攀。鴻寶秘文超浩劫，鳳笙遺響徹玄關。敲棋綠墅山河静，把酒青天日月閑。又是一陽開壽域，正當九九大丹還。

校勘記

〔一〕□，底本漶漫不清，據詩意當作“班”。

〔二〕□□，底本漶漫不清，據詩意當作“邀皆”。

〔三〕□，底本漶漫不清，據詩意當作“士”。

〔四〕□，底本漶漫殘缺，據詩意似當作“隆”。

〔五〕□，底本漶漫殘缺，據詩意似當作“雲”。

〔六〕□，底本漶漫殘缺，據詩意當作“歸”。

〔七〕□，底本漶漫不清，據詩意似當作“伸”。

〔八〕□，底本漶漫不清，據詩意似當作“鼎”。

〔九〕□，底本漶漫不清，據題意似當作“遺”。

〔一〇〕□，底本漶漫不清，據詩意似當作“將”。

〔一一〕□，底本漶漫殘缺，據詩意當作“邑”。

文谷漁嬉稿 庚辰 萬曆八年 時七十六

仲春理北園作

園圃荒殘更一新，要令安息老來身。天空印出清平野，市遠
裁成寂寞濱。初柳不寒花早繡，薄苔無恙草齊茵。風光若此誰能
負？斗酒逍遥會四鄰。

自題丈室

背城低結小茅堂，丈許依稀似上方。近樹鳥聲和細雨，臨窗
榆影帶斜陽。同人載酒三杯足，静夜焚香一縷長。休笑老愚無上
事，到頭只此是行藏。

春陰二首

風雨澹韶光，陰寒阻豔陽。江南花已霰，塞北草猶霜。破闇
然薪火，遮癯擁絮裳。豈須論物態，天道有暄凉。

少日了無悶，老來殊不然。復當聽雨夜，迷却看花天。門掩
虚無盡，庭昏寂寞偏。薄寒何意緒，□[一]肯到愁邊。

雨中悶坐喜露泉小田月山携酒見過

□[二]居不耐連陰雨，瘦骨何堪料峭風。喜見良朋貽飯裹，
憎聞稚子説瓶空。寒沙漠漠千村暗，春水茫茫幾路通？門柳欲黄
猶未得，園花可有舊時紅？

小園栽樹作

園廬果木舊成行，竹樹清芬亦頗揚。何事害氛陰抹摋？頓令

老境春蒼茫。重栽可保十年待，百補難酬一旦傷。慚愧惜花空早起，幾枝猶想乞東皇。

開 池

寒來野雪蓋蒙籠，春起晴光漾太空。真個水深魚極樂，方塘那不海天通？

種 樹

嘉樹園收大冶春，栽培時雨及農辰。今生爲底耽松竹，前是朋松友竹人。

雨中謝鄰翁見訪

長空黯黯雨連陰，擁絮團蒲宿冷侵。傖父自知春不及，鄰翁何肯夕相尋。杯酤魯酒情非淡，琴樂陶弦意轉深。始信鬱懷容易遣，只消開口向同心。

春陰書感

連天風雨暗春城，十日曾無一日晴。倚杖出門愁道斷，被衣還寢怯寒生。衰多却恐兒孫覺，悶絕惟聞鳥雀聲。因憶社翁存記否，去年花裏結詩盟。

清明日野望

出郭望南隴，陳人墓草屯。埋名何歲月，留世幾兒孫？樹慘黃泉隔，風悽白日昏。榮華銷歇盡，坏土復奚論？

王雲渚生日題扇以贈

太微開府位崇高，奕世昂霄有鳳毛。雅爲治平彰聖瑞，頓令吾黨重賢豪。紅顏美度桃花酌，白皙英年宮錦袍。定是有仙來宴壽，曉天槐宇下雲璈。

四月一日寫懷

十旬寒雨消春盡，四月初晴始象春。衣擁舊綿宜瘦骨，盆埋微火繼窮薪。背時老圃花無信，隔轍柴門柳漫顰。大塊與吾爲逆旅，榮枯何敢問洪鈞。

寄懷陳抑庵翁

東山白雲不可見，高臥清風天下聞。神蘊精和南極老，人倫儀表太丘君。石光金草足靈藥，樹秀珠花非俗芬。何日澤瘤生羽翰，百年萬里共氤氳。

李劍州園丹藥盛開時余年七十有六 仍與賞會即席賦酬

名園歲歲花相似，勝賞年年酒不空。好看只宜飛蓋客，高情猶喜杖藜翁。風香綠野野心契，霧散青天天眼通。後會我當無退轉，期君長主道之東。

和趙陽谿看花見懷

當階紅藥知時節，每到清和便有花。空酒一尊希道侶，孤吟半偈似禪家。生憎小雨飄欄外，更惜東流去水涯。遙想高人看天末，定將閑影對飛霞。

購取盆榴置庭際

壯日輕榮老惜花，情緣顛倒思無涯。盆榴小品成何益，茅屋三楹取次遮。綠净夜沾玄圃露，丹鮮晨起赤城霞。若教證果金仙側，定許菩提共一家。

小園芍藥初開承締觀有作

玄都春去老羞看，綠野堂邀醉亦觀。萬葉總標紅芍藥，群公都擁碧欄杆。已將樽俎收香豔，更把文章壓繡團。聞道鄭陂相贈好，何如君子罄交歡。

宴李南原林居

誰謂索居無所親，與君俱是狎鷗人。携家住近青山谷，築圃行邊綠樹津。筆彩每傳詩裏聖，杯光常映酒中神。平生學古官難入，學得歸來任本真。

李澗南園觀芍藥

今年花是去年紅，去年人覺今年老。多君情分不曾輸，奈我精神還自好。塵網難加橫海魚，雲羅豈挂冲天鳥。莫將凡卉惱仙翁，金樽一笑浮榮掃。

齋居稍事植援坐而有省二首

投老得閑居，形塵尚未虛。露花栽後院，石樹擁前除。有酒醉如醒，無詩拙似愚。回身從宴坐，掩卷淨明書。

心累未能蠲，情因逐景遷。惜花兼愛樹，取石復邀泉。稍與矜名別，終成著物偏。何如閉關子，耳目則無牽。

夏日宴馮孚溪西園

挂冠神武好，遂世竟何爲？幸有先人業，安然西澗陲。前庭廕嘉樹，後圃植華芝。靜理一空義，閑吟十畝詩。朋來常染翰，客至或彈棋。嶺上煙霞變，溪中歲月馳。直躬從緩帶，高視笑低眉。即此是天逸，物情非所疑。

頌王龍池先生華誕五旬

喜君祥旦當維岳，是我先師知命年。道義合天隨處樂，功名望月幾回圓。徒聞北闕徵時俊，誰識南山有隱賢。廣路三條中路杳，不妨公輔作儒仙。

題雷水南風雩精舍

元龍田舍遂初心，儒雅高標盛自今。種樹已成雙月桂，振衣獨往南山岑。浮雲過眼身無累，流水希聲意却深。門巷謝回車馬客，惟容野老一相尋。

答山僧饋杏

山僧種樹熟朱明，持贈白雲香滿籯。顆顆煉金成色相，莖莖承露得甘平。喜將聖果參龍樹，願借醫林謝董生。多病比來思絕粒，茹茲真可配黃精。

畏　熱

夫子當年歎衰甚，衰翁已老不興嗟。蚊聲夜聽雷驚枕，槿樹朝看露泣花。齒盡自憐長顅頷，頭童惟欠一袈裟。平生畏熱今尤劇，襲取凉陰北澗斜。

五月旦作

已謂人逾老，如何歲復中？流觀諸品類，升長木榮豐。星鳥翔煙術，風蟬響燦空。化遷誰不感？偏此悵悲翁。

滿眼蕤賓意，主人應自知。時來會當盛，節往寧弗衰？傷彼蘪蕪化，感茲鶗鴂悲。奈何憂速老？有酒不須辭。

避暑登南薰樓

長夏暑煩不易裁，高樓侵曉八窗開。未須揮羽青天上，已有微涼面面來。

樹頂高樓百尺開，綺疏珠網思徘徊。南風久與古弦絕，似向羲皇臥裏來。

夏日遊園中感懷二首

覽卷竟無用，何園不可窺？惻心下帷子，發憤空爾爲。方當春夏交，百卉挺葳蕤。雨露既云溥，朽株胡獨遺？矜榮衆皆悅，集枯情所悲。上山采薇藿，以解薄暮飢。

佳芳得時茂，鬱鬱我園中。青紫足衿帶，香光搖翠紅。憶昨阻蕭晨，風凋霜野空。小人窮欲死，君子思固窮。仲理歸大澤，於陵在濟東。漠焉從所好，時與道污隆。

虛白齋過夏

却暑無他術，惟應掃室虛。北窗生白後，高枕納涼初。比迹羲皇似，論心水月如。誰知炎焰業，不惹自銷除。

五月廿二日酬鶴庵仲川兌軒在雅堂招飲二首

西林高館數招尋，春不須臾夏已深。芳草自多留客意，浮雲那改故人心？蓮華浥露和新醞，竹樹迎風上古琴。朽老近來誇寸進，會於佳境惜分陰。

不邇文華地，春回夏復深。承君招隱意，知我悵離心。豈少東軒酌，何如西樹林？綠繁晨幄布，清迴暮煙沉。顧影疾隨步，省躬期息陰。抗言誠在昔，携手遂如今。一寫丘中奏，再移池上吟。圓荷標湛澹，煩暑罷侵尋。坐久生靈照，皎然明素襟。

林間早秋

星紀無淹度，時哉不我留。臥痾親凡席，行藥到林丘。露濕蒼苔重，花開赤槿稠。不堪秋一片，早已上眉頭。

雨後看榴花

雨色凝餘黛，日華團正丹。無將金谷詫，只向石榴看。翡翠驕鸂鶒，珊瑚間木難。同心坐雕檻，詎忍夏空闌？

背郭園即事

閑園何所有？樹裏結茅堂。蒼野城分斷，白雲天送將。虛光搖竹翠，净色映蓮香。獨坐無愆喜，西看一鳥翔。

古意五首

出門逢大車，丹轂空九衢。前雲擁雙蓋，從者數百餘。六馬氣如龍，噴騰成電掃。勢欲凌天行，天上没條道。

人生有大歡，陽春會高宴。笙歌咽綺羅，珍□〔三〕及時薦。連夕樂未央，再朝恐失常。肥醲藏鴆毒，得無爲内傷。

雀困黑乾山，魚危惡溪水。人生失意時，艱哉亦如此。左肘長垂楊，背後生芒刺。曠士泣途回，飢人蒙袂死。

志士行采茶，茶苦不能餐。踟蹰黄檗樹，逶迤紅蓼灣。饒他苦復苦，不離西山阻。稻粱豈不甘，所産非吾土。

棄婦采糜蕪，朝朝上山去。山下草離離，迷却來時路。路迷不可歸，含啼怨落暉。處處車如水，胡然獨我違？

壽李澗南

青青碧澗林，朱夏滿庭陰。有彼龐眉叟，於兹抱膝吟。服官聊別駕，知命早投簪。天與丘中逸，人將塵外欽。莊嚴壽者相，純朴古之心。日月光華旦，雲山韶濩音。衣冠來紫翠，瓜李獻浮沉。家綵榮千石，身安抵萬金。新賓應不少，舊友幾相臨。硯席情偏重，桑榆景共深。祝祈何所取？但看南山岑。

贈周峪川新居

舊里厭塵囂，新居得弘敞。雕甍匝綺疏，畫構連珠幌。夕宇月華間，朝樓雲氣上。檐飛燕雀高，戶閱蹄輪廣。山水送屏圍，琴書入涵養。玄談詩酒多，茂育兒孫長。俯仰一清寧，悠悠此天壤。

夢一老僧與余說偈多品而記其半

秦火燒書六籍煙，漢篇唐藻一回天。宋人套子蛛絲密，無限飛蟲被攪纏。

低結采椽堆亂蓬，蕭條株守只頑空。淡雲勾引誰來往，烏有先生無是公。

剟火煉魔君莫嗔，伏牛山深萬鬼鄰。紛紛青臉紅頭髮，裂眥張牙嚇殺人。

邪魔煉罷至如今，萬里長空自在吟。無上一宮邀我到，夜明簾捲月華深。

壽李磻溪

逍遙浮世裏，漸覺舊遊稀。獨愛西州守，新從初服歸。傍巖看昔樹，臨浦坐前磯。綠竹添多個，青松大幾圍。紫鱗衝荇躍，白鳥帶雲飛。氣比庭柯茂，顏如海月輝。華辰當夏盛，高宴敵炎威。門摘瓜方熟，園收果正肥。持吾一杯酒，爲子百年祈。長嘯生清吹，斜陽滿翠微。願言崇體素，齒德兼巍巍。

寄酬李環洲憲使自安西見訊

萬里瑤緘寄八行，情深天遠不相忘。亭亭君感汾雲白，脉脉我思秦草芳。經國計成清絕塞，安邊書早報明光。聖皇垂拱還推轂，可擁旌麾下晋陽。

階讀書北園

少年文采學清修，選地莫如吾圃幽。樹色生庭雲葉晚，花香入户月枝秋。石能攻玉青山削，沙可淘金碧澗流。千載聖門詩禮意，趨承今喜向林丘。

聽黃生彈琴

黃生鼓琴多古音，原來此音不在琴。心似冰壺懸寶月，音如秋水湛瑤林。鳳尾不騫空琢玉，龍脣無語浪徽金。方知千載牙期意，別有江山一段深。

獨坐有懷二首

午槐銷夏色，朝槿放秋姿。氣動物偏覺，暑移人不知。猶慳壺裏笑，詎惜鏡中悲？若個千金子，喬松與等期。

不見社朋久，寥寥多苦顏。露深庭葉下，人散酒杯閑。室邇猶離合，山空誰往還。題詩恕幽怨，叢桂幾時攀？

趙陽谿太守登年六十余舉酒而賦玄露

古來爲壽重千金，要是金多交始深。今我與君無勢利，只須杯酒罄交心。時當六甲增齡日，剩引九霄玄露斟。玄露朝霞夜沆瀣，天漿玉乳香漓淋。小飲清溪坐碧樹，長嘯白雲登紫岑。新秋協律啓君聽，靈籟同聲代我吟。極樂界中惟此樂，揚州有鶴應難尋。向子深明畫前易，陶公絕彈弦上音。胸癉背疴失俯仰，池魚籠鳥遂飛沉。眼前壹意聊爾耳，身外萬端非所任。

六月柳川園會

高林徂暑會，清賞却炎氛。檐牖入虛翠，簟簾涵水紋。杯承荷上露，帶緩竹西曛。誰見紅塵裏，消搖有白雲？

壽守府胡繼山先生

少年英選擅才雄，分領西河要隩中。設險舊疆今在德，建牙新令古同功。明威夜静營門月，廉節秋清塞國風。看擁旌麾人拜壽，南山如酒氣如虹。

喜白鹿山人卜築西澗不遠吾廬

君騎白鹿過青溪，種樹結茅吾圃西。人愛柴桑通栗里，地便村疃傍招提。草深幽澗詩同賦，花壓寒籬酒共携。風雨縱能迷旦暮，不妨燈火聽鳴鷄。

慰周小川服中生日

與子通家三十秋，歲時風雨不曾休。可憐讀禮逢華旦，正是思親欲白頭。烏鳥夜啼孤月冷，黄雲朝起一天愁。故人携茗來相慰，庭樹蕭蕭共倚樓。

秋日題侄謂讀書處

書屋遠山空翠屏，秋風秋雨不勝情。一編懶取燈前讀，三尺驚聞匣裏鳴。可是鐵逢時有氣，未應金擲地無聲。我家原有干霄樹，會見大材當晚成。

題素扇

手持金錯刀，裁此齊紈素。皎皎霜雪姿，團團月明度。纖指動瑤光，輕颷流玉樹。羅袖半須藏，恐蒙青女口[四]。

暮齒得孫承牧雲柳川東皋小村東谷五宗老並鶴庵徵君持湯餅道喜輒倚歌聲謝

七十六歲老人纔抱孫，焚香頂禮玉宸尊。群仙聞之爲予喜，車駕五雲下來平霞之館竹素園，見遺瑯玕青纍纍，兼錫瑤琨紫瓊蕊，飼綵苞之鳳雛于碧梧之枝裏。金輪摩頂授長生，綠字書齡鑄遐祉。遶巡頂禮叩群仙，衰晚何由荷帝憐？謂憐爾生多缺陷，富貴功名俱寡緣，補爾河東三瑞應，池上一毛先眼前。願更延年一百二，完却媧皇煉石事。

寄贈趙陽泉

趙氏連城振古聞，高賢媲美正如君。觀光賦擬三雍獻，展宷官宜九德分。暫住東山依紫樹，尋當北極附青雲。岳祥喜與兄同月，齊體天倫更出群。

立秋日喜雨納涼

新秋送晨雨，少選散餘霏。葉響銀床樹，窗含石壁暉。方當驅酷烈，稍已到清微。却恐江籬罷，芙蓉不可衣。

述懷呈馮孚溪先生

余有園廬在城北郭，比孚溪公卜築亦于西郭門，兩家相去僅二里間。余既欣鄰曲之交，復雅通家之誼，爰因初度，叙意侑觴。[五]

林園背郭地仍偏，人道幽栖得兩賢。拙似長公應避世，智如平子亦歸田。校量風雨青山外，淘汰煙沙白水邊。喜見歲華春有酒，百年心境在壺天。

秋夜長

秋夜逾長晝逾短，眠食蕭疏衣帶緩。非關天肯送人愁，人自關情天不管。迢迢一水限橫河，望望千山不可過。亂葉驚波燈影淡，寒蟬淒響夕陰多。幽□〔六〕此際腸堪結，□〔七〕客委懷揮玉玦。巖扉深掩病衰翁，坐臥如僧車馬絕。誰家砧杵若無聞，樂酒西栖歌吹紛。窈窕開簾放明月，月明白露沾羅裙。

村田俚語四言

三家村里，十畝田西。編竹爲戶，結茅以栖。無人獨往，有客雙攜。敲石烘酒，入雲捕雞。甌瓜振棗，炊黍蒸藜。俗事緘口，清言懶題。蓬頭稚子，垢面老妻。隨分供具，亦略整齊？大化驅我，何高可躋？鳥鳴幽澗，龍卷在泥。守此一壑，爲天下谿。

撫蘭菊而懷佳人

幽蘭在空谷，寒菊長籬陬。秀藻夾芳華，輝輝白雲秋。白雲空在眼，情賞缺前儔。伊人美如玉，室邇清芬留。望之不可見，贈遺安所投？雲飛蒼野去，夢想還悠悠。

和兌軒山居見贈

朝來爽氣滿西山，獨有幽人杖策還。坐向丹崖看木落，行過綠壑羨雲閑。逍遙鯤鷃大觀外，笑傲蓬壺小隱間。我臥東林荷嘉眄，每逢相訪即開顏。

再集水南園

再倚陳蕃榻，重遊長統園。笑談秋葉爽，絲管夕雲繁。東岫屏松牖，南泓帶薜門。不緣情境勝，尊酒復誰論？

秋日承蘭軒見訪

舉世棄衰賤，高情獨不然。樹憐黃葉後，人念白頭先。載酒娛今夕，談詩憶往年。即茲存舊雅，何讓魯公賢。

擣衣曲

西風吹雲雲若霜，落葉下庭庭草黃。鴻雁連翩歸故鄉，征夫坎壈繫窮荒。飛狐有嶺客無裳，啼猿擁心人斷腸。空房擣衣孤獨傍，急杵驚砧魂蕩揚。當夜剪裁殊未央，裝綴苦愁誰寄將。天蒼蒼兮野茫茫，霧鎖千山淚萬行。夫君莫是薄情郎，賤妾羞看陌上桑。蘇氏錦文凡幾章，頓令白日回精光。

寄懷趙陽谿生日

庭樹發西氣，火旻朝露溥。汀葭漸靡靡，野坂被幽蘭。企晤我所欽，咫尺千里難。嘉旦弗獲展，況當風雨寒。偃痾留北牖，飛夢繞南端。夢則等虛幻，真想何由殫？申藻代顏面，長謠抒肺肝。

林間四時行樂詞

笑入桃花洞口春，却疑身是避秦人。殷勤寄語打魚客，莫把仙源當路津。

一園紅紫競芳菲，錯認豔粧金縷衣。爲底東山謝安石，傍花携酒踏花歸。

山水清暉白露秋，園林森爽翠亭幽。居塵不著塵中事，坐地懶看雲葉流。

竹林西館雪花深，凍浦寒橋斷客尋。隱几有懷聊撥遣，微醺低作郢中吟。

中秋生日樓飲對月

我愛月華臨靜夜，月華憐我放中秋。九霄風露壺光湛，大地山河鏡影浮。何處朗吟袁客舫，此時真賞謝家樓。無將四五論圓缺，已分百年長與遊。

積雨無聊欣小田見訪

積雨臥空林，蕭條難處心。泥深苔徑没，火冷篆煙沉。遁樹鳥無語，題門客有尋。倒迎方一笑，稍已謝愁陰。

中秋對月有懷

秋水兼葭時泝洄，美人修阻奈何哉！裁詩獨倚西樓月，舉酒誰同北海杯？白首怨離真速老，青溪招隱尚重來。山房舊館還虛靜，雨冼苔花石壁開。

中秋生日謝見壽諸公三首

少年忘却青春好，暮齒知悲黄葉秋。縱有夕陽遲返照，其如寒水汛東流？窮愁悔落虞卿卷，拙計欣投叔夜甌。何獨慶生繾醉月？九華閑宇更堪遊。

天枝宗老大羅仙，宿世與予同善緣。東海摘桃三度熟，西樓玩月十分圓。何當太室生靈氣，但説清朝有隱賢。醉殺金波不歸去，盡鋪瑶草卧瓊筵。

雲出無心鳥倦歸，薄遊投老遂巖扉。蔣生徑裏偏秋色，班氏丘中饒晚輝。栽竹舊滋千萬個，種松新長二三圍。年年玩月兼觴壽，引滿天香露未晞。

中秋望月呈張健庵參知

月到中秋夜，天開萬里明。臺高森法象，河廣湛泓澄。玉燭調如此，蒼生望已平。還令黃葉樹，垂影帶餘榮。

健庵次

獨坐中秋夜，雲開月倍明。風同瘦骨冷，露共素心澄。拱北情何極，圖南氣已平。幸登北海坐，衰白有餘榮。

贈張健庵參知

昔仰熊軒重，今瞻薇省尊。四瀛誠傳舍，萬里復雄藩。過眼塵沙盡，根心堅白存。不知咨岳牧，疇可贊調元！

健庵次

昔仰聲華茂，今瞻齒德尊。雄文留秘閣，豐烈重名藩。山斗身彌健，林泉道益存。古來不朽士，豈必盡調元！

奉答龍池翁寄懷

兼葭帶寒渚，咫尺千里思。賴有好音信，聊將慰渴飢。瑤華袖裏字，瓊樹夢中枝。每屆中秋夕，孤吟皎月詩。清暉比君子，良晤曠佳期。酒減金波穆，衣沾玉露垂。愁隨黃草蔓，意與白雲馳。目擊道斯在，神交俗豈知？達人貴誠信，所保終不疑。

奉謝賈春容相公見壽

開府當朝傑，褰帷顧野遺。仁存生日賤，禮向耄年推。天酒朋尊下，霜袍束帛隨。顏華分絳縣，波潤灑瑤池。報德慚無地，酬言竊有詩。願還清切禁，喜起聖明時。回視舊疆叟，長攀召樹枝。

秋懷二首

霜氣催寒早，時光逼歲闌。裝綿衣欲厚，燒葉火愁殘。髮短千莖白，心孤一寸丹。疏籬落英在，留取社翁看。

數斗濁醪成，幾枝殘菊英。風吹香不斷，霜染色逾明。晚節當誰與？高天空復情。不堪聞木葉，流水迸寒聲。

夕雨微晴見林間返照

凌雨散東城，西暉映晚晴。半輪山已抱，一面樹皆明。寶炬松帷徹，煙虹石壁縈。多應竺天聖，光湧大千平。

汾亭秋望

白雲飛不盡，蕭鼓斷中流。代往山河舊，時同草木秋。疏林橫極浦，平楚帶寒洲。寂寂當搖落，捲簾增暮愁。

九日懷古

西氣寒飄玉女霜，東籬花展鏤金妝。人因彭澤標清節，天假江州作醉鄉。太守殷勤蒼野外，長官酩酊綠樽傍。起來揮手斜陽去，猶是涼風傲上皇。

和柳川翁園看菊夜遊

東籬西館興難收，把酒看花障綠油。九日自天垂好景，七人隨地起真遊。寒香泛蕊清中聖，正色搖燈畫裏秋。夜半白雲林際出，宛然身倚一重樓。

咏蘇子瞻雪堂夜夢

蘇公雪堂夜，無與對床眠。棹定千山月，江空萬里天。朱冠衣縞客，墨綬佩蒼賢。弄影杳然去，安知非列仙？

夜窗松月

松月臨窗夜，冥筌不可排。翠華縈皓練，玉洞合瑤齋。坐久動成寂，眠遲静與諧。遇君清禁者，何苦愬長懷？

懷善書李山人宿觀音堂

楚旅涉清汾，長空冷片雲。榻依觀世宅，人偶出家群。貝葉參奇字，蓮花證妙文。蟲行篆香處，應已襲餘芬。

故人李九河孫脉千里見候臨感酸欣形之言句

吾與九河子，昔爲山林交。其人仙已久，松柏不曾凋。家世宅漳水，子孫甘負樵。踏霜尋故舊，不遠汾陽橋。問姓名亦隨，因根識其苗。情投山薯蕷，義重芳瓊瑶。信宿遽旋踵，使予心内焦。脱衣以相贈，庶復存久要。

壽王老於山中

憐君栖隱在寒峰，行貌蒼然似古松。壽域漸高餘七紀，生辰增長又初冬。□〔八〕風散久羔羊缺，沈老釀新琥珀濃。可是道窮人迹斷？白雲深處有過從。

壽水南公

歷盡塵波見此身，方知無假即成真。榆枋小隱吾安宅，松柏大年君比鄰。壽日家傳蓬海宴，朝霞酒美洞庭春。醉思芳草同遊客，得到歲寒能幾人？

歲晏寂居有懷朋舊

遊好十年餘，結蘭同野裾。心神雖尚密，行迹稍已疏。賤老君無亦，欽賢我自如。長松標後落，短晷照前除。屋尾喧寒雀，池盆放涸魚。厨聞新釀酒，門聽故人車。菱草沒行徑，斷雲低里閭。蕭條復何事，中散一篇書。

寒宵不寐二首

昏黑焚香三炷餘，鐘聲繞起定更初。衰年未倦團蒲坐，半夜猶掀《本草》書。出戶攬衣聊抖擻，回房欹枕復躊躇。鄰鷄不肯催殘月，且引斜光貼牖虛。

歲序催人不暫停，幾時還得鬢毛青？風驚曠野枯桑覺，雪蔽長空老眼醒。失路豈無雙阮籍，閉關剛有一劉靈[九]。可憐心事寒爐對，撥盡沉灰夜杳冥。

至日招友人圍爐賦詩

今日天心復，初陽在隱微。九關閉夜氣，一綫衍晨輝。酒暖丹爐浴，人同玉洞圍。題詩抽秀藻，花雪散寒霏。

再題燠室二首

嚴冬興燠室，妙理運天能。掩閟陰陽合，精華日月乘。煙分軒后鼎，光轉竺乾燈。隔斷寒山下，雪雲堆幾層。

大地冰霜結，壺天別有春。東皇留日氣，四美合喧塵。細草空青潤，孤花萼綠新。長生一邊事，不與世中人。

贈麓庵宗尉村居

郭外青山里，城中朱户家。數椽依草樹，一徑入煙霞。子晉能調鶴，東陵學種瓜。我將乘興往，於此煉丹砂。

咏　雪

樵子荷薪歸，山行雪滿衣。都門嫌價重，市井念貧稀。世理知誰是？生涯與我違。馨擔拼一醉，猶勝首陽薇。

明妃辭二首

晶晶黃金屋，盈盈白玉人。君王抱秦鏡，奄忽生胡塵。逆耳明妃怨，傷心石季倫。不知金谷裏，已有墜樓人。

戲贈丹客

先生不知何許人，自言爐火妙通神。我將丹砂試君煉，白日黑煙飛水銀。瘦如乾柴貧若洗，破帽蒙頭腳無履。雞肋雙懸怯老拳，馬肝一片文成死。

野老負暄

負暄茅檐下，坐與日相隨。温煦生寒際，榮暉被野時。綿黃應自足，狐白匪吾思。獨念林巢冷，風搖鳥雀悲。

送八溪洪川行香武當二首

聞持三日齋，將適千里道。南望武山雲，精誠徹窮昊。太霄金闕紫霞宮，玄聖高居香火紅。除却至心人上謁，下方舉首空蒙蒙。

丹嶠躋崇觀，清都覲上玄。千峰羅羽衛，萬壑貯香煙。有禱神皆徹，無私福自偏。留春待歸騎，柳轛杏花燃。

庚辰除夕兒階奉予守歲

臘盡春回此代遷，一杯迎送小堂前。呼僮吹笛鼓頻和，慶我身康兒復賢。

校勘記

〔一〕□，底本漶漫不清，據詩意當作“專”。

〔二〕□，底本漶漫不清，據詩意似當作“貧”。

〔三〕□，底本漶漫不清，據詩意當作“羞”。

〔四〕□，底本漶漫不清，據詩意當作“妒”。

〔五〕此序文原爲標題格式，今據本書通例改列題下。

〔六〕□，底本漶漫不清，據詩意似當作“閨”。

〔七〕□，底本漶漫不清，據詩意似當作“逐”。

〔八〕□，底本漶漫不清，據詩意似當作“函”。

〔九〕靈，據《文選·顏延之〈五君咏·劉參軍〉》“劉伶善閉關”，此人名當作“伶”。